KB165878

Edition

인지심리학

마음, 연구, 일상경험 연결

Cognitive Psychology
Connecting Mind, Research, and Everyday Experience,
Fourth Edition

E. Bruce Goldstein

Original edition © 2015 Wadsworth, a part of Cengage Learning.
Cognitive Psychology: Connecting Mind, Research,and Everyday Experience, Fourth Edition,
by E. Bruce Goldstein
ISBN: 9781285763880

ISBN-13: 978-89-6218-387-0

Cengage Learning Korea Ltd.
14F YTN Newsquare 76 Sangamsan-ro
Mapo-gu Seoul 03926 Korea
Tel: (82) 2 330 7000
Fax: (82) 2 330 7001

Cengage is a leading provider of customized learning solutions with employees residing in nearly 40 different countries and sales in more than 125 countries around the world. Find your local representative at: **www.cengage.com**

To learn more about Cengage Solutions, visit **www.cengageasia.com**

Every effort has been made to trace all sources and copyright holders of news articles, figures and information in this book before publication, but if any have been inadvertently overlooked, the publisher will ensure that full credit is given at the earliest opportunity.

Printed in Korea
Print Number: 04   Print Year: 2022

COGNITIVE PSYCHOLOGY
CONNECTING MIND, RESEARCH, AND EVERYDAY EXPERIENCE

4th Edition

인지 심리학

마음,
연구,
일상경험 연결

E. Bruce Goldstein 지음   도경수 | 박태진 | 조양석 옮김

Cengage

Australia • Brazil • Canada • Mexico • Singapore • United Kingdom • United States

옮긴이 소개

도경수
현) 성균관대학교 심리학과 교수
프린스턴대학교 심리학과 심리학 박사(인지심리학)
한국실험심리학회 편집장, 한국인지과학회 편집장

박태진
현) 전남대학교 심리학과 교수
서울대학교 심리학과 심리학 박사(인지심리학)
한국인지 및 생물심리학 회장, 대한뇌기능매핑학 회장

조양석
현) 고려대학교 심리학과 교수
퍼듀대학교 심리과학과 심리학 박사(인지심리학)
Psychonomic Society Fellow, 한국심리학회, 한국인지 및 생물심리학회 회원

인지심리학 마음, 연구, 일상경험 연결-제4판-
COGNITIVE PSYCHOLOGY Connecting Mind, Research, and Everyday Experience, 4th Edition

제4판 1쇄 발행 | 2016년 11월 4일
제4판 4쇄 발행 | 2022년 10월 3일

지은이 | E. Bruce Goldstein
옮긴이 | 도경수, 박태진, 조양석
발행인 | 송성헌
발행처 | 센게이지러닝코리아㈜
등록번호 | 제313-2007-000074호(2007.3.19.)

이메일 | asia.infokorea@cengage.com
홈페이지 | www.cengage.co.kr

ISBN-13: 978-89-6218-387-0

공급처 | 사회평론아카데미
주 소 | 서울시 마포구 월드컵북로6길 56
도서안내 및 주문 | TEL 02) 326-1182 FAX 02) 326-1626
홈페이지 | www.sapyoung.com

값 36,000원

E. Bruce Goldstein 피츠버그 대학교 심리학과 명예 부교수이며 애리조나 대학교 심리학과 겸임교수이다. 강의와 교재 집필의 공을 인정받아 피츠버그 대학교에서 최우수 강의상을 수상했다. Goldstein 교수는 터프스 대학교에서 화공학 학사를 받았고, 브라운 대학교에서 실험심리학으로 박사를 받았다. 이어서 하버드 대학교 생물학과에서 박사 후 연수과정을 밟고, 피츠버그 대학교 교수가 되었다. Goldstein 교수는 망막과 피질 생리학, 시각적 주의, 그리고 그림 지각 등 다방면에서 논문을 발표하였다. 그는 『감각과 지각』 9판(Wadsworth/Cengage, 2014)을 저술하였고, *Blackwell Handbook of Perception*(Blackwell, 2001)과 두 권으로 된 *Sage Encyclopedia of Perception*(Sage, 2010)의 편집을 맡았다.

인지심리학은 마음의 작동 원리를 밝혀내는 학문으로 그 자체로도 매우 중요하지만, 심리학뿐만 아니라 인문사회과학 분야, 그리고 자연과학 분야에서도 기본 개념으로 많이 사용되고 있어 활용 분야도 넓다. 그러나 안타깝게도 심리학을 공부하는 학생들에게는 심리학을 깊이 있게 공부하려면 반드시 들어야 하는 과목이지만 피할 수 있으면 피하고 싶은 어려운 과목으로 간주되고 있다. 내용이 추상적이다, 너무 이론적이다, 외워야 할게 많다 등이 흔히 드는 이유이다.

역자들이 보기에는 위에 든 이유에 더해 심리학의 다른 분야와는 달리 인지심리학에서 다루는 현상들이 눈으로 보이지 않을 뿐만 아니라 일상생활에서 흔히 접하는 문제도 아닌 것 같아서 학생들이 어렵다고 생각하는 것 같았다. 흔히 접하는 문제인 경우에는 설령 연구 대상이 되는 현상이 눈에 보이지 않더라도 결과를 예상할 수 있다. 그랬다가 예상했던 것과 다른 결과를 얻게 되면 궁금증이 생기고, 그 궁금증을 해결하려다 보면 그 분야는 쉽고, 재미있다고 생각할 수도 있다. 그런데 학생들은 인지심리학에서 다루는 현상은 그렇지 않다고 생각하는 것 같았다. 이 책의 저자도 그런 측면이 있다고 생각한 것 같다. 그래서 책 전반에 걸쳐 실생활의 예들을 실어서 인지심리학이 일상생활과 유리된 것이 아니라는 것을 보여 주고 있다. 우리는 이 점이 아주 마음에 들어 이 책이 인지심리학을 공부하는 데 조금이라도 도움이 되기를 바라며 이 책을 번역하기로 뜻을 모았다.

책을 번역할 때 겪는 어려움 중의 하나는 용어의 통일이고, 또 다른 하나는 우리말 어법에 맞게 쉬운 말로 번역하는 것이다. 그래서 책을 번역하기 전에 중요 용어의 역어를 놓고 의견 교환을 해서 최대한 합의를 얻고자 했다. 그러나 사람이 하는 일인지라 완벽하지는 못했다. 이 점에 대해 미리 양해를 구한다. 그리고 어색해 보이는 역어를 대신할 좋은 역어가 있으면 역자들에게 가르쳐 주시기를 부탁드린다.

마지막으로 번역판이 나올 수 있게 도와주신 모든 분들에게 감사를 드린다.

역자 일동

인지심리학 교과서의 진화

이 책은 내가 이 책의 초판을 쓰겠다고 마음먹은 2002년에 시작된 과정의 결정판이다. 인지심리학을 가르치는 500명 이상의 교수들을 대상으로 한 조사와 학과 동료들과의 대화에서 많은 교수자들이 인지심리학의 영역들을 충분히 다룰 뿐만 아니라 학생들이 쉽게 이해할 수 있는 교재를 찾고 있다는 것을 분명히 알 수 있었다. 그리고 인지심리학을 강의해온 내 경험을 통해서도 많은 학생들이 인지심리학은 추상적이다, 너무 이론적이다, 일상생활과는 별 관련이 없다고 생각한다는 것도 확실해 보였다. 이런 정보들을 토대로 나는 경험적인 연구와 인지심리학의 원리, 그리고 일상경험들이 서로 밀접하게 연결되어 있다는 것을 학생들이 이해하는 것을 도와줄 수 있게 인지심리학을 구체적인 방식으로 서술하기로 하였다.

이를 위해 여러 가지를 시도했다. 각 장을 시작할 때 **실생활의 예**를 넣고, 적절한 신경심리학 사례연구들을 포함시켰다. 또 학생들이 인지심리학 현상들을 직접 경험해 볼 수 있게 교재의 본문 중간 중간에 쉽게 따라해 볼 수 있는 작은 실험인 '**보여주기**'를 40여 개, 그리고 20개의 문제를 책 전체에 배치하였다. 그리고 '보여주기' 목록을 목차 다음에 따로 수록하였다.

이 책을 서술하면서 단순히 실험결과를 서술하는 것은 피하려 했다. 그 대신 학생들이 어떻게 결과가 얻어졌는지를 이해할 수 있게 **연구가 어떻게 고안되었고**, 실험 참가자는 무엇을 하는지를 서술했다. 그리고 대부분의 경우 자극 그림이라든가 실험 설계 그림표나 결과 그래프를 덧붙여 보여 주는 방식으로 서술하였다.

2005년에 출판된 초판은 학생들이 인지심리학의 기본 원리들을 흥미 있게, 이해할 수 있게 하기 위해 고안된 여러 방안들로 채워졌다. 그건 학생들이 인지심리학에 대해 신나하는 것이 나의 목적이었기 때문이었다.

초판에 대한 반응은 아주 좋았다. 그러나 내가 강의를 하고 교재를 쓰면서 배운 것은 책에는 항상 보다 분명하게 설명할 부분이 있고, 시도해 볼 만한 새로운 교수법들이 등장하며, 책에 추가해야 할 새로운 연구와 생각들이 나온다는 것이다. 이를 위해 2008년에 출간된 2판을 준비하면서 내 수업을 들은 학생들에게서 피드백을 받고, 초판에서 개선되어야 할 부분에 대해 서신으로 1500개 이상의 제안을 받았다. 그리고 초판을 사용한 교수자들에게서도 피드백을 받았다. 이런 피드백들이 2판의 출발점이 되었으며, 판을 거듭하며 이 절차를 계속하였다. 그러니까 새로운 과학적 사실들을 추가했을 뿐만 아니라 학생이나 교수자들이 보다 분명한 설명이 필요하다고 생각하는 부분들을 수정했다.

계속 유지하는 특징들

앞서 서술한 부분들에 대해 학생과 교수자 모두 반응이 좋았다. 그래서 이 부분들은 4판에서도 그대로 유지하였다. 이외에 학생들이 각 절에서 다룬 내용을 복습하는 것을 도와주는 '자가 테스트'와 각 장의 마지막에 교재에서는 다루지 않았지만 학생들이 생각해 보게 하는 '생각해 보기'는 4판에서도 계속 포함시켰다.

2판에서부터 추가된 '방법'은 마음을 연구하기 위해 인지심리학자들이 고안해낸 영리한 실험방법들에 대해 알려준다. 책에는 '방법'이 29회 등장하는데, 뇌영상, 어휘판단 과제, 소리 내어 생각하기 등이 그 예이다. 이것은 그 방법이 중요하다는 것을 알려주는 것이기도 하지만 책에서 그 내용을 다룰 때 이해하는 것을 쉽게 해준다.

장의 마지막 부분에 수록된 '고려사항'에서는 최첨단의 연구, 주요 이슈, 혹은 응용 연구에 대해 서술한다. 신경과학이 인지에 관해 알려주는 것(2장), 수학 수행과 작업기억(5장), 사고의 이중 체계 접근(13장)이 그 예이다. '이 장의 요약'에서는 그 장에서 다룬 내용을 간결하게 요약하는데, 그렇다고 요약만 읽으면 내용을 많이 놓치게 된다.

4판에 처음 나오는 것들

이전 판에서와 마찬가지로 새로운 내용들을 추가하였고, 내용을 이해하기 쉽게 하거나 효율적인 학습을 위해 몇 장은 고쳐 쓰거나 구성을 변화시켰다.

한 가지 예로 이 판에는 '핵심 용어'가 80개 추가되었다. 예를 들면 주의 포획, 베이지안 추론, 믿음 편향, 변화 탐지, 공통 기반, 개념 지식, 말뭉치, 확산 텐서 영상, 사고의 이중 체계 접근, 체화 접근, 집단 브레인스토밍, 위계적 처리, 중심과 단위 모형, 역투사 문제, 의미 지배, 심성 모형, 자기 측 편향, 신경 마음 읽기, 뉴럴 네트워크, 개인적 의미기억, 처리용량, 기억/앎 절차, 의미 치매, 감각-기능 가설, 희박 부호화, 통사적 협응, 시각 세상 연구법 등이 추가되었다.

아래에는 각 장별로 중요한 변경 사항들을 정리하였는데, 책에서 해당 절의 제목은 고딕체로 표기하였다.

1장 ı 인지심리학 소개

- 현대의 인지심리학 연구에는 연구는 하나의 질문에서 다른 질문으로 진행해간다는 것을 보여주기 위해 '압박상황에서의 초킹 현상'에 대한 Beilock의 연구를 서술하였다.
- 인지심리학에서 모형의 역할 부분이 확장되었다.

2장 | 인지신경과학

■ 인지신경과학을 연구하는 이유에서는 분석 수준이라는 생각을 소개하고, 마음에 대한 생리학적 연구의 논리에 대해 논의하였다.

■ 의미 뇌 지도를 밝혀내기 위해 참가자들이 영화를 보는 동안 fMRI를 이용한 Huth와 동료들(2012)의 연구를 서술하였다.

■ 모두 함께: 뉴럴 네트워크에서는 확산 텐서 영상과 같은 새로운 방법을 추가하였다.

■ 고려사항: 신경과학이 인지에 관해 알려주는 것에서는 인지신경과학이 행동 연구에서 시사된 기제에 대한 우리의 이해에 기여하는 예들을 제공해서 인지신경과학을 연구하는 이유에서 다룬 문제들을 발전시켰다.

3장 | 지각

■ 지각이 아주 쉬운 것처럼 보이지만 보이지 않는 처리과정들이 있다는 생각에 집중하기 위해 이 장을 고쳐 썼다. 로봇 시각체계를 설계하는 것이 왜 어려운지에 대한 논의로 이 장을 시작한다.

■ 하향처리의 효과를 설명하기 위해 통증을 예로 사용했다.

■ Helmholtz의 무의식적 추론 부분에 베이지안 **추론**을 추가하였다.

■ 고려사항: 지각과 기억의 접점에서는 지각한 것을 기억하기 위해 해마의 신경세포가 어떻게 반응하는지를 서술하였다(Gelbard-Sagiv et al., 2008).

4장 | 주의

■ 시작 부분에서 주의에는 여러 측면이 있다는 것을 강조하였다.

■ 자동처리에 관한 Schneider와 Shiffrin(1977)의 실험을 간략하게 줄여서 서술하였다.

■ 운전 중의 방해 부분에 문자와 인터넷 사용을 추가하였다(Strayer et al., 2013).

■ 고려사항: 뇌를 차지하기에서는 주의란 사물이나 생각이 "내 마음을 차지하는 것"이라는 William James의 생각을 반영하는 새로운 생리학적 논의(Datta & DeYoe, 2009)를 추가하였다.

5장 | 단기기억과 작업기억

■ 시작 부분에서 여러 유형의 기억이 있다는 것을 소개하였다. 이 내용은 5~8장에서 다루게 된다.

■ 단기기억의 용량에 대한 논의에 정보의 양이라는 용어로 용량을 정의해야 한다는 생각(Alvarez & Cavanagh, 2004)이 추가되었다.

■ 방법: 변화 탐지에서는 4장의 '보여주기: 변화 탐지'를 확장시켰다(Luck & Vogel, 1997).

■ 지연 기간 동안 정보가 시각피질에 저장된다는 것을 보여준 fMRI 연구(Harrison & Tong, 2009)가 추가되었다.

■ 고려사항: 수학 수행과 작업기억에서는 어떻게 글쓰기가 압박 상황에서의 초킹을 예방하는지를 서술한다(Ramirez & Beilock, 2011). 이는 1장에서 다룬 압박 상황에서의 초킹을 확장시킨 것이다.

6장 | 장기기억: 구조

- 서로 상호작용하는 여러 유형의 기억이 있다는 것을 반영하는 '분할과 상호작용'이라는 6장의 주제를 새로운 예로 시작하였다.
- 시간 경과에 따라 일화기억과 의미기억에 어떤 일이 일어나는가?는 옛날 기억이 의미화에 대한 논의를 수정하였다(Petrican et al., 2010).
- 방법: 기억/앎 절차에서 Petrican과 동료들의 연구를 다루었다.
- 미래 상상하기에서는 일화기억과 미래를 상상하는 능력 간의 연결을 간략하게 보여주었다(Addis et al., 2007; Schacter, 2012).

7장 | 장기기억: 부호화, 인출, 응고화

- 응고화: 기억의 일대기는 기억과 뇌를 확장한 것인데, 다중흔적 가설(Viskontas et al., 2009)과 응고화와 수면(Wilhelm et al., 2011)에 관한 연구를 포함한 응고화에 대한 생리학적 처치에 관한 내용을 확장하였다.
- 고려사항: 효과적 학습이 이전 판에서는 보다 앞에 수록되었다.

8장 | 일상 기억과 기억 오류

- 기억과 정서에 대한 논의에 정서가 응고화를 증진시킨다는 연구(Cahill et al., 2003; Roozendaal & McGaugh, 2011)와 정서가 기억을 간섭한다는 연구(Mather & Sutherland, 2011)가 추가되었다.
- 섬광 기억에 대한 논의에 정서가 기억의 주관적 감각을 고양시키지만 어떤 장면의 세부내용에 관한 기억은 감소시킨다는 주장(Rimmele et al., 2011)을 추가하였다.
- 고려사항: 사진의 힘에서는 사진이 어떻게 오기억을 생성하는지에 대해 서술하였다(Nash & Wade, 2009).

9장 | 지식

- 연결망에 대한 논의를 축소하였다.
- 뇌에서의 개념 표상에서는 개념이 어떻게 표상되었는지를 설명하기 위해 제안된 다양한 접근들을 보다 정확하게 반영하기 위해 뇌에 어떻게 범주가 표상되었는지에 대한 논의를 확장하였다(Hoffman & Lambon Ralph, 2012; Mahon & Caramazza, 2011; Pulvermüller, 2013; Warrington & Shallice, 1985).
- 고려사항: 중심과 단위 모형이 추가되었다(Jeffries, 2013; Pobric et al., 2010; Pulvermüller, 2013).
- 방법: 문장검증 과제가 추가되었다. 중심과 단위 모형에 대한 연구를 서술하기 위해 방법: 경두개 자기자극법(TMS)이 추가되었다.

10장 | 시각 심상

- 고려사항: 시각 심상과 음식 갈망에서는 음식 갈망을 줄이기 위해 시각 심상을 사용하는 것에 대해 서술하였다(Harvey et al., 2005).

11장 ㅣ 언어

- 어휘 중의성에 단어의 의미에 접근할 때 의미지배가 미치는 영향에 관한 내용을 추가하였다(Rayner & Fraizer, 1989).
- 브로카 실어증과 베르니케 실어증에 대한 내용이 2장에서 11장으로 옮겨졌다.
- 문장처리에 대한 논의에 주위환경에 대한 지식에 기초해서 예측하기(Federmeier & Kustas, 1999)와 언어 구성에 대한 지식(Fine et al., 2013)이 미치는 영향에 대한 내용이 추가되었다.
- 상황 모형에 대한 논의에 상황에 대한 지식에 기초한 예측에 대한 내용이 추가되었다(Metusalem et al., 2012).
- 공통 기반에 대한 내용(Clark, 1999)을 추가하기 위해 대화에 대한 논의를 수정하였다.

12장 ㅣ 문제해결

- 창의적 문제 해결에 예들을 추가하고, 실용적 창의성과 과정으로서의 문제 해결에 대한 논의를 추가하였다.
- 지식이 많은 것이 오히려 나쁜 일일 수 있다는 내용이 수정되었다(Smith et al., 1993).
- **고려사항:** 창의성, 정신 질환, 열린 마음에서는 정신질환과 창의성 간에 관계가 있는지에 대해 논의하였다(Carson, 2011; Chi & Snyder, 2012).

13장 ㅣ 판단, 결정, 추리

- 판단과 어림법에 대한 내용으로 장을 시작하였다. 학생들이 어려워했던 연역추리는 장의 후반부로 옮겼다.
- 가용한 대안의 수(Shen et al., 2010)와 결정을 할 때 배가 고프거나 피곤하면(Danziger et al., 2011) 결정이 영향을 받는다는 예시가 결정에 추가되었다.
- 연역추리에서 예들을 바꾸었고, 타당함과 사실의 구분을 이해하기 쉽게 수정하였다.
- 삼단논법의 타당성을 판단하는 방법으로 **연역추리에 대한 심성 모형**이 추가되었다(Johnson-Laird, 1999).
- **고려사항:** 사고의 이중 체계 접근에서는 사고에는 하나는 빠르고, 다른 하나는 느린 두 개의 제계가 있다는 생각에 기초한 연구들을 시술하였다(Evans & Stanovich, 2013; Kahneman, 2011).

학생들을 위한 머리말

여러분이 이 책을 읽기 시작할 때 이미 여러분은 다른 매체에서 읽었거나 직접 경험한 바를 토대로 나름대로 마음이 어떻게 작동하는지에 대한 생각을 갖고 있었을 것이다. 이 책에서는 통제된 과학적 연구를 통해 밝혀진 마음에 관한 지식을 배우게 된다. 그중 어떤 것은 여러분이 알던 것이고 어떤 것은 모르던 것이다. 그러니까 예를 들어 아주 짧은 시간 동안 정보를 저장하는 '단기기억'이 있다고 생각했다면, 여러분의 생각은 옳다. 여러분이 기억에 관한 장들을 읽을 때 여러분은 이 기억체계에 대해 더 많은 사실들을 알게 될 것이고, 이 기억이 다른 기억체계들과 어떻게 상호작용하는지에 대해 배우게 될 것이다. 반대로 어떤 사람은 아주 어린 영아기에 일어났던 일을 정확하게 기억할 수 있다고 생각했다면, 여러분은 이 생각이 틀린 것일 가능성이 아주 높다는 것을 배우게 될 것이다. 그리고 기억 체계가 작동하는 기본적인 특성 때문에 보다 최근에 발생한 사건에 대한 아주 선명하고 분명해 보이는 기억조차도 완벽하게 정확할 수는 없다는 것을 배우게 되면 아마도 여러분은 놀랄 것이다.

여러분은 이 책에서 이미 여러분이 마음에 대해 알고 있던 것에 정확한 지식들을 단순히 추가하는 것 이상을 배우게 될 것이다. 여러분은 자기가 자각하는 것보다 더 많은 일들이 마음속에서 벌어지고 있다는 것을 배우게 될 것이다. 여러분은 무엇을 보고 있거나, 과거 일을 기억해내거나, 어떻게 문제를 풀 것인지에 대한 경험들에 대해 자각하지만, 이 각각의 경험의 바탕에는 아주 복잡하고 보이지 않는 과정들이 일어난다. 이 책을 읽으면 여러분은 지각, 기억, 사고와 같은 일상적인 경험의 밑에 깔린 '무대 뒤의 활동들'에 대해 어느 정도 알게 될 것이다.

이 책을 읽으면서 여러분이 자각하게 되는 또 다른 하나는 인지심리학 연구의 결과들과 일상생활 간에 실용적인 관련이 많이 있다는 것이다. 이 책을 통해 이런 예들을 접하게 될 것이다. 여기서는 인지심리학 연구가 어떻게 여러분의 학습이 향상되는 것에 기여하는지라는 아주 중요한 한 가지 연결에만 초점을 맞추려고 한다. 이 내용은 7장의 242~244쪽에 서술되어 있는데, 여러분은 그 부분을 수업할 때까지 기다리지 않고 지금 당장 읽고 싶을 수도 있다. 나는 여러분이 이 책에서 보다 많은 것을 얻어가게 하려고 고안된 아래 두 가지 원리에 대해 고려해 보기를 권한다.

원리 1: 여러분이 무엇을 아는지를 아는 것이 중요하다

교수들은 종종 학생들이 "나는 수업도 꼼꼼하게 들었고, 책도 몇 번 읽었는데 시험 성적이 안 좋아."라며 안타까워하는 말을 듣는다. 때로는 이 말에 이어 "게다가 시험 보고 나오면서 아주 시험을 잘 봤다고 느꼈던 말이지."라는 말까지 한다. 여러분이 이런 경험을 한 적이 있다면 아마도 그 이유는 여러분이 무엇을 알고 무엇을 모르는지에 대해 제대로 자각하지 못하기 때문일 것이다. 사실은 내용을 이해하지 못했는데 본인은 이해했다고 생각한다면 공부하는 것을 그만두거나 비효율적인 방법으로 계속 공부할 것이다. 그래서 내용을 제대로 이해하지 못하고, 시험을 볼 때 정확하게 기억해내지 못하는 결과가 일어나게 된다. 그러니까 각 장의 중간 중간에 있는 '자가 테스트' 문제에 대해 여러분이 읽었던 내용에 대해 답을 쓰거나 말로 답해 보는 것이 아주 중요하다.

원리 2: 쉽거나 친숙하다고 느끼는 것을 아는 것으로 오해하지 말라

학생들이 제대로 이해하지 못했으면서도 자기들이 그 내용을 안다고 생각하는 이유 중의 하나는 어떤 내용이 친숙하게 느껴지는 것을 그 내용을 이해한 것으로 오해하기 때문이다. 왜 그런지 이제 설명하겠다. 책을 한 번 읽는다. 어쩌면 읽으면서 밑줄을 그을 수도 있다. 나중에 그 부분을 다시 읽는데, 밑줄 그은 부분에만 집중해서 읽을 수 있다. 그런데 책을 다시 읽다 보면 전에 읽었던 것을 기억하기 때문에 그 내용이 친숙하게 느껴진다. 그런데 이 친숙함이 여러분으로 하여금 '좋아. 이해했어.'라고 생각하게 만들 수 있다. 문제는 친숙하다고 느끼는 것은 그 내용을 안다는 것과 반드시 같은 것은 아니라는 점이다. 그리고 이 느낌은 여러분이 시험에서 답을 적어야 할 때는 전혀 도움이 되지 않는다는 것이다. 다지선다 문제에서 친숙함은 오답으로 이끌 수도 있다. 친숙해 보여서 골랐는데, 나중에 확인해 보니 그 내용이 읽은 것이기는 하지만 해당 문제의 답은 아닐 수 있다.

이 상황은 스스로 시험을 보라는 생각으로 다시 인도한다. 인지심리학 연구에서 밝혀진 것 중의 하나는 질문에 답하려고 **시도하는** 행동 그 자체가 나중에 다시 그 문제에 대해 답하려고 할 때 정확하게 답할 가능성을 높여준다는 것이다. 연구에서 밝혀진 또 다른 결과는 스스로 문제에 대해 답해 보는 것이 그 내용을 다시 읽어 보는 것보다 효과적이라는 것이다. 시험 보는 것이 효과적인 이유는 단순히 다시 읽는 것보다 **생성하는** 것이 그 정보를 기억에 부호화하는 데 더 효율적인 방식이기 때문이다. 그러니까 해당 장을 다시 읽거나 밑줄 그은 부분을 다시 읽어보기 전에 시험을 보는 것이 효과적이라는 것을 알 수 있을 것이다.

어떤 방법이 여러분 각자에게 가장 효율적이든 간에, 한 가지 효과적인 전략은 더 공부하기 전에 휴지 기간을 가지고(실제로 휴식을 취하거나 다른 것을 공부하거나 간에) 나서 다시 시험을 보는 것이다. 한 번에 몰아서 학습하는 것보다 몇 번에 나누어서 학습하는 것이 기억을 잘하게 한다는 것을 연구들이 보여 주었다. 이 절차를 반복하는 것(예: 시험 보고, 답이 맞는지 확인하고, 휴지 기간을 두었다가 다시 시험 보기를 반복하는 것)이 내용을 한 번 읽고 그 내용이 친숙하다는 애매한 느낌을 갖는 것보다 효율적인 학습법이다. 친숙하다는 느낌은 막상 시험에서 그 문제를 보았을 때 그 내용을 아는 것으로 만들지는 않는다.

나는 이 책이 명료하고 재미있으며 책을 읽으면서 여러분이 책에 있는 내용에 대해 흥미 있어 하고 때로는 놀라는 경험을 하기를 바란다. 그리고 단순히 인지심리학에 대한 지식을 배우는 것을 넘어서기를 바란다. 인지심리학은 사람의 마음이라는 가장 흥미로운 주제를 다루는 학문이기에 한없이 흥미로운 분야이다. 한 학기 수업이 끝날 때 인지심리학이 마음에 대해 무엇을 밝혀내었고, 무엇을 더 밝혀내어야 하는지에 대해 알게 되기를 바란다. 그리고 여러분이 인터넷이나 영화, 잡지 등을 통해 새로 접하게 되는 마음에 대한 정보에 비판적인 소비자가 되기를 바란다.

감사의 말

교재를 만드는 작업의 출발점은 어떤 책을 쓸지 생각한 저자이지만, 많은 사람들이 작업에 동참하게 된다. 원고는 글쓰기와 내용에 대해 편집자와 독자들이 피드백한 것을 토대로 다듬어진다. 원고가 완성되면 제작 과정이 시작되는데, 새로운 사람들이 책임지고 원고를 책으로 만들어낸다. 이 말은 이 책은 집단 노력의 결과라는 것이고, 나는 원고를 쓰는 동안 그리고 최종 원고를 넘기고 난 다음 많은 사람들의 도움을 받았다는 것이다. 이 책이 나올 때까지 아주 많은 노력을 해주신, 아래 적은 분들에게 감사를 드린다.

Joann Kozyrev 이 책의 총괄 책임자로 책과 전자책의 발간뿐만 아니라 드러나지 않는 많은 노력들에 대해 감사드린다. 이 책을 만드는 데 필요한 모든 자원을 제공해 주고 원고를 저술하고 책을 출판하는 동안 나에게 많은 재량을 준 점에도 감사드린다.

Shannon Lemay-Finn 내용 개발자로 내 글에 대해 날카롭게 비판하며, 어느 부분이 내용이 이상한지, 글이 어색한지, 중요한 내용을 빠뜨리지 않는지 챙겨주었다. 아울러 내 글을 좋아하고 인지심리학에 흥미를 가져주어 더욱 고맙게 생각한다. 책을 쓰는 것은 고독한 작업이지만, 다행스럽게도 내게는 Shannon이 모든 부분에 대해 코멘트해 주었다. Shannon과 같이 일한 것이 이 책을 쓰는 것을 가치 있게 해준 요인 중의 하나이다.

Anne Drauss Scratchgravel Publishing Services의 직원으로 모든 제작과정에 참여하였다. 책을 제작하는 것은 세밀한 부분들에 신경 써야 하는 일인데, 세밀한 부분까지 일일이 챙기는 나와 같은 저자와 일하는 것은 더욱 그렇다. Anne은 초판부터 제작에 참여했지만, 아직도 나는 그녀의 끈기와 전문성에 놀라며 내가 모든 제작 과정이 순조로울 것으로 믿게 해준 데 대해 감사한다.

Margaret Tropp 전문적이고 꼼꼼한 원고 정리에 감사한다. 단순히 정리하는 데 그치는 게 아니라 보다 분명하게 서술될 부분을 지적해 주었다.

Jennifer Wahi 아트 책임자로 책의 레이아웃을 담당하는 팀을 이끌었다.

Jeff Bane 멋진 책 표지와 독자의 눈을 사로잡는 디자인을 해주었다.

Lisa Torri 그림 편집자로 내 책의 아트프로그램을 이끌어 주었다. 내 수정 요구도 잘 들어주고 여러 그림들의 수정 방안도 제시해 주었다.

Charlene Carpentier 내용 책임자. 모든 내용이 정확하고 제작이 제대로 진행되는지 확인해 주었다.

Dharanivel Bhasker와 Veerabhagu Nagarajan PreMediaGlobal 사진연구소의 직원으로 사진사용 허가를 책임지고 진행을 맡아 주었다.

Martha Ghent 교정을 맡아 주었다.

James Minkin 색인을 만들어 주었다.

Jessica Alderman 내용 개발자 조원으로 책의 보충 내용들을 담당하였다.

Mary Noel 미디어 개발자. 책에 같이 나오는 미디어를 작업해 주었다.

위에 열거한 편집과 제작 과정을 도와준 분들 외에 내가 쓴 내용에 대해 피드백을 주고 새로운 연구들에 대해 알려준 교수자들과 연구자들에게서도 많은 도움을 받았다.

다음에 나오는 전문가들은 3판의 해당 챕터들을 읽고 4판을 위해 여러 가지 제안을 해 주었다. 이분들은 바른 방향을 제시해 주었지만 원고를 보지는 못했다. 이분들은 내용을 수정하는 데 도움을 주셨지만, 최종 결과물에 대한 책임은 없다.

5장 ǀ 단기기억과 작업기억
Stephen Emrich(Brock University) • Geoffrey Woodman(Vanderbilt University)

6장 ǀ 장기기억: 구조
Shayna Rosenbaum(York University)

7장 ǀ 장기기억: 부호화, 인출, 응고화
Almut Hupbach(Lehigh University) • Jeffrey Karpicke(Purdue University)

8장 ǀ 일상 기억과 기억 오류
Steve Lindsay(University of Victoria) • Karen Mitchell(Yale University)

9장 ǀ 지식
Gregory Murphy(New York University) • Timothy Rogers(University of Wisconsin)

10장 ǀ 시각 심상
Giorgio Ganis(University of Plymouth)

11장 ǀ 언어
Sarah Brown-Schmidt(University of Illinois) • Keith Rayner(University of California at San Diego)
Tessa Warren(University of Pittsburgh)

12장 ǀ 문제해결
Miriam Bassok(University of Washington)

13장 ǀ 판단, 결정, 추리
Ruth Byrne(University of Dublin) • Keith Holyoak(University of California, Los Angeles)
Ken Manktelow(University of Wolverhampton)

다음 분들은 정확한지 알아보기 위해 자기의 전문 영역에 해당하는 장을 읽거나 내 질문에 답을 주셨다.

Sian Beilock(University of Chicago) · Deon Benton(Carnegie-Mellon University)

Jason C. K. Chan(Iowa State University) · Marlene Cohen(University of Pittsburgh)

Alex Fine(University of Illinois) · Jack Gallant(University of California, Berkeley)

Daniel Goldreich(McMaster University) · Robert Goldstone(University of Indiana)

Alexender Huth(University of California, Berkeley) · Charles Kemp(Carnegie-Mellon University)

Daniel Kersten(University of Minnesota) · Brad Mahon(University of Rochester)

Lynn Nadel(University of Arizona) · Thomas Naselaris(University of California, Berkeley)

Tim Nokes(University of Pittsburgh) · Mary Peterson(University of Arizona)

Christopher Schunn(University of Pittsburgh)

다음 분들은 3판에 대해 강의 의견을 주셨다.

Karl G. D. Bailey(Andrews University) · Christie Chung(Mills college)

Christine Feeley(Adelphi University) · Stephani Foraker(Buffalo State College, SUNY)

Ralf Greenwald(Central Washington University)

Paul G. Helton(Freed-Hardeman University) · Pernille Hemmer(Rutgers University)

Elizabeth A. Hennon(University of Evansville) · Robert J. Hines(University of Arkansas, Little Rock)

Vanesa M. McKinney(SUNY Fredonia) · Katherine Moore4(Elmhurst College)

Trevor Morris(Utah Valley University) · Robyn Oliver(Roosevelt University)

Evan Raiewski(University of California, San Diego)

Thomas S. Redick(Indiana University-Purdue University, Columbus)

Jennifer K. Roth(Concordia College-New York) · Stacie Shaw(presentation College)

John R. Silvestro(Elms College) · Madhu Singh(Tougaloo College)

Scott Sinnett(University of Hawaii at Manoa) · Erin I. smith(California Baptist University)

다음 분들은 4판에 처음 실린 삽화들의 기초가 되는 사진과 연구결과를 기증해 주셨다.

Donna Rose Addes(University of Auckland, New Zealand)

Roberto Cabeza(Duke University) · Fernando Calamante(Florey Institute, Heidelberg, Australia)

Francesca Carota(University of Cambridge) · Jack Gallant(University of California, Berkeley)

Alex Huth(University of California, Berkeley) · Robert Nash(University of Surry)

Friedemann Pulvermüller(University of Berlin) · SR Research Ltd.(Ottawa, Ontario, Canada)

Kimberly Wade(University of Warwick)

차례

CHAPTER 1

인지심리학 소개 3

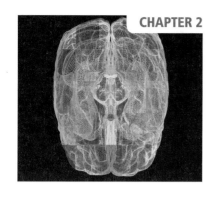

CHAPTER 4

주의 103

CHAPTER 5

단기기억과 작업기억 141

CHAPTER 6

장기기억: 구조 181

CHAPTER 9

지식 295

CHAPTER 10

시각 심상　333

CHAPTER 13

판단, 결정, 추리 447

---

* 참고문헌은 지면 제한상 센게이지러닝 홈페이지(www.cengage.co.kr) 자료실에 올렸으니 참고하십시오.

인지심리학
Cognitive Psychology

등산객이 동굴에서 나와 햇빛 속으로 들어가면서 아주 멋지고 다양한 풍경 속으로의 여행에 대해 예상한다. 이제 이 책의 독자인 여러분은 마음의 기가 막힌 내적 작동을 살펴보는 지적 여행을 시작하려고 한다. 1장은 19세기 후반 유럽의 몇 개 실험실에서 시작해서 이제는 아주 많은 곳에서 마음의 정체와 작동에 대해 과학적으로 연구하기에 이르게 된 마음에 대한 과학적 연구의 역사를 살펴보면서 이 여행을 위한 무대를 차린다.

인지심리학 소개

▶ 인지심리학은 일상경험과 어떻게 관련
이 있는가?

▶ 인지심리학은 실제 생활에 응용이 되
는가?

▶ 마음을 직접 볼 수 없는데 마음의 내부
작동을 어떻게 연구할 수 있는가?

▶ 인지심리학에서 모형은 어떻게 이용되
는가?

수잔에게 오후 늦게 학생회관에서 만나자고 휴대전화로 전화하며 교정을 걷
다가 라파엘은 수잔에게 빌린 책을 방에 놔두고 왔다는 것을 생각해냈다(그림
1.1). 라파엘은 '믿을 수 없군. 내가 놓아두었던 대로 책상 위에 책이 있다는
것을 떠올릴 수 있다니. 책을 돌려주려고 생각했던 어젯밤에 가방에 넣어두었
어야 하는데…….'라고 생각했다.

　수잔과 통화를 마치고 약속에 늦지 말아야 한다고 다짐하는 동안 라파엘의
생각은 자동차 수리를 맡기기로 한 수요일 이후에 어떻게 생활해야 하는지의
문제로 옮아갔다. 차를 렌트하면 기동성이 가장 좋지만 돈이 많이 든다. 룸메
이트의 차를 얻어 타는 것은 돈은 적게 들지만 제약이 많다. 휴대전화를 주머니
에 넣으면서 그는 '학생회관에서 버스 시간표를 구해야겠군.'이라고 생각했다.

　인류학 수업을 들어가면서 곧 시험이 있다는 것을 떠올렸다. 그런데 불행하게도 아직
읽어야 할 것이 아주 많이 남아 있다. 그래서 수잔과 통화하면서 오늘 밤에 영화를 보기
로 계획했지만 영화를 보러 갈 수 없겠다고 마음을 고쳐먹었다. 수업이 시작되자, 라파
엘은 약간 불안한 마음도 들지만 수잔과의 만남을 예상하기 시작했다.

　라파엘의 생활의 이 한 단면은 일상적이기도 하지만 한꺼번에 아주 많은 일이 일어나
고 있다는 점에서 주목할 만하다. 아주 짧은 시간 동안 라파엘은 다음과 같은 일들을 행
했는데, 이것들은 이 책에서 다룰 내용들과 관련이 있다.

- 주위 환경을 **지각한다**. 교정에 있는 사람들을 보고, 수잔이 전화로 이야기하는 것을
들었다. (3장 지각)
- 하나씩 하나씩 **주의를 기울인다**. 왼쪽에서 다가오는 사람, 수잔이 이야기하는 것, 수업
에 늦지 않으려면 시간이 얼마나 남았는지 등에 대해 주의를 기울였다. (4장 주의)
- 과거의 일을 **기억한다**. 수잔에게 오늘 책을 돌려주겠다고 말했던 것을 기억한다.
(5~8장 기억)

- 사물들을 범주로 나눈다. 가능한 이동수단에
대해 생각할 때 렌터카, 친구 차, 버스 등
으로 나눈다. (9장 지식)
- 어젯밤 책상 위에 있던 책을 **시각화한다**.
(10장 심상)
- 수잔에게 말을 하며 말을 이해하고 산출한다.
(11장 언어)
- 차가 수리소에 있는 동안 어떻게 여기저기
를 다닐지에 대해 생각하는 예에서처럼 문
제를 **해결**하려고 노력한다. (12장 문제해결)
- 공부를 할 수 있게 수잔과 영화를 보러 가
는 것을 연기하기로 결정하는 것처럼 **결정**
을 내린다. (13장 판단, 결정, 추리)

그림 1.1 교정을 걸어가는 동안 라파엘의 마음속에서 어떤 일들이 일어날까? 각각의
풍선은 이 책 속 이야기의 부분들에 해당된다.

이 책에서는 라파엘이 하는 일들을 다룰 것인데, 그 일들은 아주 중요한 공통점을 가지고 있다. 그것은 마음이 관여하는 일들이라는 점이다. 인지심리학(cognitive psychology)은 심리학의 한 분야로 마음에 관한 과학적 연구에 대해 다룬다. 여러분이 이 책에서 마음을 이해하기 위한 탐구과정에 대한 이야기를 읽어나가면서 여러분은 마음이란 무엇인지, 마음에 대해 어떻게 연구해왔는지, 마음이 작동하는 방식에 대해 연구자들이 무엇을 밝혀내었는지에 대해 배우게 될 것이다. 이 장에서는 먼저 마음에 대해 좀 더 자세히 알아보고, 인지심리학의 배경이 되는 몇 가지 역사적인 사실들에 대해 서술하고, 마지막으로 현대 인지심리학이 마음을 연구하기 위해 어떻게 변화하고 있는지에 대해 서술한다.

인지심리학: 마음을 연구하다

지금까지 마음(mind)이라는 용어를 정확하게 정의하지 않은 채 사용해왔다는 것을 눈치챘을 것이다. 지능, 정서와 같은 심리학 개념들처럼 마음이라는 용어는 여러 방향으로 생각될 수 있다.

마음이란 무엇인가?

'마음이란 무엇인가?'라는 질문에 대해 접근하는 한 가지 방법은 일상 대화에서 '마음'이라는 용어가 어떻게 사용되는지 살펴보는 것이다.

1. '그는 사고 전날 무엇을 했는지 마음에 떠올릴 수 있었다.' (기억에 관여하는 마음)
2. '거기에 마음을 쏟는다면, 너는 그 수학 문제를 풀 수 있다고 나는 확신해.' (문제 해결자로서의 마음)
3. '아직 마음을 정하지 못했어.' 또는 '이 문제에 대해 두 마음이 있어.' (결정을 내리거나 확률을 고려할 때 사용되는 마음)
4. '그는 마음과 몸이 건강해.' 또는 '외계인과의 조우에 대해 말할 때 그는 마치 마음이 빠져나간 것처럼(제정신이 아닌 것처럼) 보였어.' (건강한 마음은 정상적으로 작동하는 마음을 가리키고, 제대로 작동하지 않는 마음은 비정상적으로 작동하는 마음을 가리킨다)
5. '마음은 낭비해 버리기에는 아주 아까운 것이야.' (가치 있는 존재로의 마음, 아주 조심스럽게 사용되어야 하는 존재)
6. '그는 빛나는 마음을 가졌어.' (아주 똑똑하거나 창의적인 사람을 기술할 때 사용)

이 진술문들은 마음이 무엇인지에 대해 아주 중요한 내용을 우리에게 알려준다. 기억, 문제해결, 결정에서 차지하는 마음의 역할을 강조하는 진술문 1, 2, 3은 '마음은 지각, 주의, 기억, 정서, 언어, 결정, 사고, 추리와 같은 심적 기능을 창조하고 통제한다.'라는 마음에 대한 정의와 관련되어 있다. 이 정의는 다양한 심적 능력에서 마음이 중심적인 역할을 한다는 것을 반영하는데, 우리의 다양한 능력들은 이 책의 목차에서 각 장의 제목에 잘 반영되어 있다.

'마음은 우리가 세상 속에서 목표를 달성할 수 있도록 세상에 대한 표상을 창조하는 시스템이다.'라는 또 다른 정의는 어떻게 마음이 작동하는지에 초점을 맞춘 것이다. 이 정의는 기능과 생존에서 마음이 중요하다는 것을 반영하는데, 마음이 어떻게 이 목표들을 달성하는지에 대한 서술의 시작점도 제공한다. 무언가의 표상을 창조한다는 생각은 우리가 이 책에서 반복해서 다루는 문제이다.

마음에 대한 이 두 가지 정의는 양립 가능하다. 첫 번째 정의는 여러 유형의 인지(cognition), 즉 마음이 하는 심리적 과정들을 가리키는데, 지각, 주의, 기억이 그 예이다. 두 번째 정의는 어떻게 마음이 작동하는지(마음은 표상을 창조한다)와 마음의 기능(마음이 우리가 행동하고 목표를 달성할 수 있게 한다)에 대해 알려준다. 첫 번째 정의에서 다룬 여러 유형의 인지들 모두가 이 목표를 달성하는 데 중요한 역할을 한다는 것은 우연의 일치가 아니다.

진술문 4, 5, 6은 정상적인 기능을 하는 데 마음이 중요한 역할을 한다는 것과 마음의 엄청난 능력을 강조한다. 마음은 우리가 잘 사용해야 하는 것이며, 어떤 사람의 마음의 산물은 아주 예외적인 것으로 간주된다. 그런데 우리가 이 책을 통해 전하려는 메시지 중의 하나인 마음이 엄청난 것이라는 생각은 '특별한' 마음에만 사용되는 게 아니다. 왜냐하면 우리가 다음과 같은 친숙한 활동들을 할 수 있게 해 주는 마음의 속성들을 생각해 보면 사람을 알아보고, 대화를 하고, 다음 학기에 무슨 과목을 들을지 결정하는 것과 같은 '일상적인' 일의 대부분도 그 자체로 엄청난 일이다.

그럼 마음의 속성이라는 것은 무엇인가? 마음의 특징은 어떤 것인가? 마음은 어떻게 작동하는가? 마음은 인지를 창조하고, 마음이 정상적인 기능과 생존에 중요하다고 말하는 것은 마음이 무엇을 하는지에 대해서는 알려주지만, 마음이 어떻게 이것을 성취하는지에 대해서는 알려주지 않는다. 마음이 어떻게 이것을 성취하는가라는 질문이 인지심리학이 다루는 대상이다. 이 장의 나머지 부분에서는 인지심리학의 여러 영역들이 심리학 초창기에서부터 현재에 이르기까지 어떻게 진화되어 왔는지를 기술하고, 이어서 인지심리학자들이 어떻게 마음에 대한 과학적 연구에 접근하는지를 서술할 것이다.

마음 연구: 인지심리학 초기 연구

1800년대에는 마음을 연구하는 것은 불가능하다는 믿음이 마음에 대한 생각들을 지배했다. 마음을 그 자체로 연구하는 것은 가능하지 않다는 것이 그 이유 중의 하나였지만, 다른 이유들도 있었다. 마음의 속성은 측정할 수 없다는 생각도 그중 하나였다. 그렇지만 몇몇 연구자들은 당시의 상식적인 생각을 받아들이지 않고 마음에 대해 연구하기로 결심했다. 이 사람들 중 하나가 네덜란드의 생리학자 Franciscus Donders였다. 그는 최초의 과학적 심리학 실험실이 설립되기 11년 전인 1868년에 현재라면 인지심리학 실험이라 불릴 만한 첫 번째 실험을 수행했다('인지심리학'이라는 용어는 1967년에 만들어졌다는

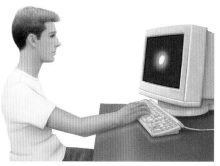

(a) 불빛이 들어오면 J 누르기 (b) 왼쪽 불이면 J, 오른쪽 불이면 K

그림 1.2 **Donders(1868) 실험의 현대판 형태** (a) 단순 반응시간 과제와 (b) 선택 반응시간 과제. 단순 반응시간 과제에서 참가자는 불빛이 들어오면 J를 누른다. 선택 반응시간 과제에서 참가자는 왼쪽 불이 들어오면 J를, 오른쪽 불이 들어오면 K를 누른다. Donders 실험의 목적은 선택 반응시간 과제에서 어느 키를 누를지 결정을 내릴 때 걸리는 시간이었다. © Cengage Learning

것을 기억하는 것도 중요하다. 그렇지만 이제 우리가 기술할 초기 실험들은 인지심리학 실험이라 불릴 자격이 충분하다).

Donders의 개척자적 실험: 결정을 내리기까지 시간이 얼마나 걸리는가? Donders는 사람이 결정을 내리는 데 시간이 얼마나 걸리는지를 밝혀내는 데 흥미를 느꼈다. 그는 자극이 제시되고 반응할 때까지의 시간을 의미하는 반응시간(reaction time)을 측정해서 이를 알아내려 하였다. 그는 두 가지 반응시간을 사용하였다 그는 참가자들에게 불빛이 들어오면 최대한 빨리 단추를 누르게 해서 단순 반응시간(simple reaction time)을 측정하였다(그림 1.2a). 또 두 개의 불빛을 이용해서 참가자들에게 왼쪽 불이 들어오면 왼쪽 단추를, 오른쪽 불이 들어오면 오른쪽 단추를 누르게 해서 선택 반응시간(choice reaction time)을 측정하였다(그림 1.2b).

단순 반응시간 과제를 수행하는 동안 일어나는 단계들이 그림 1.3a에 제시되었다. 자극(불빛)을 제시하는 것은 심적 반응(빛 지각)을 일으키는데, 이것은 행동 반응(단추 누르기)을 이끌어낸다. 반응시간(점선)은 자극 제시에서부터 행동 반응까지의 시간이다.

그러나 Donders가 흥미를 느낀 것은 결정을 내릴 데 걸리는 시간이었다는 점을 기억하라. 선택 반응시간은 참가자들에게 왼쪽 불과 오른쪽 불 중 어느 불이 들어왔는지를 결정하고 이어서 어떤 단추를 눌러야 하는지를 결정하게 해서 단순 반응 과제에 결정 과정을 추가하였다. 그림 1.3b에 있는 그림은 어느 불이 들어왔는지, 그리고 어느 단추를 눌러야 하는지 결정하는 과정을 추가했

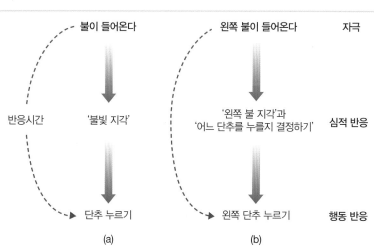

그림 1.3 **Donders 실험에서 자극 제시와 행동 반응 간의 사건들의 연쇄** (a) 단순 반응시간 과제와 (b) 선택 반응시간 과제. 점선은 Donders가 불빛 제시와 참가자의 반응 사이의 시간을 가리키는 반응시간을 측정했다는 것을 알려준다. © Cengage Learning

다. Donders는 단순 조건과 선택 조건의 반응시간 차이는 정확한 단추를 누르게 하는 결정을 내리는 데 걸리는 시간을 알려주는 것이라고 추리했다. 선택 반응시간이 단순 반응시간보다 10분의 1초 더 길었다는 것에서 Donders는 결정을 내리는 데 10분의 1초가 걸린다고 결론지었다.

Donders의 실험은 첫 번째 인지심리학 실험이라는 점과 마음을 연구하는 데에서 아주 의미 있는 점을 알려 주었다는 점에서 아주 중요하다. 즉, 심적 반응(이 예의 경우 불빛을 지각하고 어느 단추를 누를지 결정하는 것)은 직접 측정할 수 없고 행동을 통해 **추론해야만** 한다는 사실을 보여주었다. 이 주장이 왜 사실인지는 그림 1.3의 점선들을 주목해보면 알 수 있다. 이 점선들은 Donders가 반응시간을 측정할 때 그가 측정한 것은 자극 제시와 참가자의 반응 간의 관계를 측정한 것이라는 점을 보여준다. 그는 심적 과정을 직접 측정한 것이 아니라 반응시간에서 특정 심적 과정이 얼마나 시간이 걸리는지를 **추론하였다.** 심적 반응은 직접 측정할 수는 없고 관찰된 행동을 통해 추론해야만 한다는 사실은 Donders의 실험에서뿐만 아니라 인지심리학의 모든 실험에 적용되는 원리이다.

Wundt의 심리학 실험실: 구조주의와 분석적 내성 Donders가 반응시간 실험을 하고 11년이 지난 1879년에 Wilhelm Wundt가 독일의 라이프치히 대학교에 최초로 과학적 심리학 실험실을 개설하였다. 1800년대 후반과 1900년대 초반 심리학을 지배했던 Wundt의 심리학은 구조주의(structuralism)라 불린다. 구조주의에 따르면 우리의 전체 경험은 경험의 기본 요소들이 결합되어 나오는 것인데, 구조주의자들은 경험의 기본 요소를 감각이라 불렀다. 그러니까 화학에서 원소들의 주기율표를 개발해서 원소들이 결합되어 분자가 되는 것을 설명하듯이 Wundt는 경험을 창출해내는 데 관여하는 모든 기초 감각들을 포함하는 마음의 주기율표를 창조하려고 하였다.

Wundt는 분석적 내성(analytic introspection)을 사용하면 경험의 요소들을 과학적으로 기술할 수 있을 것이라고 생각했다. 분석적 내성은 잘 훈련된 참가자가 자극에 대한 자기의 경험과 사고 과정을 기술하는 기법을 가리킨다. 참가자들이 자기들의 경험을 기본 정신요소들로 서술하는 것이 분석적 내성의 목표이기 때문에 분석적 내성을 하려면 집중적인 훈련이 필요하다. 예를 들어, 한 실험에서 Wundt는 참가자들에게 피아노로 연주한 다섯 음으로 된 코드를 들려주고 자기들이 경험한 것을 기술하도록 하였다. 이 실험에서 그가 알아내고자 했던 것은 참가자들이 이 코드를 구성하는 다섯 개의 음들을 하나씩 구분해서 들을 수 있는지의 문제였다. 3장에서 우리가 지각을 다룰 때 보게 되겠지만, 구조주의는 성공적인 접근법이 아니어서 1900년대 초기에 심리학에서 자리를 잃었다. 그러나 Wundt는 통제된 조건하에서 행동과 마음을 연구하는 열정을 통해 심리학에 상당한 기여를 했다. 아울러 그는 심리학 박사들을 많이 배출했는데, 이들은 미국에 있는 여러 대학교를 포함하여 많은 대학교에 심리학과를 설립했다.

Ebbinghaus의 기억 실험: 망각은 시간 경과에 따라 어떤 특징을 보이는가? 한편 라이프치히에서 200km 떨어진 베를린대학교에서는 독일 심리학자 Hermann Ebbinghaus(1885/1913)가 마음의 속성을 측정하기 위해 다른 접근법을 이용하고 있었다. Ebbinghaus는 기억과 망각의 본질을 밝혀내는 데 관심을 가졌다. 특히 학습된 정보가 시간이 지남에 따라 얼마나 빨리 사라지는지에 대해 관심을 가졌다. 그러나 Ebbinghaus는 Wundt의 분석적 내성법 대신 기억을 측정하는 양적인 방법을 사용했다. 자신이 연구 참가자가 되어 DAX, QEH, ZIF와 같은 무의미 철자 13개로 만들어진 목록을 항상 같은 속도로 한 번에 하나씩 제시하는 절차를 반복하였다. 그는 그의 기억이 특정 단어의 의미의 영향을 받지 않게 하기 위해 무의미 철자들을 사용하였다.

Ebbinghaus는 목록을 처음 보았을 때 그 목록을 학습하는 데 시간이 얼마나 걸리는지 측정하였다. 그리고 정해진 시간(지연시간)을 기다린 다음 그 목록을 재학습하는 데 시간이 얼마나 걸리는지를 측정하였다. 지연시간 동안 망각이 일어나기 때문에 목록을 처음으로 기억할 때 실수를 범했다. 그러나 처음 학습한 것에서 얼마간은 파지하고 있었기 때문에 재학습할 때에는 그 목록을 처음 학습할 때보다는 훨씬 빨리 재학습하였다.

Ebbinghaus는 특정 지연시간이 지나면 얼마나 많은 부분을 망각하는지 알아보기 위해 아래와 같은 절차로 계산한 절약(savings)이라는 측정치를 사용하였다. 절약=처음 학습할 때 걸린 시간−지연시간 후 재학습할 때 걸린 시간. 그러니까 처음 학습할 때 1000초가 걸렸고, 지연시간 후에 재학습하는 데 400초가 걸렸다면 절약은 1000−400=600초가 된다. 처음 학습과 세 가지 다른 지연시간에서 재학습한 경우를 그린 그림 1.4를 보면 지연시간이 길면 절약도 작다는 것을 알 수 있다.

Ebbinghaus에 따르면, 지연시간이 길어지면 절약 점수가 감소한다는 것은 망각의 측정치를 제공하는 것이다. 즉, 조금만 절약했다는 것은 더 많이 망각되었다는 것이다. 그러니까 시간별 절약률을 이어 그린 절약 곡선(savings curve)이라 불리는 그림 1.5는 기억은 처음 학습하고 2일 내에 급격하게 떨어지고 그 이후에는 완만하게 떨어진다는 것을 보여준다. 이 곡선은 기억을 양으로 측정할 수 있다는 것을 보여주고 또 마음의 속성을 기술하기 위해 절약 곡선과 같은 함수를 사용할 수 있다는 것을 보여주었기 때문에 아주 중요하다. 이 경우에는 정보를 파지하는 능력이라는 속성을 기술한 셈이다. 비록 Ebbinghaus의 절약법은 Donders의 반응시간과 다른 방법이지만 두 방법 모두 **마음의 속성**을 밝혀내기 위해 **행동**을 측정했

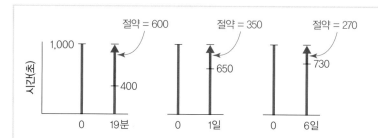

그림 1.4 Ebbinghaus 실험에서 절약 점수 계산하기 이 실험에서 무의미 철자 목록을 처음 학습하는 데 1000초가 걸렸다. 0 위의 숫자가 이를 보여준다. 지연시간 (a) 19분, (b) 1일, (c) 6일에서 재학습하는 데 필요한 시간은 0의 오른쪽 선에 적혀 있다. 붉은 선은 각 지연 조건에서의 절약 점수를 알려준다. 지연시간이 길어지면 절약 점수가 줄어드는 것에 주목하라. 절약 점수가 줄어드는 것이 망각의 측정치를 제공한다. © 2015 Cengage Learning

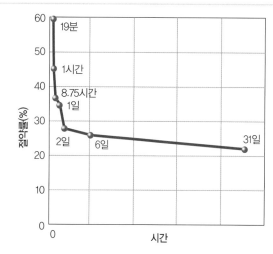

그림 1.5 Ebbinghaus의 절약 곡선 Ebbinghaus는 절약률이 기억 양의 측정치라고 생각하여 처음 학습과 검사 간의 시간에 대해 절약률을 그렸다. 지연시간 증가에 따른 절약(기억)의 감소는 처음 2일 동안 급격하게 망각이 일어나고 그 이후에는 완만하게 망각이 일어난다는 것을 보여준다.

출처: H. Ebbinghaus, *Memory: A contribution to experimental psychology*, H. A. Rugers & C. E. Bussenius, Trans., New York: Teachers College, Columbia University, 1885/1913.

다는 것에 주목하기 바란다.

William James의 『심리학의 원리』 Wundt의 제자는 아니지만 초기 미국 심리학자 중 한 사람인 William James는 하버드 대학교에서 심리학 과목을 최초로 가르쳤고, 사람들의 마음에 관한 중요한 관찰들을 그의 저서 『심리학의 원리(Principles of Psychology)』(1890)에 서술하였다. 그의 관찰은 실험 결과에 기초한 것이 아니라 자신의 마음의 작동에 대해 관찰한 것에 기초하였다. James의 관찰 중에서 가장 널리 알려진 것이 주의의 본질에 관한 다음의 정의이다.

> 내 감각에는 제공되지만 내 경험에 제대로 도달하지 못하는 것들이 수백만 가지다. 왜? 그것들은 내 관심 대상이 아니기 때문이다. 나의 경험은 바로 내가 주의를 기울이기로 마음먹은 것들이다. …… 누구나 주의가 무엇인지는 안다. 주의란, 동시다발적인 여러 가지 대상이나 생각의 흐름 중 하나가 분명하고 명료한 형태로 내 마음을 차지하는 것이다. …… 이것은 특정한 대상들을 효과적으로 처리하기 위해 다른 것들로부터 마음이 철수하는 것을 함의한다.

하나의 대상에 주의를 기울이는 것은 다른 대상들로부터는 주의를 철수하는 것을 포함한다는 관찰은 지금도 유효하며, 주의에 관한 많은 현대 연구의 주제가 되었다. James의 정확한 관찰도 인상적이지만 그가 고려한 인지 주제의 다양함 또한 아주 인상적이다. 그는 사고, 의식, 주의, 기억, 지각, 상상, 추리 등을 다루었다.

Wundt의 최초의 심리학 실험실 설립, Donders와 Ebbinghaus의 정량적인 실험, James의 예리한 관찰은 마음에 대한 연구에 희망적인 출발을 제공하였다(표 1.1). 그러나 얼마 지나지 않아 심리학의 초점을 마음과 심적 과정에 대한 연구에서 다른 곳으로 빼앗아가 버린 20세기 초의 몇 가지 사건에 의해 마음에 대한 연구는 찬 서리를 맞게 되었다. 심리학이 심적 과정에 대한 연구를 거부하게 만든 중요한 요인 중의 하나는 Wundt의 분석적 내성법에 대한 부정적인 반작용이었다.

표 1.1 인지심리학의 초기 개척자들

사람	절차	결과와 결론	기여
Donders (1868)	단순 반응시간 대 선택 반응시간	선택 반응시간이 1/10초 더 걸림. 따라서 결정하는 데 1/10초 걸림	최초의 인지심리학 실험
Wundt (1879)	분석적 내성법	신뢰할 수 있는 결과 없음	최초로 과학적 심리학 실험실 설립
Ebbinghaus (1885)	망각을 측정하기 위한 절약법	처음 학습 후 1, 2일 사이에 급격하게 망각이 일어남	심적 과정의 양적 측정
James (1890)	실험하지 않음, 자기 경험에 대한 관찰 보고	다양한 경험에 대한 서술	최초의 심리학 교재, 일부 관찰은 아직도 타당

마음 연구를 포기하다

많은 초창기 심리학과에서는 Wundt 실험실의 전통을 따라 심적 과정을 연구하기 위해 분석적 내성법을 이용해 연구를 수행했다. 그러나 마음에 대한 연구를 강조하던 경향은 1904년에 시카고 대학교에서 심리학 박사를 받은 Watson의 노력 때문에 변화하게 되었다.

Watson의 행동주의 창시

어떻게 John Watson이 행동주의라 불리는 심리학 접근법을 개발하게 되었는지에 대한 이야기는 심리학 개론을 수강하는 학생들에게는 잘 알려져 있다. 그렇지만 이 사실이 인지심리학 역사에서 중요하기 때문에 여기서는 간단하게 알아보도록 한다.

시카고 대학교에서 대학원 과정을 수학하면서 Watson은 분석적 내성법에 대해 실망하게 되었다. 그가 이 방법에 대해 문제점으로 느낀 것은 (1) 사람에 따라서 결과가 아주 다르다는 점과 (2) 이 결과들을 보이지 않는 내적인 심적 과정의 용어로 해석하기 때문에 검증하기 어렵다는 점이었다. 그래서 분석적 내성법의 결함으로 보이는 문제들을 해결하기 위해 Watson은 행동주의(behaviorism)라 불리는 새로운 접근법을 제안하였다. Watson의 논문 중의 하나인 『행동주의자의 관점에서 본 심리학(Psychology As the Behaviorist Views It)』(1913)에서 행동주의의 목표를 설정했는데, 다음에 나오는 유명한 인용문이 이를 잘 보여준다.

> 행동주의자가 보는 심리학은 객관적이고 실험적인 자연과학의 한 분야이다. 행동을 예측하고 통제하는 것이 심리학의 이론적 목표이다. 내성법은 심리학의 기본적 방법이 되지 못하며, 의식의 용어로 해석하는 내성을 통해 얻은 자료도 과학적 가치가 없다. ……우리가 해야 할 일은 의식이 아니라 **행동**이 심리학 연구의 목표가 되게 심리학을 시작하는 것이다. (Watson, 1913, p.158, p.176. 저자가 강조할 부분을 진하게 표시했다)

이 인용문은 두 가지 중요한 점을 강조한다. (1) Watson은 연구 방법으로서의 내성법을 거부했고, (2) 의식(사고, 정서, 추리와 같은 관찰할 수 없는 과정들을 포함)이 아니라 관찰할 수 있는 행동이 심리학 연구의 주 대상이라고 강조했다. 달리 표현하자면 Watson은 심리학을 Donders의 반응시간과 같은 행동 자료로 국한하려 하였고, 이런 자료를 넘어서서 관찰할 수 없는 심적 사상으로 결론을 내리려는 생각을 거부하였다. 그는 "심리학은 더 이상 심적 상태를 관찰 목표로 삼는다는 생각에 스스로를 속일 필요가 없다." (p.163)고 선언하면서 마음을 탐구 대상에서 제외시켰다. Watson의 목표는 심리학 연구의 주제를 마음에서 직접 관찰 가능한 행동에 대한 연구로 대체하는 것이었다. 행동주의가 미국 심리학의 주된 세력이 되면서 심리학자들의 주의는 '행동이 마음에 대해 무엇을 알려주는가?'에서 '주변 자극과 행동 간의 관계는 무엇인가?'로 옮겨갔다.

그림 1.6 종소리와 먹이를 짝지어 제시한 Pavlov의 유명한 실험 처음에는 고기를 보아야 침을 분비했지만, 이 연합을 몇 번 경험한 이후에는 종소리도 침을 분비시켰다. 짝짓기에 의한 학습 원리는 고전적 조건형성이라 불리게 되었으며, Watson의 '어린 앨버트' 실험의 기초가 되었다. © Cengage Learning

Watson의 실험 중에서 가장 유명한 실험은 '어린 앨버트' 실험인데, 이 실험에서 Watson과 Rosalie Rayner(1920)는 생후 9개월의 사내아이인 앨버트에게 원래는 앨버트가 좋아했던 쥐가 다가갈 때마다 시끄러운 소리를 들려주었다. 쥐가 다가갈 때마다 소리를 들려주는 것을 몇 번 하자 앨버트는 쥐가 나타나면 최대한 잽싸게 쥐를 피해 기어갔다.

Watson의 생각은 고전적 조건형성(classical conditioning)과 연합되는데, 고전적 조건형성에서는 하나의 자극(앨버트에게 들려준 커다란 소음과 같은 자극)을 이전에는 중립적이었던 자극(쥐)과 짝을 지으면 중립적이었던 자극에 대한 반응이 어떻게 변화하는지를 다룬다. Watson의 실험 아이디어는 1890년대에 개에게서 고전적 조건형성이 일어나는 것을 보여주기 시작한 Ivan Pavlov의 연구에서 영감을 얻은 것이었다. 이 실험(그림 1.6)에서 Pavlov가 개가 침을 흘리게 만드는 먹이와 처음에는 중립적인 자극이었던 종소리를 짝지어 제시하자 개가 종소리에 대해 침을 흘리게 되었다(Pavlov, 1929).

Watson은 고전적 조건형성을 이용해서 마음에 대해 언급하지 않고도 행동을 분석할 수 있다고 주장하였다. Watson에게 앨버트의 머릿속에서나 Pavlov의 개의 머릿속에서 진행되는 것은 그것이 생리학적인 것이든 심적인 것이든 아무 상관이 없었다. 그에게는 하나의 자극을 다른 자극과 짝지으면 행동에 어떤 영향을 주는지만이 중요했다.

Skinner의 조작적 조건형성

미국심리학을 행동주의가 지배하던 중에 1931년에 하버드 대학교에서 박사를 받은 B. F. Skinner는 자극과 반응 간의 관계를 연구하는 또 다른 도구를 제공했는데, 이는 행동주의가 앞으로 수십 년 동안 확실하게 심리학을 지배하도록 해 주었다. Skinner는 조작적 조건형성(operant conditioning)을 소개했는데, 조작적 조건형성에서는 음식이나 사회적 승인과 같은 정적 강화물을 제공하면(혹은 충격이나 사회적 거부와 같은 부적 강화물을 제거하면) 어떻게 행동이 강해지는지에 초점을 모았다. 한 예로 Skinner는 쥐에게 막대 누르는 것을 음식으로 강화하면 쥐가 막대를 누르는 속도가 유지되거나 빨라지는 것을 보여주었다. Watson과 마찬가지로 Skinner도 마음속에서 무엇이 일어나는지에는 관심이 없었고, 어떻게 행동이 자극에 의해 통제되는지를 밝혀내는 데에만 집중했다(Skinner, 1938).

자극-반응 관계를 연구하면 행동을 이해할 수 있다는 생각은 온전히 한 세대의 심리학자들에게 영향을 미쳤고, 1940년대부터 1960년대까지 미국 심리학을 지배했다. 심리

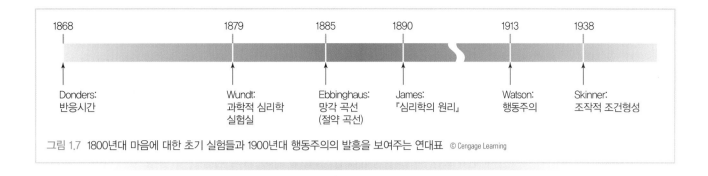

연대표 이미지의 텍스트:

| 1868 | 1879 | 1885 | 1890 | 1913 | 1938 |

Donders:
반응시간

Wundt:
과학적 심리학
실험실

Ebbinghaus:
망각 곡선
(절약 곡선)

James:
『심리학의 원리』

Watson:
행동주의

Skinner:
조작적 조건형성

그림 1.7 1800년대 마음에 대한 초기 실험들과 1900년대 행동주의의 발흥을 보여주는 연대표 © Cengage Learning

학자들은 고전적 조건형성과 조작적 조건형성 기법들을 교실에서의 수업, 심리적 장애 치료, 그리고 약물이 동물에 미치는 영향을 연구하는 데 적용하였다. 그림 1.7은 마음에 대한 최초의 연구에서부터 행동주의가 일어날 때까지의 사건들의 연대표이다. 그러나 행동주의가 심리학을 지배하고 있는 동안에도 마음에 대한 연구를 재탄생시키는 데 기여하는 사건들이 발생하였다.

마음의 재출현을 위한 무대 준비

행동주의가 수십 년 동안 미국 심리학을 지배했지만, 일부 심리학자들은 엄격한 행동주의를 따르지 않았다. 이런 연구자 중 한 명이 Edward Chance Tolman이다. 1918년부터 1954년까지 UC 버클리 대학교에 재직한 Tolman은 자기의 관심사는 행동을 측정하는 것이라는 의미에서 스스로를 행동주의자라고 불렀지만, 행동을 이용해서 심적 과정을 추론했기 때문에 실제로 그는 초기 인지심리학자 중 한 명이다.

그가 수행한 연구 중의 하나에서 Tolman은 그림 1.8에 있는 것과 같은 미로에 쥐를 위치시켰다. 처음에 쥐는 미로의 골목들을 다니며 미로를 탐색했다(그림 1.8a). 처음의 탐색기간이 지난 다음, 쥐는 A에 위치시키고, B에 먹이를 놓았더니, 쥐는 먹이를 얻기 위

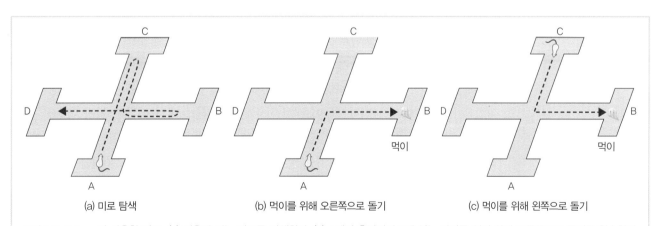

(a) 미로 탐색   (b) 먹이를 위해 오른쪽으로 돌기   (c) 먹이를 위해 왼쪽으로 돌기

그림 1.8 **Tolman이 사용한 미로** (a) 처음에 쥐는 미로를 탐색한다. (b) A에서 출발하면 B에 있는 먹이를 얻기 위해 오른쪽으로 돌기를 학습한다. (c) C에서 출발시키면 먹이를 얻기 위해 왼쪽으로 돈다. 이 실험에서는 먹이가 있는 곳을 알기 위해 냄새와 같은 단서를 쥐가 사용하지 못하도록 조치를 취해야 한다. © Cengage Learning

해 교차점에서 오른쪽으로 돌아서는 것을 아주 빨리 학습했다. 오른쪽으로 돌면 먹이로 보상을 받기 때문에 이것은 행동주의자들이 예측하는 것과 일치하는 행동이다(그림 1.8b). 그러나 쥐가 냄새로 먹이가 놓인 위치를 판단할 수 없게 충분히 조심한 다음에 Tolman이 쥐를 C에 내려 놓았더니 아주 재미있는 일이 벌어졌다. 쥐는 B에 있는 먹이를 얻으려고 **왼쪽**으로 도는 것이었다(그림 1.8c). Tolman은 쥐가 처음에 미로를 탐색하는 동안 인지도(cognitive map)를 만들어 놓았기 때문에 이 행동을 하게 되었다고 설명하였다. 여기서 인지도란 미로의 공간적인 배열에 대해 쥐의 마음속에 형성된 개념을 의미한다(Tolman, 1948). 그러니까 이전에는 오른쪽으로 돌아야 보상을 받았음에도 불구하고, 쥐의 심적 지도는 이번에는 왼쪽으로 돌아야 먹이를 얻는다고 알려준 것이다. Tolman은 인지라는 용어를 사용했고, 자극-반응 연결 외의 다른 것이 쥐의 마음속에서 일어났을 것이라는 생각 때문에 그는 당시의 주류인 행동주의의 국외자가 되었다.

다른 연구자들도 Tolman의 연구에 대해 알았지만, 대부분의 1940년대 미국 심리학자들에게 인지라는 용어를 사용한다는 것은 받아들이기 어려운 일이었다. 왜냐하면 사고라든가 머릿속의 지도와 같은 내적인 과정은 연구 주제로 수용할 수 없다는 행동주의의 생각을 위배하는 것이었기 때문이었다. Tolman이 인지도라는 개념을 소개한 지 10년도 더 지나서야 심리학에서 마음의 부활을 가능하게 해 준 사건들이 발생하였다. 역설적이게도 이 사건들 중 하나는 1957년에 Skinner가 발간한 『언어행동(Verbal Behavior)』이라는 제목의 책의 발간이다.

이 책에서 Skinner는 조작적 조건형성을 통해 아동이 언어를 습득한다고 주장하였다. 이에 따르면 아동들은 자기들이 들은 소리를 모방하고, 정확한 말이 보상을 받기 때문에 정확한 말을 반복한다. 그러나 1959년 MIT의 언어학자인 Noam Chomsky가 이에 대해 아주 신랄하게 비판하는 서평을 게재했는데, 이 서평에서 그는 아동들은 이전에 부모에게 보상을 받은 적 없는 많은 문장들(예: 'I hate you, Mommy')을 말하고, 정상적인 언어 발달 도중에 문법적으로 부정확한 말이 한 번도 강화된 적이 없음에도 불구하고 'the boy hitted the ball'과 같은 부정확한 문법을 사용하는 단계를 거친다는 점을 지적했다.

Chomsky는 언어 발달은 모방이나 강화에 의해 결정되는 것이 아니라 여러 문화에서 보편적으로 작동하는 생득적인 생물학적 프로그램에 의해 결정된다고 보았다. 언어는 강화의 결과가 아니라 마음이 구성되는 방식의 산물이라는 Chomsky의 생각은 언어나 문제해결, 추리와 같은 복잡한 행동도 조작적 조건형성에 의해 설명될 수 있다는 행동주의자들의 생각에 대해 심리학자들이 재고하게 만들었다. 그래서 복잡한 인지 행동을 이해하려면 관찰 가능한 행동만을 측정하는 것뿐만 아니라, 어떻게 마음이 작동하는지에 대해 이러한 행동이 우리에게 무엇을 알려주는지 고려할 필요가 있다는 것을 심리학자들이 실감하기 시작했다.

마음 연구의 재탄생

1950년대의 10년은 일반적으로 인지 혁명(cognitive revolution)이 시작된 시점으로 알려져 있다. 인지 혁명이란 심리학의 주 관심사가 행동주의자들의 자극−반응 관계에서 마음의 작동을 이해하는 것으로 옮겨간 것을 가리킨다. Chomsky가 Skinner의 책을 비판하기 이전에 이미 행동에만 초점을 맞춘 연구에서 어떻게 마음이 작동하는지에 대한 연구로 선회하는 것을 알려주는 다른 사건들이 발생하였다.

심리학자들이 단순히 행동만을 관찰하는 것을 넘어서서 어떻게 마음이 작동하는지에 대해 연구해야 한다고 주장하는 것만으로는 연구가 되지 않는다. 행동 관찰을 넘어서려면 마음을 개념화하는 새로운 방법을 심리학자들이 개발해야 한다. 다행스럽게도 심리학자들이 행동주의에 대해 의심을 하는 시기에 마음의 작동에 대해 서술하는 새로운 방법을 시사해 주는 새로운 기술이 등장하였다. 이 새로운 기술은 디지털 컴퓨터였다.

디지털 컴퓨터의 등장

1940년대 후반에 개발된 최초의 컴퓨터는 건물을 통째로 차지해야 할 만큼 아주 큰 기계였다. 그러나 1954년 IBM사가 일반 대중이 사용할 수 있는 컴퓨터를 개발하였다. 이 컴퓨터도 오늘날의 랩톱 컴퓨터에 비하면 어마어마하게 크지만, 어쨌든 대학교의 실험실에 도입되어 자료들을 분석하는 용도와 마음에 대해 새로운 각도에서 생각하게 하는 방안을 시사해 주는 데 사용되었는데, 이 중 두 번째가 우리 목적에 아주 중요한 측면이었다.

컴퓨터를 위한 흐름도　1950년대 심리학자들의 주의를 끈 컴퓨터의 특징은 그림 1.9a에 있는 것처럼 컴퓨터가 정보를 여러 단계에 걸쳐 처리한다는 점이었다. 이 그림을 보면 정보는 처음에 '입력 처리기'에 수용된다. 그 정보는 '연산 단위'에 의해 처리되기 전에 일단 '기억 단위'에 저장된다. '연산 단위'에서는 컴퓨터의 출력물을 창조해낸다. 처리 단계 모형에서 영감을 얻어 심리학자들은 마음을 연구하는 방법으로 정보처리 접근(information-processing approach)을 제안하였다. 정보처리 접근법에서는 인지에 관여하

그림 1.9 (a) 초기 컴퓨터의 흐름도, (b) Broadbent의 주의에 대한 여과기 모형의 흐름도. 이 그림에서는 많은 메시지가 '여과기'에 들어오는데, 여과기는 처리자가 주의를 기울이는 메시지만 선택한다. 선택된 메시지들은 탐지기에서 더 처리되고 기억에 저장된다. 이 그림은 4장에서 자세히 다룰 것이다. © Cengage Learning

는 심적 조작들의 연쇄를 추적한다. 정보처리 접근법에 따르면 마음의 작동은 여러 단계에 걸쳐 일어나는 것으로 기술될 수 있다. 마음의 작동에 처리 단계 접근을 이용해서 심리학자들은 새로운 질문을 제기하였고, 이런 질문들에 대한 대답을 새로운 틀로 서술하였다. 이 새로운 방식의 사고에 영향을 받은 최초의 연구 중 하나는 많은 정보들이 동시에 주어졌을 때 어떻게 사람들이 그중 특정 정보에만 집중할 수 있는지에 대한 연구였다.

마음의 흐름도   1950년대부터 일부 연구자들이 어떻게 사람의 마음이 쏟아져 들어오는 정보를 처리하는지를 기술하는 데 흥미를 갖기 시작하였다. 이들이 답하고자 했던 질문 중의 하나는 우리가 무언가 하나에 주의를 기울이려면 다른 것들을 포기해야 한다는 William James의 생각에서 시작되었다. 이 생각을 시발점으로 삼아 영국의 심리학자 Colin Cherry(1953)는 실험 참가자들에게 두 개의 메시지를 하나는 왼쪽 귀에 다른 하나는 오른쪽 귀에 들려주고 그중 하나의 메시지(주의 메시지)에만 주의를 집중하고 다른 메시지(무시 메시지)는 무시하라고 요구했다. 예를 들어, 왼쪽 귀에서 들리는 'As Susan drove down the road in her new car⋯⋯'로 시작하는 메시지에만 주의를 집중하고, 동시에 오른쪽 귀에서 들리는 'Cognitive psychology, which is the study of mental process⋯⋯'로 시작하는 메시지에는 주의를 기울이지 말라고 요구했다.

이 실험의 결과는 사람들이 하나의 메시지에 주의를 기울이면 주의를 기울이지 않은 메시지의 목소리는 들을 수 있지만 그 메시지의 내용에 대해서는 자각하지 못한다는 것을 보여준다. 이 실험의 결과는 4장 주의에서 자세히 다루게 된다. 이 결과는 영국의 심리학자 Donald Broadbent(1958)가 최초로 마음의 흐름도(flow diagrams)를 제안하게 이끌었다(그림 1.9b). 이 흐름도는 사람들이 주위의 자극들 중의 하나에 주의를 기울일 때 사람들의 마음속에서 어떤 일이 일어나는지를 보여준다. Cherry의 주의 실험을 이 흐름도에 대입해 보면 '입력'은 주의를 기울이는 메시지와 그렇지 않은 메시지 두 개의 소리이고, '여과기'는 주의를 기울인 메시지는 통과시키고 주의를 기울이지 않는 메시지는 차단시킨다. 그리고 '탐지기'는 여과기를 통과한 정보를 기록한다.

이 설명을 시끄러운 파티장에서 친구에게 이야기하고 있는 상황에 대입하면, 여과기는 여러분 친구의 대화는 통과시키고, 다른 대화와 소음들은 차단시킨다. 그러니까 다른 사람들이 있다는 것은 자각해도 다른 사람들이 무슨 이야기를 하는지와 같은 자세한 정보에 대해서는 자각하지 못한다.

Broadbent의 흐름도는 마음의 작동을 처리 단계의 연쇄라는 용어로 분석하는 방안을 제공했으며, 실험을 통해 검증할 수 있는 모형을 제안하였다. 흐름도가 마음의 작동을 서술하는 표준 방법 중 하나이기 때문에 이 책을 읽어나가면서 이와 같은 흐름도를 많이 보게 될 것이다. 그러나 영국 심리학자 Cherry와 Broadbent만이 마음을 연구하는 새로운 방안을 발견한 것은 아니다. 이들이 새로운 방안을 발견할 그 무렵에 미국에서는 연구자들이 컴퓨터에서 단서를 얻어서 마음을 정보처리자로 상정하는 두 개의 학술대회를 조직하였다.

인공지능 학술대회와 정보이론 학술대회

1950년대 초반 다트머스 대학의 젊은 수학 교수인 John McCarthy는 컴퓨터가 사람 마음의 작동을 흉내 내게 프로그램할 수 있지 않을까라는 생각을 하게 되었다. McCarthy는 그냥 이 질문을 제기하는 것에서 멈추는 게 아니라 컴퓨터가 사람들의 지능적인 행동을 수행하게 프로그램하는 방안에 대해 연구자들이 논의하는 학술대회를 1956년 여름에 다트머스에서 개최하기로 결정하였다. 그 학술대회의 명칭인 '인공지능 하계 연구 프로젝트(Summer Researech Project on Artificial Intelligence)'에서 '인공지능(artificial intelligence)'이라는 용어가 처음으로 사용되었다. McCarthy는 인공지능 접근을 "만약 사람들이 행동한다면 지능적이라고 불릴 방식으로 기계가 행동하게 만드는 것"이라고 정의하였다(McCarthy et al., 1955).

10주에 걸친 학술대회 동안 심리학자, 수학자, 전산학자, 언어학자, 정보 이론 전문가들을 포함한 여러 분야의 연구자들이 학술대회에 참석했다. 그중 일부는 학술대회의 거의 모든 발표에 참석하고, 일부는 선별적으로 참석했지만, 참석자 중 가장 중요한 두 명이라고 볼 수 있는 카네기 공대의 Herbert Simon과 Alan Newell은 발표에 거의 참석하지 못했다(Boden, 2006). 이 두 사람은 McCarthy가 꿈꾸었던 인공지능 기계를 만들어 내려고 피츠버그에서 연구하느라 다른 발표에 참석하지 못했다. Simon과 Newell은 지금까지 사람만이 할 수 있었던 문제인 논리학 문제의 증명을 창조해 내는 컴퓨터 프로그램을 만드는 것을 목표로 연구를 진행하고 있었다.

마침내 Newell과 Simon은 이 학술대회에서 실연할 수 있게 시간에 맞춰 논리 이론가(logic theorist)라 부르는 컴퓨터 프로그램을 개발하는 데 성공했다. 논리 이론가 프로그램은 논리학 원리들을 포함하는 수학 원리들의 증명을 창조해내었기 때문에 이들이 학술대회에서 실연한 것은 혁명적인 성과였다. 최신 인공지능 프로그램과 비교하면 아주 초보적이지만 이 프로그램은 단순하게 숫자를 처리하는 것을 넘어서서 문제를 해결하기 위해 사람들이 사용하는 것과 유사한 추리과정을 사용했기 때문에 진정으로 '사고하는 기계'였다.

다트머스 학술대회가 막을 내리고 곧이어 같은해 9월에 '매사추세츠 공과대학 정보이론 심포지엄(Massachusetts Institute of Technology Symposium on Information Theory)'이라는 또 하나의 기념비적인 학술대회가 개최되었다. 이 학술대회는 Newell과 Simon이 논리 이론가 프로그램을 공개 실연할 또 다른 기회를 제공했을 뿐만 아니라 하버드의 심리학자인 George Miller가 막 게재한 논문인 「마법의 수 7±2(The Magical Number Seven Plus or Minus Two)」(Miller, 1956)를 발표하는 것을 들을 수 있는 기회를 참가자들에게 제공하였다. 이 논문에서 Miller는 사람들이 정보를 처리하는 능력에는 한계가 있다는 생각을 제안하였다. 즉, 사람 마음이 정보를 처리하는 능력은 대략 일곱 항목(예: 전화번호 숫자의 개수) 정도로 제한되어 있다는 것이다.

5장에서 이에 대해 논의할 때 우리는 우리가 정보를 받아들이고 기억하는 능력을 증진시키는 방안이 있다는 것을 보게 된다(예: 우리는 전화번호 일곱 자릿수에 지역 번호 세

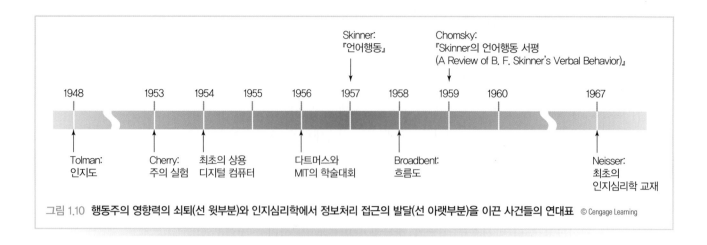

그림 1.10 **행동주의 영향력의 쇠퇴(선 윗부분)와 인지심리학에서 정보처리 접근의 발달(선 아랫부분)을 이끈 사건들의 연대표** © Cengage Learning

자리를 더해도 기억하는 데 큰 어려움을 느끼지 않는다). 그럼에도 불구하고 정보를 수용하고 기억하는 능력에 한계가 있다는 Miller의 기본 원리는 아주 중요한 생각이었다. 그리고 이미 눈치챘을 수도 있지만 이 생각은 거의 같은 시기에 제안된 Broadbent의 여과기 모형에서 주장하는 것과 유사하다.

인지 '혁명'은 시간이 좀 걸렸다

우리가 기술해 온 Cherry의 실험, Broadbent의 여과기 모형, 그리고 1956년에 열린 두 개의 학술대회는 심리학이 행동주의에서 마음에 대한 연구로 이동하기 시작했다는 것을 알려준다. 이 변화를 인지 혁명이라 부르지만, Skinner의 행동주의에서 혁명적인 인지적 접근으로 변화하는 데는 상당한 시간이 걸렸다. 1956년도의 학술대회에 참석했던 참석자들은 나중에 그들이 참석했던 학술대회가 마음에 관한 새로운 사고의 출생에서 아주 중요한 역사적인 사건으로 기록되고 과학사 학자들이 1956년을 '인지과학 원년'이라고 부르리라고는 생각도 못했다(Bechtel et al., 1998; Miller, 2003; Neisser, 1988). 사실 이 학술대회가 열리고 상당한 시간이 지난 후에도 심리학사 책에서는 인지적 접근에 대해 전혀 다루지 않았으며(Misiak & Sexton, 1966), 인지심리학이라는 용어도 1967년에 Urlich Neisser가 『인지심리학(Cognitive Psychology)』이라는 제목의 교재를 발간할 때 처음으로 사용되었다(Neisser, 1967). 그림 1.10은 인지심리학이라는 분야가 정착할 때까지 일어난 주요 사건들의 연대표를 보여준다.

전망

인지심리학이라는 용어를 처음 사용했고 마음에 대한 연구에서 정보처리 접근을 강조한 Neisser의 교재는 어떤 면에서는 여러분이 읽고 있는 책의 원조라 할 수 있다. 종종 일어나는 일이지만 새 세대는 문제에 접근하는 새로운 방법을 제안하는데, 인지심리학도 예외가 아니다. 1956년의 학술대회와 1967년도의 교재 발간 이후 많은 실험들이 수행되었고, 새 이론들이 제안되었으며, 새 기법들이 개발되었다. 그 결과 인지심리학과 마음 연구에서의 정보처리 접근은 심리학의 주된 접근법이 되었다.

Donders가 반응시간과 의사결정(오른쪽 버튼을 눌러야 하는지, 왼쪽 버튼을 눌러야 하는지에 대한 결정) 간의 관계를 측정한 이래 많은 발전이 있었다. 그러나 현대 인지심리학에서는 아직도 관계를 측정하고 있다. 우리가 좀 전에 들은 20개 단어 목록에서 목록의 중간에 있는 단어들보다 처음과 마지막에 있는 단어들을 기억하는 것이 쉽고(5장 기억), 일상생활에서 자주 접하지 않는 단어(예: hike)보다 자주 접하는 단어(예: house)에 더 빨리 반응하고(11장 언어), 사실은 천식이 태풍보다 사망 원인일 가능성은 20배 높지만, 자기들이 들어보지 않았던 사건(예: 천식)보다 들었던 사건(예: 태풍)을 사망 원인일 가능성이 많다고 판단하는 것이 그런 예들이다(13장 판단, 결정, 추리).

관계들을 측정하는 실험들의 목표는 행동을 이용해서 어떻게 마음이 작동하는지 알아보는 것이다. 그러나 현대 인지심리학의 목표는 변인들 간의 관계를 측정하는 수준 그 이상의 것이다. 왜냐하면 인지심리학의 궁극적인 목표는 마음을 이해하는 것이고, 마음은 복잡계이기 때문이다.

현대의 인지심리학 연구

인지심리학은 마음의 복잡성에 대해 어떻게 생각하는가? 이 생각은 인지심리학자들이 제기하는 질문과 그들이 수행하는 실험에 어떤 영향을 미치는가? 이 질문에 대한 답은 연구자마다 다르고 다루는 문제에 따라 다를 수 있지만, 인지심리학 전반에 적용되는 두 가지 측면에 대해 살펴보기로 한다. 즉, (1) 하나의 질문에서 다음 질문으로 연구가 어떻게 발전해 나가는지의 측면과 (2) 인지심리학에서 모형의 역할이라는 두 가지 측면에 대해 살펴보기로 한다.

흐름 따라가기: 연구 주제가 어떻게 변해왔는가?

일반적인 과학 연구와 마찬가지로 인지심리학 연구는 특정 문제에 대해 이미 알고 있는 것에서 출발한다. 이 출발점에서 연구자는 질문을 제기하고, 실험을 수행하고, 결과를 수집하고 해석한다. 이 과정에서 얻은 발견은 새로운 연구 문제와 실험, 결과의 토대가 된다. 그래서 우리는 연구 과정을 하나가 다른 것을 인도해 주는 흐름 따라가기 과정으로 생각해볼 수 있다. 연구 과정에서 어떤 길을 따라가는지의 문제는 제기된 질문에 의해 결정된다. 그러니까 연구 과정에서 가장 큰 도전은 실험을 수행하는 것이 아니라 좋은 질문을 찾아내는 것이다.

연구 과정을 흐름 따라가기로 보는 것을 '압박 상황에서의 초킹' 문제에 관한 Sian Beilock(2010)의 연구를 통해 알아보자. 여기서 초킹(choking)이란 어떤 사람이 높은 수준의 수행을 해야 한다는 압박감 때문에 그 사람의 숙련도에 따른 기대치보다 훨씬 나쁜 수행을 보이는 것을 가리킨다. 우리가 이 연구를 고른 이유는 두 가지이다. 하나는 초킹이라는 현상이 많은 사람들과 관련이 있기 때문이고, 다른 하나는 앞으로 우리가 서술할 실험들이 하나의 연구 문제에서 새로운 연구 문제로 발전해 나가는 흐름 따라가기의 좋은 예이기 때문이다.

초킹은 다양한 상황에서 발생한다. 성공만 하면 우승컵을 따게 되는 손쉬운 퍼트를 골프 선수가 놓치거나, 농구 선수가 아주 중요한 게임에서 연달아 숏을 넣지 못하는 경우가 운동 경기에서 흔히 보는 초킹의 예이다. 초킹은 학교 장면에서도 일어난다. 조슈아는 중요한 시험을 앞두고 아주 열심히 공부해서 내용을 완전히 이해했다고 느꼈는데 막상 시험장에서는 너무 긴장한 나머지 시험을 망치기도 한다.

Beilock이 미시건 주립대학교의 Thomas Carr 교수의 지도를 받는 대학원생일 때 작성한 초기 논문 중의 하나는 "압박 상황에서의 초킹 현상에 대해 제대로 된 설명이 없다."라고 서술하는 것으로 시작한다(Beilock & Carr, 2001). 그러니까 이 연구 흐름의 출발점은 제대로 된 설명이 필요한 초킹이라는 현상이었다. 또 다른 출발점은 작업기억이라 불리는 유형의 기억에 관한 제안이었다. 작업기억은 어떤 정보를 조작하는 동안 그 정보를 기억에 유지하는 데 관여하는데, 예를 들면 우리가 머릿속으로 수학 문제를 풀 때 작업기억이 관여한다(Baddeley & Hitch, 1974).

작업기억과 초킹 사이의 연관 관계를 알아보기 위해 Beilock과 Carr(2004)는 참가자들에게 수학 문제를 보여주고 나머지가 있는지 답하게 하는 실험을 실시했다. 예를 들어, 아래에 있는 문제에서 나머지가 있으면 '예'라고 답하고 나머지가 없으면 '아니요'라고 답하게 했다.

$$(32-8) \text{ 나누기 } 4 = ?$$

이 문제를 어떻게 풀었는지 생각해 보라(이 부분은 뒤에서 다시 다룬다). 자, 이제 새 문제를 보자.

$$(32-6) \text{ 나누기 } 4 = ?$$

첫 번째 문제의 답은 '아니요'이고, 두 번째 문제의 답은 '예'이다.

Beilock은 압박이 작은 조건('문제를 풀어 보세요.')과 압박이 많은 조건('푸는 과정을 녹화할 것입니다. 그리고 사례비를 현금으로 받으려면 문제를 잘 풀어야 합니다.')에서 참가자들에게 이런 문제들을 보여주었다. 참가자들은 작업기억을 더 많이 사용해야 하는 어려운 문제에서 수행이 저조했다(초킹을 보였다). Beilock은 압박이 참가자들을 걱정하게 만들었고, 이 걱정이 참가자들의 작업기억 용량의 일부를 사용했기 때문에 이런 결과가 나왔을 것이라고 가설을 세웠다.

이 결론이 무슨 말인지 잠시 생각해 보자. 이 연구는 단순히 어떤 현상을 기술하거나('사람들은 압박을 받으면 초킹을 보인다.') 언제 그런 현상이 일어나는지('어려운 과제에서 초킹이 더 잘 일어난다.')를 보여주는 것을 넘어서서 마음속에서 무슨 일이 일어나는지('작업기억이 방해를 받았다.')에 대해 가설을 세우는 단계로 발전한 것이다. 어디서 들어

본 것 같지 않은가? 이것은 행동을 측정해서 마음속에서 어떤 일이 일어나는지에 대해 추론한 Donders의 기법이다.

그렇지만 우리가 흐름 따라가기를 하고 있다는 것을 잊지 말자. 그러니까 또 다른 문제가 다음 연구에서 다루어졌다는 것이다. Beilock은 그다음 논문(Beilock & Carr, 2005)에서 초킹의 인과 기제를 이해하려면 "가장 초킹을 많이 할 것 같은 개인의 특징을 밝혀내야 한다."고 했다. 이 생각을 검증하기 위해 Beilock은 이전에 수행된 다른 연구를 활용했다. 이 연구보다 25년 전에 Meredyth Daneman과 Patricia Carpenter(1980)는 작업기억 용량을 측정하는 검사를 개발한 다음, 이 검사를 이용해서 참가자들을 작업기억 용량이 작은 참가자(low working memory: LWM)와 작업기억 용량이 큰 참가자(high working memory: HWM)의 두 집단으로 나눌 수 있었다.

참가자들을 LWM과 HWM의 두 집단으로 나누고, Beilock은 그림 1.11에 있는 실험 설계를 사용하여 실험을 실시하였다. 즉, LWM 참가자와 HWM 참가자들이 압박이 작은 조건이나 압박 큰 조건에서 수학 문제를 풀게 하였다. 이제까지 서술한 것을 토대로 예상해 보면, 어떤 조건의 참가자들이 초킹을 가장 많이 보였을까? 그렇잖아도 작은 작업기억 용량을 걱정하는 데 사용했기 때문에 LWM 참가자들이 초킹을 더 많이 보였을 거라고 예상하는 것은 일리가 있다.

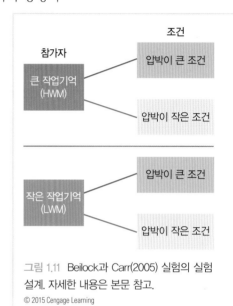

그림 1.11 Beilock과 Carr(2005) 실험의 실험 설계. 자세한 내용은 본문 참고.

© 2015 Cengage Learning

그렇지만 새로운 연구는 이전 연구들을 토대로 수행된다는 점과 Michael Kane과 Richard Engle(2000)이 최근 발표한 논문에서 언어 과제를 LWM 참가자와 HWM 참가자에게 두 조건에서 수행하게 했던 점을 기억하자. Kane과 Engle의 실험에서 참가자들은 부하가 작은 조건(언어 과제만 제시되었다)이나 부하가 큰 조건(참가자들은 언어 과제를 수행하면서 동시에 다른 과제를 수행하였다)에서 언어 과제를 수행하였다. 부하가 작은 조건에서는 LWM 참가자들보다 HWM 참가자들의 수행이 좋았다. 그러나 부하가 큰 조건에서는 두 집단의 수행은 같았다. 그러니까 부하가 큰 조건에서는 HWM 참가자의 이점이 사라졌다.

Kane과 Engle의 결과와 그런 결과가 나오게 된 이유(여기서는 거기까지 다루지는 않는다)를 토대로 Beilock은 HWM 참가자들이 부하가 큰 조건에서 초킹을 더 많이 보일 것으로 예상했다. 그림 1.12는 예상대로 결과가 나왔다는 것을 보여준다. 부하가 작은 조건에서는 HWM 참가자들이 LWM 참가자들보다 수행이 좋았다. 그러나 부하가 큰 조건에서는 HWM 참가자들의 수행이 LWM 참가자들의 수준으로 감소하였다. 다른 말로 표현하자면, 작업기억 비축분이 큰 참가자(HWM)들이 압박 상황에서의 초킹을 보일 가능성이 더 높았다.

연구에서 새로운 결과는 새로운 질문을 이끌어낸다. 다음 질문은 왜 HWM 참가자들이 초킹을 보일 가능성이 높은가 하는 것이다.

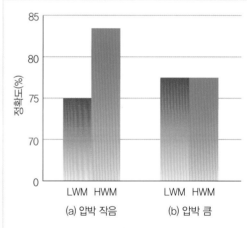

그림 1.12 Beilock과 Carr(2005) 실험에서 작업기억이 작은 집단(LWM)과 작업기억이 큰 집단(HWM)이 (a) 압박이 작은 조건과 (b) 압박이 큰 조건에서 보인 수학 문제해결 수행 결과. HWM 참가자들이 압박이 적은 조건에서는 좋은 수행을 보였지만, 압박이 많은 조건에서는 이점을 보이지 못했다.

출처: S. L. Beilock & T. H. Carr, When high-powered people fail, *Psychological Science, 16,* 101-105, 2005.

Beilock은 LWM 참가자들과 HWM 참가자들이 수학 문제를 풀 때 사용한 전략을 살펴보면 답을 찾을 수 있을 것이라고 생각했다.

사람들이 문제를 풀 때 어떤 전략을 사용하는지 어떻게 알아낼 수 있을까? 한 가지 방법은 물어보는 것이다. Beilock과 Marci DeCaro(2007)는 참가자들에게 문제를 풀게 한 다음 어떻게 문제를 풀었는지 기술하게 하였다. 부하가 작은 조건에서 HWM 참가자들은 실제 계산을 해서 답을 구하는 경향이 높았다. 그러니까 첫 번째 문제에서는 32에서 8을 뺀 다음 4로 나누었다. 이렇게 하면 항상 정답을 내긴 하지만 이 방법은 작업기억에 아주 큰 부하를 지운다. 그에 반해, LWM 참가자들은 '모든 숫자가 짝수이면 답은 '아니요'일 것이라는 편법을 사용하는 경향이 높았다. 이 방법은 많은 문제(첫 번째 예와 같은 경우)에서 정답으로 이끌지만 모든 문제에서 효과적이지는 않다(두 번째 예의 경우). 이 편법은 작업기억에는 부하를 적게 지우지만, 항상 정답을 이끌어내지는 못한다.

HWM 참가자들이 부하가 적은 조건에서 사용하는 전략은 정확성 면에서는 확실히 우수하다. 그리고 그것이 부하가 적은 조건에서 HWM 참가자들이 높은 수행을 보인 이유이다. 그러나 압박이 증가하게 되면 HWM 참가자들이 편법 전략으로 전략을 변경할 가능성이 높아지게 된다. 이런 일이 일어나게 되면 HWM 참가자들의 수행은 LWM 참가자들의 수준으로 떨어지게 된다. 반면에 LWM 참가자들은 편법 전략을 계속해서 사용하는데, 편법은 작업기억을 별로 사용하지 않기 때문에 압박의 영향을 별로 받지 않는다.

물론 초킹과 관련해서 제기될 수 있는 질문은 더 있다. 그중 하나는 '어떻게 초킹을 방지할 것인가?'인데, Beilock(2010)은 이에 대한 실험을 수행하였다. 그러니까 어떤 행동 기저에 있는 인지기제를 이해하는 것은 학문적인 흥미에서 멈추는 것이 아니다. 사람들이 압박 상황에 대처하는 것이나 보다 효율적으로 공부하는 법(이에 대해서는 7장에서 다룬다)을 도와주는 방법과 같은 실용적인 응용 방안이 인지기제에 대한 기초 연구에서 도출된다.

하나의 현상에서 시작해서 새로운 질문을 하고 실험 결과를 관찰하고 새로운 질문을 다시 제기하는 과정에 의해 창조되는 흔적을 따라가는 예를 통해 우리는 인지 과정에 대해 연구하는 연구자들이 헤쳐 나가야 하는 복잡한 측면들에 대해 알 수 있게 된다. 인지심리학자들이 이 복잡한 문제를 대처하는 방법 중의 하나는 인지에 관련된 구조와 과정을 잘 대표해 주는 모형을 만드는 것이다.

인지심리학에서 모형의 역할

모형은 구조나 과정에 대한 표상물로, 우리가 그 구조나 과정을 시각화하거나 설명하는 것을 도와준다. 여기서는 구조 모형과 처리 모형이라는 두 가지 모형에 대해 알아본다. **구조 모형**은 특정 기능과 관련된 뇌의 구조를 표상하는 모형을 말하고, **처리 모형**은 어떻게 특정 인지 과정이 작동하는지를 예시해 주는 모형을 말한다.

구조 모형 구조 모형(structural model)은 물리적인 구조를 표상한다. 모형은 자동차 모형이나 비행기 모형이 실제 자동차나 비행기의 형태를 재현하듯이 어떤 물체의 형태를 모방할 수 있다. 마찬가지로 그림 1.13에 있는 플라스틱 모형이 뇌의 다양한 부위들의 위치를 알려주기 위해 사용된다. 구조는 대상물의 구조와는 전혀 유사하지 않지만 뇌의 각 부위들이 어떻게 연결되어 있는지를 보여주는 도표의 형태로 표상되기도 한다. 예를 들어, 그림 1.14는 시각계를 구성하는 구조들 간의 복잡한 연결을 보여준다.

모형의 목표 중 하나는 단순화이다. 뇌 모형을 어떻게 만들까 생각해 보면 이 말의 뜻을 이해할 수 있다. 그림 1.13의 플라스틱 뇌 모형은 각기 다른 구조들을 보기 위

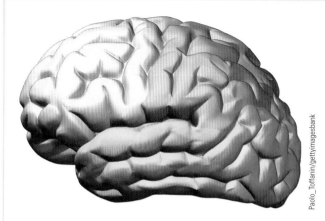

그림 1.13 뇌의 플라스틱 모형이 뇌의 다양한 부위들의 위치를 알려주기 위해 사용된다.

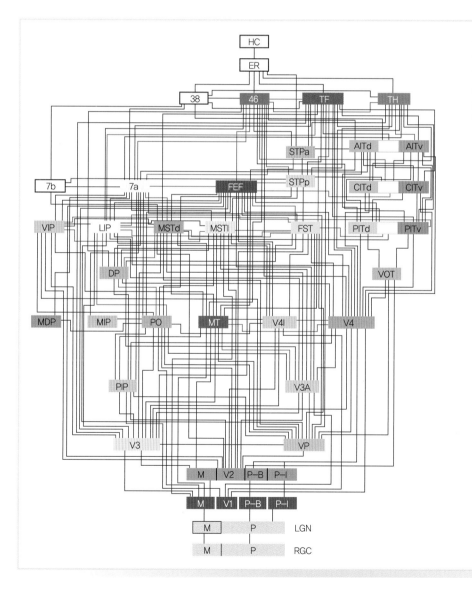

그림 1.14 **시각계 모형** 상자는 하나의 구조를 표상하고, 화살표는 구조들 간의 연결을 표상한다.

출처: D. J. Felleman & D. C. Van Essen, distributed hierarchical processing in the primate cerebral cortex, *Cerebral Cortex, 1*, 1-47, 1991.

해 분리될 수 있다. 물론 이 모형은 실제 뇌와는 아주 다르다. 플라스틱으로 만들어져서가 아니라 각 구조물의 속에서 어떤 일이 일어나는지 보여주지 못할 뿐만 아니라 구조물들이 서로 어떻게 연결되는지도 보여주지 못하기 때문이다. 이런 것들을 보여주려면 모형의 세부 내용들을 훨씬 더 많이 늘려야 할지도 모른다. 사실 이 모형을 실제 뇌처럼 만들려면 뇌를 구성하는 기본 단위인 뉴런(신경세포)이라 불리는 개별 세포들을 표상해야하고(이 내용은 2장에서 다룬다) 또 뉴런들이 어떻게 연결되는지를 표상해야 한다. 그러나 사람 뇌에는 1000억 개 이상의 뉴런이 있고 약 1조 개의 연결이 있기 때문에 이 일은결코 쉬운 일이 아니다(Horstman, 2012).

모든 뉴런과 모든 연결을 표상한다는 것은 현재 우리가 알고 있는 뇌에 대한 지식을뛰어넘는 일이기에 이 가상의 모형 만들기는 우리 능력을 훨씬 벗어나는 일이다. 모형은실제의 완전한 복사품이 아니다. 모형은 표상하려고 하는 구조의 중요한 특징들은 담고있지만 세부적인 부분들은 별로 담고 있지 않는 단순화한 표상일 뿐이다. 복잡해 보이는그림 1.14의 시각계 모형도 단순화한 것이다. 왜냐하면 그 그림에서 각각의 상자는 각기하나의 복잡한 구조를 표상하는 것이기 때문이다. 그렇지만 이 모형은 시각계의 구조들이 어떻게 배열되어 있고 각 부분들이 어떻게 연결되어 있고 상호작용하는지 시각화하는 것을 도와준다. 모형의 특징인 단순화는 우리가 해당 시스템을 연구하고 이해하는 것을 쉽게 해주기 때문에 사실은 굉장한 장점이 된다.

대부분의 구조 모형은 특정 기능에 관여하는 구조들을 표상하기 위해 고안된 것이라는 점을 주목해 주기 바란다. 그러니까 그림 1.14에 있는 모든 구조물들은 시각에 관여하는 구조물들인 것이다. 3장에서는 물체 확인 시스템의 모형을 다루게 된다. 그림 1.15에는 **통증 매트릭스**라 불리는 일련의 구조들을 묘사하는 모형을 보여주는데, 이 구조물들은 통증 지각에 관여한다. 이 모형은 통각 경험의 각기 다른 요소들을 창조해내는 구조물들을 보여주는데 이 구조물들은 하나가 활성화되면 서로 소통을 해서 전반적인 통각 경험을 이끌어낸다.

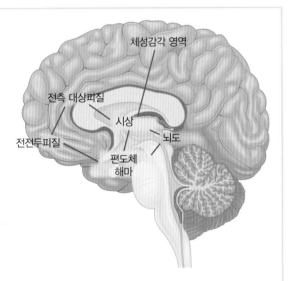

그림 1.15 **통증 매트릭스** 통증 경험에 관련된 구조들의 일부와 상호연결을 보여준다. © 2015 Cengage Learning

처리 모형 처리 모형(process model)은 특정 인지 기제에 관여하는 처리과정들을 표상하는데, 일반적으로 모형에서 상자는 특정 처리를 표상하고 화살표는 처리들 간의 연결을 알려준다. Broadbent의 주의에 대한 여과기 모형이 처리 모형의 한 예이다. 이 모형에서 '여과기'를 표상하는 상자는 주의를 기울이는 메시지와 그렇지 않은 메시지를 분리하는 처리를 표상한다. 이 처리는 뇌의 특정 부위에 반드시 위치해야 하는 것은 아니기 때문에 상자들은 반드시 특정 구조를 표상하지는 않는다. 그보다는 여러 구조들이 같이 작동해서 일어날 수도 있는 처리를 가리킬 수도 있다.

그림 1.16은 기억의 작동에 대한 처리 모형이다. 5장에서 다루게 되는 이 기억 모형은 1960년대에 제안되었고 그 후 오랫동안 기억 연구를 인도해왔다. **감각기억**은 우리에

게 도달하는 정보를 몇 분의 1초 동안 유지하다가 이 정보의 대부분을 단기기억으로 전달한다. 단기기억은 용량이 제한되어 있으며 정보를 몇 초 동안 유지한다(예: 종이에 적을 때까지 기억하려고 노력하는 상대의 주소). 곡선 화살표는 되뇌기를 표상하는데, 되뇌기란 우리가 전화번호와 같은 무언가를 잊어버리지 않으려고 반복하는 것을 가리킨다. 파란 화살표는 단기기억에 있는 정보 중 일부가 장기기억으로 이동한다는 것을 보여준다. 장기기억은 아주 오랫동안 정보를 유지하는데(예: 저번 주말에 한 일이라든가 최근 미국 대통령의 이름과 같은 것) 용량이 크다. 초록 화살표는 장기기억에 있는 정보 중 일부는 단기기억으로 다시 돌아올 수 있다는 것을 보여준다. 초록 화살표는 우리가 장기기억에 저장되어 있는 무언가를 회상해낼 때 일어나는 일을 표상해 주는데, 무언가를 기억한다는 것은 그 정보를 다시 단기기억으로 데려오는 것이라는 생각에 기초한다.

이와 같은 처리 모형은 복잡한 시스템을 쉽게 이해하게 해주고 연구의 출발점을 제공한다. 예를 들어, 그림 1.16의 기억 모형 중 장기기억 부분에 관한 연구들은 장기기억에는 몇 개의 다른 유형이 있다는 것을 보여주는데, 이는 그림 1.17에 그려져 있다. **일화기억**은 생활 속에서 일어난 사건(예: 저번 주말에 한 일)에 대한 기억이다. **의미기억**은 사실(예: 최근의 미국 대통령 이름)에 대한 기억이다. **절차기억**은 신체적인 행동(예: 자전거 타는 법이나 피아노 연주하는 법)에 대한 기억이다. 장기기억은 다시 여러 유형의 장기기억으로 나누어질 수 있다는 것을 알게 되면 모형에 세부적인 내용들이 추가되는데, 이는 각 요소들이 어떻게 작동하는지에 대한 연구의 토대를 제공한다. 6장, 7장, 8장에 걸쳐 보게 되겠지만, 각 유형의 장기기억을 담당하는 뇌 부위가 다르며, 작동하는 원리도 다르고, 그럼에도 이들이 서로 상호작용해서 우리의 전체적인 기억 경험을 만들어낸다. 그러니까 모형은 복잡한 시스템을 단순화시킨다. 그러나 연구자들이 모형의 다른 요소들을 연구하면서 보다 세부적인 내용이 더해지는 일이 자주 일어난다.

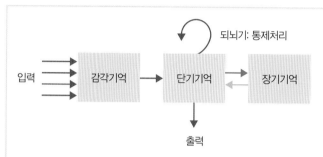

그림 1.16 기억의 초기 모형

출처: R. C. Atkinson & R .M. Shiffrin, Human memory: A proposed system and its control processes, in K. W. Spence & J. T. Spence, Eds, *The psychology of learning and motivation*, vol 2, pp. 89-195, New York: Academic Press, 1968.

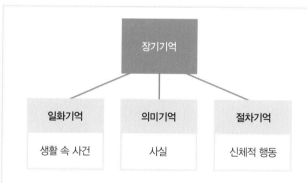

그림 1.17 장기기억의 3요소를 보여주는 그림

출처: E. Tulving, How many memory systems are there? *American Psychologist*, 40, 385-398, 1985.

인지심리학자들이 설명하려는 대상이 행동이다 보니 1장에서는 행동을 강조하였다. 그러나 인지심리학에서는 행동을 측정하는 것 외에 행동의 기저에 있는 생리적 과정도 측정한다. 예를 들어, 행동상으로 어떻게 기억이 작동하는지를 살펴보는 것 외에 인지심리학자들은 어떻게 뇌에서 기억이 작동하는지에 대해서도 흥미를 갖는다. 사실 뇌가 행동을 창조하는 것을 책임지는 '기계'이기 때문에 행동 수준의 질문은 생리 수준의 질문을 동반한다. 2장 인지행동 과학에서는 뇌의 작동 원리와 인지의 생리적인 기제를 밝혀내는 연구법들에 대해 소개한다.

고려사항

이 책으로 공부하는 법

축하드린다! 이제 여러분은 어떻게 19세기에 연구자들이 인지심리학 실험을 시작했는지, 어떻게 20세기 중반에 마음에 대한 연구가 억압받았는지, 어떻게 1950년대에 마음에 대한 연구로 멋지게 귀환했는지, 왜 현대 심리학자들이 마음의 모형을 만드는지에 대해 알게 되었다. 그러니까 1장의 목표 중의 하나인, 여러분을 인지심리학 분야에 소개시킨다는 목표를 달성한 셈이다.

1장의 또 다른 목표는 여러분이 이 책을 가장 효율적으로 공부하는 것을 도와주는 것이다. 인지심리학은 마음에 대한 연구이고, 그러다 보니 기억에 관해 발견한 것들 중에는 여러분이 이 책과 강의를 통해 얻는 정보들을 가장 효율적으로 이해할 수 있게 여러분의 학습 기술을 향상시키는 것을 도와줄 수 있는 내용도 있다. 인지심리학이 어떻게 학습에 적용될 수 있는지를 아는 한 가지 방법은 7장 242~244쪽을 한 번 읽어 보는 것이다. 7장을 배울 때까지 기다리지 말고 지금 당장 한번 훑어보기 바란다. 아직은 여러분에게 친숙하지 않은 용어들이 있겠지만, 이것은 여러분이 훑어보기를 통해 얻으려는 것과 관련해서 볼 때는 중요한 문제가 아니다. 훑어보기를 통해 여러분이 보다 효율적이고 효과적으로 학습하게 해줄 수 있는 힌트를 얻으면 충분하다. 그 부분을 읽으면서 알아두어야 할 두 개의 용어는 **부호화**와 **인출**이다. 부호화란 여러분이 그 부분을 읽는 동안 일어나는 일들을 가리키고, 인출이란 여러분이 그 내용을 기억하려고 할 때 일어나는 일들을 가리킨다. 효과적인 학습의 비법은 나중에 인출하는 것을 용이하게 해주는 방식으로 학습할 때 내용을 부호화하라는 것이다(머리말의 xiii쪽도 읽어 보라).

여러분이 이 책을 공부하는 것을 도와줄 수도 있는 또 다른 힌트는 이 책의 구성을 이해하는 것이다. 책을 읽어나가다 보면 기본적인 생각이나 이론이 먼저 소개되고 이어서 그 주장을 지지해 주는 예나 실험이 서술되는 것을 보게 될 것이다. 이렇게 정보를 제공하게 되면 특정 주제에 대한 논의를 일련의 작은 이야기들로 구성하게 된다. 각각의 작은 이야기들은 하나의 주장이나 현상으로 시작해서 그 현상에 대한 보여주기와 지지 증거들을 열거해 준다. 종종 하나의 이야기와 그다음 이야기를 연결하기도 한다. 주제를 몇 개의 작은 이야기들로 제공하는 이유는 여러 개의 사실들이 서로 연결되지 않은 낱개의 사실들로 제공될 때보다 이야기의 부분들로 제공될 때 기억하기가 쉽기 때문이다. 그러니까 책을 읽을 때 기본 전제에 이어 그 전제를 지지하는 증거들로 짜인 이야기를 이해하는 것이 여러분의 주 임무라는 것을 명심해 주기 바란다. 이 책에서 다루는 내용들에 대해 이런 각도에서 생각해 보면 내용이 훨씬 의미 있고 기억하기 쉬워질 것이다.

하나만 더 이야기하자. 특정 주제를 서로 연결되는 작은 이야기들로 서술하듯이, 각 주제들이 이 책의 다른 장에서 다루어지기는 하지만 인지심리학 전체도 서로 연결된 여러 주제들로 구성되어 있다. 지각, 주의, 기억, 그리고 그 밖의 다른 인지 과정들은 모두 같은 신경계를 통해 일어나고, 그래서 많은 속성들을 공유한다. 여러 인지 과정들이 공유하는 원리들은 인지라는 보다 큰 이야기의 부분들인데, 이 내용은 책을 읽어나가면서 전개되어 나간다.

1. 마음을 정의하는 두 가지 방법은 무엇인가?

2. 19세기에는 인지심리학이라는 분야가 없는데도 우리는 왜 Donders와 Ebbinghaus가 인지심리학자라고 말하는가? Donders의 실험과 실험의 기저에 깔린 논리에 대해 서술하라. Ebbinghaus의 기억 실험과 논리에 대해서도 서술하라. Donders와 Ebbinghaus의 실험은 어떤 점을 공유하는가?

3. 처음으로 과학적 심리학 실험실을 설립한 사람은 누구인가? 그의 실험실에서 사용한 분석적 내성법에 대해 서술하라.

4. William James는 마음을 연구하기 위해 어떤 방법을 사용했는가?

5. 행동주의의 발생에 대해 서술하라. 특히 Watson과 Skinner의 영향에 대해 서술하라. 행동주의는 마음에 대한 연구에 어떤 영향을 끼쳤는가?

6. 심리학에서 행동주의의 중요성이 감소하는 것을 도와준 사건과 '인지 혁명'을 이끌어낸 사건들에 대해 서술하라. 정보처리 접근이 무엇인지 반드시 이해하기 바란다.

7. 압박 상황에서의 초킹에 대한 연구에 대해 서술하라. 이 연구가 연구는 하나의 질문에서 새로운 질문으로 발전해 나간다는 것을 어떻게 보여주는지, 그리고 마음속에서 일어나는 일들에 대해 추론하기 위해 어떻게 행동이 사용되는지에 대해 서술하라.

8. 모형이 인지심리학에서 왜 중요한가? 구조 모형은 무엇이고 처리 모형은 무엇인가? 처리 모형에 있는 상자는 뇌의 구조에 대응되는가?

9. 학습하는 능력을 향상시키는 두 가지 제안으로 이 책에서는 무엇을 말했는가?

이 장의 요약

1. 인지심리학은 마음에 대한 과학적 연구에 관심을 갖는 심리학의 한 분야이다.

2. 마음은 지각, 주의, 기억과 같은 심적 능력을 창조하고 통제하며, 세상에 대한 표상을 창조하는데, 이 표상은 우리가 기능할 수 있게 해준다.

3. Donders(단순 반응시간과 선택 반응시간)와 Ebbinghaus(무의미한 철자를 이용한 망각 곡선)의 연구는 마음에 대한 초기 실험 연구의 예이다.

4. 마음의 조작을 직접 관찰할 수 없기 때문에 행동이나 생리 반응과 같이 우리가 측정할 수 있는 것들로부터 마음의 조작을 추론해야만 한다. 이것이 인지심리학의 기본

원리 중의 하나이다.

5. 1879년 Wundt가 설립한 과학적 심리학의 첫 번째 실험실은 주로 마음에 대한 연구에 관심을 가졌다. 구조주의가 이 실험실의 주된 이론적 접근이었고, 분석적 내성법이 자료를 수집할 때 사용된 주된 연구 방법 중의 하나였다.

6. 미국의 William James는 자기 자신의 마음을 관찰한 것을 토대로 『심리학의 원리』를 저술하였다.

7. 1900년대 초 John Watson은 구조주의와 분석적 내성법에 대한 반발로 행동주의를 창시하였다. 그의 연구 절차는 고전적 조건형성에 기초하였다. 관찰할 수 있는

행동을 측정해야 심리학이 제대로 연구될 수 있으며 관찰할 수 없는 심적 과정은 심리학 연구의 타당한 주제가 될 수 없다는 것이 행동주의의 중심 주장이었다.

8. 1930년대와 1940년대에 시작한 B. F. Skinner의 조작적 조건형성 연구는 행동주의가 1950년대까지 심리학의 지배적인 세력이 될 수 있다는 것을 보장하였다.

9. 1950년대에 인지 혁명이라 불리는 변화를 이끄는 일련의 사건이 발생하였다. 즉, 행동주의의 영향력이 쇠퇴하고 마음에 대한 연구가 다시 출현하는 변화가 일어났다. 이런 변화를 이끈 사건으로는 (a) Skinner의 책 『언어 행동』에 대한 Chomsky의 비판, (b) 디지털 컴퓨터의 등장과 컴퓨터처럼 사람의 마음이 정보를 단계적으로 처리한다는 생각, (c) Cherry의 주의 실험과 주의에 관여하는 처리들을 묘사하기 위해 Broadbent가 흐름도를 도입한 것, 그리고 (d) 다트머스와 매사추세츠 공과대학에서 열린 학제 간 학술대회를 들 수 있다.

10. Sian Beilock이 연구한 압박 상황에서의 초킹 현상은 어떻게 하나의 질문에서 새로운 질문으로 연구가 발전해 나가는지와 어떻게 행동 실험의 결과가 마음속에서 일어나는 일을 추론하는 데 이용되는지를 보여주었다.

11. 모형은 구조나 과정을 표상해서 인지심리학에서 본질적인 역할을 담당한다. 구조 모형은 뇌의 구조를 표상하고 어떻게 뇌의 구조들이 연결되는지를 나타낸다. 처리 모형은 어떻게 특정 처리가 일어나는지를 보여준다. 모형은 복잡한 시스템을 쉽게 이해하게 해주고 연구의 출발점을 제공한다.

12. 이 책에 있는 내용을 학습하는 것을 도와줄 수도 있는 두 가지 방안은 우리가 기억에 관한 연구에 대해 아는 것들에 기초해서 7장에 서술한 학습 힌트를 읽는 것과 이 책은 기본적인 생각이나 원리에 이어 지지 증거들을 서술해서 이야기처럼 구성했다는 것을 깨닫고 이를 학습에 활용하는 것이다.

생각해 보기

1. 매체를 통해 보거나 들은 것들에 기초해서 인지심리학의 인기 주제는 무엇이라고 생각하는지 말해 보라.
   힌트: 다음과 같은 기사들을 찾아보라. '과학자들이 기억상실증 치료법을 발견하려고 경쟁하다', '피고가 무슨 일이 일어났는지 기억이 나지 않는다고 답변하다'.

2. 우리의 사고나 행동에 책임이 있는 '마음'이라는 것을 우리는 가지고 있다는 생각은 마음이라는 단어가 다양한 방식으로 사용되고 있다는 점에서 잘 드러난다. 일상 언어에서 마음이라는 단어가 사용되는 예들은 이 장의 첫머리에 인용되어 있다. 마음이라는 단어가 다른 의미로 사용되는 예들을 얼마나 많이 생각해낼 수 있는지 살펴보고 각각의 예들이 여러분이 인지심리학에서 배울 내용(이 책의 목차를 보면 알 수 있다)과 얼마나 관련이 있는지 판단하라.

3. 마음의 작동은 몇 단계에 거쳐 일어나는 것으로 기술될 수 있다는 생각은 정보처리 접근의 중심 원리인데, 이 생각은 1950년대에 시작한 인지 혁명의 결과 중의 하나이다. 1800년대에 수행된 Donders의 반응시간 실험은 정보처리 접근의 용어로는 어떻게 개념화되는가?

4. Donders는 단순 반응시간 실험과 선택 반응시간 실험의 결과를 비교해서 선택의 기회가 주어졌을 때 어느 단추를 누를지 결정하는 데 얼마의 시간이 소요되는지를 추정하였다. 다른 종류의 결정에서는 어떨까? 좀 더 복잡한 결정을 내리는 데 소요되는 시간을 알 수 있는 실험을 설계해 보라. 그리고 그 실험을 그림 1.3의 그림과 연결해 보라.

고전적 조건형성(classical conditioning)

구조 모형(structure model)

구조주의(structuralism)

논리 이론가(logic theorist)

단순 반응시간(simple reaction time)

마음(mind)

반응시간(reaction time)

분석적 내성법(analytic introspection)

선택 반응시간(choice reaction time)

인공 지능(artificial intelligence)

인지 혁명(cognitive revolution)

인지(cognition)

인지도(cognitive map)

인지심리학(cognitive psychology)

절약(savings)

절약 곡선(savings curve)

정보처리 접근(information-processing approach)

조작적 조건형성(operant conditioning)

처리 모형(process model)

행동주의(behaviorism)

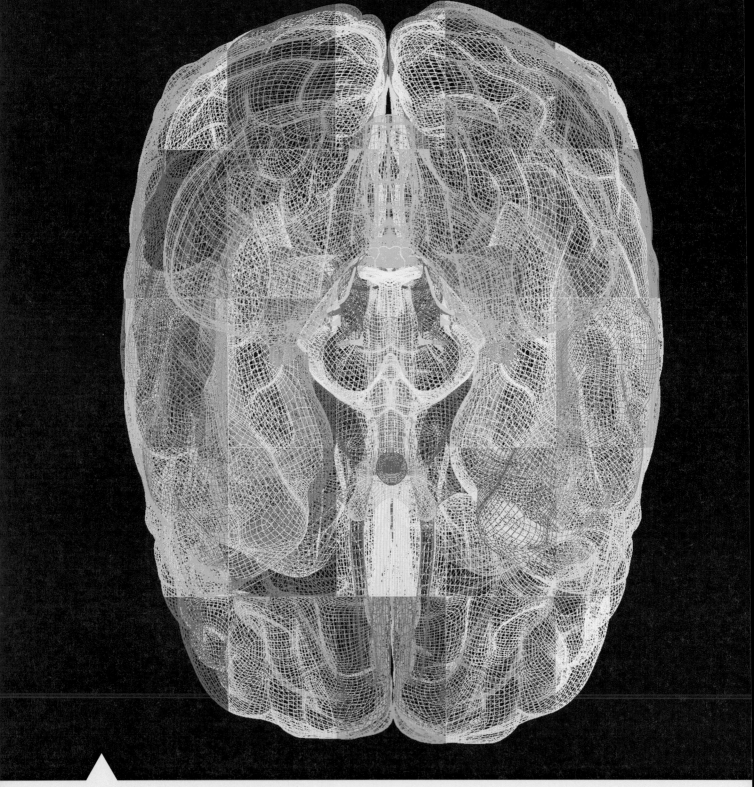

뇌를 아래쪽에서 올려다본 이 사진은 실제 뇌에는 존재하지 않는 색들과 패턴들로 예술적으로 꾸며졌다. 이 환상적인 이미지의 아름다움은 뇌 작동의 수수께끼를 상징화한 방식에 있다. 인지의 생리적 기전들을 다루는 인지신경과학은, 인지 도중 뇌에서 무슨 일이 일어나는지를 밝혀왔고 순전히 행동적인 실험들을 통해 연구자들이 알아낸 것에 덧붙여 새로운 통찰을 제공해왔다. 이 장은 뒷장들에서 살펴볼 생리적 연구를 이해하는 데 도움이 되는 기초를 제공한다.

인지신경과학

이 장의 요약

생각해 보기

핵심 용어

오전 7시, 주앙은 친숙하지만 짜증나는 자명종 소리를 듣고 익숙한 방식으로 팔을 뻗어서 스누즈 버튼에 손이 닿는 감촉을 느끼고서, 이렇게 만들어낸 고요 속에서 10분 동안 더 잠을 자기 위해 돌아누웠다. 주앙의 행동을 생리학적 측면에서 어떻게 설명할 수 있을까? 그가 자명종 소리를 듣고서 그것을 끄기 위해 적절한 행동을 할 수 있도록 하고, 그리고 더 잠을 자도 아침 수업에 늦지 않을 수 있다는 것을 알 수 있도록 하는 데 있어 주앙의 뇌 안에서 무슨 일이 일어나고 있을까?

우리는 자명종을 끄는 주앙의 행동에 포함된 몇 가지 단계들을 고려함으로써 이러한 질문에 대한 일반적인 답변을 할 수 있다. 자명종을 듣는 데 있어

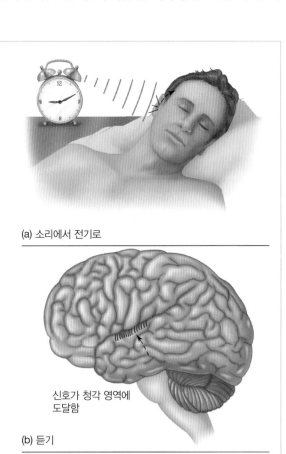

그림 2.1 **주앙이 그의 자명종을 끌 때 일어나는 몇몇 생리적 과정들** (a) 음파가 귀에서 전기적 신호로 변환되고 뇌로 보내진다. (b) 뇌의 청각 영역에 도달한 신호들로 인해 주앙은 벨소리를 듣게 된다. (c) 주앙이 벨소리를 들은 후 신호들이 운동 영역으로 보내진다. 두 개의 점선 화살표는 이 신호들이 수많은 상이한 경로들을 거쳐 운동 영역에 도달한다는 사실을 나타낸다. 그 후 신호들은 운동 영역에서 주앙의 팔과 손에 있는 근육으로 보내져서 그가 자명종을 끌 수 있게 된다. © Cengage Learning

(a) 소리에서 전기로

신호가 청각 영역에 도달함

(b) 듣기

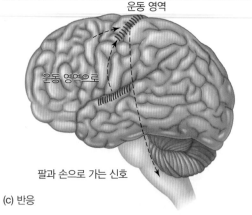

운동 영역

운동 영역으로

팔과 손으로 가는 신호

(c) 반응

첫 단계는 자명종의 음파가 주앙의 귀에 들어가서 소리 에너지를 전기적 신호로 변환시키는 수용기를 자극할 때 일어난다(그림 2.1a). 그 후 이 신호들은 주앙의 뇌의 청각 영역에 도착하는데, 이로 인해 그는 벨 울리는 소리를 들을 수 있다(그림 2.1b). 그 후 신호는 뇌의 여러 장소로부터 운동 영역으로 보내지는데, 운동 영역은 운동을 통제한다. 운동 영역은 주앙의 손과 팔 근육으로 신호를 보내는데(그림 2.1c), 이는 알람을 끄는 운동을 수행한다.

하지만 여기에는 이 일련의 사건 이상의 이야기가 있다. 그중 한 가지는 주앙이 자명종의 스누즈 버튼을 누르는 결정이, 이렇게 하면 자명종이 일시적으로 조용해지며 그 자명종이 10분 후 다시 울릴 것이라는 그의 지식에 근거하고 있다는 점이다. 그는 또한 10분 동안 더 침대에 머물러도 수업에 여전히 늦지 않을 것이라는 것을 알고 있다. 자명종이 울릴 때 주앙의 뇌에서 일어나는 사건들을 더 완벽하게 그려보기 위해서는, 기억으로부터 지식을 인출하고 그 지식으로부터 판단을 내리는 데 포함되는 처리과정들을 함께 다루어야 할 것이다. 이처럼 아침에 자명종을 끄는 것과 같이 겉보기에 단순한 것처럼 보이는 행동도 일련의 복잡한 생리적 사건들을 포함하고 있다. 이 장의 목적은 인지신경과학(cognitive neuroscience)의 기본적인 생리적 원리, 즉 인지의 생리적 연구에 관한 연구들을 소개하는 데 있다.

인지신경과학을 연구하는 이유

인지심리학 강의를 처음 듣는 어떤 학생들은 마음의 연구가 행동 실험과 생리 실험 양자를 포함한다는 사실을 알고서 놀란다. 그들의 의문은 다음과 같다. '사람들이 지각하거나 기억하는 방식을 이해하기 위해 뇌의 작동에 관하여 배워야 하는 이유가 무엇인가?' 그러나 또 다른 학생들, 특히 이전에 뇌를 공부한 적이 있는 학생들에게는 생리학적 접근이 마음의 작동방식에 대해 중요한 통찰을 제공한다는 것이 매우 자명하다.

이 책에서 취하는 관점은 마음의 작동방식을 이해하기 위해 행동 실험과 생리 실험 양자를 수행할 필요가 있다는 것이다. 이러한 결론의 배후에 있는 추론은 분석 수준(levels of analysis)이라고 하는 아이디어에 근거를 두고 있다. 분석 수준은 어떤 주제가 수많은 다양한 방식으로 연구될 수 있으며, 각각의 접근이 나름대로 우리의 이해에 기여한다는 생각을 지칭한다. 이 말이 뜻하는 것을 이해하기 위해 인지심리학 영역 밖에 있는 주제, 즉 자동차에 대한 이해를 고려해 보자.

이 문제에 대한 출발점은 시험 주행을 위해 차를 밖으로 몰고 나가는 것이 될 것이다. 우리는 가속, 정지, 코너링, 연비를 판단할 수 있다. '수행'이라는 표제를 붙일 수 있는 이러한 사항들을 측정할 때, 우리는 우리가 검사하는 특정 자동차에 대해 많은 것을 알 수 있을 것이다. 하지만 더 많이 알기 위해서는 다른 분석 수준을 고려할 수 있는데, 이는 후드 아래에서 일어나는 것들이다. 이는 자동차의 수행을 담당하는 메커니즘, 즉 모터, 브레이크, 조향 장치를 포함한다. 예를 들어, 동력 장치가 4기통 250마력의 내연소

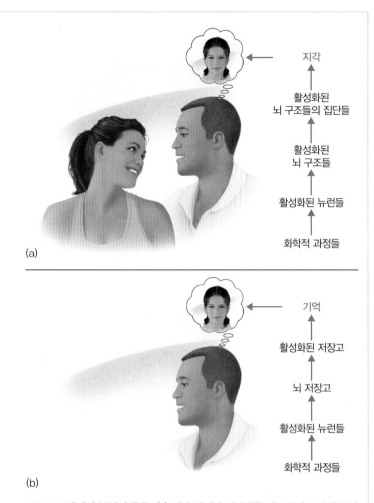

엔진이며, 독립 현가장치와 디스크 브레이크를 갖고 있다고 설명할 수 있다.

하지만 우리는 자동차의 엔진이 작동하는 방식을 이해하는 데 도움이 되게끔 고안된 다른 분석 수준을 고려함으로써 자동차의 작동을 더 깊게 들여다볼 수 있다. 한 가지 접근은 실린더 내부에서 발생하는 것을 들여다보는 것이다. 이렇게 함으로써 기화된 가스가 실린더에 들어가서 스파크 플러그에 의해 점화되고 폭발이 일어나서 실린더를 아래로 밀어내며 이 힘이 크랭크축에 보내진 후 바퀴로 보내진다는 것을 알 수 있다. 분명한 점은, 자동차 운전의 여러 수준에서 자동차를 고려하고 모터를 기술하며 실린더 내부에서 발생하는 사건을 관찰함으로써, 단순히 자동차의 수행을 측정하는 것보다는 자동차에 관하여 더 많은 정보를 제공받을 수 있다는 것이다.

분석 수준이라는 이러한 아이디어를 인지에 적용한다면, 자동차의 수행을 측정하는 것과 유사하게 행동을 측정하고, 후드 아래를 들여다봄으로써 배웠던 것과 유사하게 행동 배후에 있는 생리적 과정을 측정하는 것을 고려할 수 있다. 여러 수준에서 자동차 후드 아래에서 발생하는 것을 배울 수 있는 것과 마찬가지로, 전체 뇌에서 뇌 안의 구조들, 그리고 이러한 구조들 내에서 전기적 신호를 생성하는 화학 물질에 이르기까지 여러 수준에서 인지의 생리를 연구할 수 있다.

그림 2.2 생리적 분석 수준들 (a) 질이 메리와 이야기를 나누면서 그녀와 주변을 지각한다. 질의 지각에 관여하는 생리적 과정을 화학적 반응에서부터 단일 뉴런, 뇌 구조, 그리고 뇌 구조의 집단에 이르기까지 기술할 수 있다. (b) 나중에 질은 메리를 만난 것을 기억해낸다. 기억에 관여하는 생리적 과정들 또한 여러 분석 수준들에서 기술할 수 있다. © 2015 Cengage Learning

예를 들어, 공원에서 질이 메리와 이야기를 나눈(그림 2.2a) 며칠 후, 공원을 지나가다가 그녀가 무슨 옷을 입었고 그들이 무슨 이야기를 나누었는지를 기억해내는 상황을 고려해 보자(그림 2.2b). 이는 경험을 한 후 그 경험을 기억해내는 것을 단순하게 행동적으로 기술한 것이다.

생리적 수준에서는 무슨 일이 일어날까? 질이 메리와 대화를 나누고 있다는 것을 지각하는 최초의 경험 도중에, 질의 눈과 귀에서 화학적 반응이 일어나서 뉴런의 전기적 신호를 생성하고, 개개 뇌 구조들이 활성화된 후 여러 뇌 구조들이 활성화되는데, 이 모든 것들로 인해 질이 메리를 지각하고 대화를 나눌 수 있게 된다(그림 2.2a).

한편 질이 메리와 대화를 나누는 도중에, 그리고 그 일이 끝난 후에 다른 일이 일어난다. 질이 메리와 대화를 나눌 때 생성된 전기적 신호가 화학적이고 전기적인 과정을 촉발시키는데, 이로 인해 질의 뇌에 그 경험이 저장된다. 며칠 후 질이 공원을 지날 때, 앞서 저장된 정보를 인출해 내는 다른 일련의 생리적 사건들이 촉발되고 이로 인해 그는 메리와의 대화를 기억해 낼 수 있다(그림 2.2b).

우리는 이해를 돕기 위해 장황하게 설명했지만 이는 중요한 것이다. 어떤 현상을 충분히 이해하기 위해서는, 그것이 자동차의 작동 방식이든 혹은 과거 경험의 기억 방식이든 관계없이 여러 분석 수준에서 연구할 필요가 있다. 따라서 이 책에서 우리는 인지 연구를 행동 수준과 생리 수준 양자에서 기술할 것이다.

이 장에서는 먼저 뉴런의 구조와 기능을 고려함으로써 신경계의 원리와 구조를 기술할 것인데, 뉴런은 신경계의 기초이며 송전선이다. 그 후 뇌의 뉴런의 발화에 의해서, 뇌의 특정 영역의 활동에 의해서, 그리고 뇌의 상호 연결된 집단적 영역들의 활동에 의해서 인지가 표상되는 방식을 기술할 것이다. 아울러 인지신경과학을 연구하는 데 사용된 세 가지 방법을 소개할 것인데, 그것은 단일 뉴런의 기록, 인간의 뇌 손상 효과 연구, 뇌의 영상 연구이다.

뉴런: 의사소통과 표상

뇌라고 불리는 1.6kg의 구조물이 마음의 기초라고 하는 것이 어떻게 가능할까? 뇌는 정적인 조직처럼 보인다. 그것은 심장과 같이 움직이는 부분도 갖고 있지 않다. 그것은 허파와 같이 확장하거나 수축하지도 않고, 맨눈으로 관찰할 때 마치 고체처럼 보인다. 이미 밝혀진 것과 같이 뇌와 마음의 관계를 이해하기 위해 그리고 특히 우리가 지각하고 기억하고 사고하는 모든 것의 생리적 기초를 이해하기 위해, 뇌 안을 들여다보고서 우리가 경험하고 알고 있는 것에 관한 정보를 생산하고 전달하는 뉴런(neuron)이라 불리는 작은 단위들을 관찰할 필요가 있다.

뇌의 미세 구조: 뉴런

오랜 세월 동안 뇌 조직의 본질은 수수께끼였다. 육안으로 뇌 내부를 들여다보면 수십억 개의 보다 작은 단위들로 구성되어 있다는 사실들을 알 수 없다. 뇌 내부의 전기적 신호, 그리고 그 신호들의 전송 경로의 본질은 19세기에 발견되기 시작했다.

뇌의 구조를 관찰하기 위해 19세기 해부학자들은 뇌 조직에 특수 염료를 가했는데, 그럼으로써 뇌 내부의 상이한 조직 유형들 간의 대비를 증가시킬 수 있었다. 이렇게 염색된 조직을 현미경으로 보았을 때 신경망(nerve net)이라고 불리는 네트워크를 관찰할 수 있었다(그림 2.3a). 이 네트워크는 연속적인 것처럼 생각되었는데, 마치 정지 신호나 신호등 없이 도로들이 서로 직접 연결되어 있는 고속도로 시스템과 같았다. 이런 방식으로 시각화했을 때, 신경망은 신호들이 네트워크 내에서 차단되지 않고 다닐 수 있는 복잡한 경로를 제공한다.

뇌의 미세 구조를 연속적으로 상호 연결된 네트워크로 기술하는 한 가지 이유는 그 시

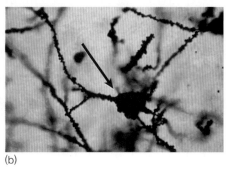

(a)

(b)

그림 2.3 (a) 신경망 이론의 제안에 따르면, 신호는 사방팔방으로 신경망을 거쳐 전달될 수 있다. (b) Golgi 염료로 처치된 뇌의 일부가 몇 개 뉴런들의 형태를 보여준다. 화살표는 뉴런의 세포체를 가리킨다. 가는 선들은 수상돌기 또는 축삭이다(그림 2.4 참고).

기에 사용된 염색 기법과 망원경이 미세한 부분들을 분해할 수 없었기 때문인데, 이러한 미세 부분들을 볼 수 없었을 때에는 신경망이 연속적인 것처럼 보였다. 그러나 1870년대에 이탈리아 해부학자 Camillo Golgi는 질산은 용액에 얇은 뇌 조직 절편을 적시는 염색 기법을 개발했다. 이 기법을 사용하면 그림 2.3b의 사진과 같은 것을 만들 수 있는데, 여기서 1% 미만의 세포들만이 착색되므로, 이들은 나머지 조직들로부터 두드러져 보인다 (만약 모든 세포들이 착색된다면 세포들을 서로 구분하기 어려울 것인데, 그 이유는 세포들이 매우 조밀하게 밀집되어 있기 때문이다). 이로써 세포들은 완벽하게 착색되었고, 따라서 그 구조를 관찰하는 것이 가능해졌다.

신경망의 본질을 탐구하는 것에 관심을 가졌던 스페인의 생리학자 Ramon y Cajal을 살펴보자. Cajal은 그의 목표를 달성하기 위해 현명하게도 두 가지 기법을 사용하였다. 첫째, 그는 Golgi의 염료를 사용했는데, 이는 뇌 조직 절편에서 일부 세포들만을 착색시켰다. 둘째, 그는 갓 태어난 동물의 뇌 조직을 연구하였는데, 그 이유는 갓 태어난 뇌 세포의 밀도가 성체 뇌의 밀도보다 작았기 때문이다. 갓 태어난 뇌의 속성, 그리고 Golgi 염료가 1% 미만의 뉴런에만 영향을 미친다는 사실 덕분에, Cajal은 신경망이 연속적인 것이 아니라 상호 연결되어 있는 개개 단위들로 구성되어 있다는 것을 명확하게 밝힐 수 있었다(Kandel, 2006). 뉴런이라고 불리는 개개 단위들이 뇌의 기본적인 초석이라는 Cajal의 발견은 뉴런주의(neuron doctrine)의 핵심이다. 뉴런주의에 따르면, 개개 세포들은 신경망 내에서 신호를 전달하고, 이 세포들은 신경망 이론에서 제안했던 것과는 달리 다른 세포들과 연속적이지 않다.

그림 2.4a에서 뉴런의 기본 부분들을 볼 수 있다. 세포체(cell body)는 뉴런의 신진대사 센터인데, 이는 세포의 생명 유지 기전을 포함한다. 세포체로부터 가지 쳐 나온 수상돌기(dendrite)의 기능은 다른 뉴런으로부터 신호를 받아들이는 것이다. 신경섬유(nerve fiber)라고도 불리는 축삭(axon)은 통상 다른 뉴런으로 신호를 전달하는 긴 통로이다. 그림 2.4b에 환경자극, 이 경우에는 압력을 받아들이는 수용기를 가진 뉴런이 나와 있다. 따라서 뉴런은 수용하는 말단과 전도하는 말단을 가지고 있으며, 그 역할은 Cajal이 예견했

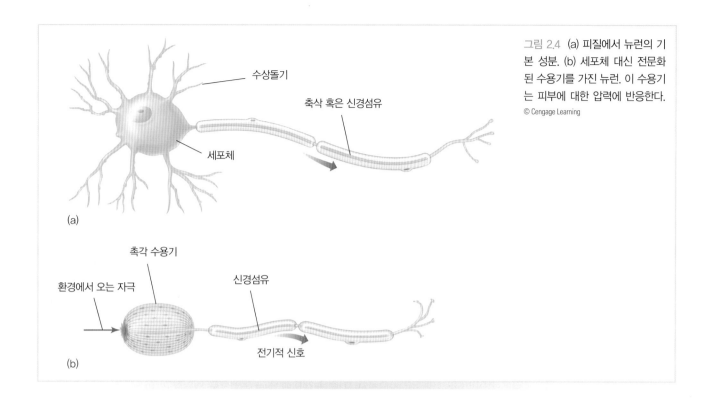

그림 2.4 (a) 피질에서 뉴런의 기본 성분. (b) 세포체 대신 전문화된 수용기를 가진 뉴런. 이 수용기는 피부에 대한 압력에 반응한다. © Cengage Learning

듯이 신호를 전달하는 것이다.

Cajal 역시 뉴런에 관해 또 다른 결론에 도달했다. (1) 뉴런의 축삭 말단과 그 밖의 다른 뉴런의 수상돌기나 세포체 사이에는 조그만 틈이 있다. 이 틈을 연접(synapse)이라고 부른다(그림 2.5). (2) 뉴런은 다른 뉴런과 무분별하게 연결되어 있지 않고 특정 뉴런과만 연결을 형성한다. 이는 상호 연결된 뉴런 집단을 형성하는데, 이들이 함께 신경회로(neural circuit)를 형성한다. (3) 뇌의 뉴런 외에도 눈, 코, 피부에 있는 뉴런들처럼 환경에서 정보를 포착하기 위해 전문화된 뉴런들이 있다. 이 뉴런들을 수용기(receptors)(그림 2.4b)라고 부르는데, 이들은 축삭을 갖고 있다는 점에서는 뇌 뉴런과 유사하지만 환경에서 정보를 포착하는 전문화된 수용기를 갖고 있다.

개개 뉴런들이 신경회로를 형성하여 다른 뉴런들과 소통한다는 Cajal의 생각은 신경계의 작동 방식을 이해하는 데 있어 놀라운 진전이었다. Cajal이 도입한 개념들, 즉 개개 뉴런, 연접, 신경회로는 오늘날 뇌가 인지를 생성하는 방식을 설명하기 위해 사용되는 기본 원리들이다. 이러한 발견으로 인해 Cajal은 1906년 노벨상을 수상하였고,

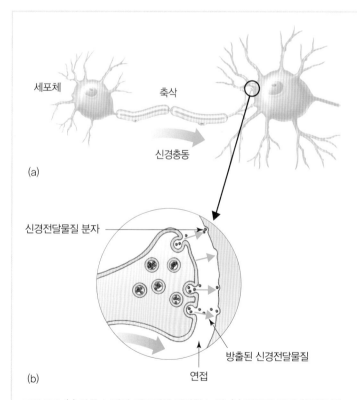

그림 2.5 (a) 다른 뉴런의 세포체에 연접한 뉴런. (b) 연접의 근접 촬영을 통해 드러난 한 뉴런의 말단과 건너편 뉴런의 세포체 사이의 공간, 그리고 방출되는 신경전달물질. © Cengage Learning

오늘날 그는 "정신적 삶에 관한 세포 연구를 가능하게 만든 사람"이라고 그 공로를 인정받고 있다(Kandel, 2006, p.61).

뉴런 내에서 이동하는 신호들

Cajal은 개개 뉴런들의 구조 그리고 그들이 다른 뉴런들과 어떻게 관련되는지를 성공적으로 기술하였으며, 이 뉴런들이 신호를 전달한다는 사실을 알았다. 그러나 이 신호의 정확한 본질을 파악하기 위해서는 전자 증폭기의 개발을 기다려야 했는데, 이 증폭기는 뉴런에 의해 생성된 극도로 작은 전기적 신호를 볼 수 있도록 할 만큼 충분히 강력했다. 1920년대에 Edgar Adrian은 단일 감각 뉴런의 전기적 신호를 기록할 수 있었는데, 이 성취로 인해 그는 1932년 노벨상을 수상하였다(Adrian, 1928, 1932).

방법 뉴런 활동 기록하기

Adrian은 미세전극(microelectrode)을 사용하여 단일 뉴런으로부터 전기적 신호를 기록하였는데, 이 전극은 속이 빈 조그만 유리봉으로서 그 속은 전도성 소금 용액으로 채워졌고, 이 용액이 전극 말단에서 전기적 신호를 포착하여 이 신호를 다시 기록 장치로 전도시킬 수 있었다. 현대의 신경학자들은 금속 미세전극을 사용한다.

그림 2.6에 단일 뉴런의 기록을 위해 사용되는 전형적인 설정이 나와 있다. 두 개의 전극이 있는데, 기록전극(recording electrode)의 말단이 뉴런 내부에 보이며, 참조전극(reference electrode)은 약간의 거리만큼 떨어진 곳에 위치하여 전기적 신호의 영향을 받지 않는다. 기록전극과 참조전극 사이의 전하 차이가 컴퓨터에 입력되고 컴퓨터 스크린에 표시된다.

축삭 또는 신경섬유가 휴식 상태에 있을 때 계량기에 기록된 두 전극의 말단 사이의 전위차는 −70mV(밀리볼트, 1mV는 1/1000V)인데, 이는 그림 2.6a의 오른쪽에 나와 있다. 이 값은 뉴런 내에 아무런 신호도 없는 한 동일하게 유지되는데, 이를 안정전위(resting potential)라고 부른다. 바꾸어 말하면, 뉴런의 내부는 외부보다 70mV만큼 더 부적인 전하를 갖고 있으며, 이 차이는 뉴런이 휴식 상태에 있는 한 계속된다.

뉴런의 수용기가 자극받아서 신경충동(nerve impulse)이 축삭 아래로 전달될 때 일어나는 일이 그림 2.6b에 나와 있다. 충동이 기록전극을 통과할 때 축삭 내부의 전하는 외부에 비해 +40mV까지 상승한다. 충동이 전극을 지나 계속 진행함에 따라 섬유 내부의 전하는 역코스를 밟아 다시 부적이 되기 시작하며(그림 2.6c), 결국 안정전위로 되돌아가게 된다(그림 2.6d). 이 충동을 활동전위(action potential)라고 부르는데, 약 1ms(millisecond 혹은 밀리초. 1ms는 1/1000초) 동안 지속된다.

그림 2.7a에 압축된 시간 눈금 상에서 활동전위들이 나와 있다. 수직선 각각은 활동전위를 나타내는데, 일련의 선들은 수많은 활동전위들이 전극을 지나 이동 중이라는 것을 보여준다. 그림 2.7b에 확장된 시간 눈금 상에서 활동전위 하나가 나와 있다. 신경계에 다른 전기적 신호들이 존재하지만 여기서는 활동전위에 초점을 둘 것인데, 그 이유는 활

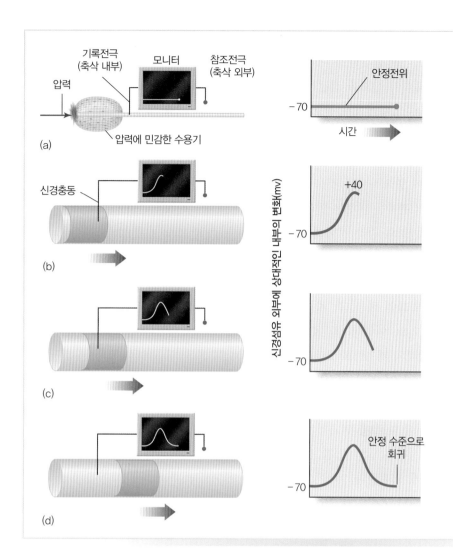

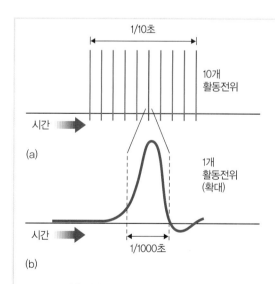

그림 2.6 **활동전위가 축삭을 따라 이동할 때의 기록** (a) 신경이 휴식 상태일 때 축삭의 내부와 외부 사이에 −70mV의 전하 차이가 존재하며, 이를 안정전위라고 부른다. 기록전극과 참조전극 사이의 전하 차이가 컴퓨터에 입력되고 컴퓨터 모니터에 나타난다. 이러한 전하 차이가 오른쪽에 나타나 있다. (b) 빨간색 띠로 표시된 신경충동이 전극을 통과함에 따라 전극에 인접한 신경섬유 내부가 더 정적이 된다. (c) 신경충동이 전극을 지나 이동함에 따라 신경섬유 내의 전하는 더 부적이 된다. (d) 마침내 뉴런이 안정 상태로 되돌아간다. © 2015 Cengage Learning

동전위야말로 정보가 신경계를 통해 전달되는 기전이기 때문이다.

단일 뉴런들로부터 활동전위를 기록하는 것 외에 Adrian은 또 다른 것들을 발견했다. 그는 각각의 활동전위가 그 크기나 형태를 변화시키지 않고 축삭을 따라 이동한다는 사실을 밝혔다. 활동전위의 이러한 속성은 어떤 거리만큼 신호를 보내는 데 이상적인데, 그 이유는 일단 활동전위가 어떤 축삭의 한 말단에서 시작하면 그 신호는 다른 말단에 도달할 때 여전히 크기가 동일하다는 것을 의미하기 때문이다.

Adrian이 단일 뉴런의 활동을 기록하는 것과 거의 동시에, 다른 연구자들은 신호가 축삭의 말단에 있는 연접에 도달할 때 신경전달물질(neurotransmitter)이라고 부르는 화학물질이 방출된다는 사실을 밝혔다. 이 신경전달물질로 인해 신호는 축삭의 말단을 다른 뉴런의 수상돌기나 세포체와 분리시켜 주는 틈을 건너 전달될 수 있다(그림 2.5b).

그림 2.7 (a) 시간 눈금 위에 표시된 일련의 활동전위로서, 각각의 활동전위가 가는 선으로 표시되어 있다. (b) 시간 눈금을 변화시킴으로써 활동전위 하나의 형태가 드러난다. © 2015 Cengage Learning

뉴런 그리고 뉴런 내부에서 움직이는 신호의 본질에 관한 이러한 모든 발견들이 매우 중요함(따라서 이러한 발견들에 대해 많은 노벨상이 수여되었다)에도 불구하고, 우리의 주된 관심사는 축삭이 신호를 전달하는 방식이 아니라 이러한 신호가 마음의 작동에 기여하는 방식에 있다. 지금까지 신호의 전달방식에 대해 기술한 것은, 전기적 신호가 사람들이 이해할 수 있는 단어나 사진으로 변환되는 방식을 기술하지 않고서 인터넷에 의해 전달되는 방식을 기술하는 것과 유사하다. Adrian은 신경신호를 단순히 기술하는 것을 넘어서는 것이 중요하다는 것을 잘 알고 있었기 때문에 신경신호와 환경상의 자극, 즉 사람의 경험의 관계를 밝히는 일련의 실험을 수행하였다.

Adrian은 신경발화와 감각 경험의 관계를 밝히기 위해 피부의 한 수용기로부터 뉴런의 발화가 그 피부에 더 큰 압력을 가함에 따라 어떻게 변화하는지를 측정하였다. 그의 발견에 따르면, 활동전위의 형태와 크기는 압력이 증가해도 동일하게 유지되었지만 신경발화의 비율, 즉 축삭을 따라 이동하는 초당 활동전위의 수는 증가하였다(그림 2.8). 이러한 결과로부터 Adrian은 신경발화와 경험 간의 연결을 밝혔다. 그는 『감각의 기초(The Basis of Sensation)』(1928)라는 책에서 이 연결에 대해 "만약 신경충동이 서로 밀집되어 있다면 감각은 강하고, 신경충동이 긴 간격을 두고 떨어져 있다면 감각은 그에 상응해서 약하다."(p.7)라고 기술하였다.

Adrian에 따르면, 전기적 신호는 자극의 강도를 표상하므로 '밀집된' 전기적 신호를 생성하는 압력은 긴 간격을 두고 떨어져 있는 신호를 생성하는 압력보다 더 강하게 느껴진다. 후속 실험들은 시각에서 유사한 결과를 밝혔다. 고강도 빛이 제시되면 고빈도의 신경발화를 생성하여 그 빛은 밝게 보이며, 더 낮은 강도의 빛이 제시되면 더 낮은 빈도의 신경발화를 생성하고 그 빛은 더 어둡게 보인다. 따라서 신경발화율은 자극의 강도와 관련되어 있고, 결국 경험의 강도, 즉 피부 상의 압력 지각이나 빛의 밝기 경험과 같은 경험의 크기와 관련되어 있다.

우리는 신경발화와 지각적 경험 사이에 어떤 관계가 존재한다는 이러한 생각을 확장시키기 위해 신경충동이 기억, 언어, 사고와 같은 다른 인지 양상에 어떻게 관여되는지에 대해 질문을 제기할 수 있다. 이를 위한 첫 번째 단계는 신경충동의 표상 기능을 살펴보는 것이다.

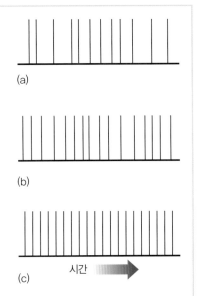

그림 2.8 **피부에 가해진 세 수준의 압력 자극에 대한 반응으로서 축삭에서 기록된 활동전위** (a) 약함, (b) 중간, (c) 강함. 자극 강도의 증가가 신경발화율을 증가시킨다. © Cengage Learning

신경표상의 원리

우리는 1장에서 표상이라고 하는 개념을 다루었는데, 이때 마음을 우리의 **목표**를 달성하기 위해 그 안에서 행동할 수 있게끔 세상에 대한 표상을 생성하는 시스템으로 정의하였다. 이러한 정의에서 핵심어는 **표상**인데, 그 이유는 우리가 경험하는 모든 것은 그 경험을 나타내는 어떤 것의 결과를 뜻하기 때문이다. 이러한 생각을 신경 수준에서 살펴보기 위해 우리는 **신경표상의 원리**(principle of neural representation)를 다룰 것인데, 이에 따르면 사람이 경험하는 모든 것은 자극과의 직접적인 접촉에 근거하지 않고 사람의 신경계 내의 표상에 근거한다.

예를 들어, 메리와 질의 대화로 되돌아가 보자. 질이 메리를 볼 수 있는 이유는 메리로부터 반사된 빛이 질의 눈에 들어가서 메리의 상이 그의 망막(retina), 즉 안구의 뒤쪽에 정렬되어 있는 뉴런의 층에 초점화되기 때문이다(그림 2.9). 여기서 중요한 단어는 상인데, 그 이유는 질의 눈에 들어가는 것이 메리로부터 반사된 빛이 만들어낸 상이지 메리 자신이 아니기 때문이다. 눈에 들어간 것이 메리가 아니라는 생각은 너무나 명백하므로 어리석게 보일 수 있지만 이 점이 사실 중요하다. 눈에 들어간 것은 메리의 표상, 즉 그녀를 나타내는 어떤 것이며, 이 표상의 한 속성은 비록 이것이 메리를 닮기는 했지

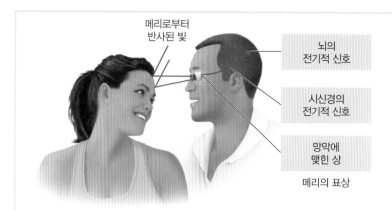

그림 2.9 **질의 시각체계에 메리가 표상되는 몇 가지 방식** 메리로부터 반사된 빛이 질의 눈 내부에 어떤 상을 생성한다. 그 후 이 상은 전기적 신호로 변환되어 시신경을 통해 눈을 벗어나 이동하여 뇌의 시각 영역에 도달한다. © 2015 Cengage Learning

만 그녀와 상이하다는 점이다. 이것은 2차원적이며 크기가 더 작을 뿐만 아니라 눈의 광학으로 인해 왜곡되거나 흐릿할 가능성이 있다.

메리와 망막 상에 맺힌 그녀의 표상 간의 차이는 1000분의 몇 초 동안 더욱 극적으로 되는데, 그동안에 망막에 있는 수용기가 그녀의 상을 전기적 신호로 변환시키고, 이 신호는 망막을 관통하여 시신경을 따라 눈의 후면을 떠나서 마침내 눈으로부터 신호를 수용하는 뇌의 후측에 있는 영역, 즉 시각피질(visual cortex)에 도달한다. 따라서 메리에 대한 질의 지각은 메리와의 직접적인 접촉에 근거하지 않고, 뇌 안에서 활동전위에 의해 그녀가 표상되는 방식에 근거한다.

이러한 생각을 더 진전시키면, 며칠 후 질이 공원을 지나다가 메리의 생김새와 그들이 함께 나누었던 대화를 기억해 낼 때 어떤 일이 일어나는지를 고려해 볼 수 있다. 이 기억은 며칠 전 질의 경험의 재생으로서 역시 뇌의 전기적 신호에 의해 생성되는 것이다.

표상에 관한 이러한 생각은 인지심리학에서 매우 중요한데, 그 이유는 인지를 이해하기 위한 한 가지 접근이 우리의 마음(행동적으로 측정된 것) 그리고 뇌(생리적으로 측정된 것) 양자에서 우리의 경험이 표상되는 방식을 다루기 때문이다. 이 장의 초점이 생리학에 있기 때문에 우리의 인지가 생리적으로 표상되는 방식을 다룰 것이다. 먼저 뉴런에서 시작하겠다.

뉴런에 의한 표상

뉴런에 의한 표상을 다루기 위한 예로 지각을 사용할 것인데, 지각에 적용되는 원리가 기억, 언어, 사고와 같은 다른 인지에도 적용된다는 점을 염두에 두자. 감각의 양(예: 40W 전구보다 100W 전구의 지각이 더 밝다는 것)이 신경발화율과 관련되어 있다는

Adrian의 아이디어에서 시작하여 다음 단계로 넘어가서 감각의 질은 어떠한가라는 질문을 던질 수 있다. 감각의 경우, **감각들 간의** 질은 각각의 감각과 연합된 상이한 경험을 의미하는데, 시각의 경우 빛, 청각의 경우 소리, 후각의 경우 냄새 등의 지각이다. 또한 **특정 감각 내의** 질에 대해 질문을 던질 수 있는데, 시각의 경우, 형태, 색, 또는 운동을 들 수 있으며 형태에 근거하여 상이한 유형의 대상들을 인식하거나 얼굴에 근거하여 상이한 사람들을 인식하는 것을 들 수 있다.

활동전위가 상이한 질을 판단하는 방식에 대한 질문의 답을 구하는 한 가지 방식은, 각각의 질마다 활동전위의 모습이 상이하다고 제안하는 것이다. 그러나 Adrian은 모든 활동전위가 기본적으로 동일한 높이와 형태를 가지고 있음을 밝힘으로써 그러한 가능성을 배제하였다. 만약 신경충동들이 빨간 소방차를 보는 것에 의해 유발되든 지난주에 한 일을 기억하는 것에 의해 유발되든 기본적으로 동일하다면 이 충동들이 어떻게 상이한 질들을 나타낼 수 있을까? 이 질문에 대한 답을 구하기 위해 단일 뉴런을 먼저 다룬 후 뉴런의 집단을 다루도록 하겠다.

단일 뉴런에 의한 표상

신경신호가 사물을 표상하는 방식을 다룬 연구가 Adrian의 주도하에 이루어졌는데, 뉴런들이 상이한 감각자극들에 대해 발화하는 방식을 밝히는 데 연구의 초점이 있었다.

속성탐지기 1960년대에 David Hubel과 Thorsten Wiesel은 고양이에게 시각자극을 제시하는 일련의 실험들을 시작했으며(그림 2.10a), 특정 뉴런의 발화를 어떤 자극이 유발하는지 밝혔다. 그들의 발견에 따르면 시각피질 영역의 각 뉴런들은 망막의 조그만 영역에 제시된 특정 유형의 자극에 대해 반응하였다. 그림 2.10b에 시각피질과 그 주변 뉴런의 발화를 유발하는 자극이 나와 있다(Hubel, 1982; Hubel & Wiesel, 1959, 1961, 1965). 그들은 이 뉴런들을 **속성탐지기**(feature detector)라고 불렀는데, 그 이유는 이 뉴런들이 방위, 운동, 길이와 같은 특정 자극 속성들에 대해 반응했기 때문이다.

시각피질에 있는 뉴런들이 특정 유형의 자극들에 대해 발화한다는 사실들로부터 우리가 나무를 바라볼 때 발화하는 수천 개의 뉴런들 각각이 나무의 상이한 속성들에 대해 발화한다는 생각이 이어졌다. 어떤 뉴런들은 수직 방위의 몸통에 대해 발화하고 다른 뉴런들은 다양한 방위의 가지들에 대해 발화하며 또 어떤 뉴런들은 수많은 속성들의 보다 복잡한 조합에 대해 발화한다.

나무가 여러 속성탐지기들의 결합된 반응에 의해 표상된다는 생각은 레고와 같은 빌딩 블록을 조합함으로써 대상을 조립하는 것과 유사하다. 하지만 이러한 속성탐지기들은 시각피질에 존재하는데, 이는 눈에서 나온 전기적 신호들이 도착하는 뇌의 첫 번째 장소이다. 시각피질 이외의 영역에 대한 후속 연구는 특정 방위의 선들보다 더 복잡한 자극에 대해 반응하는 뉴런들을 밝혔다.

복잡한 자극에 대해 반응하는 뉴런들 복잡한 자극들은 뇌의 뉴런들의 발화에 의해 어떻게 표상될까? 이 질문에 대한 한 가지 답변은 Charles Gross의 실험실에서 찾아볼 수 있다. Gross의 실험에서 그는 원숭이 뇌의 측면에 있는 측두엽의 단일 뉴런들을 기록하였는데, 이 실험들은 통상 3일 내지 4일 동안 지속되었기 때문에 연구자들의 엄청난 인내심을 요구하였다. 이 실험들의 결과는 1969년과 1972년에 이제는 고전이 된 논문에서 보고되었는데, Gross의 연구팀은 마취된 원숭이에게 매우 다양한 자극들을 제시하였다. 그림 2.10a에 나와 있는 것과 같은 프로젝트 스크린 상에 선, 사각형, 원을 제시하였는데, 자극들은 밝거나 어둡게 제시되었다.

측두엽의 뉴런들이 복잡한 자극에 대해 반응한다는 발견은 며칠 뒤 그들의 한 실험에서 이루어졌는데, 이때 그들은 특정 방위의 선 또는 원 또는 사각형과 같은 표준적 자극들 그 어느 것에도 반응하지 않는 뉴런을 발견하였다. 한 실험자가 방 안에서 어떤 것을 가리킴으로써 그의 손이 스크린에 그림자를 드리울 때까지 전혀 아무런 반응이 없었다. 이 손의 그림자가 폭발적인 발화를

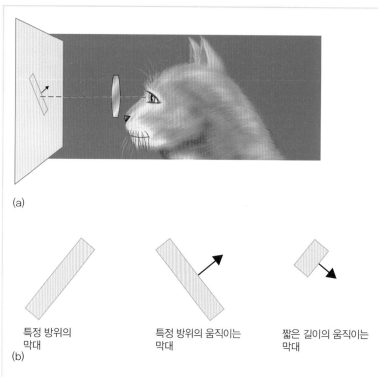

(a)

(b)

특정 방위의 막대   특정 방위의 움직이는 막대   짧은 길이의 움직이는 막대

그림 2.10 (a) 스크린에 제시된 자극을 바라보는 마취된 고양이의 시각체계로부터 전기적 신호를 기록하는 실험. 고양이의 눈앞에 있는 렌즈는 스크린의 상이 고양이의 망막에서 확실하게 초점화되게끔 한다. 기록전극은 나와 있지 않다. (b) 고양이 시각피질에 있는 뉴런의 발화를 초래하는 몇 가지 자극 유형.
© 2015 Cengage Learning

유발했을 때 실험자들은 무엇인가 대단한 것들을 발견했다는 것을 알아차렸고, 원숭이의 손 부분을 포함한 다양한 자극들을 갖고 뉴런을 검사하기 시작했다. 수많은 검사 후에 이 뉴런이 뚜렷한 손가락들을 가진 손과 같은 형태에 대해 반응한다는 사실을 밝혔다(Rocha-Miranda, 2011; Gross, 2002)(그림 2.11). 제시된 자극의 유형들을 확장함으로써 얼굴에 대해 가장 크게 반응하는 뉴런들을 또한 발견했으며, 그 후 연구자들은 이 결과들을 확대하여 얼굴에 대해서는 반응하지만 다른 유형들에 대해서는 반응하지 않는 여러 뉴런들을 밝혔다(Perrett et al., 1982; Rolls, 1981)(그림 2.12).

잠시 멈추고 지금까지의 결과를 고려해 보자. 우리는 시각피질의 뉴런들이 특정 방위

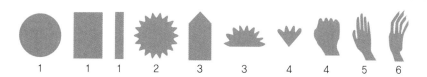

1   1   1   2   3   3   4   4   5   6

그림 2.11 원숭이 피질의 측두엽에 있는 뉴런들의 반응을 연구하기 위해 Gross 등(1972)이 사용한 형태들의 일부 형태들은 뉴런의 발화를 유발할 수 있는 능력순으로 배열되어 있는데, 전혀 없음(1)부터 최대(6)까지의 순서이다.
출처: C. G. Gross, C. E. Rocha-Miranda, & D. B. Bender, Visual properties of neurons in inferotemporal cortex of the macaque. *Journal of Neurophysiology, 5*, 96–111, 1972.

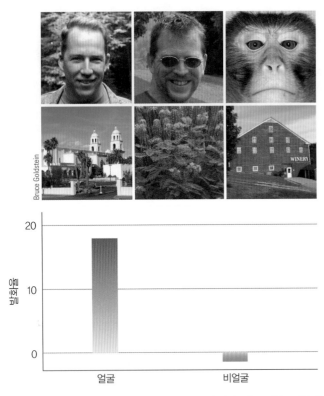

의 막대와 같은 단순한 자극들에 반응하고 측두엽의 뉴런들이 복잡한 기하학적 자극들에 대해 반응하며 측두엽의 다른 영역의 뉴런들이 얼굴들에 반응한다는 사실을 살펴보았다. 즉, 비교적 단순한 자극에 대해 반응하는 시각피질의 뉴런들이 그들의 축삭을 고등 수준의 시각체계로 보내는데, 이 시각체계에서 많은 뉴런들로부터 전달된 신호들이 결합하고 상호작용하는 한편, 이 고등 수준의 뉴런들은 기하학적 대상과 같이 보다 복잡한 자극들에 대해 반응한 후 신호들을 보다 고등 수준의 영역으로 보내서 추가적인 결합과 상호작용을 수행하고 얼굴과 같이 보다 복잡한 자극에 대해 반응하는 뉴런들을 생성한다. 이처럼 뇌의 하위 영역에서 상위 영역으로의 진행을 위계적 처리(hierarchical processing)라고 부른다. 위계적 처리가 신경표상의 문제를 해결하는가? 보다 고등 수준의 시각체계 영역들이 특정 대상에 대해서만 반응하게끔 전문화된 뉴런들을 갖고 있어서 대상이 특정 유형의 전문화된 뉴런의 발화에 의해 표상되는 것인가? 앞으로 살펴보겠지만 신경표상의 문제는 함께 작동하는 수많은 뉴런들을 포함할 가능성이 매우 크다.

그림 2.12 얼굴 이외의 자극에 대해서는 반응하지 않고 얼굴 자극에 대해서만 반응하는 원숭이 측두엽에 있는 한 뉴런의 발화율(1초당 신경충동 수).

출처: E. T. Rolls & M. J. Tovee, Sparseness of the neuronal representation of stimuli in the primate temporal visual cortex, *Journal of Neurophysiology, 73*, 713–726, 1995.

감각 부호화

감각의 신경표상 문제를 **감각 부호화** 문제라고 부르는데, 여기서 감각 부호화(sensory coding)란 뉴런들이 다양한 환경 특성들을 표상하는 방식을 지칭한다. 어떤 대상이 그 대상에 대해서만 반응하는 전문화된 뉴런의 발화에 의해 표상될 수 있다는 생각을 **특수성 부호화**(specificity coding)라고 부른다. 이러한 예가 그림 2.13에 나와 있는데, 이는 수많은 뉴런들이 세 개의 상이한 얼굴들에 대해 반응하는 방식을 보여준다. 4번 뉴런만이 빌의 얼굴에 대해 반응하고, 9번 뉴런만이 메리의 얼굴에 대해 반응하며, 6번 뉴런만이 라파엘의 얼굴에 대해 반응한다. 아울러 빌에 대해서만 반응하게끔 전문화된 뉴런, 즉 '빌 뉴런'이라고 부를 수 있는 뉴런이 메리나 라파엘에 대해서는 반응하지 않는다는 사실을 주목하라. 또한, 다른 얼굴들 또는 대상들은 이 뉴런에 영향을 미치지 않을 것이다. 이 뉴런은 오로지 빌의 얼굴에 대해서만 발화한다.

비록 특수성 부호화라는 생각이 간단하기는 하지만 정확할 가능성은 거의 없다. 얼굴들에 대해 반응하는 뉴런들이 존재할지라도 이 뉴런들은 흔히 수많은 상이한 얼굴들(빌의 얼굴만이 아니라)에 대해 반응한다. 세상에는 상이한 얼굴들과 대상들(그리고 색, 맛, 냄새, 소리)이 매우 많기 때문에 각각의 대상들에 대해서만 헌신하는 별도의 뉴런이 존

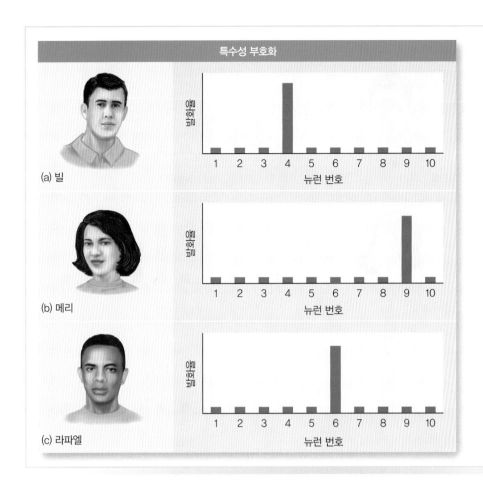

그림 2.13 **특수성 부호화** 왼쪽 얼굴에 대한 10개 뉴런들의 반응이 나와 있다. © Cengage Learning

특수성 부호화

(a) 빌

(b) 메리

(c) 라파엘

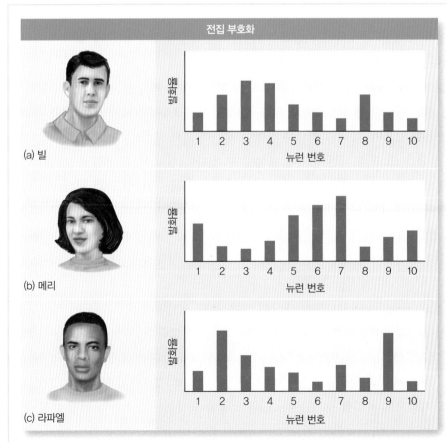

그림 2.14 **전집 부호화** 얼굴의 정체성을 많은 수의 뉴런들의 발화 패턴으로 나타낸다. © Cengage Learning

전집 부호화

(a) 빌

(b) 메리

(c) 라파엘

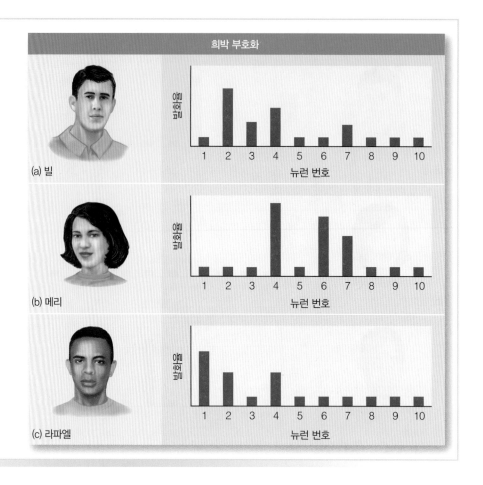

그림 2.15 **희박 부호화** 얼굴의 정체성을 적은 수의 뉴런들의 발화 패턴으로 나타낸다. © Cengage Learning

재할 수 없다. 특수성 부호화라는 생각의 대안은 한 대상을 표상하는 데 수많은 뉴런들이 관여한다는 생각이다.

전집 부호화(population coding)는 많은 수의 뉴런들의 발화 패턴에 의해 특정 대상이 표상되는 것이다. 이러한 생각에 따르면 빌의 얼굴은 그림 2.14a에 나와 있는 발화 패턴에 의해 표상될 수 있으며, 메리의 얼굴은 상이한 패턴에 의해 표상될 수 있고(그림 2.14b), 라파엘의 얼굴은 또 다른 패턴에 의해 표상될 수 있다(그림 2.14c). 전집 부호화의 이점은 많은 수의 자극들이 표상될 수 있다는 것인데, 그 이유는 커다란 뉴런 집단들이 방대한 수의 상이한 패턴들을 생성할 수 있기 때문이다. 감각뿐만 아니라 다른 인지 기능에 있어서도 전집 부호화를 지지하는 훌륭한 증거들이 있다. 하지만 어떤 기능들의 경우에는 많은 수의 뉴런들이 필요하지 않다. 작은 뉴런 집단들이 관여할 때에는 **희박 부호화**가 이루어진다.

희박 부호화(sparse coding)는 특정 대상이 작은 뉴런 집단만의 발화 패턴에 의해 표상될 때 일어나는데 대부분의 뉴런들은 발화하지 않는다. 그림 2.15a에 나와 있듯이 희박 부호화는 적은 수의 뉴런들(2번, 3번, 4번, 7번 뉴런들)의 발화 패턴에 의해 빌의 얼굴을 표상할 수 있다. 메리의 얼굴은 적은 수의 다른 뉴런들(그림 2.15b의 4번, 6번, 7번 뉴런들)의 발화 패턴으로 표시될 수 있는데, 빌의 얼굴을 표상하는 뉴런들과 상당 부분 중첩될 수 있으며, 라파엘의 얼굴은 또 다른 패턴을 가질 수 있다(그림 2.15c의 1번, 2번, 4번 뉴런들). 특정 뉴런이 한 개 이상의 자극들에 대해 반응할 수 있다는 점을 주목하라. 예를 들어, 4번 뉴런은 비록 메리의 얼굴에 대해 가장 크게 반응하지만 세 개 얼굴 모두에 대해 반응한다.

최근 간질 치료를 위한 뇌수술을 받은 환자의 측두엽의 기록에서 매우 특수한 자극에 반응하는 뉴런들이 발견되었다. 그림 2.16에 배우 스티브 카렐의 사진에 반응하고 다른 사람의 얼굴에는 반응하지 않는 뉴런의 기록이 나와 있다(Quiroga et al., 2007). 그러나 이 뉴런(다른 사람들에 반응한 다른 뉴런들과 함께)을 발견한 연구자들이 지적한 바에 따르면, 이 뉴런을 고작 30분 동안만 기록했는데, 만약 더 많은 시간이 허용되었더라면 다른 얼굴들이 이 뉴런의 발화를 유발할 수 있다는 것을 발견했을 가능성이 있다. 이처럼 특수한 뉴런들조차 한 개 이상의 자극에 대해 발화할 가능성 때문에, Quiroga와 동료들(2008)은 그들이 발견한 뉴런들이 아마도 희박 부호화의 사례에 속할 것이라고 제안했다.

시각체계에서 대상을, 청각체계에서 음을, 후각체계에서 냄새를 표상하는 부호는, 희박 부호화가 제안하듯이 비교적 적은 수의 뉴런들에 걸친 활동 패턴을 포함한다는 또 다른 증거들도 있다 (Olshausen & Field, 2004).

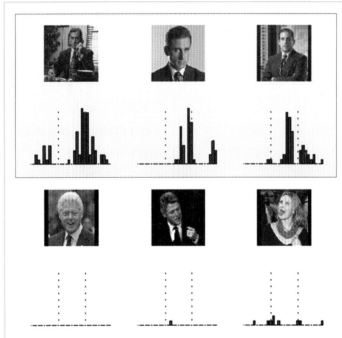

그림 2.16 여러 관점의 스티브 카렐 사진들에 대해서는 반응하지만(상단) 잘 알려진 다른 인물의 사진들에 대해서는 반응하지 않는(하단) 측두엽에 있는 한 뉴런의 기록.

출처: R. Q. Quiroga, L. Reddy, G. Kreiman, C. Koch, & I. Fried, Sparse but not "grandmother-cell" coding in the medial temporal lobe, *Trends in Cognitive Sciences, 12*, 87–91, 2008.

기억 역시 뉴런들의 발화에 의해 표상되지만 지각표상과 기억표상은 차이가 있다. 지각 경험과 연합된 신경발화는 지각이 일어날 때 발생하는 것과 관련되는데, 질이 메리를 바라보고 있을 때를 다룬 그림 2.9의 사례가 여기에 해당된다. 기억과 연합된 발화는 뇌에 저장되어 있는 과거에 관한 정보와 관련되는데, 질이 메리를 바라본 것을 기억하는 것이 여기에 해당된다. 기억에 저장된 정보의 정확한 형태는 잘 알 수 없지만 전집 부호화와 희박 부호화의 기본원리들이 기억의 경우에도 작동할 가능성이 있는데, 기억은 각각 특정 패턴의 저장된 정보에 의해 표상되고, 그 결과 그 기억을 경험할 때 특정 패턴의 신경발화가 야기된다.

개개 뉴런들과 뉴런 집단들이 지각, 기억, 그리고 다른 인지 기능들에 관한 정보를 담고 있다는 것을 아는 것이 표상을 이해하는 첫 번째 단계이다. 다음 단계에서는 조직화, 즉 뇌 안에서 여러 유형의 뉴런들과 기능들이 조직화된 방식을 살펴볼 것이다.

1. 분석 수준을 기술하라. 이것이 '인지심리과학을 연구하는 이유는?'라는 질문과 어떻게 관련되는 가?

2. 초기 뇌 연구자들이 뇌를 신경망이라는 관점에서 어떻게 기술했는가? 개개 뉴런들은 신경망과 어 떻게 상이한가?

3. Cajal로 하여금 신경주의를 제안하게끔 한 연구를 기술하라.

4. 뉴런의 구조를 기술하라. 연접과 신경회로를 기술하라.

5. 뉴런에서 활동전위를 어떻게 기록하는가? 이러한 신호의 형태는 어떠한가, 활동전위와 자극 강도 의 관계는 어떠한가?

6. 상이한 지각들이 뉴런에 의해서 어떻게 표상될 수 있는가? 단일 뉴런의 기록 연구와 감각 부호화 양자를 고려하라.

7. 기억의 신경표상과 지각의 표상은 어떻게 상이한가, 어떻게 유사한가?

조직화: 신경심리학과 뉴런의 기록

대뇌 조직화의 기본 원리들 가운데 하나가 기능 국재화(localization of function)인데, 이에 따르면 특정 뇌 영역이 특정 기능을 담당한다. 대부분의 인지 기능들을 대뇌피질(cerebral cortex)이 담당하는데, 이 영역은 뇌를 덮고 있는 약 3mm 두께의 조직층이다(Fischl & Dale, 2006). 피질은 주름져 있다(그림 2.17). 기능 국재화에 대한 초기 증거는 신경심리 학(neuropsychology)에서 나왔는데, 이 분야는 뇌 손상을 가진 사람의 행동을 연구한다.

신경심리학이 밝힌 국재화

많은 신경심리학적 연구가 뇌졸중에 의해 야기된 뇌 손상으로 고통받는 환자들을 연구 하였는데, 뇌졸중은 통상 혈전에 의해 뇌로 향하는 혈류가 막히는 것이다. 뇌졸중 환 자를 대상으로 한 기능 국재화를 초기에 보고한 것이 Paul Broca(1861)인데, 그에 따르 면 좌뇌 전두엽의 한 영역인 브로카 영역(Broca's area)은 말소리에 전문화되어 있다(그림 2.17). 그의 제안은 전두엽이 손상된 한 환자에 관한 연구에 기초하는데, 그 환자가 유일 하게 말할 수 있는 단어를 따서 그를 '탄(Tan)'이라고 불렀다. 1879년에 Carl Wernicke는 측두엽의 한 영역인 베르니케 영역(Wernicke's area)이 손상된 다른 환자 집단을 연구하였 는데, 그들의 말소리는 유창하고 문법적으로는 정확했지만 의미가 지리멸렬하였다.

Broca와 Wernicke는 언어 생성과 관련된 영역(브로카 영역)과 언어 이해와 관련된 영역 (베르니케 영역)을 밝혔다. 이처럼 생성과 이해에 따른 단순한 범주화가 후속 연구 결과 들(Novick et al., 2005)에 의해 수정되었지만, 이 두 뇌 영역이 상이한 기능을 담당한다 는 생각은 여전히 타당하며 기능 국재화라는 생각을 받아들이는 데 큰 영향을 미쳤다.

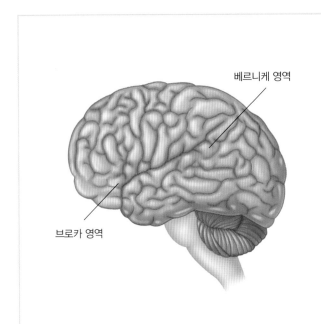

그림 2.17 전두엽의 브로카 영역과 측두엽의 베르니케 영역은 각 각 언어의 생성과 이해에 전문화된 것으로 초기 연구에서 밝혀졌다. © Cengage Learning

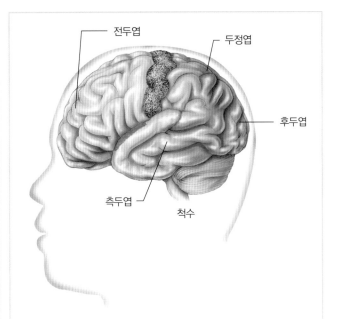

그림 2.18 감각들을 1차적으로 수용하는 영역들의 위치를 보여주는 인간 뇌: 시각 = 후두엽, 피부감각 = 두정엽(점 찍힌 파란색 영역), 청각 = 측두엽(측두엽에서 어둡게 그늘진 영역의 아래편에 위치함). 미각과 후각 영역들은 보이지 않는다. 전두엽은 모든 감각들에 대해 반응하며 고등 인지기능에 관여한다. © Cengage Learning

기능 국재화에 대한 추가적 증거는 전시에 뇌 손상의 효과를 다룬 연구에서 나왔다. 러일전쟁(1904~1905)에서 일본 군인들 그리고 제1차 세계대전에서 연합군에 관한 연구에 따르면, 시각피질이 위치한 뇌의 후두엽(occipital lobe)의 손상은 실명을 초래하며(그림 2.18), 손상된 후두엽의 영역과 환자가 보지 못하는 시공간의 장소 사이에 연결이 존재한다(Glickstein & Whitteridge, 1987; Holmes & Lister, 1916; Lanska, 2009). 예를 들어, 후두엽의 좌측 부분의 손상은 시공간의 상측 우측 부분에 맹목 영역을 초래한다.

앞서 언급한 것과 같이 뇌의 다른 영역들 역시 특정 기능들과 연합되어 있다. 귀로부터 신호를 수용하는 청각피질은 상측 측두엽(temporal lobe)에 있으며 듣기를 담당한다. 피부로부터 신호를 수용하는 체감각피질은 두정엽(parietal lobe)에 있으며 감촉, 압력, 통증의 지각을 담당한다. 전두엽(frontal lobe)은 모든 감각에서 오는 신호들을 수용하며 사고와 문제해결과 같은 고차적 인지기능들뿐만 아니라 감각들의 조정을 담당한다.

뇌 손상이 시각 기능에 미치는 다른 효과가 측두엽의 하측 우측 부분의 손상을 입은 환자에게서 보고되었는데, 이것이 얼굴을 인식할 수 없는 얼굴실인증(prosopagnosia)이다. 얼굴실인증 환자는 얼굴이 얼굴이라는 사실은 알 수 있지만 그것이 누구의 얼굴인지를 인식할 수 없는데, 심지어 친구와 가족구성원처럼 잘 알고 있는 사람의 경우에도 그러하다. 어떤 경우 얼굴실인증 환자는 거울을 들여다보면서 자기 자신의 모습을 볼 때 이 낯선 사람이 누구인지 의아해한다(Burton et al., 1991; Hecaen & Angelergues, 1962; Parkin,

1996).

　신경심리학 연구 목표들 가운데 하나는 뇌의 특정 영역이 특정한 인지 기능에 기여하게끔 전문화되어 있는지 여부를 밝히는 데 있다. 얼굴실인증의 단일 사례에 기초하여 하측 측두엽의 손상된 뇌 영역이 얼굴 재인을 담당한다는 결론을 내리고 싶겠지만, 이러한 결론에 이르기 위해서는 추가적인 단계가 필요하다. 특정 영역의 기능에 관한 보다 확고한 결론에 이르기 위해, 연구자들은 통상 이중 해리를 보여주려고 여러 뇌 영역들이 손상된 수많은 환자들을 검사한다.

방법 이중 해리 입증하기

이중 해리(double dissociation)는 뇌의 한 영역이 손상될 때 A 기능은 없어지지만 B 기능은 존재하며, 다른 영역이 손상될 때 B 기능은 없어지지만 A 기능은 존재하는 경우에 일어난다. 이중 해리를 입증하기 위해서는 이상의 조건들을 만족시키는 두 명의 뇌 손상 환자를 찾아낼 필요가 있다.
　얼굴 재인과 대상 재인에서 이중 해리가 밝혀졌는데, 어떤 환자는 얼굴을 재인할(A 기능) 수 없지만 대상은 재인할(B 기능) 수 있고, 다른 영역이 손상된 또 다른 환자는 대상을 재인할(B 기능) 수 없지만 얼굴을 재인할(A 기능) 수 있다(McNeal & Warrington, 1993; Moscovitch et al., 1997). 이중 해리를 밝히는 것이 중요한 이유는, A 기능과 B 기능에 서로 독립적으로 작동하는 상이한 기전들이 기여한다고 결론을 내릴 수 있기 때문이다.

　앞서 기술한 신경심리학 연구들에 따르면, 얼굴 재인에 측두엽의 한 영역이 기여하며 이 기능은 다른 유형의 대상 재인과 관련된 기전들과 분리되어 있는데, 대상 재인에는 측두엽의 다른 영역이 기여한다. 신경심리학 연구는 또한 기억, 사고, 언어 각각의 기능들에 중요한 영역들뿐만 아니라 운동 지각에 중요한 영역들을 밝혔는데 이는 나중에 살펴볼 것이다. 신경심리학 외에 기능 국재화를 밝히는 또 다른 도구가 단일 뉴런의 기록이다.

뉴런의 기록으로 밝힌 국재화

앞서 시각적 자극이 뉴런 집단의 발화에 의해 표상되는 방식을 다루었다. 기능의 국재화를 밝히기 위해 단일 뉴런 기록을 역시 사용할 수 있다. 이러한 연구 대부분은 동물을 대상으로 수행되었다. 예를 들어, Doris Tsao와 동료들(2006)의 발견에 따르면, 원숭이의 측두엽 하측 부분에 있는 작은 영역 내의 뉴런 97%는 얼굴 사진에 대해 반응하지만 다른 유형의 대상 사진에는 반응하지 않는다. 이러한 '얼굴 영역'은 인간의 경우 얼굴실인증과 관련된 영역 부분에 위치하고 있다. 얼굴 지각이 뇌의 특정 영역과 관련되어 있다는 생각 또한 뇌 영상(brain imaging)이라고 부르는 기법을 사용한 연구들에 의해 지지되는데, 이를 통해 상이한 인지에 따라 인간 뇌의 어떤 영역이 활성화되는지를 밝힐 수 있다.

조직화: 뇌 영상

1980년대에 자기공명영상(magnetic resonance imaging: MRI)이라고 부르는 기법이 임상적인 목적을 위해 도입되었는데, 이로 인해 뇌 안의 구조들의 영상을 만들 수 있게 되었다. 그 이래로 MRI는 종양이나 다른 뇌 이상을 탐지하기 위해 사용되는 표준적 기법이 되었다. 이 기법은 뇌 구조들을 보여주는 데 있어 탁월하지만 신경 활동을 보여주지는 않는다. 기능적 자기공명영상(functional magnetic resonance imaging: fMRI)이라는 또다른 기법을 통해 연구자들은 다양한 유형의 인지에 따라 상이한 뇌 영역들이 활성화되는 방식을 파악할 수 있게 되었다.

방법 뇌 영상

기능적 자기공명영상은 특정 인지 과제에 의해 활성화된 뇌 영역에서 혈류가 증가한다는 사실을 이용한다. 혈류의 측정은 혈액 내의 산소를 운반하는 헤모글로빈이 철을 함유한 분자를 담고 있어서 자성을 갖고 있다는 사실에 근거한다. 뇌에 자기장이 제시되면 헤모글로빈 분자는 매우 작은 자석과 같이 정렬한다. 뇌 활동이 많이 일어나는 영역의 헤모글로빈 분자가 자신이 전달하는 산소의 상당량을 상실하기 때문에 fMRI는 뇌 활동의 존재를 보여준다. 이로 인해 헤모글로빈은 더 큰 자성을 띠게 되고, 따라서 이 분자들은 자기장에 보다 강하게 반응한다. fMRI 장비는 헤모글로빈의 자기반응 변화를 탐지함으로써 뇌의 여러 영역의 상대적 활동을 밝혀준다.

　fMRI 실험을 위한 설정이 그림 2.19a에 나와 있는데, 여기서 사람의 머리가 스캐너 안에 들어가 있다. 사람이 이미지의 지각과 같은 인지 과제를 수행할 때 뇌의 활동이 파악된다. 활동은 복셀(voxel) 단위로 기록되는데, 이는 한 측면이 약 2~3mm인 뇌의 작은 입방체 형태의 영역이다. 복셀은 뇌 구조가 아니라 fMRI 스캐너에 의해 생성된 작은 분석 단위에 불과하다. 복셀은 디지털 사진이나 컴퓨터 스크린 상

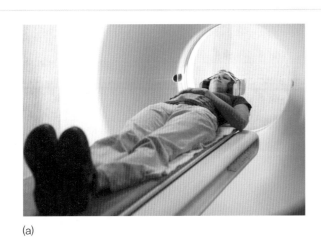
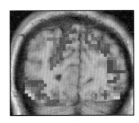

활성화 비율

−1　0　+1　+2

(a)　　　　　　　　　　　　(b)

그림 2.19 (a) 뇌 스캐너 안에 있는 사람. (b) fMRI 기록. 색상은 뇌 활동의 증가와 감소 영역들을 표시한다. 빨간색과 노란색은 뇌 활동의 증가를, 파란색과 초록색은 감소를 나타낸다.

출처: (b) Alumit Ishai, Leslie G. Ungerleider, Alex Martin, & James V. Haxby, The representation of objects in the human occipital and temporal cortex, *Journal of Cognitive Neuroscience*, 12 : 2, 35–51. © 2000 by the Massachusetts Institute of Technology.

의 이미지를 구성하는 작은 사각형 픽셀과 유사한데, 뇌가 3차원적이므로 복셀은 작은 사각형이 아니라 작은 입방체이다. 그림 2.19b에 fMRI 스캔 결과가 나와 있다. 인지 활동과 관련된 뇌 활동의 증가 또는 감소가 색으로 표시되어 있는데, 활성화된 양이 특정 색으로 표시되어 있다.

뇌를 스캔하고 있는 도중에는 이처럼 채색되어 있는 영역이 드러나지 않는다는 사실을 강조해야겠다. 인지 과제 도중 일어난 뇌 활동을 과제 이전에 기록된 기저선 활동과 비교하는 계산을 통해 채색된 영역이 파악된다. 이러한 계산의 결과는 뇌의 특정 영역 활동의 증가 또는 감소를 보여주며, 그림 2.19b에 나와 있는 것과 같은 채색 디스플레이로 변환된다.

기능 국재화의 뇌 영상 증거

기능 국재화를 지지하는 증거를 제시한 대부분의 뇌 영상 실험들은 여러 대상 사진들을 관찰할 때 어떤 뇌 영역들이 활성화되는지를 밝혔다.

사진 바라보기 그림 2.20a와 2.20b에 나와 있듯이 얼굴은 뇌의 특정 영역을 활성화시킨다(Kanwisher et al., 1997; Kanwisher & Dilks, 2013). 이 영역이 측두엽 하측에 있는 방추회 안에 있기 때문에 이를 방추얼굴 영역(fusiform face area: FFA)이라고 부르는데, 이 영역은 얼굴실인증의 사례에서 손상된 것과 동일한 뇌 부분이다.

기능 국재화를 지지하는 추가적 증거를 제시한 fMRI 실험들에 따르면, 그림 2.21a에 나와 있는 것과 같은 실내 장면과 실외 장면을 나타낸 사진을 지각할 때 해마방회 장소 영역(parahippocampal place area: PPA)이 활성화된다(Aguirre et al., 1998; R. Epstein et al., 1999). 이 영역에서 중요한 것은 공간적 배치에 관한 정보처럼 보이는데, 그 이유는 텅 빈 방의 사진을 보든 가구가 완전히 비치된 방의 사진을 보든 둘 다 증가된 활성화가 일어나기 때문이다(Kanwisher, 2003). 다른 전문화된 영역으로서 외선조 신체 영역(extrastriate body area: EBA)을 들 수 있는데, 이 영역은 얼굴이 아닌 신체의 사진이나 신체 부분의

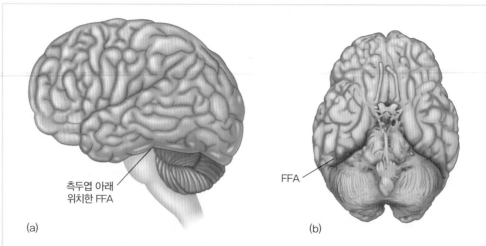

측두엽 아래
위치한 FFA

(a)

FFA

(b)

그림 2.20 (a) 뇌의 측면. 여기서는 방추얼굴 영역(FFA)이 보이지 않는데, 그 이유는 이 영역이 뇌 아래쪽에 위치하기 때문이다. (b) 뇌의 아래쪽으로서 FFA의 위치를 알 수 있다. © Cengage Learning

사진에 의해 활성화된다(Downing et al., 2001)(그림 2.21b).

영화 관람 일상생활 속에서 우리는 흔히 수많은 대상들이 담겨 있는 장면들을 바라보는데 이 가운데 상당수의 대상들은 움직이고 있다. Alex Huth와 동료들(2012)은 우리가 환경 속에서 바라보는 것과 유사한 자극을 사용하여 fMRI 실험을 수행했다. Huth의 참가자들은 뇌 스캐너 안에 있는 동안 2시간짜리 영화 필름을 보았다. 참가자들의 뇌 안에 있는 복셀들이 영화 속의 여러 대상들과 행위들에 대해 반응하는 방식을 분석하기 위해 Huth는 1705개의 대상들과 행위 범주들 목록을 만들고 각 영화 장면 안에 어떤 범주들이 존재했는지 확인했다.

그림 2.22에 네 개의 장면 그리고 이와 관련된 범주들(라벨)이 나와 있다. 각 장면에 대해 각 복셀들이 어떻게 반응했는지를 밝히고 복잡한 통계 절차를 사용하여 그 결과를 분석함으로써 Huth는 각 복셀이 어떤 유형의 자극에 대해 반응했는지 확인할 수

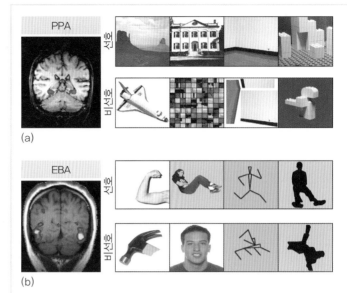

그림 2.21 (a) 해마방회 장소 영역(PPA)은 장소에 의해서는 활성화되지만(상단) 다른 자극에 의해서는 활성화되지 않는다(하단). (b) 외선조 신체 영역(EBA)은 신체에 의해서는 활성화되지만(상단) 다른 자극에 의해서는 활성화되지 않는다(하단).

출처: L. M. Chalupa & J. S. Werner, eds., *The Visual Neurosciences*, 2-vol. set, figure from pp. 1179–1189, © 2003 Massachusetts Institute of Technology, by permission of The MIT Press.

영화 장면	라벨	영화 장면	라벨
	butte.n desert.n sky.n cloud.n brush.n		city.n expressway.n skyscraper.n traffic.n sky.n
	woman.n talk.v gesticulate.v book.n		bison.n walk.v grass.n stream.n

그림 2.22 Huth 등(2012)의 실험에서 참가자가 본 영화의 네 장면 오른쪽의 단어들은 장면 속에 나타난 범주들을 나타낸다(n = 명사, v = 동사).

출처: A. G. Huth et al., A continuous semantic space describes the representation of thousands of object and action categories across the human brain, *Neuron, 76*, 1210–1224, Figure S1, Supplemental materials, 2012.

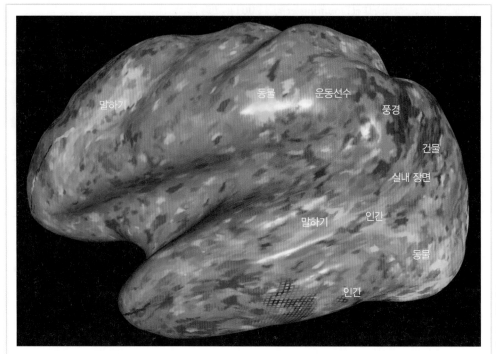

그림 2.23 Huth 등(2012)의 실험 결과로서, 뇌의 특정 위치를 활성화시킬 가능성이 가장 큰 범주들을 표시한다.

있었다. 예를 들어, 어떤 복셀은 거리, 건물, 도로, 인테리어, 탈것이 존재할 때 잘 반응했다.

그림 2.23에 대뇌 표면에 있는 복셀들이 반응하게끔 하는 자극 유형들이 나와 있다. 서로 유사한 대상들과 행위들은 뇌 안에서 서로 가까운 곳에 위치하고 있다. 사람들에 대해 두 영역, 그리고 동물들에 대해 두 영역이 존재하는 이유는, 각 영역이 사람이나 동물과 관련된 상이한 속성들을 표상하기 때문이다. 예를 들어, 뇌의 아래쪽에 '인간'이라고 명명된 영역이 방추얼굴 영역에 해당하는데(그림 2.20b), 이 영역은 얼굴의 모든 양상에 대해 반응한다. 뇌의 보다 높은 곳에 위치한 인간 영역은 특히 얼굴 표정에 대해 반응한다. '말하기'라고 명명된 영역들이 브로카 영역과 베르니케 영역에 해당된다.

그림 2.23의 결과는 흥미 있는 패러독스를 보여준다. 한편으로, 그 결과는 얼굴, 장소, 신체와 같은 특정 유형의 자극의 지각을 담당하는 특정 뇌 영역을 밝힌 초기 연구를 확증해준다. 다른 한편, 이 새로운 결과는 피질의 넓은 영역에 걸쳐 확장된 지도를 보여준다. 이제 살펴보겠지만, 기능 국재화를 지지하는 방대한 증거가 존재함에도 불구하고 인지의 생리적 기반을 이해하기 위해 뇌를 전체로서 고려할 필요가 있다.

뇌 전반에 걸친 분산 표상

특정 기능에 기여하게끔 전문화된 뇌의 특정 영역에 초점을 맞추는 것이 뇌 영상 연구를 통해 가능하다는 것을 살펴보았다. 이제는 특정 인지가 뇌의 많은 구조들에 영향을 미칠 수 있다는 것을 보여주기 위해 뇌 영상을 사용한 연구를 살펴보겠다. 특정 인지 기능이 뇌의 많은 영역들을 활성화시킨다는 생각을 분산 표상(distributed representation)이라고 부른다. 비록 분산 표상이라는 생각이 얼핏 보면 앞서 기술한 기능의 국재화라는 생각과 상충되는 것처럼 보이지만 이 두 생각이 실제로 상호보완적이라는 것을 살펴보겠다.

예를 들어, 뇌에서 얼굴 지각의 국재화를 살펴보자. 얼굴에 의해 강하게 활성화되며 다른 유형의 자극에 대해 훨씬 약하게 반응하는 FFA라고 부르는 영역을 뇌 영상 실험이 밝혔다는 사실을 앞서 살펴보았다. 하지만 얼굴에 대해 반응하게끔 전문화된 영역이 존재한다고 해서 얼굴이 그 영역만을 활성화시킨다는 것을 의미하지는 않는다. 얼굴은 FFA를 강하게 활성화시킬 **뿐만 아니라** 다른 영역들까지 활성화시킨다.

뇌의 수많은 영역들이 얼굴의 지각에 참여하지만 다른 영역들 역시 얼굴에 대해 다양하게 반응한다. 예를 들어, 여러분이 거리를 걸어가는 사람을 바라볼 때 사람의 얼굴을 보는 것은 FFA의 많은 뉴런들을 활성화시킬 뿐만 아니라 얼굴의 형태에 대해 반응하는 다른 영역들의 뉴런들까지 활성화시킨다. 하지만 그 사람의 얼굴에 대한 여러분의 반응은 단순히 '저것은 사람의 얼굴이다.'를 넘어선다. 여러분은 또한, 그 사람이 여러분을 바라보고 있는지 여부, 그 사람이 얼마나 매력적이라고 생각하는지, 그 얼굴이 어떤 정서를 유발하는지, 그리고 그 사람의 얼굴 표정에 대한 여러분의 반응에 의해 영향을 받을 것이다. 밝혀진 바에 따르면, 얼굴에 대한 이러한 반응들 각각에 따라 뇌에서 상이한 영역들이 활성화된다(그림 2.24). 따라서 얼굴을 바라보면 얼굴 지각에 관련된 수많은 영역들이 활성화될 뿐만 아니라 얼굴에 의해 유발된 반응들과 관련된 다른 영역들까지 활성화된다.

그러나 훨씬 단순한 자극, 여러분을 바라보지 않고 정서적 표정이 없거나 정서적 반응을 유발하지 않는 사람을 마주치는 경우에는 어떠할까? 그림 2.25의 사람과 같이 빨간색 공이 굴러가는 것을 지각하는 경우에는 어떠할까? 이처럼 단순하고 중립적인 자극조차 뇌에서 넓게 분산된 활동을 일으키는데, 그 이유는 공의 속성들인 색상(빨간색), 운동(오른쪽 방향), 형태(구형), 깊이, 위치 등이 각각 뇌의 상이한 영역에서 처리되기 때문이다.

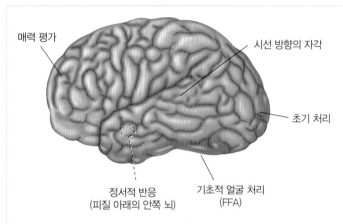

그림 2.24 **얼굴의 여러 양상들에 의해 활성화되는 뇌 영역들**

출처: Adapted from Ishai, 2008; Calder et al., 2007; Gobbini & Haxby, 2007; Grill-Spector et al., 2004; Haxby et al., 2000; Ishai et al., 2004. © Cengage Learning

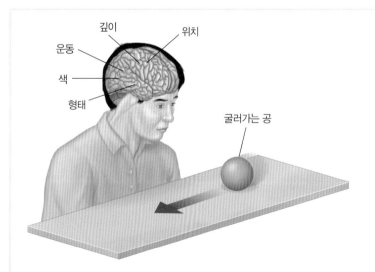

그림 2.25 **빨간색 공이 굴러가는 것을 바라볼 때 공의 속성에 따라 활성화되는 피질 영역이 상이하다. 이 영역들은 서로 의사소통을 하지만 분리된 위치에 자리 잡고 있다.** © Cengage Learning

굴러가는 빨간색 공의 경우에 주목할 만한 점은, 비록 그것이 뇌의 많은 분리된 영역들의 활동을 일으키지만 우리의 경험에서는 이처럼 광범위하게 분산된 활동의 증거를 거의 또는 전혀 찾아볼 수 없다는 점이다. 우리는 단지 공을 바라볼 뿐이다! 이러한 관찰의 중요성은 굴러가는 빨간색 공의 지각을 넘어서 기억, 언어, 의사결정, 문제해결과 같은 다른 인지 기능에까지 적용되는데, 이 모든 인지 기능들은 뇌에서 분산된 활동을 일으킨다.

예를 들어, 기억의 생리학에 관한 연구를 5장과 7장에서 상세하게 살펴볼 것인데, 이 연구들에 따르면, 뇌의 모든 엽의 여러 영역들이 사실과 사건에 관한 기억을 저장하고 나중에 이들을 기억해내는 것과 관련되어 있다. 사실이나 사건을 기억해내는 것은 다른 사실이나 사건과의 연합을 유발할 뿐만 아니라 그 기억과 연합된 시각·청각·후각·미각, 기억에 의해 유발된 정서, 그리고 다른 사고과정까지 유발할 수 있다. 또한 여러 유형의 기억, 즉 단기기억, 장기기억, 개인사의 사건에 관한 기억, 사실에 관한 기억 등이 존재하는데, 이 모든 기억들은 때로는 부분적으로 중첩되지만 상이한 뇌 영역들을 활성화시킨다.

분산 표상의 원리가 지각, 기억, 그리고 다른 인지 과정들에 적용된다는 생각은 인지를 담당하는 기전의 일반성을 반영한다. 비록 이 책에서는 여러 유형의 인지에 대한 장들이 분리되어 있지만, 이러한 분리가 마음이나 뇌 안에서 항상 일어나는 것은 아니다. 결국, 마음이란 교과서가 아니며, 우리의 경험이나 인지가 반드시 깔끔한 범주들로 구분되지는 않는다. 오히려, 마음은 여러 상이한 기능들을 갖는 인지 과정들을 생성한다. 특정 악곡의 화음과 선율을 생성하기 위해 교향악단에서 여러 상이한 악기들이 함께 작업하여 교향곡을 만들어 내는 것과 마찬가지로 인지 과정들이 여러 전문화된 뇌 영역들에 의해 생성되는데, 이 영역들이 모두 함께 작업하여 분산된 활동 패턴을 만들어서 특정 인지의 여러 성분들을 모두 생성해낸다.

모두 함께: 뉴럴 네트워크

여러 인지 양상들과 관련된 여러 뇌 영역들의 발견뿐만 아니라 함께 연결된 뉴런의 집단 또는 구조와 같은 뉴럴 네트워크(neural network)에 관한 연구들이, 다양한 인지를 생성하기 위해 많은 상이한 뇌 영역들이 함께 작업하는 교향곡과 유사한 것으로 뇌를 보는 생각을 시사한다.

그림 2.26에 구조 모형을 보여주기 위해 1장에서 소개했던 네트워크(그림 1.15)가 나와 있다. 통증 매트릭스라고 부르는 이 네트워크는 통증의 지각과 관련된 많은 연결구조들로 구성되어 있다. 이 그림에서 구조의 이름들을 이 구조가 기억하는 기능들의 이름으로 바꾸었다. 즉, 어떤 영역은 통증과 그 감각 양상(욱신거리다, 깔끄럽다, 극심하다와 같은 단어들로 기술된다)의 위치와 관련되어 있고, 다른 영역들은 통증의 정서적 양상(불쾌하다, 고통스럽다, 두렵다와 같은 단어들로 기술된다)과 관련되어 있으며, 또 다른 영역들

은 진행 중인 행동을 위해 통증 자극의 중요도를 평가하는 것, 통증 자극을 향하거나 이것으로부터 벗어나기 위해 주의를 기울이는 것, 그리고 자극에 기억을 기록하는 것과 관련되어 있다. 이 네트워크 내의 모든 구조들은 함께 작동하여 전반적인 통증 경험의 본질을 결정한다.

그림 2.26의 네트워크는 이 장에서 기술된 모든 방법들, 단일 뉴런의 기록, 신경심리학, 뇌 영상과 같은 방법들을 적용한 연구에 기반을 두어 제안된 많은 네트워크들의 한 사례에 불과하다. 또한, 상이한 구조들 사이의 소통을 생성하는 신경섬유의 경로들을 추적하기 위해 새로운 세대의 해부학적 기법들이 개발되었다. 확산 텐서 영상(diffusion tensor imaging: DTI)이라고 부르는 기법은 신경섬유를 따라 수분이 확산되는 방식의 탐지에 기반을 두고 있다. 그림 2.27에 이 기법에 의해 발견된 신경로가 나와 있다(Calamante, 2013). 뇌 영역들이 상호 소통하는 방식을 보다 정확하게 밝히기 위해 이와 같은 새로운 기법들이 항상 개발 중이다.

이 장의 앞부분에서, 특정 주제를 여러 수준에서 연구하는 분석 수준, 그리고 신경계에서 경험이 표상되는 방식인 **신경표상**을 소개했다. 뇌의 여러 구조들이 소통하고 상호작용하는 방식이 이 두 생각을 뒷받침해 준다. 인지의 신경 기반을 이해하기 위해, 개개 뉴런에서 시작하여 이 뉴런에서 생성된 구조들, 그리고 함께 작동하는 구조들의 집단에 이르는 수준을 고려할 필요가 있다. 또한 이러한 모든 활동들이 함께 신경계에서 인지의 표상을 생성한다는 사실을 알 필요가 있다.

지각을 다룬 다음 장에서, 환경을 지각하기 위해 감각수용기에 들어온 신호가 제공하는 정보를 그 상황과 관련된 지식과 어떻게 결합시키는지를 살펴볼 때, 이러한 상호작용의 증거를 보게 될 것이다.

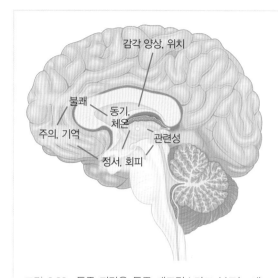

그림 2.26 통증 지각은 통증 매트릭스라고 부르는 네트워크의 활성화에 의해 일어나는데, 이 네트워크는 연결된 수많은 상이한 구조들로 구성되어 있다. 많은 구조들이 다중 기능들을 갖고 있다. 여기에는 통증 매트릭스 내 구조들과 관련된 몇 가지 기능들이 표시되었다.
© 2015 Cengage Learning

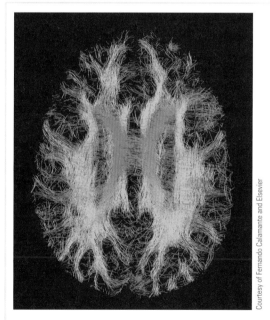

그림 2.27 **확산 텐서 영상에 의해 밝혀진 인간 뇌의 신경로**

출처: F. Calamante, et al., Track-weighted functional connectivity [TW-FC]: A tool for characterizing the structural-functional connections in the brain, *NeuroImage 70*, 199–210, Figure 2a, page 202, 2013.

고려사항

신경과학이 인지에 관해 알려주는 것

신경과학의 기여 가운데 하나는 여러 상이한 능력이 뇌 안에서 발생하는 위치를 밝혀내는 것이라고 앞서 살펴보았는데, 이러한 연구 프로젝트를 뇌의 **지리학 연구**라고 부른다. 하지만 신경과학의 기여는 상이한 기능들의 위치를 밝혀내는 것을 넘어선다. 많은 신경과학 연구들이 뇌 안에서 일어나는 역동적 과정들 그리고 인지 행동을 담당하는 기전들을 밝혀내는 것에 초점을 두어왔다. 주의를 다룬 4장에서 역동적 과정의 인상적 사례를 살펴볼 때 그림 2.23에 나와 있는 피질 지도를 다시 들여다볼 것이다. 이 지도는 정적인 것이 아니며 확장되거나 수축될 수 있음이 밝혀졌다. 따라서 여러분이 어떤 고양이를 바라볼 때 고양이와 관련된 지도의 양상들은 확장되고 고양이와 동떨어진 양상들은 수축된다. 바꾸어 말하면, 뇌의 지형은 고양이를 보다 효과적으로 발견할 수 있도록 조율된다(Sukur, 2013)!

우리는 또한 행동 관찰에 근거한 제안들이 생리학적 연구 결과에 의해 지지되는 실험들을 살펴볼 것이다. 예를 들어, 1장에서 소개했고 7장에서 상세하게 다루겠지만, Endel Tulving(1985)은 일화기억과 의미기억이라고 하는 두 유형의 장기기억을 구분하였다. Tulving에 따르면 일화기억은 개인적 경험에 관한 기억이다. 여러분이 뉴욕 시로 간 여행 그리고 그곳에서 한 일들에 관한 기억은 일화기억이다. 의미기억은 사실에 관해 저장된 지식과 기억이다. 뉴욕 시가 뉴욕 주에 있으며 해마다 섣달그믐날에 타임스퀘어에 인파가 모인다는 지식, 그리고 뉴욕 시 지하철 지도의 배치에 관한 지식은 의미기억에 속하는 예들이다.

하지만 우리가 기억하는 것들의 유형에 기초해서 이처럼 두 가지 유형의 기억을 구분할 수 있어도, 이 기억들에 상이한 기전들이 기여한다고 말할 수 있는가? 이러한 질문들에 대한 한 가지 대답을 일화기억과 의미기억 사이의 이중 해리를 밝힌 신경생리학적 연구가 제시하였다(방법: 이중 해리 입증하기, 50쪽 참고). 7장에서 살펴보겠지만 개인적 경험을 기억해내는 능력(일화기억)은 상실했지만 세상에 관한 사실에 대한 기억(의미기억)은 여전히 유지하는 뇌 손상 환자들이 있다. 또한 이것과는 대조적인 문제를 가진 사람들이 있는데, 이들은 뇌 손상 때문에 사실에 관한 지식에 접속할 수 있는 능력을 상실했지만 개인적 경험을 여전히 기억할 수 있다. 이 두 유형의 사람들은 함께 이중 해리를 생성하며 일화기억과 의미기억들에 독립적인 기전들이 기여한다고 결론을 내릴 수 있게 해준다. 이는 행동 관찰에 근거한 제안이 어떻게 생리학적 실험 결과에 의해 지지되고 확장되는지 보여주는 한 예에 불과하다.

이 장에서 다룬 인지신경과학은 단일 뉴런의 발화로부터 뇌 전반을 망라하는 지도에 이르기까지, 특정 인지에 뇌 영역들을 연결시키는 것에서부터 보다 복잡한 인지를 생성하기 위해 많은 뇌 영역들을 함께 연결시키는 것에 이르기까지 다양한 내용을 다루었다. 하지만 이러한 생리학적 기전의 목적, 즉 친구를 알아보는 것부터 대화를 나누는 것에 이르는 인지의 규명을 잊지 않도록 하자. 뉴런의 작동 방식이나 뇌 구조들의 위치를 아는 것도 좋겠지만 뉴런의 속성이나 뇌 구조만을 연구하는 데 우리의 관심이 있는 것은 아니다. 우리의 관심은 뉴런과 뇌 구조들이 어떻게 인지에 기여하는지를 밝히는 데 있다. 바꾸어 말하면, 우리의 주된 초점은 인지와 관련된 행동을 설명하는 데 있으며 이 책에서 취하고 있는 접근은 행동 설명을 위해 최선의 방법이 행동 실험과 생리학적 실험 양자를 수행하는 데 있다는 생각에 근거를 두고 있다. 이 책을 읽어가면서 마음을 보다 잘 이해하기 위해 행동 실험과 생리학적 실험의 결과를 개별적으로 제시하기보다 함께 제시하는 많은 예들을 접하게 될 것이다.

1. 기능의 국재화란? 국재화가 신경심리학과 뉴런의 기록에 의해 어떻게 밝혀졌는지 기술하라. 이중 해리의 원리를 이해해야만 한다.

2. 기능적 자기공명영상의 배후에 있는 기초 원리들을 기술하라.

3. 기능 국재화를 지지하는 뇌 영상 증거를 기술하라. 정지 사진을 바라보도록 한 실험과 동영상을 바라보도록 한 실험을 기술하라. 각 유형의 실험이 기능 국재화에 대해 무엇을 알려 주는가?

4. 분산 표상이란? 뇌가 얼굴에 대해 반응하는 방식을 통해 분산 표상을 설명하라. 굴러가는 빨간색 공에 대해 반응하는 방식을 통해 설명하라.

5. 뉴럴 네트워크란? 통증 매트릭스라고 부르는 네트워크와 통증의 지각이 어떻게 연결되는가?

6. 신경과학이 인지에 관해 알려 주는 두 가지 사항을 기술하라.

이 장의 요약

1. 인지신경과학은 뇌의 생리학적 기반에 관한 연구이다. 마음의 연구에 관한 분석 수준 접근은 행동적 수준과 생리학적 수준 양자의 연구를 포괄한다.

2. Ramon y Cajal의 연구 결과 신경망 이론이 기각되고 뉴런주의가 채택되었는데, 뉴런주의에 따르면 뉴런이라고 부르는 개개 세포들은 신경계에서 신호를 전달한다.

3. 미세전극을 사용하여 뉴런의 신호를 기록할 수 있다. Adrian은 단일 뉴런의 신호를 최초로 기록하였으며, 활동전위가 축삭을 따라 이동할 때 크기가 동일하며 자극 강도가 증가하면 신경발화율이 증가한다는 사실을 밝혔다.

4. 신경표상의 원리에 따르면, 우리가 경험하는 모든 것이 자극과의 직접적인 접촉에 근거하지 않고 신경계의 표상에 근거한다.

5. 신경표상은 복잡한 자극에 대해 반응하는 뉴런, 즉 속성탐지기를 고려함으로써, 그리고 특수성 부호화, 전집 부호화, 희박 부호화에 뉴런이 관여하는 방식을 고려함으로써 설명이 가능하다.

6. 지각에서 기능 국재화라는 생각을 지지해 주는 것은 각 감각마다 별도의 일차 수용 영역이 있다는 사실, 지각에 대한 뇌 손상의 효과(예: 얼굴실인증), 단일 뉴런의 기록, 뇌 영상 실험의 결과이다.

7. 뇌 영상은 뇌 안의 혈류를 측정함으로써 뇌 활성화를 측정한다. 기능적 자기공명영상(fMRI)이 인지 기능 도중 일어나는 뇌 활성화를 밝히기 위해 광범위하게 사용된다. 뇌 영상 실험들은 얼굴, 장소, 신체에 대해 가장 크게 반응하는 인간 뇌 영역을 찾아내기 위해 정지 사진에 대한 반응을 측정하며, 자극 유형에 따라 상이한 뇌 영역이 활성화되는 것을 보여주는 뇌 지도를 만들기 위해 동영상에 대한 반응을 측정한다.

8. 분산 표상이라는 생각에 따르면, 특정 기능들이 뇌의 많은 상이한 영역들에 의해 처리된다. 이 원리를 뒷받침해 주는 발견으로서, 얼굴이 여러 뇌 영역들을 활성화시킨다는 사실 그리고 수많은 영역들을 활성화시키는 굴러가는 빨간색 공의 예를 들 수 있다.

9. 분산 표상은 기억, 의사결정, 문제해결과 같은 다른 인지 기능들에서도 역시 일어난다. 인지의 기본 원리는 상이한 인지기능들이 흔히 유사한 기전들을 내포한다는 사실이다.

10. 뉴럴 네트워크란 상호 연결된 뉴런 또는 구조의 집단이다. 통증 매트릭스를 생성하는 구조들은 함께 하나의 뉴럴 네트워크를 이룬다.

11. 마음을 이해하는 데 신경과학이 기여한 것들 가운데 하나는 뇌 안에서 상이한 능력들이 발생하는 위치를 밝히는 것이다. 나아가, 행동 연구에 기반을 둔 제안은 생리

학적 연구 결과에 의해 지지받을 수 있다. 예를 들어, 행동에 근거하여 제안된 상이한 유형의 장기기억이 상이한 유형의 뇌 손상을 가진 환자들을 연구한 신경심리학적 연구에 의해 지지되었다.

생각해 보기

1. 어떤 인지심리학자들은 뇌를 마음의 컴퓨터라고 부른다. 뇌보다 컴퓨터가 더 능숙한 것은 무엇인가? 복잡성의 측면에서 뇌와 컴퓨터를 비교하라. 컴퓨터보다 뇌는 어떤 이점을 가지고 있는가?

2. 사람들은 흔히 환경을 직접 경험한다고 생각하는데, 특히 보기, 듣기, 표면의 결을 느끼기와 같은 지각적 경험을 할 때 그러하다. 그러나 신경계의 작동 방식에 관한 지식에 따르면 그렇지 않다. 우리의 모든 경험이 간접적이라고 생리학자가 주장하는 근거는 무엇인가?

3. fMRI 스캐너 안에서 뇌 활동을 측정할 때 사람의 머리는 자성 물질에 의해 둘러싸여 있으며 완벽하게 정지 상태를 유지해야 한다. 게다가 기계가 작동할 때 매우 큰 소음이 난다. 뇌 스캐너의 이러한 특성이 뇌 스캐닝을 사용하여 연구할 수 있는 행동 유형에 어떤 제약을 가하는가?

4. 뇌를 사용하여 뇌의 작동 방식을 연구하기 때문에 뇌의 작동 방식에 대한 충분한 이해가 불가능하다는 주장이 있다. 여러분은 이러한 주장에 대해 어떻게 생각하는가?

핵심 용어

감각 부호화(sensory coding)
기능 국재화(localization of function)
기능적 자기공명영상(functional magnetic resonance imaging: fMRI)
기록전극(recording electrode)
뇌 영상(brain imaging)
뉴런(neurons)
뉴런주의(neuron doctrine)
뉴럴 네트워크(neural network)
대뇌피질(cerebral cortex)
두정엽(parietal lobe)
망막(retina)
미세전극(microelectrode)
방추얼굴 영역(fusiform face area: FFA)
베르니케 영역(Wernicke's area)
복셀(voxel)
분산 표상(distributed representation)
분석 수준(level of analysis)
브로카 영역(Broca's area)

세포체(cell body)
속성탐지기(feature detector)
수상돌기(dendrite)
수용기(receptors)
시각피질(visual cortex)
신경망(nerve net)
신경섬유(nerve fiber)
신경심리학(neuropsychology)
신경전달물질(neurotransmitter)
신경충동(nerve impulse)
신경표상의 원리(principle of neural representation)
신경회로(neural circuit)
안정전위(resting potential)
얼굴실인증(prosopagnosia)
연접(synapse)
외선조 신체 영역(extrastriate body area: EBA)
위계적 처리(hierarchical processing)

이중 해리(double dissociation)
인지신경과학(cognitive neuroscience)
자기공명영상(magnetic resonance imaging: MRI)
전두엽(frontal lobe)
전집 부호화(population coding)
참조전극(reference electrode)
축삭(axon)
측두엽(temporal lobe)
특수성 부호화(specificity coding)
해마방회 장소 영역(parahippocampal place area: PPA)
확산 텐서 영상(diffusion tensor imaging: DTI)
활동전위(action potential)
후두엽(occipital lobe)
희박 부호화(sparse coding)

Bruce Goldstein

위 사진 상단의 알록달록한 패턴이 어떠한 사물의 일부라고 생각하는가? 대부분의 사람들은 이 패턴이 어떤 사물의 일부인지 잘 인식하지 못한다. 사진의 하단을 보아야 비로소 이 패턴이 건물의 지붕이라는 것이 명확해진다. 인간의 지각체계는 우리가 무언가를 바라볼 때마다 항상 이와 같은 난관을 헤쳐 나간다. 이런 문제를 해결하는 것은 쉬워 보일 수도 있다. 특히 사진의 상단 부분보다 더 단순한 사물일 경우에는 더더욱 그렇다. 하지만 이번 장에서는 지각체계와 관련하여 간단한 것은 아무것도 없다는 것을 배우게 될 것이다. '간단한' 사물을 지각하는 것마저도 복잡한 기제를 필요로 하는데, 대부분의 경우에는 무의식적으로 진행되지만 일부 경우에는 추론과 유사한 과정이 요구되기도 한다.

CHAPTER

3

지각

▶ 왜 사람들은 같은 자극을 보고 서로 다른 지각을 경험하는가?

▶ 환경의 특징에 대한 개인의 지식은 지각에 어떠한 영향을 미치는가?

▶ 뇌가 주변에 나타날 가능성이 높은 사물에 대해 적절하게 대처하도록 맞춰지는 과정이 어떻게 일어나는가?

▶ 지각과 기억은 뇌에 어떻게 표상되는가?

크리스틸은 해가 뜰 무렵부터 해변을 따라 달리기 시작했다. 이 시간대의 해변은 시원하면서도 안개가 끼어 있어 신비한 분위기를 자아내기 때문에 그녀는 이때 조깅하는 것을 좋아한다. 그녀는 바닷가를 내려보다가 1m 떨어진 위치에서 어제 보지 못했던 사물을 발견했다. 크리스틸은 '떠내려온 유목이 참 신기하게 생겼네.'라고 생각하며 그 사물을 자세히 보려고 했지만 아직 걷히지 않은 안개와 어둠 때문에 더 자세히 볼 수 없었다(그림 3.1a). 그 사물에 가까이 다가갈수록 그녀는 그것이 유목이 아닐 수도 있겠다는 생각이 들기 시작했다. 결국에는 그 물체가 안전요원 스탠드 아래에 놓여 있던 파라솔이라는 것을 확인했다(그림 3.1b). 크리스틸은 매우 놀라며 다음과 같이 생각했다. '유목이 내 눈앞에서 감쪽같이 파라솔로 변해 버렸잖아.'

해변을 계속 달리면서 그녀는 버려진 것 같은 밧줄더미를 발견했다(그림 3.1c). 그녀는 밧줄을 살펴보기 위해 한쪽을 잡고 들어 보았다. 예상했던 대로 그것은 한 줄로 이어진 긴 밧줄이었다. 크리스틸은 해변 끝 비치 자바 커피숍에서 친구를 만나기로 했기 때문에 다시 뛰기 시작했다. 그녀는 친구를 만나 친구에게 유목이 파라솔로 둔갑한 이야기를 해주었다.

지각의 특성

지각(perception)은 감각의 자극으로 인해 발생하는 경험이라고 정의할 수 있다. 이러한 경험이 어떻게 생성되는지 보기 위해서 크리스틸의 해변 이야기를 다시 떠올려 보자.

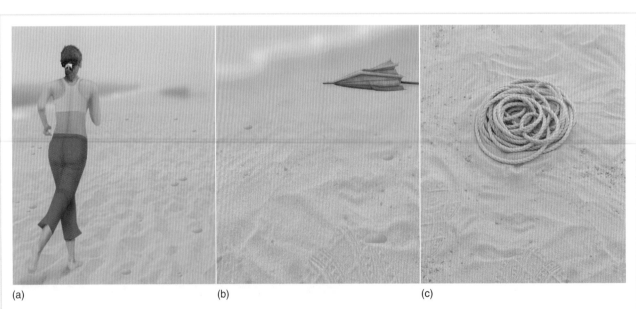

Bruce Goldstein

(a)   (b)   (c)

그림 3.1 (a) 처음에 크리스틸은 해변 아래에 있는 유목을 보았다고 생각한다. (b) 결국 그녀는 그녀가 보고 있던 것이 파라솔이라는 것을 깨닫는다. (c) 해변 아래를 내려가면서 그녀는 밧줄더미 근처를 지나간다. © Cengage Learning

지각의 여러 기본 특징

크리스털의 경험을 통해 지각에 관련된 몇 가지 속성을 살펴볼 수 있다. 예를 들어, 유목이 파라솔로 둔갑했다고 생각한 크리스털의 경험을 통해 추가적으로 받아들인 정보가 우리의 지각을 바꿀 수 있음을 알 수 있다. 파라솔과의 위치가 가까워질수록 크리스털의 시야가 더 뚜렷해졌던 것을 생각해 보자. 더불어 지각과정에서 추론이나 문제해결과 유사한 기제가 작용한 것을 볼 수 있다. 크리스털은 전날 파라솔을 보았던 것을 떠올림으로써 유목처럼 보였던 사물이 무엇이었는지 확인할 수 있었다. (처음에 잘못 지각한 이후 이를 정정하는 또 다른 사례로는 '아니 저것은! 새! 비행기! 슈퍼맨이다!'와 같은 경우가 있다.) 크리스털이 밧줄더미를 보고 밧줄이 하나로 이어져 있을 것이라고 생각했던 것은, 지각이 과거 경험에 근거하여 생성된 지각 규칙(사물들이 위아래로 겹쳐 있을 때, 아래의 사물이 보통 위의 사물 뒤에 이어져 있다는 규칙)의 영향을 받는다는 것을 보여준다.

더불어, 크리스털의 경험은 지각하는 데 특정 **과정**이 있다는 것을 방증한다. 예를 들어, 그녀가 유목이라고 생각했던 물체가 사실 파라솔이라는 것을 깨닫기까지 어느 정도의 시간이 걸렸기 때문에, 그 찰나의 순간 동안 추론 기제가 작동했다는 것을 유추할 수 있다. 대부분의 경우, 지각은 매우 빠르고 손쉽게 발생하기 때문에 자동적인 것처럼 보이기도 한다. 하지만 앞으로 배우게 될 것과 같이 지각체계는 자동성과는 거리가 멀다. 지각하는 과정에는 추론처럼 복잡하고 쉽게 관찰되지 않는 기제들이 관여한다. 물론, 이러한 체계들은 유목이 파라솔이었다는 것을 크리스털이 깨닫기까지 걸린 시간보다 더 빠르게 발생한다.

마지막으로, 크리스털의 경험은 지각이 행동과 함께 형성된다는 것을 보여준다. 앞선 사례에서 크리스털은 달리는 동시에 지각하고 있었고, 잠시 후에 친구와 이야기를 하면서 동시에 커피 잔을 집어 들었는데, 커피 잔을 잡기 위해서는 잔을 바라보고, 위치를 판단하고, 손잡이를 잡는 행위들의 협응이 필요하다. 크리스털의 경험으로 미루어 보아 이러한 협응은 인간 누구에게나 매일 일어나는 지각과정이다. 인간은 항상 움직인다. 심지어 우리가 어딘가에 가만히 앉아서 TV나 영화, 운동경기를 시청하고 있더라도 눈은 주위에 무슨 일이 일어나고 있는지를 지각하기 위해 지속적으로 움직인다. 또한, 우리는 하루에도 몇 번씩 커피 잔, 볼펜, 연필 혹은 책과 같은 사물들을 잡거나 줍기도 한다. 이처럼 이번 장에서는 지각하는 데 있어서 우리의 행동을 동반하거나 보조하는 역동적인 기제들이 있다는 것을 배우게 될 것이다.

지각은 사물을 식별하거나 특정 상황에 따라 적절한 행동을 취하게 해주는 것 이상의 역할을 수행한다. 여기서 잠깐 인지심리학은 지식을 습득하고, 기억에 저장하며, 인출하여 지난주에 만난 사람을 기억해내는 것부터 시작하여, 문제를 해결하고, 타인과 의사소통하며, 인지심리학 시험 문제를 푸는 것과 같이 다양한 과제 수행을 다루는 학문이라는 것을 상기해 보자. 지각 없이는 이 모든 인지적 능력을 발휘하는 것은 불가능할 것이다.

그림 3.2 그림 왼쪽에 다양한 형태의 건물이 있다고 말하는 것이나 그림 가운데에 높은 건물과 그 앞에 낮은 직사각형 건물이 있다고 말하는 것은 어렵지 않다. 또한 야구장 외야석 바로 위로 보이는 수평의 노란색 띠가 강 건너에 있다고 말하는 것도 어렵지 않다. 하지만 사물들을 지각하는 것은 인간에게는 쉽지만 컴퓨터 시각체계에서는 상당히 어려울 수 있다. 그림 왼쪽 건물에 적힌 글자들은 아래의 '보여주기' 부분을 푸는 데 필요한 글자들이다.

잠시 생각해 보자. 만약 여러분이 모든 감각을 잃었고 지각 능력도 잃었다고 가정했을 때 여러분은 지금 당장 주변에서 일어나는 일들을 얼마나 세세히 인식할 수 있겠는가? 그리고 위에서 언급된 인지 능력을 얼마나 잘 발휘할 수 있겠는가? 다르게 말해서, 지각은 이 책에서 서술될 다른 모든 인지 능력으로 통하는 관문과도 같은 것이다.

이 장은 지각과 관련 있는 기제를 설명하는 것을 목표로 한다. 시작하기에 앞서 위 예시의 배경 무대를 해변에서 도시로 바꿔 보자. 이제 여러분은 야구 팀 피츠버그 파이어리츠의 홈구장인 PNC 파크 2층에 있다고 생각해 보자. 그리고 거기에서 보이는 피츠버그 시내의 광경을 떠올려 보자.

장면 지각하기

로저는 PNC 파크에 앉아 도시를 보고 있다(그림 3.2). 그의 왼쪽에는 10개 정도의 건물이 보이며 그는 각각의 건물을 쉽게 구별할 수 있다. 정면을 바라보자 큰 건물과 그 앞에 작은 건물 하나가 보인다. 이 두 건물을 구분하는 것 역시 어렵지 않다. 강이 있는 곳을 내려다보자 우익수 쪽 외야 위쪽으로 수평의 노란 띠가 보인다. 로저는 그 띠가 당연히 야구장의 일부가 아니라 강의 일부인 것으로 지각한다.

로저에게는 위의 모든 지각과정이 자연스럽게 느껴졌으며 별다른 노력을 필요로 하지 않았다. 하지만 자세히 살펴보면 이 장면이 알아보기 힘든 퍼즐같이 보인다는 것이 명백해진다. 다음의 '보여주기'를 통해 장면의 어떠한 부분이 퍼즐처럼 보이는지를 알아보자.

보여주기 장면 속에 숨어 있는 지각 퍼즐

그림 3.2를 보고 다음의 문제에 답해 보자. 각 문제에 답해 보고 이유를 제시해 보자.

- 어두운 A 지점에는 무엇이 있는가?
- B와 C 지점에 해당하는 건물 표면의 방향은 다른가, 같은가?
- B와 C 지점은 같은 건물인가, 다른 건물인가?
- D 지점의 건물이 A 지점의 건물과 이어져 있는가?

위의 문제들에 대답하는 것은 쉬웠을 것이다. 하지만 '추론과정'의 근거를 찾는 것은 왠지 모르게 어려웠을 것이다. 예를 들어, 어두운 A 지점이 그림자라는 것을 어떻게 알 수 있었을까? 어두운 영역이 밝은 색 건물 앞에 있는 어두운 색 건물이라고 생각했을 수도 있다. 또 무엇을 근거로 D 건물의 일부가 A 건물에 가려져 있다고 판단하게 되었는가? 사실 보이는 것이 D 건물의 전부이며 A 건물이 D 건물의 가장자리 바로 옆에 있을 수도 있다. 사실 이 장면 속의 모든 요소에 대해 위와 같은 질문을 던질 수 있다. 특정 형태의 패턴은 굉장히 다양한 사물들을 통해 만들어낼 수 있기 때문이다.

이 '보여주기'의 중요한 시사점 중에 하나는 '보이는 것'이 무엇인지 판단할 때에는 단순히 광수용기로 구성된 눈의 뒷면, 즉 망막에 맺히는 명암 형태보다는 그 이상의 것을 고려해야 한다는 것이다. 가장 성능 좋은 컴퓨터를 사용하더라도 인간에겐 너무 쉬운 지각과정을 재현하는 것이 어렵다는 점을 상기해 보면 '그 이상의 것'을 고려하는 것이 지각하는 데 있어서 매우 중요하다는 것을 이해할 수 있다.

예를 들어, 2007년 11월 3일에 미국 캘리포니아 주 빅터빌(Victorville)에서 열린 어반 챌린지 경주(Urban Challenge Race) 출전을 목적으로 설계된 로봇 자동차를 생각해 보자. 미 국방성 산하 방위고등연구계획국(DARPA)에서 후원한 이 경주는 로봇 자동차들이 일반도로에서처럼 움직이는 자동차 혹은 신호등이 있는 88.5km 길이의 코스를 주행하는 경기이다. 로봇 자동차들은 주어진 과제를 스스로 수행해야 하며 인간의 개입은 차량 유도장치에 전체 코스의 위치 좌표를 입력하는 것으로 제한되었다. 각 차량들은 컴퓨터에 의존하여 주어진 경로에서 이탈하지 않는 동시에 예측 불가능한 교통 체증을 회피해야 했다.

이 경주의 우승 차량은 카네기멜론 대학교 팀이 설계한 자동차였으며 이 차량은 평균 시속 2.25km의 속도로 달리면서도 경로에서 이탈하지 않았으며 다른 자동차와의 충돌 없이 과제를 완수하였다. 또한 결승에 오른 총 11개의 팀 중 스탠퍼드 대학, 버니지아 공대, MIT, 코넬 대학, 펜실베이니아 대학의 자동차들 역시 코스를 완주하는 데 성공하였다.

움직이는 장애물이 존재하는 환경에서 무인자동차가 길을 찾는 것은 매우 인상적이다. 로봇 자동차의 지속적인 개발은 구글의 무인자동차의 80만 km 주행기록 돌파로 그 결실을 맺었다. 그리고 이 무인 자동차는 현재 유인 자동차의 대안으로 개발되고 있다. 하지만 무인 자동차가 피해야 하는 사물과 보행자, 다른 자동차와 같은 사물들을 인식할 수 있지만 아직까지는 인간처럼 쉽게 사물들을 무궁무진하게 지각하는 수준으로 설계되지는 못했다. '저건 샴 고양이네,' '저 친구는 프레드야,' '이 집은 내가 사는 집이야.'라고 구분할 정도는 안 된다는 말이다.

동식물의 종에 대한 판단과 같이 정밀한 판단을 내릴 수 있는 컴퓨터 시각 시스템이 현재 활발히 개발 중이지만(Yang et al., 2012), 그 수행 수준은 인간의 평균 수준에 미치지

Bruce Goldstein

그림 3.3 사물을 상당히 정확하게 인식할 수 있는 컴퓨터 시각 프로그램조차도 특징을 공유하는 사물들을 헷갈리는 실수를 할 수 있다. 이 사례에서 컴퓨터는 렌즈 뚜껑과 찻주전자 뚜껑을 테니스 공으로 잘못 분류하였다.

출처: K. Simonyan, Y. Aytar, A. Vedaldi, & A. Zisserman, Presentation at Image Large Scale Visual Recognition Competition, 2012, ILSVRC2012.

Courtesy of Alice O'Toole

(a)   (b)   (c)

그림 3.4 컴퓨터나 인간은 모두 (a)와 (b)와 같은 정면 사진을 보고 두 사진의 인물이 동일인물인지 판단할 수 있다. 하지만 (c)와 같은 각도의 사진을 보고 판단하는 것은 인간이 컴퓨터보다 더 잘한다.

출처: A. J. O'Toole, J. Harms, S. L. Snow, D. R. Hurst, M. R. Pappas, & H. Abdi, A video database of moving faces and people, *IEEE Transactions on Pattern Analysis and Machine Intelligence, 27,* 5, 812-816, 2005.

(a)　　　　　　　　　　　　　　　　(b)

그림 3.5 (a) 빨간색 선은 컴퓨터 시각 프로그램이 방의 모서리와 벽, 천장, 바닥이 각각 만나는 지점을 인식하려는 시도를 보여준다. 이 사례에서 컴퓨터는 상당히 좋은 수행을 보인다. (b) 다른 시도에서 이 컴퓨터 프로그램은 방 안에 위치한 직선 윤곽의 위치를 정확히 포착하는 데 실패하였다.

출처: L. Del Pero, J. Guan, E. Brau, J. Schlecht, & K. Barnard, Sampling bedrooms, *IEEE Computer Society Conference on Computer Vision and Pattern Recognition [CVPR]*, pp. 2009-2016, 2011. 저자의 동의 후 게재한다.

못한다. 예를 들어, 개와 고양이의 차이를 식별하도록 개발된 프로그램은 약 90%의 정확도를 보이지만 고양이와 개의 종을 구분할 때는 정확도가 60%에 불과하다(Parkhi et al., 2012). 종을 구분하는 과제는 컴퓨터에게는 어려운 과제이며 복잡한 프로그램과 수천 가지의 사물 이미지에 대한 학습이 필요하다. 현재 컴퓨터 프로그램이 직면한 문제 중 하나는 이 프로그램들이 사물을 식별할 수 있음에도 불구하고 종종 인간이 절대 하지 않는 실수를 한다는 것이다. 이러한 실수로는 카메라 렌즈 덮개나 찻주전자의 뚜껑을 테니스공으로 식별하는 실수 등을 예로 들 수 있다(Simonyan et al., 2012)(그림 3.3).

그동안 컴퓨터 시각 연구자들이 주목해온 사물 중 하나는 바로 인간의 얼굴이다. 컴퓨터 감시 시스템에 대한 수많은 연구가 진행된 결과, 컴퓨터 프로그램은 이제 그림 3.4a, 혹은 그림 3.4b처럼 인간 얼굴의 정면 모습을 토대로 동일한 사람인지 다른 사람인지 구분하는 과제를 인간만큼 잘 수행할 정도로 향상되었다(O'Tool, 2007; O'Tool et al., 2007; Simonyan et al., 2013; Yang, 2009). 그럼에도 불구하고 만약 얼굴이 그림 3.4c와 같은 각도로 보이는 경우 컴퓨터의 수행은 인간보다 떨어지게 된다.

마지막 예로, 방의 사진을 분석해서 벽과 가구의 위치를 판단하도록 개발된 컴퓨터 시스템은 그림 3.5a와 같이 위치 판단 과제를 어느 정도는 수행할 수 있다. 하지만 이 프로그램은 그림 3.5b처럼 때때로 큰 오류를 범하기도 한다(Del Pero et al., 2011). 우리가 그림 3.5b를 보면 침대의 위치와 크기는 쉽게 판별할 수 있다. 하지만 컴퓨터 프로그램은 침대를 명백하게 지각하지 못할 수 있다. 아무리 그 프로그램이 침대와 유사한 직선들의 집합을 감지하도록 설계되었다고 하더라도 말이다. 설사 프로그램이 침대의 윤곽을 찾아냈다 하더라도 침대 이외의 주변 사물을 같이 식별하는 것은 현재까지 개발된 프로그램의 능력을 초월하는 일이다.

지각하는 기계를 설계하는 것이 왜 어려운가?

지금부터는 '지각하는 기계'를 설계하는 것이 왜 어려운지 논의해 보고자 한다. 여기서 논의될 문제들은 컴퓨터에겐 버겁지만 인간에게는 매우 풀기 쉬운 문제라는 것을 기억해 두자.

수용기가 받아들이는 자극은 모호하다

이 책을 읽을 때 우리 망막에 투사되는 종이 한 장의 윤곽은 꽤나 모호하다. 이 말은 매우 이상하게 들릴 수 있다. 왜냐하면 (1) 종이의 직사각형의 형태는 어떻게 보아도 명확할 뿐더러 (2) 우리가 종이 모양이라는 것을 지각하는 것은 그림 3.6처럼 종이의 모서리(빨간색 테두리)로부터 눈까지 연장선을 그려서 풀 수 있는 단순한 도형 문제일 뿐이기 때문이다.

그러나 지각체계는 망막에 투사된 사물의 상이 무엇인지를 판단하는 데 관여하지 않는다. 대신 지각체계는 망막에 투사된 상을 근거로 그 상을 생성한 '저 바깥'의 사물이 무엇인지를 판단하는 데 관여한다. 망막에 상을 투사한 사물이 무엇인지를 판단하는 과제를 역투사 문제(inverse projection problem)라고 한다. 왜냐하면 이 과제는 망막에 투사된 상에서 시작해서 그 상을 생성한 저 바깥의 사물로 이어지는 연장선을 잇는 과정을 포함하고 있기 때문이다. 그림 3.6처럼 이 과정에서 직사각형 종이가 망막에 투사한 상이 기운 사다리꼴이나 더 큰 직사각형처럼 서로 다른 거리에 위치한 사물들에 의해서도 동일하게 투사될 수 있음을 알 수 있다. 그러니까 주변 환경에 존재하는 다양한 사물이 망막에 동일한 모양의 상을 투사할 수 있다는 점을 고려한다면 우리는 망막에 맺힌 상이 왜 모호한지를 이해할 수 있다. 그럼에도 불구하고 인간은 대부분의 경우 컴퓨터가 수행하

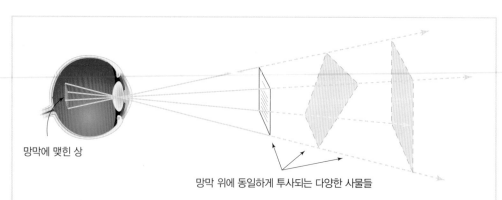

망막에 맺힌 상

망막 위에 동일하게 투사되는 다양한 사물들

그림 3.6 책(빨간색 선)에 대한 망막의 투사체는 책에서 반사되는 광선(실선)을 눈까지 연장하면 쉽게 볼 수 있다. 역투사의 원리는 눈에서 나온 광선을 책보다 더 뒤로 연장(점선)시켰을 때 현저하게 나타난다. 이때 책으로 인식될 수 있는 상들은 무한히 많다는 것을 알 수 있는데, 그중에 기울어진 사다리꼴이나 평행사변형도 포함되어 있다. 이 때문에 망막에 맺힌 상이 모호하다고 하는 것이다. © Cengage Learning

기에는 어려운 역투사 문제를 아주 손쉽게 수행할 수 있다.

사물은 은폐되거나 흐리게 보일 수 있다

간혹 사물이 은폐되거나 흐리게 보일 수 있다. 이 책을 더 읽기 전에 그림 3.7에서 연필과 안경을 찾아보자. 찾는 데 시간이 조금 걸리겠지만 인간이라면 책자 밑에 있는 연필과 액자 옆 컴퓨터 뒤에 튀어나온 안경테를 찾을 수 있을 것이다. 또한 인간이라면 다른 사물에 가려진 책, 가위, 종이를 각각 하나의 온전한 사물로 쉽게 지각할 수 있을 것이다.

Bruce Goldstein

그림 3.7 이 사진은 저자의 어지러운 책상 사진이다. 여러분은 여기서 숨겨진 연필(쉬움)과 안경(어려움)을 찾을 수 있는가?

'은폐된 사물의 문제'는 한 사물이 다른 사물의 일부분을 가릴 때 항상 발생하는 문제이다. 이러한 문제는 자주 발생하지만 인간은 가려진 부분 뒤로 사물이 계속 존재한다는 것을 이해하며, 심지어는 주변 환경에 대한 지식을 활용하여 가려진 부분 뒤에 무엇이 있는지 판단할 수도 있다.

우리는 또한 그림 3.8의 얼굴 사진들처럼 흐리게 보이는 사물들도 인식할 수 있다. 그림 3.8을 보고 제시된 얼굴 중 몇 명이나 식별할 수 있는지 보고 101쪽에 있는 답과 맞추어 보자. 이 이미지들의 화질이 손상되었음에도 불구하고 대부분의 얼굴을 인식할 수 있

(From left to right) © s_bukley/
Shutterstock.com; © Featureflash/Shutterstock.com; Soeren
Stache/dpa picture alliance
archive/Alamy; Peter Muhly/
Alamy; © s_bukley/Shut-
terstock.com; © Joe Seer/
Shutterstock.com; © DFree/
Shutterstock.com

그림 3.8 이 사람들은 누구인가? 다 맞추어 본 후에 101쪽의 답과 맞춰 보라.

출처: P. Sinha, Recognizing complex patterns, *Nature Neuroscience, 5,* 1093-1097, 2002.

(a)　　　　　　　　(b)　　　　　　　　(c)

그림 3.9 여러분이 다양한 관점에서 촬영된 사진을 보고도 그 사진 속 의자들이 다 동일한 의자임을 인식하는 능력은 관점 불변의 한 사례이다.

Bruce Goldstein

을 것이다. 반면 컴퓨터는 이 과제를 제대로 수행하지 못한다(Sinha, 2002).

사물은 관점에 따라 다르게 보인다

지각하는 기계를 만들기 어려운 또 다른 이유는 여러 각도에서 사물을 보기 때문이다. 즉, 눈에 맺히는 사물에 대한 상은 그 사물을 바라보는 각도에 따라 시시각각 변한다. 그렇기 때문에 인간의 경우 그림 3.9처럼 다양한 각도에서 촬영한 의자를 동일한 사물로 쉽게 판단할 수 있는 데 비해, 컴퓨터는 이를 판단하는 데 어려움을 겪는다. 이처럼 다양한 관점에서 사물을 보고 인식하는 능력을 관점 불변(viewpoint invariance)이라고 한다.

지각하는 기계를 만들기 어렵다는 것은 지각과정이 보기보다 복잡한 과정임을 시사한다. 그렇기 때문에 지각을 설명하기 위해 인간의 지각 기제가 어떻게 작동하는지 설명하고자 한다. 우선 인간의 지각체계가 활용하는 두 가지 유형의 정보를 살펴보자.

인간의 지각 활동을 위한 정보 유형

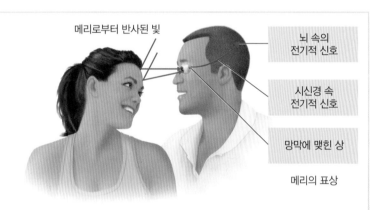

그림 3.10 41쪽에서 메리를 보고 있는 질의 사진은 질의 망막에 맺힌 상, 질의 시신경에 존재하는 전기적 신호, 질의 뇌에 존재하는 전기적 신호에 의해서 메리가 그의 신경계에 표상된다는 것을 보여주는 사진이다. 이 모든 정보가 상향처리를 반영한다. © 2015 Cengage Learning

지각의 목적 중 하나가 주변 환경에 무엇이 존재하는지를 알아내는 데 있기 때문에 지각이 환경에서 추출한 정보에 기반을 두는 것은 당연하다. 그렇기 때문에 2장의 사례에서 망막에 투사된 메리의 상이 질의 망막과 안구의 후면에 맺혀 뇌의 시각 정보 수용 영역으로 전기적 신호의 형태로 전달되고 질의 뇌에 표상된다고 할 수 있다(그림 3.10).

빛의 형태로 눈에 입력되는 정보와 이 정보가 유발하는 뇌의 전기적 신호는 메리를 지각하는 데 중요한 요소이다. 왜냐하면 이러한 요소들이 없다면 메리는 질의 신경계에 표상되지 않았을 것이기 때문이다. 이와 같이 눈에서 뇌로 이어지는 정보전달과정을 상향처리(bottom-up processing)라고 부르는데, 그 이유는 상향처리가 환경적 에너지가 수용기를 자극하는 감각의 단계, 즉 지각체계의 '맨 아래 시점'에서부터 시작하기 때문이다.

그러나 지각과정은 수용기의 활성화와 상향처리를 통해 제공받은 정보 이외의 정보에도 영향을 받는다. 지각과정은 환경에 대한 기존 지식이나 특정한 상황이 유발하는 기대감, 특정 사물에 할당된 주의와 같은 요소에 영향을 받는다. 이런 추가적인 정보는 뇌의 상위 지각체계에서 시작되는 하향처리(top-down processing)의 근간을 이룬다.

하향처리가 지각에 어떻게 관여하는지를 보여주는 한 가지 방법은 수용기의 자극으로부터 시작된 상향처리와 함께 지각에 영향을 미치는 요인들이 있는 상황을 고려하는 것이다. 우리는 (1) 사물 지각하기, (2) 문장 속에서 단어 듣기, (3) 통증의 경험 등 세 가지 예를 살펴볼 것이다.

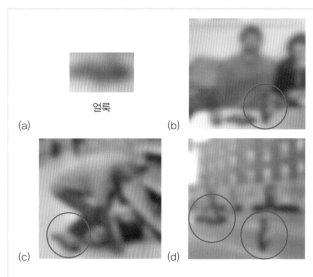

그림 3.11 **얼룩의 다양한 면모** 특정 맥락 속에서 우리가 볼 수 있을 것으로 예상되는 사물에 대한 기대는 빨간색 원 안의 '얼룩'의 정체를 판단할 때 영향을 미친다.

출처: A. Oliva & A. Torralba, The role of context in object recognition, *Trends in Cognitive Sciences, 11,* Figure 2, 520-527. Elsevier와 협의 및 Antonio Torralba 로부터 사진 제공을 받아 게재되었다.

사물 지각하기

하향처리가 사물을 지각하는 과정에 관여하는 과정을 보여주는 사례는 그림 3.11에서 볼 수 있다(Oliva & Torralba, 2007). 네 가지 그림 속의 얼룩은 동일하게 생겼지만 놓인 각도나 환경적 맥락에 의해 서로 다른 물체로 지각된다. (b)의 사진에서 얼룩은 책상 위에 놓여 있는 물건으로 보이지만 (c)에서는 몸을 숨기고 있는 사람이 신고 있는 신발로, (d)에서는 자동차와 길을 건너는 사람으로 지각된다. 우리는 각각의 상황에서 발견될 가능성이 높은 사물의 유형을 미리 알고 있기 때문에, 이 동일한 얼룩들을 다른 물체로 지각할 수 있다. 그렇기 때문에 인간이 컴퓨터에 비해 더 높은 지각수행 능력을 가지는 이유가 하향적인 추가적 지식을 활용할 수 있는 것과도 어느 정도 연관되어 있다고 볼 수 있다. 다음의 '보여주기'는 기존 지식이 지각과정에서 수행하는 특수한 역할이 있음을 보여준다.

보여주기 풍경 속에서 얼굴 찾기

그림 3.12를 보자. 얼핏 보기에 이 그림은 사람 한 명과 말 두 마리, 나무와 바위와 시냇물을 그린 것처럼 보일 수 있다. 그러나 자세히 들여다볼수록 배경의 나무에서 사람 얼굴을 볼 수 있을 것이다. 더 자세히 본다면 사람 얼굴처럼 보이는 바위들도 볼 수 있을 것이다. 숨겨진 얼굴 13개를 모두 찾아보자.

그림 3.12 Bev Doolittle의 〈숲에도 눈이 있다〉(1985). 여러분은 이 그림에서 13개의 얼굴을 찾을 수 있는가? (다 찾아본 후에 101쪽의 답과 맞춰 보라.)

출처: *The Forest Has Eyes* © 1984 Bev Doolittle, courtesy of The Greenwich Workshop, Inc.

아마도 몇몇의 사람들에겐 처음부터 얼굴을 지각하는 것이 힘들 수도 있을 것이다. 그러나 이 사람들조차도 어느 순간에 갑자기 얼굴을 지각하게 될 것이다. '시냇가의 바위', '숲속의 나무'로 지각되던 사물들이 어느 순간 '얼굴'로 지각되는 현상은 인간이 사람의 얼굴에 매우 익숙하기 때문에 발생하는 현상이다. 의미가 지각에 영향을 미치는 이 현상에서 주목할 점은 우리가 한 번 특정한 바위들을 얼굴로 지각한 후에는 얼굴이 아닌 다른 사물로 지각하기 어려워진다는 것이다. 그래서 이 바위들은 그림 속의 사람 얼굴로 영구적으로 굳어져서 지각된다.

문장 속에서 단어 듣기

하향처리가 언어 지각에 미치는 영향의 사례로서 스페인 TV 프로그램인 〈텔레문도(Telemundo)〉를 볼 때 벌어지는 현상들을 들 수 있다. 스페인어를 하지 못한다면 불행히도 이 프로그램을 보며 배우들이 말하는 것을 이해하지 못할 것이다. 사실 가끔 'gracias(감사합니다)'와 같이 쉬운 단어가 나올 때를 제외하면 모든 대화는 의미 없는 소리의 연속으로만 들릴 것이다. 이때 일어나는 지각 현상을 통해 보통 말소리 신호는 연속적이며, 반드시 단어 사이에만 소리의 끊김이 일어나는 것은 아니라는 사실을 알 수 있다. 이러한 사실은 그림 3.13에서 확인 가능하다. 그림에서 각 단어가 시작하는 시점과 소리 신호의 패턴을 비교해 보자.

그러나 만약 스페인어를 이해하는 사람은 이 연결된 소리를 의미 있는 별개의 단어들로 지각하게 될 것이다. 이들이 알고 있는 스페인어 관련 지식은 문장 속 단어의 발화가 끝나는 시점과 그다음 단어의 발화 시점을 구분 가능하게 한다. 이러한 현상을 말 분절(speech segmentation)이라고 한다. 영어에만 익숙한 청자와 스페인어에만 익숙한 청자가 동일한 소리를 듣고도 다른 지각을 경험한다는 사실은 각각의 청자가 듣고 있는 언어와

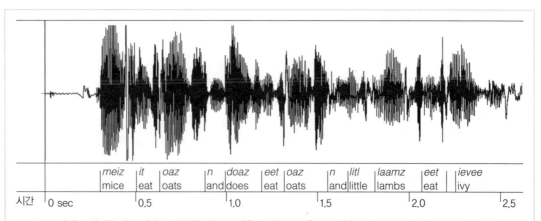

그림 3.13 '쥐는 귀리를 먹고 사슴도 귀리를 먹으며 양은 담쟁이덩굴을 먹는다.'라는 문장의 소리 에너지를 보여준다. 소리 기록 바로 아래에 제시된 이탤릭체의 단어들은 화자가 이 문장을 어떻게 발음했는지를 보여준다. 각 단어 바로 옆에 있는 수직선은 각 단어의 시작점을 보여준다. 각 단어가 어디에서 끝나고 새 단어가 어디에서 시작하는지는 소리 기록만으로는 알기 어렵거나 불가능하다는 점을 생각해 보라. (Peter Howell에 의해 제공된 대화 신호)

관련해서 경험한 것 혹은 경험하지 못한 것이 청자의 지각에 영향을 미친다는 것을 의미한다. 연속적인 소리 신호는 귀를 통해 들어와서 뇌의 언어 영역에 도달하는 전기적 신호를 유발한다(상향처리). 그리고 만약 청자가 그 언어에 대한 지식을 가지고 있다면 그 지식(하향처리)은 개별 단어에 대한 지각을 가능하게 한다.

통증

아마도 통증에 대한 지각인 통지각은 하향처리가 지각에 미치는 영향을 가장 단적으로 보여주는 예일 것이다. 먼저, 초창기 연구자들이 고통을 어떻게 생각했는지를 이야기해 보고자 한다. 1950년대부터 1960년대 초까지 통증은 직접경로 모형(direct pathway model)으로 설명되었다. 이 모형은 피부 속의 침해 수용기에 자극이 가해지면 이 수용기와 뇌를 직접 잇는 경로를 통해 전기적 신호가 보내지고 이 과정에서 통증이 발생한다고 설명했다(Melzack & Wall, 1965). 이는 지각된 고통이 수용기에 가해지는 자극에 달려 있다는 점에서 상향처리로 분류된다. 그러나 1960년대에 이르러 일부 연구자들은 피부 자극 이외에도 통지각이 영향을 받는 상황들을 발견하기 시작했다.

관련된 초기의 발견 중 하나는 제2차 세계대전 당시 안치오(Anzio) 상륙 거점에서 부상당한 대부분의 미국 군인들이 "큰 부상을 입었음에도 불구하고 통증을 부인하거나 미미하게 느껴서 통증 완화를 위한 치료를 원하지 않았다."(p.165)고 Beecher(1959)가 보고한 사례에서 찾아볼 수 있다. 이러한 현상의 원인 중 하나는 군인들의 부상에는 긍정적인 측면이 있었기 때문이다. 부상이 있는 경우 위험한 전투 현장에 투입되지 않고 안전한 후방의 병원에 머물 수 있었기 때문이다.

최근에 이르러 통지각이 개인의 기대나, 주의를 어디로 기울이는지, 그리고 주의를 빼앗은 자극은 어떤 것이 있는지 등에 영향을 받을 수 있다는 것이 밝혀졌다(Wiech et al., 2008). 병원에서 진행된 한 연구에서는 수술을 앞둔 환자에게 수술과정에 대해 자세히 안내하고 고통 완화를 위해 긴장을 풀도록 지시했다. 그 결과 안내를 받은 환자들은 안내받지 못한 환자들에 비해 수술 직후 더 적은 진통제를 요구했으며 약 2.7일 정도 일찍 퇴원했다. 또한 다른 연구들은 질환이 유발하는 통증을 경험하는 환자들이 별다른 성분을 포함하지 않은 위약(placebo)을 진통제로 믿고 복용한 경우, 고통이 어느 정도 완화될 수 있다는 것을 발견하였다(Finniss & Benedetti, 2005; Weisenberg, 1977, 1999).

약학적인 효과가 없는 약물을 섭취했음에도 불구하고 고통이 경감하는 현상을 위약 효과(placebo effect)라고 한다. 단, 환자가 약물의 성분이 효과가 있다고 믿어야 한다. 이러한 믿음은 고통이 경감될 것이라는 기대를 품게 하며 그렇기 때문에 실제로도 고통이 경감될 수 있는 것이다. 위약 효과의 원인으로 다양한 기제가 지목되었지만 그중에서도 기대는 가장 강력한 요소라고 할 수 있다(Colloca & Benedetti, 2005).

주의가 고통에 집중되면 통지각은 증가하고, 고통이 무시되거나 주의가 다른 곳으로 분산되면 통지각이 감소하게 된다. 주의가 통지각에 미치는 영향을 보여주는 사례들은 이미 1960년대부터 보고되었다(Melzack & Wall, 1965). 내 수업을 듣는 학생이 보고한 사례를 살펴보자.

> 제가 대여섯 살 때 즈음이었을 거예요. 닌텐도 게임을 하고 있었는데 우리 집 개가 달려가다가 게임기 전선을 뽑아 버렸어요. 저는 게임기 전선을 다시 꽂으려고 일어서다가 발을 헛디뎠고 거실 창문 아래에 있던 라디에이터에 머리를 부딪쳤어요. 저는 넘어진 것에 별로 개의치 않고 일어나서 비틀거리며 게임기가 있는 곳으로 간 뒤에 전선을 연결했어요. 그리고 다시 게임을 시작했을 때 갑자기 이마에서 어떤 액체가 흘러내리는 느낌이 들었어요. 손으로 확인해 보니 피였어요. 곧바로 옷장 거울을 보니 이마에는 상처가 나 있었고 그 아래로 피가 흐르고 있었어요. 순간 저는 소리를 질렀고 그제야 고통을 느꼈어요. 제 어머님이 달려오셨고 저를 병원으로 데려가서 상처를 봉합했죠. (Ian Kalinowski)

위 예시에서 주목해야 할 점은 Ian의 통증이 다쳤을 당시가 아니라 다친 것을 인식했을 때 느껴졌다는 것이다. 이를 통해서 고통을 경감하는 방법 중 하나는 주의를 통증의 원인으로부터 다른 곳으로 돌리는 것이라는 결론을 내릴 수 있다. 그리고 현재 몇몇 병원에서는 가상현실 기법을 사용해 고통스런 자극으로부터 환자의 주의를 돌림으로써 고통을 경감시키고 있다. 예를 들어, James Pokorny는 수리하던 차량의 연료탱크가 폭발하여 신체의 42% 이상의 부위에 걸쳐 3도 화상을 입었다. 그는 워싱턴 대학교 부설 화상 치료센터에서 붕대를 가는 동안 컴퓨터 모니터가 달린 검정색 플라스틱 헬멧을 착용하고 3차원 가상현실을 컬러로 체험했다. 그는 가상현실 프로그램 속에서 만들어진 부엌으로 들어가 싱크대 속으로 달아난 거미를 음식물 찌꺼기 처리기로 분쇄하는 게임을 했다 (Robbins, 2000).

Pokorny의 주의를 붕대에서 가상현실로 이동시켜 통증을 경감시키는 것이 이 '게임'의 목적이었다. 실제로도 Pokorny는 통증 이외의 다른 것에 집중하고 있었기 때문에 통증이 상당히 경감되었다고 보고했다. 다른 환자를 대상으로 한 연구에서도 붕대를 가는 과정에서 가상현실 게임을 한 환자 집단이 일반적인 비디오 게임을 한 집단이나(Hoffman et al., 2000), 주의를 돌릴 수단이 전혀 주어지지 않은 집단에 비해(Hoffman et al., 2008; Buhle et al., 2012) 통증이 더 많이 경감된 것을 보고했다.

맥락 정보가 얼룩의 지각에 어떠한 영향을 미치는지, 어떻게 언어에 대한 지식이 연속된 문장의 흐름에서 단어를 식별하는 능력에 영향을 미치는지, 그리고 기대가 어떻게 사람의 고통 지각에 영향을 미치는지에 대한 사례들은 지각이 상향처리와 하향처리의 조합을 통해 생성된다는 것을 시사한다.

지각이 다양한 정보 유형에 근거한다는 주장은 지각이 복잡한 처리를 거친다는 주장을 지지한다. 그러나 지각과 관련된 정보 유형들을 열거하는 일은 단지 지각이라는 빙산의 일부분에 불과하다. 여기서 한 발 더 나아가 지각과정에서 이 정보들이 어떻게 활용되는지를 알아보자. 결국 '상향'이나 '하향'은 모두 뒤에 '처리'라는 단어가 붙는데 이는 지각체계가 이 두 가지 정보 유형을 이용해서 무언가를 한다는 것을 의미한다. 지각체계가 정확이 어떻게 정보들을 이용하는지는 연구자에 따라 다르게 주장되어왔다. 이어지는 내용에서는 사물의 지각을 설명하는 관점 중 가장 유명한 네 개의 관점을 설명하고, 사물 지각에 대한 연구자들의 관점이 1800년대부터 근대에 이르기까지 어떻게 변화했는지 살펴볼 것이다.

자가 테스트 3.1

1. 크리스털의 바닷가 산책을 미루어 보아 지각의 특성에는 어떤 것이 있는가? 적어도 세 가지 이상의 특성을 서술해 보자. 지각은 왜 사물의 인식 그 이상으로 중요한 의미를 가지는가?

2. '보여주기: 장면 속에 숨어 있는 지각 퍼즐'과 컴퓨터의 시각 정보처리 부분에서 배운 내용을 토대로, 주변에 무엇이 존재하는지를 판단하는 과정이 수용기에 투사된 명암 패턴을 처리하는 것 이상의 수준을 요구한다는 것과 관련된 사례들을 찾아서 제시해 보자.

3. 요즘의 컴퓨터는 사물들을 얼마나 정확하게 인식할 수 있는가?

4. 지각하는 기계를 설계하는 것이 어려운 세 가지 이유를 나열하라.

5. 상향처리란 무엇인가? 하향처리는 무엇인가? 다음의 사례들이 어떠한 이유로 지각이 상향처리 이상의 처리를 요구한다는 증거가 될 수 있는지를 설명해 보자. (a) 얼룩의 다양한 면모, (b) 풍경 속 얼굴 찾기, (c) 문장 속 단어 듣기, (d) 통지각.

사물 지각의 이해

지각과정에서 인간이 정보를 어떻게 활용하는지에 대한 초기의 아이디어는 19세기에 물리학자이자 생리학자였던 Hermann von Helmholtz가 제기하였다(1866/1911).

Helmholtz의 무의식적 추론 이론

Hermann von Helmholtz(1821~1894)는 19세기를 대표하는 천재들 중 하나였다. 그는 물리학자로서 열역학, 신경생리학, 시지각, 미학 등 다양한 분야에 기여했다. 또한 그는 검안경을 발명했는데 검안경은 지금까지도 의사들이 안구 혈관을 검사하는 기구로서 활용되고 있다.

지각 분야에 대한 Helmholtz의 가장 큰 기여 중 하나는 망막에 맺힌 상이 모호하다는 발견이다. 우리는 이미 망막 뒤쪽의 광수용기에 맺히는 상이 모호한 이유는 주변의 물체들이 복잡하게 얽혀 있기 때문이란 걸 알고 있다(그림 3.6). 예를 들어, 그림 3.14a에서 자극 패턴

그림 3.14 (a)의 화면은 보통 (b)처럼 빨간색 직사각형 앞에 있는 파란색 직사각형으로 해석된다. 하지만 이 화면은 (c)처럼 파란색 직사각형과 그 주변에 절묘하게 놓여 있는 빨간색 육면체일 수도 있다. © Cengage Learning

이 실제로 표상하는 물체는 무엇인가? 대부분의 사람은 그림 3.14b처럼 빨간색 직사각형과 그 앞에 놓여 있는 파란색 직사각형이라고 생각할 것이다. 그러나 그림 3.14c에서 보이는 것과 같이 그림 3.14a의 상은 파란색 직사각형과 이를 둘러싸는 빨간색 육면체에

그림 3.15 구조주의에 의하면 이 그림에서 점들로 표현된 일정량 이상의 감각들이 모여서 얼굴에 대한 지각을 형성한다고 한다. © Cengage Learning

(a) 하나의 불빛이 깜빡인다.

(b) 암전

(c) 두 번째 불빛이 깜빡인다.

(d) 깜빡임 – 어둠 – 깜빡임

그림 3.16 가현운동의 지각을 유발하는 상태들 (a) 하나의 불빛이 깜빡인다. (b) 잠깐 동안 암전 상태가 지속된다. (c) 다른 불빛이 다른 위치에서 깜빡인다. 이 세 개의 상태가 결합하여 (d)와 같이 왼쪽에서 오른쪽으로 움직이는 빛이 지각된다. 즉, 두 개의 빛 사이에는 어둠만이 있음에도 불구하고 그 공간에서는 움직임이 지각된다. © Cengage Learning

의해서도 생성될 수 있다.

Helmholtz가 던진 질문은 이것이었다. 과연 망막에 맺힌 이 패턴을 지각체계에선 겹쳐져 있는 직사각형들이라고 판단내리는 것인가? 그는 이 질문에 대한 답으로 있음직함 원리(likelihood principle)를 내세웠다. 있음직함 원리에 따르면 우리는 받아들인 자극 패턴을 지각할 때 그 패턴을 생성했을 가능성이 가장 큰 물체로 지각을 하게 된다. Helmholtz에 의하면, 이처럼 실제로 있음직한 물체에 대한 판단은 무의식적 추론(unconscious inference)이라 부르는 과정을 거친다. 무의식적 추론에 따르면 우리의 지각은 주변 환경에 대한 무의식적인 가정이나 추론의 결과물이다. 즉, 인간은 과거에 유사한 상황을 경험했기에 그림 3.14a의 도형을 두 개의 겹쳐진 직사각형이라고 추론하게 된다.

Helmholtz가 묘사한 지각과정은 문제해결 과정과 유사하다. 지각하면서 어떤 사물이 망막에 상을 투사했는지를 판단하는 문제에 봉착하는데, 이 문제는 주변 환경에 대한 기존 지식을 적용하여 그 사물의 정체에 대해 추론하는 과정을 거쳐 해결할 수 있다.

Helmholtz의 주장에서 중요한 요소 한 가지는 망막에 맺힌 상을 유발했을 가능성이 가장 높은 것에 대한 지각은 매우 빠르고 무의식적으로 발생한다는 점이다. 있음직함 원리에 기반을 둔 이 무의식적인 전제들은 단지 매우 빠른 처리과정의 결과물임에도 불구하고 '자동적'으로 처리되는 것처럼 지각된다. 따라서 그림 3.3의 지각 퍼즐을 풀 때 자동적으로 푼 것처럼 느꼈겠지만 Helmholtz에 의하면 이 능력이 실제로는 우리가 의식하지 못할 정도의 빠른 처리에 의한 결과이다(더 최근 주장은 Rock, 1983 참고).

게슈탈트 조직화의 원리

Helmholtz가 무의식적 추론을 주장한 지 30년 만에 게슈탈트 심리학자(Gestalt psychologist)로 불리는 집단이 다른 주장을 제기하였다. 이제 이에 대해 살펴보자. 게슈탈트 접근법은 Helmholtz와 마찬가지로 인간이 어떻게 사물을 지각하는지를 설명하고자 하였다. 하지만 그들은 다른 접근 방식을 사용하였다.

지각에 대한 게슈탈트 접근법은 Wilhelm Wundt의 구조주의(8쪽 참고)가 일부 반영된 결과물이다. 이미 1장에서 인간의 경험을 이해하기 위해서는 감각이라는 경험의 구성 요소들을 통합해야 한다는 Wundt의 주장을 살펴보았다. 이 주장에 의하면 그림 3.15에서 얼굴을 지각하는 것은 점들에 대한 감각들을 통합함으로써 발생한다.

그러나 게슈탈트 심리학자들은 지각이 사물의 구성 요소에 대한 감각을 '통합'하는 방식으로 이루어진다는 주장에 동의하지 않았다. 게슈탈트 이론의 초기 주장 중 하나는 심리학자 Max Wertheimer의 경험에서 비롯되었다. 그는 1911년에 기차를 타고 휴가를 가는 도중 독일의 프랑크푸르트 기차역에서 내리게 되었고, 역사에서 장난감을 팔고 있는 상인으로부터 스트로보스코프를 구매하게 되었다(Boring, 1942). 스트로보스코프는 조금씩 다른 두 개의 이미지를 빠르게 제시하여 이미지가 움직이는 것과 같은 착시를 불러일으키는 기계이다. Wertheimer는 이 장치를 보면서 감각에 의해 경험이 생성된다는 구조주의 학자들의 주장이 그가 관찰한 움직임 착시를 어떻게 설명할 수 있을지 의문을 가지게 되었다.

그림 3.16은 스트로보스코프에 의해 생성된 착시 움직임 현상의 원리인 가현운동을 설명하고 있다. 가현운동(apparent movement)이라는 말은 움직임이 지각되지만 실제로는 움직이는 것이 아무것도 없다는 뜻이다. 그림 3.16에서 가현운동을 유발하는 자극은 세 가지 요소로 구성되어 있는데 다음과 같다. (1) 불빛 하나가 켜졌다가 꺼진다(그림 3.16a). (2) 1초 미만의 시간 동안 아무런 빛도 켜져 있지 않은 시간대가 존재한다(그림 3.16b). (3) 두 번째 빛이 켜졌다가 꺼진다(그림 3.16c). 물리적인 측면에서만 보았을 때 그림에는 암전된 순간 앞뒤 시점에서 개별적으로 깜빡이는 두 개의 불빛만 존재한다. 그럼에도 불구하고 암전되어 있을 때의 어두움을 인식하지 못하는데, 지각체계가 그 순간 동안 무언가를 처리하여 어두움 대신 두 빛의 이동을 지각하기 때문이다(그림 3.16d). 가현운동의 사례로는 움직이는 광고나, 뉴스 헤드라인, 영화를 보여주는 전광판을 들 수 있다. 전광판이 유발하는 움직임 지각은 매우 그럴듯해서 그 움직임이 여러 개의 정적인 불빛들로 구성되어 있거나 조금씩 달라지는 이미지가 여러 개로 제시된다는 생각을 쉽사리 하지 못한다.

Wertheimer는 이 현상으로부터 두 가지 결론을 내렸다. 첫 번째 결론은 가현운동이 감각만으로 설명할 수 있는 현상이 아니라는 것이었다. 왜냐하면 두 개의 불빛 사이에 암전된 순간에는 아무런 자극도 제시되지 않았고, 따라서 빛의 움직임은 감각에 의한 것일 리는 없었기 때문이다. 두 번째 결론은 전체는 그 부분의 합과 다르다는 결론이었는데, 이는 곧 게슈탈트 심리학의 기본 원리가 되었다. 즉, 인간의 지각체계가 정지된 이미지로부터 움직임을 지각한다는 점에서 부분의 합 이상의 무언가가 있을 것이라는 결론을 내렸다. 이를 바탕으로 게슈탈트 심리학자들은 몇 가지 지각 조직화의 원리(principles of perceptual organization)를 도출하였고 이러한 원리들을 이용해서 부분적 요소들이 조직화되어 더 큰 사물을 형성하는 방식을 설명하였다. 예를 들어, 그림 3.17에서 검은 영역

그림 3.17 몇몇의 검정색과 하얀색 도형들은 지각적 조직화를 거쳐 달마티안으로 보이게 된다(달마티안의 윤곽은 101쪽에서 확인하라). © Cengage Learning; © AnetaPics/Shutterstock.com; Scratchgravel Publishing Services

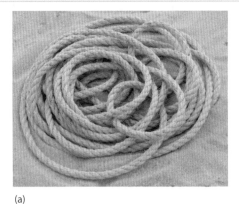 

(a)　　　　　　　　　　　　　　(b)

그림 3.18 (a) 해변의 밧줄. (b) 부드러운 연속의 원리는 감겨진 밧줄을 하나의 이어진 긴 줄로 지각하게 한다.

의 일부는 조직화되어 달마티안 견종의 모습을 형성하는 반면, 이외의 검은 영역들은 배경의 그림자로 지각된다. 크리스털의 바닷가 조깅 사례로 돌아가 몇 가지 게슈탈트 원리들을 검토해 보겠다.

부드러운 연속의 원리　부드러운 연속의 원리(principle of good continuation)는 연결했을 때 직선 혹은 부드럽게 휘어진 곡선으로 보이는 점들의 집합은 서로 같이 연결된 것으로 보이고, 연결된 선은 가장 자연스럽고 완만한 경로로 지각됨을 나타낸다. 또한 어떤 사물의 일부가 다른 사물에 의해 가려졌을 때 가려진 부분 뒤로 계속 존재하는 것으로 지각된다. 따라서 크리스털은 그림 3.1c에서처럼 감겨진 밧줄을 보았지만 그 밧줄이 연결되어 있다는 점을 발견했을 때도 별로 놀라지 않았을 것이다(그림 3.18). 감겨진 밧줄이 비록 조금씩 가려져 있었지만 그 밧줄은 그녀에게 각각의 개별적인 조각이 아닌 하나의 이어진 밧줄로 지각되었기 때문이었다(자신의 신발 끈을 보고 생각해 보자!).

좋은 형태(pragnanz)의 원리　Pragnanz는 독일어로서 '좋은 형태'라는 의미로 해석할 수 있다. 그래서 Pragnanz 법칙(law of Pragnanz)은 좋은 형태의 원리(principle of good figure) 혹은 단순성의 원리(principle of simplicity)라고 불린다. 이 원리는 모든 자극 패턴이 가능하면 가장 간단한 구조로 지각되도록 조직화된다는 것을 의미한다. 그림 3.19a의 오륜기는 좋

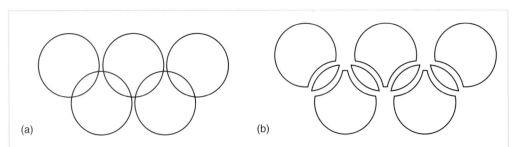

(a)　　　　　　　　　　　　　(b)

그림 3.19 올림픽의 상징은 (a)처럼 다섯 개의 원으로 지각되지만 (b)와 같은 아홉 개의 도형으로는 지각되지 않는다. © Cengage Learning

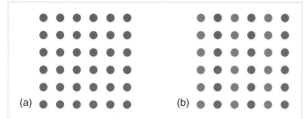

그림 3.20 (a) 점의 패턴은 수평의 열이나 수직의 행, 혹은 두 모양이 혼합된 패턴으로 지각된다. (b) 점의 패턴은 수직의 행으로만 지각된다. © Cengage Learning

그림 3.21 Wilma Hurskainen의 사진 〈파도(Waves)〉는 파도의 앞면과 여성이 입은 옷의 하얀 부분이 나란히 일치했을 때 촬영된 사진이다. 파도와 옷이 가지고 있는 유사한 색으로 인해 조직화가 유발된다. 파도와는 색이 다른 옷 부분도 장면에서 유사한 색을 가진 부분과 지각적으로 조직화된다. 또한 파도의 일부분이 여성의 옷에 가려져 있음에도 불구하고 부드러운 연속의 원리에 의해서 지각적으로 조직화되는 현상을 보라.

은 형태의 원리의 한 가지 예라고 할 수 있다. 그림 3.19a를 다섯 개의 원으로 인식하지 그림 3.19b처럼 분절된 모양으로 인식하지 않는다. (부드러운 연속의 원리 역시 그림 3.19a를 다섯 개의 원으로 지각하는 데 기여한다. 왜 그런지 이유를 말할 수 있는가?)

유사성의 원리　대부분의 사람들은 그림 3.20a에서 점들이 수직이나 수평으로 나열되어 있는 행이나 열, 혹은 둘 다인 것으로 지각한다. 그러나 몇몇 열의 색깔을 바꾸어 그림 3.20b처럼 만든 경우에는 대부분의 수직의 열들로 지각하게 된다. 이러한 지각 현상은 유사한 사물일수록 서로 모여 있는 것처럼 지각된다는 유사성의 원리(principle of similarity)를 묘사하는 현상이다. 그림 3.21은 유사성의 원리의 또 다른 놀라운 사례를 보여준다. 이외에도 사물들이 크기나 모양 혹은 각도의 유사성에 의해서도 모여 있는 것처럼 지각될 수 있다.

이 밖에도 기존의 게슈탈트 심리학자(Helson, 1993), 혹은 현대 심리학자(Palmer, 1992; Palmer & Rock, 1994)들이 제안한 수많은 지각 조직화의 원리가 존재한다. 우리가 이 원리 중 몇 가지를 소개하면서 전달하고자 했던 것은 지각이 망막에 맺힌 명암 패턴 그 이상의 기제와 정보 원천에 의존한다는 것을 게슈탈트 심리학자들이 발견했다는 점이다. 게슈탈트 심리학자들은 지각이 각각의 특정한 지각 조직화의 원리에 의존한다고 보았다.

그런데 조직화의 원리들은 대체 어디에서 비롯된 것일까? Max Wertheimer(1912)는 지각체계에 이미 조직화 원리들이 내재되어 있다는 의미에서 이 원리들을 '내재된 규칙'이라고 서술하였다. 조직화의 원리의 내재성에 대한 주장은 인간의 경험이 지각에 영향을 미칠 수는 있지만 그 영향력이 조직화의 원리의 비해서는 적다고 보는 게슈탈트 심리학자들의 주장과도 일치한다(Koffka, 1935 참고). 반면에 이 주장은 인간이 주변 환경에 대한 기존 지식이 망막에 맺힌 상의 판별을 가능하게 한다고 주장하는 Helmholtz의 있음직함 원리와는 대조된다. 그리고 현대의 지각 심리학자들은 경험을 지각체계의 중심 요소로 간주함으로써 Helmholtz와 유사한 입장을 견지하고 있다.

그림 3.22 자연의 모습을 담은 이 두 장면에서 수평과 수직은 다른 기울기보다 더 흔하게 존재한다. 이 장면들은 수직선의 비율이 높기 때문에 특별히 예시로서 선택된 사진들이지만 아무 자연 사진을 무선으로 선택해서 보아도 수평각, 수직각이 빗각보다 더 많이 관찰될 것이다. 그리고 이러한 현상은 인간이 만든 건물이나 사물에서도 관찰된다.

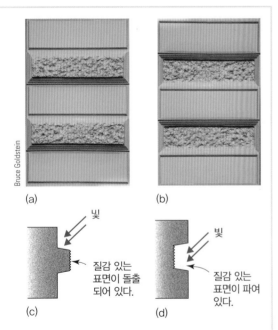

그림 3.23 (a) 돌출되는 질감이 있는 벽, (b) 동일한 사진을 거꾸로 제시한 것, (c) 위에서 내려오는 빛이 돌출부의 상단에 닿을 때 질감 있는 표면이 돌출되어 있는 것으로 지각된다. (d) 위에서 내려오는 빛이 홈의 하단부에 닿을 때 질감 있는 표면이 파여 있는 것으로 지각된다.

© 2015 Cengage Learning

환경의 규칙성에 대해 고려하기

현대의 지각 심리학자들은 환경의 규칙성(regularities in the environment), 즉 규칙적으로 반복되는 주변 환경의 특징에 대한 인간의 배경 지식이 지각에 영향을 미친다는 주장을 제기하였다. 예를 들어, 보통 파란색은 탁 트인 하늘, 전원 풍경은 초록색이나 완만함, 수직선과 수평선은 건물과 주로 연관이 있다. 규칙성은 크게 물리적 규칙성과 의미적 규칙성으로 구분할 수 있다.

물리적 규칙성 물리적 규칙성(physical regularities)은 규칙적으로 나타나는 주변 환경의 물리적 특성을 지칭한다. 예를 들어, 우리 주변에는 사선보다는 수직 혹은 수평의 요소들로 구성된 사물들이 더 많이 존재한다. 이러한 모습은 인위적인 환경(예: 건물은 보통 수직선과 수평선으로 이루어져 있다)뿐만 아니라 자연적인 환경(나무와 식물들도 주로 수직이나 수평이다)에서도 찾아볼 수 있다(Coppola et al., 1998)(그림 3.22). 그렇기 때문에 사람이 수평과 수직을 다른 기울기보다 더 쉽게 지각할 수 있는 것은 우연이 아니며, 이를 경사 효과(oblique effect)라고 한다(Appelle, 1972; Campbell et al., 1966; Orban et al., 1984). 물리적 규칙성의 또 다른 사례로는 그림 3.18에서 보았던 밧줄의 예시처럼 하나의 사물이 다른 사물을 부분적으로 가릴 때 가려진 사물의 윤곽이 '반대편으로 삐져나오는' 현상을 들 수 있다.

그림 3.23a에서 묘사된 두 개의 거친 돌출부는 물리적 규칙성의 다른 사례를 보여준다. 그림 3.23b의 두 돌출부는 모두 벽에서 튀어나온 것처럼 보이지만, 이 사진을 거꾸로 보았을 때에는 두 돌출부는 더 이상 튀어나온 것처럼 보이지 않고 움푹 파인 것처럼 보인다. 이 경우에 우리가 경험하게 되는 지각은 하향 조명 가설(light-from-above assumption)로 설명할 수 있다. 우리는 보통 빛이 위에서 내려쬔다고 가정하는데, 그 이유는 우리가 사는 환경에서 태양이나 인공적인 빛은 대부분 위에서 비춰지기 때문이다(Kleffner & Ramachandran, 1992). 그림 3.23c는 위에서 비춰지는 빛이 돌출부의 상단부에 닿기 때문에 이 돌출부가 볼록 튀어나온 것처럼 보이며 그림 3.23d는 빛이 홈의 하단부에 닿기 때문에 움푹 파여진 것처럼 지각된다는 것을 보여준다.

빛의 방향이 지각에 미치는 영향은 그림 3.24a의 교회의 나무의자에 조각된 옆면에서 찾아볼 수 있다. 이 예시에서 빛은 오른쪽 상단에서 비춰지고 있다. 나무로 된 의자 옆면은 가운데에 돌출된 큰 직사각형이 조각되어 있으며 그 주변으로는 두 개의 띠가 둘러져 있고

(a) 정모습

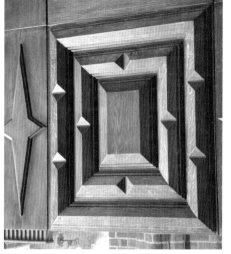
(b) 거꾸로 뒤집은 모습

그림 3.24 (a) 교회 나무의자 옆에 조각되어 있는 문양, (b) 동일한 사진을 거꾸로 제시한 것. 세부 내용은 본문을 참고하라.

여기에 총 8개의 작은 홈이 파여 있다. 이 현상은 의자 옆면이 볼록한 것처럼 보이는 것과 8개의 작은 부위들이 파인 것으로 지각된다는 점에서 하향 조명 가설과 일치한다.

그러나 우리가 이 그림을 그림 3.24b와 같이 거꾸로 보게 되면 흥미로운 현상을 발견할 수 있다. 이제 우리의 지각은 빛이 비춰지는 방향을 가정하기에 따라 달라진다. 하향 조명 가설에 따르면 이제 가운데가 움푹 파여 있다고 지각하게 된다. 여기서 다시 빛이 밑에서 비춰진다고 생각하면 가운데가 돌출된 것처럼 지각된다. 8개 홈들은 어떤가? 돌출된 것처럼 보이는가, 아니면 파여 있는 것처럼 보이는가? 그림 3.24처럼 그림을 거꾸로 보게 되는 경우에 빛이 어디에서 비춰지는지 불확실해지기 때문에 홈에 대한 지각은 불안정해진다. 다행히도 인간이 전체적인 장면을 지각할 때에는 빛의 방향이 명백하고, 대부분의 경우 위에서 아래로 비춰지기 때문에 지각체계가 가정하고 있는 하향 조명 가설로 인하여 3차원의 사물을 정확하게 지각할 수 있게 된다.

인간이 컴퓨터 로봇보다 사물과 장면을 더 잘 지각할 수 있는 이유 중 하나는 인간의 지각체계가 빛의 방향이나 사물의 각도와 같은 환경의 물리적 특징에 반응하도록 적응해왔기 때문이다. 그러나 이런 적응은 물리적 특성 이외에도 이루어진다. 또한 얼룩의 다양한 면모(73쪽 참고) 사례에서도 보았듯이, 우리가 특정 상황에서 나타날 가능성이 높은 물체의 유형에 대해 알고 있기 때문에 발생하기도 한다.

의미적 규칙성 언어에서 의미는 단어나 문장의 뜻을 가리킨다. 장면에 빗대어 말하자면 의미는 시야에 펼쳐진 장면의 뜻이라고 할 수 있는데, 이 뜻은 종종 장면 내에서 벌어지는 일들과 연관이 있다. 예를 들어, 식재료 준비하기, 요리하기, 먹는 행위는 주방에서 일어날 가능성이 높을 것이다. 마찬가지로 기다리기, 표 구매하기, 수하물 확인하기, 보안 검색대 지나가기는 공항에서 벌어지는 행위들일 것이다. 의미적 규칙성(semantic regularities)은 다양한 종류의 장면에서 수행되는 것들과 연관된 특성들이다.

사람들이 의미적 규칙성을 의식하고 있다는 것을 증명하는 한 가지 방법은 다음에 제시되는 '보여주기'처럼 사람들에게 특정한 장면이나 사물을 상상하게 하는 것이다.

보여주기   장면과 사물을 시각화하기

이 '보여주기'의 과제는 간단하다. 눈을 감고 다음의 장면이나 물체를 시각화하거나 생각해 보자.

1. 사무실

2. 백화점 패션 코너

3. 현미경

4. 사자

대부분의 현대인들은 사무실이나 백화점의 패션 코너를 머릿속에서 그리는 데 문제가 없을 것이다. 이 능력이 중요한 점은 이 시각화 능력이 해당 장면 속의 디테일들을 떠올리는 데 도움이 된다는 점에 있다. 대부분의 사람들은 사무실에 책상이 있고 그 위에 컴퓨터가 놓여 있으며 그 근처에는 책장과 의자가 있을 것이라고 상상한다. 그리고 백화점 패션 코너에는 옷이 걸려 있는 선반들과 피팅룸 그리고 아마도 계산대가 있을 것이라 상상한다. 현미경이나 사자를 시각화했을 때 무엇을 상상하였는가? 대부분의 사람들은 단지 하나의 사물만을 상상했다고 보고하지 않고 대신 어떤 장면과 그 장면 안에 위치하는 사물을 상상했다고 보고한다. 아마도 여러분은 작업대 위나 연구실 안에 있는 현미경, 숲, 사바나 혹은 동물원에 있는 사자를 시각화했을지도 모른다. 우리는 이 '보여주기'를 통해 인간이 시각화하는 사물들이 단지 해당 대상뿐만이 아니라 그 대상이 존재 가능한

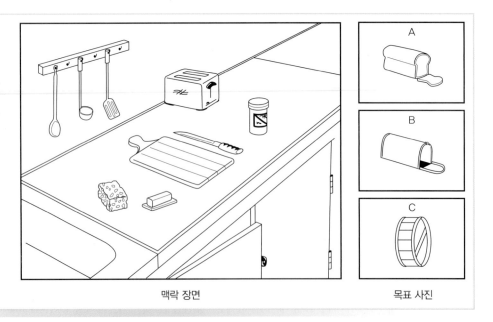

그림 3.25 **Palmer(1975)의 실험에서 사용된 자극** 참가자들은 왼쪽의 장면을 제일 먼저 본 후 오른쪽에 있는 사물들이 무엇인지를 보고하도록 지시를 받았다.

출처: S. E. Palmer, The effects of contextual scenes on the identification of objects, *Memory and Cognition, 3,* 519–526, 1975.

맥락 장면   목표 사진

다양한 장면에 대한 정보를 포함한다는 것을 보여주고자 한다. 그리고 이렇게 주어진 장면이 일반적으로 포함하고 있는 지식을 장면 도식(scene schema)이라고 한다.

장면 도식이 지각에 영향을 미치는 또 다른 예는 Stephen Palmer의 실험(1975)에서 찾아볼 수 있다. 이 실험에서는 그림 3.25와 같은 자극들을 사용하였는데 Palmer는 왼쪽 그림과 같은 맥락 장면을 먼저 참가자에게 제시하고 이어서 오른쪽의 목표 사진들 중 하나를 아주 잠깐 제시하였다. 그리고 Palmer가 제시된 목표 사진을 보고하도록 참가자에게 요구했을 때 참가자들은 목표 사진이 맥락에 부합하는 빵이었을 때 80% 정확도로 정답을 보고하였다. 그러나 목표 사진이 주방이란 맥락에 부합하지 않는 우편함이나 드럼이었던 경우에는 정확도가 40%로 감소하였다. 명백하게도 Palmer의 실험에서 참가자들은 주방에 대한 장면 도식을 사용해서 빠르게 제시되었던 빵을 지각할 수 있었던 것으로 보인다.

사람들은 환경 속에 존재하는 규칙성을 이용해서 사물을 지각하지만 종종 어떤 정보를 사용했는지 알아차리지 못할 때가 있다. 지각의 이러한 측면은 인간이 언어를 사용할 때와 비슷한 면을 가지고 있다. 예를 들어, 사람들은 여러 단어를 쉽게 조합하여 하나의 문장으로 발화하지만 이 단어들이 어떻게 연결되는지를 규정하는 세부적인 문법은 알지 못할 수 있다. 지각에서도 마찬가지로 인간은 규칙성에 대한 지식을 간단히 사용하여 사물을 지각하지만 지각과정에서 사용되는 정보가 무엇인지 인식하지 못할 수 있다.

베이지안 추론

우리가 앞서 설명한 (1) 해당 상황에서 가장 있을 법한 사물을 추론하여 망막에 맺힌 상의 모호함을 해결한다는 Helmholtz의 주장과, (2) 환경 속에 존재하는 규칙성이 모호함 해결을 위한 정보를 제공한다는 주장은 사물 지각에 대해 마지막으로 설명할 접근법인 베이지안 추론의 시발점이 된 주장들이다(Geisler, 2008, 2001; Kersten et al., 2004; Yuille & Kersten, 2006).

베이지안 추론(Bayesian inference)은 Thomas Bayes(1701~1761)의 이름을 따서 지어졌다. 그는 어떠한 결과가 도출될 확률의 추정치는 두 가지 요소에 의해 결정된다고 주장했다. 첫 번째 요소는 특정 결과가 도출될 확률에 대해 처음에 가지고 있던 수행자의 믿음인 사전확률(prior probability)이고, 두 번째 요소는 현재 접근 가능한 증거가 결과와 일치하는 수준으로, 우도 혹은 있음직함(likelihood)이라고 부른다.

베이지안 추론을 알아보기 위해 그림 3.26a를 살펴보자. 이 그림은 메리가 세 가지 종류의 건강 문제에 대해 가지고 있는 사전확률을 나타내고 있다. 메리는 감기에 걸릴 확률이나 속 쓰림을 겪을 확률이 높다고 생각하는 반면, 폐 질환에 걸릴 확률은 낮다고 생각한다. 이와 같은 사전확률을 가진 상태에서, 그녀의 친구 찰스가 기침을 심하게 하고 있다는 것을 발견한다. 처음에 그녀는 찰스의 기침에 대한 원인이 감기, 속 쓰림 혹은 폐 질환 중 하나라고 추측한다. 기침의 원인을 더 알아보면서 그녀는 기침이 종종 감기나 폐 질병과 연관되며 속 쓰림과는 아무런 상관이 없다는 것을 알게 된다(그림 3.26b). 이

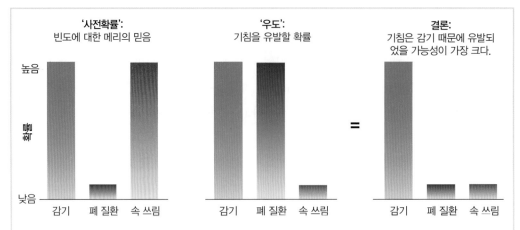

그림 3.26 베이지안 추론의 원리를 설명하기 위해 미리 설정된 확률을 막대그래프의 형식으로 제시하였다. (a) 폐 질환과 속 쓰림이 발생하는 상대적인 빈도에 대한 메리의 믿음을 보여준다. 이 믿음을 **사전확률**이라고 한다. (b) 감기와 폐질환은 기침과 연관되어 있으나 속 쓰림은 기침과 연관되어 있지 않다는 추가 정보이다. 이 정보들은 **우도**에 반영된다. (c) 사전확률과 우도를 함께 고려한 결과, 찰스의 기침은 감기 때문이라는 결론을 내리게 된다. © 2015 Cengage Learning

렇게 알게 된 추가적 정보가 바로 결과의 우도이다. 결과의 우도가 사전확률과 합산되었을 때 메리는 찰스가 아마도 감기에 걸렸을 것이라는 결론을 내리게 된다(Tenenbaum et al., 2011)(그림 3.26c). 실제 연구를 할 때 결과에 대한 확률을 구하는 베이지안 추론은 사전확률과 결과의 우도를 곱하는 수학적인 계산과정을 거친다. 그렇기 때문에 사람들은 먼저 사전확률부터 구하고 난 후 추가적인 증거가 관찰될 때마다 사전확률을 최신화해 나가면서 결론에 도달하려고 한다(Körding & Wolpert, 2006).

이제 베이지안 추론의 방식을 사물 지각에 적용해서 생각해 보고 이를 바탕으로 그림 3.6의 역투사 문제를 다시 고려해 보자. 역투사 문제는 망막에 맺힌 특정 패턴의 상이 여러 종류의 사물에 의해서 생성될 수 있기 때문에 발생한다는 것을 기억해 보자. 즉, 문제는 이 상을 생성한 사물이 수많은 후보 중 어떤 사물인지를 판단하는 데 있다. 다행스럽게도 우리는 판단과정에서 망막의 상에만 의존하지 않아도 되는데 인간은 대부분의 지각적인 상황을 대할 때 과거의 경험에 근거하여 산출된 사전확률을 가지고 있기 때문이다.

책은 직사각형의 모양을 하고 있다는 것은 여러분의 두뇌에 저장된 사전 확률 중 하나이다. 그렇기 때문에 여러분이 책상 위에 놓인 있는 책을 바라볼 때 여러분은 맨 처음으로 그 책이 직사각형일 것이라는 믿음을 가지고 있다. 그다음에는 망막에 맺힌 상, 지각된 책과의 거리, 책을 바라보는 각도 등을 포함한 여러 추가 증거에 의해 책이 직사각형일 우도가 제공된다. 추가적인 증거와 책이 직사각형이라는 여러분의 사전확률이 일치하는 경우 우도가 증가하고 결국에는 직사각형이라는 지각은 강화된다. 그리고 책을 바라보는 각도나 거리를 바꾸는 등의 추가적인 검증을 통해서 책의 모양이 직사각형이라는 결론은 더 강화될 수 있다. 이 과정은 자동적이고 빠르게 발생하기 때문에 여러분이 이 검증 절차를 의식하지 못할 수도 있다. 여기서 주목할 점은 망막에 맺힌 상이 여전히 책 모양 지각의 시발점인 상태에서 개인의 경험들을 축적하는 경우 그 상을 생성했을 가능성이 있는 모양의 후보가 줄어든다는 것이다.

베이지안 추론은 인간이 망막에 투사된 자극을 생성했을 가능성이 가장 높은 사물을 지각한다는 Helmholtz의 주장을 확률적인 개념으로 설명하고자 한다. 그러나 항상 모든 결과를 확률로 나타내는 것은 쉬운 일이 아니며 복잡한 지각과정을 고려할 때에는 더욱 그 과정이 어렵다고 볼 수 있다. 그럼에도 불구하고 베이지안 추론은 실제로 존재하는 것이 무엇인지를 판단하기 위한 구체적인 절차를 제공한다. 그렇기 때문에 과학자들은 컴퓨터 센서가 감지한 자극 패턴을 더 정확하게 해석했고, 이를 기반으로 환경을 식별하는 과정에서 기존 지식을 사용하는 컴퓨터 시각체계가 개발되었고, 그 과정에서 베이지안 추론이 활용되었다(Goldreich & Tong, 2013 참고).

네 가지 접근법의 비교

지금까지 사물 지각에 대한 네 가지 접근법으로서 Helmholtz의 무의식적 추론, 게슈탈트의 지각 조직화의 원리, 환경의 규칙성, 베이지안 추론을 검토해 보았다. 그런데 각각의 접근법들 중 나머지 셋과 다른 접근법은 무엇일까? 생각해 본 후에 아래의 답을 확인해 보자.[*]

Helmholtz의 접근법, 환경의 규칙성, 베이지안 추론은 모두 인간이 경험을 통해 축적한 환경 정보를 지각과정과 망막의 상을 판단하는 데 활용한다고 가정한다는 점에서 유사하다. 그렇기 때문에 이 세 접근법에 있어 하향처리는 중요한 부분을 차지한다.

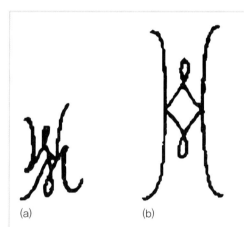

그림 3.27 (a) M 위에 W가 올려진 그림. (b) 두 글자가 합쳐진 경우 새로운 패턴이 생기며 기존의 언어적 의미는 상실된다.

출처: M. Wertheimer, Experimentelle Studien über das Sehen von Beuegung, *Zeitchrift für Psychologie, 61*, 161–265, 1912.

반면에 게슈탈트 심리학자들은 지각 조직화의 원리가 인간에 내재되어 있다는 가정을 강조한다. 그들은 지각이 경험의 영향을 받는다는 것은 인정하지만 내재된 원리가 경험보다 더 우선적으로 영향을 미칠 수 있으며 그렇기 때문에 상향처리가 지각과정에서 중심적인 역할을 수행한다고 주장한다. 게슈탈트 학자인 Max Wertheimer(1912)는 내재된 원칙이 어떻게 경험에 우선하는지를 보여주기 위해 다음과 같은 예시를 제시하였다. 대부분의 사람들은 글자 W와 M과 관련된 그들의 경험에 근거하여 그림 3.27a가 W와 M으로 구성되어 있는 것으로 인식한다. 하지만 이 글자들이 그림 3.27b와 같이 재배열되었을 때 대부분의 사람들은 두 개의 수직선과 그 가운데에 위치한 패턴으로 인식한다. 부드러운 연속 원리에 의해 지각되는 두 개의 수직선은 글자보다 더 우세하게 지각되며 W와 M과 관련된 우리의 과거 경험에 의한 효과를 기각시킨다.

게슈탈트 심리학자들은 경험의 영향을 경시하였지만 현대 심리학자들은 위와 유사한 주장을 펼치면서도 지각 조직화의 원리가 사실은 경험에 의해 생성되었을지도 모른다고 주장한다. 예를 들어, 부드러운 연속의 원리는 주변 환경에 대한 경험에 의해 결정되었

---

[*] 답: 게슈탈트 접근.

Bruce Goldstein

그림 3.28 **일상적인 주변 환경의 모습** 사물(남자들의 다리들)들은 또 다른 사물(회색 나무판)에 의해 부분적으로 가려져 있다. 이 사례에서 남성들의 다리는 나무판들 위아래로 쭉 이어지며 모두 동일한 색을 가지고 있기 때문에 이들의 다리는 나무판 뒤에서 이어진 상태로 존재할 가능성이 크다.

을 수도 있다. 그림 3.28의 장면을 고려해 보자. 오랜 시간 동안 우리는 한 사물이 다른 사물을 가리는 것을 경험해왔다. 그렇기 때문에 만약 사람의 양쪽 다리와 같이, 한 가지 사물의 두 부분이 동일한 색을 가지고 있고(유사성의 원리) 나란히 놓여 있다면(부드러운 연속의 원리) 이 두 부분을 가리는 것이 있어도 서로 동일한 사물에 속하며 연결되어 있다는 것을 알 수 있다. 그렇기 때문에 게슈탈트 원리들은 어느 정도는 경험에 의해 결정되는 특성이라고도 볼 수 있다. 실제로도 특정 자극을 반복적으로 경험하는 것은 뉴런이 지각체계에서 반응하는 방식을 변화시킬 수 있다는 생리학적인 증거가 발견되었다. 이제 우리는 지각에 대한 생리학적인 접근을 검토해 보고자 한다.

자가 테스트 3.2

1. Helmholtz의 무의식적 추론이 무엇인지 설명해 보자. 있음직함 원리는 무엇을 뜻하는가?

2. 지각에 대한 게슈탈트 접근법을 지각 조직화의 원리 위주로 설명해 보자. 게슈탈트 심리학자들은 이러한 원리들이 어떻게 유래했다고 주장하는가?

3. 환경의 규칙성은 무엇이며 지각에 어떠한 영향을 미치는가? 물리적 규칙성과 의미적 규칙성을 비교해 보자. 마지막으로 장면 도식은 무엇인가?

4. 베이지안 추론이 무엇인지를 '감기' 사례와 역투사 문제 사례를 들어 설명해 보자.

5. 게슈탈트 접근이 나머지 세 가지 접근과 어떻게 다른가? 현대 심리학자들은 경험과 지각 조직화의 원리의 관계를 어떻게 설명하는가?

뉴런과 환경 정보

이제 우리는 경험이 뉴런의 반응 방식에 영향을 미칠 수 있다는 주장을 검토해 보고자 한다. 먼저 인간과 동물의 시각피질에는 수직이나 수평에 반응하는 뉴런이 기울기에 반응하는 뉴런보다 더 많다는 사실을 살펴보자.

수직과 수평에 반응하는 뉴런

환경의 물리적 규칙성을 설명하는 부분에서 수평과 수직은 환경 속에 존재하는 흔한 요소임을 학습하였다(그림 3.22). 또한 행동 실험의 설명을 통해 사람들이 다른 흔치 않은 기울기보다는 수직과 수평에 더 민감하게 반응함을 볼 수 있었다(82쪽 **경사 효과** 참고). 그래서 어떤 연구자들이 원숭이와 흰족제비의 시각피질 안에 있는 단일 뉴런 활동을 측정했을 때 수평과 수직에 가장 크게 반응하는 뉴런이 기울기에 가장 크게 반응하는 뉴런보다 더 많이 발견된 것은 결코 우연이 아니다(Coppola et al., 1998; DeValois et al., 1982). 나아가 다른 뇌 스캔 연구 결과들을 통해 이러한 뉴런의 비대칭 경향성이 인간에게도 발견되었다(Furmanski & Engel, 2000).

수평과 수직에 반응하는 뉴런이 더 많은 이유는 무엇일까? 자연선택이론(theory of natural selection)에 따르면 동물의 생존 능력과 번식 능력을 향상시키는 특징은 그 동물의 미래 세대에 전달된다고 주장하는 이론이다. 다시 말해 진화하는 과정에서 중요한 사물, 예를 들어 숲에서 자주 볼 수 있는 수직적이고 수평적인 패턴에 반응하는 뉴런과 시각체계를 보유한 생물들이 생존할 가능성이 높고 결과적으로 수직과 수평에 특화되지 않은 뉴런과 시각체계를 가진 생물에 비해서 그 능력을 미래 세대에 전달할 가능성이 더 높다는 것이다. 그래서 진화과정을 거치면서 생물의 시각체계는 환경에서 자주 발견되는 사물에 반응하는 뉴런들을 포함하게 되었을 것이다.

지각 기능이 진화를 통해 생성되었다는 것에 반론의 여지는 없지만, 학습이 경험 기반 가소성이라는 과정을 거쳐 뉴런이 반응 속성을 형성할 수 있다는 증거들이 있다.

경험 기반 가소성

뇌는 인간이 환경에 노출되는 경우 환경을 더 효율적으로 지각하기 위해 변화하거나 '조형'된다. 경험에 의해 뇌의 구조가 변화하는 것을 경험 기반 가소성(experience-dependent plasticity)이라고 하는데 이는 그동안 여러 동물 연구를 통해 증명되어왔다. 이러한 실험들을 통해 만약 어떤 동물이 특정한 환경 안에서 성장하는 경우 그 동물의 뇌 속에 존재하는 뉴런은 그 환경의 특정 부분에 더 강하게 반응하도록 조율된다는 것이 발견되었다. 예를 들어, 새끼 고양이들은 태어날 때 기울어진 막대에 반응을 하는 속성탐지기 뉴런(2장 43쪽 참고)들을 가지고 태어난다. 보통 새끼 고양이의 뇌는 수평선, 기울어진 선, 수직선 등 모든 방향에 각각 반응하는 뉴런들을 내포하고 있으며, 새끼 고양이가 성체 고양이로 성장했을 때에도 모든 방향에 반응하는 뉴런들을 갖는다.

그러나 만약에 새끼 고양이가 수직 요소로만 구성된 환경에서 자라왔다면 어떨까? Colin Blakemore와 Graham Cooper(1970)는 흑백 수직 줄무늬가 그려진 벽만 볼 수 있었던 환경에서 새끼 고양이를 키우고 실험을 진행하였다. 실험 결과, 이 환경에서 양육된 새끼 고양이들은 움직이는 수직 막대기를 툭툭 건드리는 모습을 보였지만 수평의 사물은 무시하였다. 고양이들이 수평 사물을 무시했던 원인은 뉴런을 측정하면서 명확해졌는데, 측정 결과 시각피질이 수직의 사물에 주로 반응하는 뉴런으로 주로 구성되고 수평의 사물에 반응하는 뉴런은 무뎌지도록 재조형되었기 때문인 것으로 나타났다. 이와 유사하게 수평의 사물만 존재하는 환경에서 양육된 고양이들의 시각피질에서는 수평의 사물에만 반응하는 뉴런만 발견되었다. 그렇기 때문에 고양이의 뇌는 고양이들이 노출된 환경에 가장 잘 반응하는 방식으로 조형되었다고 할 수 있다.

기능적 자기공명영상(fMRI)의 뇌 영상 기법을 사용한 연구를 통해 사람에서도 경험

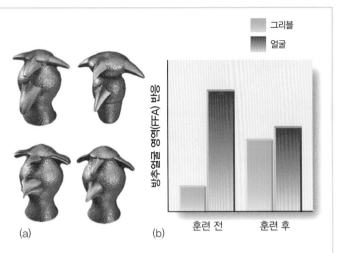

기반 가소성이 관찰되었다(방법: 뇌 영상, 51쪽 참고). 이 연구는 측두엽에 있는 영역인 방추얼굴 영역(FFA)의 뉴런들이 얼굴에 가장 크게 반응한다는 발견에서 출발하였다(2장 52쪽 참고). Isabel Gauthier와 동료들(1999)은 얼굴과 그리블(Greeble)(그림 3.29a)이라고 불리는 사물을 노출시켰을 때의 FFA의 반응을 측정함으로써 경험 기반 가소성이 뉴런들의 반응여부를 결정한다는 것을 보여주었다. 그리블은 컴퓨터로 합성된 자극으로서 각각의 기본적인 형태는 동일하지만 부분적으로 조금씩 다른 모습을 가진다(얼굴처럼). 그림 3.29b의 그래프 왼쪽 막대 쌍은 그리블이 생소한 사람들의 경우 얼굴이 그리블보다 더 큰 FFA 반응을 유발하였다는 것을 보여준다.

그림 3.29 (a) Gauthier가 사용한 그리블 자극. 참가자들은 각각의 그리블을 구분할 수 있도록 훈련되었다. (b) 훈련 전후에 얼굴 및 그리블 자극에 대한 뇌 반응.

출처: I. Gauthier, M. J. Tarr, A. W. Anderson, P. L. Skudlarski, & J. C. Gore, Activation of the middle fusiform "face area" increases with experience in recognizing novel objects, *Nature Neuroscience, 2*, 568–573, 1999.

Gauthier는 그다음 참가자를 대상으로 4일간의 광범위한 '그리블 재인' 훈련을 실시하였다. 이 훈련에서 각각의 그리블들은 고유한 이름을 부여받았고 참가자들은 각 그리블을 이름으로 구별할 수 있을 때까지 훈련받았다. 그 과정에서 참가자들은 '그리블 전문가'가 되었다. 그림 3.29b의 오른쪽 막대 쌍은 훈련 이후에 그리블에 대한 FFA의 반응이 얼굴에 대한 반응과 비슷한 수준으로 관찰되었음을 보여준다. 명백하게도 FFA는 얼굴뿐만 아니라 다른 복잡한 사물에도 반응하는 뉴런을 가지고 있었던 것이다. 이처럼 특정 사물에 대한 개별 뉴런의 반응 수준은 그 사물과 사람 간의 경험에 따라 결정된다. Gauthier 역시 자동차 전문가나 새 전문가의 FFA 영역 뉴런은 인간의 얼굴뿐만 아니라 각각 자동차나 새에 대해서도 가장 크게 반응한다는 것을 관찰하였다(Gauthier et al., 2000). 수직의 환경에서 고양이를 양육하는 것이 수직 사물에 반응하는 뉴런을 증가시킨 것처럼 인간에게 그리블, 자동차, 새를 재인하도록 훈련시키는 것은 FFA로 하여금 이 사물들에 더 강하게 반응하게 한다. Gauthier의 실험 결과들은 FFA 영역의 뉴런들이 얼굴에 강하게 반응하는 이유가 인간이 평생 얼굴 지각을 경험하기 때문이라는 주장을 지지한다.

새끼 고양이와 인간이 보이는 경험 기반 가소성에 대한 실험을 보고 뇌기능은 특정 환경에 가장 효과적으로 작동하도록 조율된다는 것을 알 수 있었다. 그렇기 때문에 환경에서 규칙적으로 나타나는 사물에 대한 지속적인 노출은 뉴런이 규칙성에 대해 가장 효과적으로 반응하도록 만든다. 이런 점으로 미루어 볼 때 뉴런이 환경의 특징에 대한 지식을 반영한다는 말은 전혀 틀린 말은 아니다.

우리는 지금까지 지각의 다양한 측면을 검토해왔다. 지각이 감각수용기의 활성화에 반응해서 자동적으로 일어나는 체계라는 것을 배웠다. 또한 지각이 수용기로부터 시작해서 뇌로 올라가는 상향식 정보와, 환경에 대한 지식이나 기대와 관련된 하향식 정보가 상호작용의 결과물이라는 점도 배웠다.

그러나 가상현실 게임으로 주의가 분산되었을 때 James Pokorny의 고통이 경감되었던 사례(76쪽 참고)는 지각을 설명하는 데 있어 또 다른 요소가 고려되어야 한다는 것을 시사한다. James가 무엇을 하고 있었는지를 되새겨 보자. 그는 붕대를 가는 행위로부터, 음식물 쓰레기 처리기로 가상의 거미를 처리하는 행위로 주의를 돌렸다. 가상현실 게임을 조작하는 것과 마찬가지로 주의를 이동시키는 것은 행동의 한 유형이라고 볼 수 있다. 앞으로 살펴보겠지만 행동은 항상 지각과 동반하여 일어나고, 지각에 영향을 줄 수도 있다.

지각과 행동의 상호작용

여태까지 지각과 관련된 접근법의 대부분 사례는 가만히 있는 상태에서 지각할 수 있는 사례라는 점에서 '앉은뱅이' 접근법이라고 할 수 있다. 사실 이 상태는 이 책을 읽을 때의 여러분의 상태일 수도 있다. 여러분은 아마 똑바로 앉아 있는 상태에서 책 속 단어를 읽고 사진을 보고, '보여주기' 문제를 풀고 있을 것이다. 이제 움직임이 지각과정에 어떻게 도움이 되는지 그리고 행동과 지각이 어떻게 상호작용하는지를 살펴보자.

움직임은 지각을 촉진한다

움직임은 한곳에 앉아 있는 경우에는 발생하지 않는 지각적 복잡성을 추가하지만 동시에 사물을 더 정확하게 지각하는 것을 돕는다. 왜냐하면 하나의 관점을 통해서는 명백하게 드러나지 않는 사물들이 움직임을 통해 명확해지기 때문이다. 예를 들어, 그림 3.30의 말을 살펴보자. 한 시점에서만 보면 이 사물은 평범한 말 조각으로 보인다(그림 3.30a). 그러나 이 말 주변을 걸어 다니다 보면 이 말이 처음 보았던 것과 달리 이상하게 생겼다는 것을 알 수 있다(그림 3.30b와 그림 3.30c). 이와 같이 우리는 사물을 다양한 시점에서 바라봄으로써 그림의 왜곡된 말과 같이, 비정상적인 사물을 더 정확하게 지각

(a)   (b)   (c)

Bruce Goldstein

그림 3.30 **세 가지 관점에서 본 '말'** 사물 주위를 이동하다 보면 그 사물의 진짜 모양이 밝혀진다.

할 수 있게 도와주는 추가 정보를 얻을 수 있다.

지각과 행동의 상호작용

움직임은 사물에 대한 추가적인 정보를 제공함으로써 사물의 지각을 보조한다는 점 말고도 다른 중요한 역할을 한다. 이는 지각의 대상이 되는 사물과 이 사물에 대해 행동을 취하는 과정에서 지속적으로 발생하는 협응과 관련 있다. 예를 들어, 조깅이 끝나고 커피숍에서 쉬고 있는 크리스털이 커피 잔을 들기 위해 손을 뻗을 때 발생하는 일들을 생각해 보자(그림 3.31). 그녀는 먼저 테이블 위에 놓여 있는 다른 사물과 꽃병 사이에서 커피 잔을 보고 인식한다(그림 3.31a). 일단 커피 잔이 지각된 후에 그녀는 잔의 위치를 생각하여 그 위치를 향해 손을 뻗는다(그림 3.31b). 그녀는 잔의 손잡이 위치를 고려한 후 꽃병을 피해 손잡이를 잡는다(그림 3.31c). 그리고 그녀는 커피 잔에 커피가 차 있는 정도를 지각하고 그 무게를 고려해서 딱 적당한 힘을 이용하여 잔을 들어 올린다. 간단한 행동임에도 불구하고 그녀가 커피를 흘리지 않고 잔을 정확하게 움켜잡기 위해 행동을 조율하는 동안 지속적으로 잔과 그녀의 손, 손가락의 위치가 지각되도록 요구된다(Goodale, 2010). 이 모든 것이 커피 잔을 들어 올리는 동안 발생하는 일이다! 놀라운 점은 이렇게 행동들이 연속적으로 발생하는 과정에서 별다른 노력 없이 자동적으로 일어난다는 것이다. 지각과 관련된 모든 행위와 마찬가지로 이런 식의 단순성은 복잡한 기본 기제의 도움을 받아 달성될 수 있는 것이다. 이제 이러한 기제들의 생리에 대해 살펴보자.

지각과 행동의 생리학

심리학자들은 오랫동안 사물의 지각과, 해당 사물과 상호작용하는 행위 간의 긴밀한 연관성을 인식해왔다. 하지만 세부적인 내용은 1980년대에 들어서 시작된 생리학적 연구들로 인해 밝혀지기 시작됐다. 이 연구들에 의해 뇌에 두 가지 종류의 정보처리 경로가

(a) 잔을 지각하기   (b) 잔을 향해 손을 뻗기   (c) 잔을 잡기

그림 3.31 **커피 잔 들기** (a) 커피 잔을 지각하고 재인하기, (b) 잔을 향해 손 뻗기, (c) 잔을 잡고 들어올리기. 이 행동은 지각과 행동 사이의 협응을 필요로 하며 본문에 묘사된 두 개의 구별되는 경로에 의해 이행된다. © 2015 Cengage Learning

있다는 것이 밝혀졌다. 한 경로는 사물을 지각하는 것과 관련이 있으며, 나머지 하나는 사물의 위치를 파악하고 이 사물에 대한 행동을 취하는 것과 관련이 있는 것으로 알려졌다. 이런 생리학의 연구는 주로 두 가지 방법론을 사용했는데, 그 한 가지 방법은 동물의 뇌 일부분을 제거하여 유발되는 효과를 연구하는 뇌 절제술이다. 두 번째 방법은 뇌 병변을 가진 사람들의 행동을 연구하는 신경생리학적 접근이다. 신경생리학에 대해서는 2장(49쪽)의 내용을 참고하자. 두 가지 방법은 뇌 병변을 가진 동물과 인간의 능력을 연구하는 것이 어떻게 정상적인 뇌 기능의 중요한 원리들을 밝히는 데 도움이 되는지를 보여준다.

무엇 경로와 어디 경로   Leslie Ungerleider와 Mortimer Mishkin(1982)은 원숭이의 뇌 일부분을 제거한 후 그 처치가 원숭이가 특정 사물을 인식하고 사물의 위치를 판별하는 능력에 어떤 영향을 주었는지를 밝히는 고전적인 실험을 수행하였다. 이 실험에서는 뇌 절제술(brain ablation)이 사용되었다.

방법 뇌 절제술

뇌 절제 연구의 목표는 뇌의 특정 영역의 기능이 무엇인지를 밝히는 데 있다. 특정 영역의 기능을 밝히기 위해서는 우선적으로 행동 실험을 통해 동물의 능력이 측정된다. 대부분의 지각 관련 절제 실험에서는 원숭이를 사용하는데, 원숭이들은 시각체계가 인간과 유사하며 훈련을 통해 명민함, 색 시각, 깊이 지각, 사물 지각 등의 지각 능력을 발휘할 수 있기 때문이다.

일단 동물의 기본적 지각 능력이 측정된 이후에는 뇌의 특정 영역이 수술이나 화학 물질의 주입을 통해 제거되거나 파괴된다. 연구의 대상이 되는 특정 영역만 제거하고 나머지 뇌 영역은 정상적으로 유지하는 것이 뇌 절제의 이상적인 결과이다. 절제 이후에는 원숭이의 지각 능력을 다시 측정하여 어떤 능력이 여전히 본래 기능을 발휘하는지, 어떤 능력이 절제의 영향을 받았는지를 관찰한다. 이런 과정 때문에 뇌 절제를 **병변 만들기**라고도 부른다.

Ungerleider와 Mishkin은 원숭이에게 (1) 물체변별 문제와 (2) 위치변별 문제를 제시했다. 물체변별 문제(object discrimination problem)에서 원숭이에게 사각기둥 같은 물체를 제시한 뒤 그림 3.32a처럼 목표물(사각기둥)과 삼각기둥 같은 다른 물체 중 하나를 선택하는 양방 선택 과제를 수행하였다. 원숭이가 목표물을 옆으로 밀어 선택하면 아래에 숨겨진 음식이 보상으로 주어졌다. 그림 3.32b는 위치변별 문제(landmark discrimination problem)를 묘사한다. 여기에서 원기둥은 지형지물의 역할을 하며 음식물이 담긴 저장소의 위치를 표시하였다. 원숭이는 이 원기둥 근처에 위치한 음식물 저장소의 뚜껑을 빼내는 경우에 음식물을 보상으로 받았다.

실험에서 몇몇 원숭이들의 측두엽이 절제되었다. 이 원숭이들에 대한 행동 실험 결과, 측두엽이 절제된 경우 물체변별 문제를 더 어려워 한다는 것이 관찰되었다. 이 결과는 측두엽에 다다르는 신경경로가 사물의 정체성을 판단하는 역할을 수행한다는 것을 의미한다. 그래서 Ungerleider와 Mishkin은 선조피질(striate cortex)에서부터 측두엽에 이

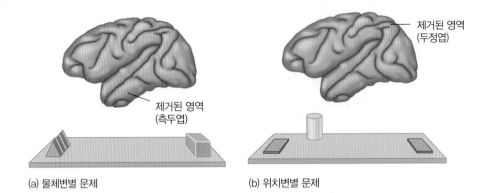

(a) 물체변별 문제　　　　　　　(b) 위치변별 문제

그림 3.32 **Ungerleider와 Mishkin에 의해 사용된 두 가지 변별 문제** (a) 물체변별 문제: 올바른 도형 고르기. 측두엽(보라색 영역)에 병변이 있다면 이 과제를 수행하는 것이 어려워진다. (b) 위치변별 문제: 원기둥에 가장 가까이 위치한 음식 저장소를 고르기. 두정엽에 병변이 있다면 이 과제를 수행하는 것이 어려워진다.

출처: Adapted from M. Mishkin, L. G. Ungerleider, & K. A. Makco, Object vision and spatial vision: Two central pathways, *Trends in Neuroscience, 6,* 414–417, Figure 2, 1983.

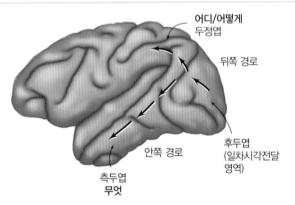

그림 3.33 후두엽에서 측두엽에 이르는 무엇 혹은 지각 경로, 그리고 후두엽에서 두정엽에 이르는 어디 혹은 행동 경로를 보여주는 원숭이의 피질 그림.

출처: Adapted from M. Mishkin, L. G. Ungerleider, & K. A. Makco, Object vision and spatial vision: Two central pathways, *Trends in Neuroscience, 6,* 414–417, Figure 2, 1983.

르는 경로를 '무엇' 경로(what pathway)라고 명명하였다(그림 3.33).

그 밖에 다른 원숭이들은 두정엽이 절제되었으며 그 결과로 위치변별 문제를 수행하는 데 어려움을 겪었다. 이는 두정엽으로 연결되는 경로가 사물의 위치를 판단하는 역할을 수행한다는 것을 의미하며, Ungerleider와 Mishkin은 선조피질로부터 두정엽에 이르는 경로를 '어디' 경로(where pathway)라고 명명하였다(그림 3.33).

무엇 경로와 어디 경로의 개념을 커피 잔을 드는 사례에 적용하자면 무엇 경로는 잔에 대한 초기 지각에 그리고 어디 경로는 그 잔의 위치를 판단하는 과정에 각각 작용할 것이다. 잔에 대한 지각과 잔의 위치 정보는 우리가 잔을 향해 손을 뻗는 행동을 하는 데 있어서 매우 중요한 정보이다.

다음 부분에서 우리는 지각과 행동을 연구하는 데 활용되는 다른 생리학적 접근을 살펴보고자 한다. 그러기 위해 뇌 병변을 가진 사람의 행동을 연구하는 것이 어떻게 사물을 향한 행동을 취할 때 뇌 속에서 벌어지는 일들에 대한 통찰을 제공하는지에 대해 이야기하고자 한다.

지각 경로와 행동 경로　David Milner와 Melvin Goodale(1995)은 신경생리학적 접근, 즉 뇌 병변 환자들의 행동을 연구하여 측두엽과 두정엽이 각각 포함된 두 가지 경로가 존재함을 밝히고자 하였다. 이들은 집에서 사고로 누출된 일산화탄소에 중독되어 측두엽에 손상을 입은 34세 여성 환자 D. F.를 대상으로 연구를 진행하였다. 뇌 병변으로 인한 효과는 D. F.가 손에 쥔 카드를 다양한 각도의 구멍에 맞추는 과제를 수행할 때 관찰되었

(a) 과제 : 구멍과 카드의 각도 맞추기

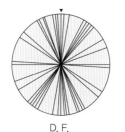

D. F.

통제집단

(b) 각도 맞추기 과제의 결과

그림 3.34 (a) D. F.의 각도 맞추기 과제. 다양한 각도가 제시되었으며 D. F.는 각 각도에 맞게 카드의 기울기를 조절해야 했다. (b) 각도 맞추기 과제의 결과. 각도를 올바르게 맞추었던 시행은 수직선으로 표현되었다.

출처: A. D. Milner & M. A. Goodale, *The visual brain in action,* New York: Oxford University Press, 1995. © Cengage Learning

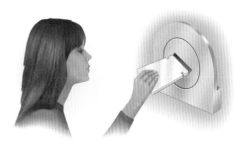

(a) 과제 : 구멍에다 카드를 밀어 넣기

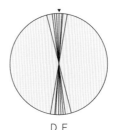

D. F.

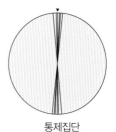

통제집단

(b) 우편 과제의 결과

그림 3.35 (a) D. F.의 '우편' 과제. 이번에도 다양한 각도의 구멍이 제시되었으며 D. F.는 이 구멍에다 카드를 집어넣어야 했다. (b) 우편 과제의 결과. 각도를 올바르게 맞추었던 시행은 수직선으로 표현되었다.

출처: A. D. Milner & M. A. Goodale, *The visual brain in action,* New York: Oxford University Press, 1995. © Cengage Learning

다(그림 3.34a). 그림 3.34b에서 보이는 것처럼 그녀는 이 과제를 수행할 수 없었다. 원 안에 그어진 각각의 선은 D. F.가 구멍의 각도에 반응하여 자신이 손에 쥐고 있는 카드의 각도를 어떻게 조절하였는지를 보여준다. 각 시행별로 수직으로 그어진 선이 나타나는 경우 완벽한 수행을 의미하는데 D. F.의 반응은 매 시행별로 중구난방이었다. 그림 3.34b의 오른쪽 원은 일반인 통제집단의 정확한 수행을 보여준다.

D. F.가 카드를 구멍의 각도를 따라 맞추는 것을 어려워했기 때문에 그 구멍에 카드를 끼워 넣는 것도 어려워할 것이라고 예상할 수 있다. 왜냐하면 구멍에 카드를 끼우기 위해서는 카드의 각도를 구멍의 각도에 맞게 조절해야 하기 때문이다. 그러나 D. F.는 우편함에 편지를 넣듯이 카드를 구멍에 넣는 과제(그림 3.35a)는 제대로 수행할 수 있었다. 그 수행의 결과가 그림 3.35b에 나타나 있다. D. F.는 카드를 구멍의 각도에 맞게 돌리지는 못했지만 일단 카드를 구멍에 가까이 가져가는 행동이 시작된 이후에는 구멍의 각도에 따라 카드를 회전시킬 수 있었다. 결국 D. F.는 정적인 각도 맞추기 과제에서는 수행이 저조했지만 행동이 개입됨에 따라 그 수행이 개선되는 모습을 보였다(Murphy, Racicot, & Goodale, 1996). Milner와 Goodale은 이러한 D. F.의 수행이 각도의 판단을 담당하는 체계와 지각과 행동을 조율하는 체계가 각각 독립적으로 작용한다는 증거라고 보았다.

이 결과를 근거로 Milner와 Goodale은 시각피질과 측두엽(D. F.의 뇌 손상 부위)을 연결하는 경로를 지각 경로(perception pathway)로, 시각피질과 두정엽(D. F.의 뇌에서 정상이었던 부위)을 연결하는 부위를 행동 경로(action pathway)라고 명명하였다. 지각 경로는 원숭이 실험 사례에서 다루었던 무엇 경로와 상응하며 행동 경로는 어디 경로와 상응하는 경로이다. 그렇기 때문에 이 경로들을 무엇 경로와 어디 경로라고 부르는 연구자들도 있고 지각 경로와 행동 경로라고 부르는 연구자들도 있다. 이름을 떠나 이 연구의 결과는 지각과 행동이 뇌 안에 존재하는 두 개의 구분된 경로를 통해 처리된다는 것을 의미한다.

커피 잔 들기와 기타 행동

지각과 행동이 두 가지의 별개 기제로 이루어진다는 지식을 바탕으로, 커피 잔을 드는 행동에 대한 설명에 생리학적인 지식을 곁들일 수 있다. 첫 번째 단계는 테이블 위의 꽃병과 오렌지주스 사이에 있는 커피 잔을 인식하는 것이다(지각 혹은 무엇 경로). 일단 커피 잔이 지각되면 우리는 테이블 위의 잔 위치를 고려하여 손을 뻗는다(행동 혹은 어디 경로). 그리고 손이 꽃병과 오렌지주스를 피해 커피 잔에 도달하면서 잔의 손잡이 위치를 고려하여(지각 경로) 손가락을 위치시킨다. 그다음 잔이 차 있는 정도를 판단해(지각 경로) 무게를 추측하고 이 추측에 따라 적당한 힘을 사용해서 잔을 들어올린다(행동 경로).

이와 같이 커피 잔을 들어 올리는 것과 같이 쉬운 과제를 수행하더라도 뇌의 수많은 영역들이 관여하는데, 이 영역들은 지각과 행동을 생성하기 위해 서로 협응한다. 그리고 시각뿐만 아니라 청각에 있어서도 다양한 뇌 영역 간의 협응이 유사하게 일어난다.

그래서 누군가가 여러분의 이름을 부르는 것을 들었을 때 그 사람이 누군지 보기 위해 뒤돌아보는 행위는 청각체계에 속한, 소리를 듣고 인식할 수 있게 해주는 경로(청각 무엇 경로)와, 소리의 발생 위치를 알 수 있게 해주는 경로(청각 어디 경로)를 활성화시킨다 (Lomber & Malhotra, 2008).

지각, 위치의 판단, 행동의 실행 시에 활성화되는 다양한 경로의 발견은 지각생리학을 연구함으로써 우리의 이해가 얼마나 '앉은뱅이' 접근법 이상으로 확장될 수 있었는지를 보여준다. 이러한 생리학적인 발견들과 지각의 역동적인(active) 측면을 강조해온 행동 실험(Gibson, 1979)의 결과들은, 지각이 역동적이라고 불리는 이유가 단지 추론이나 하향처리 체계가 관여하기 때문이 아니라, 행동과 밀접하게 연관되어 있기 때문이라는 것을 보여준다.

고려사항

지각과 기억의 접점

지각은 감각을 통해 세상을 볼 수 있는 창문을 제공해 준다. 반면에 기억은 우리의 경험을 되찾아옴으로써 과거를 볼 수 있는 창문을 제공해 준다. 우리의 기억들은, 특히 최근의 기억들은 강한 감각적 요소를 지니고 있다. 앞으로 우리가 기억을 논하는 과정에서 지각과 기억 사이에 긴밀한 연관성이 있음을 배우게 될 것이다.

우리가 무언가를 지각하고 나중에 지각한 것을 기억해낼 때 뇌에서는 어떠한 일이 일어날까? 어떠한 실험도 이 질문에 완벽한 답을 제공할 수 없을 것이다. 그러나 Hagar Gelbard-Sagiv와 동료들은 강렬했던 경험을 기억으로 저장하는 것으로 알려진 해마(그림 5.22)에 존재하는 뉴런 중에는, 사진을 볼 때와 나중에 기억할 때 모두 반응하는 뉴런이 있음이 밝혀졌다. 우선 인간의 개별 뉴런의 활동을 어떻게 측정하는지 알아보자.

방법 인간의 단일 뉴런 활동 측정하기

그동안 다양한 종류의 단일 뉴런 측정 기법이 동물을 대상으로 사용되었다. 그러나 인간의 뉴런 활동을 측정한 실험은 매우 소수다. 이 소수의 실험 참가자들은 약으로 치유가 어려운 난치성 간질병 환자들이었다. 이 환자들이 선택할 수 있는 치유법은 **간질 초점**이라는 발작의 원인이 되는 뇌의 작은 영역을 제거하는 것이다.

간질 초점의 위치를 파악하기 위해서는 간질 환자들의 뇌에 전극을 이식한 후 자연적인 발작이 일어나 간질 초점의 위치를 파악할 수 있을 때까지 일정 기간 동안 뇌의 활동을 관찰해야 한다(Fried et al., 1999). 환자의 동의가 있다면, 전극이 이식되어 있기 때문에 지각 자극에 대한 생리적, 전기적 신호를 측정할 수 있다. 이런 실험들은 자극이 유발하는 뉴런 반응을 측정할 수 있게 할 뿐만 아니라, 이 자극들을 기억에서 인출할 때 어떻게 뉴런들이 반응하는지를 탐구하는 데 유용하다.

Gelbard-Sagiv는 간질 환자들에게 5~10초 길이의 비디오 영상물을 반복해서 보여주고 해마 영역의 뉴런 활동을 측정하였다. 이 영상에서는 여러 유명인사, 유명한 장소, 그리고 여러 활동을 함께하고 있는 사람과 동물이 출연했는데, 몇몇 뉴런은 특정 영상에서 더 크게 반응한다는 것이 관찰되었다. 예를 들어, 한 환자의 뉴런은 「더 심슨즈(The Simpsons)」 TV 만화 프로그램에 제일 크게 반응하였다.

실험자들은 환자들에게 영상을 보여준 후 여전히 해마 뉴런의 활동이 측정되고 있는 상태에서 시청한 영상을 다시 기억해 내도록 지시하였다. 그림 3.36은 이 실험에서 관찰

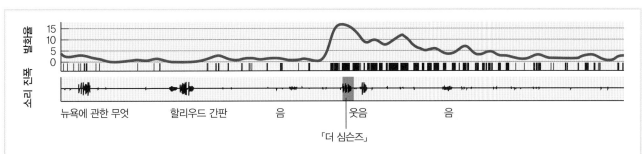

그림 3.36 **간질 환자가 일련의 내용을 기억할 때 해마 속 뉴런의 활동** 이 환자들이 기억한 구체적인 내용은 측정기록 아래에 제시하였다. 이 환자가 「더 심슨즈」란 TV 프로그램을 기억했을 때 특별한 반응이 유발되었다. 그리고 이 뉴런은 환자가 「더 심슨즈」의 일부 영상을 보고 있었을 때에도 반응하는 것이 관찰되었다.

출처: H. Gelbard-Sagiv, R. Mukamel, M. Harel, R. Malach, & I. Fried, Internally generated reactivation of single neurons in human hippocampus during free recall. *Science, 322*, 96–101, 2008.

된 결과 중 하나로서 「더 심슨즈」 영상에 반응한 뉴런 활동을 나타낸다. 그림 바로 아래의 내용들은 해당 환자가 기억했다고 묘사한 내용들을 기록한 것이다.

우선 그 환자는 '뉴욕에 관한 무엇'을 기억하였고 그다음에는 '할리우드 간판'을 기억하였다. 뉴런들은 이 두 기억에 대해서는 약하게 반응하거나 반응하지 않았다. 그러나 그가 「더 심슨즈」를 상기했을 때에는 매우 큰 반응이 관찰되었으며 웃음과 함께 「더 심슨즈」의 에피소드를 되뇌는 동안 어느 정도 지속되었다.

이와 같은 결과는 해마 뉴런이 기억의 표상을 저장하는 데 관여한다는 주장을 지지하는 결과이다. 그러나 해마 뉴런이 시각 자극에 반응했다는 것은 지각과정에서 이 뉴런들이 정보를 전달받았음을 의미할 수는 있지만, 그렇다고 해마가 지각의 원인이 된다는 말은 아니다. 예를 들어, 해마 뉴런들이 현재의 경험에 대한 정보를 저장하는 동안, 다른 뉴런들이 지각의 역할을 수행하게 된다. 그리고 이후에 해마는 과거 사건을 기억에서 인출할 때 주요한 역할을 수행한다.

자가 테스트 3.3

1. 경사 효과란 무언인가? 경사 효과가 어떻게 진화와 경험에 의해 유발될 수 있는지 설명해 보자.

2. 경험 기반 가소성이란 무엇인가? 새끼 고양이의 성장 연구와 그리블 실험을 설명해 보자. 뉴런이 환경의 특성에 대한 지식을 반영한다는 주장의 근거는 무엇인가?

3. 지각과 행동 간의 상호작용을 일상적인 지각의 사례를 들어 구체적으로 설명해 보자.

4. Ungerleider와 Mishkin 실험을 설명하라. 그들은 대뇌피질 속 무엇 경로와 어디 경로의 존재를 증명하기 위해 어떠한 방식으로 뇌 절제 절차를 활용했는가?

5. D. F.에 대한 Milner와 Goodale의 실험이, 각도 맞추기를 위한 신경 경로와 시각 정보와 행동을 결합하는 경로의 존재를 어떻게 증명할 수 있었는지 서술해 보자. 지각 경로와 행동 경로에 대해 설명해 보자. 이 경로들이 Ungeleider와 Mishkin의 무엇 경로, 어디 경로에 어떻게 대응되는가?

6. 지각 경로와 행동 경로가 커피 잔을 드는 행동에서 어떠한 역할을 수행하는지 설명해 보자.

7. 간질 환자를 대상으로 단일 뉴런을 측정했던 실험을 설명해 보자. 이 실험의 결과가 지각과 기억의 관계에 대해서 어떠한 점을 시사하는가?

1. 크리스탈의 해변 조깅과 커피 한 잔 잡기의 예시를 통해 지각이, 어떻게 새로 입력된 감각 정보에 의해 변화하는지, 과거 경험과 관련된 어떤 원리들에 근거하는지, 어떤 과정으로 이루어지는지, 그리고 지각과 행동이 어떻게 연관되는지를 알 수 있었다.

2. 우리는 도시 사진 속 국소적인 영역들 간의 관계에 대해 쉽게 서술할 수 있지만, 그렇게 묘사를 하게 된 구체적인 이유를 제시하는 것을 어렵게 느낀다. 이는 우리가 지각을 이해하기 위해서 망막에 맺힌 명암 패턴 이상의 정보를 처리해야 한다는 것을 의미한다.

3. 컴퓨터가 사물을 재인할 수 있도록 프로그래밍하려는 시도를 통해 인간 수준으로 사물을 지각하도록 컴퓨터를 프로그래밍하는 것이 얼마나 어려운 것인지 알 수 있다. 컴퓨터가 인간 수준의 지각 능력을 달성하기 위한 걸림돌은 다음과 같다. (1) 망막에 맺힌 자극의 상은 모호하다. 우리는 역투사 문제를 설명하면서 이 문제를 검토했다. (2) 장면 속의 사물은 가려지거나 흐리게 보일 수 있다. (3) 사물은 관점에 따라 다르게 보인다.

4. 지각은 상향처리를 통해 시작되며 이 과정에서 수용기가 자극되고 뇌의 시각 정보처리 영역에 전달되는 전기적 신호가 생성된다. 또한 지각은 뇌에서 기원하는 하향처리과정을 거친다.

5. 얼룩의 다양한 면모, 풍경 속에서 얼굴 찾기, 언어적 지식이 문장 속 개별 단어의 지각을 돕는 것, 통지각이 통증유발 자극 이외의 요소로부터 영향을 받는 현상 등은 모두 하향처리의 사례이다.

6. 지각이 지식에 의존한다는 주장은 Helmholtz의 무의식적 추론에서 먼저 제안된 주장이다.

7. 게슈탈트 접근법은 자극들이 주변 환경에 일반적으로 어떻게 나타나는지에 기초한 몇 가지 지각 조직화의 원리를 제안하였다.

8. 환경의 규칙성은 높은 빈도로 관찰되는 환경의 특성을 의미한다. 인간은 지각할 때 물리적 규칙성과 의미적 규칙성을 모두 고려한다.

9. 베이지안 추론은 망막에 투사된 사물이 무엇인지를 판단하는 데 사용되는 수학적 절차이다. 베이지안 추론과정에서는 지각적 결과물에 대한 개인의 사전적 믿음과 추가적인 증거에 근거하여 산출되는 지각적 결과 확률이 고려된다.

10. 사물 지각에 대한 네 가지 접근 중(무의식적 추론, 게슈탈트 접근, 환경 규칙성, 베이지안 추론) 게슈탈트 접근은 다른 셋보다 상향처리의 역할을 더 강조한다. 그리고 현대 심리학자들은 게슈탈트 원리와 과거 경험이 연관되어 있음을 주장한다.

11. 뇌에는 환경에서 규칙적으로 제시되는 특정 사물에만 가장 크게 반응하는 몇 가지 뉴런이 존재하며 이는 뇌의 기본적인 작동 원리 중 하나이다.

12. 경험 기반 가소성은 환경 속에서 특정 물체에만 반응하도록 뉴런이 조형되는 과정에 일조한다. 수직 혹은 수평의 환경에서 양육된 새끼 고양이를 대상으로 한 실험과 그리블의 이름을 학습하기 전후의 사람의 뇌 활동을 측정한 실험은 경험 기반 가소성이 뉴런에 미치는 영향을 증명하는 실험들이다.

13. 지각과 행동은 서로 관련되어 있다. 예를 들어, 관찰자와 사물의 상대적 위치가 변하는 경우에 그 사물에 대한 추가적인 정보를 얻을 수 있다. 또한 사물을 지각하는 과정(커피 잔)과 그 사물에 대해 행동을 취하는 과정(커피 잔을 드는 행위)은 수시로 협응한다.

14. 원숭이의 뇌 절제 연구와 뇌 병변 환자 대상 행동 연구를 통해 피질 상에 두 가지 경로가 존재함을 알 수 있었다. 첫 번째 경로는 후두엽과 측두엽을 연결하며 사물의 지각에 관여하는 경로이다. 두 번째 경로는 후두엽과 두정엽을 연결하는 경로로서 사물에 대한 행동 제어에 관여한다. 이 두 경로는 동시에 작용하여 지각과 행동의 협응을 가능하게 한다.

15. 간질 환자의 해마에 위치한 단일 뉴런의 측정을 통해 시각 자극이 지각될 때와 그 자극이 추후에 기억될 때 모두 반응하는 뉴런이 존재한다는 것이 관찰되었다.

1. 처음에는 여러분이 무언가를 보거나 들었다고 생각했지만 나중에 와서 지각된 것이 잘못되었음을 깨달았던 상황을 묘사하라(두 개의 예시를 묘사하라. 예를 들어, 시야가 확보되지 않은 상황에서 사물을 잘못 지각하는 것과 음악 가사를 잘못 들은 것). 여러분이 묘사한 상황에서 처음에 잘못된 지각을 하고 그 이후에 사물을 제대로 지각했을 때 상향처리와 하향처리는 어떤 역할을 하였는가?

2. 그림 3.37을 보자. 이 사진에 있는 손은 말을 잡으려는 거인의 손인가, 아니면 작은 플라스틱 말을 잡으려는 보통 크기의 손인가? 아니면 또 다른 무엇일까? 이 장면이 망막에 투사하는 상을 제외한 요소들을 고려했을 때 이 사진이 왜 거인의 손이나 작은 말의 사진일 가능성이 적은지를 설명하여라. 여러분의 정답에서 하향처리는 어떻게 언급되었는가?

3. 경험 기반 가소성 부분에서 뉴런이 환경의 특성에 대한 지식을 반영할 수 있다고 언급했다. 그렇다면 뉴런들의 반응이 하향처리를 반영한다는 주장은 타당한가? 왜 그런가? 타당하지 않다고 생각한다면 그 이유를 서술하라.

4. 하향처리가 없다고 생각하고 세상을 관찰해 보라. 예를 들어, 하향처리 없이 '종업원들은 손을 씻어야 합니다.'라고 쓰여 있는 식당의 화장실 문구를 보았다고 가정해 보자. 여러분은 이 문구를 '여러분의 손을 씻어줄 종업원들을 기다려야 한다.'라고 이해할 수도 있을 것이다. 인간은 하향처리가 일상에 만연하기 때문에 의식하지 못한다. 그렇기 때문에 인간이 하향처리 없이 사물을 지각하기란 어려울 것이란 점을 명심해야 한다.

그림 3.37 이 손은 말을 들어올리기 직전의 거인의 손인가?

Kristin Durr

가현운동(apparent movement)

게슈탈트 심리학자(Gestalt psychologist)

경사 효과(oblique effect)

경험 기반 가소성(experience-dependent plasticity)

관점 불변(viewpoint invariance)

뇌 절제술(brain ablation)

단순성의 원리(principle of simplicity)

말 분절(speech segmentation)

'무엇' 경로(what pathway)

무의식적 추론(unconscious inference)

물리적 규칙성(physical regularities)

물체변별 문제(object discrimination problem)

베이지안 추론(Bayesian inference)

부드러운 연속의 원리(principle of good continuation)

사전확률(prior probability/prior)

상향처리(bottom-up processing)
'어디' 경로(where pathway)
역투사 문제(inverse projection problem)
우도 혹은 있음직함(likelihood)
위약(placebo)
위약 효과(placebo effect)
위치변별 문제(landmark discrimination problem)
유사성의 원리(principle of similarity)

의미적 규칙성(semantic regularities)
있음직함 원리(likelihood principle)
자연선택이론(theory of natural selection)
장면 도식(scene schema)
좋은 형태의 원리(principle of good figure)
지각 경로(perception pathway)
지각 조직화의 원리(principles of perceptual organization)
지각(perception)

직접경로 모형(direct pathway model)
하향 조명 가설(light-from-above assumption)
하향처리(top-down processing)
행동 경로(action pathway)
환경의 규칙성(regularities in the environment)
Pragnanz 법칙(law of Pragnanz)

그림 3.8의 정답 왼쪽부터 오른쪽의 순서대로: Will Smith, Taylor Swift, Barack Obama, Hillary Cliton, Jackie Chan, Ben Affleck, Oprah Winfrey.

그림 3.38 그림 3.12의 얼굴들의 위치, Bev Doolittle의 〈숲에도 눈이 있다〉(1985).

출처: *The Forest Has Eyes* © 1984 Bev Doolittle, courtesy of The Greenwich Workshop, Inc.

그림 3.39의 정답

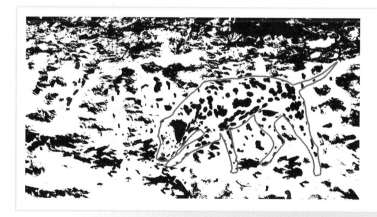

그림 3.39 그림 3.17의 달마티안의 윤곽
© Cengage Learning © AnetaPics/ Shutterstock.com; Scratchgravel Publishing Services

사진의 사람들은 무언가에 완전히 몰입되어 있다. 특정 사물이나 사건에 주의를 집중하는 것을 **선택적 주의**라고 한다. 선택적 주의의 결과 중 하나는 주목받는 사물에 대한 정보처리가 강화된다는 것이다. 주목받지 못하는 것들은 처리가 되지 않거나 심지어 지각되지 못할 수도 있다. 이번 장에서는 선택적 주의를 다루기 위해 우리가 한 사물에 주의를 집중할 때 어떤 일이 일어나는지에 대해 살펴볼 것이다. 또한 이번 장에서는 우리가 동시에 두 개 이상의 사물에 주의를 기울일 수 있는지 살펴봄으로써 분리된 주의에 대해 탐구해 볼 것이다. 이 질문들에 답하기 위해서는 과제의 특성, 자극의 종류, 그리고 우리의 감각체계의 특성들을 고려해야 할 것이다.

주의

로저는 도서관에서 수학 숙제를 하려고 앉아 있는데 그 옆 테이블에 앉은 사람들이 대화를 시작한다. 도서관에서는 대화가 금지되어 있기 때문에 로저는 약이 올랐지만 수학 문제에 집중하고 있기 때문에 크게 방해를 받지는 않는다(그림 4.1a). 그러나 잠시 후 그가 휴식을 취하며 휴대전화로 게임을 시작하자 그들의 대화가 신경이 쓰이기 시작한다(그림 4.1b). 그는 다음과 같이 생각했다. '흥미롭군, 수학 문제를 풀 때는 그들의 대화가 신경 쓰이지 않았는데.'

로저는 대화를 무시하는 것을 포기하고 휴대전화로 게임을 계속하며 대화를 엿듣기 시작했다(그림 4.1c). 하지만 그 커플의 대화 내용이 무엇인지 이해할 것 같은 찰나에 방 건너편에서 나는 요란한 소리에 주의를 빼앗긴다. 돌아보니 책 수레가 뒤집혀 책이 바닥에 나뒹굴며 난장판이 되어 있었다. 한 사람이 매우 화가 나 있고 여러 명이 책을 줍고 있었다. 로저는 사람들을 번갈아가며 살펴보다가 아는 사람이 없어 무시하기로 한다(그림 4.1d).

(a) 선택적 주의 — 방해받지 않고 수학 문제 풀기

(b) 방해 — 방해받으며 게임하기

(c) 분리된 주의 — 게임하며 엿듣기

(d) 주의 포획과 시각 주사 — 방 건너편 소동

그림 4.1 **로저의 주의가 떠나는 여정** (a) 선택적 주의: 수학 문제를 푸는 동안에는 옆 사람들의 대화로부터 방해를 받지 않는다. (b) 방해: 게임을 할 때는 대화로부터 방해를 받는다. (c) 분리된 주의: 게임을 하면서 동시에 대화를 듣는다. (d) 주의 포획과 시각 주사: 요란한 소리가 그의 주의를 끈다. 무슨 일이 일어났는지 살펴보기 위해 주의를 이동시킨다. © Cengage Learning

위에서 겪은 로저의 경험은 특정 자극이나 장소에 집중하는 능력인 주의(attention)의 여러 측면들을 보여준다. 사람들의 대화를 무시하고 수학 문제에 집중을 하는 것은, 다른 것들을 무시하고 특정한 것에 집중하는 능력, 즉 선택적 주의(selective attention)의 한 예시이다. 사람들의 대화가 그의 게임을 방해한 것은, 한 자극이 다른 자극의 처리를 간섭하는 것, 즉 방해(distraction)를 나타낸다. 로저가 대화를 듣는 동시에 게임을 하는 것은, 하나 이상의 자극들에 동시에 주의를 기울이는 분리 주의(divided attention)를 나타낸다. 대화를 엿듣다가 책 수레가 넘어지는 요란한 소리에 주의를 빼앗기는 것은, 큰 소리, 밝은 불빛, 갑작스러운 움직임 등에 의해 발생하는 급격한 주의의 이동, 즉 주의 포획(attentional capture)의 한 예이다. 끝으로, 로저가 방 건너편에서 사람들의 얼굴을 하나씩 살펴보며 누군지 확인하는 것은, 시선을 한 장소나 사물에서 다른 곳으로 이동시키는 시각 주사(visual scanning)의 예시이다.

이와 같이 다양한 측면의 주의를 염두에 두고, 1장에서 소개한 William James(1890)가 내린 주의에 대한 정의로 다시 돌아가 보자.

> 내 감각에는 제공되지만 내 경험에 제대로 도달하지 못하는 것들이 수백만 가지다. 왜? 그것들은 내 관심 대상이 아니기 때문이다. 나의 경험은 바로 내가 주의를 기울이기로 마음먹은 것들이다. …… 누구나 주의가 무엇인지는 안다. 주의란, 동시다발적인 여러 가지 대상이나 생각의 흐름 중 하나가 분명하고 명료한 형태로 내 마음을 차지하는 것이다. …… 이것은 특정한 대상들을 효과적으로 처리하기 위해 다른 것들로부터 마음이 철수하는 것을 함의한다.

고전으로 간주되고 있는 William James의 정의는, 특정 대상들을 효과적으로 다루기 위해 다른 대상들로부터 마음이 철수한다는 주의의 핵심적 특성을 언급하고 있지만, 주의와 관련된 다양한 현상들을 모두 포괄하지는 못한다. 주의는 단일 현상으로 규정될 수 없다. 주의는 다양한 양상을 가지고 있고 여러 가지 접근법을 사용하여 연구되고 있다.

이 장에서는 주의의 여러 가지 양상을 다루고 있다. 먼저 주의 연구의 역사에 대해 살펴볼 것이다. 초기의 주의 연구들은 인지심리학의 주요 관심 사항으로 발전한 정보처리 접근법을 확립하는 데 중요한 기여를 하였다(1장 15쪽 참고).

정보처리로서의 주의

1장에서 살펴보았듯이 마음에 대한 연구의 역사는 여러 차례 부침이 있었다. 19세기 후반부터 20세기 초반까지의 연구들은 내성법을 통해 마음을 연구하려 했다. 주의 연구에 적용된 내성법의 예시로, 한 사람에게 여러 색깔 자극 중 가운데 있는 색깔에 최대한 많은 주의를 기울이게 했을 때 주의집중에 따라 색깔의 선명도에 대한 묘사가 어떻게 변화하는지를 관찰한 실험이 있다. 안타깝게도 이와 같은 과제는 어려울 뿐만 아니라 개인차가 크게 나타난다. 1920년대의 행동주의의 출현 이후 이러한 문제점은 주의에 대한 연구들을 잠식시켰다(Moray, 1959). 그러나 1장에서 언급하였듯이 1950년대에 들어와 인지를 정보처리 과정으로 이해하려는 시도가 확산되면서 주의를 연구하는 새로운 접근법이 Donald Broadbent에 의해 소개되었다. 이런 역사적 사건을 시점으로 이 장을 본격적으로 시작하도록 하겠다.

Broadbent의 주의의 여과기 모형

주의는 1950년대에 부분적으로는 실용적인 이유로 인해 중요한 연구 주제로 떠올랐다. 그 이유는 제2차 세계대전 시기에 개발된 첨단기술로 사용자들이 방대한 양의 정보 폭격을 맞게 되었기 때문이다. 예를 들어, 비행기 조종사는 수많은 계기판과 불빛 신호, 조종 장치를 다루게 되었다. 조종사들이 관제탑에서 전달되는 지시를 듣는 동시에, 어디에 주의를 기울여야 하며, 어떻게 주의를 전환해야 할지 도대체 어떻게 알 수 있을까? 이처럼 기술의 발달에서 비롯된 문제들을 연구하기 위해 연구자들은 당시의 첨단기술이었던 테이프 녹음기를 이용하여 여러 환경조건에서 사람들의 정보처리 능력을 실험했다(Moray, 1959).

이 시점에서 Broadbent가 등장하여 1장(16쪽)에서 소개한 선택적 주의 관련 연구 결과들에 기초한 주의의 여과기 모형(filter model of attention)을 제시했다. 다음 '보여주기'를 통해 이 모형이 무엇을 설명하고자 했는지 알 수 있을 것이다.

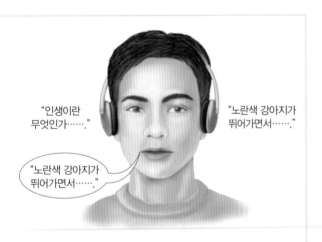

"인생이란 무엇인가……."

"노란색 강아지가 뛰어가면서……."

"노란색 강아지가 뛰어가면서……."

그림 4.2 따라 말하기 과정에서 참가자는 들은 단어들을 큰소리로 말한다. 이를 통해 참가자들에게 한쪽 정보에만 주의를 집중시키게 할 수 있다. © Cengage Learning

보여주기 한 가지 내용에 주의 집중하기

이 '보여주기'를 위해서는 컴퓨터나 휴대용 음악 재생기와 같은 음악 재생기 두 개가 필요하다. 헤드폰에 각 재생기를 연결시키고 사람의 음성이 녹음된 두 개의 파일을 재생한다. 만약 구하지 못했다면 가사가 있는 두 개의 다른 노래를 사용한다. 친숙하지 않은 곡들이면 더욱 좋다. 한 재생기는 왼쪽 귀에, 다른 재생기는 오른쪽 귀에 연결시키고 동시에 재생시켜야 한다. 두 곡의 음량은 듣기 좋은 수준으로 동일하게 맞춘다. 양쪽 귀로 각각의 메시지를 듣고 있으면 이제 양분 청취법(dichotic listening) 실험을 할 준비가 되었다. 양분(dichotic)이란 왼쪽과 오른쪽 귀에 다른 자극들을 제시하는 것을 의미한다.

과제는 간단하다. 한쪽 귀(집중한 귀)에 들리는 단어들에 집중하여 듣고 소리 내어 따라 말한다. 듣고 있는 것을 소리 내어 말하는 것을 따라 말하기(shadowing)라고 한다(그림 4.2). 과제의 두 번째 과정은 **집중한 귀로부터 주의를 옮기지 말고**, 집중하지 않고 있는 방치된 귀 쪽에 들리는 정보로부터 무엇을 인식할 수 있는지 확인하는 것이다. 목소리의 성별을 구별할 수 있는가? 무슨 내용인지 들리는가?

Colin Cherry(1953)는 초기의 양분 청취법 실험을 통해 사람들이 집중한 귀에 제시된 말소리를 따라하면서 방치된 귀 쪽에 제시된 말소리가 남성의 목소리인지 여성의 목소리인지를 보고할 수 있었지만, 방치된 귀쪽에 어떤 말들이 제시되었는지는 보고할 수 없

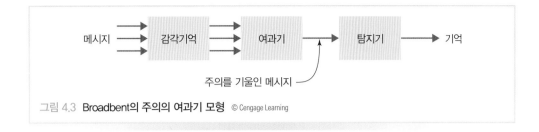

그림 4.3 **Broadbent의 주의의 여과기 모형** © Cengage Learning

었다는 것을 발견했다. 이후 실험들도 사람들이 방치된 귀 쪽에 제시된 정보들을 거의 인식하지 못한다는 것을 보여주었다. 예를 들어, Neville Moray(1959)는 한 단어가 35회 나 반복되어도 방치된 귀 쪽에 제시되었다면 참가자들이 그것을 인식하지 못한다는 것을 보여주었다. 이처럼 다른 자극들을 무시하고 한 자극에만 주의를 기울일 수 있는 능력을 칵테일파티 효과(cocktail party effect)라고 한다. 파티 장소에선 아무리 시끄럽고 여러 대화가 오고가고 있더라도 한 사람과 대화에 집중할 수 있기 때문이다.

Donald Broadbent(1958)는 위와 같은 결과에 기초하여 하나의 메시지에 집중하는 것이 어떻게 가능하며, 다른 쪽에서 들어오는 정보들을 왜 받아들이지 않는지를 설명하기 위해 주의 모형을 고안했다. 인지심리학에 흐름도(flow diagram)를 처음 도입(16쪽 참고)한 이 모형은 정보가 다음 단계들을 거치면서 처리된다고 제안하였다(그림 4.3).

1. 감각기억(sensory memory)은 외부로부터 들어오는 모든 정보를 수분의 1초간 보관 후 모두 여과기(filter)로 전송한다. 5장에서 감각기억에 대해 좀 더 자세히 다룰 것이다.

2. 여과기는 화자의 음색, 음높이, 속도, 억양 등과 같은 정보의 물리적 특징 등을 기반으로 집중하고 있는 메시지들을 식별하고, 주의를 기울인 메시지만을 다음 단계에 있는 탐지기로 통과시킨다. 그 이외의 메시지들은 모두 걸러진다.

3. 탐지기(detector)는 주의를 집중한 메시지의 정보를 처리하여 의미와 같은 고차원적 속성을 파악하는 역할을 한다. 오로지 주의가 집중된 중요한 정보들만 여과기를 통과할 수 있기 때문에 탐지기에 전달받는 모든 정보들을 처리한다.

4. 탐지기가 처리한 정보들은 10초에서 15초 동안 정보들을 저장하는 단기기억(short-term memory)으로 보내지고, 이어서 정보들을 무기한 저장할 수 있는 장기기억(long-term memory)으로 전송된다. 단기기억과 장기기억에 대해서는 5~8장에서 다룰 것이다.

Broadbent의 모형을 병목 모형(bottleneck model)이라고 부른다. 병이 가득 차 있더라도 병의 목이 좁기 때문에 액체의 흐름이 느려지는 것처럼 정보들이 여과기를 맞닥뜨리면 처리가 제지되기 때문이다. 병목과 여과기의 주요한 차이점은 여과기는 병목과 달리 정보의 흐름을 늦추기만 하는 것이 아니라 무수히 많은 정보들이 통과하지 못하게 막는다는 것이다. 또한 병의 경우 병목과 가장 가까운 곳에 있는 액체들부터 통과되지만 여과기는 목소리의 높낮이, 말의 빠르기 등, 특정 물리적 특성에 기초하여 선택된 정보들만 통과시킨다. 예를 들어, 양분 청취법 실험에서 주의가 집중된 쪽 목소리가 남성이었고 방치된 쪽 목소리가 여성이었다면 여과기는 낮은 톤의 목소리들만 통과시킬 것이다. 브로드벤트 모형은 초기에 방치된 정보들은 여과기에 의해 제거된다고 보기 때문에 초기 선택 모형(early selection model)으로 간주된다.

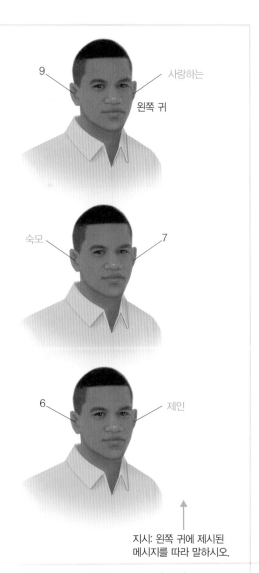

지시: 왼쪽 귀에 제시된 메시지를 따라 말하시오.

그림 4.4 **Gray와 Wedderburn(1960)의 '사랑하는 숙모 제인' 실험** 참가자들은 왼쪽 귀에 제시된 메시지들을 따라 말한다. 그러나 그들은 '사랑하는 숙모 제인'이라는 메시지를 들었다고 보고했다. 즉, 주의가 왼쪽에서 오른쪽으로, 다시 왼쪽으로 이동했다는 것을 말한다. © Cengage Learning

브로드벤트 모형의 변형: 다른 초기 선택 모형들

Broadbent의 주의 여과기 모형의 장점은 선택 주의에 관한 검증 가능한 예측을 제시했다는 점이다. 예를 들어, 브로드벤트 모형에 따르면 방치된 메시지들은 여과기에서 모두 걸러지기 때문에 거기에 포함된 어떤 정보도 인식할 수 없다. 이를 검증하기 위해 Neville Moray(1959)가 양분 청취법 실험을 한 결과, 약 1/3의 참가자들이 방치된 귀 쪽에 제시된 자기 이름을 인식했다(Wood & Cowan, 1995 실험 참고).

브로드벤트 모형에 따르면 여과기는 물리적 특징에 기초해 정보를 걸러내기 때문에 Moray 실험의 참가자들은 자신의 이름을 인식하지 못했어야 했다. 하지만 참가자의 이름은 걸러지지 않았고 의미를 인식할 수 있을 정도로 충분히 분석되었다. Moray의 실험 결과와 비슷하게 시끄러운 방에서 다른 사람에게 얘기하고 있을 때, 다른 사람이 자신의 이름을 얘기하는 것을 듣게 된 경험이 있을 것이다.

Moray를 필두로 여러 실험들은 방치된 귀 쪽에 제시된 정보들이 의미 수준까지 부분적으로 처리가 된다는 것을 입증했다. 예를 들어, 옥스퍼드 대학교의 학부 학생이던 J. A. Gray와 A. I. Wedderburn(1960)은 '사랑하는 숙모 제인(Dear Aunt Jane)'이라는 실험을 진행했다. Cherry의 양분 청취법 실험처럼 참가자들은 집중한 귀에 제시되는 '사랑하는 칠 제인(Dear 7 Jane)'이라는 메시지를 듣고 따라 말하기를 하였고, 다른 쪽 귀에는 '구 숙모 육(9 Aunt 6)'이라는 메시지를 들었다(그림 4.4). 집중한 귀에 제시된 메시지를 따라 말하기 했을 때 사람들은 '사랑하는 칠 제인'이 아닌 '사랑하는 숙모 제인'을 들었다고 보고했다.

방치된 쪽에 제시된 '숙모'라는 단어를 처리한 것은 주의가 한쪽 귀에서 이동했다 돌아왔음을 보여준다. 이는 사람들이 단어의 의미를 중요하게 고려했음을 나타낸다. Anne Treisman(1964)은 이러한 결과들을 바탕으로 브로드벤트 모형의 수정안을 제시했다.

Treisman은 선택이 두 개의 단계에 걸쳐 나타난다고 제시하고 여과기를 약화기(attenuator)로 대체했다(그림 4.5). 약화기는 (1) 물리적 특징(음높이, 속도), (2) 언어(음절, 단어), (3) 단어의 연속성이 어떻게 의미를 만들어내는지를 기준으로 수집되는 정보를 분석을 한다. 약화기란 처리 '과정'을 나타내는 것이지 특정 뇌 구조가 아니라는 점을 명심하자.

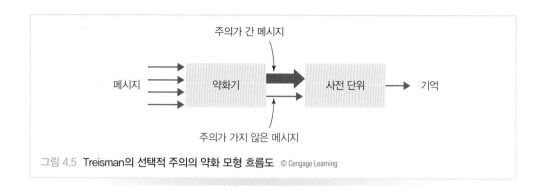

주의가 간 메시지

메시지 → 약화기 → 사전 단위 → 기억

주의가 가지 않은 메시지

그림 4.5 **Treisman의 선택적 주의의 약화 모형 흐름도** © Cengage Learning

채널을 통과하는 정보들이 선택된다는 점에서 Treisman의 모형은 Broadbent의 모형과 얼핏 비슷하다. 그러나 Tresiman의 주의의 약화 모형(attenuation model of attention)은 언어와 의미 등을 통해 메시지를 분별할 수 있다고 제시한다. 짚고 넘어갈 점은 Treisman에 의하면, 메시지에 대한 분석은 집중된 메시지를 확인하는 데 필요한 수준까지만 진행된다는 점이다. 예를 들어, 남성의 목소리와 여성의 목소리로 구성된 두 메시지가 제시되면, Broadbent가 강조한 물리적 수준에서의 분석만으로도 남성의 낮은 목소리와 여성의 높은 목소리를 구분할 수 있다. 하지만 목소리가 비슷하다면 두 메시지를 구분하기 위해 의미에 대한 분석이 필요할 것이다.

Treisman의 모형에 따르면 집중된 메시지와 방치된 메시지 모두 확인된 이후에는 약화기(attenuator)를 통과한다. 그러나 집중된 메시지들은 온전히 유지되는 반면 방치된 정보들은 집중된 메시지보다는 약화되지만 없어지지는 않는다. 방치된 메시지의 일부라도 여과기를 통과하기 때문에 Treisman의 모형은 '세는 여과기(leaky filter)' 모형이라고도 불린다.

약화기를 거친 정보들은 두 번째 단계에서 사전 단위(dictionary unit)에 의해 감지된다. 사전 단위는 기억에 저장된 단어들을 포함하고 있는데 각 단어들은 다른 역치를 가지고 있다(그림 4.6). 역치란 자극이 감지되기 위한 신호의 최소 강도이다. 따라서 낮은 역치를 지닌 단어들은 작게 제시되거나 다른 단어들에 의해 잘 들리지 않아도 쉽게 감지된다.

Treisman에 따르면 청취자의 이름처럼 흔하거나 특히 중요한 단어들은 역치가 낮아서 방치된 채널에 미세하게 제시해도 감지될 수 있다. 이 때문에 누군가 시끄러운 방 건너편에서 우리의 이름을 불러도 반응할 수 있다. 반면 흔하지 않거나 중요하지 않은 단어들은 역치가 높기 때문에 활성화되기 위해서는 집중된 채널에서 강한 세기로 제시될 필요가 있다. 따라서 Treisman에 의하면 집중된 메시지와 더불어 방치되고 약한 메시지들의 일부가 함께 처리된다고 할 수 있다.

지금까지 서술한 연구들은 기본적인 주의 현상들을 정의하고,

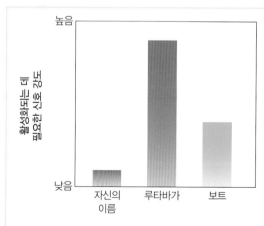

그림 4.6 사전 단위는 역치가 다른 단어들을 가지고 있다. 위의 그래프는 세 가지 예시 단어의 역치를 나타낸다. 자신의 이름은 가장 낮은 역치를 갖고 있기 때문에 쉽게 감지된다. 루타바가(스웨덴산 노란 순무)나 보트에 대한 역치는 더 높은데 그것들은 이름에 비해 더 적게 사용되고 중요도가 낮기 때문이다. © Cengage Learning

인지 활동의 한 측면을 주변 환경의 정보가 단계적인 처리과정을 거쳐야 하는 정보처리의 문제로 개념화할 수 있었다는 점에서 매우 중요하다. Broadbent의 모형처럼 Treisman의 모형도 정보처리의 초기 단계에서 작용하는 여과기를 가정하기 때문에 초기 선택 모형으로 구분된다. 다음에서 소개할 모형들은 정보처리가 후기에서 일어난다고 가정한다.

후기 선택 모형

후기 선택 모형은 정보처리의 후기 단계에서 의미를 기반으로 한 선택이 일어난다고 제시한다. 예를 들어, Donald MacKay(1973)는 실험에서 '그들은 bank에서 돌을 던지고 있었다.'처럼 중의적인 문장들을 참가자에게 들려주었다(여기서 bank는 강기슭 혹은 은행을 의미할 수 있다). 이 문장들은 집중된 귀에 제시하였고, 'river'나 'money' 등의 편향적 단어를 방치된 귀에 제시하였다.

참가자들은 이와 같은 애매한 문장 여러 가지를 들은 후, '어제 그들은 강가에서 돌을 던졌다.'와 '어제 그들은 상호저축은행에서 돌을 던졌다.' 중 어느 것이 전에 들은 문장과 의미가 가까운지 선택하라고 했다. Mackay는 이때 방치된 귀에 제시된 단어가 답변에 편향을 일으킨다는 것을 발견했다. 예를 들어, 'money'라는 편향적 단어를 들은 참가자들은 후자의 문장을 선택했다. 이러한 경향은 사람들이 편향된 단어들을 방치된 귀를 통해 듣지 못했다고 보고되었음에도 불구하고 나타났다.

MacKay는 편향된 단어들이 정보의 의미 판단에 영향을 미쳤기 때문에, 이 단어들에 주의를 기울이지 않았음에도 불구하고 단어가 의미 수준까지 처리가 처리된다고 결론을 내렸다. 이와 같은 결과들에 입각해 MacKay와 여러 이론가들은 주의의 후기 선택 모형(late selection models of attention)들을 개발하게 되었다. 이 모형들은 선택이 일어나기 전에 모든 정보들이 의미 수준까지 처리된다고 가정한다(Deutsch & Deutsch, 1963; Norman, 1968).

지금까지 살펴본 주의 연구들은, Broadbent, Moray, Treisman, Mackay 등이 제시한 정보처리 접근법에 기초하여, 선택적 주의가 언제(초기 혹은 후기) 일어나며 선택에 어떤 정보(물리적 특정 혹은 의미)들이 근거로 사용되는지에 대해 초점이 맞춰져 있었다. 그러나 선택 주의에 대한 연구가 진척되면서 연구자들은 '초기-후기' 논쟁의 정답은 없다고 결론지었다. 과제와 자극의 종류에 따라 어떤 조건에서는 초기 선택이 일어나고 다른 조건에서는 후기 선택이 일어났기 때문이다. 따라서 연구자들은 주의를 통제하는 여러 요인들을 이해하는 데로 집중하기 시작했다.

도서관에서 로저가 겪은 경험을 상기해 보자. 그가 수학 숙제를 하고 있을 때는 사람들의 대화를 무시할 수 있었지만 휴대전화로 게임을 할 때는 그럴 수 없었다. 이처럼 방해물과 과제의 종류에 의해 특정 과제에 대한 선택적 주의를 할당하는 능력이 달라진다는 이론은 Nilli Lavie에 의해 연구되었다. Lavie는 **처리용량**(processing capacity)과 **지각부하**(perceptual load)라는 개념을 고안하여 선택적 주의를 설명했다.

처리용량과 지각부하

사람들이 과제에 주의를 집중하려고 노력할 때 방해물들을 어떻게 무시할 수 있을까? Lavie는 이에 대해 답하기 위해 두 가지 요인을 제시했다. 첫 번째는 처리용량(processing capacity)으로 사람들이 다룰 수 있는 정보의 양을 지칭하며, 동시에 처리할 수 있는 용량의 한계를 설정한다. 두 번째는 지각부하(perceptual load)로 과제의 난이도와 관련이 있다. 쉽고 익숙한 과제들에 대한 지각부하는 낮다. 이와 같은 저부하 과제(low-load task)는 적은 양의 처리용량을 필요로 한다. 어렵고 낯선 과제들은 고부하 과제(high-load task)로 더 많은 양의 처리용량을 필요로 한다.

Sophie Forster와 Lavie(2008)는 처리용량과 지각부하가 방해에 미치는 영향을 알아보기 위해 그림 4.7a와 같은 장면을 제시했다. 과제는 목표물 X와 N을 식별하여 서로 다른 키를 눌러 빠르고 정확하게 반응하는 것이었다. 그림 4.7a의 왼쪽 화면처럼 동일한 글자(o)가 방해물로 제시되면 과제는 쉬워지지만 오른쪽처럼 서로 다른 글자들과 같이 제시되면 자극 탐지가 어려워진다. 난이도의 차이는 반응시간에 반영된다. 과제가 어려우면 반응시간이 길어지고 쉬우면 빨라진다. 그런데 그림 4.7b와 같이 만화 캐릭터 같은 과제 무관련 자극(task-irrelevant stimulus)이 화면 옆에 같이 제시되면 어려운 과제일 때보다 과제가 쉬울 때 반응시간이 상대적으로 더 크게 증가하였다.

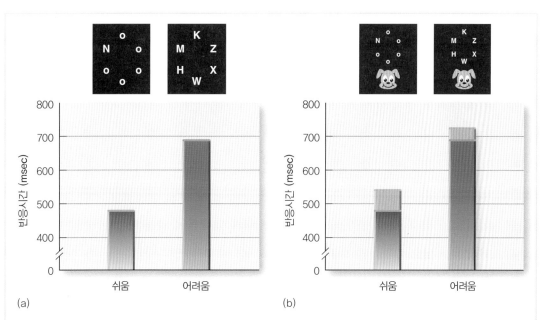

(a) (b)

그림 4.7 Forster와 Lavie(2008)의 실험은 그림과 같이 화면에 제시된 목표물 X와 N에 대해 가능한 한 빠르게 반응하는 것이다. (a) 쉬운 과제(목표물이 o와 같이 제시)를 할 때 반응 속도가 어려운 과제(목표물이 다른 글자들과 같이 제시)를 할 때보다 더 빠르다. (b) 화면에 그림을 같이 제시하면 쉬운 과제일 때 어려운 과제일 때보다 반응시간의 증가가 상대적으로 더 크다.

출처: Adapted from S. Forster & N. Lavie, Failures to ignore entirely irrelevant distractors: The role of load, *Journal of Experimental Psychology: Applied, 14*, 73–83, 2008.

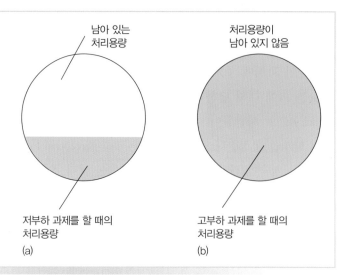

그림 4.8 **주의의 부하 이론** (a) 저부하 과제는 인지 자원을 적게 쓰기 때문에 과제 무관련 자극을 처리할 용량이 남아 있다. (b) 반면 고부하 과제는 인지적 자원을 다 쓰게 되기 때문에 과제 무관련 자극을 처리할 용량이 남아 있지 않는다. © Cengage Learning

남아 있는 처리용량

처리용량이 남아 있지 않음

저부하 과제를 할 때의 처리용량
(a)

고부하 과제를 할 때의 처리용량
(b)

Lavie는 그림 4.7b와 같은 결과를 그림 4.8에 나와 있는 주의의 부하 이론(load theory of attention)으로 설명했다. 그림 4.8의 도식에서 원은 전체 처리용량을 나타내며, 명암은 과제를 수행하면서 사용된 처리용량을 가리킨다. 그림 4.8a는 저부하 과제를 할 때의 처리용량을 나타내는데, 과제가 쉬우면 여분의 용량이 많이 남게 된다. 이는 과제 무관련 자극을 처리할 수 있는 용량이 남아 있다는 것을 의미한다. 따라서 사람들이 무관련 자극를 무시하라는 지시에도 불구하고 자극이 처리가 되기 때문에 반응속도가 더 느려지는 것이다.

그림 4.8b는 고부하 과제를 할 때의 처리용량을 나타낸다. 과제가 어려우면 다른 자극들을 처리할 여분의 용량이 남아있지 않는다. 따라서 어렵고 부하가 큰 과제를 하게 되면 다른 자극이 처리되지 않기 때문에 방해를 받지 않게 되는 것이다(로저가 어려운 수학 문제를 풀 때는 옆 사람들의 대화로부터 방해를 받지 않았다). 그러나 쉽고 부하가 적은 과제를 수행할 때면 과제 무관련 자극을 처리할 용량이 남아 있기 때문에 방해를 받게 된다(로저가 쉬운 휴대전화 게임을 할 때는 옆 사람들로부터 방해를 받았다).

과제 무관련 자극의 처리 여부는 과제의 부하뿐만 아니라 무관련 자극의 강도에 따라서도 결정된다. 예를 들어, 로저가 수학 문제를 풀 때 주변의 대화 소리를 무시할 수 있었지만, 만약 화재를 알리는 큰 사이렌 소리가 났다면 주의를 빼앗겼을 것이다. 스트룹(Stroop) 효과는 과제 무관련 자극이 얼마나 강력한지를 보여준다.

보여주기 스트룹 효과

그림 4.9를 보고 도형의 색깔을 말해 보자. 예를 들어, 왼쪽 상단부터 '빨강, 파랑……' 등을 소리 내어 말하는 것이다. 모든 도형들의 색깔을 말하는 데 시간이 얼마나 걸리는지 측정해 본다. 이어서, 그림 4.10에 있는 자극들을 보고 똑같은 과제를 해 보자. 과제가 단어의 색깔을 말하는 것이지 단어를 말하는 것이 아님을 명심하자.

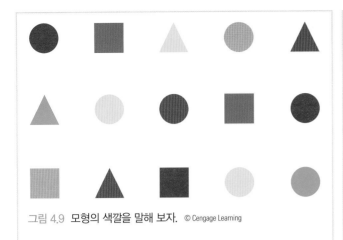

노랑	빨강	파랑	보라	**초록**
주황	**노랑**	**초록**	파랑	**빨강**
초록	보라	주황	**빨강**	**파랑**

그림 4.9 모형의 색깔을 말해 보자. © Cengage Learning

그림 4.10 이 단어들을 인쇄하는 데 사용한 잉크의 색을 말해 보자.
© Cengage Learning

만약 단어들의 색깔을 말하는 것이 도형들의 색깔을 말하는 것보다 어려웠다면 스트룹 효과가 나타난 것이다. 스트룹 효과(Stroop effect)는 1935년 J. R. Stroop에 의해 처음 발견되었는데 단어의 의미가 경쟁 반응을 유발하기 때문에 목표물(단어의 색깔)에 대한 반응이 느려지는 현상을 지칭한다. 스트룹 효과에서 과제 무관련 자극인 단어의 의미는 매우 강력하다. 왜냐하면 대부분의 사람들은 자동적으로 글을 읽기 때문에 단어를 읽지 않는 것은 어렵기 때문이다(Stroop, 1935).

지금까지 다룬 초기/후기 선택 모형, Lavie의 부하 접근법 등은 특정 이미지나 과제에 주의를 집중할 수 있는 능력에 초점을 맞추고 있다. 그러나 일상생활에서 우리는 눈을 돌리거나, 눈 이동 없이 머릿속에서 주의를 전환하는 등 수시로 주의를 이동시킨다.

자가 테스트 4.1

1. 일상생활에서 선택 주의, 방해, 분리 주의, 주의 포획, 주사(scanning)와 관련된 예시를 찾아보자.

2. 사람들이 정보에 얼마나 잘 집중하는지, 무시해야 할 정보로부터 얼마나 영향을 받는지를 알아보기 위해 양분 청취법이 어떻게 사용되었는가? 칵테일파티 효과는 무엇이며, 어떠한 과정을 나타내는가?

3. Broadbent의 선택 주의 모형에 대해서 설명해 보자. 이 모형이 초기 선택 모형으로 분류되는 이유가 무엇인가?

4. Moray의 실험(방치된 귀에 제시된 단어 처리)과 Gray와 Wedderburn의 실험('사랑하는 숙모 제인') 결과가 어땠는가? Broadbent의 주의의 여과기 모형으로 이 실험 결과들을 설명할 수 없는 이유는 무엇인가?

5. Treisman의 주의의 약화 모형에 대해 설명해 보자. 우선, 왜 이런 이론을 만들게 되었는지 설명하고, Broadbent의 모형을 어떻게 보완했는지 생각해 보자.

6. MacKay의 'bank' 실험에 대해 설명해 보자. 왜 이 결과가 후기 선택 모형을 지지하는가?

7. 처리용량과 지각부하가 방해 효과에 어떻게 영향을 미치는지와 관련하여 Forster와 Lavie의 실험을 설명해 보자. 주의의 부하 이론이란 무엇인가?

8. 스트룹 효과란 무엇인가? 스트룹 효과를 통해 과제 무관련 자극의 어떤 특징을 알 수 있는가?

선택으로서의 주의: 드러난 주의와 은폐된 주의

도서관에서 카트가 뒤집히자 로저는 호기심을 갖고 주위를 돌아보았다. 안구 운동을 통해 주의를 한 곳에서 다른 곳으로 이동시키는 것을 드러난 주의(overt attention)라고 한다. 반면 눈을 고정시킨 채로 주의를 이동시키는 것은 은폐된 주의(covert attention)라고 한다. 먼저 드러난 주의의 몇 가지 예시를 살펴보자.

드러난 주의: 안구 운동을 통한 시각 주사

다음의 '보여주기'를 통해 안구 운동, 주의, 지각의 관계를 살펴보자.

보여주기 군중 속에서 얼굴 찾기

그림 4.11에 있는 사람들 속에서 Jennifer Hudson의 얼굴을 찾아보자. 과제가 얼마나 걸리는지 측정해 보자.

그림 4.11 Jennifer Hudson을 찾아라. (보너스 문제: Miley Cyrus는? Robin Thicke는?)

Kevin Mazur/WireImage/Getty Images

운이 좋아 우연히 Jennifer Hudson을 바로 발견하지 않는 한 모든 사람들의 얼굴을 하나하나씩 살펴보아야 할 것이다. 직접 바라보는 것만 세부적으로 살펴볼 수 있기 때문에 주사(scanning)하는 것은 필수적이다. 이러한 점은 다음 '보여주기'에서 확인할 수 있다.

D I H C N R L A Z I F W N S M Q P Z K D X

맨 오른쪽에 있는 X에 눈을 고정하고 왼쪽에 있는 알파벳들을 어디까지 볼 수 있는지 세어 보자. 눈을 제대로 고정시켰다면 X 바로 옆에 있는 알파벳들 몇 개만 읽을 수 있고 나머지 알파벳들은 읽을 수 없다는 것을 발견했을 것이다.

이 '보여주기'는 중심 시야와 주변 시야의 차이점을 나타낸다. **중심 시야**란 응시하고 있는 영역을 의미하고 **주변 시야**란 그 주변의 모든 영역을 지칭한다. 망막의 모양 때문에 중심 시야에 있는 사물들은 **중심와**(fovea)라는 작은 영역에 맺히는데 중심와의 시야는 각막의 주변 영역들보다 훨씬 더 정교하다. 이외의 사물은 모두 중심와의 주변 영역에 맺힌다. 그림 4.11에서 사람들의 얼굴을 파악하기 위해서는 중심와를 다른 얼굴들로 이동시켜야 했을 것이다. 한 얼굴에서 시선을 멈추는 것을 응시(fixation)라고 한다. 시선을 다른 얼굴로 돌리는 것처럼 한 곳에 대한 다른 곳으로 빠르게 이동시키는 것을 도약 안구 운동(saccadic eye movement)이라고 한다.

그림 4.11을 볼 때는 특정한 얼굴(예: Jennifer Hudson)을 적극적으로 찾고 있기 때문에 눈을 이리저리 움직이는 것은 그다지 놀랄 일이 아니다. 그러나 특정 대상을 염두에 두지 않고 사물이나 풍경을 바라볼 때에도 초당 약 세 번 정도 안구가 움직인다는 사실은 몰랐을 것이다. 이와 같은 빠른 주사는 그림 4.12에 나타나 있다. 점은 응시되는 지점을 나타내고 선은 안구 운동 경로를 나타낸다.

다음 단락에서는 안구 운동을 통한 주의 이동에 영향을 주는 두 가지 요인에 대해 다룰 것이다. 첫 번째는 자극의 물리적 특징에 영향을 받는 **상향처리**이고, 두 번째는 지식이나 경험 등 인지적 요인에 영향을 받는 **하향처리**이다.

첫 번째 응시점

Courtesy of John M. Henderson

그림 4.12 **보르도의 분수를 바라보고 있을 때의 안구 운동 경로** John Henderson이 측정했다.

자극 현저성에 기반에 둔 주사 주의는 자극 현저성(stimulus salience)으로부터 영향을 받는다. 자극 현저성이란 색깔, 대비, 움직임 등과 같은 자극의 물리적 특성을 의미한다. 자극 현저성에 의한 주의 포획은 명암, 색, 대비와 같이 자극의 속성으로부터 영향을 받는 것이기 때문에 상향처리에 속한다. 예를 들어, 그림 4.11에서 금발인 사람을 찾는 것이 과제였다면, 이미지의 의미가 아닌 색깔에 반응하는 것이기 때문에 상향처리에 속한다(Parkhurst et al., 2002). 도서관에서 큰 소리가 났을 때 로저가 주의를 빼앗긴 것처럼 자극 현저성에 의해 비자발적으로 주의가 사로잡히는 것을 **주의 포획**(attentional capture)이라고 한다(Anderson et al., 2011). 예를 들어, 폭발, 위험한 동물, 빠르게 다가오는 사물

등과 같이 현저한 자극에 의한 주의 포획은 위험한 상황에서 매우 중요하다.

현저성이 어떻게 우리가 시야에 있는 장면들을 훑어보는 데 영향을 미치는지를 결정하는 것은 보통 우리의 시야에 있는 각각의 위치에서 색, 방향, 강도와 같은 특성들을 분석하고, 이러한 특성들에 대한 값을 통합하여 현저성 지도(saliency map)를 만드는 과정을 포함한다(Itti & Koch, 2000; Parkhurst et al., 2002; Torralba et al., 2006). 예를 들어, 그림 4.13에서 눈에 잘 띄는 나무는 현저성 지도에서 밝은 영역으로 표시될 것이다.

그림 4.14에서는 Derrick Parkhurst와 동료들이 촬영한 사진과 해당 사진의 현저성 지도가 나타나 있다(2002). Parkhurst는 여러 사진들의 현저성 지도와 관찰자들의 응시점을 측정하면서 처음 몇 번의 응시 지점은 현저성 지도의 밝은 영역에 머문다는 것을 발견했다. 그러나 이후의 응시 지점은 하향처리, 또는 인지처리의 영향을 받는다는 것을 발견했다. 예를 들어, 응시 지점은 관찰자들의 경험으로부터 형성된 목적, 기대 등으로부터 영향을 받았다.

인지적 요인에 기반에 둔 주사 사람들이 장면을 관찰할 때 오로지 현저성으로부터 영향을 받는 것이 아니라는 점은 그림 4.12에 나타난 안구 운동을 통해서 알 수 있다. 그림을 살펴보면, 울타리는 대비가 선명하고 전경에 위치해 있지만 관찰자가 전혀 눈길을 주지 않는다는 것을 알 수 있다. 반면 **전경**의 말들은 관찰자의 주의를 끌고 있는 것처럼 보인다.

주의해야 할 점은 관찰자가 말들에게 집중한다고 해서 모든 사람들이 말을 바라볼 것이라 가정해서는 안 된다는 것이다. 사람마다 성격이 다르듯이 장면을 주사하는 데에도 개인차가 있다(Castelhano & Henderson, 2008; Noton & Stark, 1971). 예를 들어, 울타리에 관심이 있는 어떤 사람은 말을 보는 대신 울타리를 바라볼 것이다.

그림 4.13 그림에서 나무는 주변 환경들과 두드러지게 다르기 때문에 현저한 자극이다.

(a) 시각 장면　　　　　　　　(b) 현저성 지도

그림 4.14 (a) 시각 장면, (b) 장면의 자극 현저성 지도. 색깔, 색상 대비, 방향에 의해 결정된다. 밝은 부분일수록 현저성이 더 크다.

출처: Adapted from D. Parkhurst, K. Law, & E. Niebur, Modeling the role of salience in the allocation of overt visual attention, *Vision Research, 42*, 107–123, 2002.

이와 같은 하향처리는 장면 도식과도 관련이 있다. 장면 도식이란 일반적인 장면들에 대한 관찰자의 기존 지식을 의미한다(3장 84쪽 참고). 이 때문에 Melissa Võ와 John Henderson(2009)이 그림 4.15와 같은 사진들을 사람들에게 보여주었을 때, 그림 4.15b의 프린터를 그림 4.15a의 냄비보다 더 오래 응시했다. 왜냐하면 프린터가 부엌에 있는 것은 드문 일이기 때문이다. 사람들의 시선이 부적절한 장소에 있는 물건들에게 더 오래 가 있다는 것은 주의가 기존 지식으로부터 영향을 받는다는 것을 의미한다.

기존 지식이 주의에 영향을 미치는 다른 상황들을 생각해 보자. 대부분 자기 집의 부엌, 대학 캠퍼스, 자동차 계기판, 쇼핑센터 등이 어떤 모습인지 잘 알고 있을 것이다. 이에 대한 기존 지식은 주의가 원활하게 이동할 수 있도록 안내할 것이다(Bar, 2004).

기존 지식에 기반에 둔 인지적 요소가 주의의 이동에 영향을 미치는 다른 예시는 Hiroyuki Shinoda와 동료들(2001)의 실험에서 볼 수 있다. Hiroyuki와 연구팀은 사람들이 운전 시뮬레이션을 하는 동안 그들의 응시 지점과 교통 신호를 감지하는 능력을 측정했다. 그들은 사람들이 신호등이 교차로에 있는 경우에 블록 중간에 있는 경우보다 더 잘 감지한다는 것을 발견했다. 예를 들어, 응시 지점 중 45%가 교차로 부근에 머물렀다. 이 예시에서는 사람들이 장면에 대한 기존 지식, 즉 정지 신호는 주로 길 모퉁이에 있다는 사실에 기초하여 정지 신호를 찾았다는 것을 알 수 있다.

과제 요구에 기반에 둔 주사 이전 단락에서는 다양한 환경적 특징에 대한 사람들의 기존 지식이 주의 이동에 어떤 영향을 미치는지에 대해 다루었다. Hiroyuki 연구팀의 실험이 다른 예시들과 차별되는 점은 사람들이 정지된 사진들을 보고 반응하는 것이 아니라 환경과 상호작용하고 있다는 점이다. 이처럼 무언가를 하는 와중에 여기저기 주의를 이동시키는 경우는 운전할 때처럼 주변 환경 속에서 움직여 나갈 때나 특정 과제를 수행할 때 나타난다.

몇몇 연구자들은 사람들이 과제를 하는 동안 어디를 쳐다보는지를 연구했다. 대부분의 과제들이 진행을 하면서 여러 군데에 주의를 기울일 것을 요하기 때문에, 주의를 이동하는 타이밍이 과제를 진행하는 순서에 의해 정해진다는 사실은 놀라운 것이 아니다.

예를 들어, 그림 4.16은 땅콩버터 샌드위치를 만

(a)

(b)

그림 4.15 **Võ와 Henderson(2009)의 실험에서 사용된 자극들** 사람들은 (b)의 프린터를 (a)의 냄비보다 더 오래 응시했다. 그림에서 보이는 노란색 사각형은 실험에서는 나타나지 않았다.

출처: M. L.-H. Võ, & J. M. Henderson, Does gravity matter? Effects of semantic and syntactic inconsistencies on the allocation of attention during scene perception, *Journal of Vision, 9,* 3:24, 1–15, Figure 1, 2009, http://journalofvision.org/9/3/24/, doi:10.1167/9.3.24.

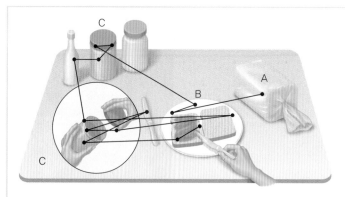

그림 4.16 **땅콩버터 샌드위치를 만드는 동안 일련의 응시점의 순서** 첫 번째 응시점은 빵에 있었다.

출처: Adapted from M. F. Land, N. Mennie, & J. Rusted, The roles of vision and eye movements in the control of activities of daily living, *Perception, 28,* 11, 1311–1328. Copyright © 1999 by Pion Ltd, London. Reproduced by permission. www.pion.co.uk and www.envplan.com.

드는 동안 일어나는 안구 운동을 나타내고 있다. 만드는 순서는 봉지(A)에서 빵을 꺼내 접시(B)로 옮기는 것부터 시작한다. 이 수행을 할 때는 눈이 봉지에서 접시로 옮겨간다. 이어서, 땅콩버터 병을 들기 전에도 시선이 먼저 뚜껑 위로 간다(C). 마지막으로 시야가 나이프로 이동한 뒤 나이프를 들고 땅콩버터를 빵 위에 펴 바른다(Land & Hayhoe, 2001).

이 관찰과, 차들 우려내는 과정에서 안구 운동을 측정한 다른 실험(Land et al., 1999)의 요점은 안구 운동의 방향이 과제에 의해 결정된다는 것이다. 과제와 관련 없는 곳에는 시선이 적게 머물렀지만, 대부분의 과제와 관련해 취하려는 행동과는 밀접하게 연결되어 있다. 또한 관찰자의 시선은 동작이 시작되기 직전 시작 지점에 미리 도착했다. 예를 들어, 관찰자가 땅콩버터 병을 들기 전에 시선이 먼저 병으로 향했다. 이처럼 우리가 필요한 정보를 얻기 위해 시선을 해당 지점으로 옮기는 것을 '적시적인 전략(just in time strategy)'이라고 한다(Hayhoe & Ballard, 2005; Tatler et al., 2011).

은폐된 주의: 안구 운동 없이 주의 이동하기

안구 운동을 통해 주의를 이동하는 것과 달리 안구 운동 없이 주의를 돌리는 것을 은폐된 주의(covert attention)라고 한다. 은폐된 주의는 많은 스포츠에서 중요하게 작용한다. 예를 들어, 그림 4.17에서 시선이 오른쪽을 향해 있던 농구선수는 갑자기 은폐된 주의로 추적하고 있던 왼쪽에 있는 동료에게 정확한 패스를 한다. 이제 관찰자가 특정 위치로 은폐된 주의를 기울일 때 어떤 일이 일어나는지 알아보는 실험들을 소개하겠다.

그림 4.17 Steve Nash가 오른쪽을 보고 있었어도 왼쪽에 있는 동료에게 패스할 수 있던 것은 그가 동료에게 은폐된 주의를 두고 있었기 때문이다.

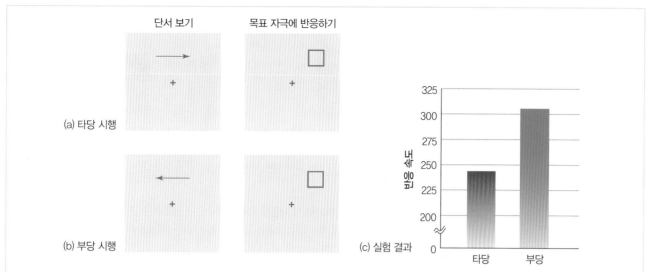

그림 4.18 Posner 연구팀의 사전 단서 주기 실험(1978)에서 제시된 (a) 타당 시행과 (b) 부당 시행의 (c) 실험 결과. 타당 시행의 평균 반응 속도는 245ms인 반면, 부당 시행에서의 평균 반응 속도는 305ms로 더 느렸다.

출처: M. I. Posner, M. J. Nissen, & W. C. Ogden, *Modes of perceiving and processing information.* Copyright © 1978 by Taylor & Francis Group LLC–Books.

장소에 대한 주의 Michael Posner 연구팀(1978)은 특정 장소에 주의를 기울이는 것이 자극에 대한 반응 능력을 향상시키는지에 대해 궁금증을 가졌다. 이를 알아보기 위해 Posner는 사전 단서 주기(precueing) 절차를 사용했다(그림 4.18).

방법 사전 단서 주기

사전 단서 주기 실험의 일반적인 원리는 자극의 제시 위치를 알려주는 단서가 목표물을 찾는 능력을 강화시키는지에 대해 알아보는 것이다. Posner와 그의 연구팀(1978)의 실험에서는 참가자들이 그림 중앙의 십자 표시에 시선을 고정시켰을 때 주의를 기울여야 하는 방향을 가리키는 화살표가 단서로 제시된다(그림 4.18). 예를 들어, 그림 4.18a에서는 화살표 단서가 오른쪽으로 주의를 기울이도록 가리키고 있다. 이때 참가자들은 눈을 고정시킨 채 주의를 이동해야 하기 때문에 은폐된 주의를 사용하게 된다.

참가자의 과제는 목표물인 사각형이 좌우측에 제시되었을 때 최대한 빠르게 반응하는 것이었다. 그림 4.18a의 시행에서는 자극이 화살표가 가리키는 위치에 나왔기 때문에 **타당 시행**(valid trial)이다. 전체 시행의 80%의 경우 화살표가 자극 제시 방향을 가리켰다. 그러나 20%의 시행에서는 화살표가 자극 제시 반대방향을 가리켰다. 이 시행들은 **부당 시행**(invalid trial)이라고 지칭한다. 시행이 타당한지 부당한지에 상관없이 참가자들은 자극이 나타났을 때 가능한 빨리 반응하도록 요구받았다.

그림 4.18c에 나타난 결과를 보면 참가자들이 목표물이 제시될 방향에 집중하고 있을 때 반응 속도가 더 빠르다는 것을 알 수 있다. Ponser는 이 결과를 바탕으로 주의가 유도되어 있는 장소에서는 정보처리가 더 효과적으로 일어난다고 결론을 내렸다. 이 실험뿐만 아니라 다른 유사한 실험들의 결과를 종합한 결과, 주의가 특정 장소로 유도되었을 때 정보처리를 향상시키는 스포트라이트나 줌렌즈와 유사하다는 결론을 내리게 되었다 (Marino & Scholl, 2005).

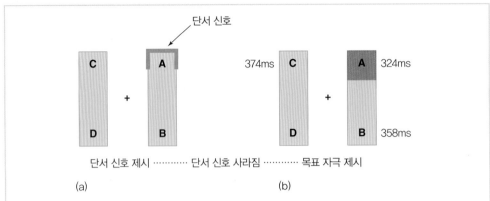

단서 신호

단서 신호 제시 ⋯⋯⋯ 단서 신호 사라짐 ⋯⋯⋯ 목표 자극 제시

(a)   (b)

그림 4.19 **Egly와 동료들의 실험(1994)에서 사용된 자극들** (a) 단서 신호가 한 곳에 주어졌다 사라진다. (b) 목표 자극이 A, B, C, D 중 한 곳에 제시된다. 숫자는 단서 신호가 A에 나타났을 때 각 위치에 제시된 자극에 대한 반응 속도를 나타낸다. © 2015 Cengage Learning

사물에 대한 주의 Posner의 실험에서처럼 특정 장소뿐만 아니라, 특정 사물에도 은폐 주의를 할당할 수 있다. 이 장에서는, (1) 주의가 물체에 대한 반응을 강화시키고, (2) 주의를 한 물체의 일부로 이동시켰을 때 물체의 다른 부분까지 처리 강화 효과가 확장된다는 것을 보여주는 실험들을 살펴볼 것이다.

그림 4.19에 도식화된 실험을 살펴보자(Egly et al., 1994). 참가자들이 눈을 십자 표시에 고정시키고 있을 때 사각형의 한 모서리가 잠시 동안 강조된다(그림 4.19a). 이것은 회색 목표물에 대한 사전 단서 주기 신호이다(그림 4.19b). 이 예시에서 단서는 목표 자극이 오른쪽 사각형의 윗부분인 A에 나타날 것이라고 알려주고 실제로도 목표 자극은 A에 나타난다(A, B, C, D라는 문자는 실험에서 실제로 표시되지는 않았다).

참가자들의 과제는 목표 자극이 화면에 제시되었을 버튼을 눌러 반응하는 것이다. 그림에서 숫자는 단서 신호가 A에 제시되었을 때 A, B, C 지점에서의 반응시간을 ms 단위로 나타낸 것을 의미한다. 예상대로 사람들은 단서 신호가 A에 제시되었을 때 가장 빠르게 반응했다. 그러나 더 흥미로운 점은 목표 자극이 B에 제시되었을 때의 반응이(반응시간 = 358ms) C에 제시되었을 때보다(반응시간 = 374ms) 더 빨랐다는 것이다. 왜 이런 현상이 나타났을까? B와 C는 A로부터 같은 간격으로 떨어져 있기 때문에 B가 C보다 A와 가까워서 반응이 빠른 것은 아닐 것이다. 오히려 B가 주의 집중된 A와 같은 사각형 안에 소속되어 있기 때문에 이득을 보았다고 해석할 수 있다. A에 단서가 제시되면 A로 주의가 유도되는데, 주의는 A가 속한 사각형 곳곳에 흩어져서 B까지 영향이 미치게 되는 것이다. 이처럼 주의가 같은 물체 내에 퍼져서 반응이 강화되어 빠른 반응을 나타내는 것을 동일 물체 이득(same-object advantage)이라고 한다(Marino & Scholl, 2005; 주의가 사물 내에서 어떻게 펼쳐지는지 더 알고 싶다면, Baylis & Driver, 1993; Driver & Baylis, 1989, 1998; Katzner et al., 2009; Lavie & Driver, 1996을 참고하라).

분리 주의: 동시에 여러 곳으로 주의를 분산시키기

지금까지 한 번에 한 가지에만 집중을 하는 주의의 기제에 대해 초점을 두고 살펴보았다. Forster와 Lavie의 스트룹 실험처럼, 한 가지 과제에 집중을 하고자 할 때조차 가끔 의도치 않게 과제—무관련 자극들로부터 정보를 받아들이는 경우가 있다는 것을 알게 되었다. 하지만 반대로 의도적으로 동시에 주의를 여러 과제에 분배한다면 어떻게 될까? 동시에 한 개 이상의 사물에 주의를 기울일 수 있을까? 양분 청취법 실험에서 한 번에 두 가지 대화를 듣는 것이 어렵다는 것을 보았기 때문에 불가능하다고 생각할 수 있지만, 동시에 두 가지 이상의 과제에 주의를 분산하는 것, 즉 **분리 주의**를 할당하는 것이 가능한 경우가 꽤 많다. 예를 들어, 로저는 옆 사람들의 대화를 들으면서도 컴퓨터 게임을 할 수 있었다. 또한 일상에서 사람들은 운전을 하면서 옆 사람과 대화를 하고, 동시에 음악을 들으며 저녁에 무엇을 할지 생각한다. 아래에서 다루어질 내용이지만, 주의를 분리하는 능력은 연습과 과제 난이도 같은 여러 요인들에 의해 영향을 받는다.

연습으로 형성되는 분리 주의: 자동처리

Walter Schneider와 Robert Shiffrin(1977)은 사람들에게 동시에 두 과제를 시키는 분리 주의 실험을 했다. 참가자들에게 주어진 과제는 (1) 목표물에 대한 정보를 기억하는 과제와 (2) 여러 개의 '방해물' 중 목표물이 있는지 알아보는 과제였다. 그림 4.20에 실험 절차가 나와 있다. 참가자에게 처음에는 그림 4.20a와 같이 한 개 혹은 네 개의 자극, 즉 **목표물**들로 구성된 메모리세트가 제시되었다. 메모리세트에 이어서 각각 방해물을 내포하고 있는 20개의 '검사 프레임'들이 빠르게 제시되었다. 또한, 검사 프레임의 절반에는 메모리세트에서 제시된 목표물이 포함되어 있다. 메모리세트에서 제시된 목표물은 매 시행마다 새롭게 제시되었고, 검사 프레임들도 마찬가지로 새롭게 제시되었다. 이 예시에서는 메모리세트에 하나의 목표물이 있고 각 검사 프레임에는 목표물 3을 포함한 네 개의 자극들이 제시되었다.

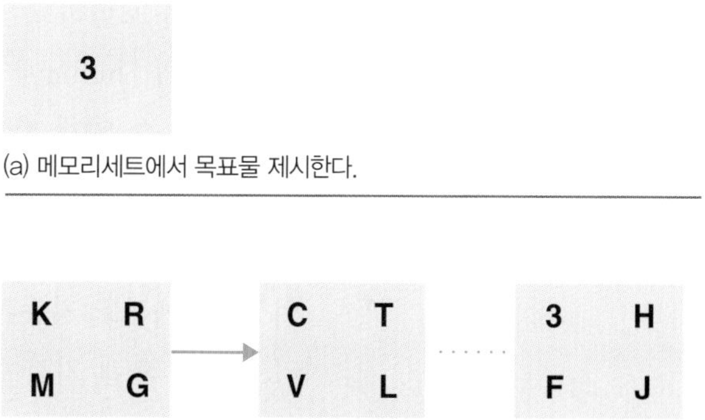

실험 초반의 정답률은 55%밖에 되지 않았지만 시행이 900회가 넘어가자 정답률이 90%로 증가했다(그림 4.21).

(a) 메모리세트에서 목표물 제시한다.

(b) 20개의 검사 프레임을 빠르게 차례로 제시한다.

(c) 검사 프레임 중 하나에서 메모리세트에 있었던 목표물이 제시되었는가?

그림 4.20 **Schneider와 Shiffrin의 실험에 사용된 자극들의 예시** 메모리 과제에서는 한 개의 목표물 3, 각 프레임에는 4개의 자극들이 제시된다. 이 예시에서 목표물은 마지막 프레임에만 나타나 있다.

출처: R. M. Shiffrin & W. Schneider, Controlled and automatic human information processing: Perceptual learning, automatic attending, and a general theory, *Psychological Review, 84*, 127–190, 1977.

참가자들은 초반 600회까지는 목표물을 기억하기 위해 목표물을 반복해서 되뇌어야 했다고 보고했다. 비록 목표물은 항상 숫자고 방해물은 글자지만, 매 시행마다 새로 바뀌었다는 사실을 기억하자. 하지만 이후에는 자동적으로 과제를 수행하게 되었다고 보고

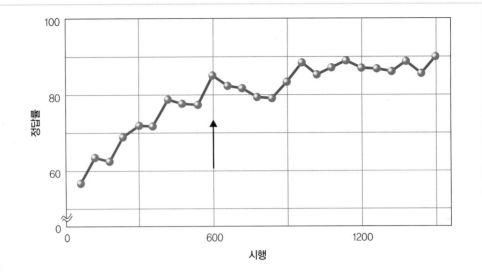

그림 4.21 **Schneider와 Shiffrin(1977)의 실험에서 연습으로 인한 수행의 향상** 화살표는 과제가 자동적이 되었다고 실험 참가자가 보고한 시점을 나타낸다. 이것은 메모리세트에 목표물이 4개가 있고, 각 프레임에 2개의 자극이 있는 실험의 결과이다.

출처: R. M. Shiffrin & W. Schneider, Controlled and automatic human information processing: Perceptual learning, automatic attending, and a general theory, *Psychological Review, 84,* 127–190, 1977.

했다. 즉, 목표물이 나타나면 의식적으로 생각하지 않고 반응했다는 것이다. 프레임이 4개의 자극을 포함하고 있을 때도 마찬가지였다.

Schneider와 Shiffrin에 따르면, 참가자들은 연습을 통해 목표물과 방해물에 동시에 주의를 기울일 수 있게 되었다. 이처럼, 여러 시행에 걸친 연습을 통해 자동처리를 할 수 있게 되는데, 자동처리(automatic processing)란 (1) 의도와는 관계없이, (2) 극히 소량의 인지적 자원을 소모하는 정보처리 양상이라 할 수 있다.

일상생활에서도 자동처리의 예시를 많이 찾아볼 수 있다. 왜냐하면 우리는 일상에서 여러 과제를 오랜 기간에 걸쳐 연습했기 때문이다. 예를 들어, 집을 나선 후 문이 잠겼는지 보러 다시 돌아온 경우가 있는가? 대부분의 사람들에게 문을 잠그는 것은 자동적인 일이 되었기 때문에 주의를 기울이지 않더라도 하게 된다. 자동처리의 또 다른 예시는 가끔 다른 곳에 정신이 팔려 있을 때 운전을 하면, 목적지에 도착한 다음에 그곳에 어떻게 도달하게 되었는지 기억하지 못한다는 것이다. 집중하지 않았음에도 불구하고 운전이 자동적이 되었기 때문에 가능한 일이다(물론, 적어도 공사 구간을 발견하거나 끼어들기 등을 당하기 전까지 말이다). 다른 예시로는 키보드를 보지 않고 타자를 치는 것이나, 문자를 보낼 때 주의를 집중하지 않아도 된다는 것이다. 오히려 타자 치는 것에 주의를 집중을 해 보고 어떤 일이 일어나는지 살펴보자. 피아니스트들은 손가락에 신경을 쓰면서 연주를 할 때 연주가 잘 되지 않는다고 보고했다.

과제 난이도와 분리 주의

Schneider와 Shiffrin의 실험에서는 과제를 많이 연습했을 때 분리 주의가 나타났다. 그러나 그들은 다른 실험에서 과제 난이도가 증가하면 아무리 연습을 해도 분리 주의가 불가능하다는 것을 발견했다. 예를 들어, 목표물과 방해물이 모두 글자이고, 전 시행의 목표물을 현 시행의 방해물로 제시하여 과제를 어렵게 만든 경우 분리 주의가 나타나지 않았다(Schneider & Chein, 2003 참고).

과제 난이도가 증가하면 분리 주의가 일어나지 않는다는 것은 운전의 예시에서도 볼 수 있다. 익숙한 도로를 원활히 달리고 있을 때는 운전을 하면서 동시에 대화를 나누는 것이 어렵지 않다. 그러나 교통 체증이 증가하거나, 도로가 공사 중이거나, 길의 포장상태가 나빠진다면 대화를 멈추고 운전하는 데 온 신경을 집중해야 한다. 현대에는 운전이 생활의 큰 부분을 차지하게 되었고 최근 들어 운전을 하면서 전화를 하거나 문자를 보내는 추세가 증가했기 때문에, 많은 연구자들이 운전 중 다른 과제를 수행할 때 어떤 결과가 나타나는지 알아보았다.

운전 중 주의 방해 요소

운전은 지속된 주의를 요구하는 과제이다. 졸음 혹은 다른 과제를 위해 한눈을 파는 것은 위험한 결과를 초래할 수 있다. 운전 중 부주의의 심각성은 '100대 자동차의 일상 주행 연구'라고 불리는 연구(Dingus et al., 2006)를 통해 알려졌다. 이 연구에서는 100대의 자동차에 녹화 장치를 설치하고 운전자의 행동과 자동차의 앞뒤의 환경을 관찰했다.

녹화 결과, 200만 회의 주행 동안 82건의 사고와 771건의 근사 사고가 관찰됐다. 사고의 80%와 근사 사고의 67%에서 운전자가 사고 직전 3초 동안 부주의하게 행동한 것이 발견되었다. 한 남성은 교통 체증이 있는 와중에 수시로 아래와 오른쪽으로 시선을 돌려 서류 정리를 하다가 SUV에 부딪쳤다. 한 여성은 햄버거를 먹다가 계기판에 머리를 부딪치면서 앞차를 들이박았다. 가장 산만한 행동은 휴대전화 등을 만지작거리는 행동이었다. 근사 사고의 22%는 운전자가 휴대전화를 조작할 때 일어났다.

이 연구는 휴대전화 사용과 교통사고 간에 연결고리가 있다는 이전 결과들을 뒷받침한다. 토론토에서 진행한 설문에 따르면 운전자가 휴대전화를 조작할 때 사고가 날 확률이 4배가 더 높았다(Redelmeier & Tibshirani, 1997). 무엇보다 가장 중요한 점은 핸즈프리(hands-free) 장비를 사용해도 사고 확률이 낮아지지 않았다는 것이다.

David Strayer와 William Johnston(2001)은 휴대전화의 영향을 다룬 실내 실험에서 참가자들에게 모의 운전 과제를 제시하고 빨간불을 보았을 때 최대한 빨리 브레이크를 밟으라고 지시했다. 과제를 하면서 휴대전화를 사용

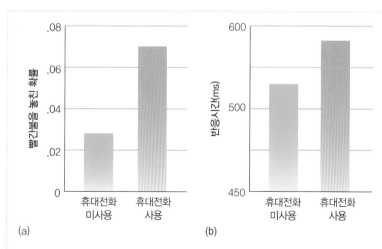

그림 4.22 **Strayer와 Johnston(2001)의 휴대전화 실험 결과** 사람들이 휴대전화를 사용하며 운전했을 때 (a) 빨간불을 더 많이 놓치고 (b) 브레이크를 더 늦게 밟았다.

© Cengage Learning

했을 경우 빨간불을 놓치는 확률이 두 배 증가하였고(그림 4.22a), 브레이크를 밟더라도 속도가 늦었다(그림 4.22b). 토론토 연구와 마찬가지로 통화할 때 손을 사용하건 사용하지 않건 간에 반응 속도는 유사하게 느려졌다. 이 실험 결과를 토대로 Strayer와 Johnston은 통화를 하는 행위 자체가 운전에 필요한 인지 자원을 고갈시킨다는 결론을 내렸다(Haigney & Westerman, 2001; Lamble et al., 1999; Spence & Read, 2003; Strayer et al., 2013; Violanti, 1998 참고). 운전 중 휴대전화 사용이 인지 자원의 활용과 관계있다는 사실은 매우 중요한 시사점을 제공한다. 바로 휴대전화 사용으로 인해 운전에 필요한 인지적 자원이 부족하게 된다는 것이다.

이 결과를 보고 핸즈프리 장비로 통화를 하는 것이 옆 사람과 대화를 하는 것과 무슨 차이가 있는지 의문이 들 수 있다. 실제로 옆 사람과 대화를 하는 것은 운전에 악영향을 미친다. 특히, 옆 사람이 운전 상황에 관심이 없을 때 더욱 그렇다(Strayer et al., 2013). 그러나 휴대전화 사용과 옆 사람과의 대화는 분명 다른 점이 있다. 집에서 친구에게 전화를 한다고 상상해 보자. 친구가 전화를 받고 대화를 시작한다. 나는 그저 통화를 하고 있을 뿐이지만 상대방은 꽉 막힌 도로에서 힘겹게 전화를 받고 있을 수 있다. 혹은 시속 120km의 속도로 주행하고 있는 옆 차가 끼어들기를 했을 수도 있다. 만약 내가 집이 아니라 운전하는 친구의 조수석에서 대화를 하고 있다면 똑같은 대화를 하고 있을까? 조수석에 앉아 있다면 현재의 교통 상황에 대해 알고 있기 때문에 대화를 중단하거나 운전에 대한 조언을 했을 것이다. 통화 에티켓도 고려해야 한다. 통화 중 대화를 갑자기 중단하거나 오랜 시간 말하지 않는 것은 무례하게 느껴질 수 있기 때문에 도로 상황이 어려워도 사람들은 대체로 대화를 이어나간다.

휴대전화 사용과 관련된 네이션와이드상호보험(Nationwide Mutual Insurance)의 2008년 연구에 따르면 놀랄 만큼 많은 사람들이 운전 중에 휴대전화를 사용하더라도 자신을 안전 운전자라고 평가했지만, 그들 중 45%가 운전 중 휴대전화를 사용했을 때 실제로 사고가 났거나 날 뻔했다고 보고했다. 즉, 사람들은 운전 중 휴대전화 사용이 위험하다는 것을 알지만, 위험의 소지는 그들이 아닌 외부에 있다고 평가했다(Nationwide Insurance, 2008).

운전 중 휴대전화 사용이 위험하다는 연구 결과가 있음에도 불구하고 자신과는 상관없는 일이라고 생각한다. 예를 들어, 내 수업의 한 학생은 에세이에 이와 같이 적었다. "나는 휴대전화가 내 운전에 영향을 미친다고 생각하지 않는다. …… 우리 세대는 운전을 배우기 훨씬 이전부터 휴대전화를 사용해왔기 때문에 운전을 배울 때 말하면서 운전하는 것을 같이 배울 수 있었다." 이 주장은 사람들이 운전 중 휴대전화 사용에 아무 문제가 없다고 믿고 계속해서 사용한다는 것을 보여준다.

또 다른 학생의 의견을 들어보자. "만약 운전을 하고 남는 인지 자원이 있다면, 통화하는 데 사용하는 것이 왜 문제가 될까?" 문제는 수년간 휴대전화를 사용하면서 무사고 운전을 했다고 하더라도, 통화와 문자를 보내는 행위를 하기 위해서는 생각보다 훨씬 많은 인지 자원이 필요하다는 점이다. 더 중요한 것은, 모든 인지 자원을 즉각 투입해야 하는 상황이 운전중 발생한다는 것이다. 버지니아 공대 교통 연구소는 운전을 하면서 문자를 하는 화물차 운전자들이 문자를 하지 않는 운전자들보다 사고를 낼 확률이 23배나 높다고 밝혔다(Hanowski et al., 2009). 현재 대부분의 미국의 주에서 운전하며 문자를 보내는 것은 불법이다.

중요한 것은 주의를 분산시키는 어떤 활동도 운전을 방해할 수 있다는 것이다. 차에서 주의를 분산시키는 것은 비단 휴대전화뿐만 아니다. 차에는 운전을 방해할 수 있는 GPS, 스크린화면 등의 장치들이 매우 많다(Peters, 2004). 해가 거듭할수록 운전을 방해할 만한 장치들은 더 늘어났다. 예를 들어, 운전자들은 음성인식 어플리케이션을 사용해서 영화나 저녁식사를 예약하거나, 문자 혹은 이메일을 주고받고, 페이스북에 글을 올릴 수 있다. 심지어 조이라이드(Joyride)라는 어플리케이션은 "SNS의 모든 재미를 운전 중에도 만나 보세요"(Grant, 2013)라고 광고한다. 흥미롭게 들리긴 하지만 전미 자동차연합 교통안전재단(AAA Foundation for Traffic Safety)의 교통안전 보고서에 따르면 음성인식 장치들을 사용할 경우 일반적인 휴대전화를 사용하는 것보다 더 크게 방해가 된다고 한다. 다음은 보고서에 나와 있는 문구이다. "새로운 기술들이 시야를 도로로부터 떨어지지 않게 한다고 해서 달리는 차가 더 안전해지는 것은 아니다"(Strayer et al., 2013).

1. 중심 시야와 주변 시야의 차이점은 무엇인가? 이 차이점은 드러난 주의, 응시, 안구 운동과 어떤 연관이 있는가?

2. 자극 현저성이란 무엇인가? 주의와 어떤 관계가 있는가?

3. 주의가 인지적인 요소로부터 영향을 받는 예시들을 말해 보자. 장면 도식의 역할은 무엇인가?

4. 땅콩버터 실험을 설명해 보자. 과제 요구 사항과 주의는 어떤 상관이 있는가?

5. 은폐된 주의란 무엇인가? 또한 장소에 대한 주의란 무엇인가? Posner의 사전 단서 주기 실험을 한 번 설명해 보자. Posner의 실험이 주의가 정보처리에 영향을 미치는 점에 대해 무엇을 시사하는가?

6. Egly의 사전 단서 주기 실험을 설명해 보자. 동일 물체 이득이란 무엇이고 Egly의 실험에서 어떻게 나타났는가?

7. 자동처리를 보여주는 Schneider와 Shiffrin의 실험을 설명해 보자. 또한, 실생활에서 자동처리 예시들을 생각해 보자. 자동처리가 가능하지 않은 경우는 언제인가?

8. 운전 중 휴대전화 사용에 관련된 실험들을 토대로 어떤 결론을 내릴 수 있는가? 운전자가 옆 사람과 대화하는 것과 휴대전화를 사용하는 것에는 어떤 차이점이 있었는가?

주의를 기울이지 않을 때 어떤 일이 일어나는가?

지금까지는 주의를 기울이는 것이 자극에 대한 반응을 하는 데 어떤 영향을 미치는지 알아보았다. 하지만 반대로 우리가 주의를 기울이지 않을 때는 어떤 일이 일어날까? 한 가지 가능성은 주의를 기울이지 않는 것에 대한 것은 지각하지 못한다는 것이다. 예를 들어, 내 왼쪽에 물체를 주시하고 있다면 내 오른쪽 저편에 무엇이 있는지 지각하지 못할 것이다. 그런데 연구자들은 시야 밖에 있는 것뿐만 아니라 시야 안에 제시되는 물체들도 주의를 기울이지 않으면 지각하지 못한다는 것을 발견했다.

무주의맹

눈에 똑똑히 보임에도 불구하고 주의를 기울이지 않아 보이지 않는 것을 무주의맹 (inattentional blindness)이라고 한다. 1998년 Arien Mack과 Irvin Rock이 발간한 『무주의 맹』이라는 책에서는 주의를 기울이지 않았을 때 시야 안에 들어와 있는 사물들도 지각하

다섯 번째까지의 시행
(a)

여섯 번째의 시행
(b)

그림 4.23 **무주의맹 실험** (a) 십자 모양이 다섯 번 나타난다. 각 시행에서 한 선이 다른 선보다 약간 더 길다. 참가자들의 과제는 가로 세로 중 어떤 선이 더 긴지 판별하는 것이다. (b) 여섯 번째 시행에서 참가자들은 똑같은 과제를 수행한다. 이때 작은 사각형이 화면에 같이 제시된다. 여섯 번째 시행에서 사람들은 무언가 다른 점을 파악했는지 여부에 대해 답한다.

출처: Adapted from N. Lavie, Attention, distraction, and cognitive control under load, *Current Directions in Psychological Science, 19,* 143–148, 2010.

지 못하는 것을 보여주는 실험들을 소개했다. Ula Cartwright-Finch와 Nilli Lavie(2007)가 Mack과 Rock의 실험에 기반을 두어 고안한 새로운 실험에서는 십자 모양이 자극으로 제시된다 (그림 4.23). 십자 모양은 다섯 번의 시행에 걸쳐 제시되었고 참가자의 과제는 빠르게 제시된 십자 모양 가로선과 세로선 중 무엇이 더 길었는지 판단하는 것이었다. 제시 속도가 빠르고 선의 길이가 거의 비슷하기 때문에 과제의 난이도는 높은 축에 속한다. 여섯 번째 시행에서는 작은 상자가 화면 안에 함께 제시되었다(그림 4.23b). 여섯 번째 시행 직후 참가자들에게 이전과 다른 점을 눈치챘는지 물어보았다. 그 결과 20명의 참가자 중 단 두 명만 상자를 보았다고 보고했다. 대부분의 참가자들은 상자가 십자 모양 바로 옆에 제시되었음에도 불구하고 상자를 인식하지 못했다.

이 실험에서는 잠깐 나타났다 사라지는 도형 자극을 사용해 무주의맹을 실험했다. 그러나 더 자연적 환경에서 지속적으로 제시되는 자극들을 사용해도 비슷한 효과가 나타난다. 예를 들어, 백화점 진열장을 본다고 생각해 보자. 전시된 상품에 온 신경이 가 있다면 유리에 무엇이 비춰져 있는지 인식하지 못할 것이다. 반대로 유리로 시선을 돌린다면 무엇이 진열되어 있는지 인식하지 못할 것이다.

주의가 역동적인 장면에서도 지각에 영향을 미칠 수 있다는 아이디어는 Daniel Simons와 Christopher Chabris(1999)의 실험에서도 잘 반영되어 있다. 그들은 세 명으로 구성된 두 팀이 공놀이를 하는 75초짜리 실험 영상 자극물을 만들었다. 영상에서 흰 옷 팀은 농구공을 패스하고, 검은 옷 팀은 흰 옷 팀을 따라다니며 실제 농구경기처럼 팔을 들고 막는다(그림 4.24). 참가자들은 이 영상을 보며 패스의 개수를 세는 과제를 수행하였고, 그들의 주의는 흰 옷 팀에 쏠리게 되었다. 영상의 45초 즈

그림 4.24 고릴라 옷을 입은 사람이 농구 게임을 하는 사람들 한가운데를 가로질러 가는 동영상의 한 장면.

출처: D. J. Simons & C. F. Chabris, Gorillas in our midst: Sustained inattentional blindness for dynamic events, *Perception, 28,* 1059–1074, 1999. Pion Limited, London. Figure provided by Daniel Simons.

음에 다음 두 가지 사건 중 하나가 일어났다. 한 사건은 우산을 쓴 여성이, 다른 사건에서는 고릴라 탈을 쓴 사람이 두 팀 사이를 약 5초에 걸쳐 가로질러 갔다.

영상을 다 본 뒤 참가자들에게 영상에서 이상한 점이나 6명의 선수 이외에 특이 사항을 보지 못했는지를 물었을 때 46%의 참가자들이 여성이나 고릴라를 보지 못했다고 답변했다. 이 실험은 관찰자들이 한 사건에 주의를 기울이고 있으면 바로 눈앞에서 다른 사건이 일어나도 지각하지 못한다는 것을 보여준다(Goldstein & Fink, 1981; Neisser & Becklen, 1975 참고).

변화 탐지

어떤 연구자들은 주의의 결핍이 지각에 어떤 영향을 미칠 수 있는지를 실험하기 위해 사진 하나를 제시하고 이어서 살짝 수정된 같은 사진을 제시해 보았다. 다음 '보여주기'를 한 번 따라해 보자.

그림 4.25 **변화 탐지 실험을 위한 사진**

보여주기 변화 탐지

지시문을 다 읽은 뒤 그림 4.25를 잠깐 살펴본 뒤, 페이지를 넘겨 그림 4.28과 어떤 점이 다른지 살펴보자.

두 번째 사진에서 무엇이 다른지 감지했는가? 사람들은 어디를 보아야 할지 알 때에도 때때로 차이를 감지하지 못한다(그림 왼쪽 아래의 표지판을 유심히 살펴보라). Ronald Rensink와 동료(1997)는 이와 비슷한 실험을 했다. 그들은 참가자에게 사진 하나를 보여주고 빈 화면을 제시한 뒤 똑같은 사진을 보여주었다. 같은 사진이었지만, 두 번째 그림에서는 무언가 하나가 빠져 있었다. 사람들이 무엇이 없어졌는지 알아낼 때까지 그림이 계속 번갈아 제시되었다. 그 결과 사람들이 변화를 눈치채려면 그림을 꽤 여러 번 제시해야 했다는 것을 발견했다.

이처럼 변화를 감지하지 못하는 것을 변화맹(change blindness)(Rensink, 2002)이라고 부른다. 장면의 어느 부분이 변화했는지 알려주는 단서를 제시했을 때는 사람들이 더 빨리 변화를 감지했다. 이는 변화 감지에서 주의를 기울이는 여부가 중요한

그림 4.26 **Levin과 Simon(1997)의 실험에서 사용한 비디오에서의 몇 장면**
오른쪽에 앉아 있는 여성은 장면 A, C, D에서는 스카프를 두르고 있지만 장면 B에서는 그렇지 않고 있음을 주목하라. 또한 접시의 색이 처음 3개의 장면에서는 빨간색이지만 마지막 장면에서는 흰색이며, 왼쪽 여성의 손 위치도 장면 C와 D에서 다르다.

출처: D. T. Levin & D. J. Simons, Failure to detect changes to attended objects in motion pictures, *Psychonomic Bulletin and Review, 4*, 501–506, 1997.

역할을 담당하고 있다는 것을 말해준다(Henderson & Hollingworth, 2003 참고).

변화맹은 영상 장면이 전환될 때도 나타날 수 있다. 그림 4.26에는 두 여성이 대화하는 영상 장면들이 연속적으로 제시되어 있다. 이 영상에서 주목할 점은 새로운 장면마다 변화가 있다는 것이다. (b)에서는 여성의 스카프가 사라져 있다. (c)에서 다른 여성은 턱을 괴고 있지만 (d)에서는 탁자 위에 두 팔을 포개고 있다. 또한 빨간색이었던 접시가 (d)에서는 흰색으로 바뀌어져 있다.

비록 참가자들은 영상을 집중해서 보라는 지시를 받았지만 10명 중 한 명만이 변화를 감지했다. 참가자들에게 영상을 다시 보여주고 '물건, 인물의 자세, 옷'의 변화에 신경을 쓰라고 지시를 했어도 전체 변화의 4분의 1밖에 감지하지 못했다(Levin & Simons, 1997).

변화맹은 실험 상황에서만 나타나는 것이 아니다. 유명한 영화에서도 흔히 나타나는데, 한 장면 안에서 똑같이 유지되어야 할 것들이 그림 4.26의 영상 장면처럼 변화하는 경우가 있다. 이처럼 연속성을 해치는 변화들을 연속성 오류(continuity error)라고 하는데 이를 보통 한 번 보아서는 감지하지 못하고, 영화를 여러 번 본 사람들에 의해 발견되곤 한다. 예를 들어, 〈오션스 일레븐〉(2001)이라는 영화에서 Rusty 역의 Brad Pitt가 Linus 역의 Matt Damon에게 말을 거는 장면이 있다. 한 장면에서는 Rusty가 새우가 담긴 칵테일 잔을 담고 있는데, 살짝 다른 각도에서 찍힌 다음 장면에서는 잔에 과일이 담겨 있고, 그다음 장면에서는 다시 새우로 변해 있다. 연속성 오류에 관심이 있다면 '영화 속 연속성 오류(continuity errors in movies)'라는 웹사이트를 찾아보길 권한다.

일상생활에서는 어떠한가?

지금까지 살펴본 무주의맹과 변화맹과 관련한 실험들은 지각을 위해선 주의가 때때로 필요하다는 것을 보여준다. 이는 우리가 일상생활에서 접하는 수많은 정보 중에 단 몇 가지의 사물에만 주의를 기울일 수 있다는 것을 뜻하기 때문에 시사하는 바가 크다. 다시 말해 우리가 일상에서 굉장히 많은 것들을 지속적으로 놓치고 있다는 것이다.

주변 환경의 상당 부분을 탐지하지 못하기 때문에 우리 지각체계가 형편없다고 결론 내리기 전에, 인간과 다른 동물들은 아직 존속하고 있다는 사실을 상기하자. 다시 말해, 이것은 우리의 지각체계가 일상생활에서 요구되는 기능을 원활하게 수행하고 있다는 것을 의미한다. 실제로 한정된 정보만을 받아들이는 능력이 지각체계의 가장 적응적인 특징이라고 한다. 중요한 것에만 집중을 함으로써 한정된 지각 자원을 효율적으로 사용할 수 있기 때문이다.

지각체계는 보통 시급한 사안에 초점이 맞춰져 있지만, 큰 동물이 갑자기 달려들거나, 행인이 부딪히려고 한다거나, 눈부신 섬광 혹은 깜짝 놀랄 만한 소리가 발생하는 등 위험이 임박했다는 신호가 주어지면 주의를 빠르게 이동시킬 수 있는 능력도 가지고 있다. 주의가 할당된 다음에는 해당 사안을 자세하게 살펴보고 대처방안을 생각해 낼 수도 있다.

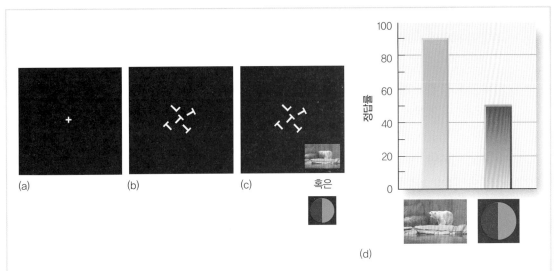

그림 4.27 (a–c) Li와 동료들(2002)의 실험 절차. 정확한 설명은 본문을 참고하라. (d) 실험 결과. 중심 과제를 할 때의 정답률과 중심 과제를 하지 않을 때의 정답률의 차이를 기준으로 수행을 평가했다. 풍경 과제에서 수행이 조금밖에 떨어지지 않았지만 색 원반 과제에서는 우연 수준으로 떨어졌다.

출처: Adapted from F. Li, R. VanRullen, C. Koch, & P. Perona, Rapid natural scene categorization in the near absence of attention, *Proceedings of the National Academy of Sciences, 99*, 9596–9601, 2002. Photo of polar bear: Barbara Goldstein.

또 중요한 점은 우리가 주변에 일어나는 모든 일들을 세세하게 알 필요가 없다는 것이다. 복잡한 횡단보도를 건널 때, 다른 사람과 부딪치지 않기 위해서 앞 사람이 어디에 있는지 알아야 하지만 그가 안경을 썼는지 파란 셔츠를 입었는지 알 필요는 없다. 또한 주변 풍경을 일일이 관찰할 필요도 없다. 왜냐하면 경험적으로 형성된 장면 도식으로 미루어보아 도시 거리가 어떤 모습인지, 시골 도로가 어떻게 생겼는지, 슈퍼마켓 통로가 어떤 식으로 되어 있는지 알고 있기 때문에 주의를 기울이지 않아도 그 환경을 머리에 그려볼 수 있기 때문이다(3장 84쪽). 끝으로 주의를 기울이지 않아도 어떤 것들은 다른 것들보다 더 쉽게 눈에 들어온다. 이와 관련해 Fei Fei Li와 동료들(2002)은 우리가 주의를 기울이지 않은 자극들로부터 어떤 정보를 획득하는지에 관한 실험을 했다.

Li의 참가자들은 십자 표시를 응시하였고(그림 4.27a) 이어서 중앙에 제시된 다섯 개의 글자로 이루어진 **중심 자극**을 보았다(그림 4.27b). 글자가 동일했던 시행도 있었고, 단어 하나만 달랐던 시행도 있었다. 곧이어 초록색과 빨간색으로 반반 칠해진 동그라미 혹은 풍경 사진 같은 **주변 자극**이 화면의 무작위적인 한쪽 구석에 제시되었다(그림 4.27c).

참가자들의 **중심 과제**는 중심 자극의 모든 단어들이 동일했는지 판단하는 것이고 주변 과제는 사진의 경우 동물이었는지, 원반의 경우 색 배열의 순서를 판단하는 것이다. 결과를 살펴보면, 참가자들이 중

그림 4.28 **변화 탐지 실험을 위한 사진**

심 과제를 수행하기 위해 중심 자극에 눈을 고정시켰음에도 불구하고 사진 과제의 정답률이 90%에 육박했다. 그 반면 원반 과제에서는 50%의 정답률을 기록했다(그림 4.27d). 이는 주의를 기울이지 않았을 때 어떤 자극들은 판별할 수 있는 반면 다른 자극들은 판별하지 못할 수 있다는 것을 의미한다. 또한, Lila Reddy와 동료들(2004)은 주변 과제를 남성이나 여성의 사진 얼굴로 제시한 다른 실험을 진행한 결과 같은 결론을 도출하였다.

이 실험들이 의미하는 것은 우리의 지각체계가 주변 환경의 아주 작은 부분만을 감지하고 있지만, 생존과 직결된 정보들은 매우 효율적으로 감지한다는 것이다. 그러나 집중주의, 주변 경고 신호, 장면 도식 등 배운 것들을 토대로 운전 중 휴대전화를 사용하는 게 가능하다고 생각하지 말자. 지각체계는 자동차나 휴대전화 등이 등장하기 훨씬 이전에 진화되었다. 우리의 지각체제가 아무리 환경에 잘 적응하더라도 현대 사회의 변화 속도에는 따라가지 못하고 있다.

주의와 일관성 있는 세상 경험하기

지금까지 주의가 지각에 중요한 영향을 미친다는 것을 살펴보았다. 주의는 주변의 사물들을 지각하는 것을 돕고 이에 반응할 수 있는 능력을 강화시킨다. 지금부터는 일상생활에서 잘 인식하지 못하는 주의의 또 다른 기능을 살펴볼 것이다. 주의의 한 가지 중요한 기능은 결속(binding)이다. 결속이란 색깔, 모양, 움직임, 위치 등과 같은 정보들을 하나로 통합하여 우리의 지각에 하나의 사물로 제시하는 것을 의미한다.

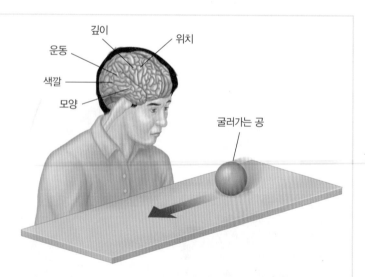

그림 4.29 굴러가는 공과 같은 단순한 자극을 볼 때도 대뇌피질의 여러 부위가 작동한다. 결속은 여러 신호들을 하나의 지각 대상으로 통합시키는 것을 의미한다. © Cengage Learning

결속이 왜 필요한가?

결속의 필요성은 2장의 국재화(localization) 부분을 참고하면 쉽게 이해할 수 있다. 2장에서는 뇌의 여러 영역들이 각기 다른 지각 요소들을 담당한다고 배웠다. 따라서 그림 4.29에서 움직이는 빨간색 공을 보는 사람의 머릿속에서는, 움직임에 반응하는 부위, 깊이에 반응하는 부위, 색깔에 반응하는 부위들이 각자 활성화되고 있을 것이다. 비록 이 모든 것이 다른 뇌 부위에서 처리되고 있지만, 공을 보는 사람은 공의 시각적 속성들을 개별적인 것으로 인식하지 않는다. 그의 지각체계는 공의 모든 특징들을 통합하여 '굴러가는 빨간 공'이라는 일관적인 지각을 형성한다. 이 속성들의 통합이 어떻게 이루어지는지에 대한 문제를 결속 문제(binding problem)라고 부른다. 결속 문제는 Anne Treisman(1986, 1988, 1999)의 특징통합 이론에 의해 처음

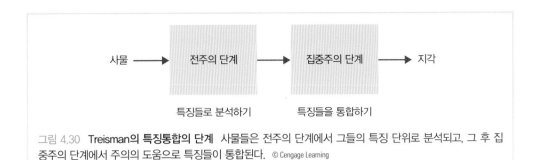

그림 4.30 **Treisman의 특징통합의 단계** 사물들은 전주의 단계에서 그들의 특징 단위로 분석되고, 그 후 집중주의 단계에서 주의의 도움으로 특징들이 통합된다. © Cengage Learning

소개되었다.

특징통합 이론

Treisman은 특징통합 이론(feature integration theory)을 두 단계로 제시하여 사물의 개별적 특징들을 어떻게 하나의 사물로 인식하는지 설명했다(그림 4.30). 주의는 두 번째 단계에서 중요한 역할을 한다.

전주의 단계 Treisman에 따르면 사물에 대한 시각적 처리는 전주의 단계(preattentive stage)에서 시작된다. 전주의 단계에서는 사물의 특징들이 따로따로 처리된다. 예를 들어, 굴러가는 빨간 공의 색깔(빨강), 모양(원), 움직임(오른쪽 방향) 등이 따로 분석된다. 각 특징들이 전주의 단계에서는 뇌의 다른 영역에서 개별적으로 처리된다.

사물이 자동적으로 여러 특징들로 구분된다는 것이 쉽게 와 닿지 않을 수 있다. 우리는 사물을 하나의 개체로 인식하지 개별적 특징들을 보는 것이 아니기 때문이다. 사람들이 특징에 대한 개별적 분석을 인식하지 못하는 이유는 우리가 사물을 의식하기 전에 빨리 지각을 처리하기 때문이다. 이 책을 보는 지금 이 순간에도 책을 인식하기 이전 단계에서 글자들의 선, 곡선, 네모 등에 대한 분석을 이미 끝냈다.

사물들이 특징별로 쪼개져 분석된다는 것을 증명하기 위해 Anne Treisman과 Hilary Schmidt(1982)는 독창적인 실험을 구상했다. 실험에서는 네 가지의 자극이 두 개의 검은색 숫자와 함께 제시되었다(그림 4.31). 이 자극들은 0.2초 동안 화면에 제시되었고 잔상을 제거하기 위한 점들이 이어서 무작위로 제시되었다. 참가자들의 과제는 숫자들을 보고하고 각 위치에 어떤 자극들이 제시되었는지 답하는 것이었다.

참가자들은 전체 시행 중 18%에서 다른 두 자극의 특징들을 통합한 자극을 보았다고 응답했다. 예를 들어, 작은 빨간색 삼각형과 작은 초록색 원이 제시된 그림 4.31과 같은 화면을 보여 주었을 때 작은 빨간색 원이나 작은 초록색 삼각형을 보았다고 응답했다. 이처럼 다른 자극들의 특징을 잘못 통합하는 것을 착각적 결합

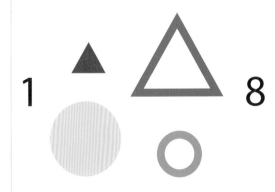

그림 4.31 **착각적 결합 실험에서 사용된 자극들**

출처: A. Treisman & H. Schmidt, Illusory conjunctions in the perception of objects, *Cognitive Psychology, 14,* 107–141, 1982.

(illusory conjunction)이라고 한다. 착각적 결합은 모양과 크기가 많이 달라도 나타날 수 있다. 예를 들어, 작은 파란색 원과 큰 초록색 사각형이 제시되었을 때 큰 파란색 사각형과 작은 초록색 원을 보았다고 생각할 수 있다.

착각적 결합은 실험 환경에서 만들어진 것이지만 일상생활에서도 나타날 수 있다. 나는 최근에 수업에서 목격자들이 증언을 할 때 오류를 저지를 수 있다는 것을 실험한 적 있다. 실험에서 초록색 셔츠를 입은 남성이 강의실로 들어와서 책상 위에 놓여 있는 한 학생의 노란색 지갑을 훔치고 도망쳤다. 이 사건은 순식간에 일어났고 학생들은 매우 놀랐다. 학생들의 과제는 범죄 상황에 대한 증언을 하는 것이었다. 흥미롭게도 한 학생은 노란색 셔츠를 입은 남성이 초록색 지갑을 훔쳐갔다고 증언했다. 색깔을 착각하는 것은 착각적 결합의 한 종류이다(Treisman, 2005).

Treisman은 착각적 결합이 전주의 단계에서 각 특징들이 독립적으로 존재하기 때문에 나타난다고 설명한다. 빨간색, 곡선, 대각선 등과 같은 특징들은 전주의 단계에서 개별적으로 존재하지 특정 사물과 결합되어 있지 않다. Treisman(1986)에 따르면 특징들은 '자유롭게 떠다니는' 상태에 있다(그림 4.32). 따라서 하나 이상의 사물이 있다면 잘못된 결합이 생길 수 있다고 설명한다. 실험 상황에서처럼 자극들이 잠깐 나왔다가 차폐(masking)되는 경우 특히 그렇다.

사물의 구성 요소를 낱말 맞추기 게임의 알파벳으로 비유해 볼 수 있다. 처리의 초기 단계에서 각 구성 요소는 낱말 맞추기의 알파벳들처럼 독립적으로 존재한다. 낱말을 맞춰 채워 가면서 알파벳들이 단어를 만들듯이, 각 특징들도 합쳐져서 하나의 완전한 사물을 형성하게 된다.

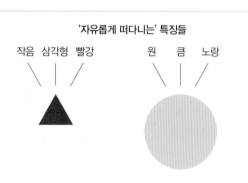

그림 4.32 **전주의 단계에서 '자유롭게 떠다니는' 사물의 특징들의 예시** 이들 특징들은 특정한 사물에 결합된 상태가 아니기 때문에, 화면에 제시된 어떤 사물과도 연합될 수 있다. 이러한 일이 발생할 때 착각적 결합이 일어난다.

출처: A. Treisman & H. Schmidt, Illusory conjunctions in the perception of objects, *Cognitive Psychology, 14,* 107–141, 1982.

집중주의 단계 Treisman의 모형에 따르면 '자유롭게 떠다니는' 특징들은 두 번째 단계인 집중주의 단계(focused attention stage)에서 합쳐진다(그림 4.30). 이 단계에서 특징들이 결합된 이후에 비로소 우리가 하나의 사물로 인식하게 된다.

집중주의 단계에서 특징들이 하나로 결속하기 위해서는 주의가 필요하다. 특징 통합에서 주의의 역할을 보여주기 위해서 Tresiman은 그림 4.31에 있는 자극들을 사용한 착각적 결합 실험을 재현했다. 이 실험에서는 숫자들을 무시하고 목표물에만 주의를 집중하라고 지시했다. 주의가 목표들에만 집중되었을 때는 착각적 결합이 사라졌다. 즉, 참가자들은 제시된 모양과 색깔을 정확히 통합하여 기억했다.

수업에서 이 실험을 설명하면 몇몇 학생들은 믿기 어렵다는 반응을 보인다. 한 학생은 "사람들이 사물을 볼 때 그게 조각조각 분해된다고 생각하지 않는다. 우리는 우리가 보는 것을 볼 뿐이다."라고 말했다. 수업 초반부터 지각 처리과정이 인식하기에 너무 빨리 처리된다는 사실을 납득하지 못하는 이런 학생들을 납득시키기 위해서 환자 R. M.의 예시를 가끔 든다. R. M.은 두정엽의 손상으로 발린트 증후군(Balint's syndrome)을 앓게 된 환자다. 발린트 증후군의 가장 큰 특징은 각각의 사물에 주의를 집중할 수 없다는 것이다.

특징통합 이론에 따르면 R. M.은 주의체계가 손상되었기 때문에 사물의 특징들을 정확히 통합시키지 못한다. 실제로 R. M.은 빨간색 T, 파란색 O처럼 두 개의 다른 색깔로 구성된 두 글자를 보았을 때 전체 시행 중 23%에서 파란색 T를 보고하는 등, 착각적 결합 반응을 보였다. 자극을 최대 10초 동안 오래 바라보았음에도 불구하고 말이다 (Friedman-Hill et al., 1995; Robertson et al., 1997). R. M.의 사례는 뇌 손상을 통해, 우리의 뇌가 정상일 때 관찰하기 힘든 여러 작업을 수행하고 있다는 것을 보여준다.

특징 분석은 사전 지식을 필요로 하지 않기 때문에 주로 상향적으로 처리된다. 그러나 경우에 따라서는 하향적으로 처리가 되는 경우도 있다. 예를 들어, Treisman과 Schmidt(1982)는 그림 4.33의 자극들을 이용하여 다른 착각적 결합 실험을 진행했다. 참가자들은 다른 실험과 마찬가지로 어떤 자극을 보았는지 보고하는 과제를 수행했다. 착각적 결합을 일으켜 주황색 삼각형을 검정색이었다고 보고하기도 했다. 그러나 참가자들에게 당근, 호수, 타이어를 보여줄 것이라고 말하면 착각적 결합이 훨씬 덜 일어난다. 삼각형이 당근처럼 주황색이라고 인식할 확률이 더 높아지기 때문이다. 이 경우에는 사물에 대한 기존 지식이 특징들을 정확하게 통합하도록 유도했다. 일상생활에서 우리가 익숙한 사물들을 지각할 때도 하향처리가 사물들을 정확하게 결합하여 지각하도록 도와준다.

그림 4.33 하향처리가 착각적 결합을 감소시킬 수 있음을 보여주기 위해 사용된 자극들.

출처: A. Treisman & H. Schmidt, Illusory conjunctions in the perception of objects, *Cognitive Psychology*, 14, 107–141, 1982.

결속에서 주의의 역할을 알아보기 위한 다른 방법은 시각 탐색 (visual search) 과제를 사용하는 것이다. 시각 탐색이란 여러 사물 중 하나를 찾아내는 실험 과제이다. 예를 들어, 그림 4.11의 군중 속에서 Jennifer Hudson을 찾는 것이 바로 시각 탐색에 해당한다. 유명한 『월리를 찾아라』 책 시리즈에서 월리를 찾는 것도 시각 탐색이다(Handford, 1997). 시각 탐색 중 결합 탐색은 특히 결속을 연구하는 데 유용하게 사용된다.

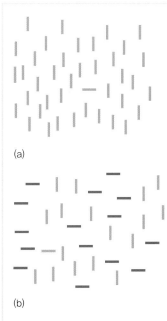

(a)

(b)

그림 4.34 (a)에서는 가로선을, (b)에서는 초록색 가로선을 찾아보자. 무슨 과제에서 시간이 더 소요될까?

© Cengage Learning

보여주기 결합 탐색

세부특징 탐색(feature search)을 이해하면 결합 탐색을 이해하기가 더 수월하다. 그림 4.34a에서 가로로 제시된 선을 찾아보자. 가로선을 찾기 위해서는 목표물의 특징(가로)을 탐색해야 하기 때문에 이는 세부특징 탐색이다. 이제 그림 4.34b에서 초록색 가로선을 찾아보자. 두 개 이상의 특징들이 결합된 특징을 찾아야 하기 때문에 이것은 결합 탐색(conjunction search)이다. 이때는 초록색 세로선도 있고 빨간색 가로선도 있기 때문에 초록색 혹은 가로선에만 집중할 수가 없다. 과제를 성공적으로 수행하기 위해서는 초록색이면서 방향이 세로인 선을 찾아야 한다.

결합 탐색을 하려면 특정 장소에 주의를 집중하여 화면을 주사해야 하기 때문에 결속을 연구하는 데 매우 유용하다. 결합 탐색을 하기 위해서는 장소에 대한 주의가 필요하다는 것을 실험하기 위해 많은 연구자들이 발린트 증후군 환자인

R. M.을 대상으로 연구했다. 결과적으로 R. M.은 결합 탐색을 해야 할 때 목표물을 찾지 못하는 것으로 밝혀졌다(Robertson et al., 1997). R. M.이 주의 집중에 어려움을 느낀다는 것을 감안하면 예상된 결과다. 반면, 세부특징 탐색 과제를 하면 R. M.은 목표물을 찾는 데 어려움을 느끼지 않았다(그림 4.34a). 이는 세부특징 탐색에서는 주의 집중이 필요하지 않다는 것을 반증한다. 따라서 특징통합 이론은 여러 특징들이 하나로 결속되는 과정에 있어서 주의의 중요성을 시사한다.

고려사항

뇌를 차지하기

4장 앞부분에 소개된 William James에 따르면, 주의란 사물이나 생각이 '내 마음을 차지하는 것'이다. 그러나 '차지하는 것'이라는 말은 무슨 의미일까? 많은 연구들이 주의를 기울이면 뇌 활동이 강화된다는 것을 뒷받침하고 있다. 지금부터는 두 가지 실험을 설명함으로써, 한 장소에서 다른 장소로 혹은 한 사물에서 다른 사물로 주의를 이동하는 것이 뇌 활동에 어떤 영향을 주는지를 알아볼 것이다.

첫 번째 실험은 시각피질에 시각적 자극에 대한 공간 지도가 있다는 지각 분야의 발견에 기인한다. 이 지도를 지형도적 지도(topographic map)라고 한다. 왜냐하면 시각 자극의 한 지점은 시각피질의 특정 부위를 활성화시키는데 시각 자극의 각 지점이 시각피질의 특정한 영역에 활동성을 증가시키고, 그와 근접한 자극상의 지점들이 시각피질에서도 같은 위치에서 활성화되기 때문이다.

그림 4.35를 보면 지형도적 지도를 좀 더 쉽게 이해할 수 있다. 그림에서 사람은 패턴이 그려진 원반을 바라보고 있다. A 위치에서 반사된 빛은 각막의 A 지점에 이미지를 만들고 시각피질의 A 지점을 활성화시킨다. B와 C 위치에서 반사된 빛도 각막의 B, C 지점에 이미지를 만들고 시각피질의 B, C 지점을 각각 활성화시킨다. 이 전기 활동은 뇌의 상위 영역으로 전달되는데 이때 관찰자는 A, B, C 지점에 있는 패턴들을 볼 수 있게 된다.

만약 수동적으로 원반의 중앙을 보는 것이 아니라 다른 지점에 집중하려 할 때는 어떤 일이 일어날까? 관찰자는 눈을 움직이지 않고 A의 패턴을 응시하면서 B와 C에 차례로 주의를 돌릴 수 있다(이는 안구 운동 없이 주의를 이동하기 때

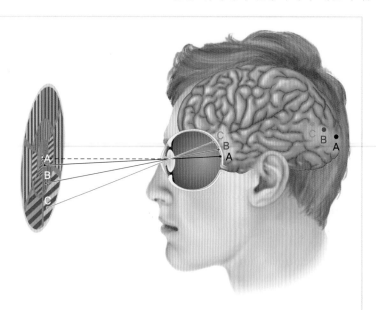

그림 4.35 그림에서 관찰자는 패턴이 있는 원반을 보고 있다. A, B, C의 패턴들은 각막의 A, B, C 지점에 맺히고 시각피질의 A, B, C 지점을 활성화시킨다.

© Cengage Learning

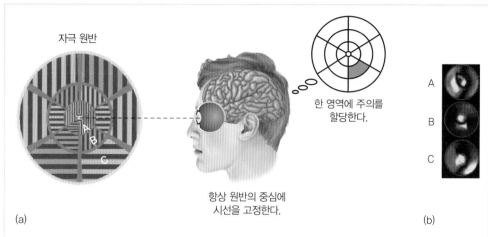

자극 원반

한 영역에 주의를
할당한다.

A
B
C

항상 원반의 중심에
시선을 고정한다.

(a)

(b)

그림 4.36 (a) Datta와 DeYoe(2009)의 실험에서 참가자들은 원의 중심에 시선을 고정하고 여러 가지 방향으로 주의를 이동시킨다. (b)는 참가자가 자극 원반에 있는 글자들을 볼 때 활성화되는 뇌 부위를 도식으로 표현한 것이다. 도식의 중앙은 참가자가 자극의 중심을 바라볼 때 활성화되는 뇌의 지점을 나타낸다. 노란색으로 표시된 '과열점'은 주의에 의해 가장 많이 활성화되는 뇌의 영역이다.

출처: R. Datta & E. A. DeYoe, I know where you are secretly attending! The topography of human visual attention revealed with fMRI, Vision Research, 49, 1037–1044, 2009.

문에 은폐된 주의에 해당한다). Roberto Datta와 Edgar DeYoe(2009)는 이 상황에서 주의의 이동이 뇌의 활성화에 어떤 영향을 주는지 연구했다. 그들은 참가자들에게 은폐된 주의를 사용해서 다른 장소로 주의를 돌리게 하고 fMRI로 뇌의 활동을 측정했다(그림 4.36a).

그림 4.36b의 원의 색깔은 관찰자가 주의를 글자가 있는 지점(그림 4.36a)으로 이동했을 때 활성화되는 피질의 부위를 나타낸다. 관찰자가 시선을 중간 지점에 고정시키고 A로 주의를 돌리면 중간 지점 근처에 있는 노란색 지점이 가장 크게 활성화된다. 가장 크게 활성화된 지점을 과열점(hot spot)이라고 한다. 주의를 더 먼 지점인 B, C로 이동하면 과열점 또한 중심으로부터 멀리 이동한다. 그러므로 주의는 뇌의 지형도적 지도에서 집중하고 있는 지점을 활성화시킨다. 이것이 바로 뇌가 외부 사물을 '차지하는' 과정인 것이다.

Datta와 DeYoe는 모든 자극의 위치에 대한 피질의 활성화를 기록한 결과를 바탕으로, 주의를 특정 지점으로 이동할 때 활성화되는 뇌 부위를 보여주는 '주의 지도(attention maps)'를 만들었다. 흥미로운 점은 특정 참가자의 주의 지도를 형성한 후, 참가자에게 혼자만의 '비밀' 장소에 집중하라고 했을 때, 실험자가 주의가 이동한 위치를 '과열점'을 관찰함으로써 정확하게 알 수 있었다는 것이다.

특정한 종류의 자극에 반응하도록 전문화된 뇌 영역들이 주의에 어떻게 영향을 받는지 살펴봄으로써 주의가 뇌 활동을 활성화시킨다는 개념을 한층 더 깊게 살펴보자. 만약에 주의를 겹쳐진 자극들 중 한 자극에게 집중시켰을 때 어떤 일이 일어날까? Kathleen O'Craven과 동료들(1999)은 한 실험에서 참가자에게 얼굴과 주택이 겹쳐진 자극을 제시하였다(그림 4.37a). 참가자들은 둘 중 하나의 자극에만 주의를 집중하라는 지시를 받았

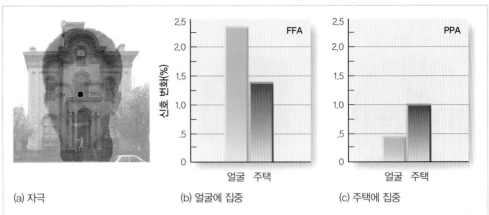

(a) 자극   (b) 얼굴에 집중   (c) 주택에 집중

그림 4.37 **얼굴과 주택이 겹쳐져 있는 O'Craven과 동료들의 1999년도 실험 자극** (b) 참가자들이 얼굴 혹은 주택에 집중했을 때 나타난 FFA 영역의 활성도, (c) 참가자들이 얼굴 혹은 주택에 집중했을 때 나타난 PPA 영역의 활성도.

출처: K. M. O'Craven, P. E. Downing, & N. Kanwisher, fMRI evidence for objects as the units of attentional selection, *Nature*, *401*, 584–587, 1999.

다. 자극 쌍들 중 하나는 항상 고정되어 있었고, 다른 하나는 앞뒤로 조금씩 움직였다. 자극 쌍을 보고 있을 때 움직이는 주택이나 얼굴, 혹은 고정된 주택이나 얼굴을 보도록 지시받았다. 참가자들이 과제를 수행하는 동안 O'Craven은 방추얼굴 영역(fusiform face area: FFA)과 해마방회 장소 영역(parahippocampal place area: PPA)의 활성도를 측정했다 (그림 2.20과 그림 2.21).

그 결과, 참가자들이 움직이거나 고정된 얼굴 자극에 집중할 때는 FFA의 활동이 증가 했다(그림 4.37b). 반면 참가자들이 움직이거나 고정된 주택 자극을 볼 때는 PPA가 활성 화되었다(그림 4.37c). 이는 뇌가 특정 사물에 반응하는 영역들을 활성화시킴으로써 뇌 가 사물을 차지하는 것을 의미한다.

지금까지 우리는 주변 환경에 있는 것들과 상호작용을 할 때 발생하는 현상들에 대해 살펴보았다. 우리는 사물을 보고, 소리를 듣고, 냄새를 맡고, 누군가와 접촉을 함으로써 지각을 하고, 어떤 상황에서는 특정한 것에 다른 것들보다 더 큰 주의를 기울일 수도 있 다. 지각하는 능력과 주의를 조절하는 기능 모두 우리가 환경을 더 잘 파악하고 그 안에 서 적절히 행동할 수 있도록 도와준다. 그러나 모든 것들이 단순히 지나가는 체험으로 끝나선 안 되고 나중에 회상할 수 있도록 체험한 정보를 저장해야 한다. 이러한 작용을 기억이라고 한다. 기억은 우리가 생존하는 데 도움이 될 뿐만 아니라 개인의 정체성을 형 성하는 데 결정적인 역할을 한다. 기억은 매우 중요하기 때문에 이어지는 네 개의 장에 걸쳐 기억이란 주제를 다룰 것이다. 지금까지 지각과 주의를 설명하며 등장했던, 표상의 원리, 기존 지식의 중요성, 생각과 사물의 상호작용 등은 기억을 이해하는 데 있어서 매 우 중요하다.

1. 지각을 할 때 주의가 필요하다는 증거를 다음의 실험들을 예로 들어 설명해 보자. '무주의맹 실험, 농구 실험, 변화 탐지 실험'

2. 주변에서 일어나는 모든 것들을 세세하게 알 필요가 없는 이유를 설명해 보자.

3. Li의 실험을 설명하고 주의를 기울이지 않은 자극들로부터 어떤 정보들을 받아들일 수 있는지 살펴보자.

4. 결속은 무엇이며 왜 필요한가? 결속 문제란 무엇인가?

5. Treisman의 특징통합 이론을 설명해 보자. 이 이론은 사물을 지각하는 과정을 어떻게 설명하는가? 이론에는 어떤 단계들이 있으며 주의는 어느 단계에서 작동하는가?

6. 착각적 결합은 무엇이며 세부특징 분석에 대해 무엇을 알려주는가? 착각적 결합에 관한 실험들이 세부특징 분석에서의 주의의 역할에 대해 어떤 근거로 뒷받침하는가? 발린트 증후군 환자를 대상으로 한 실험이 특징통합 이론을 어떻게 뒷받침하는가?

7. 세부특징 탐색, 결합 탐색에 대해 설명해 보자. 발린트 증후군을 가진 환자는 어떤 탐색 방식을 사용하는 것에 어려움을 겪었는가? 그리고 그 결과는 주의가 특징통합에 있어서 무슨 역할을 하는지에 대해 알려주는가?

이 장의 요약

1. 한 가지 메시지에만 주의를 기울이고 다른 정보는 무시하는 선택 주의는 양분 청취법 실험을 통해 실연되었다.

2. 선택적 주의를 설명하기 위한 여러 가지 모형들이 소개되었다. Broadbent의 여과기 모형은 주의 깊게 받아들여진 메시지들은 정보처리의 초기 단계에서 다른 메시지들과 구분된다고 제시한다. Treisman의 모형은 메시지의 구분이 정보처리의 후기 단계에서 나타난다고 하며, 이를 설명하기 위해 사전 단위라는 개념을 제시한다. 후기 선택 모형들은 메시지의 의미가 처리되기 전까지는 구분이 일어나지 않는다고 주장한다.

3. Lavie는 방해물을 무시하는 능력은 처리용량과 지각부하에 달려 있다고 한다. Lavie의 주의의 부하 이론에 따르면 고부하 과제에서는 방해물을 처리할 처리용량이 남아 있지 않기 때문에 방해가 덜 일어난다고 한다.

4. 스트룹 효과는 과제 무관련 자극이 얼마나 강한지를 보여준다. 예를 들어, 과제와 관련 없는 단어의 의미가 사람들의 주의를 포획하기 때문에 과제와 상반된 반응을 활성화시켜 반응이 느려진다.

5. 드러난 주의는 눈을 움직여서 주의를 이동시키는 것이다. 드러난 주의는 자극 현저성과 같은 상향처리, 장면 도식과 과제 요구 등과 같은 하향처리에 영향을 받는다.

6. 은폐된 주의는 눈을 움직이지 않고 주의를 이동시키는 것이다. 시각적 주의는 눈 움직임 없이도 시야의 다른 곳으로 움직일 수 있다. 사전 단서 주기 실험에서 은폐된 주의는 이동한 지점의 정보처리를 강화시키는 것으로 드러났다. 이를 장소에 대한 주의라고 한다.

7. 사물에 기반을 둔 주의는 주의가 특정 사물에 가 있을 때 일어난다. 사물의 일부에 할당된 주의가 사물 전체에 퍼지는 것을 동일 물체 이득이라고 한다.

8. 쉬운 과제나 연습을 많이 한 과제는 자동처리가 가능하기 때문에 분리 주의가 가능하다. 어려운 과제를 할 때는 분리 주의가 불가능하다.

9. 운전자 부주의는 교통사고의 주요 원인이다. 운전 중 통화는 교통사고를 증가시키고 운전 관련 과제들의 수행률을 저하시킨다는 연구 결과가 있다. 핸즈프리나 음성 인식을 이용한 장치들도 손을 사용하여 휴대전화를

사용하는 것과 비슷하게 운전을 방해하는 것으로 나타났다.

10. 무주의맹과 변화맹 실험은 주의 없이는 시야에 제시되는 사물들도 지각할 수 없다는 것을 보여준다.

11. 비록 우리는 주변에서 일어나는 모든 것들을 알아차리지는 못하지만, 우리의 지각체계는 생존에 적합하도록 진화해 왔다. 우리는 외부 사물의 움직임을 통해 위험을 알아차린 뒤 주의를 이동시킴으로써 한정된 자원을 효율적으로 사용한다. 또한 완전히 주의가 가지 않더라도 중요한 자극들은 알아차릴 수 있다.

12. 결속은 사물의 특징들을 합쳐서 일관된 사물을 지각할 수 있게 한다. 특징통합 이론은 전주의 단계와 집중주의 단계로 이루어진 두 개의 처리 단계를 통해 결속과정을 설명한다. 요지는 사물들이 특징 단위로 나뉘어져 개별적으로 분석되고 그것이 통합되어 하나의 사물로서 온전히 지각하려면 주의가 필요하다는 것이다. 착각적 결합과 시각 탐색, 신경심리학 실험 등은 모두 특징결합 이론을 지지하는 근거이다.

13. 뇌가 주의를 통해 사물을 '차지한다'는 사실은 사물이나 장소에 대한 은폐된 주의가 사물이나 장소에 대해 반응하는 뇌 부위를 활성화하는 것을 통해 알 수 있다.

생각해 보기

1. 다음의 목록에 제시된 활동들 중 두 가지를 선택하라. 그리고 두 가지를 동시에 하는 일이 왜 힘든지 생각해 보자. 어떤 일들은 물리적 한계로 동시에 수행하기 힘들다. 예를 들면, 타자를 치는 것과 운전은 물리적으로 동시에 할 수 없을 것이다. 어떤 일들은 인지적 한계로 동시에 수행하기 힘들다. 선택한 두 가지 활동들을 동시에 하는 것이 왜 쉬울지 혹은 어려울지 설명해 보자. 인지 부하의 개념을 사용하여 설명하자.

운전하기	휴대전화 통화하기
독서하기	연 날리기
수학 문제 풀기	이야기 듣기
친구와 대화하기	리포트 작성하기
내일 계획 세우기	암벽 등반하기
춤추기	

2. 간단한 관찰 실험에 참여할 친구를 찾아보자. 여러 사물이나 여러 가지 세부적인 특징들이 담겨 있는 사진을 찾아서 종이로 가리자. 친구에게 사진을 잠깐 제시하는 동안 보았던 것을 모두 보고해야 한다고 설명하고 사진을 1초 미만으로 짧게 제시한다. 보여주는 시간을 몇 초로 늘려서 주의가 다른 쪽으로도 갈 수 있도록 한다. 세 번째 시행에서는 시간을 좀 더 준다. 친구의 답변을 기반으로 주변 환경을 인식하는 데 주의가 어떤 역할을 하는지 생각해 보자.

3. 미술 작품 관련 서적들은 종종 그림을 그릴 때 특정 요소들을 잘 배열하여 사람들이 작품에서 무엇을 볼지, 또 어떤 순서로 보게 될지를 통제할 수 있다고 주장한

다. 시각 주의 관련 연구들을 토대로 이 주장에 대해서 어떤 의견을 제시할 수 있을까?

4. 실제 환경에서 활동할 때 필요한 주의와 사진을 보며 특징들을 시각적으로 주사할 때의 주의는 어떻게 다른가?

5. 경기장에서 미식축구를 보고 있을 때 경기장과 스탠드, 사이드라인에서는 여러 가지 일들이 일어난다. 이때 언제 물체 기반 주의가 사용되고 언제 장소 기반 주의가 사용되는지 설명해 보자.

6. 미식축구의 두 가지 상황을 예로 들어보자. 한 상황에서는 쿼터백이 패스를 하려고 뒤로 물러난다. 상대방 공격라인이 수비를 막을 때 쿼터백은 다운필드 상황이 어떤지 확인할 충분한 시간이 주어진다. 탐색을 하고 그는 비교적 자유로운 리시버에게 패스를 한다. 두 번째 상황에서는 거대한 라인맨들이 쿼터백을 덮친다. 쿼터백이 충돌을 피하려고 재빨리 움직이는 동안 다운필드의 리시버들을 보지 못하기 때문에 경로가 차단되어 있는 리시버에게 패스를 해 버린다. 두 상황을 과제부하와 선택적 주의를 가지고 설명해 보자.

7. 운전 중 휴대전화를 사용하는 것이 사고율을 증가시킨다는 수많은 증거 자료들이 있다. 따라서 일각에서는 운전 중 휴대전화 사용을 금지시켜야 한다고 주장한다(대부분의 미국의 주들이 운전 중 문자를 보내는 것을 법적으로 금지시키고 있다). 이에 대한 의견은 무엇이며 왜 그런지 설명해 보자.

결속 문제(binding problem)

결속(binding)

결합 탐색(conjunction search)

고부하 과제(high-load task)

도약 안구 운동(saccadic eye movement)

동일 물체 이득(same-object advantage)

드러난 주의(overt attention)

따라 말하기(shadowing)

무주의맹(inattentional blindness)

발린트 증후군(Balint's syndrome)

방해(distraction)

변화맹(change blindness)

병목 모형(bottleneck model)

분리 주의(divided attention)

사전 단서 주기(precueing)

사전 단위(dictionary unit)

선택적 주의(selective attention)

세부특징 탐색(feature search)

스트룹 효과(Stroop effect)

시각 주사(visual scanning)

시각 탐색(visual search)

약화기(attenuator)

양분 청취법(dichotic listening)

은폐된 주의(covert attention)

응시(fixation)

자극 현저성(stimulus salience)

자동처리(automatic processing)

저부하 과제(low-load task)

전주의 단계(preattentive stage)

주의 포획(attentional capture)

주의(attention)

주의의 부하 이론(load theory of attention)

주의의 약화 모형(attenuation model of attention)

주의의 여과기 모형(filter model of attention)

주의의 후기 선택 모형(late selection models of attention)

지각부하(perceptual load)

지형도적 지도(topographic map)

집중주의 단계(focused attention stage)

착각적 결합(illusory conjunction)

처리용량(processing capacity)

초기 선택 모형(early selection model)

칵테일파티 효과(cocktail party effect)

특징통합 이론(feature integration theory)

현저성 지도(saliency map)

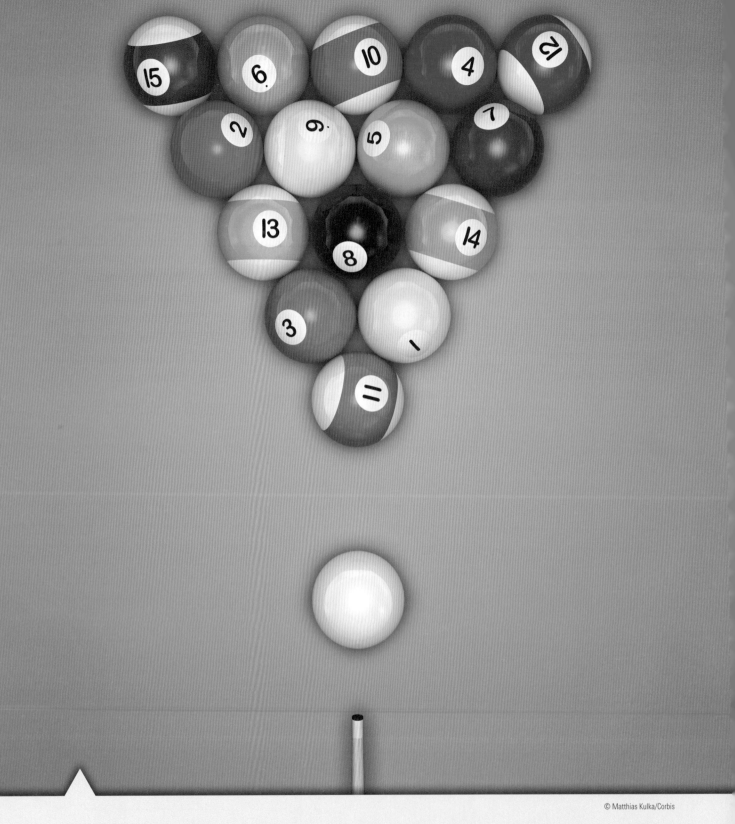

만약 여러분이 이렇게 정렬되어 있는 다양한 색상의 당구공들을 15초 동안 쳐다본다면, 각 줄별로 얼마나 잘 기억해낼 수 있을까? 가장 앞에 있는 공은 쉽게 기억하겠지만, 뒤쪽 줄로 갈수록 기억하기 어려울 것이다. 아니면 공들이 당구대에서 흩어진 직후에 공의 숫자나 위치들을 얼마나 잘 기억할 수 있는지 생각해 보라. 단기기억을 필요로 하는 이런 과제들은 단기기억의 짧은 지속시간과 적은 용량 때문에 상당히 어렵다. 이러한 짧은 지속시간과 제한된 용량에도 불구하고, 단기기억과 작업기억이라 불리는 관련 처리과정들은 매 순간 환경과 상호작용을 할 때 매우 중요하다.

단기기억과 작업기억

이 장의 요약
생각해 보기
핵심 용어

▶ 우리는 전화번호를 전화를 걸 수 있을 정도의 기간 동안에는 기억할 수 있지만 왜 그 이후에는 거의 대부분 잊어버리는가?

▶ 수학 문제를 푸는 것과 같은 과정에서 기억이 어떻게 관여하는가?

▶ 우리가 볼 때와 들을 때 같은 기억체계를 사용하는가?

좋은 기억력을 가진 것의 이점이라든지, 망각의 위험, 혹은 기억하는 능력을 잃어버린 최악의 경우 등 기억에 관해 많은 것들이 이미 서술되었기 때문에 기억이 무엇인지 이해하기 위해서 인지심리학 교과서를 읽어야 할 필요는 거의 없을 것이다. 하지만 여러분이 다음 4개의 장에서 보게 되듯이, '기억'이란 단순히 한 가지의 개념이 아니다. 주의(attention)처럼 기억은 많은 형태로 나타난다. 이 장과 다음 장의 목적 중 하나는 여러 종류의 기억들의 특성과 각각을 담당하는 기제들을 설명하면서 다양한 형태의 기억들을 소개하는 것이다. 기억에 관한 두 개의 정의로 시작해 보자.

■ 기억(memory)은 자극, 심상, 사건, 생각, 기술에 관한 원래 정보가 더 이상 없는데도, 이 정보를 보유하고 인출하며 사용하는 데 수반되는 처리과정이다.

■ 기억은 과거의 어느 시점에서의 경험이 현재나 미래에 행동하고 사고하는 방식에 영향을 주는 것이다(Joordens, 2011).

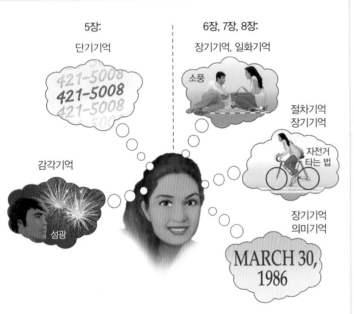

그림 5.1 크리스틴이 이야기한 다섯 가지 종류의 기억 자세한 내용은 본문 참고. © 2015 Cengage Learning

이러한 정의들로부터 기억이 현재에는 물론 미래에까지도 영향을 미치는 과거와 관련이 있다는 것은 자명하다. 이 정의들도 맞지만 기억이 무엇인지 제대로 이해하기 위해서는 과거가 현재에 영향을 미치는 다양한 방법을 고려해야 한다. 우리가 이러한 방법들을 고려할 때, 우리는 비로소 다양한 종류의 기억들이 있음을 알게 될 것이다. 영국의 시인 Elizabeth Barrett Browning에게는 유감이지만 그녀의 남편에게 보낸 유명한 시는 "당신을 어떻게 사랑하는지 (사랑하는 방법을) 헤아려 보겠어요(How do I love thee, let me count the ways)."라고 시작하는데, 다음과 같은 질문으로 크리스틴의 인생의 사건들을 묘사해 볼 수 있다. '당신을 어떻게 기억하는지 헤아려 보겠어요(How do I remember thee, let me count the ways)'(그림 5.1).

너에 대한 나의 첫 번째 기억은 매우 짧고 극적이었다. 그날은 7월 4일이었고, 모두는 불꽃놀이를 보기 위해 하늘을 올려다보고 있었다. 하지만 내가 보았던 것은 불빛이 번쩍하는 동안, 잠시 보였다가 어둠 속으로 사라지는 너의 얼굴이었다. 그러나 그 어둠 속에서도 나는 잠시 동안 내 마음속에 너의 모습을 담고 있었다.

위에서 불빛으로 비춰진 얼굴처럼 어떤 것이 짧게 나타날 때, 어둠 속에서 아주 짧은 시간 동안 여러분의 지각(perception)은 지속된다. 이것처럼 영화를 볼 수 있도록(perceive) 해주는 요인들 중 하나인 이미지에 대한 짧은 지속은 감각기억(sensory memory)

이라고 불린다.

그 이후 운 좋게도 나는 '우연'을 가장한 만남을 만들어냈고, 우리는 휴대전화 번호를 교환할 수 있었다. 하지만 불행하게도, 나는 휴대전화를 가지고 있지 않았고, 적을 만한 것도 없었다. 그래서 나는 너의 번호를 적을 수 있을 때까지 계속해서 속으로 반복해 외워야만 했다.

크리스틴이 했던 것처럼 정보를 계속 반복하지 않으면 10초에서 15초 정도의 짧은 시간 동안만 우리의 기억 속에 저장되는 정보는 단기기억(short-term memory), 또는 작업기억(working memory)이다.

그리고 모두 기억하고 있겠지만, 우리가 함께 했던 모든 순간들에 대해 수없이 많은 기억들이 생각나. 나는 특히 우리가 숲속으로 자전거를 타고 소풍을 갔던 상쾌한 가을날이 기억나.

장기기억(long-term memory)은 몇 분에서부터 인생 전체까지 확장될 수 있는 오랜 기간 동안 정보를 저장하는 역할이다. 소풍 같은 과거의 **경험**에 관한 장기기억은 **일화기억**(episodic memory)이다. 자전거를 타거나 근육을 움직이는(muscle coordination) 다른 능력들은 **절차기억**(procedural memory)이라고 불리는 장기기억의 한 형태이다.

나는 우리가 함께 했던 많은 것들을 기억하고 있지만, 우리가 함께 살았던 첫 번째 아파트의 주소가 생각나지 않아. 물론, 다행히도, 너의 생일은 정확하게 기억하고 있지만.

장기기억의 다른 종류 중 하나는 주소나 사진, 물체들의 이름('그것은 자전거다.') 같은 사실들에 관한 기억인 **의미기억**(semantic memory)이다.

우리는 이 장에서 감각기억과 단기기억을 설명할 것이다. 우리는 6장의 앞부분에서 단기기억과 장기기억을 비교할 것이고 6장의 나머지 부분과 7장, 8장에서 장기기억에 관해 알아볼 것이다. 우리는 때때로 사람들이 '단기기억'이라는 용어를 사건들에 관한 몇 분, 몇 시간, 심지어는 며칠 동안의 기억의 의미로 잘못 사용하지만 단기기억은 실제로 그보다 훨씬 더 짧다. 6장에서 우리는 단기기억의 지속 기간에 대한 잘못된 개념이 영화 속에서 기억상실증에 어떻게 반영되는지를 주목할 것이다. 사람들은 종종 단기기억의 중요성을 과소평가한다. 내가 학생들에게 기억을 사용하는 10가지 목록을 작성하라고 했을 때 대부분의 항목은 장기기억으로부터 나오는 것이었다. 그 상위 5가지 항목은 다음과 같다.

1. 시험공부 내용
2. 하루 일정
3. 이름
4. 전화번호
5. 찾아가는 길

여러분의 목록은 다를 수도 있다. 하지만 단기기억이 필요한 항목은 목록에 포함되기 매우 어렵다. 특히 인터넷과 휴대폰이 사용이 기억 속에 전화번호를 유지하기 위해 계속해서 전화번호를 계속해서 반복할 필요를 없앴기 때문이다. 그렇다면 감각기억과 단기기억의 목적은 무엇인가?

우리가 영화를 볼 때는 감각기억이 중요하다(그것에 대해서는 곧 설명할 것이다). 하지만 감각기억을 논의하는 주요한 이유는 우리가 어떻게 많은 정보를 즉시 받아들이고, 0.5초 후에 얼마나 많은 정보가 남아 있는지를 측정하는 기발한 절차를 보여주기 위해서이다.

단기기억의 목적은 우리가 그것의 특성을 기술할수록 더 명확해질 것이다. 하지만 잠시 멈추고 이 질문에 대답해 보자. 지금 무엇을 의식하고 있는가? 기억에 관해 읽고 있는 글들? 여러분 주위? 배경의 소음? 뭐라고 대답하든 여러분은 단기기억에 관해 묘사하고 있는 중이다. 여러분이 알고 생각하는 매 순간마다 모든 것들은 단기기억 속에 있다. 지금으로부터 30초 후 여러분의 '오래된' 단기기억은 없어질지도 모른다. 하지만 새로운 것이 그 자리를 대체한다. 장기기억 속에 있는 여러분의 '해야 할' 목록(to-do list)은 중요할 수도 있다. 하지만 그 목록에 있는 개개의 것들을 하면서 여러분은 끊임없이 단기기억을 사용한다. 여러분이 이 장에서 보게 되겠지만, 단기기억은 지속 기간은 짧지만 매우 중요하다.

우리는 기억처리의 초기 단계가 감각기억과 단기기억이라고 주장한 영향력 있는 초기 기억 모형인 다중저장고 모형을 설명하면서 감각기억과 단기기억에 대한 설명을 시작할 것이다.

다중저장고 모형

마음이 어떻게 작동하는지를 설명하는 모형들은 인지심리학의 많은 연구에서 중요하게 다루어져왔다. 우리는 Donald Broadbent(1958)가 제시한 주의의 여과기 모형(filter model)을 통해 모형이 얼마나 중요한지 알 수 있다. 주의의 여과기 모형은 인지(cognition)에 대한 정보처리 접근에서 정보처리를 안내하는 흐름도를 소개한다(1장 16쪽; 4장 106쪽).

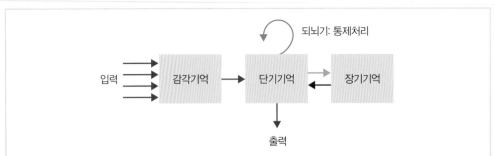

그림 5.2 **Atkinson과 Shiffrin(1968)의 기억의 다중저장고 모형의 흐름도** 본문에서 설명하고 있는 이 모형은 1960년대에 제기된 여러 기억 모형들의 특성을 담고 있기 때문에 다중저장고 모형이라고 불린다.
© Cengage Learning

Broadbent가 그의 주의에 관한 흐름도를 소개한 지 10년 후에 Richard Atkinson과 Richard Shiffrin(1968)은 그림 5.2에 있는 다중저장고 모형(modal model of memory)을 소개하였다. 이 모형은 다음과 같은 세 가지 종류의 기억을 제시한다.

1. 감각기억은 몇 초 혹은 아주 짧은 시간 동안 모든 입력 정보를 유지시키는 초기 단계이다.
2. 단기기억(STM)은 15~20초 정도 동안 5~7개 정도의 항목(item)을 유지한다. 이 장에서 단기기억의 특성을 설명할 것이다.
3. 장기기억(LTM)은 아주 많은 양의 정보를 몇 년 혹은 심지어 수십 년 동안 유지할 수 있다. 6장, 7장, 8장에서 장기기억을 설명할 것이다.

앞에서 제시된 각각의 기억들은 모형에서 각각의 상자로 표현되어 있으며, 기억의 종류들은 구조 특질(structural features)이라고 불린다. 우리가 볼 수 있듯이, 이 도표에서 단기기억과 장기기억 상자들은 후에 단기기억과 장기기억의 여러 종류들을 구별하기 위해 모형을 수정한 연구자들에 의해 확장되었다. 하지만 지금 우리는 단순한 다중저장고 모형이 여러 종류의 서로 다른 기억들이 어떻게 작동하고 서로 상호작용하는지에 대한 중요한 법칙들을 설명해 주기 때문에 이 단순한 모형을 시작점으로 삼았다.

Atkinson과 Shiffrin은 또한 통제처리(control process)를 제안했다. 통제처리는 사람이 통제할 수 있고 과제마다 다르게 나타나는 구조적 특성과 연합되어 있는 역동적 처리과정이다. 단기기억에서 작동하는 통제처리의 한 예는 자극을 계속해서 반복하는 되뇌기(rehearsal)이다. 예를 들면, 전화번호 책이나 인터넷에서 찾아낸 전화번호를 본 후 마음속으로 번호를 기억하기 위해 전화번호를 반복하고 또 반복하는 과정이다. 되뇌기는 그림 5.2에 파란색 화살표로 표시되어 있다. 통제처리의 다른 예는 (1) 전화번호 숫자들을 역사에서 친숙한 날짜와 관련짓는 것처럼 자극을 더 잘 기억하도록 돕기 위해 사용하는 전략과 (2) 특히 중요하거나 흥미로운 정보에 집중할 수 있도록 돕는 주의 전략이다.

어떻게 구조적 특성과 통제처리가 작동하는지 설명하기 위해, 레이철이 인터넷에서 미네오 피자의 전화번호를 찾을 때 어떤 일이 일어나는지 생각해 보자(그림 5.3). 그녀가 처음 컴퓨터 화면을 볼 때, 그녀의 눈에 들어온 모든 정보가 감각기억에 저장된다(그림 5.3a). 레이철은 미네오의 전화번호에 집중하기 위해 선택적 주의의 통제처리를 사용하고 전화번호는 그녀의 단기기억으로 들어간다(그림 5.3b). 그리고 그것을 단기기억에 유지하기 위해 되뇌기의 통제처리를 사용한다(그림 5.3c).

레이철은 나중에 그 전화번호를 다시 사용하리라는 것을 안다. 그래서 그녀는 그 전화번호를 그녀의 휴대폰에도 저장해 두기로 결정하고 그녀는 전화번호를 기억할 것이며 그녀의 기억 속에서도 전화번호가 저장될 것이다. 전화번호를 기억하기 위해 그녀가 사용하는 처리과정은 6장에서 논의할 통제처리 과정으로, 전화번호를 장기기억으로 이동시키는 것이다(그림 5.3d) 장기기억에 번호를 저장하는 과정을 **부호화(encoding)**라고 부른다. 며칠 후 레이철이 피자를 먹고 싶은 마음이 다시 생겼을 때, 그녀는 그 번호를 기억한다. 장기기억에 저장된 정보를 기억해내는 과정을 **인출(retrieval)**이라고 한다(그림

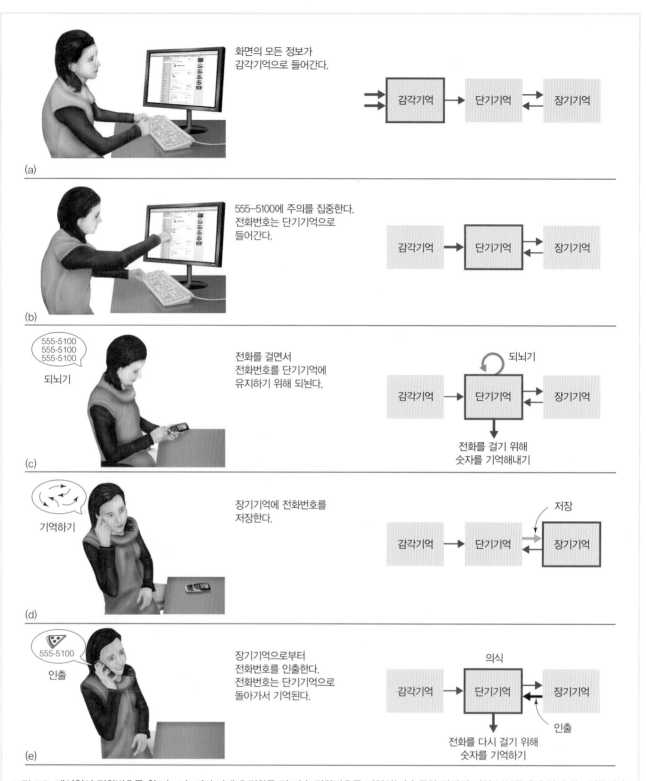

그림 5.3 레이철이 전화번호를 찾고(a, b), 피자 가게에 전화를 걸고(c), 전화번호를 기억하는(d) 동안 각각의 기억 부분들에서 일어나는 일들이다. 며칠 후, 그녀는 다시 피자를 주문하기 위해 장기기억에서 전화번호를 인출한다(e). 레이철이 각각의 행동을 할 때 활성화되는 처리과정들은 기억의 다중저장고 모형의 부분들 중 빨간 윤곽선으로 표시되어 있다. © Cengage Learning

5.3e).

    우리의 예시로부터 분명한 한 가지는 기억의 각 요소들이 독립적으로 활동하지 않는다는 것이다. 전화번호는 처음에 레이철의 단기기억에 저장되었지만 정보가 단기기억에서 쉽게 사라지기 때문에(전화번호를 잊어버리는 것처럼) 레이철은 전화번호를 그녀가 나중에 필요할 때까지 유지할 수 있는 장기기억으로 이동시킨다(초록 화살표). 그녀가 이후에 전화번호를 기억해낼 때, 그 전화번호는 단기기억으로 되돌아온다(검은 화살표). 그리고 레이철은 전화번호를 알게 된다. 우리는 감각기억부터 모형의 각 구성 요소들을 살펴볼 것이다.

감각기억

감각기억(sensory memory)은 감각 자극의 효과를 짧은 시간 동안 유지하는 것이다. 우리는 이러한 시각 자극 효과의 짧은 유지를 두 가지의 친숙한 예시로 보여줄 수 있다. 움직이는 폭죽에 의해 남은 흔적과 영화(동영상)를 보는 경험이 그것이다.

폭죽의 흔적과 영사기의 셔터

날이 어두워지면 폭죽의 끝에 성냥을 갖다 댄다. 불꽃이 끝에서부터 퍼져나간다. 폭죽을 들고 흔들면, 빛의 자국(꼬리)이 만들어진다(그림 5.4). 폭죽이 남기고 간 빛의 자국은 사람이 공중에다 흔들어서 만들어지는 것이지만, 사실 이 자국에는 실제 빛이 없다. 빛나는 자국은 아주 짧은 시간 동안 폭죽의 빛에 대한 지각이 마음에 남아 있기 때문에 만들어진 것이다. 이러한 마음속 남겨진 빛을 잔상이라고 부른다.

잔상(persistence of vision)은 시각 자극이 사라진 후에도 남는 시각 자극에 대한 지속적인 지각이다. 이런 잔상은 아주 짧은 기간 동안만 지속된다. 그래서 물체가 오랫동안 나타나는 일상 경험에서는 드러나지 않는다. 그러나 시각 잔상 효과는 움직이는 폭죽

지각의 자국

그림 5.4 (a) 폭죽은 빠르게 움직일 때 빛의 흔적을 만들어 낼 수 있다. (b) 이 흔적은 빛에 대한 지각이 잠깐 동안 지속되기(마음속에서) 때문에 나타난다.

이나 영화관에서 빠르게 비춰지는 사진같이 짧게 제시되는 자극에서 뚜렷하다.

영화를 보고 있는 동안, 화면에서 행동이 부드럽게 움직이는 것을 보고 있지만 전통적인 영화에서 실제로 화면에 뿌려진 것은 보는 것과 매우 다르다. 첫째, 영화의 한 프레임은 영사기의 렌즈 앞에 위치하고 있다. 그리고 영사기의 셔터가 열리고 닫힐 때, 영화 프레임의 그림은 아주 잠시 화면에 비춘다. 셔터가 닫혔을 때, 영화는 다음 프레임으로 이동한다. 그리고 그 시간 동안의 화면은 어둡다. 다음 프레임이 렌즈 앞에 도달했을 때,

표 5.1 영화에서의 시각 지속*

어떤 일이 일어났는가?	화면에 무엇이 있는가?	무엇을 지각하는가?
영화의 첫 번째 프레임이 스크린에 투사된다.	그림 1	그림 1
셔터가 닫히고 다음 프레임으로 넘어간다.	어둠	그림 1 (시각 지속)
셔터가 열리고 두 번째 프레임이 투사된다.	그림 2	그림 2

* 여기서 보여주는 과정은 전통적인 필름을 사용하는 영화에 관한 것이다. 새로운 디지털 영화 기술은 디스크에 저장된 정보를 기반으로 한다.

셔터는 화면에 다음 그림을 비추면서 다시 열리고 닫힌다. 이 과정은 매 초마다 24개의 움직이지 않은 그림을 화면에 잠깐 보여주고 각 그림 이후 짧게 어둠을 보여주면서 매 초당 24회씩 빠르게 반복된다(표 5.1). 시각 잔상으로 이전 프레임의 그림을 유지하면서 어둠을 채우기 때문에 영화를 보고 있는 사람은 그림 사이의 어두운 간격이 보이지 않는다.

Sperling의 실험: 감각 저장고의 용량과 지속시간 측정

움직이는 폭죽의 지각에 흔적을 덧붙이고 영화의 프레임 사이에 어두운 공간을 채우는 시각 잔상 효과는 심리학 역사의 초기부터 알려진 현상이다(Boring, 1942). 하지만 Geroge Sperling(1960)은 사람들이 짧게 나타나는 자극으로부터 얼마나 많은 정보들을 받아들일 수 있는지 궁금했다. 그는 그림 5.5a에 나온 것과 같은 글자들의 배열을 50ms(50/1000초) 동안 잠깐 주고 실험 참가자들에게 가능한 많은 글자들을 보고하라고 요구하는 유명한 실험을 통해 알아보았다. 이 부분에서는 전체 보고법(whole report method)을 사용했다. 즉, 실험 참가자들에게 전체의 12개의 글자가 있는 화면에서 가능한 많은 글자들을 보고하도록 요청하였다. 주어진 과제에서, 그들은 12개의 글자들 중에서 평균적으로 4.5개의 글자를 보고할 수 있었다.

이 시점에서 Sperling은 노출이 매우 짧았기 때문에 실험 참가자들이 12개의 글자 중에서 평균 4.5개밖에 보지 못했을 수 있다고 결론지을 수도 있었다. 하지만 Sperling 실험의 실험 참가자들 중 몇은 모든 글자를 다 보았지만 글자를 보고하는 도중 그들의 지각은 빠르게 사라졌다고 보고하였다. 그래서 그들이 4개나 5개의 글자를 응답했을 때 그들은 다른 글자를 더 이상 보거나 기억할 수 없었던 것이다.

Sperling은 만약 글자에 대한 지각이 희미해지기 때문에 실험 참가자들이 12개의 글자를 보고하지 못하는 것이라면 한 줄의 4개 글자만 보고하도록 하면 더 잘 해낼 것이라고 추론했다. Sperling은 이 생각을 검증하기 위해 부분 보고법(partial report method)을 고안했다. 실험 참가자들은 12개의 글자 화면을 이전 실험처럼 50ms 동안 보았다. 하지만 번쩍이고 사라진 직후에, 그들은 어느 줄을 보고해야 하는지 알려주는 소리를 들었다. 높은 음은 맨 윗줄을 가리키고, 중간 음은 중간 줄을, 낮은 음은 가장 아랫줄을 가리킨다

(a) 전체 보고법 　　　　　　결과: 12개의 글자 중 평균 4.5개 글자

그림 5.5　Sperling(1960)의 세 가지 실험 절차 (a) 전체 보고법: 12개의 글자를 50ms 동안 보고 기억할 수 있는 한 모두 보고했다. (b) 부분 보고법: 12개의 글자를 모두 보았지만 글자가 사라진 직후 보고해야 할 줄을 알려주는 소리를 들려준다. (c) 지연부분 보고법: (b)와 같지만 글자가 사라지고 소리를 제시할 때까지 약간의 지연이 있다. © Cengage Learning

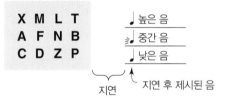

높은 음
중간 음
낮은 음
즉시 제시된 음

(b) 부분 보고법, 즉시 소리 제시 　　　결과: 4개의 글자 중 평균 3.3개 글자

X M L T
A F N B
C D Z P

높은 음
중간 음
낮은 음
지연　지연 후 제시된 음

B

(c) 부분 보고법, 소리 제시 지연 　　　결과: 1초 지연 후 4개의 글자 중 평균 1개 보고

(그림 5.5b).

　12개의 글자들이 모두 사라진 **직후**에 음이 제시되었기 때문에 실험 참가자들의 주의는 실제 글자에 바로 가는 것이 아니라 더 이상 존재하지 않는, 글자가 사라진 후 참가자들의 마음속에 남아있는 흔적에 주의가 가는 것이다. 글자 줄들 중 하나에 그들의 주의를 고정시킬 때, 그들은 한 줄에 4개 중 평균적으로 3.3개를 보고할 수 있었다(82%). 이런 현상은 어느 줄을 보고하는지와 관계없이 항상 나타났고, Sperling은 12개의 글자 화면이 나타난 직후에 실험 참가자들은 모든 글자들 중 평균 82%를 보는데, 글자들을 보고하는 동안 다른 글자들이 빠르게 쇠퇴하기 때문에 보았던 모든 글자를 보고하지 못하는 것이다.

　Sperling은 기억이 쇠퇴되는 데 걸리는 시간을 알아보기 위해 추가적인 실험을 진행했다. 이 실험에서 Sperling은 지연부분 보고법(delayed partial report method)을 고안하여 사용했다. 지연부분 보고법은 글자들이 잠깐 나타났다 사라지고 단서 음이 짧은 지연 이후에 제시되는 방식이다(그림 5.5c). 이 실험의 결과는 글자가 사라지고 1초의 지연 후에 단서 음이 제시되었을 때 실험 참가자들은 그 줄에서 평균적으로 단지 1개 조금 넘는 글

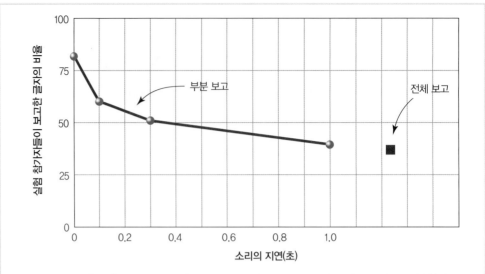

그림 5.6 **Sperling(1960)의 부분 보고 실험의 결과** 수행의 감소는 영상기억의 빠른 쇠퇴 때문이다. (다중저장고 모형 중 감각기억) © Cengage Learning

자를 응답할 수 있었다. 그림 5.6은 지연시간에 따른 실험 참가자들의 응답률을 보여준다. 이 그래프는 자극이 제시된 직후에는 거의 모든 자극에 대한 지각이 가용함을 보여준다. 이것이 감각기억이다. 그리고 몇 초가 지나면 감각기억은 사라진다.

Sperling은 이러한 결과로부터 지속 기간이 짧은 감각기억은 우리의 시각수용기에 들어오는 대부분의 정보를 입력한다고 결론을 내렸다. 하지만 이 정보는 1초 이내에 사라진다. 영상기억(iconic memory) 또는 시각적 영상(visual icon)(영상은 '그림'을 뜻한다)이라고 불리는, 시각 자극에 대한 짧은 감각기억은 Atkinson과 Shiffrin의 다중저장고 모형의 감각기억 단계와 상응한다. 다른 청각자극을 사용한 연구는 소리가 마음속에서 지속된다는 것을 보여주었다. 청상기억(echoic memory)이라고 불리는 소리의 지속은 원래 자극이 나타난 후 몇 초 동안 지속된다(Darwin et al., 1972). 청상기억의 한 예는 다음과 같다. 누군가가 말하는 것을 듣고 처음에는 이해하지 못해 '뭐라고?'라고 말했다. 하지만 그 사람이 뭐라고 말했는지 반복하기도 전에 여러분은 마음속에서 그것을 듣는다. 만약 이런 일을 겪는다면 여러분은 청상기억을 경험한 것이다.

따라서 감각기억은 매우 많은 양의 정보를 수용한다. 아마도 감각수용기에 도달하는 모든 정보를 수용할 것이다. 하지만 감각기억은 정보를 오직 몇 초 또는 1초 이하의 아주 짧은 시간 동안만 유지한다. Sperling의 실험은 감각기억의 용량(크다)과 지속시간(짧다)을 보여주었을 뿐 아니라 잘 만든 실험을 통해서 우리가 일반적으로 깨닫지 못하는 빠른 인지적 처리과정을 알 수 있게 된다는 사실을 보여주기 때문에 중요하다. 다음 부분에서 우리는 다중저장고 모형 중에서 정보를 짧게 저장하지만 감각기억보다는 오래 저장하는 두 번째 단계인 단기기억을 다룰 것이다.

단기기억

우리는 감각기억이 빠르게 사라지더라도 Sperling 실험의 참가자들이 몇 개 단어는 보고할 수 있다는 것을 위에서 보았다. 이 글자들은 그림 5.2의 흐름도에 감각기억에서 단기기억으로 넘어간 글자들 중 일부이다(Baddeley et al., 2009). 단기기억(short-term memory: STM)은 짧은 시간 동안 적은 양의 정보를 저장하는 기제이다. 그러므로 여러분이 지금 무엇을 생각하거나 방금 무엇을 읽든지 간에 그것은 여러분의 단기기억 속에 존재하고 있다. 아래에서 볼 수 있듯이, 이 정보들의 대부분이 결국 사라지고 그중에서 오직 몇 개만 더 오래 지속되는 장기기억(LTM)으로 넘어간다.

단기기억의 짧은 지속시간 때문에, 장기기억에 비해 그 중요성을 쉽게 경시한다. 하지만 우리가 볼 수 있듯이 단기기억은 우리의 정신생활(mental life)의 많은 부분을 담당하고 있다. 단기기억은 우리가 현재를 보는 창이기 때문에 우리가 현재 지금 알고 생각하는 모든 것들은 단기기억에 의해 좌우된다(그림 5.3e에 레이철이 장기기억에서 피자 전문점의 전화번호를 인출함으로써 알게 되었던 것을 상기하자). 우리는 2개의 질문에 답을 하면서 단기기억의 초기 연구를 설명할 것이다. (1) 단기기억의 지속시간은 얼마인가? (2) 단기기억의 용량은 얼마인가? 기억을 검사하는 회상이라는 방법을 사용한 실험들을 통해 이 질문들에 대한 답을 찾을 것이다.

방법 회상

우리가 이 장에서 설명하는 대부분의 실험들은 회상(recall)이라는 방법을 사용한다. 회상은 실험 참가자들에게 자극을 보여주고 얼마간의 지연 후에 가능한 많은 자극을 보고하도록 실험 참가자에게 요구하는 방법이다. 기억해낸 자극의 비율을 통해 기억 수행을 측정할 수 있다(예: 10개 단어 목록을 공부하고 그중 3개를 회상한다면 30%의 회상률이다). 회상하는 방식에 어떤 일정한 형태가 있는지를 알아보기 위해 연구 참가자의 반응을 분석한다(예: 실험 참가자가 과일과 차 종류로 이루어진 목록을 제시받게 된다면, 그들이 차와 과일을 기억해낼 때 각각을 묶음으로 묶어서 회상하는지를 알아보기 위해 연구 참가자의 반응을 분석한다). 고등학교 졸업 등과 같이 살면서 겪은 사건들이나 네브래스카의 수도와 같이 배운 사실들을 다시 떠올리라고 요구받았을 때에 회상이 일어난다.

단기기억은 얼마나 오랫동안 유지되는가?

단기기억에 관한 잘못된 주요 개념 중 하나는 단기기억이 상대적으로 긴 시간 동안 유지된다는 것이다. 며칠 전이나 몇 주 전의 사건을 단기기억에 기억되어 있는 것처럼 생각하는 것은 흔한 일이다. 그러나 인지심리학자들에 따르면 단기기억은 15에서 20초 또는 그보다 적게 유지된다. 이러한 사실은 단기기억의 지속시간을 확인하기 위해 회상 방법을 사용한 영국의 John Brown(1958)과 미국의 Lloyd Peterson과 Margaret Peterson(1959)에 의해 입증되었다. 그들의 실험에서 참가자들은 다음의 '보여주기'에 있는 것과 비슷한 과제가 주어졌다.

보여주기 글자 3개 기억하기

이 실험을 하기 위해서 실험 참가자가 될 다른 사람이 필요하다. 그 사람에게 아래의 지시를 읽어주라.

> 나는 몇 개의 글자를 말하고 나서 한 개의 숫자를 말할 것이다. 여러분의 과제는 그 글자들을 기억하는 것이다. 내가 숫자를 말했을 때, 여러분이 할 일은 그것을 따라 말하고 그 숫자에서 3씩 거꾸로 세는 것이다. 만약 내가 'ABC 309'라고 말하면, 여러분은 '309, 306, 303' 등으로, 내가 회상이라고 말할 때까지 계속해서 소리 내어 숫자를 3씩 거꾸로 세어라. 내가 회상이라고 말하면, 즉시 세는 것을 멈추고 여러분이 숫자 바로 전에 들었던 3개의 글자를 말하면 된다.

아래의 시행 1에 있는 글자와 숫자로 시작해 보자. 사람들이 글자들을 되뇌는 것을 막기 위해 소리를 내서 숫자를 세도록 하는 것이 중요하다. 그 사람이 숫자를 세기 시작하고 20초가 지나면, '회상'이라고 말하라. 그 사람이 3개의 글자 묶음을 얼마나 정확하게 회상했는지를 기록하고 각각의 정확도를 적으면서 다음 시행을 계속하라.

시행 1:	FZL	45
시행 2:	BHM	87
시행 3:	XCG	98
시행 4:	YNF	37
시행 5:	MJT	54
시행 6:	QBS	73
시행 7:	KDP	66
시행 8:	RXM	44
시행 9:	BYN	68
시행 10:	NTL	39

잠시 뒤 여러분의 결과를 확인해 보고 먼저 Peterson과 Peterson이 숫자를 말하는 것과 글자들을 회상하기 시작하는 그 사이의 시간 간격을 다르게 하여 이와 유사한 실험을 했을 때 무엇을 발견했는지를 보자. Peterson과 Peterson은 연구 참가자들이 3초 동안 숫자를 센 후에 회상을 시작하면 약 80%의 3개 글자 묶음을 기억할 수 있지만 18초 동안 세고 난 후에는 단 12%의 3개 글자 묶음만을 기억할 수 있음을 발견하였다(그림 5.7a). Peterson과 Peterson은 이 실험 결과를, 참가자들이 글자 묶음을 들은 후 18초의 시간이 지나는 동안 기억이 쇠잔하였고 그 결과 글자 묶음들을 잊어버리게 된 것으로 해석하였다. 즉, 참가자들의 기억 흔적이 글자들을 들은 후 시간이 지나감에 따라 쇠잔(decay)해서 사라졌다.

하지만 Geoffrey Keppel과 Benton Underwood(1962)는 Peterson과 Peterson의 결과를 자세히 살펴보았고, 첫 번째 시행에서는 18초의 지연이 있은 이후에도 기억 수행이 높다는 것을 발견했다(그림 5.7b). 그러나 몇 회의 시행을 한 이후에 그들의 수행은 떨어지기 시작했고, 이후 시행에서 18초의 지연이 있으면 수행은 매우 나빴다. 이것은 여러분의 실험 결과와 어떻게 다른가? 여러분의 실험 참가자들은 첫 번째 시행에는 기억 수행이 좋

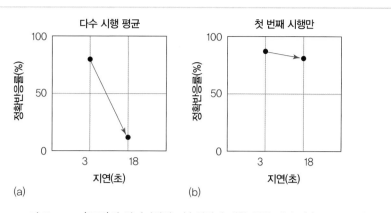

그림 5.7 **Peterson과 Peterson(1959)의 단기기억의 지속시간에 대한 실험 결과** (a) Peterson과 Peterson이 제시한 결과에서는 자극의 제시와 검사 사이의 시간 간격이 18초일 때, 글자 자극에 대한 기억 검사 수행이 급격히 저하되는 것을 보인다. 이러한 자료는 많은 시행들의 평균 수행에 기초한 것이다. (b) Peterson과 Peterson의 결과를 Keppel과 Underwood가 재분석한 결과에서는 첫 번째 시행만 분석에 포함시켰을 때 수행의 저하가 적게 나타나는 것으로 나타났다. © Cengage Learning

앉고, 그 이후 시행에는 수행이 나빠지는가? 분명하게도, Peterson과 Peterson이 보고한 18초 이후 저조한 기억 수행의 발견은 후반 시행에서 수행이 저하되었기 때문이다.

왜 몇 개의 시행을 수행한 이후에 기억 수행이 저하되는가? Keppel과 Underwood는 기억 수행의 하락이 Peterson과 Peterson이 제안한 것처럼 시간에 따라 기억 흔적이 쇠잔해서가 아니라 이전에 배운 정보가 새로운 정보의 학습을 간섭해서 생기는 순행간섭(proactive interference) 때문이라고 주장했다.

많은 양의 프랑스어 단어를 공부하고 난 직후에 스페인어 단어들을 공부를 하면, 여러분이 방금 배운 프랑스어 단어가 스페인 단어를 방해하기 때문에 스페인어 단어들을 공부하는 것이 더 어려워진다는 점은 순행간섭의 효과를 보여준다. 그러므로 순행간섭은 이전에 학습한 것이 새로 학습한 것을 간섭할 때 발생한다. 또 다른 종류의 간섭은 역행간섭(retroactive interference)인데, 새로 학습한 것이 이전에 학습한 것을 기억해내는 것을 방해할 때 발생한다. 예를 들어, 역행간섭은 스페인어에 대한 학습이 이전에 배웠던 프랑스어를 기억해내는 것을 어렵게 할 때 발생한다.

Keppel과 Underwood는 순행간섭의 개념을 이용해서 첫 번째 몇 시행에서 글자들을 회상하는 것이 이후 시행에 있는 글자들을 기억하는 것을 방해하기 때문에 글자들의 회상을 어렵게 만든다고 설명했다. 그러므로 Peterson과 Peterson이 발견한 빠른 망각은 18초가 지연되어서가 아니라 참가자들이 이전에 학습한 모든 정보들에 의해 생긴 간섭 때문이라는 것이다.

단기기억의 수행 저하가 순행간섭 때문이라는 것은 어떤 의미가 있는가? 우리의 일상생활 경험의 관점에서 본다면, 여러 가지 다른 일들이 계속 벌어지고, 또한 우리는 주의를 계속 이동시키기 때문에 간섭이 지속적으로 일어난다는 것을 쉽게 알 수 있다. 이러한 지속적인 간섭의 효과로 되뇌기를 하지 못하게 했을 때의 단기기억의 효과적인 지속시간은 15초에서 20초 이내인 것이다(Zhang & Luck, 2009).

단기기억에 얼마나 많은 항목을 저장할 수 있는가?

단기기억에서 정보들이 빠르게 사라질 뿐만 아니라, 단기기억에 저장할 수 있는 정보의 양도 제한이 있다. 우리가 볼 수 있듯이, 4개에서 9개 정도의 항목들이 단기기억에 저장될 수 있다고 추정한다.

숫자 폭 단기기억의 용량을 측정하는 한 가지 방법은 사람이 기억할 수 있는 숫자의 개수로 숫자 폭(digit span)을 측정하는 것이다. 다음 예시를 따르면 여러분의 숫자 폭을 알아볼 수 있다.

> **보여주기** 숫자 폭
>
> 색인 카드나 종이를 이용해서 아래의 있는 모든 숫자들을 가리자. 숫자들을 덮은 카드를 아래로 움직여서 첫 번째 줄의 숫자들을 볼 수 있게 하자. 첫 번째 줄의 숫자들을 한 번 읽고 다시 덮은 후에 그 숫자들을 순서대로 써보라. 그리고 난 후에 숫자들을 덮은 카드를 아래로 움직여서 다음 줄에 있는 숫자들을 볼 수 있게 하고, 위의 절차를 반복하라. 틀릴 때까지 이 절차를 반복하라. 틀리지 않고 기억할 수 있는 가장 긴 줄이 여러분의 숫자 폭이다.
>
> 2149
>
> 39678
>
> 649784
>
> 7382015
>
> 84264132
>
> 482392807
>
> 5852984637
>
> 만약 가장 긴 숫자 줄을 기억하는 데 성공하면, 10개 혹은 그 이상의 숫자 폭을 가지고 있는 것이다. 일반적인 숫자 폭은 5에서 9 사이다.

숫자 폭 측정을 통해 우리는 단기기억의 평균 용량이 전화번호의 길이 정도인 약 5개에서 9개의 항목임을 알 수 있다. 단기기억의 한계가 약 5에서 9 정도 된다는 견해는 1장(17쪽)에서 소개한 George Miller(1956)가 이러한 한계에 대한 증거를 요약한 그의 논문 「마법의 수 7±2: 정보처리 용량의 몇 가지 한계(The magical number seven, plus or minus two)」를 통해 제시하였다.

변화 탐지 최근에는 단기기억의 용량이 약 4개의 항목이라고 주장한다(Cowan, 2001). 이러한 결론은 Steven Luck과 Edward Vogel(1997)이 변화 탐지(change detection)라는 절차를 사용하여 단기기억의 용량을 측정한 결과로 나온 것이다.

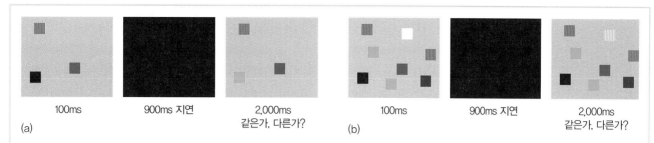

(a) 100ms   900ms 지연   2,000ms 같은가, 다른가?

(b) 100ms   900ms 지연   2,000ms 같은가, 다른가?

그림 5.8 (a) Luck과 Vogel(1997)의 실험에서 사용한 자극. 실험 참가자는 첫 번째 화면을 보고 두 번째 화면이 같은지 다른지를 보고한다. 이 예에서는 한 사각형의 색이 두 번째 화면에서 바뀌었다. (b) 더 많은 항목들을 포함한 Luck과 Vogel의 자극.

출처: Adapted from E. K. Vogel, A. W. McCollough, & M. G. Machizawa, Neural mea-sures reveal individual differences in controlling access to working memory, *Nature 438*, 500–503, 2005.

방법 변화 탐지

127쪽에 있는 '보여주기: 변화 탐지'에 따르면 한 장면에 대한 두 개의 사진이 번갈아 가며 빠르게 보일 때 실험 참가자의 과제는 첫 번째와 두 번째 사진 사이에 무엇이 바뀌었는지를 보고하는 것이다. 이 실험들의 결과를 보면 사람들이 사진의 변화를 종종 놓친다.

변화 탐지는 사람들이 짧게 제시된 자극을 보고 얼마나 많은 양의 정보를 보유할 수 있는지를 알아보기 위해 보다 단순한 자극을 사용하기도 한다. 변화 탐지의 예로 Luck과 Vogel의 실험에서 사용된 자극이 그림 5.8에 나와 있다. 왼쪽에 있는 화면을 100ms 동안 보여주고 난 후 900ms 동안 어두운 화면이 나타나고 다시 오른쪽에 있는 새로운 화면이 나온다. 실험 참가자의 과제는 두 번째 화면이 처음 화면과 같은지 다른지를 판단하여 보고하는 것이다(두 번째 화면에서 색이 하나 달라진다). 이 과제는 화면에 나타난 항목의 수가 단기기억 용량 내에 있으면 쉽지만(그림 5.8a) 화면에 제시된 항목의 수가 단기기억의 용량보다 많아지면 어려워진다(그림 5.8b).

그림 5.9에서 볼 수 있듯이 Luck과 Vogel의 실험 결과는 화면에 1개에서 3개의 사각형이 있으면 거의 완벽한 수행을 보였지만, 4개 이상의 사각형이 있을 때는 수행 수준이 떨어졌다. Luck과 Vogel은 이 결과를 통해 실험 참가자들이 그들의 단기기억에 4개의 항목들을 저장할 수 있다고 결론 내렸다. 언어 자극을 이용한 다른 실험들에서도 같은 결론에 도달했다(Cowan, 2001).

단기기억의 용량이 4개 또는 5개의 항목에서 9개의 항목이라고 추정하는 것은 단기기억의 용량을 다소 낮게 제한한 것이다. 만약 우리가 기억 속에 저장할 수 있는 능력이 매우 제한적이라면, 문장에 배열되어 있는 단어들과 같은 상황에서 더 많은 수의 항목들을 기억에 저장하는 것이 어떻게 가능할까? 이 질문에 대한 대답으로 Miller는 그의

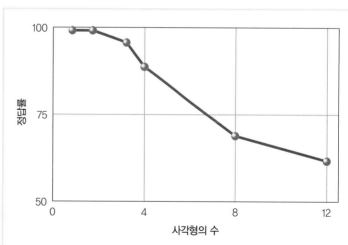

그림 5.9 화면에 4개의 사각형이 나온 이후부터 수행이 저하되기 시작하는 것을 보여준 Luck과 Vogel(1997)의 실험 결과.

출처: Adapted from E. K. Vogel, A. W. McCollough, & M. G. Machizawa, Neural measures reveal individual differ-ences in controlling access to working memory, *Nature 438*, 500–503, 2005.

「마법의 수 7±2: 정보처리 용량의 몇 가지 한계」 논문에서 **청크화**라는 개념을 소개하였다.

청크화 Miller(1956)는 단어와 같은 작은 단위가 구와 같은 또는 문장이나 단락, 또는 이야기와 같은 더 큰 의미가 있는 단위로 결합될 수 있다는 사실을 기술하기 위해 청크화(chunking)의 개념을 소개하였다. 예를 들어, '원숭이, 아이, 제멋대로, 동물원, 뛰다, 도시, 고리무늬 꼬리, 어리다'와 같은 단어들을 기억해야 한다고 생각해 보자. 이 목록에 몇 개의 단위가 있는가? 8개의 단어들이 있다. 하지만 이들을 다르게 묶어 본다면 '고리무늬 꼬리-원숭이, 제멋대로-뛰다, 어린-아이, 도시-동물원'과 같이 4개 쌍으로 묶을 수 있다. 한 단계 더 나아가 이 단어들을 한 개의 문장으로 정렬할 수 있다. '고리무늬 꼬리 원숭이가 도시 동물원에서 어린아이를 위해 제멋대로 뛰어다녔다(The ringtail monkey jumped wildly for the young child at the city zoo)'.

청크(chunk)는 청크 내의 구성 요소들끼리는 강하게 연합되어 있지만 다른 청크의 구성 요소들과는 약하게 연합되어 있는 구성 요소들의 모음으로 정의된다(Cowan, 2001; Gober et al., 2001). 예시에서 '고리무늬 꼬리'라는 단어와 '원숭이'라는 단어는 강하게 연합되어 있지만 '아이'나 '도시' 같은 다른 단어들과는 강하게 연합되어 있지 않다.

그러므로 의미라는 관점에서 청크화는 단기기억에서 정보를 저장하는 우리의 능력을 증가시킨다. 우리는 서로 관련 없는 5~8개의 단어들을 회상할 수 있지만, 단어들을 의미 있는 문장으로 배열하여 단어들 간의 연합을 강화시킨다면 기억 폭을 20개 단어 이상으로 늘릴 수 있다(Butterworth et al., 1990). 다음 예시는 글자들을 청크화하는 것을 보여준다.

보여주기 글자 기억하기

아래에 제시된 글자들의 묶음을 2초마다 약 한 글자씩의 속도로 읽어라. 그리고 글자들을 보이지 않게 가리고 순서대로 적을 수 있는 만큼 글자들을 적어 보라.

BCIFCNCASIBB

어떻게 했는가? 이 과제는 쉽지 않다. 왜냐하면 이 과제는 12개의 독립적인 글자들을 기억하는 것이고, 이는 일반적인 글자 폭인 5~9보다 더 크기 때문이다.

이제 다음 글자들을 순서대로 외워 보자.

CIAFBINBCCBS

앞선 목록과 비교해서 이 목록에서의 수행은 어떠하였는가?

두 번째 목록이 첫 번째 목록이랑 같은 글자들을 이루어져 있지만, 만약 두 번째 목록이 친숙한 4개의 집단 이름으로 구성되어 있다는 사실을 알게 된다면 기억해 내기가 더 쉬울 것이다. 그러면 의미가 있는 4개의 청크를 만들 수 있고, 그래서 더 쉽게 기억할 수 있다.

K. Anders Ericsson과 그의 동료들(1980)은 평균적인 기억 능력을 가진 대학교 학생들이 엄청난 기억 수행을 해내는 것을 보여줌으로써 청크화의 효과를 보여주었다. 그들의 실험 참가자 중 한 명인 S. F.에게 무작위 숫자들을 들려주고 그 숫자들을 순서대로 따라 말하도록 시켰다. S. F.가 전형적인 7개의 숫자 폭을 가지고 있었음에도 불구하고 집중적인 훈련(230시간 회기)을 받은 후에 틀리지 않고 79개의 숫자까지 순서대로 따라 말할 수 있었다. 이 과제를 어떻게 했을까? S. F.는 숫자들을 의미가 있는 더 큰 단위로 바꾸어 기록하는 청크화를 사용하였다. S. F.는 달리기 선수였다. 그래서 숫자 배열들의 일부를 달리기 기록으로 바꾸었다. 예를 들면, 3492는 '3분 49.2초, 거의 세계 기록에 가까운 시간'으로 바꾸었다. 그는 의미를 만들기 위해 다른 방법들도 사용하였다. 그래서 893은 '89.3살, 매우 늙은 사람'이 되었다. 이 예시는 S. F.가 이미 그의 장기기억 속에 저장되어 있는 달리기 기록에 대한 지식을 기반으로 청크 일부를 생성했기 때문에 단기기억과 장기기억 사이 상호작용을 보여준다.

읽으면서 글자들을 단어로 청크화하고, 전화번호의 친숙한 지역 번호를 하나의 단위로 기억하거나, 긴 대화를 작은 의미 단위로 변환시키는 것과 같이 청크화는 제한된 용량의 단기기억 체계가 매일 수행하는 많은 과제들과 관련이 있는 많은 양의 정보를 다룰 수 있게 해준다.

단기기억에 얼마나 많은 양의 '정보'를 저장할 수 있는가?

위에서 설명한 것처럼 단기기억의 용량을 저장할 수 있는 항목의 수로 말할 수 있다는 생각으로 많은 연구가 진행되었다. 하지만 일부 연구자들은 기억의 용량을 '항목의 수'보다는 '정보의 양'으로 묘사되어야 한다고 주장했다. 시각으로 제시된 물체에 대해서도 정보는 기억에 저장된 물체의 시각적 특징이나 세부사항으로 정의된다(Alvarez & Cavanagh, 2004).

우리는 컴퓨터 플래시(USB) 드라이브에 사진을 저장하는 것을 고려해 보면 정보가 중요하다는 생각을 이해할 수 있다. 저장할 수 있는 사진의 수는 드라이브의 용량과 사진의 크기에 달려 있다. 더 많은 세부사항을 담고 있는 큰 사진일수록 기억에서 더 많은 공간을 차지하므로 사진이 클수록 적은 수의 사진을 저장할 수 있다.

이것을 염두에 두고, George Alvarez와 Patrick Cavanagh(2004)는 Luck과 Vogel이 사용한 변화 탐지 절차를 사용하여 실험을 실시하였다. 하지만 색이 있는 사각형에 추가로 그림 5.10a에서 볼 수 있는 것과 같은 더 복잡한 물체들도 역시 자극으로 사용했다. 예를 들어, 가장 복잡한 자극인 그늘진 정육면체의 경우 실험 참가자들에게 여러 개의 다른 정육면체를 포함하고 있는 화면을 보여주고 그 이후 빈 화면을 제시한 후에 정육면체들이 처음 화면과 같거나 다른 다음 화면을 보여준다. 실험 참가자의 과제는 2개의 화면이 같은지 다른지 보고하는 것이다.

그림 5.10b에 제시된 결과를 보면, 실험 참가자가 제시된 화면들이 같은 것인지 다른 것인지를 판단할 수 있는 능력은 자극의 복잡성에 의해 영향을 받는다. 색이 있는 사각

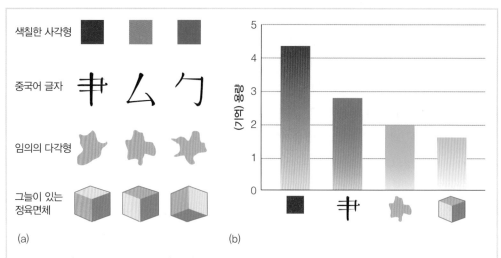

(a)

(b)

그림 5.10 (a) Alvarez와 Cavanagh(2004)의 변화 탐지 실험에서 사용된 자극들 중 일부. 정보가 적은 자극(색칠한 사각형)에서부터 정보 많은 자극(정육면체)들을 사용했다. 실제 실험에서, 각 세트마다 6개의 서로 다른 물체(자극)들을 사용하였다. (b) 각 유형의 자극마다 기억할 수 있는 물체의 평균 숫자를 보여주는 결과.

출처: Adapted from G. A. Alvarez & P. Cavanagh, The capacity of visual short-term memory is set both by visual information load and by number of objects, *Psychological Science*, 15, 106–111, 2004.

형의 경우 기억 용량은 4.4개이지만 정육면체의 경우 기억 용량은 1.6개밖에 되지 않는다. 이 결과에 기초해서 Alvarez와 Cavanagh는 하나의 이미지 안에 더 많은 정보가 있을수록 더 적은 정보가 시각 단기기억에 들어간다고 결론을 내렸다.

단기기억의 용량을 항목의 수로 측정해야 하는가(Awh et al., 2007; Fukuda et al., 2010; Luck & Vogel, 1997), 혹은 세부적인 정보의 양으로 측정해야 하는가?(Alvaraz & Cavanagh, 2004; Bays & Husain, 2008; Brady et al., 2011). 그 두 가지의 생각을 각각 지지하는 실험들이 있다. 그리고 연구자들 간에 논의는 계속되고 있다. 그러나 항목의 수를 고려하든 정보의 양을 고려하든, 단기기억 용량의 한계는 약 4개 항목이라는 점은 모두가 동의한다.

지금까지 단기기억에 대한 논의는 두 가지 특성에 초점을 맞췄다. '얼마나 오랫동안 정보가 단기기억에 저장될 수 있고, 얼마나 많은 정보가 단기기억에 저장될 수 있는가?'가 그것이다. 이러한 방법으로 단기기억을 고려하여, 우리는 제한된 시간 동안 어느 정도의 양의 물을 저장할 수 있는 물이 새는 양동이와 같은 용기에 단기기억을 비교할 수 있다. 하지만 단기기억에 관한 연구가 진행되면서, 다중저장고 모형에서 제시한 단기기억의 개념이 많은 연구 결과들을 설명하기에는 너무 제한된 것이 분명해졌다. 문제는 단기기억이 단순히 단기적인 저장 기제로만 설명되었다는 점이다. 하지만 피자를 주문하는 레이철의 예시에서 볼 수 있듯이, 전화번호를 기억하는 일은 단기기억에서 장기기억으로 정보를 전환하는 것을 포함하며, 전화번호를 기억해내는 과정에는 전화번호를 다시 장기기억에서 단기기억으로 전환시키는 것을 포함한다. 따라서 단기기억의 역할은 저장소 그 이상이다. 그 역할은 정보를 장기기억으로 이동시키는 것과 장기기억에서 정보를 인출하는 것을 포함한다. 단기기억이 정보의 이동과 같은 역동적인 처리과정과 관련이 있다는 생각은 단기기억의 본질에 대해서 다시 생각해 보게 만들었고, 단기기억 대신 작업기억이라는 개념이 제안되었다.

자가 테스트 5.1

1. 크리스틴의 다섯 가지 다른 종류의 기억으로 이 장을 시작한다. 그것들은 무엇인가? 짧은 지속시간을 가지고 있는 것은 무엇인가? 또는 긴 지속시간을 갖는 것은? 왜 단기기억이 중요한가?

2. 구조(화살표로 연결된 상자)와 통제 과정으로 Atkinson과 Shiffrin의 기억의 다중저장고 모형을 설명하라. 그리고 피자를 주문하려고 하는데 피자 가게의 전화번호가 기억나지 않는 경우 이 모형의 각 구성 요소들이 어떻게 작동하는지 설명하라.

3. 감각기억과 Sperling이 감각기억의 용량과 지속시간을 측정하기 위해 글자 몇 줄을 짧게 보여준 실험을 설명하라.

4. 단기기억에서 기억이 사라지는 것은 쇠잔 때문인가? 아니면, 간섭 때문인가? Peterson과 Peterson의 실험과 실험 결과에 대한 Keppel과 Underwood의 견해를 이해해야 한다. 단기기억의 지속시간은 얼마인가?

5. 숫자 폭이란 무엇인가? 단기기억의 용량에 대해 무엇을 알려주는가?

6. Luck과 Vogel의 변화 탐지 실험에 대해 설명하라. 이 실험의 결과에 따르면 단기기억의 용량은 얼마인가?

7. 청크화란 무엇인가? 청크화가 설명하는 것은 무엇인가?

8. 단기기억의 용량을 어떻게 측정해야만 하는지에 관한 두 가지 주장은 무엇인가? Alvarez와 Cavanagh의 실험과 그들의 결론을 설명하라.

작업기억

Baddeley와 Hitch(1974)가 소개한 작업기억(working memory)은 "이해, 학습, 추론과 같은 복잡한 과제를 수행하기 위해 정보를 조작하고 잠시 저장하기 위한 제한된 용량의 기제"라고 정의한다. 이 정의 중 진하게 쓴 부분은 작업기억이 이전 다중저장고 모형의 단기기억의 개념에 비교하여 구별되는 부분이다.

　단기기억은 주로 짧은 시간 동안 정보를 저장하는 곳으로 여겨져 왔지만(예: 전화번호를 기억하는 것), 작업기억은 복잡한 인지 과정 중에 일어나는 **정보의 조작**으로 간주되었다(예: 문단을 읽을 때 동시에 숫자를 기억하는 것). 작업기억이 정보의 조작과 관련이 있다는 것은 몇 개의 예시를 살펴봄으로써 이해할 수 있다. 첫째로, 레이철이 피자 가게에 통화하는 내용을 들어보자.

　레이철: 브로콜리와 버섯이 있는 큰 피자를 주문하고 싶어요.

　대답: 죄송합니다. 버섯이 다 떨어졌어요. 대신 시금치로 대체해도 될까요?

　레이철은 두 번째 문장을 들으면서 첫 번째 문장 '죄송합니다. 버섯이 다 떨어졌어요.'

를 그녀의 기억에 저장하고, 두 문장 사이에 연결을 만듦으로써 피자 가게의 대답을 이해할 수 있었다. 만약 그녀가 '시금치로 대체해도 될까요?'만 기억하고 있었다면, 그것이 브로콜리 대신인지 버섯 대신인지 알지 못했을 것이다. 이 예시에서 레이철의 단기기억은 정보를 저장하는 용도로만 쓰인 것이 아니라, 대화를 이해하는 것 같은 능동적인 과정에도 쓰인 것을 확인할 수 있다.

능동적인 과정의 또 다른 예시는 우리가 '43 곱하기 6을 암산으로 풀어보라.'와 같은 간단한 수학 문제를 풀 때에도 일어난다. 잠깐 멈추고, 머릿속에서 한다는 것을 의식하면서 암산을 해 보라.

이 문제를 푸는 방법은 다음과 같은 일련의 단계를 따른다.

1. 시각화하기: 43×6
2. 곱하기: $3 \times 6 = 18$
3. 8을 머릿속에 기억하고, 1을 4가 있는 곳으로 옮기기
4. 곱하기: $6 \times 4 = 24$
5. 가져온 1과 24를 더하기
6. 25를 8 옆에 두어 결과 만들기
7. 답은 258

이 계산에 저장(기억 속에 8을 저장해 두기, 다음 곱하기를 위해 6과 4를 기억해내기)과 능동적인 처리과정(1을 올리고 6과 4를 곱하는 것)이 동시에 관여를 하고 있다는 것을 쉽게 알 수 있다. 만약 저장하는 과정만 관여를 한다면 이 문제는 풀 수 없다. 이 계산을 수행하는 다른 방법들도 있지만, 어떤 방법을 선택하든 기억 속에 정보를 저장하고 정보를 처리하는 과정은 항상 포함되어 있을 것이다.

단기기억과 기억의 다중저장고 모형이 시간에 지나면서 밝혀진 역동적인 처리과정을 설명하지 못하기 때문에 Baddeley와 Hitch는 단기적인 기억 과정을 설명하기 위해 단기기억 대신 작업기억이라는 이름을 제안하였다. 최근 연구자들은 짧은 기간 내의 기억처리를 이야기함과 동시에 단순한 저장 이상의 처리과정의 기능을 이해하고자 할 때 단기기억과 작업기억이라는 용어를 둘 다 사용한다.

다시 Baddeley로 돌아와서, 그가 깨달은 것 중 하나는 다음 '보여주기'에서 설명하듯 특정한 조건하에서 2개의 과제를 동시에 수행할 수 있다는 것이다.

(보여주기) 글 읽고 숫자 기억하기

아래 구절을 읽으면서 숫자 7, 1, 4, 9를 마음속에 기억하라.

> Baddeley는 만약 단기기억이 약 전화번호 길이만큼의 제한된 저장 용량을 가지고 있다면, 저장 용량을 채웠을 때 단기기억을 사용하는 다른 과제를 수행하는 것은 매우 어려울 것이라고 생각했다. 하지만 그는 실험 참가자들은 글을 읽거나 간단한 단어 문제를 푸는 것 같은 다른 과제들을 수행하면서 짧은 일련의 숫자들을 기억하고 있는 것이 가능하다는 것을 발견했다. 이 과제를 하는 데 어떠한가? 그 숫자들은 무엇이었는가? 여러분이 방금 읽은 글의 요지는 무엇이었는가?

Atkinson과 Shiffrin의 기억의 다중저장고 모형에 따르면, 여러 개의 과제 중 단기기억의 용량 전체를 다 차지하는 단 한 개의 과제를 수행하는 것만이 가능해야 한다. 하지만 위의 예시의 과제들과 비슷한 실험을 Baddeley가 실시하였을 때, 그는 실험 참가자들이 숫자들을 기억하는 동시에 글을 읽을 수 있다는 것을 발견했다.

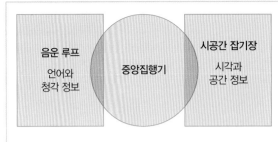

Baddeley의 작업기억 모형

그림 5.11 Baddeley와 Hitch(1974; Baddeley, 2000a, 2000b)의 작업기억 모형의 세 가지 주요 요소를 나타낸 도표: 음운 루프, 시공간 잡기장, 중앙집행기. © Cengage Learning

어떤 종류의 모형이 (1) 언어를 이해하거나 수학 문제를 풀기 등의 인지 과정에 관여하는 역동적인 처리과정과 (2) 사람들이 두 가지 과제를 동시에 수행할 수 있다는 사실을 동시에 설명할 수 있는가? Baddeley는 작업기억은 반드시 역동적이어야 하고, 독립적으로 기능하는 많은 요소들로 구성되어 있어야 한다고 결론을 내렸다. 그는 세 가지의 구성 요소를 제안했다. 이들은 음운 루프, 시공간 잡기장, 중앙집행기이다(그림 5.11).

음운 루프(phonological loop)는 두 가지 요소로 이루어져 있다. 제한된 용량을 가지고 있고 몇 초 동안만 정보를 유지하고 있는 음운 저장소(phonological store)와 정보의 쇠잔을 막고 음운 저장소에 계속 저장할 수 있도록 되뇌기를 시키는 조음 되뇌기 처리(articulatory rehearsal process)가 그것이다. 그러므로 여러분이 전화번호나 누군가의 이름을 기억하려고 하거나 여러분의 인지심리학 교수님이 말하는 것을 이해하려고 할 때 여러분은 음운 루프를 사용하고 있는 중이다.

시공간 잡기장(visuospatial sketch pad)은 시각 정보와 공간 정보를 담고 있다. 우리 마음 속에 그림을 떠올리거나 퍼즐을 풀거나 캠퍼스에서 길을 찾는 과제를 할 때 우리는 시공간 잡기장을 사용한다. 도표에서 볼 수 있듯이, 음운 루프와 시공간 잡기장은 중앙집행

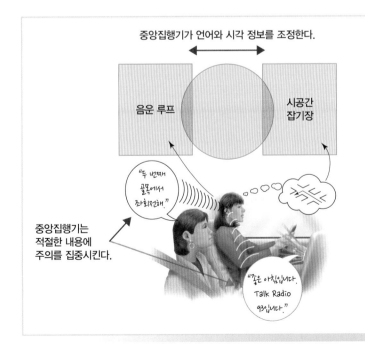

그림 5.12 음운 루프(길 안내 듣기, 라디오 듣기)와 시공간 잡기장(경로 시각화)에 의해 처리되는 과제들은 중앙집행기가 조정한다. 중앙집행기는 또한 운전자가 라디오의 내용을 무시하고 길 안내를 듣는 데 집중할 수 있도록 돕는다. © Cengage Learning

기에 붙어 있다.

중앙집행기(central executive)는 대부분의 작업기억 작업이 일어나는 곳이다. 중앙집행기는 장기기억에서 정보를 인출해내거나 과제의 특정한 부분에 집중을 하고 여러 과제들 사이에 주의를 어떻게 분산시킬 것인지 결정함으로써 음운 루프와 시공간 잡기장의 활동을 조정한다. 그러므로 중앙집행기는 작업기억의 '교통경찰(traffic cop)'이라고 할 수 있다.

이 교통경찰의 기능을 이해하기 위해서, 여러분은 지금 이상한 도시에서 운전을 하고 있고, 옆 좌석에 앉아 있는 친구는 식당으로 가는 길을 읽고 있으며, 차 라디오는 뉴스를 방송하고 있다고 상상해 보자. 여러분의 음운 루프는 언어적인 길 안내를 처리하고 있으며, 시공간 잡기장은 음식점으로 가는 길의 지도를 시각화시키고 있다. 그리고 여러분의 중앙집행기는 이 두 가지 정보를 조정하고 합친다(그림 5.12). 이와 더불어, 중앙집행기는 아마도 라디오에서 나오는 내용을 무시하도록 도와줘서 여러분이 길 찾기에 집중할 수 있도록 해줄 것이다.

우리는 음운 루프가 언어를 어떻게 다루고 시공간 잡기장이 시각 정보와 공간 정보를 어떻게 저장하며, 중앙집행기가 이 두 가지를 조정하기 위해 주의를 어떻게 사용하는지를 보여주는 몇 가지 현상들을 설명할 것이다.

음운 루프

우리는 언어에 특화된 체계에 대한 견해를 지지하는 세 가지 현상들을 설명할 것이다. 세 가지 현상들은 음운 유사성 효과, 단어 길이 효과, 조음 억제이다.

음운 유사성 효과 음운 유사성 효과(phonological similarity effect)는 소리가 유사한 글자나 단어들의 혼동을 말한다. 이 효과를 초기에 입증한 R. Conrad(1964)는 화면에서 연속적인 글자들을 잠깐 보여주었고 그의 실험 참가자들에게 제시된 순서대로 글자들을 적으라고 지시했다. 그는 그의 참가자들이 오류를 일으킬 때, 표적처럼 들리는 다른 글자로 표적 글자를 오인하는 경향이 있음을 발견하였다. 예를 들어, 'F'는 종종 'S'나 'X'로 오인된다. 이들 두 개의 글자는 'F'와 비슷하게 들린다. 하지만 표적 글자랑 비슷하게 생긴 'E'와는 혼동이 일어나지 않는다. 실험 참가자가 글자들을 보았더라도 그들이 만든 실수는 글자의 소리 때문에 나타난다.

이러한 연구 결과는 전화번호와 관련된 우리의 일상적인 경험과도 맞는다. 대부분의 경우 전화번호를 시각적으로 봄에도 불구하고, 우리는 대개 컴퓨터 화면의 그 숫자들이 어떤 식으로 보이는지 시각화하기보다는 소리로 반복함으로써 전화번호를 기억한다(Wickelgren, 1965). 최신 용어를 사용하면, Conrad의 결과는 음운 루프의 한 부분인 음운 저장소에서 단어가 처리될 때 나타나는 음운 유사성 효과의 예시인 것이다.

단어 길이 효과 단어 길이 효과(word length effect)는 단어의 목록에 대한 기억에서 긴 단어보다 짧은 단어를 더 잘 기억하면서 발생한다.

단어 길이 효과

과제 1: 아래의 단어들을 읽어 보라. 다른 곳을 보고 여러분이 기억한 단어들을 적어 보라.

　　　짐승, 구리, 아내, 골프, 여관, 먼지, 별

과제 2: 이제 아래의 단어들로 똑같이 해 보라.

　　　술, 재산, 증폭기, 장교, 미술관, 모기, 관현악단, 벽돌공

　　'보여주기'에 있는 두 개의 목록은 각각 단어를 8개씩 가지고 있다. 하지만 단어 길이 효과에 따르면 단어의 길이 때문에 두 번째 목록을 기억하는 것이 더 어렵다. Baddeley와 동료들(1984)은 실험 참가자들에게 '보여주기'에 있는 것과 비슷한 절차의 실험을 통해 단어 길이 효과를 입증했다. 그들은 짧은 단어들의 약 77%를 기억하지만 긴 단어의 약 60%밖에 기억하지 못하는 것을 발견했다. 긴 단어를 되뇌는 것과 회상하기 위해 긴 단어를 만들어내는 과정에서 더 많은 시간이 필요하기 때문에 단어 길이 효과가 발생한다.

　　언어적 자료에 대한 기억을 연구한 Baddeley와 동료 연구자들(1975)의 연구에서 그들은 사람들이 1.5~2초 동안 발음할 수 있는 만큼의 항목의 수를 기억할 수 있다는 것을 발견했다(Schweickert & Boruff, 1986 참고). 2초 동안 가능한 빨리 소리 내어 숫자를 세어 보라. Baddeley에 따르면 여러분이 말할 수 있는 단어 수는 여러분의 숫자 폭에 가깝다. 하지만 일부 연구자들은 단어 길이 효과가 어떤 조건하에서는 일어나지 않는다고 제안했음을 주목하라(Lovatt et al., 2000, 2002 참고).

조음 억제　음운 저장소의 작동을 연구하는 한 가지 방법은 음운 저장소의 작동이 방해받을 때 어떤 일이 일어나는지 알아보는 것이다. 조음 억제는 사람이 기억해야 하는 항목들의 되뇌기를 할 수 없도록 과제와 관계없는 소리인 'the the the' 같은 소리를 반복해서 낼 때 일어난다(Baddeley, 2000b; Baddeley et al., 1984; Murray, 1968).

　　의미 없는 소리를 반복해서 내면 되뇌기를 방해하기 때문에 기억력을 감소시키는 조음 억제(articulatory suppression)라는 현상이 나타난다. 아래의 '보여주기'에서 Baddeley와 동료(1984)의 연구에 기초하여 조음 억제의 효과를 설명하고 있다.

조음 억제

과제 1: 아래의 목록을 읽어 보라. 그리고 돌아서서 가능한 한 많은 단어를 회상하라.

　　　식기세척기, 벌새, 기술자, 병원, 노숙자, 추론

과제 2: 아래의 목록을 읽으면서 'the the the'를 소리 내서 반복하면서 아래의 목록을 읽어 보라. 그리고 돌아서서 가능한 한 많은 단어를 떠올려 보라.

　　　자동차, 아파트, 농구, 수학, 김나지움(체육관), 가톨릭교

　　'the, the, the……'를 반복하는 것이 음운 루프에 부담을 주고 따라서 두 번째 목록을 기억하는 것이 어려워지기 때문에 조음 억제 현상이 발생한다.

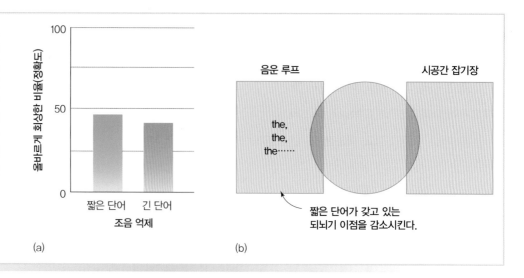

그림 5.13 (a) 'the, the, the……'라고 말하는 것은 단어 길이 효과를 없애기 때문에 짧은 단어와 긴 단어에 대한 수행 차이를 적게 만든다 (Baddeley et al., 1984). (b) 'the, the, the……'라고 말하는 것은 음운 루프에서 되뇌기를 줄여서 이러한 효과를 만들어낸다. © Cengage Learning

Baddeley와 동료들(1984)는 'the, the, the……'를 반복하는 것이 단어 목록을 기억하는 능력을 감소시킬 뿐만 아니라 단어 길이 효과도 없앤다는 것을 발견했다(그림 5.13a). 단어 길이 효과에 따르면, 짧은 단어들이 긴 단어들보다 되뇌기를 하기 위한 더 넓은 공간을 음운 루프에 남기기 때문에 한 음절 단어 목록이 긴 단어 목록보다 회상하기 쉽다. 하지만, 'the, the, the……'를 말함으로써 되뇌기를 막았을 때는 짧은 단어와 긴 단어 모두 음운 저장소에서 사라지고 짧은 단어의 이점도 사라진다(그림 5.13b).

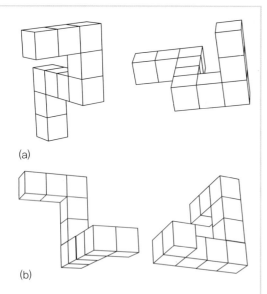

(a)

(b)

그림 5.14 '물체 비교하기' 예시에서 사용한 자극 자세한 내용은 본문 참고.

출처: R. N. Shepard & J. Metzler, Mental rotation of three-dimensional objects, *Science, 171*, Figures 1a & b, 701–703, 1971.

시공간 잡기장

시공간 잡기장은 시각 정보와 공간 정보를 다루므로 물리적인 시각 자극 없이 마음속에 시각 이미지를 만드는 시각 심상(visual imagery)의 처리에 관련되어 있다. 아래의 예시는 Roger Shepard와 Jacqueline Metzler(1971)가 실시한 초기 시각 심상 실험을 보여준다.

보여주기 물체 비교하기

그림 5.14a에 있는 두 개의 그림을 보고 이 두 개의 그림이 다른 각도에서 본 같은 물체인지 아니면 다른 물체인지를 가능한 빨리 결정해 보자. 그리고 그림 5.14b에 있는 두 물체에 대해서도 똑같은 판단을 해 보자.

Shepard와 Metzler가 참가자들이 물체가 같은지 다른지 판단하는 반응속도를 측정했을 때, 똑같은 물체들에 대한 판단에서 그림 5.15에서 보인 관계들을 발견하였다. 이러한 함수로부터 한 물체의 모양이 다른 모양에 비해 40도 돌아가 있을 때(그림 5.14a), 이들이 같은 모양이라는 것이라고 결정하는 데 2초가 걸린다는 것을 알 수 있다. 하지만 140도 회전해서 더 큰 차이가 나면(그림 5.14b), 결정하는 데 4초가 걸린다. 방향의 차이가 클수록 판단하는 데 걸리는 반응시간이 더 길어진다는 발견에 기초해서 Shepard와 Metzler는 실험 참가자들이 마음속에서 두 물체 중 하나를 돌려 봄으로써 문제를 푼다고 추론했다. 이러한 현상을 심적 회전(mental rotation)이라 부른다. 공간 속에서 시각 회전을 하기 때문에 심적 회전은 시공간 잡기장의 작동을 보여주는 예시이다.

시각 표상의 사용에 대한 다른 예는 아래의 '보여주기'에 나오는 과제들을 사용하여 행해진 Sergio Della Sala와 동료들(1999)의 실험이 있다.

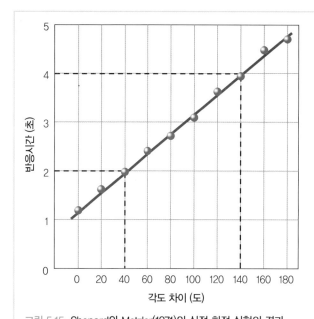

그림 5.15 **Shepard와 Metzler(1971)의 심적 회전 실험의 결과**

출처: R. N. Shepard & J. Metzler, Mental rotation of three-dimensional objects," *Science, 171*, Figure 2a, 701–703, 1971.

보여주기 시각적 모양 회상하기

그림 5.16에 있는 모양을 3초 동안 바라보라. 그리고 이 페이지를 넘겨서 모양을 복제하기 위해 그림 5.18에 있는 정사각형들 중 어떤 정사각형을 채워야 하는지 결정하라.

이 '보여주기'에서 모양들은 언어적으로 부호화하기가 힘들다. 그러므로 모양을 완성하는 것은 시각 기억에 의존한다. Della Sala는 그의 실험 참가자들에게 절반의 정사각형들이 칠해진 작은 것(2개의 정사각형이 칠해진 2×2 행렬)부터 큰 것(15개의 칠해진 사각형이 있는 5×6 행렬)까지의 모양을 보여주었다. 그는 실험 참가자들이 실수를 저지르기 전까지 평균적으로 9개의 칠해진 정사각형이 있는 모양을 완성할 수 있다는 것을 발견했다.

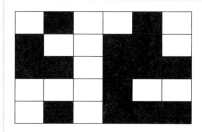

그림 5.16 **시각 회상 실험에서 사용한 검사 무늬** 이것을 3초 동안 본 후 페이지를 넘겨라. © Cengage Learning

Della Sala의 행렬에서 모양을 기억하는 것이 가능하다는 사실은 시각 심상을 보여준다. 하지만 실험 참가자들이 평균 9개 정사각형으로 이루어진 모양을 어떻게 기억해 낼 수 있을까? 이 숫자는 Miller의 범위인 5개에서 9개가 상한선이며 Luck과 Vogel의 실험에서 추정한 4개 항목 수보다도 훨씬 크다(그림 5.9). 이 질문에 가능한 답은, 기억할 수 있는 정사각형 수를 늘려주는 청크화의 한 방법으로 각각의 정사각형을 몇 개의 하위 모양으로 통합시킬 수 있다는 점이다.

음운 루프의 작동이 간섭에 의해 방해를 받듯이(보여주기: 조음 억제, 163쪽 참고) 시공간 잡기장도 역시 그렇다. Lee Brooks(1968)는 간섭이 시공간 잡기장의 작동에 어떻게 영향을 미치는지를 보여주는 실험을 수행하였다. 아래의 예시는 Brooks의 과제들 중 하나에 기반을 둔 것이다.

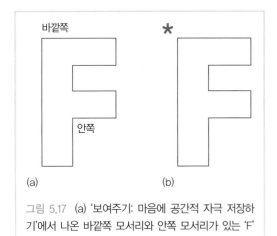

바깥쪽

안쪽

(a)　　　　　(b)

그림 5.17　(a) '보여주기: 마음에 공간적 자극 저장하기'에서 나온 바깥쪽 모서리와 안쪽 모서리가 있는 'F' 자극(Brooks, 1968). (b) 'F'를 시각화하라. 본문에 있는 설명을 읽고 두 'F' 모두를 가려라. © Cengage Learning

표 5.2　예시를 위해 사용

모서리	가리키기	
1	바깥쪽	안쪽
2	바깥쪽	안쪽
3	바깥쪽	안쪽
4	바깥쪽	안쪽
5	바깥쪽	안쪽
6	바깥쪽	안쪽
7	바깥쪽	안쪽
8	바깥쪽	안쪽
9	바깥쪽	안쪽
10	바깥쪽	안쪽

보여주기　마음에 공간적 자극 저장하기

이 실험은 그림 5.17a에 있는 '바깥쪽 모서리'와 '안쪽 모서리' 이름표가 붙어 있는 두 가지 모서리를 모두 갖고 있는 대문자 'F'를 마음속으로 그려 보는 것이다.

과제1: 그림 5.17b에 있는 F 모양을 마음속으로 그려 보라. 그리고 그림 5.17에 있는 두 개의 F 모두를 다 가리고 마음속에 있는 F 하나를 왼쪽 위의 구석에서부터(그림 5.17b 속에 별표시가 되어 있는 곳) 시작해서 시계방향으로 F의 바깥 선을 따라 움직이며 마음속으로 그리는 동안(그림은 보지 말고!) 바깥쪽 모서리에 도달하면 표 5.2에 있는 '바깥쪽'을, 그리고 안쪽 모서리에 도달하면 '안쪽'을 가리키라. 새로운 모서리에 도달할 때마다 표 5.2에 있는 새 칸에 반응하라.

과제2: F를 다시 시각화하라. 하지만 이번에는, 마음속으로 시계 방향으로 F 바깥 선 주변을 따라 움직이면서 만약 바깥쪽 모서리에 도달하면 '바깥쪽'이라고 말하고, 안쪽 모서리에 도달하면 '안쪽'이라고 말하라.

어떤 방법이 더 쉬운가? '바깥쪽' 또는 '안쪽'을 가리키는 것이 더 쉬운가, 아니면 '바깥쪽' 또는 '안쪽'이라고 말하는 것이 더 쉬운가?

대부분의 사람들은 가리키는 과제를 더 어려워한다. 그 이유는 글자의 이미지를 저장하는 것과 무엇을 가리키는 것이 모두 시공간 과제이기 때문이다. 그러므로 시공간 잡기장은 과부하된다. 이와 대조적으로, '바깥쪽'이나 '안쪽'이라고 말하는 것은 음운 루프에 의해 조절되는 조음 과제이므로 말로 반응하는 것은 F를 시각화하는 것을 방해하지 않는다.

중앙집행기

중앙집행기는 작업기억의 통제의 중심이기 때문에 작업기억이 '작업'을 하게 만드는 요소이다. 중앙집행기의 기능은 정보를 저장하는 것이 아니라 음운 루프와 시공간 잡기장의 정보 사용 방법을 조정하는 것이다(Baddeley, 1996).

Baddeley는 중앙집행기를 주의 통제기(attention controller)로 묘사한다. 이것은 특정한 과제에 주의가 어떻게 집중되는지, 두 개의 과제들 사이에서 주의가 어떻게 나눠지는지, 그리고 다른 과제로 주의가 어떻게 전환하는지 등을 결정한다. 그러므로 중앙집행기는 4장에 나와 있듯이 운전하면서 동시에 휴대전화를 사용하는 것을 시도하는 것들과 같은 상황에서 필수적이다. 이 예시에서, 집행기는 음운 루프 처리과정(전화기에 말하는 것, 대화를 이해하는 것)과 시각 잡기장 처리과정(주요 지형 지물을 시각화하고 도로의 배열을 시각화, 차 운전)을 통제한다.

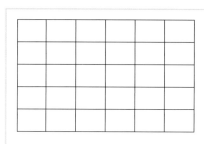

그림 5.18 **시각 회상 검사의 답 행렬** 방금 본 검은색 무늬 사각형들의 위치 각각을 표시하라. © Cengage Learning

중앙집행기를 연구하는 방법들 중 하나는 뇌에 손상을 입은 환자들의 행동을 평가하는 것이다. 이 장 뒷부분에 볼 수 있듯이 전두엽은 작업기억에서 중요한 역할을 한다. 그러므로 전두엽 손상을 입은 환자들이 주의를 통제하는 데 어려움이 있다는 사실은 놀랍지 않다. 전형적인 전두엽 환자의 행동 특성 중 하나는 원하는 목표를 달성하고자 하는 것이 아님에도 불구하고 똑같은 행동이나 생각을 반복적으로 수행하는 반복증(perseveration)이다.

예를 들어, 특정한 규칙을 따르면 쉽게 풀 수 있는 문제를 생각해 보자('빨간 물건을 골라 보라.'). 전두엽 손상을 입은 환자들은 그 규칙이 바뀌지 않는다면 각 시행에서 정확하게 반응할 것이다. 하지만 규칙이 바뀌면('이제 파란색 물건을 집어 보라.'), 이제 반응이 틀렸다는 피드백을 받는다고 할지라도 전두엽 손상 환자는 이전 규칙을 계속 따를 것이다. 이러한 전환에 곤란을 겪는 것은 중앙집행기에 있는 주의를 통제하는 기능의 고장 때문이다.

하지만 뇌 손상 없는 실험 참가자들은 어떨까? Edmund Vogel과 그의 동료들(2005)은 중앙집행기가 주의를 얼마나 잘 통제하는지를 알아보기 위해 실험 참가자들을 작업기억의 수행을 기준으로 두 집단으로 분리했다. **고용량 집단**(high-capacity group)에 있는 실험 참가자들은 작업기억에 많은 수의 항목들을 저장할 수 있었다. **저용량 집단**(low capacity group)에 있는 실험 참가자들은 작업기억에 적은 수의 항목을 저장할 수 있었다(1장의 21쪽에서 보았듯이, 실험 참가자들을 작업기억의 용량이 큰 사람과 작은 사람으로 분류할 수 있다).

참가자들은 변화 탐지 절차에 따라 실험 검사를 받았다(방법: 변화 탐지, 155쪽 참고). 실험 참가자들은 바로 뒤에 나오는 화면에서 왼쪽에 있는 빨간 사각형들에 주의를 두어야 하는지, 아니면 오른쪽에 있는 빨간 사각형들에 주의를 두어야 하는지를 미리 알려주는 단서를 처음 보게 된다(그림 5.19a). 그리고 기억 화면을 1/10초 동안 보고 난 후에 짧은 빈 화면을 보고 다시 검사 화면을 본다. 그들의 과제는 단서가 가리킨 쪽의 검사 화면의 빨간 사각형들이 기억 화면에 있었던 빨간 사각형들과 같은 기울기를 가지고 있는지의 여부를 판단하는 것이다. 판단을 내리는 동안, 실험 참가자들이 과제를 수행하는 동안 작업기억에서 얼마나 많은 정보처리 공간이 사용되는지를 알려주는 **사건유발전위**라고 불리는 뇌 반응을 측정하였다.

그림 5.19 (a) Vogel과 그의 동료들(2005)의 과제를 위한 시행 절차. 이 예에서 화살표는 참가자들이 기억 화면과 검사 화면의 왼쪽에 주의를 두라고 지시하는 것을 의미한다. 이 과제는 주의를 둔 쪽의 빨간 사각형이 두 화면에서 동일한지 상이한지를 보고하는 것이다. (b) (a) 과제를 수행하는 동안, 고용량 실험 참가자들과 저용량 실험 참가자들의 사건유발전위(ERP) 반응. (c) 파란 사각형들이 추가된 자극 화면. 실험 참가자들이 빨간 사각형에 주의를 집중하는 것을 방해하기 위해 파란 사각형들을 추가하였다. (d) (c) 과제를 수행하는 동안 사건유발전위 반응.

출처: E. K. Vogel, A. W. McCollough, & M. G. Machizawa, Neural measures reveal individual differences in controlling access to working memory, *Nature 438*, 500–503, 2005.

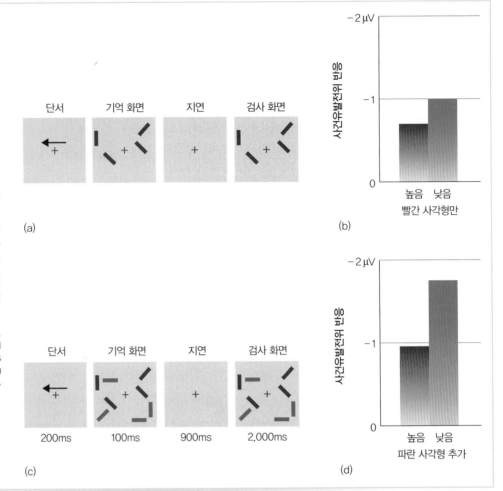

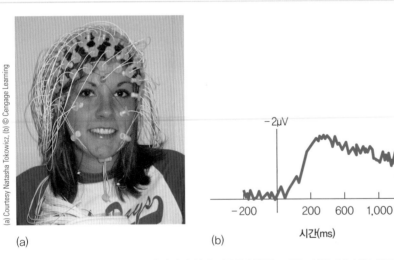

그림 5.20 (a) 사건유발전위를 측정하기 위해 전극을 부착하고 있는 사람, (b) 실험 참가자가 자극을 보고 있는 동안 측정된 사건유발전위.

방법 사건유발전위

사건유발전위(event-related potential: ERP)는 그림 5.20a에 나와 있듯이 사람의 두피에 부착한 작은 원반 전극을 통해 기록된다. 각 전극은 함께 발화하는 일련의 뉴런들로부터 신호를 측정한다. 그림 5.20b에 나와 있는 사건유발전위는 Vogel의 실험에서 사람들이 판단을 내릴 때 측정된 것이다. 이러한 반응은 작업기억에 저장되어 있는 항목의 숫자와 관련이 있다고 다른 연구들에서 밝혀졌다. 따라서 큰 사건유발전위 반응은 작업기억에서 더 많은 정보처리 공간이 사용되고 있음을 가리킨다. 우리는 앞으로 이 책에서 사건유발전위가 다른 여러 인지적 기능에 관한 뇌의 반응을 측정하는 데 사용되어왔음을 알게 될 것이다.

그림 5.19b에 나와 있는 결과는 고용량 작업기억 집단과 저용량 작업기억 집단이 그림 5.19a에 있는 화면을 보았을 때 나타난 사건유발전위의 크기를 보여준다. 사건유발전위의 크기가 두 집단에서 거의 비슷하였기 때문에 그렇게 흥미로운 결과는 아니다. 하지만 Vogel은 그림 5.19c에 있는 파란 사각형들을 추가한 다른 조건의 실험을 진행했다. 이 사각형들은 실험 참가자의 과제와는 전혀 관계가 없다. 이 사각형의 역할은 다만 실험 참가자의 주의를 분산시키는 것이다. 만약 중앙처리집행기가 자신의 일을 제대로 하고 있다면 주의가 여전히 빨간 사각형들에만 집중되어 있기 때문에 이 파란 사각형은 아무런 효과가 없을 것이다. 그림 5.19d에서 보여주는 결과는 추가된 파란 사각형들이 고용량 실험 참가자들의 반응을 증가시키는 것을 보여준다. 그리고 이러한 증가는 저용량 실험 참가자들에게서 더 극명하게 나타났다.

파란 사각형을 추가로 제시하는 것이 높은 용량의 실험 참가자들에게 미치는 효과가 작다는 사실은 이 참가자들이 방해 자극을 매우 효율적으로 무시하고 있음을 의미하고 따라서 과제와 관계가 없는 파란 자극은 작업기억에서 많은 정보처리 공간을 차지하지 않은 것이다. 주의를 할당하는 것은 중앙집행기의 역할이기 때문에, 이 결과는 이 실험 참가자들의 중앙집행기가 잘 작동한다는 것을 의미한다.

2개의 파란 사각형을 추가했을 때 저용량 집단에서 매우 큰 반응의 증가가 나타났다는 사실은 실험 참가자들이 과제와 관계가 없는 파란색 자극을 무시할 수 없었다는 것을 의미한다. 즉, 파란 사각형이 작업기억에서 많은 정보처리 공간을 차지한 것이다. 저용량 집단의 실험 참가자들의 중앙집행기는 고용량 집단만큼 효율적으로 작동하지 않는다. Vogel과 동료들은 이러한 결과들을 바탕으로 어떤 사람들의 중앙집행기는 다른 사람들의 중앙집행기보다 주의 할당을 더 잘한다고 결론 내렸다. 이것이 중요한 이유는 효율적인 작업기억을 가진 사람들이 읽기 능력과 추론 능력 검사에서, 그리고 지능을 측정하려고 고안된 검사에서 더 높은 수행 수준을 보여줄 가능성이 높기 때문이다.

일화적 저장소

우리는 Baddeley의 세 가지 구성 요소 모형이 많은 결과들을 설명할 수 있음을 보았다. 그러나 이 모형이 설명할 수 없는 것들을 보여주는 연구들도 있다. 이 연구들 중 하나는 작업기억이 음운 루프나 시공간 잡기장에서 우리가 기대할 수 있는 것보다 더 많은 양의 정보를 저장할 수 있다는 점이다. 예를 들어, 사람들은 15~20개 단어들로 이루어진 긴 문장을 기억할 수 있다. 이것을 할 수 있는 능력은 의미 있는 단위들로 함께 묶는(156쪽) 청크화와 관련이 있다. 또한 이것은 문장을 구성하고 있는 단어들의 의미들과, 문법 규칙을 기반으로 문장의 부분들을 연결시키는 과정들이 저장되어 있는 장기기억과도 관련이 있다.

이러한 생각은 전혀 새로운 것이 아니다. 작업기억 용량이 청크화에 의해 증가할 수 있고 작업기억과 장기기억 사이에 정보의 교환이 일어난다는 것은 오래전부터 알려져 있었다. 하지만 Baddeley는 이러한 능력들을 다루는 작업기억의 추가적인 구성 요

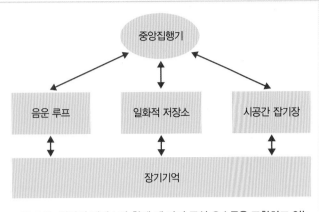

그림 5.21 **일화적 저장소와 함께 세 가지 구성 요소들을 포함하고 있는 Baddeley의 개정된 작업기억 모형** © Cengage Learning

소를 제안할 필요성이 있다고 생각했다. 일화적 저장소(episodic buffer)라고 부르는 이러한 새로운 구성 요소는 그림 5.21에 나와 있는 Baddeley의 새로운 작업기억 모형에서 확인할 수 있다. 이 일화적 저장소는 정보를 저장할 수 있고(따라서 추가 용량 제공) 장기기억에 연결되어 있다(따라서 작업기억과 장기기억 사이 정보 교환 가능). 이 모형은 또한 시공간 잡기장과 음운 루프 역시 장기기억과 연결되어 있음을 보여준다.

일화적 저장소에 대한 제안은 작업기억이 처음으로 제안된 이후 40년 이상 동안 작업기억에 대한 연구를 가능하게 했던 Baddeley 작업기억 모형의 또 다른 진화를 의미한다. 일화적 저장소의 정확한 기능이 약간 모호한 면도 있지만, 그 이유는 그 기능을 알아보고 있는 중이기 때문이다. 심지어 Baddeley는 "일화적 저장소의 개념이 여전히 발전의 초기 단계에 있다."고 말했다(Baddeley et al., 2009. p.57). 일화적 저장소에 관한 가장 핵심적인 사항은 이것이 저장 용량을 증가시키고 장기기억과 의사소통하는 과정을 담당한다는 점이다.

Baddeley의 모형에 의해 아주 많은 연구들이 이루어졌기 때문에, 지금까지 Baddeley의 작업기억 모형을 주로 설명했지만, 이 모형이 작업 용량을 설명하는 유일한 모형은 아니다. 예를 들어, Nelson Cowan(1988, 1999, 2005)이 제안한 모형은 작업기억이 주의와 어떤 관계가 있는지에 초점을 맞추고 있고, 작업기억과 주의가 본질적으로 같은 기제임을 제안하였다. 다른 연구자들은 주의와 작업기억의 밀접한 관계를 지지하는 증거들을 찾아냈다(Awh et al., 2006; Awh & Jonides, 2001; Chun & Johnson, 2011; Gazzaley & Nobre, 2012; Ikkai & Curtis, 2011).

작업기억과 뇌

우리는 앞선 장에서 인지심리학자들이 인지기능과 뇌 사이를 연결하기 위해 많은 도구들을 사용하고 있는 것을 보았다. 주된 방법들은 다음과 같다.

1. 뇌 손상 이후 사람 또는 동물의 행동 분석(방법: 이중 해리 입증하기, 2장 50쪽; 방법: 뇌 절제술, 3장 93쪽)

2. 동물의 단일 뉴런 기록법(방법: 뉴런 활동 기록하기, 2장 38쪽)

3. 사람 뇌의 활동을 측정(방법: 뇌 영상, 2장 51쪽)

4. 사람의 뇌에서 전기적 신호를 측정(방법: 사건유발전위, 168쪽)

이러한 방법들을 사용해서 작업기억과 뇌를 연구하는 연구자들이 설명하고자 하는 것은 무엇인가? 이 질문에 답하기 위해서 우리는 지연과 대기를 포함하는 기억의 중요한

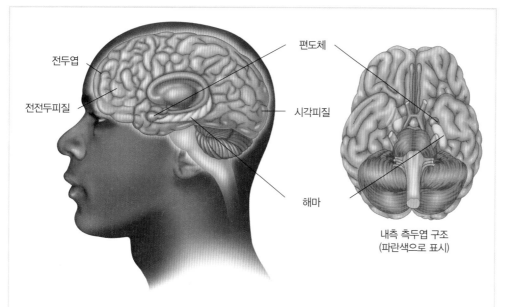

그림 5.22 **기억에 관여하는 주요 구조들을 보여주는 뇌의 횡단면** 작업기억에 관한 논의는 주로 전전두피질과 시각피질에 초점이 맞춰져 있다. 해마, 편도체, 전두엽은 6장과 7장에서 논의할 것이다. © Cengage Learning

특성을 알아보기 위해 이 장 앞부분의 내용을 다시 돌아보아야 한다. 무슨 일이 일어나고, 잠시 짧은 시간 동안의 지연이 생기고(작업기억을 위해 아주 짧은 시간의 지연), 그러고 나서 기억이 성공적이라면, 사람은 무엇이 일어났는지 기억해낸다. 그러므로 연구자들은 사건이 일어난 후 사건에 관한 정보들을 저장하는 생리적 기제를 찾고자 하였다.

우리는 뇌의 어디에 어떻게 정보를 저장하는지를 확인하기 위해서 위의 처음 세 가지 방법들을 사용한 연구를 살펴볼 것이다(그림 5.22). (1) 뇌 손상: 전전두엽의 손상이나 제거가 짧은 시간 동안 기억하는 능력에 어떻게 영향을 미치는지, (2) 뉴런: 원숭이의 전전두피질(prefrontal cortex: PF cortex)에 있는 뉴런들이 짧은 지연 동안 정보를 어떻게 저장할 수 있는지, (3) 뇌 활동: 작업기억 과제에 의해 활성화된 뇌의 영역들.

원숭이가 쟁반에 있는 먹이를 관찰한다.

지연

전전두피질 손상의 효과

우리는 이미 인간의 전두엽(그림 5.22)의 손상이 중앙집행기의 중요한 기능인 주의를 통제하는 기능에 문제를 일으키는 것을 보았다(167쪽). 전두엽과 기억에 관한 초기 연구에서 연구자들은 원숭이들이 지연 기간 동안 정보를 작업기억에 저장하도록 하는 지연 반응 과제(delayed-response task)를 수행하도록 하였다(Goldman-Rakic, 1992). 그림 5.23은 이 과제의 구성을 보여준다. 원숭이는 두 개의 구멍 중 한 구멍 안에 있는 먹이를 본다. 곧 두 구멍은 가려지고, 가림막이 내려와서 더 이상 구멍을 볼 수 없다. 그리고 잠깐의 지연이 있고, 가림막은 다시 올라가서 가려진 두 개의 구멍을 볼 수 있게 된다. 가림막이 올라가면, 보상을 얻기 위해 정확한 구멍을 선택해야만 한다. 원숭이들은

반응

그림 5.23 **원숭이에게 실시한 지연 반응 과제**
© 2015 Cengage Learning

훈련을 통해 이 과제를 성공적으로 수행할 수 있게 된다. 하지만 만약 전전두피질을 제거하면, 그들의 수행은 우연 수준으로 떨어진다. 그래서 그들은 절반 정도만 올바른 구멍을 선택하게 된다.

이 결과는 전전두(PF)피질이 짧은 시간 동안 정보를 저장하는 데 중요한 역할을 한다는 주장을 지지한다. 실제로 우리가 아주 어린 유아들의 기억 행동을 '눈에서 멀어지면 마음에서 멀어진다(out of sight out of mind).'라고 묘사할 수 있는 이유는 아이들의 전두엽과 전전두피질이 8개월까지는 적절하게 발달되지 않기 때문이다(Glodman-Rakic, 1992).

정보를 저장하는 전전두피질의 뉴런

전전두피질에 있는 몇몇의 뉴런들이 자극들이 제시되고 사라진 후 더 이상 존재하지 않는 동안에도 정보를 저장하기 위해 짧은 지연 기간 동안 반응을 계속하는 것을 보여준 실험들은 전전두피질이 작업기억에 중요하다는 생각을 지지한다. Shintaro Funahashi와 그의 동료들(1989)은 원숭이들이 지연된 반응 과제를 수행하는 동안 원숭이의 전전두피질에서 뉴런들의 활동을 기록하는 실험을 실시했다. 원숭이들이 처음에 응시점인 X를 계속 보도록 하였으며, 화면의 한 위치에서 사각형이 짧게 제시되었다(그림 5.24a). 이 예에서는 사각형이 왼쪽 위 모서리에 잠깐 짧게 제시되었다(다른 시행에서는 사각형이 화면에 다른 위치에서 제시되었다). 이 사각형의 짧은 제시는 뉴런에 작은 반응을 일으

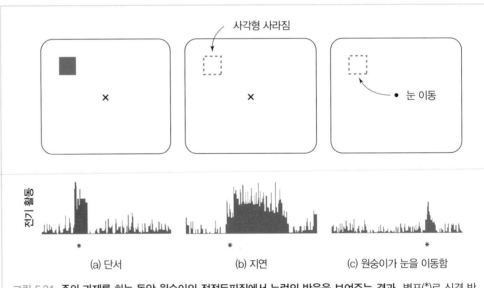

그림 5.24 **주의 과제를 하는 동안 원숭이의 전전두피질에서 뉴런의 반응을 보여주는 결과** 별표(*)로 신경 반응을 표시하였다. (a) 단서 사각형이 특정한 위치에서 짧게 제시되면 뉴런은 반응한다. (b) 사각형이 사라졌지만 뉴런은 지연 기간 동안 계속 반응한다. (C) 응시점 X가 없어지면, 원숭이는 사각형이 있었던 곳으로 눈을 움직여서 사각형의 위치에 대한 자신의 기억을 보여주는 반응을 한다.

출처: Adapted from S. Funahashi, C. J. Bruce, & P. S. Goldman-Rakic, Mnemonic coding of visual space in the primate dorsolateral prefrontal cortex, *Journal of Neurophysiology 61*, 331–349, 1989.

킨다.

사각형이 사라진 후, 몇 초간 지연이 있었다. 그림 5.24b에 있는 신경발화 기록은 신경세포들이 이 지연 기간 동안에 발화하고 있음을 보여준다. 이 발화는 사각형의 위치에 대한 원숭이의 작업기억의 신경 기록이다. 지연 이후에 응시점 X는 사라지고 이는 원숭이가 사각형이 짧게 제시되었던 곳으로 자신의 눈을 이동시키라는 신호이다(그림 5.24c). 원숭이가 이것을 할 수 있다는 것은 원숭이가 실제로는 사각형의 위치를 기억했다는 행동적 증거가 된다.

이 실험의 중요한 결과는 Funahashi가 사각형이 **특정한 위치**에 제시 되었을 때만 반응하는 뉴런들과 이러한 뉴런들이 사각형이 없는 **지연 기간 동안**에도 계속 반응한다는 것을 발견했다는 것이다. 예를 들어, 어떤 뉴런들은 오른쪽 위 모서리에 자극이 제시되었을 때와 이후 지연 기간 동안에만 반응한다. 다른 뉴런들은 사각형이 화면에 다른 위치에 나올 때만 그리고 그 지연 기간 동안에만 반응한다. 이 뉴런들의 발화는 물체들이 특정한 공간에 위치해 있음을 알려준다. 그리고 이 물체가 어디에 있었는지에 관한 정보는 뉴런들이 발화를 하고 있는 동안에만 남아 있다(Funashi, 2006).

시각피질에 정보 저장하기

수년 동안, 전전두피질은 작업기억의 주요 뇌 영역으로 여겨져 왔다. 하지만 전전두피질에만 작업기억을 할당한다는 주장의 문제는 물체들의 세부사항에 관한 정보들이 신호들이 도달하는 곳이자 시스템의 시작 부분인 시각피질에서 발견된다는 것이다(Harrison & Tong, 2009).

초기 시각 영역에서 작업기억이 작동하는지의 여부를 알기 위해서 Stephanie Harrison과 Frank Tong(2009)은 두 개의 기울어진 빗금무늬를 순차적으로 짧게 보여주었다(흰색과 검은색 선이 번갈아 있는 화면). 이후에 단서가 나와서 어떤 빗금무늬를 기억해야 하는지 알려준다(그림 5.25). 그리고 11초간 지연이 있은 후, 검사 빗금무늬가 나타나고 실

그림 5.25 **Harrison과 Tong(2009)의 실험 절차** (a) 다른 기울기를 갖고 있는 두 개의 빗금무늬가 순차적으로 제시된다. (b) 빨간색 단서는 어떤 빗금무늬를 기억해야 하는지를 알려준다. (c) 어두운 화면으로 11초간 지연을 시키는 동안 fMRI를 측정한다. (d) 검사 빗금무늬가 제시된다. 실험 참가자의 과제는 (e) 기억에 저장되어 있는 빗금무늬를 기준으로 검사 빗금무늬가 시계방향으로 회전한 것인지 반시계 방향으로 회전한 것인지를 보고해야 한다.

출처: S. A. Harrison & F. Tong, Decoding reveals the contents of visual working memory in early visual areas, *Nature, 458*, 462–465, 2009.

험 참가자들은 지연 기간 동안 작업기억 속에 기억하고 있었던 빗금무늬의 기울기와 비교하여, 검사 빗금무늬가 왼쪽으로 회전한 것인지 오른쪽으로 회전한 것인지를 보고하도록 요구받았다. 실험 참가자들이 이 과제를 수행하는 동안 그들의 뇌 활동을 fMRI로 측정하였다. 기억해야 할 빗금무늬의 기울기에 대한 정보가 11초의 지연 기간 동안 시각피질에 저장되어 있는지를 알기 위해 Harrison과 Tong은 신경 마음 읽기라는 기술을 사용했다.

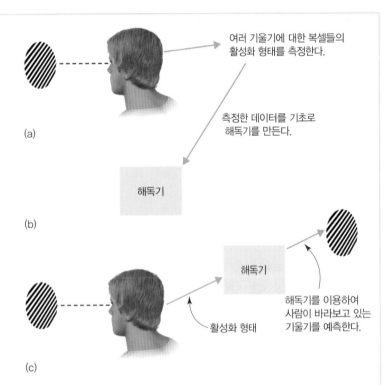

그림 5.26 Kamitani와 Tong(2005)의 실험에서 관찰자들은 왼쪽에 있는 것 같은 기울어진 빗금무늬를 보았다. 뇌에 있는 큐브는 8개 복셀의 반응을 나타낸다. 실험에서는 400개 복셀들의 활동을 관찰했다.

출처: Y. Kamitani & F. Tong, Decoding the visual and subjective contents of the human brain, *Nature Neuroscience*, 8, 679–685, 2005.

여러 기울기에 대한 복셀들의 활성화 형태를 측정한다.

(a)

측정한 데이터를 기초로 해독기를 만든다.

해독기

(b)

해독기

해독기를 이용하여 사람이 바라보고 있는 기울기를 예측한다.

활성화 형태

(c)

그림 5.27 **신경 마음 읽기의 원리** (a) 실험 참가자가 여러 가지 기울기를 보고 있는 동안 각 기울기에 대한 복셀의 활성화 형태를 알아내기 위해 fMRI를 사용한다. (b) (a)에서 수집한 복셀 형태를 기반으로 해독기를 만든다. (c) 실험 참가자가 한 기울기를 보고 있을 때, 해독기는 실험 참가자의 시각 피질에서 일어나는 복셀의 활성화 형태를 분석한다. 이 복셀들의 활성화 형태를 기반으로 해독기는 실험 참가자가 관찰하고 있는 기울기를 예측해낸다. © 2015 Cengage Learning

방법 신경 마음 읽기

신경 마음 읽기(neural mind reading)는 사람이 무엇을 지각하고 있거나 무슨 생각을 하고 있는지를 알아내기 위해서 fMRI로 측정한 뇌 활성화와 같은 신경 반응을 사용하는 것을 말한다. 실험 참가자가 과제를 수행하는 동안 fMRI는 뇌의 어떤 복셀이 활성화되는지를 측정한다(복셀은 뇌의 작은 정육면체 모양의 영역이라는 점을 기억하라. 방법: 뇌 영상, 2장 51쪽 참고). 활성화된 복셀의 형태는 수행한 과제나 지각하고 있거나 기억하고 있는 자극의 특성에 따라 달라진다. 예를 들어, 실험 참가자가 비스듬히 기운 흑백의 빗금무늬를 보고 있을 때, 특정한 형태의 복셀들의 활성화가 나타난다(그림 5.26). 다른 기울기의 자극을 볼 때, 다른 형태의 복셀들의 활성화가 나타난다.

그림 5.27은 신경 마음 읽기의 기초적인 절차를 보여준다. 첫째로 기울기와 복셀의 활성화 형태 사이 관계는 여러 가지의 기울기에 대한 뇌 반응의 측정을 통해 알 수 있다(그림 5.27a). 그리고 이 자료들은 복셀 활성화 형태를 보고 자극의 기울기를 알아낼 수 있는 부호 해독기 프로그램을 만드는 데 사용된다(그림 5.27b). 마지막으로, 이전처럼 사람들이 여러 가지 기울기들을 보고 있을 때 그들의 뇌 활성화를 측정하여 부호 해독기의 성능을 검사한다. 하지만 이번에는 부호 해독기를 사람이 지각하고 있는 기울기를 예측하는 데 사용한다(그림 5.27c). 만약 부호 해독기가 예측을 잘한다면, 이것으로 뇌 활성화만을 통해 사람이 어떤 기울기의 자극을 보고 있었는지를 예측할 수 있다.

Yukiyasu Kamitani와 Frank Tong(2005)은 위의 절차를 사용해서, 실험 참가자가 두 개의 기울기 중 무엇을 보고 있었는지를 약 75~100% 정도(우연 수준은 50%)의 정확도로 예측할 수 있었다. 기울기의 차이가 클 때는 더 정확하게 예측했다.

Kamitani와 Tong이 마음 읽기 절차를 통해 사람이 어떤 기울기를 보고 있는지를 예측하였지만 Harrison과 Tong은 이 절차를 통해 실험 참가자가 11초의 지연 기간 동안 마음속에 기억하고 있는 기울기를 알아내는 데 사용하였다. 지연 기간 동안 fMRI 측정을 기반으로 그들은 실험 참가자들이 마음속에 기억하고 있는 기울기를 83% 정도의 정확도로 예측할 수 있었다. 이것은 사람이 기억하고 있는 기울기에 관한 정보는 지연 동안 시각피질 영역에 저장되어 있고 따라서 시각피질은 작업기억과 관련되어 있다는 것을 의미한다.

그러므로 전전두피질이 작업기억과 가장 밀접하게 관련이 있는 뇌의 영역이지만, 다른 영역 또한 작업기억에 관여하고 있다(Cabeza & Nyberg, 2000; Curtis & Esposito, 2003). 뇌의 많은 영역이 작업기억과 관련되어 있는 것은 2장에서 소개된 분산 표상(distributed representation)의 한 예이다(55쪽).

고려사항

수학 수행과 작업기억

시험을 잘 보기 위해서는 시험에 나올 내용들을 알아야 될 뿐만 아니라 시험 상황에서 잘 기능하기 위해서 처리 자원들 또한 갖고 있어야 한다. 예를 들어, 주어진 과제에 확실하게 집중할 수 있도록 휴식을 잘 취하는 것이 중요하다. 특히 복잡한 수학 문제를 푸는 것과 같은, 작업기억의 관여가 필요한 과제를 수행하기 위해서는 작업기억의 모든 자원을 사용할 수 있도록 하는 것이 중요하다. 경쟁하는 과제나 걱정 때문에 작업기억 자원의 전부를 사용할 수 없을 때 어떤 일이 발생하는지를 알아본 두 개의 실험을 살펴볼 것이다. 그리고 우리는 걱정을 최소화시킴으로써 작업기억의 처리 자원을 최대화시킬 수 있는 방법을 제시하는 실험도 살펴볼 것이다.

159쪽에서 내린 '작업기억은 복잡한 과제를 수행하기 위해 정보를 조작하는 것에 관여한다.'는 작업기억에 대한 우리의 정의를 상기해 보자. 복잡하고, 정보의 조작이 필요한 과제는 수학 계산이다. 4+3과 같이 간단한 수학 문제는 작업기억에서 부담을 거의 주지 않는다. 하지만 25+17과 같이 자리 올림 포함된 큰 수에 관한 문제들은 작업기억에 많은 부담을 준다.

Mark Ashcraft와 Elizabeth Kirk(2001)은 사람들이 작업기억의 정보처리 자원을 사용하는 다른 과제를 함께 수행해야만 할 때 수학 과제 수행이 얼마나 영향을 받는지를 조사했다. 이중 과제 조건에 할당된 실험 참가자들은 6개의 글자를 기억하면서 수학 문제를 풀어야 했다. 통제 조건에 있는 실험 참가자들은 그냥 수학 문제만 풀었다. 그림 5.28의 왼쪽에 있는 막대 쌍은 통제 조건에서 자리 올림이 없는 수학 문제와 자리 올림이 있는 수학 문제에 대한 오류의 숫자를 보여준다. 오직 수학 문제만 풀 때는 두 종류의 문

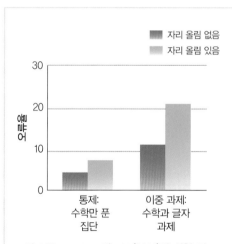

그림 5.28 Aschraft와 Kirk(2001)의 실험 결과 '자리 올림이 없음'은 계산할 때 자리 올림이 없는 간단한 수학 문제를 의미한다. '자리 올림 있음'은 자리 올림이 필요해서 더 많은 작업기억이 요구되는 복잡한 문제를 의미한다. 왼쪽 막대 쌍은 수학 문제만 풀었을 때 수학 수행을, 오른쪽 막대 쌍은 이중과제 상황에서 수학 과제 수행 수준을 보여준다.

출처: M. H. Ashcraft & E. P. Kirk, The relationships among working memory, math anxiety, and performance, *Journal of Experimental Psychology: General, 130*, 224–237, 2001.

제 모두에서 오류가 적었다. 오른쪽에 있는 막대 쌍은 실험 참가자들이 글자들을 기억하면서 수학 문제를 푼 이중 과제 조건에서의 오류 숫자를 보여준다. 특히 더 많은 작업기억 용량이 필요했던(자리 올림이 필요한) 복잡한 수학 문제 집단에서 오류가 더 많아졌음을 확인할 수 있다. 다른 실험 결과와 더불어 이 실험의 결과를 바탕으로, Ashcraft와 Kirk는 자리 올림이 필요한 복합한 수학 문제들이 포함된 이중 과제 조건에서 매우 높은 수준의 오류율은 글자 기억 과제가 수학 문제를 풀 때 필요한 작업기억 자원 중 일부를 사용해서 발생한 것이라고 결론을 내렸다(Ashcraft & Krause, 2007; Ashcraft & Moore, 2009).

이러한 결론은 실험 참가자들이 높은 압박 속에서(예: 참가자에게 과제 수행을 영상 촬영할 것이고, 돈을 받기 위해서는 잘해야 한다고 말해준다), 어려운 문제에 대한 과제 수행이 감소하는 결과를 보여준 Sian Beilock과 Thomas Carr(2005)의 실험을 설명했던 1장(21쪽)에서의 '압박 상황에서의 초킹'에 관한 논의와 관련이 있다. Beilock(2008)은 수행 수준이 감소하는 이유는 압박이 실험 참가자로 하여금 검사 상황에 대한 걱정을 하게끔 하여 낮은 수행 결과를 야기하기 때문이라고 제안하였다. 그리고 이러한 걱정이 문제를 풀기 위해서 필요한 작업기억 용량의 일부를 사용한다고 설명했다.

만약 걱정이 작업기억의 용량을 사용한다면, Ramirez와 Beilock(2011)이 추론했듯이, 걱정을 제거한다면 아마도 압박 상황에서의 초킹 효과를 줄일 수 있을 것이다. 이러한 생각을 검증하기 위해서, 그들은 실험 참가자들을 두 집단으로 나눠서 실험을 실시하였다. 통제집단은 수학 시험(사전 시험)을 본 후에 강한 압박 상황을 만들기 위한 실험 안내를 제공받는다. 그 후 10분간 조용히 앉아 있은 후에 사후 수학 시험을 보았다. 글쓰기 집단의 실험 참가자들은 통제집단과 똑같은 사전 시험을 보고 난 후 똑같은 압박적인 지시를 받았다. 하지만 사후 시험을 치르기 전에 풀어야 하는 수학 문제에 대한 그들의 생각과 감정을 10분 동안 적도록 했다.

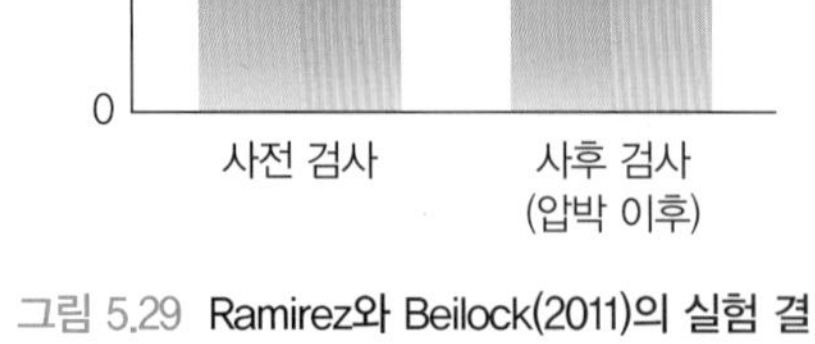

그림 5.29의 실험 결과에서 볼 수 있듯이 사전 시험에서는(왼쪽 막대 쌍) 통제집단과 글쓰기 집단이 비슷한 수행 수준을 보여주었다. 하지만 압박 조건하에서는(오른쪽 막대 쌍) 통제집단의 오류율이 높았다. 이것은 Ashcraft와 Kirk의 실험에서 이중 과제 조건의 오류율이 높았던 것과 비슷하다(그림 5.28의 오른쪽 막대 쌍). 새로운 과제를 추가하거나 걱정을 만드는 것과 같이 작업기억에 부담을 증가시키는 것은 과제 수행 수준을 손상시킨다.

하지만 중요한 결과는 글쓰기 집단에서는 오류가 줄어들었다는 점이다. Ramirez와 Beilock은 시험 전에 글쓰기를 통해서 실험 참가자들이 걱정을 표출했기 때문에 시험을 보는 동안 걱정을 덜했기 때문이라고 제안했다. 시험과 관련이 없는 주제에 대해 글을 쓰라고 한 경우에는 사후 수학 시험의 수행 수준이 통제집단과 다르지 않음을 보여줌으로써 걱정의 표출이 시험을 보는 동안 걱정을 적게 하게 만든다는 의견에 대한 증거를 제시하였다. 그러므로 시험을 보기 전에 시험에 관한 걱정을 적는 것과 같은 간

그림 5.29 Ramirez와 Beilock(2011)의 실험 결과 글쓰기 집단은 사후 검사를 하기 전 그들의 걱정을 적었다.

출처: G. Ramirez & S. L. Beilock, Writing about testing worries boosts exam performance in the classroom, *Science, 331*, 211–213, 2011.

단한 절차를 통해 시험을 잘 치르기 위해 필요한 작업기억의 용량을 비울 수 있을 것이다. 특히 시험이 작업기억을 사용해야 하는 것이라면 더욱 도움이 될 것이다.

1. Baddeley가 다중저장고 모형의 대안을 고려하기 시작하게 만든 2개의 실험 결과를 설명하라.

2. 단기기억과 작업기억의 차이는 무엇인가?

3. Baddeley의 작업기억의 세 가지 구성 요소 모형을 설명하라.

4. 음운 유사성 효과, 단어 길이 효과, 조음 억제 효과를 설명하라. 이러한 효과들이 음운 루프에 대해 무엇을 알려주는가?

5. 시공간 잡기장과 Shepard와 Meltzger의 심적 회전 과제, Della Sala의 시각적 모양 과제, Brooks의 'F' 과제를 설명하라. 각 실험이 시공간 잡기장에 대해 무엇을 알려주고 있는지를 반드시 이해하라.

6. 중앙집행기는 무엇인가? 전두엽의 손상으로 집행기능을 잃어버리면 어떤 일들이 벌어지는가? 작업기억 용량이 높은 집단과 낮은 집단이 변화 탐지 과제를 수행하는 동안 사건유발전위를 측정한 Vogel의 실험을 설명하라. 이 실험의 결과는 두 유형의 실험 참가자들의 중앙집행기에 관해 무엇을 알려주는가?

7. 일화적 저장소는 무엇인가? 왜 일화적 저장소가 제안되었으며, 그 역할은 무엇인가?

8. 작업기억의 생리학적 기전은 (1) 원숭이의 뇌 손상법, (2) 원숭이의 신경 기록, (3) 인간의 뇌 영상을 통해 연구되어왔다. 이러한 각각의 방법을 이용한 연구의 결과들은 작업기억과 뇌에 대해서 무엇을 말해 주는가? 뇌 영상 실험들에서 사용된 신경 마음 읽기 절차를 이해하라.

9. 과제를 수행하는 데 필요한 작업기억의 가용 용량이 줄어드는 경우를 보여준 2개의 실험을 설명하라. 걱정을 줄여서 가용한 작업기억의 용량을 증가시키는 방법을 보여준 실험을 설명하라.

이 장의 요약

1. 기억은 자극, 심상, 사건, 생각, 기술에 관한 원래 정보가 더 이상 없는데도, 이 정보를 보유하고 인출하며, 사용하는 데 수반되는 처리과정이다. 다섯 가지의 기억은 감각기억, 단기기억, 일화기억, 의미기억, 절차기억을 포함한다.

2. Atkinson과 Shiffrin의 기억의 다중저장고 모형은 3개의 구조적 세부 특징인 감각기억, 단기기억, 장기기억으로 이루어져 있다. 이 모형의 또 다른 특징은 되뇌기나 주의 전략 같은 통제 과정이다.

3. 시각의 감각기억의 용량과 지속 기간을 알아보기 위해서 Sperling은 전체 보고법과 부분 보고법 등 두 가지 방법을 사용하였다. 시각 감각기억(영상 기억)의 지속시간은 1초 이하이며, 청각 감각기억(청상기억)의 지속시간은 2~4초 정도이다.

4. 단기기억은 현재를 바라보는 창이다. Brown과 Peterson과 Peterson은 단기기억의 지속시간이 15~20초 정도인 것을 확인하였다. 그들은 단기기억의 짧은 지속이 쇠잔 때문이라고 해석했는데 이후 재분석에서 그 이유가 순행간섭 때문이라는 것을 보여주었다.

5. 숫자 폭은 단기기억의 용량을 측정하는 방법이다. George Miller의 고전인 「마법의 수 7±2: 정보처리 용량의 몇 가지 한계」 논문에 따르면, 단기기억의 용량은 5~9개 사이의 항목이다. 좀 더 최근 실험 결과에 따르면 단기기억의 용량은 약 4개 항목이다. 단기기억에 저

장할 수 있는 기억의 양은 작은 단위의 정보들을 더 크고 의미 있는 단위로 결합하는 청크화를 이용해 확장될 수 있다. 달리기 선수 S. F.의 기억 수행은 청크화의 한 예이다.

6. 항목의 수로 단기기억의 용량을 이야기하는 것보다는 정보의 양으로 이야기해야 한다고 제안되어왔다. 간단한 자극에서 복잡한 자극까지 사용한 Alvarez와 Cavanagh의 실험이 이러한 제안을 지지한다.

7. 시간이 지남에 따라 새로운 사실들이 계속 밝혀지고 단일의 단기 처리과정으로는 설명할 수 없는 역동적인 처리과정을 다루기 위해 Baddeley는 다중저장고 모형에서 단기기억 부분을 수정하였다. 새로운 모형에서는 작업기억이 단기기억을 대체했다.

8. 작업기억은 복잡한 과제에서 정보를 저장하고 조작하는 제한된 용량의 기제이다. 이것은 3개의 부분으로 구성되어 있다. (1) 청각과 언어 정보를 저장하는 음운 루프, (2) 시각과 공간 정보를 저장하는 시공간 잡기장, (3) 음운 루프와 시공간 잡기장의 활동을 조정하는 중앙집행기.

9. 다음은 음운 루프의 작동으로 설명될 수 있는 효과들이다. (1) 음운 유사성 효과, (2) 단어 길이 효과, (3) 조음 억제.

10. Shepard와 Metzler의 심적 회전 실험은 시공간 잡기장의 기능 중 하나인 시각적 심상을 보여준다. Della Sala의 시각 회상 과제는 작업기억의 용량을 추정하기 위해 시각적 심상을 사용했다. Brooks의 'F' 실험은 만약 한 과제는 시공간 잡기장에서 처리되고 다른 과제는 음운 루프에서 처리된다면 두 개의 서로 다른 과제를 동시에 수행할 수 있음을 보여준다. 만약 두 과제가 작업기억의 한 구성 요소에서 동시에 처리가 되어야 한다면 수행 수준은 낮아질 것이다.

11. 중앙집행기는 음운 루프와 시공간 잡기장의 정보 사용을 조정한다. 중앙집행기를 주의 통제기로 생각할 수도 있다. 전두엽이 손상된 환자들은 전환곤란 현상에서 보았듯이, 주의를 통제하는 데 어려움을 겪는다. Vogel과 그의 동료들은 작업기억 용량이 높은 실험 참가자와 낮은 실험 참가자들의 중앙집행기의 작동 방식이 어떻게 다른지를 사건유발전위를 사용해서 보여주었다.

12. 작업기억 모형은 일화적 저장소라고 불리는 추가적 요소를 포함시키면서 새로워졌다. 일화적 저장소는 작업기억과 장기기억을 연결하는 데 도움을 주고 음운 루프나 시공간 잡기장보다 많은 용량의 정보를 더 오랫동안 저장할 수 있다.

13. 작업기억에 의존하는 행동은 전전두엽 손상으로 지장이 생길 수 있다. 원숭이를 대상으로 지연 반응 과제를 실시함으로써 이를 검증하였다.

14. 전전두엽에는 자극이 나타나면 발화하고 기억 속에 이 자극이 저장되어 있으면 계속 발화하는 뉴런들이 있다.

15. 신경 마음 읽기 절차를 사용한 뇌 영상 실험들은 시각피질이 작업기억과 관련이 있음을 보여주었다.

16. 수학 문제들을 푸는 데 가용한 작업기억은 경쟁하는 과제나 걱정을 일으키는 압박에 의해 줄어들 수 있다. 걱정을 줄이는 방법 중 하나는 시험을 보기 전에 걱정에 대해 적어 보는 것이다.

생각해 보기

1. 그림 5.3에 있는 레이철의 피자 주문 경험을 참고로 다음의 활동을 할 때 다중저장고 모형에서 각 단계들이 어떻게 활성화되는지를 설명하라. (1) 수업에서 강의를 듣고, 노트 필기를 하고, 시험공부를 하면서 나중에 그 노트를 다시 보는 것. (2) 제임스 본드가 전날 밤을 함께 보냈던 적의 여성 요원을 붙잡는 제임스 본드 영화의 한 장면을 보는 것.

2. 애덤은 뇌 손상을 입은 한 여성에게 막 기억 검사를 실시했는데 그 결과를 해석하는 데 어려움을 겪고 있다. 그녀는 단어 목록을 들은 직후에 기억 검사를 했을 때에는 목록의 어떤 단어도 기억할 수 없었지만, 잠깐의 지연 이후에 기억 검사를 했을 때에는 기억 수행이 좋아졌다. 흥미롭게도 그녀 스스로 목록을 읽으면 처음부터 기억할 수 있고 지연은 필요 없었다. 이러한 결과를 다중저장고 모형으로 설명할 수 있는가? 작업기억 모형으로는 어떤가? 이 두 개의 모형보다 결과를 더 잘 설명할 수 있는 새로운 모형을 생각할 수 있는가?

핵심 용어

감각기억(sensory memory)

구조 특질(structural features)

기억(memory)

다중저장고 모형(modal model of memory)

단기기억(short-term memory: STM)

단어 길이 효과(word length effect)

되뇌기(rehearsal)

반복증(perseveration)

변화 탐지(change detection)

부분 보고법(partial report method)

사건유발전위(event-related potential: ERP)

쇠잔(decay)

순행간섭(proactive interference)

숫자 폭(digit span)

시각 심상(visual imagery)

시각적 영상(visual icon)

시공간 잡기장(visuospatial sketch pad)

신경 마음 읽기(neural mind reading)

심적 회전(mental rotation)

역행간섭(retroactive interference)

영상기억(iconic memory)

음운 루프(phonological loop)

음운 유사성 효과(phonological similarity effect)

음운 저장소(phonological store)

일화적 저장소(episodic buffer)

작업기억(working memory)

잔상(persistence of vision)

전체 보고법(whole report method)

조음 되뇌기 처리(aticulatory rehearsal process)

조음 억제(articulatory suppression)

중앙집행기(central executive)

지연 반응 과제(delayed-response task)

지연부분 보고법(delayed partial report method)

청상기억(echoic memory)

청크(chunk)

청크화(chunking)

통제처리(control process)

회상(recall)

여러분의 어린 시절을 생각해 보라. 어떤 사건이 두드러지는가? 해변으로 간 가족 여행? 생일 파티? 어떤 친구들과 논 것? 이와 같은 사건들은 보다 최근에 일어났던 통상적인 것들과 함께 여러분의 장기기억의 한 부분을 이룬다. 이 장에서는 단기 기억과 장기기억을 비교한 후 많은 유형의 장기기억을 기술할 것인데, 여기에는 특정 경험에 관한 기억(일화기억)과 사실에 관한 기억(의미기억), 수행 방식에 관한 기억(절차기억)이 포함된다. 이 여러 유형의 기억이 마음과 뇌에 표상되는 방식, 상호작용하는 방식, 그리고 시간 경과에 따라 이 기억에서 일어나는 것을 다룰 것이다.

장기기억: 구조

- 뇌 손상이 과거에 발생했던 것을 기억해내는 능력 그리고 진행 중인 경험에 관해 새로운 기억을 형성하는 능력에 어떤 영향을 미치는가?

- 여러분이 지난여름에 했던 것과 같은 개인적 경험에 관한 기억은 도청 소재지와 같은 사실에 관한 기억과 어떻게 다른가?

- 여러 유형의 기억이 일상 경험에서 어떻게 상호작용하는가?

- 기억 상실이 인기 있는 영화에서 어떻게 묘사되었는가?

5장의 서두에서 크리스틴은 '(내가) 어떻게 당신을 기억하는지 헤아려 보겠어요.'라고 하고서 상이한 유형의 기억 예들을 제시했다(그림 5.1). 크리스틴의 기억 가운데 일부는 단기적이었지만(잠시 불빛에 비친 얼굴, 빨리 희미해지는 전화번호) 많은 기억들은 더 오래 지속되었다(잊지 못할 소풍, 생일, 자전거를 타는 방법). 이 장은 장기기억을 다루는 세 장 중 첫째 장이다.

이 장의 주제는 '분할과 상호작용'이다. 분할이란 상이한 유형의 기억들을 구분하는 것을 말한다. 이러한 생각을 5장에서 소개했는데, 그때 크리스틴의 기억을 단기기억과 장기기억으로 나누고 더 나아가 장기기억을 일화기억(과거의 특정 경험에 관한 기억), 의미기억(사실에 관한 기억), 절차기억(신체 행위를 수행하는 방법에 관한 기억)으로 나누었다.

상이한 유형의 기억들을 구분하는 것이 유용한데, 그 이유는 기억을 보다 작고 연구하기 쉬운 성분들로 나눠주기 때문이다. 하지만 이러한 분할은 성분들 사이의 실제 차이에 근거해야 한다. 따라서 우리의 목표 가운데 하나는 각각의 성분들이 상이한 기전에 근거한다는 증거를 살펴보는 것이다. 이러한 목표를 달성하기 위해 (1) 행동 실험, (2) 뇌 손상이 기억에 미치는 효과에 관한 신경심리학 연구, (3) 뇌 영상 실험의 결과들을 살펴볼 것이다.

상호작용은 상이한 유형의 기억들이 상호작용하고 기전을 공유한다는 사실을 말한다. 이 장에서 먼저 단기기억을 다시 다룰 것이다. 그 후 장기기억의 일화적, 의미적, 절차적 성분들을 자세히 살펴볼 것인데(장기기억의 두 가지 다른 유형들 역시 살펴볼 것이다), 그 목표는 이 성분들이 어떻게 상이하고, 무엇을 공유하며, 전반적인 기억 경험을 생성하기 위해 어떻게 상호작용하는지를 보여주는 데 있다.

단기기억 과정과 장기기억 과정의 비교

장기기억(long-term memory: LTM)은 오랜 기간 동안 정보의 저장을 담당하는 체계이다. 장기기억을 기술하는 한 가지 방식은, 우리가 겪었던 과거 사건들에 관한 정보 및 학습했던 지식의 '기록 보관소'로 간주하는 것이다. 이 저장고에 관해 특히 놀라운 점은, 그것이 불과 몇 분 전부터 우리가 기억할 수 있는 가장 먼 과거에 이르기까지 펼쳐져 있다는 사실이다.

장기기억의 긴 기간이 그림 6.1에 나와 있는데, 이는 이제 막 강의실에 자리를 잡은 한 학생이 과거 여러 시기에 발생했던 사건들에 관해 기억해낼 만한 것들을 보여준다. 그가 앉자마자 맨 처음 회상해낸 것은 단기기억(short-term memory: STM)/작업기억(working memory: WM)에 있을 것인데, 그 이유는 그것이 지난 30초 이내에 일어났기 때문이다. 하지만 그 이전의 모든 것, 즉 5분 전 강의실로 걸어오고 있었던 최근의 기억부터 10년 전 초등학교 3학년에 다녔던 기억에 이르기까지의 기억은 장기기억에 속한다.

이 모든 기억들이 비록 장기기억에 들어 있지만 최근 기억은 보다 상세한데, 이 세부

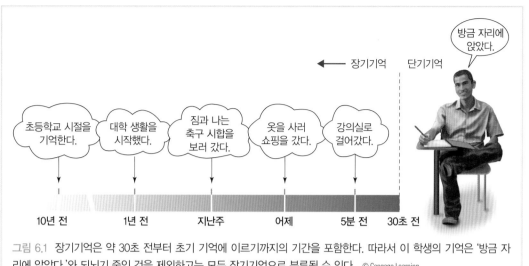

그림 6.1 장기기억은 약 30초 전부터 초기 기억에 이르기까지의 기간을 포함한다. 따라서 이 학생의 기억은 '방금 자리에 앉았다.'와 되뇌기 중인 것을 제외하고는 모두 장기기억으로 분류될 수 있다. © Cengage Learning

사항들 가운데 많은 부분이 시간 경과에 따라, 그리고 다른 경험들이 축적됨에 따라 희미해진다. 따라서, 2013년 10월 1일 이 사람은 2012년 10월 1일에 강의실로 걸어가는 동안 발생했던 것들의 세부사항은 아마 기억해내지 못하겠지만 그 당시의 일반적 경험들 가운데 상당 부분은 기억해낼 것이다. 이 장과 다음 장에서 관심 있게 다룰 한 가지 사항은 우리가 왜 어떤 정보는 파지하고 어떤 정보는 상실하는가 하는 점이다.

이 장의 목표는, 지속 기간(LTM=장기, STM/WM=매우 단기)과 용량(LTM=매우 큼, STM/WM=매우 제한됨)에 관한 기본 사실들 이외의 방식으로 장기기억이 단기기억/작업기억과 어떻게 구분될 수 있는지를 먼저 보여주는 데 있다. 장기기억과 단기기억/작업기억을 비교한 후 장기기억의 여러 유형들을 기술할 것인데, 개인적 경험(여러분이 지난 여름에 수행한 것), 지식이나 사실(미국의 세 번째 대통령), 일의 수행 방식(자전거를 타거나 자동차를 운전하는 능력)에 관한 기억을 다룰 것이다.

장기기억과 단기기억/작업기억의 비교를 출발점으로 삼을 때 단기기억에 관한 앞서의 논의로 되돌아가게 되는데, 그때 단기기억과 관련된 한 가지 문제, 즉 대부분의 연구들이 그 저장 기능, 즉 얼마나 많은 정보를 파지하고 얼마나 오랫동안 파지할 수 있는지를 강조했다는 사실을 지적했다. 이로 인해 작업기억이 제안되었는데, 이는 언어의 이해, 문제해결, 의사결정과 같은 복잡한 인지를 설명하는 데 필요한 역동적 처리를 강조한다.

유사한 상황이 장기기억에도 존재한다. 과거에 관한 정보를 파지하는 것이 장기기억의 중요한 특성이지만, 이 정보가 어떻게 사용되는지를 역시 이해할 필요가 있다. 이를 위해, 진행 중인 경험을 생성하기 위해 장기기억이 작업기억과 상호작용하는 방식을 포함한 장기기억 작동방식의 역동적 측면에 초점을 둘 것이다.

예를 들어, 토니의 친구 신디가 '짐과 내가 어젯밤 새로운 제임스 본드 영화를 보았다.'라고 말할 때 일어나는 것을 고려해 보자(그림 6.2). 토니의 작업기억이 그 말의 정확한 자구 표현을 마음속에 담고 있을 때 그것은 동시에 장기기억에 저장된 단어의 의미에 접속 중인데, 그럼으로써 문장을 구성하는 각 단어의 의미를 이해할 수 있다.

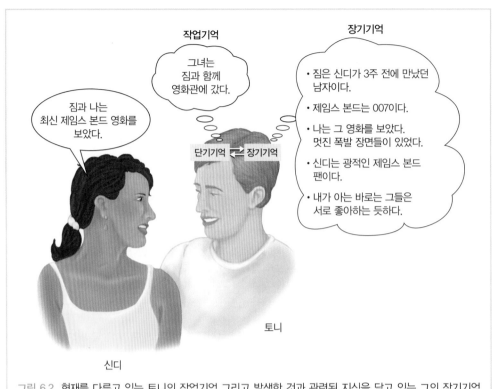

그림 6.2 현재를 다루고 있는 토니의 작업기억 그리고 발생한 것과 관련된 지식을 담고 있는 그의 장기기억은, 신디가 그에게 무엇인가 말하고 있을 때 함께 작동한다. © Cengage Learning

토니의 장기기억은 또한 영화, 제임스 본드, 그리고 신디에 관한 많은 추가적 정보를 담고 있다. 비록 토니가 이 모든 정보에 관해 의식적으로 생각하지 않더라도(결국, 그는 신디가 그에게 말하고자 하는 다음 사항에 대해 주의를 기울여야만 한다) 이 모든 것이 그의 장기기억에 들어 있으며, 그가 듣고 있는 것을 이해하고 의미하는 바를 해석하는 데 보태진다. 따라서 장기기억은 과거에 경험한 사건들을 기억해내고자 할 때 참조할 수 있는 저장고를 제공하며, 아울러 어떤 특정 순간에 발생하고 있는 것과 접촉하기 위해 우리가 작업기억을 사용할 때 지속적으로 참조하고 있는 풍부한 배경 정보를 제공한다.

현재 발생하고 있는 것과 과거 정보 사이의 상호작용은, 토니와 신디 사이의 상호작용에서 기술했지만, 단기기억/작업기억과 장기기억 사이의 구분에 근거한다. 1960년대부터 단기처리와 장기처리를 구분하기 위해 수많은 연구가 수행되었다. 이 실험들을 기술하는 데 있어 단기처리를, 그 용어를 사용했던 초기 실험들의 경우에는 단기기억(short-term memory: STM)이라고 부르지만, 작업기억에 초점을 둔 보다 최근 실험들의 경우에는 작업기억(Working Memory: WM)이라고 부를 것이다. B. B. Murdoch, Jr.의 고전적 실험(1962)은 다음 방법을 사용하여 계열위치곡선이라고 부르는 함수를 측정함으로써 단기기억과 장기기억의 구분을 연구하였다.

다음과 같은 단어 목록이 일정한 속도로 참가자에게 제시되었다.

1. 바리케이드	11. 불사조
2. 아동	12. 석궁
3. 다이어트	13. 초인종
4. 박	14. 머플러
5. 책	15. 생쥐
6. 미터	16. 메뉴
7. 여행	17. 비행기
8. 모헤어	18. 안락의자
9. 토마토	19. 서랍장
10. 객실	20. 야구

목록이 끝나면 참가자들은 생각나는 순서대로 기억해낸 단어들을 모두 쓴다. 그 결과가 그림 6.3의 곡선과 같이 표시되는데, 이 목록 내 위치에 따라 각 단어를 회상해낸 참가자의 비율이 나타나 있다. 예를 들어, 바리케이드는 1 위치에 야구는 20 위치에 있다. 이것이 계열위치곡선(serial position curve)이다.

계열위치곡선

그림 6.3의 계열위치곡선에 따르면, 기억은 목록의 중간에 있는 단어의 경우보다 목록의 서두에 있는 단어와 말미에 있는 단어의 경우 더 우수하다(Murdoch, 1962). 참가자들이 단어열의 서두에 제시된 단어들(앞서의 목록에서 바리케이드, 아동, 다이어트와 같은 단어들)을 더 잘 기억할 가능성이 크다는 발견을 초두 효과(primacy effect)라고 부른다.

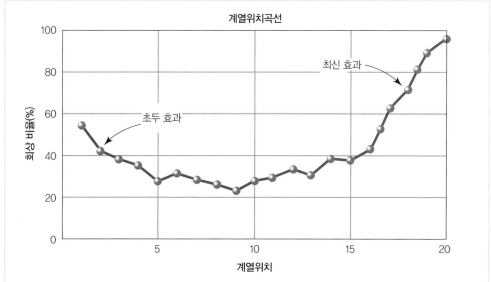

그림 6.3 **계열위치곡선(Murdoch, 1962)** 목록의 시작 부분(초두 효과)과 마지막 부분(최신 효과)에 제시된 단어들에 관한 기억이 더 우수하다는 것에 주목하라.

출처: B. B. Murdoch, Jr., The serial position effect in free recall, *Journal of Experimental Psychology, 64*, 482–488.

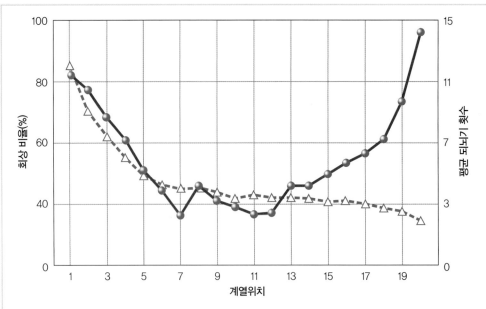

그림 6.4 **Rundus(1971)의 실험 결과** 빨간색 실선은 통상적인 계열위치곡선이다. 파란색 점선은 목록의 각 단어를 참가자들이 되뇌기한(소리 내어 말한) 횟수를 나타낸다. 되뇌기 곡선이 계열위치곡선의 초기 부분과 얼마나 잘 일치하는지에 주목하라.

출처: D. Rundus, Analysis of rehearsal processes in free recall, *Journal of Experimental Psychology, 89,* 63–77, Figure 1, p. 66, 1971.

초두 효과에 대한 한 가지 설명에 따르면, 참가자들이 단어열의 초두에 있는 단어들을 되뇌기하는 데 보다 충분한 시간을 갖고 따라서 이 단어들이 장기기억으로 잘 전이된다. 이러한 생각에 따르면, 참가자들은 첫 번째 단어가 제시된 직후 되뇌기를 시작하는데, 다른 단어들이 제시되지 않았기 때문에 첫 번째 단어는 참가자의 주의를 100% 받는다. 두 번째 단어가 제시될 때 주의는 두 단어에 확산되며, 새로운 단어들이 제시될 때마다 이 후속 단어에 대해 되뇌기가 점점 덜 가능해진다.

Dewey Rundus(1971)는 목록의 서두에 있는 단어들을 되뇌기하는 데 더 많은 시간을 갖기 때문에 초두 효과가 일어난다는 생각을 검증하였다. Rundus는 먼저 단어 한 개당 5초의 속도로 20개 단어 목록을 제시하고서 마지막 단어가 제시된 후 참가자들에게 기억나는 모든 단어들을 쓰도록 요구하였다. 그 결과 그림 6.4의 빨간색 곡선과 같은 계열위치곡선을 구했는데, 이는 그림 6.3에 나온 Murdoch의 곡선과 동일한 초두 효과를 보여준다. 그러나 Rundus는 그의 실험에 새로운 사항을 추가했는데, 다른 목록을 제시하고서 단어 사이의 5초 간격 동안 단어들을 소리 내어 반복하도록 참가자들에게 요구하였다. 참가자들에게 어떤 단어들을 반복해야 할지는 말해 주지 않았다. 파란색 점선은 각 단어가 반복된 횟수를 보여주는데, 계열위치곡선의 처음 절반 부분과 놀라우리만큼 닮았다. 목록의 초기에 제시된 단어들은 더 많이 되뇌기가 되었고, 역시 나중에 기억될 가능성도 더 컸다. 이러한 결과는, 목록의 서두에 있는 단어들의 경우 가용한 되뇌기 시간이 더 긴 것과 초두 효과가 관련된다는 생각을 지지한다.

글자열의 말미에 제시된 자극들의 경우 더 우수한 기억을 최신 효과(recency effect)라고

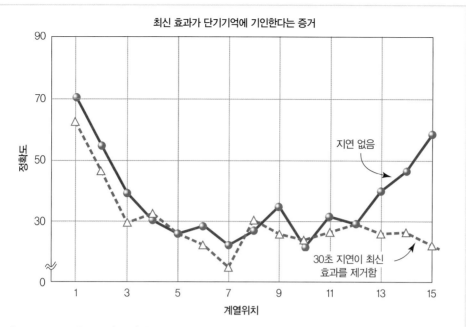

그림 6.5 **Glanzer와 Cunitz(1966)의 실험 결과** 기억 검사가 즉시 이루어졌을 때에는 계열위치곡선이 정상적인 최신 효과를 보이지만(빨간색 실선), 기억 검사가 30초 지연된 후 이루어졌을 때에는 최신 효과가 전혀 일어나지 않는다(파란색 점선).

출처: M. Glanzer & A. R. Cunitz, Two storage mechanisms in free recall, *Journal of Verbal Learning and Verbal Behavior, 5,* 351–360, Figures 1 & 2. Copyright © 1966 Elsevier Ltd. Republished with permission.

부른다. 최신 효과에 대한 설명에 따르면, 가장 최근 제시된 단어들은 여전히 단기기억에 있고 따라서 기억해내기 쉽다. 이러한 생각을 검증하기 위해 Murray Glanzer와 Anita Cunitz(1966)는 먼저 통상적 방식으로 계열위치함수를 구했다(그림 6.5의 빨간색 곡선). 그 후 다른 실험에서 참가자들로 하여금 목록의 마지막 단어를 들은 직후 30초 동안 숫자를 거꾸로 세게 한 후 단어들을 회상해내도록 하였다. 이러한 숫자 세기는 되뇌기를 방해하였고 단기기억에서 정보가 상실될 수 있는 시간을 허용하였다. 그 결과가 그림 6.5의 파란색 점선에 나와 있는데, 우리가 예상한 것처럼 숫자 세기가 야기한 지연에 의해 최신 효과가 사라졌다. 따라서 Glanzer와 Cunitz는, 최신 효과가 최근 제시된 항목들이 단기기억에 저장된 데 기인한다고 결론을 내렸다. 그림 6.3, 그림 6.4, 그림 6.5의 계열위치 결과들이 표 6.1에 요약되어 있다.

표 6.1 계열위치 실험들

그림	절차	예시
그림 6.3	참가자가 단어 목록을 들은 직후 회상을 시작한다.	초두 효과와 최신 효과
그림 6.4	목록이 제시되면 참가자가 단어 사이의 5초 간격 동안 단어들을 소리 내어 반복한다.	목록의 시작 부분에 있는 단어들이 더 많이 반복되며, 따라서 이 단어들이 장기기억에 들어갈 가능성이 더 크다.
그림 6.5	참가자가 30초 동안 숫자 거꾸로 세기를 한 후 회상을 시작한다.	되뇌기가 방해받아서 최신 효과가 제거된다.

단기기억과 장기기억의 부호화

단기기억과 장기기억은 정보가 두 체계에 부호화되는 방식을 비교함으로써 구분될 수 있다. 부호화(coding)란 자극이 표상되는 형태를 지칭한다. 예를 들어, 2장에서 살펴본 것처럼, 사람의 얼굴은 수많은 뉴런의 발화 패턴으로 표상될 수 있다. 뉴런의 발화에 의해 자극이 표상되는 방식을 밝히는 것이 부호화에 대한 생리학적 접근이다.

이 절에서는 자극이나 경험이 마음에 표상되는 방식을 알아봄으로써 부호화에 대한 심적 접근을 취할 것이다. 단기기억과 장기기억 체계에 정보가 표상되는 방식을 비교하기 위해, 단기기억과 장기기억 양자의 시각적 부호화(시각적 심상 형태로 마음에 부호화하기), 청각적 부호화(소리 형태로 마음에 부호화하기), 의미적 부호화(의미에 따라 마음에 부호화하기)를 기술하겠다.

단기기억과 장기기억의 시각적 부호화 앞서 '보여주기: 시각적 모양 회상하기'(5장)에서 단기기억의 시각적 부호화를 살펴보았는데, 이때 그림 5.16의 시각적 모양을 기억해내도록 요구하였다. 여러분이 그 모양을 마음속에서 시각적으로 표상함으로써 기억했다면 그것은 시각적 부호화에 해당된다. 여러분이 과거 경험으로부터 사람이나 장소의 시각적 속성을 떠올릴 때 장기기억에서 시각적 부호화를 사용하는 셈이다. 예를 들어, 여러분의 5학년 선생님의 얼굴을 기억해낸다면 여러분은 시각적 부호화를 사용하고 있는 것이다.

단기기억과 장기기억의 청각적 부호화 단기기억에서 청각적 부호화의 예를 Conrad가 밝힌 음운 유사성 효과에서 찾아볼 수 있는데, 이 효과에 따르면 사람들은 흔히 표적글자를 그것과 소리가 유사한 다른 글자로 오인한다(예: 'F'와 'S'를 혼동하는데 이들은 생김새는 비슷하지 않지만 소리는 비슷하다). 청각적 부호화는 여러분이 속으로 노래를 '부를' 때 장기기억에서 발생한다. 청각적 부호화의 다른 사례로서 CD를 듣는 도중 트랙 사이의 짧은 침묵기간에 일어나는 것을 들 수 있다. 어떤 사람들은 자주 들었던 CD의 경우 침묵기간 동안 다음 노래의 서두가 '들린다고' 보고한다. 이것은 이전 노래가 끝날 때 장기기억에서 청각적 표상이 촉발되기 때문에 일어나는 현상이다.

단기기억의 의미적 부호화: Wickens 실험 Delos Wickens와 동료(1976)의 실험은 단기기억의 의미적 부호화의 사례를 제공한다. 그림 6.6에 그 실험 설계가 나와 있다. 각 시행마다 참가자들은 (A) 과일('과일 집단') 또는 (B) 직업('직업 집단') 가운데 하나와 관련된 단어들을 제시받았다. 각 집단의 참가자들은 세 개 단어를 들은 다음(예: 과일 집단의 경우 바나나, 복숭아, 사과), 15초 동안 수를 거꾸로 센 후 세 개 단어들을 회상해내고자 하였다. 참가자들은 총 네 번의 시행 동안 이를 실행하였는데, 각 시행마다 상이한 단어들이 제시되었다. 참

바나나 복숭아 사과	자두 살구 라임	멜론 레몬 포도	오렌지 체리 파인애플
시행 1	시행 2	시행 3	시행 4

(a) 과일 집단

변호사 소방관 교사	댄서 장관 중역	식료품상 의사 편집인	오렌지 체리 파인애플
시행 1	시행 2	시행 3	시행 4

(b) 직업 집단

그림 6.6 Wickens 등(1976) 실험에 사용된 자극들 (a) 과일 집단 참가자들은 매 시행 세 개의 과일 이름들을 제시받는다. 각각의 제시 후마다 참가자들은 15초 동안 숫자 거꾸로 세기를 한 후 과일 이름들을 회상해낸다. (b) 직업 집단 참가자들은 시행 1, 2, 3 각각에서 세 개의 직업 이름들을 제시받고 시행 4에서 세 개 과일 이름들을 제시받는다. 마찬가지로 각각의 시행마다 이름들을 회상해내기 전에 15초 동안 숫자 거꾸로 세기를 한다.

출처: D. D. Wickens, R. E. Dalezman, & F. T. Eggemeier, Multiple encoding of word attributes in memory, *Memory & Cognition, 4*, 307–310, 1976.

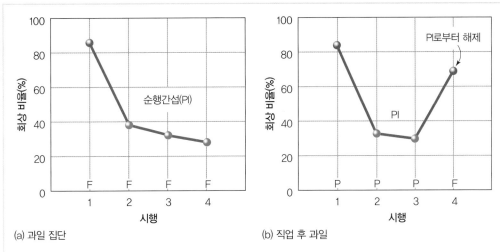

(a) 과일 집단　　　　　　　　　　　　　　(b) 직업 후 과일

그림 6.7 **Wickens 등(1976)의 순행간섭 실험 결과** (a) 과일 집단은 시행 2, 3, 4에서 수행 감소를 보였는데, 이는 최소한 부분적으로는 순행간섭에 의해 야기되었다(검은색 점으로 표시됨). (b) 직업 집단은 시행 2와 3에서 유사한 수행 감소를 보였다. 시행 4의 수행 증가는 순행간섭의 해제를 나타내는데, 그 이유는 시행 4에서 직업이 아니라 과일 이름들이 제시되었기 때문이다.

출처: D. D. Wickens, R. E. Dalezman, & F. T. Eggemeier, Multiple encoding of word attributes in memory, *Memory & Cognition, 4,* 307–310, 1976.

가자들은 단어를 들은 직후 그것들을 회상해냈기 때문에 단기기억을 사용하였다.

이 실험 배후의 기본 생각은 일련의 시행들에서 동일 **범주**의 단어들을 제시함으로써 **순행간섭**(이전에 학습한 정보가 새로운 정보의 학습을 간섭할 때 발생하는 기억의 감소)을 생성하는 것이다. 예를 들어, 과일 집단의 경우 **바나나, 복숭아, 사과**를 시행 1에서 제시하고, **자두, 살구, 라임**을 시행 2에서 제시하였다. 순행간섭은 각 시행에서 수행의 저하로 나타나는데, 이는 그림 6.7a의 파란색 데이터 포인트에 나와 있다.

과일 집단의 경우 이러한 간섭의 원인이 단어들의 **의미**에 있을 수 있다는 증거(모든 단어들이 과일이었음)를 그림 6.7b에 나와 있는 직업 집단의 결과에서 찾아볼 수 있다. 과일 집단과 마찬가지로 수행은 시행 1에서 높았고 그다음 시행 2와 3에서 감소하였는데, 그 이유는 모든 단어들이 직업 이름들이었기 때문이다. 그러나 시행 4에서는 과일 이름들이 제시되었다. 이들은 상이한 범주에 속하므로 직업들이 제시됨에 따라 축적된 순행간섭이 사라졌고, 따라서 시행 4에서 수행이 증가하였다. 이러한 수행상 증가를 **순행간섭의 해제**(release from proactive interference)라고 부른다.

순행간섭의 해제가 단기기억의 부호화에 관해 무엇을 알려주는가? 이 질문의 답을 구하는 데 있어 관건은, Wickens 실험에서 발생한 순행간섭의 해제가 단어들의 **범주**(과일과 직업)에 달려 있다는 사실을 파악하는 것이다. 단어들을 범주들로 나누는 것은 단어의 의미에 기초를 두기 때문이고 참가자들이 단어들을 들은 지 15초 후 이들을 회상해냈기 때문에, 이는 단기기억의 의미적 부호화 효과를 반영한다.

장기기억의 의미적 부호화: Sachs 실험 Jacqueline Sachs의 연구(1967)는 장기기억의 의미적 부호화를 밝혔다. Sachs는 참가자들에게 글을 테이프에 녹음한 것을 들려준 후 글 안의 문장의 정확한 어구를 기억해내는지 아니면 글의 일반적 의미만을 기억해내는지 밝히기 위해 재인기억을 측정하였다.

방법 재인기억 측정

재인기억(recognition memory)은 앞서 접했던 자극을 식별해내는 것이다. 재인기억의 측정 절차는 학습기간 동안 자극을 제시하고 나중에 동일한 자극을 제시되지 않았던 다른 자극과 함께 제시하는 것이다. 예를 들어, 학습기간 동안 '집' 단어를 포함한 단어들의 목록을 제시한다. 나중에, 검사 동안 '집', 그리고 제시되지 않았던 '테이블'과 '돈'과 같은 다른 단어들을 포함하여 일련의 단어들을 제시한다. 참가자의 과제는 앞서 제시된 단어의 경우(이 예에서 '집' 단어) '예'라고, 제시되지 않은 단어의 경우('테이블'과 '돈' 단어) '아니요'라고 답하는 것이다. 이 방법이 **회상** 검사 방법과 상이하다는 점을 주목하라. 회상 검사에서 사람들은 회상할 항목을 **생성해야** 한다. 회상 검사의 사례로서 빈칸 채우기 시험문제를 들 수 있다. 반면, 재인 검사의 선택으로서 선다형 시험을 들 수 있는데, 여기서는 많은 대안들 가운데 정답을 골라야 한다. Sachs가 장기기억의 부호화 연구에 재인을 적용한 방식이 다음에 나와 있다.

보여주기 글 읽기

다음 글을 읽어 보라.

> 망원경에 관해 흥미로운 이야기가 있다. 네덜란드에 리페르셰이라는 안경 제조업자가 있었다. 어느 날 그의 아이들이 렌즈 몇 개를 갖고 놀고 있었다. 그들은 두 개 렌즈를 약 30cm 정도 떨어뜨렸을 때 사물이 매우 가깝게 보인다는 사실을 발견하였다. 리페르셰이는 실험을 시작하였는데 그의 '스파이 안경'은 많은 주목을 끌었다. 그는 그것에 관한 편지를 이탈리아의 위대한 과학자인 갈릴레오에게 보냈다. 갈릴레오는 이 발견의 중요성을 바로 알아차리고서 스스로 기구 제작에 착수하였다.

이제 글을 덮고서 다음 문장들 가운데 어느 문장이 앞서 글 안의 문장과 동일하고 어느 문장이 바뀌었는지를 지적해 보라.

1. 그는 그것에 관한 편지를 이탈리아의 위대한 과학자인 갈릴레오에게 보냈다.
2. 이탈리아의 위대한 과학자인 갈릴레오는 그것에 관한 편지를 그에게 보냈다.
3. 그것에 관한 편지가 이탈리아의 위대한 과학자인 갈릴레오에게 보내졌다.
4. 그는 이탈리아의 위대한 과학자인 갈릴레오에게 그것에 관한 편지를 보냈다.

여러분은 어떤 문장을 선택하였는가? 문장 (1)은 글 안의 문장과 동일한 유일한 문장이기 때문에 정답이다. Sachs의 참가자들이 당면한 과제는 더 어려웠는데, 그 이유는 그들이 두 배 또는 세 배나 더 긴 글을 들었기 때문에 기억해야 할 자료가 더 많았고 문장 듣기와 기억해서 답하기 사이의 지연 기간이 더 길었기 때문이다. Sachs의 참가자들 가운데 많은 사람들이 문장 (1)은 동일하며 문장 (2)는 바뀌었다고 정확하게 식별하였다. 그러나 많은 사람들이 문장 (3)과 (4)의 경우 자구 표현이 상이했음에도 불구하고 이 문장들을 글의 문장과 동일한 것으로 판단하였다. 특정 자구 표현은 망각되지만 일반적 의미는 오랫동안 기억될 수 있다는 발견은 여러 실험들에서 확증되었다. 이처럼 의미에 따른 서술은 장기기억의 의미적 부호화의 한 사례라 할 수 있다.

표 6.2 단기기억과 장기기억에서 부호화의 사례

부호	단기기억	장기기억
시각적	방금 보았던 시각적 패턴을 재생해내기 위해 마음속에 심상을 유지한다.	여러분이 지난여름 Washing, D. C.의 링컨 기념관을 보았을 때의 모습을 마음에 그려본다.
청각적	글자들의 발음을 들은 직후 마음속에 그 소리를 표상한다.	이전에 여러 번 들었던 노래를 마음속에 되풀이한다.
의미적	어떤 단기기억 과제에서 단어들을 의미에 따라 범주로 나눈다.	지난주 읽었던 소설의 전반적 줄거리를 회상한다.

단기기억과 장기기억의 부호화 비교

지금까지 정보가 시각(시각적 부호화), 청각(청각적 부호화), 의미(의미적 부호화) 측면에서 단기기억 및 장기기억 양자에 표상될 수 있다는 사실을 살펴보았다(표 6.2). 특정 상황에서 발생하는 부호화의 유형은 주로 과제에 달려 있다. 예를 들어, 여러분이 방금 들었던 전화번호를 기억해내는 과제를 생각해 보자. 기억에 숫자를 유지하는 한 가지 방식은 그것을 자꾸 반복하는 것인데, 이는 청각적 부호화의 한 사례이다. 여러분이 그 숫자를 전화번호의 시각 이미지 또는 의미의 측면에서 기억할 가능성은 별로 없다. 많은 단기기억 과제의 속성 때문에 청각적 부호화는 단기기억에서 지배적인 유형의 부호화이다.

이제 다른 사례를 살펴보자. 여러분이 지난주 모험 이야기책의 독서를 마치고서 이제 그것을 기억해내려고 한다. 여러분이 독서할 때와 동일한 형태의 자구 표현을 기억해낼 가능성은 별로 없지만, 그 스토리에서 발생한 것을 기억해낼 가능성은 훨씬 더 크다. 발생한 것을 기억해내는 것은 의미적 부호화인데, 이는 흔히 장기기억에서 일어난다. 스토리를 기억해내면서 여러분이 스토리를 읽을 때 상상했던 몇몇 장소의 심상(또는 책에 포함된 삽화)을 떠올렸다면 이는 장기기억의 시각적 부호화의 한 사례라고 할 수 있다. 일반적으로 의미적 부호화가 장기기억 과제에서 가능성이 가장 큰 형태의 부호화이다.

뇌 안에서 기억의 위치 찾기

5장의 말미에서 전전두피질과 시각피질이 작업기억에 관여한다는 사실을 살펴보았다(그림 5.22). 이 절의 목표는 단기기억과 장기기억이 뇌 안에 표상되는 위치를 비교한 몇몇 실험을 소개하는 것이다. 단기기억과 장기기억이 뇌 안에서 분리되어 있다는 증거뿐만 아니라 중첩되어 있다는 증거를 살펴볼 것이다. 분리를 지지하는 가장 큰 증거를 신경심리학 연구들이 제시하고 있다.

신경심리학 1953년 Henry Molaison(그가 2008년 82세의 나이로 사망할 때까지 H. M. 환자로 알려짐)은 심각한 간질발작을 제거하기 위해 고안된 실험적 수술을 받았다. H. M.의 뇌 양편에 있는 해마(hippocampus)(그림 5.22)의 제거를 포함한 이 수술은 그의 발작을 감소시키는 데는 성공적이었지만, 새로운 장기기억의 형성 능력까지 제거함으로써 뜻하지 않은 부작용을 일으켰다(Corkin, 2002; Scoville & Milner, 1957).

H. M.의 단기기억은 손상되지 않았기 때문에 그는 방금 발생했던 것을 기억할 수 있었지만, 이 정보 가운데 어느 것도 장기기억으로 전이시킬 수 없었다. 이처럼 새로운 장기기억을 형성할 수 없었으므로 심리학자 Brenda Milner가 수십 년 동안 그를 매우 자주 검사했음에도 불구하고 H. M.은 항상 그녀가 그의 방에 올 때마다 그녀를 처음 만난 것처럼 대했다. H. M.의 사례는 비록 당사자에게는 비극적이었지만 새로운 장기기억 형성에 있어 해마의 역할을 이해할 수 있도록 하였다. 게다가, 그의 단기기억이 손상되지 않고 유지되었다는 사실은 단기기억과 장기기억에 별도의 뇌 영역이 기여한다는 것을 시사했다.

동일한 결론을 이끈 또 다른 유명한 사례가 Clive Wearing의 사례이다. Wearing은 영국에서 매우 존경받는 음악가이자 합창단 지휘자였는데, 40대에 바이러스성 뇌염에 감염되어 측두엽의 해마, 편도체, 그리고 다른 구조를 포함한 뇌 측두엽(그림 5.22)의 상당 부분이 파괴되었다. 뇌 손상 때문에 Wearing은 전적으로 가장 최근의 1분 또는 2분의 삶을 살고 있다. 그는 방금 일어난 것을 기억하고 다른 모든 것을 망각한다. Wearing이 어떤 사람을 만났는데 그 사람이 방을 떠났다가 3분 후 돌아오면, Wearing은 그 사람을 앞서 만난 적이 없었던 것처럼 반응한다. 새로운 기억을 형성할 수 없기 때문에 그는 항상 방금 깨어난 것으로 생각한다. H. M.과 마찬가지로 Wearing의 사례는 장기기억과 단기기억의 분리를 보여준다(Suddendorf et al., 2009; D. Wearing, 2005).

또한 H. M.과 Clive Wearing의 경우와는 반대되는 문제를 가진 사람이 있는데, 이들은 장기기억은 정상이지만 단기기억에 문제가 있다. 한 사례로서 K. F. 환자를 들 수 있는데, 그는 오토바이 사고로 인해 두정엽이 손상되었다. K. F.의 빈약한 단기기억은 숫자 폭의 감소, 즉 기억할 수 있는 숫자들 수의 감소로 알 수 있다(Shallice & Warrington, 1970). 전형적인 숫자 폭이 5개에서 9개 사이의 숫자들인 데 반해 K. F.의 숫자 폭은 2개였다. 더 나아가, 그의 계열위치곡선에서 최신 효과가 감소되었는데 이 효과는 단기기억과 관련된다. K. F.의 단기기억이 매우 손상되었음에도 불구하고 그의 장기기억은 잘 작동하였는데, 이는 생활하면서 경험한 사건들에 대해 새로운 기억을 형성하고 유지할 수 있는 능력으로 알 수 있다.

이러한 사례들을 통틀어 특별한 점은, H. M.과 Clive Wearing의 단기기억이 정상이지만 새로운 장기기억을 형성할 수 없는 반면 K. F.는 정반대의 문제(정상적인 장기기억과 손상된 단기기억)를 갖고 있기 때문에, 이들이 단기기억과 장기기억 사이의 이중 해리를

표 6.3 단기기억과 장기기억의 이중 해리

환자	단기기억	장기기억
H. M.과 Clive Wearing	정상	손상
K. F.	손상	정상

형성한다는 점이다(표 6.3). 이러한 증거는 단기기억과 장기기억이 독립적으로 작용하는 상이한 기전에 근거한다는 생각을 지지한다.

신경심리학적 증거 그리고 계열위치곡선의 측정과 같은 행동 실험의 결과는, 단기기억과 장기기억을 분리된 상자들로 표시하는 다중저장고 모형(modal model)의 제안과 함께, 단기기억과 장기기억의 분리라는 생각을 지지한다. 그러나 최근의 몇몇 뇌 영상 실험들은 이러한 분리가 그다지 단순하지는 않다는 것을 보여준다.

뇌 영상 Charan Ranganath와 Mark D'Esposito(2001)는 새로운 장기기억 형성에 있어 결정적인 해마가 단기적으로 정보를 유지하는 데 있어서도 역할을 수행하는지 여부를 조사하였다. 참가자들에게 일련의 자극들을 제시하면서 그들의 뇌를 스캔한 결과가 그림 6.8a에 나와 있다. 표본 얼굴이 1초 동안 제시된 후 7초의 지연 기간이 뒤따랐다. 그 후 검사 얼굴이 제시되었는데, 참가자의 과제는 그것이 표본 얼굴과 동일한지 여부를 판단하는 것이었다. 참가자가 처한 조건은 두 가지였다. '낯선 얼굴' 조건에서 참가자들이 본 얼굴은 처음 본 얼굴들이었다. '친숙한 얼굴' 조건에서 참가자들은 실험 이전에 이미 알고 있었던 얼굴들을 보았다.

그 결과가 그림 6.8b에 나와 있는데, 이에 따르면 7초 지연 기간 동안 낯선 얼굴을 기억에 보유하고 있을 때에는 해마의 활동이 증가하지만 친숙한 얼굴의 경우에는 그 활동이 약간만 변화한다. 이 결과에 근거하여 Ranganath와 D'Esposito는 짧은 지연 기간 동안 새로운 정보를 기억에 유지하는 데 해마가 관여한다고 결론을 내렸다. 이와 같은 결과는 다른 많은 실험의 결과와 함께 한때 장기기억에만 관여한다고 생각했던 해마 그리고 다른 뇌측두엽 구조들

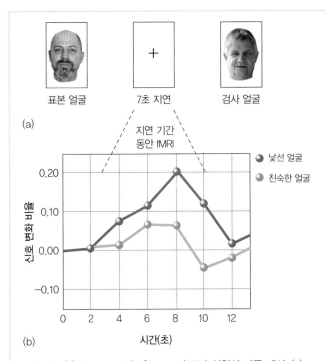

(a)

지연 기간 동안 fMRI

● 낯선 얼굴
● 친숙한 얼굴

신호 변화율

시간(초)

(b)

그림 6.8 (a) Ranganath와 D'Esposito(2001) 실험의 자극 제시, (b) 해마 fMRI 반응이 지연 기간 동안 낯선 얼굴들에 대해서는 증가하지만 이전에 보았던 얼굴들에 대해서는 약간만 증가한다.

출처: C. Ranganath & M. D'Esposito, Medial temporal lobe activity associated with active maintenance of novel information, *Neuron, 31,* 865–873, 2001. Photos by Bruce Goldstein.

이 단기기억에서도 어느 정도 역할을 수행한다는 것을 보여준다(Cashdollar et al., 2009; Jonides et al., 2008; Nichols et al., 2006; Ranganath & Blumenfeld, 2005; Rose et al., 2012).

이처럼 새로운 결과들을 고려함으로써 많은 연구자들이 내린 결론에 따르면, 단기기억과 장기기억의 분리를 지지하는 훌륭한 증거가 있음에도 불구하고, 특히 낯선 자극을 내포한 과제의 경우 이 기능들이 이전에 생각했던 것만큼 분리되어 있지는 않다는 증거들 역시 존재한다. 이제는 장기기억만을 살펴볼 것인데, 먼저 일화적 장기기억과 의미적 장기기억을 살펴보겠다.

1. 단기기억과 장기기억의 차이가 계열위치곡선을 측정함으로써 어떻게 밝혀졌는지 기술하라.

2. 단기기억과 장기기억에서 시각적, 청각적, 의미적 부호화의 사례들을 제시하라.

3. Wickens와 Sachs의 의미기억 실험을 기술하라.

4. 부호화 방식에 근거하여 단기기억과 장기기억의 유사성과 차이에 관해 어떤 결론을 내릴 수 있는가?

5. H. M.과 Clive Wearing, K. F.를 포함한 신경심리학 연구로부터 단기기억과 장기기억의 분리에 관해 어떤 결론이 내려졌는가?

6. Ranganath와 D'Esposito의 실험과 같이 보다 최근의 실험들은 단기기억과 장기기억에 기여하는 뇌 기전 사이의 분리에 관해 무엇을 시사하는가?

일화기억과 의미기억

일화기억(경험에 관한 기억)과 의미기억(사실에 관한 기억)을 상이한 두 유형의 기억으로 간주하는 이유는 무엇일까? 이 질문에 대한 답을 (1) 일화기억 및 의미기억과 연합된 경험의 유형, (2) 뇌 손상이 두 기억 각각에 영향을 미치는 방식, 그리고 (3) 두 기억 각각에 대한 fMRI 반응을 고려함으로써 구해왔다.

일화기억과 의미기억의 구분

일화기억이 경험에 관한 기억이며 의미기억이 사실에 관한 기억이라고 말할 때, 기억한 정보의 유형에 근거하여 두 유형의 기억을 구분하는 셈이다. Endel Tulving(1985)은 일화기억과 의미기억이 상이한 유형의 정보를 다룬다고 맨 처음 제안했는데, 그는 아울러 두 기억이 각자 연합된 경험의 유형에 근거하여 구분될 수 있다고 제안하였다(Gardiner, 2001; Wheeler et al., 1997).

경험의 차이 Tulving에 따르면, 일화기억 경험을 정의하는 속성은 정신적 시간여행(mental time travel), 즉 과거에 발생한 사건과 재연결하기 위해 시간상 거꾸로 여행하는 경험이다. 예를 들어, 나는 캘리포니아 해안 인근의 산 정상에 올라 아득한 아래편 저 멀리까지 펼쳐진 태평양을 바라본 것을 기억하기 위해 마음속에서 거꾸로 여행할 수 있다. 자동차에 앉아 바다를 바라보면서 옆에 앉아 있는 아내에게 '와우'라고 말한 것을 기억한다. 또한 내가 경험한 몇 가지 정서, 내 차의 내부와 같은 세부사항들, 그리고 하산 도중 보게 될 것에 대한 기대를 기억한다. 요약하면, 이 사건을 기억할 때 나는 그것을 다시 체험하는 것처럼 느낀다. Tulving은 이러한 정신적 시간여행/일화기억 경험을 **자기 자각** 또는 **기억해내기**라고 기술하였다.

일화기억의 정신적 시간여행 속성과 대조적으로, 의미기억 경험에는 개인적 경험의 기억과 결부될 필요가 없는 세상에 관한 지식에 접속하는 것이 수반된다. 이러한 지식은 사실, 어휘, 숫자, 개념과 같은 것들일 수 있다. 의미기억을 경험할 때 과거의 특정 사건으로 되돌아가는 여행을 하는 것이 아니라 우리에게 친숙하거나 우리가 알고 있는 것들에 접속한다. 예를 들어, 나는 태평양에 관한 많은 사실들(위치, 크기, 샌프란시스코에서 서쪽으로 가면 일본에 당도한다는 사실)을 알고 있지만 이러한 사실들을 언제 학습했는지는 정확하게 기억할 수 없다. 태평양에 관해 내가 알고 있는 다양한 것들은 의미기억이다. Tulving은 의미기억 경험을 앎(knowing)이라고 기술했는데, 여기서 앎은 정신적 시간여행을 포함하지 않는다. 이제는 일화기억과 의미기억에 상이한 기전이 기여한다는 생각을 지지하는 신경심리학적 증거를 살펴보겠다.

신경심리학 신경심리학적 증거가 단기기억과 장기기억의 구분에 이용된 것처럼, 이러한 증거는 일화기억과 의미기억의 구분에도 역시 이용되었다. 먼저 K. C. 사례를 살펴볼 것인데, 그는 30세에 오토바이를 타고 고속도로 나들목을 빠져나가다가 해마와 주변 구조에 심각한 손상을 입었다(Rosenbaum et al., 2005). 이 부상의 결과 K. C.는 일화기억을 상실하였는데, 더 이상 그의 과거 사건들을 아무것도 기억해내지 못한다. 그러나 그는 어떤 일들이 일어났었다는 사실은 알고 있는데, 이는 의미기억에 해당한다. 그는 그의 형제가 2년 전 사망했다는 사실을 알고 있지만, 그의 형제의 사망에 관해 어떻게 이야기를 들었고 장례식에서 무엇을 경험했는지와 같은 개인적 경험들에 관해서는 아무것도 기억해내지 못한다. K. C.는 또한 식사 도구들이 부엌의 어디에 있는지 그리고 볼링에서 스트라이크와 스페어의 차이와 같은 사실들을 기억해낼 수 있다. 따라서 K. C.는 그의 기억에서 일화적 부분은 상실하였지만, 그의 의미기억은 대체로 온전하다.

뇌 손상으로 인해 K. C.가 경험한 것과 반대되는 증상이 야기된 이탈리아 여성이 있는데, 44세에 뇌염을 앓을 때까지는 그녀의 건강은 정상이었다(DeRenzi et al., 1987). 문제의 신호는 맨 처음 두통과 고열로 나타났으며 그다음 환각이 5일간 지속되었다. 병원에서 6주간 입원한 후 집으로 돌아왔을 때 친숙한 사람을 알아보는 데 어려움이 있었고, 쇼핑 목록의 단어의 의미를 기억해내지 못하고 물건들이 가게의 어디에 있는지 기억해내지 못해서 쇼핑하는 데 어려움이 있었으며, 더 이상 베토벤과 같은 유명한 사람을 식별하지 못했고 이탈리아가 제2차 세계대전에 관련되었는지와 같은 사실들을 기억해내지 못했다. 이는 모두 의미기억에 속한다.

의미정보에 관한 기억이 이처럼 심각하게 손상되었음에도 불구하고 그녀는 여전히 일상생활에서 발생한 사건들을 기억할 수 있었다. 그녀는 하루 중 자신이 무엇을 했는지 그리고 여러 주 또는 여러 달 전에 발생한 것들을 기억해낼 수 있었다. 따라서 그녀는 비록 의미기억을 상실했지만 여전히 새로운 일화기억을 형성할 수 있었다. 표 6.4에 앞서의 두 사례가 요약되어 있다. 이 사례들은 함께 일화기억과 의미기억 사이의 이중 해리를 보여주는데, 이는 이처럼 상이한 두 유형의 정보에 관한 기억이 상이한 기전을 수반할 것이라는 생각을 지지한다.

표 6.4 의미기억과 일화기억의 이중 해리

환자	의미기억	일화기억
K. C.	정상	빈약
이탈리아 여성	빈약	정상

표 6.4에 나타난 이중 해리는 의미기억과 일화기억의 분리된 기전들에 관한 생각을 지지하지만, 뇌 손상의 정도가 흔히 환자마다 상이하므로 뇌 손상 환자에 관한 연구 결과의 해석이 까다로운 경우가 많다. 게다가 환자의 검사 방법이 연구마다 상이하다. 따라서 신경심리학적 결과를 다른 종류의 증거를 통해 보완하는 것이 중요한데, 이러한 추가적 증거를 뇌 손상 실험들이 제공한다(일화기억과 의미기억의 신경심리학에 관한 더 이상의 논의는 Squire와 Zola-Morgan, 1998, Tulving과 Markowitsch, 1998을 참고하라).

뇌 영상 Brian Levine과 동료들(2004)이 수행한 뇌 영상 실험에서, 참가자들로 하여금 일상의 개인적 사건들('어젯밤 살사댄스 클래스에서 사람들이 모두 상이한 스타일의 살사를 춤추었다…….')과 의미적 지식에서 도출된 사실들('1947년까지 토론토에 5000명의 일본계 캐나다인이 살고 있었다.')을 기술한 일기를 녹음테이프에 녹음하도록 하였다. 그 후 참가자들이 fMRI 스캐너 안에서 녹음된 내용을 들을 때, 일상 사건의 녹음은 상세한 자전적 일화기억(사람들은 자신의 경험을 기억해낸다)을 촉발한 반면, 다른 녹음은 의미적 사실을 상기시켰다. 그림 6.9의 뇌 단면에 뇌 활성화가 나와 있다. 노란색 영역은 일화기억과, 파란색 영역은 사실적인 의미적 지식과 연관된 뇌 영역이다. 이러한 결과들은 일화기억과 의미기억에 의해 야기된 활성화 사이에 중첩과 뚜렷한 차이가 함께 존재한다는 것을 보여준다(Cabeza & Nyberg, 2000; Duzel et al., 1999; Nyberg et al., 1996 참고).

그러나 일화기억과 의미기억을 구분할 수 있다는 사실이, 이들이 전적으로 분리되어 작동한다는 것을 의미하는 것은 아니다. 이 장의 주제가 **구분과 상호작용**이라는 점을 염두에 두고서 이제는 이 두 체계 사이에 방대한 상호작용이 존재한다는 것을 살펴볼 것이다.

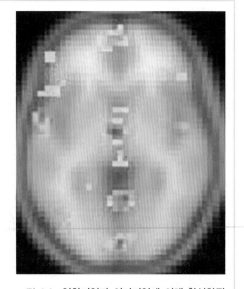

그림 6.9 **일화기억과 의미기억에 의해 활성화된 뇌 영역** 노란색 영역은 일화기억과 관련된 뇌 영역을, 파란색 영역은 의미기억과 관련된 뇌 영역을 나타낸다.

출처: B. Levine, G. R. Turner, D. Tisserand, S. J. Hevenor, S. J. Graham, & A. R. McIntosh, The functional neuroanatomy of episodic and semantic autobiographical remembering: A prospective functional MRI study. *Journal of Cognitive Neuroscience, 16*, 1633–1646, 2004. MIT Press Journals.

일화기억과 의미기억의 상호작용

실생활에서 일화기억과 의미기억은 흔히 뒤엉켜 있다. 그러한 사례로서 (1) 지식(의미적)이 경험(일화적)에 영향을 미치는 방식 그리고 (2) 자전적 기억의 형성을 들 수 있다.

경험에 영향을 미치는 지식 우리는 나중에 기억해낼 경험을 하는 도중 방대한 지식을 동원한다. 예를 들어, 나는 최근 영국인 친구와 야구경기를 보았는데, 그는 야구경기를 한 번도 가본 적이 없어서 야구에 관해 아는 것이라고는 공을 치고, 베이스를 달리고, 점수를 내는 등 기본 원리에 국한되어 있었다. 우리가 함께 앉아 경기를 보면서 나는 경기에 관해 당연하게 여겼던 많은 것들을 내가 알고 있다는 것을 금방 알아차렸다. 게임의 어느 한 순간 원 아웃이면서 1루에 주자가 있을 때, 땅볼이 더블 플레이를 초래할 가능성을 나는 예상하였다. 따라서 타자가 3루 방향으로 땅볼을 쳤을 때 나는 즉각적으로 2루를 보았는데 그곳으로 3루수가 공을 던져서 원 아웃을 잡았고, 그 후 1루를 보았는데 그곳으로 2루수가 공을 던져서 투 아웃을 잡았다. 이때 나의 영국인 친구의 반응은 '무슨 일이 일어났지?'였다. 분명히 경기에 관한 나의 지식은 내가 경기를 경험하는 방식에 영향을 미쳤다. 우리의 지식(의미기억)이 우리의 경험을 안내하며, 차례대로 이 경험은 뒤따르는 일화기억에 영향을 미친다.

의미적 성분과 일화적 성분 양자를 포함하는 자전적 기억 일화기억과 의미기억의 상호작용은 자전적 기억(autobiographical memory)을 고려할 때에도 일어나는데, 자전적 기억은 삶의 특정 경험에 관한 기억으로서 일화적 성분과 의미적 성분 양자를 포함할 수 있다. 예를 들어, 다음과 같은 자전적 기억을 고려해 보자. '내가 르 버즈 커피숍에서 질과 메리를 만났을 때 우리는 좋아하는 테이블에 앉았는데, 이 테이블은 창가에 있지만 아침에 붐빌 때에는 차지하기 어렵다.'

이 서술은 일화적 성분(질과 메리를 어제 만난 것은 특정 경험이다)과 의미적 성분(르 버즈는 커피숍이며 창가의 테이블은 우리가 좋아하는 자리이고 그 테이블은 아침에 차지하기 어렵다는 것 모두 사실이다)을 포함한다. 이 서술의 의미적 성분을 개인적 의미기억(personal semantic memory)이라고 부르는데, 그 이유는 이들이 개인적 경험과 관련된 사실들이기 때문이다(Renoult et al., 2012). 표 6.5에 일화적, 의미적, 자전적 기억의 특성이 요약되어 있다.

일화기억과 의미기억의 또 다른 상호작용을 Robyn Westmacott와 Morris Moskovitch (2003)의 실험이 보여주는데, 이들은 배우, 가수, 정치가와 같은 대중적 인물에 관한 사람들의 지식이 의미적 성분과 일화적 성분 양자를 포함할 수 있다는 것을 밝혔다. 예를

표 6.5   장기기억 유형

유형	정의	사례
일화기억	특정한 개인적 경험들에 관한 기억으로서, 그 경험을 다시 체험하기 위해 시간상 거꾸로 거슬러 올라가는 정신적 시간여행을 포함한다.	어제 아침 르 버즈 커피숍에 커피를 마시러 갔고 질과 메리와 함께 그들의 자전거 여행에 관한 이야기를 나눈 것을 기억한다.
의미기억	사실에 관한 기억	르 버즈의 길 아래쪽에 스타벅스가 있다.
자전적 기억	사람들 자신의 삶의 경험에 관한 기억. 이 기억은 일화적 성분(회상된 특정 사건들)과 의미적 성분(이 사건들과 관련된 사실들) 양자를 갖고 있다. 이러한 자전적 기억의 의미적 성분들이 개인적 의미기억이다.	나는 어제 아침 르 버즈에서 질과 메리를 만났다. 우리는 우리가 좋아하는 창가의 테이블에 앉았는데, 이 자리는 커피숍이 붐비는 아침에는 차지하기 어렵다.

© 2015 Cengage Learning

들어, Oprah Winfrey에 관한 몇 가지 사실들 그리고 그녀가 TV 프로그램 하나를 맡고 있다는 사실을 여러분이 알고 있다면 이 지식은 주로 의미적일 것이다. 그러나 여러분이 그녀의 TV 쇼 몇 개를 시청한 것을 기억할 수 있다면 그녀에 관한 여러분의 기억은 일화적 성분을 가질 것이다.

Westmacott와 Moskovitch는 개인적 일화를 포함한 기억을 **자전적으로 중요한** 의미적 기억이라고 불렀다. 그들은 대중적 인물의 이름을 기억해낼 수 있는 사람들의 능력을 검사했는데, 그 결과 자전적 중요성이 더 큰 인물의 이름에 대한 회상이 더 우수하다는 사실을 밝혔다. 따라서 기억 검사에서 어느 대중적 가수의 이름을 회상해낼 가능성은 잡지에서 그 사람에 관해 읽어 본 경우보다는 그의 콘서트에 참석해 본 경우에 더 클 것이다.

하지만 이러한 일화기억과 의미기억의 혼합은 시간 경과에 따라 장기기억에서 무엇이 일어나는지 물어볼 때 보다 더 흥미롭게 된다. 단기기억이 단지 15초 정도만 지속되므로 (되뇌기에 의해 정보가 단기기억에 유지되지 않는 한) 한 시간, 하루, 또는 1년 전으로부터 기억해내는 사건들은 모두 장기기억에서 기억된다는 사실을 명심하라. 그러나 앞으로 살펴보겠지만 모든 장기기억이 동등하게 생성되지는 않는다. 1년 전에 발생했던 것보다는 어제 발생했던 것의 세부사항을 기억해낼 가능성이 더 크다.

시간 경과에 따라 일화기억과 의미기억에 어떤 일이 일어나는가?

시간 경과에 따라 기억에 일어나는 일을 알아보는 한 가지 절차는, 자극들을 제시하고 나서 어느 정도 시간이 경과한 후 참가자에게 그 자극들을 회상해내도록 요구하거나(계열위치곡선 실험처럼) 그 자극들을 재인하는지 여부를 밝히는 것이다(Sachs 실험처럼). 이러한 실험의 전형적인 결과에 따르면 참가자는 자극들의 상당 부분을 망각하는데, 망각은 시간 간격이 길어질수록 증가한다. 그러나 망각 과정을 보다 상세하게 살펴보면 망각이 항상 '실무율적' 과정은 아니라는 것을 알게 된다. 예를 들어, 다음과 같은 상황을 고려해 보라. 어떤 친구가 월요일 커피숍에서 여러분을 로저에게 소개하였고 여러분은 짤막하게 이야기하였다. 그 후 주말에 여러분이 길거리에서 로저를 보았다. 로저를 보았을 때 몇 가지 가능한 반응을 들면 다음과 같다.

1. 저 사람은 낯이 익다. 어디서 그를 만났을까?
2. 저기 로저가 있다. 어디서 그를 만났을까?
3. 저기 로저가 있는데, 그를 지난주 월요일 커피숍에서 만난 적이 있다. 우리는 날씨에 대해 이야기를 나누었다.

이 사례를 보면 망각과 기억의 정도가 분명히 상이하다. 사례 1과 2는 **친숙성**(familiarity)을 보여주는데, 그 사람이 낯이 익고 그의 이름을 기억할 수 있지만 그 사람과 관련된 특정 경험의 세부사항들을 전혀 기억해낼 수 없다. 사례 3은 **기억 재생**(recollection)을 보여주는데, 그 사람과 관련된 특정 경험들을 기억해낸다. 친숙성은 지식이 획득된 상황과 연합되어 있지 않으므로 의미기억과 관련되어 있다. 기억 재생은 지식이 획득될 때 발생한 것에 관한 세부사항들을 포함하고 과거에 경험할 때처럼 그 사건에 관한 자각을 포함하고 있으므로 일화기억과 관련되어 있다. 이 두 방식의 기억행위를 기억/앎 절차(remember/know procedure)를 사용하여 측정해왔다.

방법 기억/앎 절차

기억/앎 절차에서는 참가자들에게 이전에 접했던 자극을 제시하고서 다음 중 반응하도록 요구한다. (1) 자극이 낯익으며 아울러 그것을 원래 접할 때의 상황이 기억난다면 **기억**, (2) 자극이 낯익지만 그것에 대한 이전 경험이 기억나지 않으면 **앎**, (3) 자극이 전혀 기억나지 않으면 **모름**. 이 절차는 참가자에게 자극 목록을 기억하도록 요구하는 실험실에서 사용되었을 뿐만 아니라 과거의 실제 사건에 관한 사람들의 기억을 측정하는 데에도 사용되었다. 이 절차가 중요한 이유는 기억의 일화적 성분(**기억** 반응에 드러난다)과 의미적 성분(**앎** 반응에 드러난다)을 구분해 주기 때문이다.

Raluca Petrican과 동료들(2010)은 대중적 사건에 관한 사람들의 기억이 시간 경과에 따라 어떻게 변화하는지를 알아보기 위해, 나이 든 성인(평균 연령 63세)에게 50년 기간에 걸쳐 발생했던 사건들에 관한 기술을 제시하고서 그 사건과 관련된 개인적 경험을 갖고 있거나 TV 또는 신문에서 그 사건에 관한 세부사항을 보았던 것이 기억나면 기억으로 반응하도록 요구했다. 그 사건이 낯이 익기는 하지만 개인적 경험이나 그 사건에 관한 미디어 보도와 관련된 세부사항이 기억나지 않으면 앎으로 반응해야 했다. 그 사건을 전혀 기억할 수 없다면 모름으로 반응해야 했다.

이 실험의 결과가 그림 6.10에 나와 있는데, 여기에는 가장 최근의 10년 이내에 발생했던 대중적 사건에 관한 기억, 그리고 40년 전부터 50년 전까지 발생했던 사건에 관한 기억이 표시되었다. 그 사이의 지연 기간 역시 실험에서 검사하였는데 여기서는 극단 기간에만 초점을 맞춘다. 예상처럼 완전한 망각이 시간 경과에 따라 증가했다(빨간색 막대). 그러나 흥미로운 결과는 기억 반응이 앎 반응보다 더 많이 감소하였다는 점인데, 이는 40년 전부터 50년 전 사이에 관한 기억이 일화적 속성을 많이 상실했다는 것을 의미한다. 이 결과는 옛날 기억의 의미화(semanticization of remote memory), 즉 오랜 과거 사건에 관한 기억에서 일화적 세부사항의 상실을 보여준다.

이러한 일화적 세부사항의 상실은 Petrican 실험에서처럼 먼 옛날 사건뿐만 아니라 1주일 전과 같이 가까운 기간의 사건에서도 일어난다는 것이 밝혀졌다(Addis et al., 2008; D'Argembeau & Van der Linden, 2004; Johnson et al., 1988; Viskontas et al., 2009). 이처럼 짧은 기간의 의미화는 개인적 경험을 고려할 때 이치에 맞다. 여러분이 오늘 일찍 또는 어제 했던 것의 세부사항은 기억할 수 있

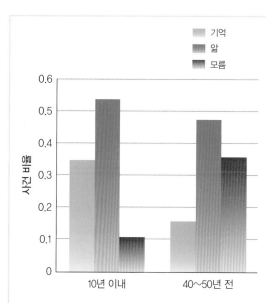

그림 6. 10 나이 든 참가자의 50년 기간에 걸친 사건들에 관한 기억을 검증한 기억/앎 실험의 결과

출처: R. Petrican, N. Gopie, L. Leach, T. W. Chow, B. Richards, & M. Moscovitch, Recollection and familiarity for public events in neurologically intact older adults and two brain-damaged patients. *Neuropsychologia, 48*, 945–960, 2010.

겠지만, 1주일 전에 발생한 것에 관해서는 매우 중요하지 않는 한 훨씬 적은 세부사항만 기억할 수 있을 것이다.

옛날 기억 의미화를 평가하는 또 다른 방식은 의미기억을 이루는 지식을 획득하는 방식을 살펴보는 것이다. 여러분은 6학년 시절에 미국 의회가 상원과 하원으로 구성되어 있다는 사실을 배웠을 것이다. 이 사실을 배운 직후에는 수업 도중 일어난 것, 즉 교실의 모습이나 교사가 말한 것을 기억해내는 것이 쉽다는 것을 알았을 것이다. 이처럼 학습 상황에 관한 세부사항을 기억해내는 것은 모두 일화기억이라는 제목 아래 들어간다. 의회의 작동 방식에 관한 사실들은 의미기억이다.

여러 해가 지난 대학 시절에 미국 의회에 관한 여러분의 의미기억은 여전히 남아 있지만 그 정보를 배웠던 특정 날짜에 발생한 것에 관한 일화적 세부사항들은 아마도 사라졌을 것이다. 따라서 의미기억을 구성하는 지식은 처음에는 일화기억의 기초가 되는 개인적 경험을 통해 획득되지만, 이러한 경험은 흔히 사라지고 의미기억만 남게 된다.

미래 상상하기

우리는 흔히 기억을 과거로부터 사건이나 사실을 상기하는 것이라고 생각한다. 하지만 미래에 일어날 것을 상상하는 것은 어떠할까? 양자 간에 어떤 연관이 존재할까? 윌리엄 셰익스피어의 〈템페스트〉에 나오는 "지나간 모든 것은 서막에 불과하다."라는 글귀는 과거, 현재, 그리고 아마도 미래 사이의 직접적 연관성을 묘사한다. 애플 컴퓨터의 창업자 가운데 한 사람인 Steve Jobs는 연관성에 관해 다음과 같이 언급했다. "여러분은 점들을 앞날을 내다보며 연결시킬 수는 없고 단지 뒤돌아보아야만 연결시킬 수 있을 것이다(단편적 사실로부터 어떤 결론을 미래와 연결시켜 도출하는 것은 불가능하고 과거와 연결시켜 도출하는 것은 가능하다. —옮긴이 주). 따라서 여러분은 점들이 어떻게든 미래에는 연결될 것이라는 것을 믿어야 한다"(Jobs, 2005).

점들을 미래로 확장시키는 것은 기억 연구의 중요한 주제가 되어왔다. 이 연구는 우리가 미래를 얼마나 잘 예측할 수 있는가를 묻지 않고 우리가 미래에 관해 가능성 있는 시나리오를 얼마나 잘 만들어낼 수 있는가를 묻는다. 이것이 연구 주제가 되어온 이유는 과거의 기억 능력과 미래 시나리오의 생성 능력 사이의 연관성에 관한 증거가 존재하기 때문이다. 이 연관성을 지지하는 증거는 뇌 손상 결과 일화기억을 상실한 환자가 제공하였다. K. C.는 머리 손상으로 인해 일화기억을 상실한 사람으로 앞서 소개된 오토바이 선수인데, 미래에 일어날 가능성이 있는 개인적 사건을 기술하는 데 상상력을 사용할 수 없는 사람이다(Tulving, 1985). 또 다른 환자, D. B. 역시 과거 사건의 회상과 미래 사건의 상상 양자에 어려움이 있었다. 미래 사건을 상상하지 못하는 무능력은 개인적으로 그에게 일어날 수 있는 것에 국한되었으며, 정치나 다른 사건에서 일어날 가능성이 있는 것과 같은 다른 미래 사건들은 여전히 상상할 수 있었다(Addis et al., 2007; Hassabis et al., 2007; Klein et al., 2002).

과거를 기억해낼 수 있는 능력과 미래에 발생 가능한 것을 상상할 수 있는 능력 사이의 연결을 지지하는 이러한 행동 증거들을 바탕으로, Donna Rose Addis와 동료들(2007)은 과거에 관한 기억과 미래에 관한 상상에 의해 뇌가 활성화되는 방식을 규명하기 위해 fMRI를 사용하여 생리적 관련성을 조사하였다. 신경학적으로 정상적인 참가자가 과거의 사건 또는 미래에 일어날 가능성이 있는 사건을 소리 내지 않고 생각하는 도중 뇌 활성화를 측정하였는데, 그 결과 과거를 조용히 생각하는 도중 활성화된 뇌 영역들 모두가 미래를 조용히 생각할 때에도 활성화되었다(그림

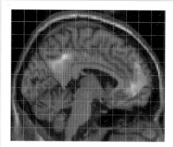 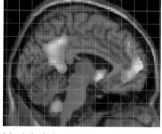

(a) 과거 사진　　　　　　(b) 미래 사진

그림 6.11 (a) 과거 사건들에 관해 생각하기와 (b) 미래 사건들에 관해 상상하기에 의해 야기된 뇌 활성화

출처: D. R. Addis, A. T. Wong, & D. L. Schacter, Remembering the past and imagining the future: Common and distinct neural substrates during event construction and elaboration, *Neuropsychologia, 45*, 1363–1377, Figure 2, 2007. With permission from Elsevier.

6.11). 이러한 결과는 과거의 기억과 미래의 예측에 유사한 신경기전들이 서로 관여한다는 것을 시사한다(Addis et al., 2007, 2009; Schacter & Addis, 2009). 이러한 결과들에 근거하여 Schacter와 Addis(2007, 2009)는 **구성적 일화 시뮬레이션 가설**(constructive episodic simulation)을 제안하였는데, 이에 따르면 일화적 기억은 미래 사건의 시뮬레이션을 구성하기 위해 추출되고 재결합된다.

과거와 미래 사이의 이러한 연관성을 바탕으로 Addis와 동료들(2007)은, 일화기억 체계의 주요 역할은 과거를 기억해내는 데 있지 않고 미래 요구를 예상하고 미래 행동을 이끄는 데 도움이 되게끔 가능한 미래 시나리오들을 시뮬레이션할 수 있게 해주는 것이라고 제안했다. 예를 들어, 이는 특정 상황에 접근할 것인지 아니면 도피할 것인지 여부를 판단하는 데 유용할 것이다(Addis et al., 2007; Schacter, 2012).

그러나 흥미롭게도, 어떤 의미 치매(의미기억은 빈약하지만 일화기억은 정상이다) 환자들 역시 미래에 발생할 가능성이 있는 것에 관한 일화적 세부사항들을 기술하는 데 어려움이 있다(Duval et al., 2012; Irish et al., 2012). 구분과 상호작용이라는 주제와 어울려서, 이러한 결과는 개인적 미래에 관해 생각할 수 있도록 기능하는 데 일화기억 체계와 의미기억 체계 양자가 필요하다는 것을 시사한다(Duval et al., 2012; Irish et al., 2012; Irish & Piguet, 2013).

자가 테스트 6.2

1. 일화기억과 의미기억은 서로 어떻게 구분되는가? 정의 그리고 Tulving의 정신적 시간여행 양자를 고려하라.

2. 일화기억과 의미기억 간 이중 해리를 지지하는 신경심리학적 증거를 기술하라.

3. Levine의 '일기' 실험을 기술하라. 뇌 영상 결과는 일화기억과 의미기억에 관해 무엇을 보여주는가?

4. 의미기억에서 사건에 관한 스키마가 어떻게 일화기억에 영향을 미칠 수 있는지 기술하라.

5. 개인적 중요성이 어떻게 의미기억을 더 쉽게 기억해낼 수 있게 하는지 기술하라.

6. 자전적 기억이란 무엇인가? 자전적 기억의 정의가 어떻게 일화기억과 의미기억 양자를 포함하는가?

7. 시간이 경과함에 따라 무엇이 기억에 일어나는지 기술하라. 일화기억의 의미화란?

8. 기억/앎 절차란?

9. 과거에 대한 일화적 기억 그리고 미래 사건의 상상 능력 사이의 중첩을 보여주는 다음 증거를 기술하라. (1) 기억상실증 환자의 기억, (2) 뇌 영상 증거.

10. 구성적 일화 시뮬레이션 가설이란? Addis와 동료들이 제안한 일화기억의 역할은 무엇인가?

11. 의미 치매가 미래에 일어날 가능성이 있는 개인적 사건을 기술할 수 있는 능력에 어떤 영향을 미치는가? 이 결과가 의미하는 것은?

절차기억, 점화, 조건형성

그림 6.12는 장기기억의 여러 유형에 관한 도표이다. 지금까지 왼쪽에 있는 두 유형의 기억, 즉 일화기억과 의미기억에 초점을 두었는데, 이 기억들은 외현기억이라는 제목 아래 들어간다. 외현기억(explicit memory)은 우리가 자각하는 기억이다. 이는 이상한 말처럼 느껴지는데, 우리의 기억을 모두 자각하지는 않는다는 말인가? 우리는 누군가에게 여행에 관해 말하거나 길 잃은 여행자에게 방향을 알려주면서 우리의 기억(여행을 기술하는 경우에는 일화적, 방향을 알고 있는 경우에는 의미적이다)을 자각할 뿐만 아니라 누군가에게 우리 기억을 자각하게 한다.

하지만 실제로 우리가 자각하지 않는 기억이 있는데, 이를 암묵기억(implicit memory)이라고 부르며 그림 6.12의 오른쪽에 나와 있다. 암묵기억은 경험에 의한 학습에 의식적 기억이 수반되지 않을 때 일어난다. 이러한 능력은 절차기억이라는 제목에 포함된다.

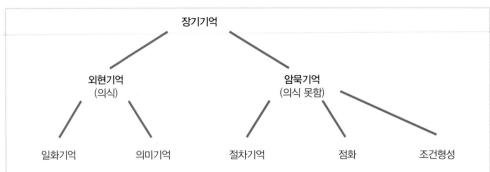

그림 6.12 장기기억을 외현기억과 암묵기억으로 나눌 수 있다. 또한 외현기억을 일화기억과 의미기억의 두 유형으로 구분할 수 있다. 암묵기억에는 많은 유형들이 존재한다. 주요한 세 유형들이 절차기억, 점화, 조건형성이다. © Cengage Learning

절차기억

절차기억(procedural memory)을 기술기억(skill memory)이라고도 부르는데, 그 이유는 이 기억이 통상 학습된 기술을 포함한 것을 수행하는 것에 관한 기억이기 때문이다. 예를 들어, 운동화 끈을 묶는 것을 생각해 보자. 여러분이 다른 사람에게 그 방법을 설명하려면 어려움을 겪겠지만 스스로 끈을 묶을 때는 그 일을 바로 해낼 것이다. 방법을 설명할 수는 없지만 할 수 있는 기술의 또 다른 사례로서 타이핑, 자전거 타기, 공중제비 넘기, 피아노 연주 등이 있다. 4장에서 살펴보았듯이, 콘서트 피아노 연주자들은 어려운 소절을 연주할 때 자신의 손가락 움직임 방식을 의식하려고 하면 그 소절을 더 이상 연주할 수 없다고 흔히 보고한다.

절차기억의 암묵적 본질은 앞서 살펴보았던 음악가 Clive Wearing과 같은 기억상실증 환자의 사례에서 밝혀졌는데, 그는 새로운 장기기억의 생성 능력은 상실했지만 여전히 피아노를 연주할 수 있었다. 기억상실증 환자들은 또한 새로운 기술을 숙달할 수 있는데, 비록 이처럼 숙달된 경지에 이르게끔 한 연습은 전혀 기억하지 못함에도 불구하고 해낼 수 있다. 예를 들어, H. M.은 해마가 제거됨에 따라 기억상실증이 야기되었지만 거울상 그리기라 불리는 과제를 숙달하였는데, 이 과제는 거울에 비치는 그림을 모사하는 과제이다(그림 6.13). 여러분은 이 과제를 다음과 같이 실험해 봄으로써 이해할 수 있다.

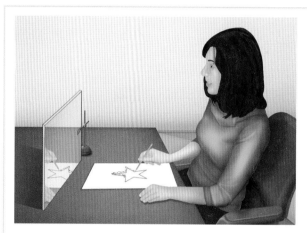

그림 6.13 **거울상 그리기** 이 과제는 거울에 비친 별의 이미지를 보면서 별의 윤곽선을 따라 그리는 것이다. © Cengage Learnin

보여주기 거울상 그리기

그림 6.13의 것과 유사한 별을 종이 위에 그려 보라. 거울이나 다른 반사면(어떤 스마트폰 스크린에서 제공한다)을 별에서 3~5cm 정도 떨어진 곳에 두어서 별이 반사되어 보이도록 하라. 그다음 반사면을 보면서 종이 위에 별의 윤곽선을 따라 그려 보라(종이 위의 실제 그림을 보는 것은 규칙 위반이다!). 아마도 이 과제가 처음에는 어렵다고 느끼겠지만 연습을 통해 더 쉬워지게 된다.

여러 날에 걸친 연습 후 H. M.은 거울상 그리기에 능숙해졌지만, 그의 장기기억 형성 능력이 손상되었기 때문에 항상 거울상 그리기를 처음 연습한다고 생각했다. H. M.이 거울 속 별을 따라 그리는 연습을 해본 적이 있다는 것을 기억할 수 없음에도 불구하고 이 과제를 할 수 있는 능력은 절차기억의 암묵적 본질을 잘 보여준다.

K. C.는 새로운 장기기억을 형성할 수 없지만 여전히 새로운 기술을 학습할 수 있는 또 다른 사례를 제공한다. 오토바이 사고 후 그는 도서관에서 책을 분류하고 선반에 쌓는 방법을 배웠다. 비록 이러한 작업을 배운 사실을 기억하지 못했지만 그는 여전히 이 작업을 할 수 있었고 연습을 통해 수행이 향상될 수 있었다. 기억상실증을 가진 사람들

이 과거에 배운 기술을 유지하고 새로운 기술을 학습할 수 있다는 사실을 바탕으로 기억 상실증 환자에게 우편물의 분류 또는 반복적인 컴퓨터 기반 과제의 수행과 같은 과제를 가르치는 재활 접근이 이루어졌는데, 그들은 자신의 훈련을 기억할 수 없음에도 불구하고 전문가가 될 수 있었다(Bolognari et al., 2000; Clare & Jones, 2008).

지금까지 살펴본 사례들은 움직임과 근육 행위를 포함한 운동기술이었다. 여러분은 그밖에 절차기억에 속하지만 순수하게 인지적인 여러 기술들을 개발할 수 있다. 예를 들어, 대화를 나누는 기술을 생각해 보라. 문법 규칙을 기술할 수 없을지라도 문법적으로 정확한 대화를 나누는 데 문제가 되지 않는다. 유아 시절부터 우리는 문법 규칙을 반드시 진술해야 할 필요 없이(비록 나중에 더 나이 들어서는 그것을 학습할지라도) 규칙을 적용하는 것을 학습한다.

점화

점화(priming)는 한 자극(점화자극)의 제시가 다른 자극(검사자극)에 대한 반응 방식을 변화시킬 때 일어난다. 점화의 한 유형인 반복점화(repetition priming)는 검사자극이 점화자극과 동일하거나 유사할 때 일어난다. 예를 들어, 새라는 단어를 보면 나중에 새 단어의 제시에 대해 이전에 본 적이 없었던 다른 단어의 제시보다 더 빨리 반응하게 되는데, 이는 앞서 새를 본 것을 기억하지 못할 때조차도 그러하다. 반복점화를 암묵기억이라고 부르는데, 그 이유는 점화자극이 원래 제시된 적이 있다는 사실을 참가자가 기억할 수 없을 때조차 점화 효과가 일어날 수 있기 때문이다.

점화자극의 제시를 기억하지 못한다는 것을 보장하는 한 가지 방법은 기억상실증 환자를 검사하는 것이다. Peter Graf와 동료들(1985)은 세 집단의 참가자들을 검사하였다. (1) 코르사코프 증후군(Korsakoff's syndrome)이라고 부르는 조건의 기억상실증 환자로서, 이 증후군은 알코올 남용과 관련되어 있고 새로운 장기기억의 생성 능력을 제거한다, (2) 알코올중독 치료를 받고 있으며 기억상실증이 없는 환자, (3) 알코올중독 경력이 없

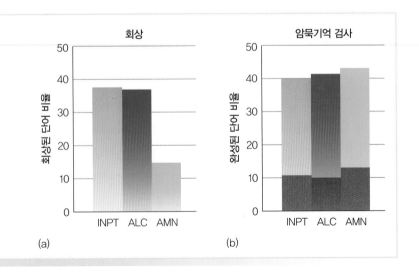

그림 6.14 Graf 등(1985)의 실험에서 (a) 기억상실증 환자들(amnesiac patients: AMN)은 입원 환자(medical inpatients: INPT)와 알코올 통제집단(alcoholic controls: ALC)에 비해 회상 검사 수행이 빈약하였다. (b) 기억상실증 환자들은 암묵기억 검사(세 글자 어간 완성하기) 수행이 다른 환자들만큼 우수하였다. 각 막대의 회색 영역들은 참가자들이 이전에 보지 않았던 단어들에 대한 수행을 나타낸다.

출처: P. Graf, A. P. Shimamura, & L. R. Squire, Priming across modalities and priming across category levels: Extending the domain of preserved function in amnesia, *Journal of Experimental Psychology: Learning, Memory, and Cognition*, 11, 386–396, 1985.

으며 기억상실증이 없는 환자.

참가자의 과제는 10개 단어 목록을 읽고 각 단어를 좋아하는 정도를 평정하는 것(1 = 매우 좋아함, 5 = 매우 싫어함)이었다. 이는 참가자로 하여금 단어의 기억보다는 단어의 평정에 집중하도록 하였다. 단어 평정 직후 참가자는 다음 두 방식 가운데 한 방식으로 검사받았다. (1) 읽었던 단어들을 회상하도록 요구받은 외현기억 검사, (2) 암묵기억 검사인 단어완성 검사. 단어완성 검사에서는 앞서 참가자가 보았던 10개 단어 그리고 보지 않았던 10개 단어 각각의 첫 세 글자들을 제시하였다. 예를 들어, 3개 글자 tab__는 table 단어를 생성하여 완성될 수 있다. 참가자들은 3개 글자 조각을 제시받고서 몇 개 글자를 더하여 맨 처음 떠오르는 첫 번째 단어를 생성하도록 요구받았다.

회상 실험의 결과가 그림 6.14a에 나와 있는데, 이는 기억상실증 환자들이 두 통제집단보다 더 적은 수의 단어들을 회상했음을 보여준다. 이처럼 빈약한 회상은 기억상실증과 관련된 빈약한 외현기억을 확증해 주는 것이다. 그러나 점화 단어가 생성된 비율을 보여주는 단어완성 검사의 결과는(그림 6.14b) 기억상실증 환자가 통제집단만큼 잘 수행하였음을 나타낸다. 이와 같은 수행상 증가는 점화의 한 사례이다. 이 결과에서 주목할 점은 코르사코프 기억상실증 환자가 두 비기억상실증 집단만큼 우수한 수행을 보인 것인데, 비록 회상 검사로 측정한 기억상실증 환자의 기억은 빈약했음에도 불구하고 그러하였다.

기억상실증 환자의 외현기억이 빈약하므로 이들이 점화자극의 제시를 기억하지 못한다고 간주하더라도, 정상적인 기억을 가진 참가자의 경우에는 검사자극에 반응할 때 점화자극을 기억하지 못한다는 것을 어떻게 확신할 수 있는가? 어쨌든, 새 단어를 제시한 후 나중에 새 단어가 또다시 제시될 때 이에 대해 얼마나 빨리 반응하는지를 측정한다면, 새가 앞서 제시된 것을 기억하기 때문에 그런 일이 일어날 수는 없는 것인가? 만약 새의 초기 제시를 기억했다면 이는 암묵기억이 아니라 외현기억의 사례가 될 것이다. 점화 실험에서 사람들이 점화자극의 본래 제시를 기억할 가능성을 줄이기 위해 연구자들은 다양한 방법을 사용해왔다.

방법 점화 실험에서 외현적 기억 막기

정상적인 기억을 가진 사람이 점화자극의 제시를 기억할 가능성을 최소화하는 한 가지 방법은, 기억과 제라고 여겨지지 않는 과제에서 점화자극을 제시하는 것이다. 예를 들어, 점화자극이 동물 이름인 경우 참가자들에게 이름을 제시하고서 각 동물의 키가 60cm보다 더 큰지 여부를 맞추도록 요구한다. 이 과제는 참가자가 키 추정과제에 집중하도록 하고 동물 이름을 기억하고자 하는 노력을 방해한다.

실험의 점화 부분 동안 자극의 목적을 위장하는 것에 더하여, Graf 실험의 단어완성 검사에서와 마찬가지로 연구자들은 또한 기억을 드러내지 않는 검사절차를 사용한다. 그 실험 결과로 되돌아가서, 정상적인 참가자들의 단어완성 검사 수행이 코르사코프 기억상실증 환자들의 수행과 비슷하다는 점을 주목하라. 만약 정상 참가자들이 원래 제시를 기억했다면, 그들의 수행은 기억상실증 환자들의 수행보다 더 우수했을 것이라고 예상할 수 있다(Roediger et al., 1994).

뻔히 기억 검사로 보이는 것을 막는 또 다른 방법은, 참가자가 자극에 대해 얼마나 정확하게 또는 빨리 반응하는지를 측정하는 것이다. 예를 들어, 참가자들에게 단어 목록을 제시하고 4개 글자로 이루어진 단어를 볼 때마다 키를 누르도록 요구함으로써 검사할 수 있다. 점화는, 참가자들이 앞서 보았던 점화자극과 일치하는 4개 글자 단어에 대해 더 빨리 또는 더 정확하게 반응하는 것을 통해 확인될 수 있다. 이 검사의 핵심 특성은 바로 속도이다. 신속한 반응을 요구하는 것은 참가자들이 그 단어를 전에 보았는지 아닌지를 의식적으로 회상할 수 있는 시간을 가질 기회를 감소시킨다.

이러한 방법들을 사용하여 연구자들은 기억상실증 환자들뿐만 아니라 정상적인 참가자들의 암묵기억을 증명하였다(Graf et al., 1982; Roediger, 1990; Roediger et al., 1994; Schacter, 1987).

내가 수업에서 반복점화를 다루었을 때, 한 학생이 일상생활에서 우리가 항상 점화되고 있는지 여부에 관해 질문하였다. 그것은 훌륭한 질문이었는데, 그 답변은 비록 우리가 자각하지 못할지라도 모든 일상적 경험에서 반복점화가 일어날 가능성이 높다는 것이다. 암묵기억이 자각되지 않고 우리 행동에 영향을 미칠 수 있는 상황의 사례로서, 우리가 어떤 상품의 장점을 극찬하는 광고에 노출될 때 또는 상품의 이름을 그저 제시받기만 할 때를 들 수 있다. 비록 우리가 광고들의 영향을 받지 않는다고 믿을지라도, 우리는 그들에 노출된다는 이유만으로 그 영향을 받을 수 있다.

이러한 생각은 T. J. Perfect와 C. Askew(1994)의 연구 결과를 통해 지지되었는데, 그들은 참가자들로 하여금 어떤 잡지의 기사들을 유심히 살펴보도록 하였다. 인쇄물의 각 쪽마다 광고가 붙어 있었는데, 참가자들에게 광고에 주의를 기울이지 말라는 말을 하지 않았다. 그들에게 나중에 많은 광고들에 대해 다양한 차원에서 평정하도록 요구하였는데, 예를 들어 얼마나 매력적인지, 눈길을 끄는지, 독특한지, 기억에 남는지 등의 차원들이었다. 참가자들은 자신들이 본 적이 없는 광고들에 비해 노출되었던 광고들에 대해 더 높은 점수를 주었다. 이러한 결과는 암묵기억의 효과라고 간주될 만한데, 그 이유는 참가자들에게 어떤 광고들이 실험 초반에 제시되었는지를 지적하도록 요구했을 때 원래 보았던 25개 광고들 가운데 평균적으로 2.8개만을 회상했기 때문이다.

이러한 결과는 선전 효과(propaganda effect)와 관련되는데, 참가자들은 이전에 읽었거나 들었던 진술문들을 단순히 이전에 그것들에 노출된 적이 있었다는 이유만으로 사실이라고 평정할 가능성이 더 높다. 이 효과는, 심지어 개인이 그 진술문을 처음 읽거나 들을 당시 그것이 거짓이라는 말을 들었을 때조차 일어날 수 있다(Begg et al., 1992). 선전 효과는 암묵기억을 포함하는데, 그 이유는 사람들이 이전에 어떤 진술을 들었거나 보았던 사실을 자각하지 못할 때 그리고 심지어 처음 들으면서 그것이 거짓이라고 생각했을 때조차도 작동할 수 있기 때문이다.

고전적 조건형성

고전적 조건형성(classical conditioning)은 다음 두 자극들을 짝지을 때 일어난다. (1) 당초에 어떤 반응을 초래하지 않는 중립자극, (2) 어떤 반응을 초래하는 조건자극. 실험실에서 고전적 조건형성의 사례로서, 사람들에게 어떤 소리를 제시한 직후 눈에 공기 뿜기

(눈 깜박거림을 유발함)를 하는 것을 들 수 있다. 소리는 당초 눈 깜박거림을 유발하지 않지만, 공기 뿜기와 여러 번 짝짓기 후에는 소리에 대한 반응으로서 사람들이 눈을 깜박거린다. 이는 암묵기억인데, 그 이유는 사람들이 소리와 공기 뿜기의 원래 짝짓기 사실을 망각한 경우에도 일어날 수 있기 때문이다.

실생활에서 조건형성은 흔히 정서적 반응과 결부되어 있다. 예를 들어, 나는 시골길을 따라 자동차를 운전하다가 백미러에 경찰차의 붉은 경광등이 번쩍이는 것을 보았을 때 느꼈던 기분 나쁜 감정을 기억한다. 나는 속도위반 딱지를 받는 것이 기분 나빴지만 그 사건은 고전적 조건형성의 사례를 제공했는데, 그 이유는 내가 나중에 그 도로의 그 지점을 지날 때 경찰차의 경광등에 의해 촉발되었던 그 정서를 재경험했기 때문이다. 이 사례는 정서의 고전적 조건형성은 보여주나 암묵기억은 보여주지 않는데, 그 이유는 내가 조건형성된 반응을 무엇이 초래했는지 자각했기 때문이다.

암묵기억을 초래하는 고전적 조건형성의 한 사례로서, 어떤 사람에 대해 낯이 익지만 그 사람을 어떻게 알게 되었는지 기억해낼 수 없는 상황을 고려해 보라. 여러분은 이러한 경험을 가져본 적이 있는가? 그리고 그 사람에 관해 이유는 모르지만 긍정적 또는 부정적 느낌을 가져본 적이 있는가? 만약 그렇다면 여러분의 정서적 반응은 암묵기억의 한 사례라 할 수 있다.

지금까지 인지심리학자들이 여러 유형의 기억을 어떻게 구분하는지 살펴보았는데, 이 장을 마무리하면서 영화 제작자들이 기억을 묘사한 방식을 살펴보겠다.

고려사항

영화에서의 기억 상실

1993년 9월 18일 Kim Carpenter와 Krickett Carpenter는 결혼한 지 딱 10주 만에 자동차 사고를 당했다. Krickett은 머리 손상으로 인해 그녀의 남편 Kim과의 로맨스에 관한 기억을 상실하고 그를 완전히 낯선 사람으로 생각하게 되었다. 2012년 개봉된 영화 〈서약(The Vow)〉은 Kim과 Krickett이 자동차 사고 후 그들 삶을 기술하여 쓴 책에 기초하였는데, 실제 사례에 근거하였기 때문에 기억 상실을 정확하게 기술하였다. 그러나 이 영화는 예외적인 것이다. 기억 상실을 기술한 대부분 영화들의 정확성은, 실제로 일어난 기억 상실 유형을 묘사한 것부터 전혀 일어난 적이 없는 완전히 허구의 기억 상실 유형에 이르기까지 광범위하다. 영화의 기억 상실이 실제 사례들과 유사한 경우조차도 부정확한 용어를 사용하여 기술하는 경우들이 때때로 있다.

어떤 영화에서는 인물들이 자신의 정체성을 포함하여 과거의 모든 것에 관한 기억을 상실하지만 새로운 기억을 형성할 수 있다. 이런 일이 Jason Bourne에게 일어났는데, 그는 영화 〈본 아이덴티티(The Bourne Identity)〉(2002)에서 Matt Damon이 연기한 인물이다. 이 영화에서 물속에서 의식을 잃고 치명적인 상처를 입은 Bourne은 한 낚싯배의 도움으로 겨우 살아났다. 그가 의식을 회복했을 때 그는 자신의 정체성에 관해 전혀 기억이 없었다. 그가 자신의 과거 정체성을 탐색하는 과정에서 사람들이 악착같이 자신을 죽이려고 한다는 사실을 깨달았지만 기억 상실 때문에 그 이유를 알지 못한다. 비록 Bourne이 그의 과거에 관한 일화기억을 상실했지만 그의 의미기억은 손상되지 않았는데, 가장 흥미로운 것은 그가 CIA 요원이었을 때 훈련을 통해 획득한 절차기억들은 전혀 상실되지 않았다는 점으로서, 여기에는 의표를 찌르는 방법, 적을 피해 달아나는 방법, 적을 제거하는 방법 등이 포함되어 있다.

Bourne의 상황은 심인성 둔주(psychogenic fugue)라고 부르는 매우 드문 질환과 관련된다. 이 질환의 증후군은 거주지에서 먼 곳으로 여행하기, 과거에 관한 기억의 상실, 특히 이름, 관계, 거주지, 직업과 같은 개인적 정보의 결여를 포함한다. 보고된 드문 사례들에서 당사자는 자신의 정상적인 생활환경으로부터 사라져서 흔히 먼 곳으로 여행을 떠나 이전과는 무관한 새로운 정체성을 갖는다(Coons & Milstein 1992; Loewenstein, 1991).

많은 다른 영화들이 정체성을 상실하거나 새로운 정체성을 갖게 된 주인공을 중심으로 전개된다. 영화 〈후 엠 아이(Who am I?)〉(1998)에서 Jackie Chan은 특급 비밀군인인데, 헬리콥터 사고로 자신의 기억을 상실하고 자신의 정체성을 회복하기 위해 탐색을 한다. 영화 〈환생(Dead Again)〉(1991)에서 Emma Thompson이 연기한 수수께끼의 여인은 자신의 삶에 관해 아무것도 기억해낼 수 없다. 영화 〈롱 키스 굿나잇(The Long Kiss Goodnight)〉(1996)에서 Geena Davis는, 그녀의 머리에 타격을 입은 후 비밀요원으로서의 이전 삶을 기억해내기 시작한 교외에 사는 주부 연기를 한다.

그림 6.15 영화 〈메멘토〉에서 Guy Pearce가 연기한 Lenny. 자신의 기억 문제를 극복하기 위해 기억하고 싶은 중요 사실들을 신체에 문신으로 새겨 놓았다.

다른 영화들에서 주인공은 새로운 기억 형성에 어려움을 겪는다. 예를 들어, 영화 〈메멘토(Memento)〉(2000)에서 Guy Pearce가 연기한 인물 Lenny는 그에게 방금 발생한 것을 줄곧 망각한다. 이 상황은 H. M.과 Clive Waring과 같은 사례들에 근거하는데, 이들은 새로운 기억을 형성할 수 없었고 따라서 현재의 1분 내지 2분만을 기억할 수 있을 뿐이었다. Lenny의 문제는 명백히 실제 삶의 사례처럼 어려운 것은 아니었는데, 그 이유는 그가 외부세계에서 다소 어려움은 있지만 정상적으로 기능할 수 있기 때문이다. 새로운 기억 형성의 무능력을 보상하기 위해 Lenny는 폴라로이드 카메라로 자신의 경험을 기록하고 자신의 신체에 중요 사실을 문신으로 새겨놓는다(그림 6.15).

비록 어떤 영화들은 앞서 언급한 것과 같이 실제 기억장애에 최소한 약간이나마 기반을 두고 있지만 다른 영화들은 훨씬 허구에 가깝다. 영화 〈토탈 리콜(Total Recall)〉(1990)에서 Arnold Schwarzenegger가 연기한 인물 Douglas Quaid는 기억 이식이 가능한 미래 세계에 살고 있다. Quaid는 화성에서의 휴가에 관한 인공 기억을 이식하는 실수를 저질렀고, 이 때문에 악몽 같은 일련의 사건들이 촉발되었다.

특정 기억을 생성하는 것의 역은 특정 사건들을 선택적으로 망각하는 것이다. 때때로 이러한 일이 일어나는데, 충격적인 특정 사건들에 관한 기억의 상실과 같은 경우이다(때로는 충격적 사건이 오히려 기억에서 두드러지는 것과 같이 정반대의 일이 발생하기도 한다; Porter & Birt, 2001). 그러나 영화 〈이터널 션샤인(Eternal Sunshine of the Spotless Mind)〉(2004)의 인물들은, 예전 관계에 관한 그들의 기억을 선택적으로 제거하는 하이테크 절차를 의도적으로 수행함으로써 선택적 망각이라는 아이디어를 극단적으로 채택하고 있다. Kate Winslet이 연기한 First Clementine은 Jim Carey가 연기한 옛 남자친구 Joel에 관한 그녀의 기억을 지우게 하였다. 그녀가 이러한 짓을 한 것을 Joel이 알아차렸을 때, 그는 동일한 절차를 수행하여 그의 기억에서 Clementine을 지우게 하려고 마음먹었다. 이 절차의 후유증은, 여러분이 이 영화를 보고자 하는 경우를 위해 자세히 밝히지 않겠지만, 안타까우면서도 재미가 있다.

영화 〈첫 키스만 50번째(50 First Dates)〉(2004)는, 영화 제작자의 상상에 따라 생성된 상황에 근거한 기억 영화의 한 사례이다. Drew Barrymore가 연기한 Lucy는 어떤 날에는 그녀에게 발생한 것을 기억해내지만(그 하루 동안은 그녀의 단기기억과 장기기억이 정상이다), 매일 아침 역행성 기억상실증을 겪는데 이는 하루 전 발생한 것에 관한 그녀의 기억을 제거해 버린다. 매일 아침 그녀의 기억이 '재설정(reset)'된다는 사실이 그녀와 사랑에 빠진 Henry(Adam Sandler가 연기함)를 괴롭히지는 않는 듯하다. Henry의 문제는, Lucy가 매일 아침 그 전날에 관해 아무런 기억 없이 깨어나므로 그녀가 그를 기억하지 않는다는 데 있는데, 그 때문에 제목이 '50 First Dates'이었던 것이다.

이 영화가 2004년 개봉되었을 때, 하루의 기억이 하룻밤 자는 동안 사라지는 기억장애를 가진 사람 사례가 전혀 알려진 적이 없었다. 그러나 최근 자동차 사고로 머리 손상 치료를 받은 F. L.이라는 51세 여인의 사례가 보고되었는데, 그녀는 집으로 돌아온 후 아침에 깨어날 때마다 전날의 기억이 전혀 없다고 보고했다. 이는 〈첫 키스만 50번째〉에 나온 Lucy와 아주 똑같았다(Smith et al., 2010)!

그러나 실험실에서 검사한 결과, 흥미로운 점들이 드러났다. F. L.은 당일 학습했던 자료들은 잘 수행했으며, 본인이 알기에 전날 제시되었던 자료에 관해서는 전혀 기억하지 못했다. 그러나 F. L.이 알지 못하게 전날 학습했던 자료를 새 자료와 섞어 놓았을 때에는 이전 자료를 기억해낼 수 있었다. 다른 여러 검사들에 기초하여 연구자들이 내린 결론에 따르면, F. L. 본인이 기억상실증을 갖고 있음을 믿게끔 할 의도는 아니었지만, 그녀의 증상이 〈첫 키스만 50번째〉에서 기억상실증이 묘사된 방식에 관해 갖고 있는 지식의 영향을 받았을 가능성이 있는데, 이 영화는 F. L.이 자신의 증상을 보고하기 15개월 전에 개봉되었던 것이다. 만약 이 사례가 진실이라면, 영화를 모방한 삶의 흥미로운 사례라 할 것이다!

1. 외현기억과 암묵기억을 구분하라.

2. 절차기억이란? 이 장에 나온 거울상 그리기 실험과 다른 사례들을 기술하라. 절차기억을 암묵기억의 한 형태로 간주하는 이유는?

3. 점화란? 반복점화란? Graf 실험을 기술하되, 그 결과 그리고 점화가 암묵기억의 한 형태라는 생각을 어떻게 지지했는지를 기술하라.

4. 암묵기억을 검증하기 위해 고안된 실험에서, 정상적 기억을 가진 사람이 일화기억을 사용하지 않는다는 것을 확신하기 위해 주의해야 할 점은?

5. Perfect와 Askew의 광고 실험을 기술하라. 선전 효과란? 그것을 암묵기억의 한 형태로 간주하는 이유는?

6. 고전적 조건형성이란? 그것이 암묵기억의 한 형태인 이유는?

7. 기억 상실을 영화에서 어떻게 묘사하는지 기술하라. 이러한 묘사가 얼마나 정확한가?

이 장의 요약

1. 이 장은 구분(상이한 유형의 기억들 간 구분하기)과 상호작용(상이한 유형의 기억들이 상호작용하는 방식)을 다루었다.

2. 장기기억은 과거 삶의 경험 및 학습했던 지식에 관한 정보의 '기록 보관소'이다. 장기기억은 작업기억과 협력하여 진행 중인 경험의 생성을 돕는다.

3. 계열위치곡선에서 일어나는 초두 효과와 최신 효과는 각각 장기기억 및 단기기억과 결부되어 있다.

4. 시각적 부호화와 청각적 부호화는 단기기억과 장기기억 양자에서 일어날 수 있다.

5. 의미적 부호화는 순행억제의 해제를 밝힌 Wickens에 의해 단기기억에서 일어남이 밝혀졌다.

6. 의미적 부호화는 재인기억 절차를 사용한 Sachs에 의해 밝혀졌다.

7. 청각적 부호화는 단기기억에서 지배적인 부호화 유형이다.

8. 신경심리학적 연구들은 단기기억과 장기기억 사이의 이중 해리를 밝혔는데, 이는 단기기억과 장기기억이 상이한 독립적 기전에 의해 야기된다는 생각을 지지한다.

9. 새로운 장기기억 형성에 해마가 중요하다. 뇌 영상 실험 결과에 따르면, 해마는 단기 지연 동안 새로운 정보

를 파지하는 데에도 관여한다.

10. Tulving에 따르면, 일화기억 경험의 정의적 속성은 정신적 시간여행(자기 자각 또는 기억해내기)에 관여한다는 점이다. 의미기억 경험(앎)은 정신적 시간여행과 무관하다.

11. 일화기억과 의미기억이 상이한 기전과 관련된다는 증거는 다음과 같다. (1) 뇌 손상 환자에서 일화기억과 의미기억의 이중 해리, (2) 일화기억과 의미기억에 의해 활성화되는 뇌 영역이 중첩되면서도 상이하다는 것을 보여주는 뇌 영상.

12. 일화기억과 의미기억에 비록 상이한 기전들이 기여하지만 양자는 다음과 같은 방식으로 연결되어 있다. (1) 일화기억이 되는 경험의 본질에 지식(의미기억)이 영향을 미칠 수 있다. (2) 자전적 기억은 일화적 성분과 의미적 성분 양자를 포함한다.

13. 기억/앎 절차는, 기억 재생이 일화기억에 연합되어 있는 반면 친숙성은 의미기억에 연합되어 있다는 생각에 근거를 둔다.

14. 시간 경과에 따라 기억은 일화적 속성을 상실한다. 이를 '옛날 기억의 의미화'라고 부른다.

15. 과거를 기억해내는 능력과 미래를 상상하는 능력은 서로 연결되어 있다. 이는 신경심리학적 실험과 뇌 영상

실험 양자에서 밝혀졌는데, 이에 따라 일화기억의 기능이 미래 요구를 예상하고 미래 행동을 이끄는 것을 돕는 것이라고 제안되었다.

16. 일화기억과 의미기억과 같은 외현기억은 우리가 자각하는 기억이다. 암묵기억은 경험의 학습이 의식적 기억을 수반하지 않을 때 일어난다. 절차기억, 점화, 고전적 조건형성은 암묵기억을 내포한다.

17. 절차기억은 기술기억이라고도 불리는데, 기억상실증 환자를 대상으로 연구되었다. 그들은 새로운 기술을 학습할 수 있지만 그것을 학습했다는 사실을 기억해내지 못한다. 절차기억은 우리가 학습한 많은 기술들의 공통 성분이다.

18. 자극이 제시된 후 나중에 동일한 자극이나 관련된 자극이 제시될 때 점화가 일어난다. 점화의 암묵적 속성은 기억상실증 환자와 정상인 참가자 양자에서 밝혀졌다. 점화는 실험실 현상에 불과하지 않고 실생활에서도 일어난다. 광고 효과는 실생활 암묵기억의 한 사례이다.

19. 고전적 조건형성은, 어떤 반응을 유발하는 자극과 중립적 자극이 짝지어짐으로써 중립적 자극이 그 반응을 유발할 때 일어난다. 고전적 조건형성이 된 정서가 일상 경험에서 일어난다.

20. 기억 상실은 수많은 방식으로 영화들에서 묘사되었는데, 이 가운데 어느 것은 기억상실증의 실제 사례들과 최소한이나마 유사하지만 다른 것은 전적으로 허구적이다.

생각해 보기

1. 지난 5분 동안에 관해 여러분은 무엇이 기억나는가? 그것을 기억해낼 때 기억해낸 것 가운데 어느 정도가 여러분의 단기기억에 있는가? 이 기억 가운데 여전히 장기기억에 있는 기억이 있었는가?

2. 앞서 K. F. 사례를 기술하였는데, 그의 장기기억은 정상이었지만 단기기억은 빈약하였다. K. F.의 상태가 기억의 다중저장고 모형에 어떤 문제를 제기하는가?

3. 모든 장기기억들이 유사한 것은 아니다. 여러분이 10분 전에 한 것을 기억해내는 것, 1년 전에 한 것을 기억해내는 것, 10년 전에 한 것을 기억해내는 것 사이에는 차이가 있지만 이 모든 기억들을 '장기기억'이라고 부른다. 이처럼 상이한 장기기억들의 속성을 보여주기 위해 이 장에서 기술된 연구에 대해 여러분은 어떻게 부연 설명할 수 있는가?

4. 〈메멘토〉, 〈첫 키스만 50번째〉 등과 같이 기억 상실을 묘사한 영화들을 보라. (인터넷에서 '기억상실증 영화'를 검색하여 이 책에서 언급한 것 이외의 영화들을 찾아보라.) 이러한 영화들에서 묘사된 기억 상실의 종류들을 기술하고, 등장인물들의 문제를 이 장에서 기술된 기억 상실의 사례들과 비교해 보라. 영화의 기억 상실 묘사가 외상이나 뇌 손상의 실제 사례들에서 일어나는 기억 상실을 얼마나 정확하게 반영하는지 판단하라. 이 질문의 답을 구하려면 기억 상실에 관해 상당히 추가적인 연구를 해야 할 것이다.

핵심 용어

개인적 의미기억(personal semantic memory)
계열위치곡선(serial position curve)
고전적 조건형성(classical conditioning)
기술기억(skill learning)
기억/앎 절차(remember/know procedure)
반복점화(repetition priming)
부호화(coding)

선전 효과(propaganda effect)
순행간섭의 해제(release from proactive interference)
암묵기억(implicit memory)
옛날 기억의 의미화(semanticization of remote memory)
외현기억(explicit memory)
자전적 기억(autobiographical memory)

장기기억(long-term memory: LTM)
재인기억(recognition memory)
절차기억(procedural memory)
점화(priming)
정신적 시간여행(mental time travel)
초두 효과(primacy effect)
최신 효과(recency effect)
해마(hippocampus)

이 유명한 학생이 스코틀랜드의 세인트앤드루스 대학의 도서관에서 공부하고 있는 William 왕자인데, 이 대학에서 그는 2005년에 지리학 학위를 받았다. 여러분이 누구든 학생이라면 정보를 습득하고 그것을 나중에 기억해낼 수 있어야 한다. 이 장은 부호화(정보를 어떻게 기억에 들이는가)와 인출(그 정보를 나중에 어떻게 꺼내는가)를 다룬다. 부호화와 인출은 심리적 과정과 생리적 과정 양자에 따라 기술될 수 있다. 이 과정들에 관한 연구는 보다 효율적인 학습 방법들에 관한 통찰을 제공해왔다.

장기기억: 부호화, 인출, 응고화

이 장의 요약
생각해 보기
핵심 용어

나의 학생들이 기억을 사용하는 용도 '상위 10개' 목록에서 시험용 자료 기억하기가 목록의 최상위에 있다는 것을 알았다. 기억의 용도는 시험을 위한 학습을 훨씬 넘어서서 매우 광범위하지만 먼저 학습에 관해 생각해 보는 것이 장기기억(long-term memory: LTM)에 관한 논의의 시발점으로 적당할 것이다.

여러분이 학습할 때 목표 가운데 하나는 정보를 장기기억에 들이는 것이다. 5장에서 레이철이 피자를 주문하는 것을 기술할 때 살펴보았듯이 정보의 획득과 장기기억으로의 전이 과정을 부호화(encoding)라고 부른다. 부호화라는 용어가 6장에서 단기기억 및 장기기억과 관련하여 논의했던 부호화(coding)라는 용어와 유사하다(영어로는 유사하지만 한국어로는 동일하다.—옮긴이 주)는 점을 주목하라. 어떤 저자들은 이 용어들을 구분하지 않고 사용한다. 우리는 부호화라는 용어를 정보가 표상되는 형태를 지칭하는 것으로 사용해왔다. 예를 들어, 단어는 시각적으로 부호화되거나 소리나 의미에 따라 부호화될 수 있다. 우리는 이제 부호화라는 용어를 장기기억에 정보를 들이는 데 사용되는 과정을 지칭하는 것으로 사용할 것이다. 예를 들어, 단어는 자꾸 반복함으로써, 그 단어와 운이 같은 다른 단어를 생각함으로써, 또는 문장 안에서 그것을 사용함으로써 부호화될 수 있다. 이 장의 주요 메시지 가운데 하나는 어떤 부호화 방법들이 다른 방법들보다 더 효과적이라는 것이다.

여러분이 방금 시험공부를 끝내고 시험에 나올 가능성이 있는 자료를 장기기억에 부호화했음을 상당히 확신한다고 가정해 보라. 하지만 여러분이 시험에 임해서 질문에 답하기 위해 어떤 정보를 기억해내야 할 때 진실이 드러난다. 이러한 기억 행위에는 여러분이 부호화한 어떤 정보에 접속하고 그것을 장기기억에서 작업기억으로 전이시켜서 그것을 의식적으로 자각할 수 있게 되는 것을 포함한다. 장기기억에서 작업기억으로 정보를 전이시키는 과정을 인출(retrieval)이라고 부른다. 물론 이는 시험을 성공적으로 치르는 데 긴요한데, 그 이유는 정보가 장기기억에 있다 할지라도 그것을 인출해낼 수 없다면 시험문제에 답하는 데 도움이 되지 않기 때문이다. 여러분이 장기기억에서 정보를 인출해낼 수 있는지 여부를 결정하는 주요 요인 가운데 하나는 정보를 학습할 때 그것을 부호화하는 방식이다. 다음 절에서 정보가 장기기억에 부호화되는 방식에 초점을 둘 것이다. 그 후 인출 그리고 인출이 부호화와 관련되는 방식을 다룰 것이다.

부호화: 정보를 장기기억에 들이기

정보를 장기기억에 들이는 수많은 방법들이 있는데, 어떤 방법들은 다른 방법들보다 더 효과적이다. 한 가지 사례로서 정보를 되뇌기하는 여러 방식들을 들 수 있다. 예를 들어, 전화번호를 자꾸만 반복함으로써 기억에 유지하는 것을 생각해 보라. 여러분이 이를 수행하면서 의미를 고려하지 않거나 다른 정보와 연계시키지 않는다면 여러분은 유지형 되뇌기(maintenance rehearsal)를 하고 있는 것이다. 이러한 유형의 되뇌기는 전형적으로 빈약한 기억을 초래하므로 나중에 다시 그 번호를 호출해내고자 할 때 그것을 기억해내지 못한다.

하지만 무심하게 전화번호를 반복하지 않고 그것을 의미 있는 어떤 것과 연결시키는 방식을 찾아내면 어떻게 될까? 알고 보니 처음 세 개 숫자는 여러분의 전화번호와 동일하고 마지막 네 개는 우연히 여러분이 태어난 연도와 동일했다! 이는 우연의 일치이기는 하지만 의미를 고려하거나 다른 정보와 연결시킴으로써 숫자를 기억할 수 있는 사례라 할 수 있다. 이를 정교형 되뇌기(elaborative rehearsal)라고 하는데, 전형적으로 이러한 유형의 되뇌기는 유지형 되뇌기보다 더 우수한 기억을 낳는다.

유지형 되뇌기와 정교형 되뇌기 사이의 이러한 대비는 부호화가 기억인출 능력에 어떻게 영향을 미칠 수 있는지를 보여주는 한 사례이다. 이제 다른 사례들을 고려할 것인데, 많은 사례들을 보면 우수한 기억은 의미 및 연결 만들기에 근거한 부호화와 관련되어 있다.

처리수준이론

부호화 유형을 인출과 결부시키는 초기 생각을 Fergus Craik와 Robert Lockhart(1972)가 제안했는데, 이를 처리수준이론(levels of processing theory)이라고 부른다. 처리수준이론에 따르면 기억은 항목이 받는 처리 깊이(depth of processing)에 달려 있다. 처리 깊이는 얕은 처리와 깊은 처리를 구분한다. 얕은 처리(shallow processing)는 의미에 거의 주의를 기울이지 않는데, 전화번호를 자꾸 반복하거나 주의의 초점을 단어의 물리적 속성, 즉 단어가 소문자와 대문자 가운데 어떤 문자로 쓰였는지에 두고 있는 때가 그러하다. 깊은 처리(deep processing)는 세심한 주의를 포함하는데, 항목의 의미 및 다른 것과의 관련성에 초점을 둔다. 처리수준이론에 따르면 깊은 처리는 얕은 처리보다 우수한 기억을 낳는다.

상이한 처리수준에 뒤이어 기억을 검사하는 실험에서 Craik와 Endel Tulving(1975)은 참가자에게 단어를 제시하고서 다음 세 유형의 질문을 하였다.

1. 단어의 물리적 속성에 관한 질문. 예) 참가자는 bird 단어를 보고서 그 단어가 대문자로 쓰였는지 질문을 받는다(그림 7.1a).

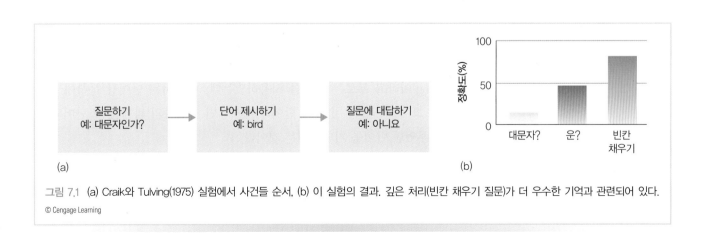

그림 7.1　(a) Craik와 Tulving(1975) 실험에서 사건들 순서, (b) 이 실험의 결과. 깊은 처리(빈칸 채우기 질문)가 더 우수한 기억과 관련되어 있다.

© Cengage Learning

2. 운(韻)에 관한 질문. 예) 참가자는 train 단어를 보고서 그 단어가 pain 단어와 운이 같은지를 질문받는다.

3. 빈칸 채우기 질문. 예) 참가자는 car 단어를 보고서 그 단어가 'He saw a ____ on the street.' 문장에 적합한지를 질문받는다.

세 유형의 질문은 상이한 처리수준을 생성하기 위해 고안되었다. (1) 물리적 속성: 얕은 처리, (2) 운: 더 깊은 처리, (3) 빈칸 채우기: 가장 깊은 처리. 참가자는 이 세 유형의 질문에 반응한 후 그 단어들을 얼마나 잘 회상하는지 알아보기 위한 기억 검사를 받았다. 그 결과가 그림 7.1b에 나와 있는데, 이는 보다 깊은 처리가 보다 우수한 기억과 관련되어 있다는 것을 보여준다.

처리수준이라는 생각은 수많은 연구를 촉발시켰지만, 처리 깊이가 무엇인지를 정확하게 정의하기 어렵다는 것이 명백해지면서 인기가 식게 되었다. 예를 들어, Craik와 Tulving의 빈칸 채우기 과제가 운 과제보다 더 깊은 처리를 초래한다는 것을 어떻게 아는가? 빈칸 채우기 과제가 더 우수한 기억을 초래한다는 Craik와 Tulving의 발견이 이 과제의 보다 깊은 처리를 나타낸다고 말할지도 모른다. 그러나 이는 순환적 추리에 속한다. 어떤 절차가 보다 우수한 기억을 초래하므로 그것을 보다 깊은 처리라고 먼저 정의한 후 그 절차를 사용하여 보다 깊은 처리가 보다 우수한 기억을 초래한다는 것을 보여주는 것은 사실상 아무것도 증명하지 않는 셈이다. 필요한 것은 기억 검사와 독립적으로 처리 깊이를 정의하는 방법인데, 그러한 정의는 존재하지 않는다.

처리수준이라는 용어를 오늘날 기억 연구자들이 거의 사용하지 않는다 할지라도 처리수준이론의 배후에 있는 기본 생각, 즉 기억 인출이 항목의 부호화 방식에 의해 영향받는다는 것은 여전히 폭넓게 받아들여지고 있으며 수많은 연구들이 이 관계를 밝혔다. 예를 들어, 처리수준이론이 제안될 때와 거의 동일한 시기의 연구는 심상을 형성하는 것이 단어쌍에 대한 기억을 증진시킬 수 있다는 것을 보여주었다.

시각적 심상 형성하기

Gordon Bower와 David Winzenz(1970)는 시각적 심상, 즉 단어들을 시각적으로 연결시키는 '머릿속의 심상'의 사용이 기억을 증진시키는 연결을 생성할 수 있는지 여부를 검사하고자 하였다. 그들은 쌍대연합 학습(paired-associate learning)이라고 부르는 절차를 사용하였는데, 여기서는 단어쌍 목록이 제시된다. 그 후 각 쌍의 첫 번째 단어가 제시되면 참가자의 과제는 그 단어와 쌍을 이루었던 단어를 기억해내는 것이다.

Bower와 Winzenz는 보트-나무와 같은 명사쌍 15개로 이루어진 목록을 참가자에게 제시하였는데, 각 쌍은 5초 동안 제시되었다. 한 집단에게는 제시받은 쌍을 소리 내지 말고 반복하도록 하였고, 다른 집단에게는 두 항목이 상호작

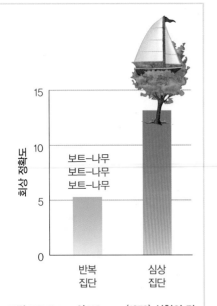

그림 7.2 Bower와 Winzenz(1970) 실험의 결과 반복 집단의 참가자들은 단어쌍들을 반복하였다. 심상 집단의 참가자들은 쌍들을 묘사하는 심상들을 형성하였다. © Cengage Learning

용하는 심적 그림을 형성하도록 하였다. 그 후 참가자들에게 각 쌍의 첫 번째 단어를 제시하고서 두 번째 단어를 회상해내도록 요구하였을 때, 심상을 생성했던 참가자들은 단순히 단어쌍을 반복했던 참가자들보다 두 배나 더 많은 단어들을 기억해냈다(그림 7.2).

단어를 자신과 관련짓기

부호화에 의한 기억 증진 방법의 또 다른 사례가 자기참조 효과(self-reference effect)인데, 단어를 자기 자신과 관련짓도록 요구받을 때 기억이 더 우수하다. T. B. Rogers와 동료들(1977)은 Craik와 Tulving이 처리 깊이 실험에서 사용했던 것과 동일한 절차를 사용하여 이를 밝혔다. Rogers의 실험 설계가 그림 7.3a에 나와 있다. 참가자는 각 질문을 3초 동안 읽은 후 단어 하나를 보았다. 만약 그 단어가 질문에 대한 답이면 '예'라고 대답하고 그렇지 않으면 '아니요'라고 대답했다. 그림 7.3a의 사례에서 질문은 '여러분을 기술하는가?'이다. 참가자는 수줍음(shy) 단어에 대해 만약 자신이 수줍은 사람이라고 생각하면 '예'라고 반응할 것이다. 네 개 유형의 질문의 사례들이 표본 단어와 함께 다음에 나와 있다.

1. 질문: '소문자로 쓰였는가?'(단어의 물리적 특성) 단어: happy
2. 질문: 'happy와 운이 같은가?'(운) 단어: snappy
3. 질문: 'happy와 의미가 동일한가?'(의미) 단어: upbeat
4. 질문: '여러분을 기술하는가?'(자기참조) 단어: happy

그리고 나서 Rogers가 참가자들의 회상을 조사했을 때 '예' 반응을 낳은 단어들의 결과가 그림 7.3b에 나와 있다. 참가자들은 자신을 기술한 것으로 평정했던 단어를 기억해낼 가능성이 가장 컸다.

참가자들이 왜 자신과 연결시킨 단어들을 가장 잘 기억해냈는가? 한 가지 가능한 설

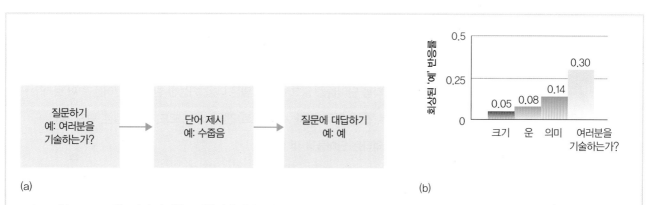

그림 7.3 (a) Rogers 등(1977)의 자기참조 실험에서 사건들 순서. 이는 그림 7.1에 나온 Craik와 Tulving(1975) 실험의 설계와 동일하지만 질문들이 검사받는 사람을 참조한다. (b) 이 실험의 결과.

출처: T. B. Rogers, N. A. Kuiper, & W. S. Kirker, Self-reference and the encoding of personal information, *Journal of Personality and Social Psychology, 35,* 677–688, 1977.

명은 단어들이 참가자들이 잘 알고 있는 것, 즉 자기 자신과 연결된다는 점이다. 일반적으로 마음속에서 보다 풍부하고 상세한 표상을 유발한 진술문들이 보다 우수한 기억을 초래한다.

정보 생성하기

수동적으로 자료를 수용하는 것보다 스스로 자료를 생성하는 것이 학습과 파지를 고양시킨다. Norman Slameka와 Peter Graf(1978)는 생성 효과(generation effect)라고 부르는 이 효과를 밝혔는데, 이들은 참가자들에게 두 가지 상이한 방식으로 단어쌍 목록을 학습시켰다.

1. 읽기 집단: 관련된 단어쌍을 읽음. 예) king-crown, horse-saddle, lamp-shade 등
2. 생성 집단: 빈칸을 첫 번째 단어와 관련된 단어로 채움. 예) king-cr_____, horse-sa_____, lamp-sh_____ 등

단어쌍들을 읽거나(읽기 집단) 단어와 두 번째 단어의 첫 두 글자에 근거하여 단어쌍 목록을 생성한(생성 집단) 후, 참가자들에게 각 쌍의 첫 번째 단어를 제시하여 그 단어와 함께 있었던 단어를 기억해내도록 하였다. 각 쌍의 두 번째 단어를 **생성했던** 참가자들은 단어쌍을 단순히 **읽었던** 참가자들보다 28% 더 많은 단어쌍을 재생할 수 있었다. 여러분은 이 발견이 시험공부에 상당히 중요한 함축성을 갖는 것으로 짐작할 것이다. 이 생각을 이 장의 후반에 다시 다루겠다.

정보 조직화하기

데스크톱 컴퓨터의 폴더나 전산화된 도서목록은 모두 정보를 조직화하여 보다 효율적인 접속이 가능하도록 고안된 것이다. 기억체계 역시 정보 접속을 위해 조직화를 사용한다. 이는 수많은 방식으로 밝혀졌다.

보여주기 목록 읽기

종이와 펜을 준비하라. 다음 단어들을 읽고서 이를 덮은 다음, 가능한 한 많은 단어들을 써 보라.

사과, 책상, 구두, 소파, 자두, 의자, 체리, 코트, 전등, 바지, 포도, 모자, 멜론, 탁자, 장갑

중지! 단어를 덮고서 기억나는 단어들을 써 보라.

여러분이 생성한 목록을 보고서 유사한 항목들(예: 사과, 자두, 체리; 구두, 코트, 바지)이 함께 무리 지어 모여 있는지 살펴보라. 만약 그렇다면 여러분의 결과는 참가자들이 회상할 때 자발적으로 항목들을 조직화한다는 것을 보여주는 연구 결과(Jenkins & Russell,

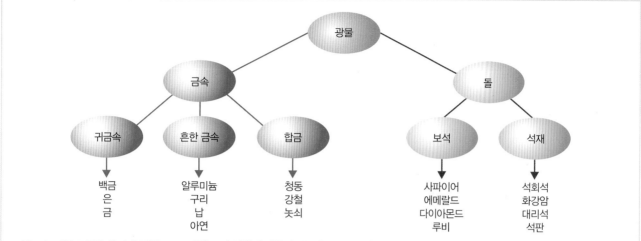

그림 7.4 **기억 조직화 효과에 관한 Bower 등(1969) 실험에 사용된 광물을 조직화한 '나무'**

출처: G. H. Bower et al., Hierarchical retrieval schemes in recall of categorized word lists, *Journal of Verbal Learning and Verbal Behavior, 8*, 323–343, Figure 1. Copyright © 1969 Elsevier Ltd. 저자의 동의 후 게재한다.

1952)와 유사한 것이다. 이러한 결과의 한 가지 원인으로서 특정 범주의 단어를 기억해 내는 것이 인출 단서(retrieval cue)로서 기여하는 것을 들 수 있는데, 인출 단서란 기억에 저장된 정보를 기억해내는 것을 돕는 자극이다. 이 경우 과일과 같은 특정 범주에 속하는 어떤 단어는 그 범주에 속하는 다른 단어에 대해 인출 단서로 기여한다. 따라서 **사과** 단어를 기억해내면 이는 **포도**나 **자두**와 같은 다른 과일에 대한 인출 단서가 되므로, 여러분이 읽었던 원래 목록보다 더 조직화된 회상목록을 생성한다.

만약 무선적으로 제시된 단어들이 마음속에서 조직화된다면, 부호화 도중 조직화된 방식으로 단어들이 제시될 때 무슨 일이 일어날까? Grodon Bower와 동료들(1969)은 이러한 물음의 답을 구하기 위해 학습해야 할 자료를 '조직화된 나무'로 제시했는데, 이는 많은 단어들을 범주에 따라 조직화한 것이다. 예를 들어, 한 나무는 여러 광물의 이름을 보석, 희귀 금속 등으로 묶어서 조직화하였다(그림 7.4).

한 참가자 집단은 광물, 동물, 의복, 운송의 4개 나무를 각각 1분간 학습한 후 4개 나무 모두에서 가능한 한 많은 단어들을 회상하도록 요구받았다. 회상 검사에서 참가자들은 나무들이 조직화된 것과 동일한 방식으로 자신의 반응을 조직화하는 경향을 보였는데, 맨 처음 '광물'을 말한 후 '금속', '흔한 금속' 등의 순서로 말했다. 이 집단의 참가자들은 4개 나무 모두에서 평균 73개 단어를 회상하였다.

다른 집단의 참가자들 역시 4개 나무를 보았지만, 단어들이 무선적이어서 각 나무는 금속, 동물, 의복, 운송에서 무선적으로 종합된 단어들을 포함하였다. 이 참가자들은 4개 나무 모두에서 단지 21개 단어만을 기억해낼 수 있었다. 따라서 기억해야 할 자료의 조직화는 뚜렷하게 우수한 회상을 낳았다. 아마도 이는 시험에 대비하여 자료를 학습할 때 명심해야 할 사항일 것이다. 예를 들어, 여러분은 인지심리학 시험에 대비하여 공부할 자료를 그림 7.5의 것과 유사한 나무로 조직하는 것이 유용할 것이다.

자료를 조직화된 방식으로 제시하는 것이 기억을 증진시킨다면, 조직화를 방해하

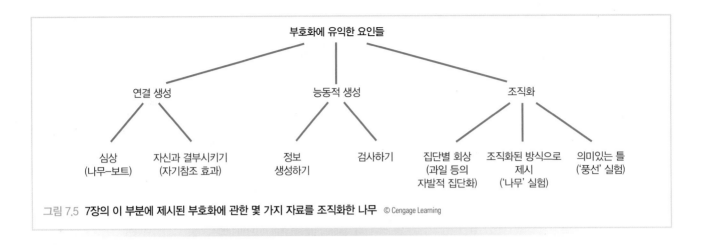

그림 7.5 7장의 이 부분에 제시된 부호화에 관한 몇 가지 자료를 조직화한 나무 © Cengage Learning

면 기억 능력이 감소될 것으로 예상할 수 있다. 이러한 효과를 John Bransford와 Marcia Johnson(1972)이 밝혔는데, 그들은 참가자들에게 다음 글을 읽도록 하였다.

> 만약 풍선이 터진다면 소리는 전달될 수 없을 것인데, 그 이유는 정확한 층에서 모든 것이 너무 멀리 떨어져 있기 때문이다. 닫힌 창문 역시 소리가 전달되는 것을 막을 것인데, 그 이유는 대부분의 빌딩의 방음이 잘 되어 있기 때문이다. 전반적인 조작은 전류의 안정적 흐름에 달려 있으므로 전선의 중간이 고장 나는 것 역시 문제를 일으킬 수 있다. 물론 사람이 소리를 지를 수 있지만 인간의 목소리는 그 정도로 멀리까지 전달될 수 있을 만큼 크지 않다. 추가적인 문제는 기구의 줄이 끊어질 수 있다는 것이다. 그렇다면 메시지의 반주가 없게 된다. 최선의 상황은 가까운 거리라는 점이 명백하다. 그렇다면 잠재적 문제가 더 적어질 것이다. 서로 얼굴을 맞대고 만난다면 일이 잘못될 가능성이 최소화될 것이다. (p.719)

이는 모두 무엇에 관한 것인가? 비록 각 문장의 의미는 통하지만 글에 근거하여 무슨 일인지 마음속으로 그려보는 것은 아마 어려울 것이다. Bransford와 Johnson의 참가자들은 무슨 일이 진행되는지 묘사하는 것이 어려울 뿐만 아니라 이 글을 기억하는 것 역시 매우 어렵다는 것을 알았다.

이 글을 이해하기 위해 223쪽의 그림 7.8을 보고, 그다음 다시 글을 읽어 보라. 이렇게 할 때 글의 의미를 더 잘 파악할 것이다. Bransford와 Johnson(1972)의 참가자들 가운데 이 그림을 글을 읽기 전에 본 사람들은 글을 읽은 후 보았거나 이 그림을 보지 않았던 사람들보다 두 배나 더 많이 기억하였다. 여기서 관건은 조직화이다. 이 그림은, 독자가 한 문장을 다음 문장과 결부시켜서 의미 있는 이야기를 생성하는 데 도움이 되는 정신적 틀을 제공한다. 그 결과 초래된 조직화는 이 글을 더 쉽게 이해하고 나중에 더 쉽게 기억해 낼 수 있도록 해준다. 이 사례는, 자료의 기억 능력이 자료가 마음속에 프로그램 되는 방식에 의존한다는 것을 다시 보여준다.

단어를 생존가에 관련짓기

James Nairne(2010)의 제안에 따르면, 기억의 기능을 고려함으로써 기억의 작동 방식을 이해할 수 있는데, 그 이유는 진화 과정을 통해 기억이 생존 능력을 증가시키게끔 형성되었기 때문이다. 다음의 '보여주기: 목록 기억하기'는 이러한 생각에 근거한다.

보여주기 목록 기억하기

1. 아래 목록을 덮은 후 각 단어를 하나씩 들쳐 보라. 여러분의 과제는 각 단어 안에 있는 모음의 수를 센 후 바로 다음 단어의 모음을 세는 일이다. 목록 말미에 도달하면 그것을 덮고서 목록 끝에 있는 지시를 따르라.

> 의자
> 수학
> 코끼리
> 램프
> 자동차
> 엘리베이터
> 사려 깊다
> 선인장

지시: 목록을 덮고서 100부터 3씩 거꾸로 세어 보라. 76에 이르면 단어를 기억하여 써 보라. 지금 시작하라.

2. 아래 목록을 덮고서 앞서 한 것처럼 각 단어를 하나씩 들쳐 보라. 이번에는 기본적인 생존 물품이 전혀 없는 낯선 땅의 초원에서 오도 가도 못하게 되었다고 상상하라. 아래의 각 단어가 음식과 물의 안정적 공급, 그리고 포식동물로부터 보호책을 발견하는 데 얼마나 관련되어 있는지(1 = 전혀 무관함, 5 = 매우 관련됨), 1부터 5까지 척도 상에서 평정하라. 목록 말미에 도달하면 지시에 따르라.

> 우산
> 연습
> 용서
> 바위
> 햄버거
> 햇빛
> 커피
> 병

지시: 목록을 덮고서 99부터 3씩 거꾸로 세어 보라. 75에 이르면 단어를 기억하여 써 보라. 지금 시작하라.

어떤 절차가 더 우수한 기억을 초래하는가, 모음의 수세기인가, 아니면 항목의 생존가 평정인가? Nairne과 동료들(2007; 2008)은 이와 유사한 실험을 수행하였는데(더 긴 단어 목록을 포함하여), 그 결과 단어를 생존과 결부시키는 것에 의해 생성된 기억이 모음 수세기에 의해 생성된 기억보다 더 우수했을 뿐만 아니라, 앞서 기술했던 시각적 심상 형성하기, 단어를 자신과 결부시키기, 그리고 정보의 생성과 같은 '정교형' 과제에 의해 달

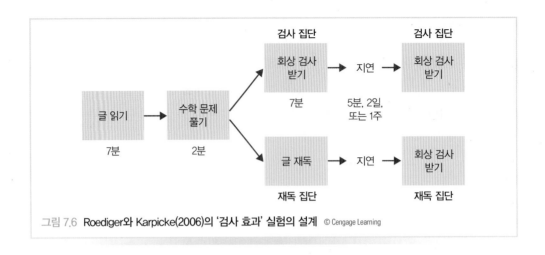

그림 7.6 **Roediger와 Karpicke(2006)의 '검사 효과' 실험의 설계** © Cengage Learning

성된 기억보다 더 우수하였다. 이러한 장점이 생존에 기인하는지 여부는 기억 연구자들 사이에서 논란거리이지만 생존과 같이 의미 있고 중요한 것에 단어를 관련시키는 것이 기억을 증진시킨다는 사실에는 의심의 여지가 없다(Klein et al., 2011 참고).

인출 연습하기

이 장의 말미에서 학습 기법을 다룰 때 보게 되겠지만, 많은 학생들은 시험을 준비할 때 노트를 다시 읽거나(재독) 교재에 하이라이트 표시한 정보를 다시 읽는다(Karpicke et al., 2009). 그러나 최근 연구는 연습용 시험문제를 만들어 답해 봄으로써 정보 인출을 연습하는 것이 정보를 재독 하는 것보다 더 우수한 기억을 초래한다는 것을 보여준 다(Karpicke, 2012).

Henry Roediger와 Jeffrey Karpicke(2006)는 그림 7.6의 실험 설계를 사용하여 연습 시험의 장점을 밝혔다. 실 험의 첫 국면에서 대학생들은 산문 글을 7분간 읽은 후 2분간 휴식하면서 휴식기간 동안 수학 문제를 풀었다. 그 후 한 집단(검사 집단)은 7분간의 회상 검사 동안 순 서에 관계없이 최대한 글을 기억해내서 쓰도록 요구받 았다. 다른 집단(재독 집단)은 7분간 그 자료를 다시 읽 도록 하였다.

실험의 두 번째 국면은 5분, 2일, 1주 가운데 한 지연 기간 후 실시되었는데, 모든 참가자들이 글을 기억해내 서 쓰도록 하였다. 그 결과가 그림 7.7에 나와 있는데, 이에 따르면 5분 지연 후에는 재독 집단과 검사 집단 사 이에 거의 차이가 없었지만, 1주 후에는 검사 집단의 수 행이 재독 집단의 수행보다 더 우수하였다. 이처럼 인

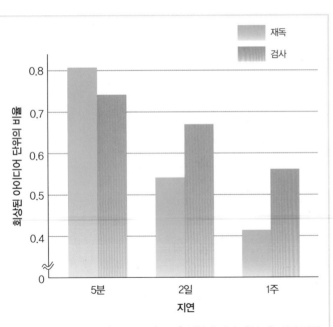

그림 7.7 **Roediger와 Karpicke(2006) 실험의 결과** 학습 후 시간 간격 이 길어질수록 검사 집단의 수행이 재독 집단의 수행보다 더 우수하다 는 점에 주목하라.

출처: H. L. Roediger & J. D. Karpicke, Test-enhanced learning: Taking memory tests improves long-term retention, *Psychological Science*, *17*, 249–255, 2006. SAGE Publications의 허락을 받고 게재한다.

표 7.1 인출에 영향을 미치는 부호화 절차

조건	실험/결과
시각적 심상 형성하기	심상들을 형성할 때(단지 단어쌍들을 읽는 것에 비해) 단어쌍들이 더 잘 기억된다.
단어를 자신과 관련짓기	자신과 연합된 단어들이 더 잘 기억된다(자기참조 효과).
정보 생성하기	한 단어쌍의 두 번째 단어를 생성할 때 그 단어를 단순히 제시받을 때에 비해 기억이 더 우수하다.
정보 조직화하기	'나무'의 경우처럼 조직화된 정보를 학습하는 것이 우수한 기억을 초래한다. 조직화가 어렵게끔 정보를 제시하면('풍선' 이야기) 빈약한 기억이 초래된다.
단어를 생존가에 관련짓기	단어들을 생존가에 관련지우면 기억이 향상된다.
인출 연습하기	학습 후 검사하기가 학습 후 자료 재독하기보다 우수한 기억을 초래한다(검사 효과).

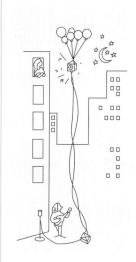

그림 7.8 기억에 미치는 조직화의 효과를 밝히기 위해 Bransford와 Johnson(1972)이 사용한 그림.

출처: J. D. Bransford & M. K. Johnson, Contextual prerequisites for understanding: Some investigations of comprehension and recall, *Journal of Verbal Learning and Verbal Behavior*, 11, 717–726, Figure 1. Copyright © 1972 Elsevier Ltd. 허락을 받고 게재한다.

출 연습에 기인한 증진된 수행을 검사 효과(testing effect)라고 부른다. 이는 실험실 상황이나 교실 상황 양자에서 수많은 실험들을 통해 밝혀졌다(Karpicke et al., 2009). 예를 들어, 8학년 학생들의 역사 시험(Carpenter et al., 2009)과 대학생의 뇌와 행동 시험(McDaniel et al., 2007)에서 검사는 재독보다 더 우수한 수행을 초래하였다.

표 7.1에 지금까지 다룬 기억을 향상시키는 부호화 방법들의 모든 사례를 나열하였다. 이 절차들의 공통점은 무엇인가? 인출 연습과 정보 생성 양자는 자료를 능동적으로 생성하고 재생하는 것을 포함한다. 다른 절차들 사이의 유사성은 명백하지 않지만 이들은 기억해야 할 자료와 기억 내 다른 자료 사이의 연결을 제공함으로써 기억 표상을 더 풍부하게 한다고 보는 것이 아마 정확할 것이다. 예를 들어, 자료가 조직화될 때 목록 내 항목들(사과, 포도, 자두와 같은 항목들) 사이의 연결을 형성하는 것이 더 쉽다. 이 모든 것이 의미하는 것은 부호화와 인출 사이에 밀접한 관계가 존재한다는 점이다. 다음 절에서 인출을 다룰 때 이 연결의 추가적 증거를 살펴볼 것이다.

자가 테스트 7.1

1. 부호화란? 인출이란? 성공적 기억을 위해 부호화와 인출이 필요한 이유는?

2. (1) 되뇌기 유형 각각과 관련된 절차, 그리고 (2) 장기기억 형성에 있어 이들의 효율성이라는 측면에서 정교형 되뇌기와 유지형 되뇌기의 차이는?

3. 처리수준이론이란? 처리 깊이, 얕은 처리, 깊은 처리를 확실하게 이해하라. 유지형 되뇌기와 정교형 되뇌기의 차이에 관해 처리수준이론이 알려주는 것은 무엇인가?

4. 처리수준이론이 기억과 독립적으로 처리 깊이를 정의하지 않는다는 것은 무슨 뜻인가?

5. 단어에 대한 기억이 (1) 시각적 심상 형성하기, (2) 단어를 자신과 결부시키기, (3) 획득 도중 단어를 생성하기, (4) 정보를 조직화하기, (5) 생존 측면에서 단어를 평정하기, (6) 인출 연습하기에 의해 향상되는 방식의 사례를 제시하라. 이 절차들의 공통점은?

6. 앞서 5번 절차의 결과가 부호화와 인출의 관계에 관해 무엇을 알려주는가?

인출: 기억에서 정보 꺼내기

부호화된 자료를 사용하려면 반드시 인출되어야 한다. 인출과정은 매우 중요한데, 그 이유는 많은 기억 실패가 인출 실패로서 정보가 '그 안에' 있지만 그것을 꺼내지 못하기 때문이다. 예를 들어, 시험공부를 열심히 했지만 해답이 시험을 치를 때는 생각나지 않고 시험이 끝난 후에야 기억날 수 있다. 또는 이전에 만난 누군가를 뜻하지 않게 만났는데 그 사람 이름이 기억나지 않다가 이야기를 나누는 도중에(아니면 안타깝게도 그 사람이 떠난 후에야) 문득 이름이 떠오를 수 있다. 이 사례에서, 여러분이 필요로 하는 정보가 부호화는 되었지만 막상 그것을 필요로 할 때 인출이 불가능하였다.

인출 단서

사과 단어의 기억이 어떻게 **포도**에 대한 인출 단서로 기여하는지를 다룰 때, 기억에 저장된 정보를 기억해내는 데 도움이 되는 단어나 다른 자극이라고 **인출 단서**를 정의했다. 이제 이 단서를 보다 상세하게 다루면서 많은 여러 원천들이 인출 단서를 제공할 수 있다는 것을 살펴보겠다.

강의실로 가려고 집을 떠나기 위해 준비하면서 내가 겪었던 경험은 **장소**가 어떻게 인출 단서로 기여할 수 있는지를 보여준다. 집안 서재에 있는 동안 나는 인지심리학 강의를 위해 기억상실증에 관한 DVD를 학교로 확실히 가져가기 위해 마음속에 메모를 하였다. 잠시 후 내가 집을 떠날 때 무엇인가 잊고 있다는 느낌이 계속 있었지만 그것이 무엇인지 기억할 수 없었다. 이런 문제는 이번이 처음이 아니었으므로 나는 어떻게 해야 하는지 정확하게 알고 있다. 서재로 돌아오자마자 나는 DVD를 갖고 가려고 했다는 것이 기억났다. DVD를 갖고 가겠다고 원래 생각했던 장소로 되돌아오는 것이 원래 생각을 인출하는 데 도움이 되었다. 내 서재는 내가 강의실로 갖고 가고자 했던 것을 기억해내는 데 인출 단서로 기여했다.

여러분은 특정 장소로 되돌아가는 것이 그 장소와 연합된 기억을 자극했던 유사한 경험이 있을 것이다. 나의 학생 한 명이 기술한 다음 내용은 아동기 경험에 관한 기억의 인출을 보여준다.

내가 여덟 살일 때 할아버지와 할머니 모두 세상을 떠나셨다. 할아버지와 할머니께서 살던 집은 팔렸고 그곳에서의 내 삶의 장은 닫혔다. 그 이래로 어린 시절 그곳에 있었던 일반적인 것들은 기억할 수 있었지만 세부사항은 기억할 수 없었다. 어느 날 나는 드라이브를 하였다. 할아버지, 할머니의 옛날 집에 가서 골목길에 차를 주차하였다. 그곳에 앉아서 집을 바라보자 매우 놀라운 일들이 일어났다. 나는 생생한 기억을 경험했다. 놀랍게도 나는 다시 여덟 살로 돌아갔다. 나는 뒤뜰에서 처음으로 자전거 타는 것을 배우고 있는 나 자신을 볼 수 있었다. 나는 집 안을 볼 수 있었다. 모든 세부적 모습이 정확하게 기억났다. 심지어 독특한 냄새까지 기억해낼 수 있었다. 그렇게도 자주 내가 이러한 것들을 기억해내려고 했지만 그처럼

세부사항들을 생생하게 기억해낸 적이 없었다. (Angela Paidousis)

내 서재의 경험과 조부모의 집 밖에서 Angela의 경험은 원래 기억이 형성되었던 장소로 되돌아감으로써 제공되는 인출 단서의 사례들이다. 장소 외에 다른 많은 것들이 인출 단서를 제공할 수 있다. 특정 노래를 듣는 것이 오랫동안 생각해 보지 않았던 사건에 관한 기억을 불러일으킬 수 있다. 또는 냄새도 인출 단서가 될 수 있다. 내가 조부모 집에 있는 계단과 비슷한 케케묵은 냄새를 맡으면, 바로 수십 년 전 어렸을 때 그 계단을 올라가던 기억으로 데려다 준다. 인출 단서의 작용은 단서회상이라고 부르는 기법을 사용하여 실험실에서 증명될 수 있다.

방법 단서회상

두 가지 유형의 회상절차를 구분할 수 있다. 자유회상(free recall)에서 참가자는 단순히 자극을 회상해내도록 요구받는다. 이 자극은 실험자가 이전에 제시했던 단어일 수도 있고 참가자가 살아오면서 경험했던 사건일 수도 잇다. 이 방법은 앞서 기술했던 인출 연습 실험과 같은 많은 실험들에서 사용되어 왔다. 단서회상(cued recall)에서 이전에 경험했던 자극의 회상을 도와주는 인출 단서들을 참가자에게 제공한다. 이 단서들은 전형적으로 단어나 구이다. 예를 들어, Endel Tulving과 Zena Pearlstone(1966)은 참가자에게 기억해야 할 단어 목록을 제시하였다. 이 단어들은 '새'(비둘기, 참새), '가구'(의자, 화장대), '직업'(엔지니어, 변호사)과 같은 특정 범주에서 뽑은 것들이었는데, 원래 목록에서 범주들을 구체적으로 밝히지는 않았다. 기억 검사에서 자유회상 집단의 참가자는 가능한 한 많은 단어를 쓰도록 요구받았다. 단서회상 집단의 참가자 역시 단어를 회상해내도록 요구받았지만 '새', '가구', '직업'과 같은 범주 이름들을 제공받았다.

Tulving과 Pearlstone의 실험 결과는 인출 단서가 기억에 도움이 된다는 것을 보여준다. 자유회상 집단의 참가자들은 40%의 단어를 회상했지만, 범주 이름을 제공받은 단서회상 집단의 참가자들은 75%의 단어들을 회상했다.

인출 단서의 힘을 가장 인상적으로 밝힌 것은 Timo Mantyla(1986)의 연구로서, 그는 참가자들에게 바나나, 자유, 나무와 같은 504개 명사 목록을 제시하였다. 학습 국면 동안 참가자들은 각 명사와 연합된 단어 세 개를 쓰도록 지시받았다. 예를 들어, 바나나의 경우 세 개 단어는 노랑, 다발, 식용일 수 있다. 실험의 검사 국면에서 절반의 명사들의 경우에는 참가자들에게 자신이 생성했던 세 개 단어들(자기 생성 인출 단서들)을 제시하였고 나머지 절반의 명사들의 경우에는 다른 사람이 생성했던 세 개 단어들(타인 생성 인출 단서들)을 제시하였다. 그들의 과제는 학습 국면 동안 보았던 명사들을 기억해내는 것이었다.

그 결과, 자기 생성된 인출 단서들이 제시될 때 참가자들은 단어의 91%를 기억해냈지만(그림 7.9의 제일 위의 막대), 타인 생성 인출 단서들이 제시될 때에는 단어의 55%만을 기억해냈다(그림 7.9의 두 번째 막대).

여러분은 바나나 단어를 결코 제시받은 적이 없다고 할지라도 노랑, 다발, 식용과 같은 세 개 속성들로부터 바나나를 추측해내는 것이 가능할 것으로 생각할지 모른다. 그

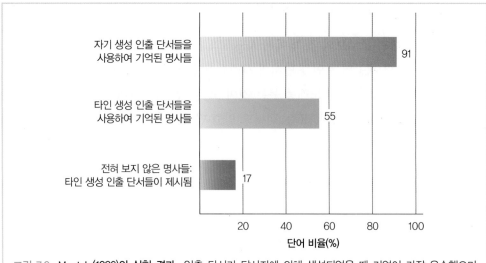

그림 7.9 **Mantyla(1986)의 실험 결과** 인출 단서가 당사자에 의해 생성되었을 때 기억이 가장 우수했으며 (상단 막대) 다른 사람에 의해 생성되었을 때에는 그다지 우수하지 않았다(중간 막대). 다른 사람에 의해 생성된 인출 단서를 기반으로 단어를 추측해내려고 한 통제 참가자들의 수행이 가장 빈약하였다(하단 막대).

© Cengage Learning

러나 Mantyla가 504개 명사들을 전혀 본 적이 없는 통제집단 참가자들에게 타인이 생성한 단서 단어들을 제시했을 때 이들은 단지 17%의 명사들만을 알아낼 수 있었다. 이 실험의 결과에 따르면, 인출 단서(3개 단어)는 기억 인출을 위해 매우 효과적인 정보를 제공하지만 인출 단서가 기억 검사를 받는 참가자에 의해 생성되었을 때 훨씬 더 효과적이다. (Wagenaar(1986)의 연구를 함께 살펴보라. 이 연구는 Wagenaar가 6년 동안 작성한 2400개 일기 내용의 거의 모든 것을 인출 단서를 사용함으로써 기억해낼 수 있었던 연구를 기술한다.)

부호화와 인출의 조건 매칭

방금 기술했던 두 실험에서 인출 단서들은 언어적 '힌트'로서, Tuvling과 Pearlstone 실험에서는 '가구'와 같은 범주명, Mantyla 실험에서는 참가자가 생성한 세 개 단어였다. 하지만 그밖에 인출에 도움을 줄 수 있는 다른 종류의 '힌트'를 살펴보았는데, Angela의 조부모 집이나 나의 서재와 같은 특정 장소로 되돌아가기를 들 수 있다.

서재 사례에서 무슨 일이 일어났는지 고려해 보자. 이 사례에서 나는 강의실로 DVD를 갖고 가는 것에 관한 생각을 인출해내기 위해 서재로 돌아가야만 했다. DVD 기억해내기에서 관건은 내가 'DVD 지참' 생각을 원래 부호화했던 장소로 되돌아감으로써 그 생각을 인출했다는 점이다. 이 사례는 다음의 기본 원리를 보여 준다. 인출은 인출 당시 조건들을 부호화 당시 존재했던 조건들과 매칭시킴으로써 향상될 수 있다.

우리는 이제 인출 당시의 조건을 부호화 당시의 조건에 매칭시켜서 인출이 증진되는 세 가지 특수한 상황을 기술할 것이다. 매칭을 달성하는 이 방법들에는 다음과 같은 것들이 있다. (1) 부호화 특수성: 부호화와 인출이 일어나는 맥락을 매칭시킨다, (2) 상태의

존 학습: 부호화와 인출 동안의 내적 기분을 매칭시킨다. (3) 전이 적합성 처리: 부호화와 인출에 수반된 과제를 매칭시킨다.

부호화 특수성 부호화 특수성(encoding specificity) 원리에 따르면 우리는 정보를 그 맥락과 함께 부호화한다. 예를 들어, Angela는 조부모의 집이라는 맥락 내에서 많은 경험을 부호화하였다. 그녀가 수년 후에 그 집에 되돌아옴으로써 이 맥락을 복원시켰을 때 그녀는 이 경험들을 많이 기억해 냈다.

부호화 특수성을 밝힌 고전적 실험이 D. R. Godden과 Alan Baddeley(1975)의 '잠수 실험'이다. 이 실험에서 한 집단의 참가자들은 잠수 장비를 착용하고서 수중에서 단어 목록을 학습하였으며, 다른 집단은 육상에서 단어를 학습하였다(그림 7.10a). 그 후 집단들을 다시 나누어서 육상 집단과 수중 집단의 절반 참가자들은 육상에서 회상 검사를 받았고 나머지 절반은 수중에서 검사를 받았다. 숫자로 표시된 결과에 따르면, 부호화와 인출이 동일한 장소에서 일어났을 때 회상이 가장 우수하였다.

잠수 연구의 결과 그리고 다른 많은 결과에 따르면, 검사받는 데 있어 좋은 전략은 검사받을 환경과 유사한 환경에서 학습을 하는 것이다. 그렇다고 해서 여러분이 시험을 치를 예정인 강의실에서 반드시 모든 학습을 해야 한다는 뜻은 아니지만, 여러분은 시험 도중 존재할 조건들의 상당 부분을 학습 상황에서 복제하고 싶을 것이다.

이러한 학습에 관한 결론은 그림 7.10b의 설계를 사용한 Harry Grant와 동료들(1998)의 실험에 의해 지지되었다. 참가자들은 헤드폰을 쓰고서 심리면역학에 관한 논문을 읽었다. '고요' 조건의 참가자들은 헤드폰에서 아무것도 듣지 않았다. '소음' 조건의 참가자들은 대학 식당에서 점심시간 도중 녹음된 배경 소음(무시하도록 요구했다)을 들었다. 그 후 각 집단의 참가자들 가운데 절반은 논문에 관한 단답식 검사를 고요 조건에서 받았고 다른 절반은 검사를 소음 조건에서 받았다.

그 결과, 검사 조건이 학습 조건과 매칭될 때 수행이 더 우수하였다. 여러분의 다음 인지심리학 시험은 고요 조건에서 진행될 것이므로 고요 조건에서 학습하는 것이 이치에

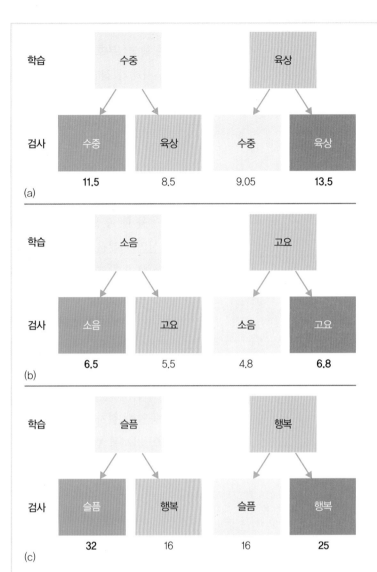

그림 7.10 **실험의 설계와 결과** (a) Godden과 Baddeley(1975)의 '잠수 실험', (b) Grant 등(1998)의 '학습 실험', (c) Eich와 Metcalfe(1989)의 '기분 실험'. 각 검사 조건의 결과가 해당 조건 바로 아래에 숫자로 표시되어 있다. 색상의 일치(연초록색과 진초록색, 살구색과 주황색)는 학습 조건과 검사 조건이 부합되는 상황을 나타낸다. © 2015 Cengage Learning

맞을 것이다. (흥미롭게도, 많은 학생들이 음악이나 TV와 같은 외부 자극이 있는 것이 학습에 도움이 된다고 보고한다. 이러한 생각은 분명히 부호화 특수성 원리에 위배된다. 그럼에도 불구하고 학생들이 이렇게 말하는 이유는 무엇일까?)

상태의존 학습 부호화와 인출 당시 조건들의 매칭이 기억에 영향을 미치는 방식에 관한 또 다른 사례가 상태의존 학습(state-dependent learning)인데, 이는 기분이나 자각 상태와 같은 특정 내적 상태와 연합된 학습이다. 상태의존 학습의 원리에 따르면, 인출 당시의 내적 상태(기분이나 자각)가 부호화 도중의 내적 상태와 일치할 때 기억이 더 우수할 것이다. 예를 들어, Eric Eich와 Janet Metcalfe(1989)는 인출 도중의 기분이 부호화 도중의 기분과 일치할 때 기억이 더 우수하다는 것을 밝혔다. 그들은 참가자들로 하여금 '즐거운' 또는 행복한 음악을 들을 때 긍정적인 생각을 하도록 요구하거나, '우울한' 또는 슬픈 음악을 들을 때 우울한 생각을 하도록 요구하였다(그림 7.10c). 참가자들은 음악을 들으면서 자신의 기분을 평정하였는데, 그들의 평정이 '매우 유쾌한' 또는 '매우 불쾌한'에 도달하면 실험의 부호화가 시작되었다. 통상 15분에서 20분 내에 시작되는데, 일단 시작되면 참가자들은 긍정적 또는 부정적 기분으로 단어 목록을 학습하였다.

학습 회기가 종료되면 참가자들에게 이틀 후 다시 오라고 말했다(슬픔 집단의 참가자들은 실험실에서 약간 더 오래 머무르면서 행복한 음악이 배경음악으로 연주되는 동안 쿠키를 먹거나 실험자와 잡담을 나누었고, 그럼으로써 실험실을 기분 나쁜 상태로 떠나지는 않았다). 이틀 후 참가자들이 돌아오면 그들을 긍정적 기분 또는 부정적 기분에 빠지도록 동일한 절차가 사용되었다. 그들이 그 기분에 도달하면 이틀 전 학습했던 단어에 대해 기억 검사를 받았다. 그 결과, 인출 당시의 기분이 부호화 도중의 기분과 일치할 때 기억이 더 우수하였다(Eich, 1995 참고).

지금까지 살펴본 부호화와 인출의 두 가지 매칭 방식은 물리적 상황(부호화 특수성)이나 내적 기분(상태의존 학습)의 매칭에 관한 것이었다. 다음 사례는 부호화와 인출 당시 인지과제의 유형을 매칭시키는 것이다.

인지과제의 매칭: 전이 적합성 처리 Donald Morris와 동료(1977)가 수행한 실험은 부호화와 인출 양자에 수반된 인지 과제들이 동일한 경우 인출이 더 우수하다는 것을 밝혔다. 그들의 실험 절차는 다음과 같다.

1. 부호화

참가자들은 문장 내 한 단어가 'blank'로 대체된 한 개 문장을 듣고서 2초 후 한 개 표적 단어를 들었다. 두 개의 부호화 조건이 있었다. 의미 조건에서 과제는 blank를 채운 단어의 의미에 기초하여 '예' 또는 '아니요'라고 대답하는 것이었다. 운 조건에서 참가자는 단어의 소리에 기초하여 '예' 또는 '아니요'라고 대답했다. 사례 몇 개가 다음에 나와 있다.

의미 조건

1. 문장: The *blank* had a silver engine.
   표적어: *train*   정답: '예'

2. 문장: The *blank* walked down the street.

표적어: *building* 정답: '아니요'

운 조건

1. 문장: *Blank* rhymes with pain.

표적어: *Train* 정답: '예'

2. 문장: *Blank* rhymes with car.

표적어: *Building* 정답: '아니요'

이 두 집단의 참가자들에 관해 중요한 점은 이들이 단어들을 상이하게 처리하도록 요구받았다는 것이다. 한 경우 그들은 질문에 답하기 위해 단어의 의미에 집중해야 했고, 다른 경우 단어의 소리에 집중하였다.

Ⅱ. 인출

Morris가 관심을 가졌던 질문은 표적 단어의 인출 능력이 실험의 인출 과정 동안 단어를 처리했던 방식에 의해 어떻게 영향을 받는가라는 것이었다. 실험의 인출 과정에 많은 상이한 조건들이 있었지만 우리는 소리 측면에서 단어를 처리하도록 요구받았을 때 일어난 것에 초점을 둘 것이다.

의미 집단과 운 집단 양자의 참가자들은 일련의 검사어들을 한 개씩 제시받았다. 어떤 검사어들은 부호화 도중 제시된 표적어와 운이 같았고 다른 검사어들은 운이 상이하였다. 그들의 과제는 검사어가 표적어 가운데 한 단어와 운이 같으면 '예', 그렇지 않으면 '아니요'라고 대답하는 것이었다. 아래의 사례에서 검사어들은 항상 표적어와 상이하다는 점을 주목하라.

검사어: *rain* 답: '예'(앞서 제시되었던 표적어 *train*과 운이 같기 때문이다)

검사어: *ground* 답: '아니요'(부호화 도중 제시된 표적어들 가운데 어느 것과도 운이 같지 않기 때문이다)

이 실험의 핵심적 결과는, 참가자들의 인출 수행이 인출 과제가 부호화 과제와 일치하는지 여부에 달려 있다는 점이다. 그림 7.11에 나와 있듯이, 부호화 도중 운에 집중했던 참가자들은 의미에 집중했던 참가자들보다 더 많은 단어들을 기억해냈다. 따라서 부호화 실험 도중 단어의 소리에 집중했던 참가자들은 검사가 소리에 대한 집중을 수반할 때 수행이 더 우수하였다. 이러한 결과, 즉 처리 유형이 부호화와 인출에서 일치할 때 수행이 더 우수한 것을 전이 적합성 처리(transfer-appropriate processing)라고 부른다.

전이 적합성 처리는 부호화 특수성 및 상태의존 학습과 유사한데, 그 이유는 부호화 조건과 인출 조건의 매칭이 수행을 증진시키기 때문이다. 그러나 이 실험의 결과는 앞서 논의했던 처리수준이론에 대해 중요한 함축을 갖고 있다. 처리수준이론 배후의 주요 생각에 따르면, 보다 깊은 처리

그림 7.11 **Morris 등(1977) 실험의 설계와 결과** 운 조건 부호화 과제를 수행한 참가자들은 의미 조건 부호화 과제를 수행한 참가자들보다 운 검사를 더 잘했다. 이러한 결과를 처리수준이론은 예측할 수 없지만 부호화 과제와 인출 과제가 부합될 때 더 우수한 인출이 일어난다는 원리는 예측할 수 있다. © Cengage Learning

는 보다 우수한 부호화를 낳고, 따라서 보다 우수한 인출을 낳는다. 처리수준이론의 예측에 따르면 부호화 도중 의미 집단에 속했던 참가자들은 '보다 깊은' 처리를 경험했을 것이고 따라서 수행이 더 우수해야 한다. 하지만 운 집단의 수행이 더 우수하였다. 따라서 Morris의 실험은 부호화와 인출 당시의 과제들 간 매칭이 중요하다는 것을 밝혔을 뿐만 아니라 부호화 당시 더 깊은 처리가 처리수준이론이 제안한 것처럼 더 우수한 인출을 항상 초래하는 것은 아니라는 것을 밝힌 것이다.

부호화와 인출에 대한 우리의 접근은 지금까지 부호화와 인출 조건들이 어떻게 기억에 영향을 미치는지를 다룬 행동 실험에 초점을 두어왔다. 그러나 생리학에 초점을 두고서 부호화와 인출을 연구한 다른 접근이 있다. 이 장의 나머지 부분에서는 부호화 도중 일어난 생리적 변화가 추후 어떤 경험에 관한 기억을 인출할 수 있는 능력에 어떻게 영향을 미치는지를 살펴보기 위해 기억의 '내부'를 들여다볼 것이다.

자가 테스트 7.2

1. 인출 단서는 어떤 것을 기억해낼 가능성을 증진시키는 강력한 방법이다. 어떤 단어를 문장에서 사용하고, 심상을 생성하며, 그 단어를 자신과 관련짓는 등 인출 단서를 내포한 기법들을 사용할 때 기억수행이 더 우수한 이유는 무엇인가?

2. 단서회상이란? 자유회상과 비교하라.

3. Tulving과 Pearlstone의 단서회상 실험과 참가자들에게 600개 단어를 제시한 Mantyla의 실험을 기술하라. 각 실험의 절차와 결과는 무엇이며 각 실험이 인출에 관해 무엇을 알려주는가?

4. 부호화 특수성이란? Baddeley와 Godden의 '잠수' 실험과 Grant의 학습 실험을 기술하라. 각 실험은 부호화 특수성에 관해 무엇을 밝혔는가? 단서회상에 관해서는 무엇을 밝혔는가?

5. 상태의존 학습이란? Eich의 실험을 기술하라.

6. Morris의 실험을 기술하라. Morris는 부호화와 인출의 어떤 양상을 연구했는가? 이 실험의 결과는 부호화와 인출의 매칭에 대해 어떤 함축성을 갖는가? 처리수준에 대해서는 어떤 함축성을 갖는가?

응고화: 기억의 일대기

기억은 역사를 갖는다. 어떤 사건이나 학습이 일어난 직후 우리는 발생한 것이나 학습한 것의 많은 세부사항들을 기억한다. 그러나 시간이 경과하고 다른 경험들이 축적됨에 따라 이 기억의 상당 부분은 상실되고 상당 부분은 속성이 변화되며 상당 부분은 결국 실제 발생한 것과 다르게 된다.

기억에 관한 또 다른 관찰에 따르면, 모든 경험이 새로운 기억을 형성할 가능성이 있지만 새로운 기억은 취약하며 따라서 교란받을 가능성이 크다. 이는 독일의 심리학자 Georg Müller와 Alfons Pilzecker(1900)에 의해 처음으로 밝혀졌는데(Dewar et al., 2007 참고), 그들은 두 집단의 참가자들이 무의미 음절 목록을 학습한 실험을 수행하였다. '즉시' 집단은 한 개 목록을 학습한 직후 두 번째 목록을 학습하였다. '지연' 집단은 첫 번째 목록을 학습하고 6분을 기다린 후 두 번째 목록을 학습하였다(그림 7.12). 첫 번째 목록에 대한 회상을 측정했을 때 지연 집단 참가자들은 48%의 음절을 기억했지만 즉시 집단(지연 없음) 참가자들은 28%만을 기억하였다. 분명히 '지연 없음' 집단에서 두 번째 목록을 즉시 제시한 것은 첫 번째 목록에 대한 안정적 기억의 형성을 교란하였다. 이 결과에 기초하여 Müller와 Pilzecker는 응고화(consolidation)라는 용어를 제안하였는데, 이는 새로운 기억을 교란받기 쉬운 취약한 상태에서 교란에 저항적인 보다 항구적 상태로 변형시키는 과정이라고 정의된다.

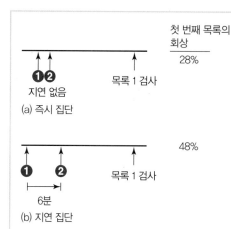

그림 7.12 **Müller와 Pilzecker의 실험 절차** (a) 즉시 조건(지연 없음)에서 참가자들은 첫 번째 목록(1)을 사용한 후 두 번째 목록(2)을 즉시 학습하였다. (b) 지연 조건에서는 6분 지연 후 두 번째 목록을 학습하였다. 오른쪽 숫자들은 첫 번째 목록을 나중에 검사했을 때 그 목록에서 회상된 항목들의 비율(%)을 나타낸다. © Cengage Learning

Müller와 Pilzecker의 선구적 실험 이래 100년 이상 동안 연구자들은 응고화를 담당하는 기전에 관해 많은 것을 발견하였고 연접과 신경회로 양자를 포괄하는 기전에 근거하여 두 가지 유형을 구분하였다. 2장에서 살펴본 것과 같이 연접은 한 뉴런의 말단 그리고 다른 뉴런의 세포체나 수상돌기 사이의 조그만 공간(그림 2.5 참고)이며 신호가 뉴런의 말단에 도달하면 건너편 뉴런으로 신경전달물질을 방출하도록 한다. 신경회로란 상호 연결된 뉴런 집단이다. 연접 응고화(synaptic consolidation)는 몇 분 또는 몇 시간에 걸쳐 일어나는데, 연접의 구조적 변화를 포함한다. 시스템 응고화(system consolidation)는 몇 개월 또는 심지어 몇 년에 걸쳐 일어나는데, 뇌 안에서 신경회로의 점진적 재조직화를 포함한다(Nader & Einarsson, 2010).

연접 응고화는 상대적으로 빠르고 시스템 응고화는 더 느리다는 사실이, 이들을 마치 기억의 다중저장고 모형(그림 5.2)에서 단기기억과 장기기억과 같이 순차적으로 일어나는 두 처리 단계처럼 간주해야 한다는 것을 뜻하지는 않는다. 이들은 그림 7.13에 나타낸 것처럼 함께 발생하되, 단지 상이한 속도로 그리고 신경계의 상이한 수준에서 발생하는 것으로 간주하는 것이 더 정확하다. 어떤 것이 발생하면 연접에서의 변화를 유발하는 처리과정이 촉발된다. 이때, 신경회로의 재조직화를 수반하는 보다 장기적 처리가 시작

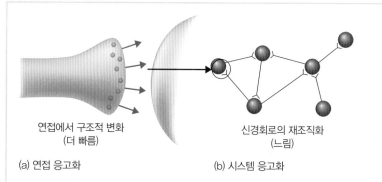

(a) 연접 응고화   (b) 시스템 응고화

연접에서 구조적 변화 (더 빠름)   신경회로의 재조직화 (느림)

그림 7.13 **연접 응고화와 시스템 응고화** (a) 연접 응고화는 연접에서 변화를 포함한다. (b) 시스템 응고화는 신경 연결의 재조직화를 포함하며 더 오랜 기간에 걸쳐 일어난다. © 2015 Cengage Learning

된다. 따라서 연접 응고화와 시스템 응고화는 동시에 일어나는 처리과정으로서, 한 처리는 연접 수준에서 급속하게 작동하며 다른 처리는 신경회로 수준에서 보다 느리게 작동한다.

연접 응고화: 경험이 연접에서 변화를 초래한다

캐나다의 심리학자 Donald Hebb(1948)가 최초로 제안한 생각에 따르면, 학습과 기억은

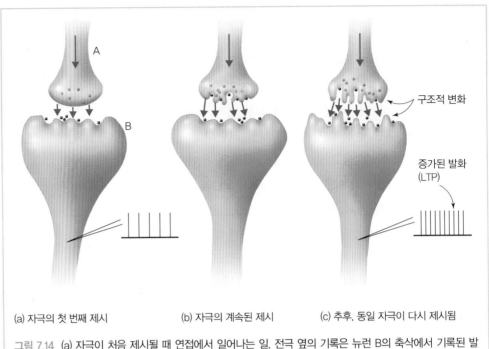

증가된 발화 (LTP)

구조적 변화

(a) 자극의 첫 번째 제시   (b) 자극의 계속된 제시   (c) 추후, 동일 자극이 다시 제시됨

그림 7.14 (a) 자극이 처음 제시될 때 연접에서 일어나는 일. 전극 옆의 기록은 뉴런 B의 축삭에서 기록된 발화율을 나타낸다. (b) 자극이 반복됨에 따라 구조적 변화가 일어나기 시작한다. (c) 많은 반복 후 두 뉴런 사이에 보다 복잡한 연결들이 발달하고 이로 인해 발화율이 증가하는데, 심지어 자극이 (a)에서 제시된 것과 동일할 때조차도 그러하다. © Cengage Learning

연접에서 일어나는 생리적 변화에 의해 뇌에 표상된다. 특정 경험이 그림 7.14a에 나온 뉴런 A의 축삭을 따라 이동하는 신경충동을 유발하고, 이 충동이 연접에 도착하면 신경 전달물질이 뉴런 B로 방출된다고 가정해 보자. Hebb의 생각에 따르면, 반복된 활동이 구조적 변화, 더 많은 신경전달물질의 방출, 그리고 증가된 발화를 유발함으로써 연접을 강화시킬 수 있다(그림 7.14b와 그림 7.14c). Hebb는 또한, 특정 경험에 의해 거의 동시에 활성화된 수백 또는 수천의 연접에서 발생한 변화들이 경험에 관한 신경 기록을 제공한다고 제안했다. 예를 들어, 이러한 생각에 따르면 지난번 새해 전야에 관한 여러분의 경험은 많은 연접들에서 발생한 구조적 변화 패턴에 의해 표상되어 있다.

연접 변화가 경험에 관한 기록을 제공한다는 Hebb의 제안은 기억의 생리에 관한 현대적 연구의 출발점이 되었다. Hebb를 따르는 연구자들에 따르면, 연접에서의 활동이 화학적 반응 연쇄를 유발하고, 이는 새로운 단백질의 합성을 초래하며, 이로 인해 그림 7.14c에 나와 있는 것과 같이 연접에서 구조적 변화가 일어난다(Chklovskii et al., 2004; Kida et al., 2002).

연접의 구조적 변화의 결과 가운데 하나가 연접 전달의 강화이다. 이러한 강화는 장기 증강(long-term potentiation: LTP)이라고 부르는 현상을 초래하는데, 이는 반복된 자극 후 뉴런의 발화가 증가하는 것을 가리킨다(Bliss & Lomo, 1973; Bliss et al., 2003; Kandel, 2001). 장기 증강을 그림 7.14의 발화 기록에서 볼 수 있다. 뉴런 A가 맨 처음 자극받을 때에는 뉴런 B가 천천히 발화한다(그림 7.14a). 그러나 반복된 자극 후에는(그림 7.14b)

뉴런 B가 동일 자극에 대해 훨씬 더 급속하게 발화한다(그림 7.14c).

이러한 결과는 경험이 연접에서 어떻게 변화를 초래할 수 있는지를 보여준다. 어떤 경험에 관한 기억은 수천 개의 연접에서 변화를 유발하며, 특정 경험은 아마도 이 뉴런 집단 전체에 걸친 점화 패턴에 의해 표상될 것이다. 기억이 점화 패턴에 의해 표상된다는 이러한 생각은 2장에서 소개한 전집 부호화 생각과 유사하다.

초기 연구는 기억에서 연접의 역할에 관한 Hebb의 선구자적 작업에 의해 자극받았는데, 이는 연접 응고화에 초점을 두었다. 보다 최근의 연구는 시스템 응고화에 초점을 두었는데, 기억 형성에서 해마와 피질 영역의 역할을 탐구하였다.

시스템 응고화: 해마와 피질

해마가 제거된 후 새로운 기억을 형성할 수 있는 능력이 상실된 H. M. 사례(6장)는 새로운 기억을 형성하는 데 있어 해마의 중요성을 보여준다. 해마가 새로운 기억 형성에 필수적이라는 사실이 일단 명백해진 후, 연구자들은 해마가 자극에 어떻게 반응하며 시스템 응고화 과정에 어떻게 참여하는지를 정확하게 밝히기 시작했다. 이 연구 결과 가운데 하나가 그림 7.15에 나와 있는 일련의 단계들을 제안했다. 응고화 과정에 관한 이 그림을 응고화의 표준 모형(standard model of consolidation)이라고 부르는데, 이 모형은 입력 정보가 피질의 많은 영역들을 활성화시킨다고 제안했다(그림 7.15a). 활성화는 피질의 전반에 걸쳐 분포되는데, 그 이유는 기억이 통상 많은 감각 영역들과 인지 영역들을 수반하고 있기 때문이다. 예를 들어, 지난번 새해 전야에 관한 여러분의 기억은 제야의 종소리를 들으면서 여러분이 경험했던 정서와 사고뿐만 아니라 광경, 소리, 냄새를 수반

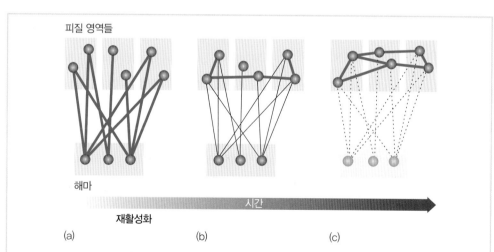

그림 7.15 **응고화 표준 모형에 따른 응고화 도중 일어나는 사건들 순서** (a) 초기에는 피질과 해마 사이 연결들이 강하다. (b) 시간이 경과함에 따라 해마와 피질 사이에 활동이 일어나는데, 이는 재활성화라고 부르는 과정이다. (c) 시간이 지나면 피질 영역들 사이에 연결들이 형성되며 해마와 피질 사이 연결들은 약화되고 마침내 사라진다.

출처: Adapted from P. W. Frankland & B. Bontempi, The organization of recent and remote memories, *Neuroscience, 6*, 119–130, 2005.

할 수 있다. 이러한 경험에서 야기된 활동이 여러 피질 영역들 전반에 걸쳐 분포되어 있다는 사실을 다루고자, 피질이 해마와 상호작용하는 것을 그림 7.15a에서 색칠된 선들로 표시하였다. 해마는 여러 피질 영역들의 활동을 조정하는데, 이 시점에서는 아직 피질 영역들이 상호 연결되어 있지 않다.

응고화의 주요 기전은 재활성화(reactivation)로서, 이는 해마가 기억과 연합된 신경활동을 재생하는 과정이다. 재활성화 과정 도중 해마와 피질을 연결하는 네트워크에서 활성화가 일어나는데(그림 7.15b), 이 활동은 다양한 피질 영역들 사이의 직접적 연결을 형성하는 데 도움을 준다(그림 7.15c). 해마와 피질 사이의 상호작용에 관해 이런 방식으로 생각하는 것은, 여러 피질 영역들로부터 기억 표상들을 함께 결합시키는 '접착제'처럼 해마의 작용을 묘사한다.

이러한 표준 모형은 정신적 외상이나 부상에 의해 야기된 기억 상실에 관한 관찰에 부분적으로 근거한다. 머리 손상은 심한 충격을 받은 축구선수가 경험할 수 있는 것처럼 기억 상실을 초래할 수 있다. 따라서 충격 후 선수가 벤치에 앉아 있는 동안 그는 충격을 받기 전 몇 초 또는 몇 분 동안 일어난 것을 자각하지 못할 수 있다. 손상 전 발생한 사건에 관한 이러한 기억 상실을 역행성 기억상실증(retrograde amnesia)이라고 부르는데, 이는 손상의 성격에 따라 몇 분, 몇 시간, 또는 심지어 몇 년까지 확장될 수 있다.

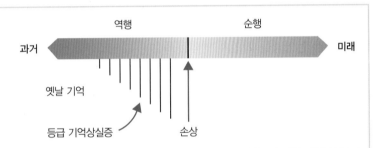

그림 7.16은 등급 기억상실증(graded amnesia)이라고 부르는 역행성 기억상실증의 특성을 보여주는데, 이는 기억상실증이 손상 직전 발생한 사건에 관해서는 더 심각하며 보다 초기의 사건에 관해서는 덜 심각하게 되는 경향이 있는 기억상실증이다. 기억상실증에 있어 이러한 점진적 감소는, 표준 모형에 따르면 그림 7.15b와 그림 7.15c에 나온 것처럼 해마와 피질 영역들 사이 연결의 변화에 상응하는데, 사건 후 시간이 경과할수록 피질 영역들 사이의 연결이 형성되고 강화되며 해마와 피질 사이의 연결은 약화되고 마침내 소멸되게 된다. 따

그림 7.16 순행성 기억상실증은 손상 이후 일어나는 사건들에 관한 기억상실증이다(새로운 기억을 형성하지 못하는 것). 역행성 기억상실증은 손상 이전에 발생한 사건들에 관한 기억상실증이다(과거의 정보를 기억해내지 못하는 것). 수직선들은 역행성 기억상실증의 양을 표시한 것으로서 손상 시점과 가까운 사건들이나 학습한 것에 대해 기억상실증이 더 심각하다는 것을 보여준다. 이는 기억상실증의 등급 속성이다. © Cengage Learning

라서 응고화의 표준 모형에 따르면 해마는 기억이 맨 처음 형성되고 처음으로 회상될 때 가장 크게 활성화되지만 기억이 응고됨에 따라 점차 덜 관여하게 되고, 마침내 피질 영역들 사이의 연결 자체만으로도 아주 먼 옛날의 기억(오래전에 발생한 사건에 대한 기억)을 인출하는 데 충분하게 된다.

대부분의 연구자들은 해마와 피질 양자가 응고화에 관여한다는 것을 인정한다. 그러나 그림 7.15에 묘사된 것처럼 해마가 응고화의 초기에만 중요한지 아니면 옛날 기억에 이르기까지 여전히 계속해서 중요한지에 관해서는 상당한 의견 불일치가 있다.

응고화의 다중흔적 모형(multiple trace model of consolidation)에 따르면 해마는 일화기억의 인출에 관여하는데, 일화기억의 근원이 오래전이어도 그러하다(Nadel & Moskovitch,

1997). 이러한 생각의 증거로서 Asaf Gilboa와 동료들(2004)의 실험을 들 수 있다. 이들은 참가자들에게 참가자들 자신이 다양한 활동에 종사하는 모습을 담은 사진들을 보여줌으로써 최근과 옛날의 일화기억을 촉발시켰는데, 이 사진들은 매우 최근부터 그들이 5세 때의 먼 과거까지 이르는 여러 시기의 것들이었다. 실험 결과, 해마는 최근 일화기억과 옛날 일화기억 양자의 인출 도중에 활성화되었다.

그러나 이러한 결과가, 해마가 기억 인출의 모든 양상들에 관여한다는 것을 의미하지는 않는다. Indre Viskontas와 동료들(2009)은 해마의 반응이 시간 경과에 따라 변할 수 있다는 것을 밝혔다. 이 연구자들은 그림 7.17a의 악어와 촛불과 같은 자극 쌍을 참가자들이 보도록 하고서 스캐너에서 fMRI를 촬영하였다. 참가자들은 각 쌍의 항목들이 서로 상호작용하는 것을 상상하도록 지시받았다. 그다음 10분 후, 그리고 1주일 후 참가자들은 각 쌍에 대해 다음 세 가지 방식 가운데 하나로 반응하도록 요구받았다. (1) 기억해내기(remember-R): '나는 각 쌍이 원래 제시되었을 때 그것을 보았던 것을 기억한다.', (2) 알기(knowing-K): '저 쌍은 분명히 낮이 익지만 나는 그것을 원래 보았을 때를 기억할 수 없다.', (3) 모름: '나는 저 자극을 기억해내거나 알지 못한다'. 6장에서 살펴보았듯이 기억/앎 절차를 기술할 때 기억 반응은 일화기억을, 앎 반응은 의미기억을 나타낸다.

행동 결과가 그림 7.17b에 나와 있는데, 이에 따르면 10분에는 앎(의미적) 반응보다 기억(일화적) 반응이 더 많지만, 1주일 후에는 기억 반응의 절반만이 남았다. 이는 기억이 시간 경과에 따라 일화적 특성을 상실한다는 것을 보여준 다른 연구에서 바로 예상할 수 있는 것으로서, 이를 6장에서 옛날 기억의 의미화라고 기술했다.

그러나 일화기억이 상실됨에 따라 뇌에서 무슨 일이 일어나는가? Viskontas는 참가자가 10분 후와 1주일 후 모두 기억(remember) 반응을 했던 쌍의 경우(RR 쌍), 그리고 10분 후에는 기억 반응을 했지만 1주일 후에는 앎(knowing) 반응을 했던 쌍의 경우(RK쌍)에 대한 해마의 반응을 밝혔다. 그림 7.17c에 나온 그 결과는 매우 놀라웠다. RR쌍(1주일 후 여전히 일화적이었던 쌍)에 대해서는 해마의 반응이 여전히 높게 유지되었지만 RK쌍(1주일 후 일화적 특성을 상실했던 쌍)에 대해서는 해마의 반응이 거의 영점으로 떨어졌다. 이러한 결과는, 해마 반응이 시간 경과에 따라 변화하지만 이러한 변화는 일화적 특성을 상실한 자극의 경우에만 일어난다는 것을 의미한다.

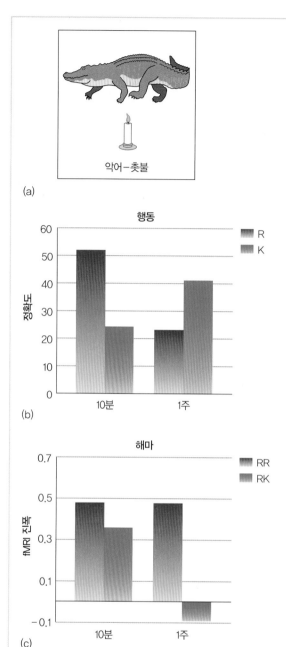

그림 7.17 **Viskontas 등(2009) 실험의 자극과 결과** (a) 참가자들이 이와 같은 그림 쌍들을 보고 있는 동안 스캔이 이루어진다. (b) 쌍들을 기억해내도록 요구받을 때 일화기억에 해당되는 기억 반응은 10분에서는 높지만 1주일 후에는 감소한다. (c) 해마의 활동은 기억된 그림들의 경우 10분과 1주일 양자에서 동일하게 유지되었지만(RR) 기억 반응이 없었던 그림들의 경우 1주일에서 감소하였다(RK).

출처: Adapted from I. V. Viskontas, V. A. Carr, S. A. Engel, & B. J. Kowlton, The neural correlates of recollection: Hippocampal activation declines as episodic memory fades, *Hippocampus, 19*, 265–272, Figures 1, 3, & 6, 2009.

즉, 해마의 반응은 응고화의 표준 모형이 제안한 것과 같이 시간 경과에 따라 감소한다. 그러나 해마가 옛날 기억의 인출에 필요하지 않다는 표준 모형의 주장과 상반되게, 일화적 특성을 상실해서 이제는 본질상 보다 의미적으로 바뀐 기억의 경우에만 반응의 감소가 일어난다. 해마가 일화기억의 인출에 여전히 관여한다는 사실은 응고화의 다중흔적 모형과 일치한다(Bonici et al., 2012; Soderlund et al., 2012; Svoboda & Levine, 2009). 응고화의 생리적 기반에 관해 연구가 계속되고 있는데, 어떤 연구자는 표준 모형을, 다른 연구자는 다중흔적이나 다른 모형들을 선호하고 있다(Hardt et al., 2013; Smith & Squire, 2009; Squire & Bayley, 2007). 응고화의 여러 모형들에 관한 연구 외에 또 다른 활발한 연구 영역으로서 응고화와 수면의 관계에 관한 연구가 있다.

응고화와 수면: 기억 증진

햄릿은 그의 독백 '사느냐, 죽느냐'에서 "잠이 들면, 아마도 꿈을 꾸겠지."라고 말했다. 그러나 기억 연구자들은 그 말을 '잠이 들면, 아마도 기억이 응고되겠지.'라고 바꿀 것이다. 햄릿의 말처럼 시적이지는 않지만, 최근 연구자들은 응고화와 관련된 재활성화 과정이 기억이 형성되자마자 시작되는데 특히 수면 도중에 강하다는 생각을 지지한다.

Steffan Gais와 동료들(2006)은 고등학생들에게 24개 영어−독일어 어휘쌍 목록을 학습시킴으로써 수면이 응고화를 증진시킨다는 생각을 검증하였다. '수면' 집단은 단어들을 학습한 후 3시간 이내에 잠이 들었다. '각성' 집단은 단어들을 학습하고 야간 수면을 하기 전 10시간 동안 깨어 있었다. 두 집단은 어휘목록을 학습한 후 24시간에서 36시간 이내에 검사받았다(실제 실험은 하루 중 시간 그리고 다른 요인들을 통제하기 위해 여러 상이한 '수면' 집단과 '각성' 집단들을 포함하였는데, 여기서는 이를 다루지 않을 것이다). 실험 결과가 그림 7.18에 나와 있는데, 이에 따르면 수면 집단의 학생들은 각성 집단의 학생들보다 자료를 덜 망각하였다. 학습 후 빨리 잠드는 것이 왜 기억을 증진시킬까? 한 가지 이유는, 응고화를 방해할 수 있는 환경 자극들이 잠이 듦으로써 제거되기 때문이다. 다른 이유는, 응고화가 수면 도중 증진되기 때문이다.

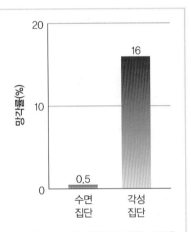

그림 7.18 **단어쌍들에 관한 기억을 두 집단에서 검사한 Gais 등(2007) 실험의 결과** 수면 집단은 단어쌍 목록을 학습한 후 바로 잠자러 갔다. 각성 집단은 단어쌍들을 학습한 후 한참 동안 깨어 있었다. 두 집단 모두 검사받기 전에 잠을 잤고, 그럼으로써 검사받기 전 동등하게 휴식을 취했지만 수면 집단의 수행이 더 우수하였다.

© Cengage Learning

흥미롭게도 응고화가 수면 도중 증진된다는 증거가 있을 뿐만 아니라, 어떤 기억들은 다른 기억들보다 응고화될 가능성이 더 크다는 증거가 있다. 이는 Ines Wilhelm과 동료들(2011)의 실험에서 밝혀졌는데, 이 실험에서 참가자들은 한 과제를 학습한 후 나중에 그 과제에 대해 검사받을 것이라고 듣거나 다른 과제에 대해 검사받을 것이라고 들었다. 두 집단의 참가자들이 예상한 것이 응고화에 영향을 미치는지 밝혀내고자 야간 수면 후 그 과제에 대해 검사하였다(어떤 실험들에서는 일부 참가자들이 각성을 유지한 후 검사를 받았다. 이 집단의 기억은 수면 집단의 기억보다 저조하였는데, 이는 앞서 기술한 Gais의 실험 결과에서 예상되는 것이다. 여기서는 잠든 참가자들에게 일어난 것에 초점을 둘 것이다).

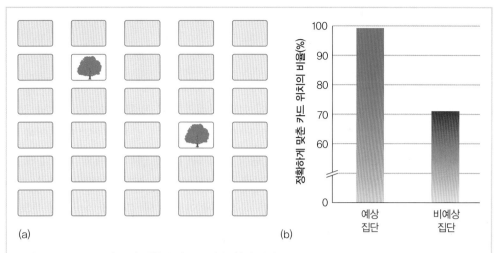

그림 7.19 **Wilhelm 등(2001) 실험의 자극과 결과** (a) 참가자들 과제는 각 그림 쌍들의 위치를 기억하는 것이었다. 한 쌍이 여기에 뒤집혀서 나와 있다. (b) 수면 후, 과제에 대한 검사를 예상했던 집단의 수행이 검사받을 것을 예상하지 않은 집단의 수행보다 더 우수하였다. 이는 참가자들이 검사받을 것으로 예상한 자료에 대한 우선적 응고화를 보여준다.

출처: Part b from I. Wilhelm, S. Diekelmann, I. Molzow, A. Ayoub, M. Molle, & J. Born, Sleep selectively enhances memory expected to be of future relevance, *Journal of Neuroscience, 31*, 1563–1569, Figure 3a, 2011.

Wilhelm의 실험에서 사용된 과제들 가운데 하나는 집중 게임과 유사한 카드 기억 과제였다. 참가자들은 컴퓨터 스크린 상에서 회색 '카드들' 배열을 보는데, 두 개 카드가 뒤집혀서 한 쌍의 그림들이 보인다(그림 7.19a). 참가자들은 각 카드 쌍을 두 번씩 본 후 연습을 통해 위치를 학습했다. 한 개 카드가 스크린 상에서 '뒤집히면' 상응하는 카드가 있다고 생각되는 곳을 지적했다. 정답을 받은 후 그들은 60% 정확하게 답할 수 있을 때까지 연습을 계속했다. 훈련 후 9시간 후 이 과제에 대해 검사받거나(예상 집단) 다른 과제에 대해 검사받을 것이라고(비예상 집단) 들었다.

하룻밤의 수면 후 기억 수행이 그림 7.19b에 나와 있는데, 이에 따르면 비예상 집단보다 예상 집단의 수행이 현저히 더 우수하였다. 따라서 두 집단이 동일한 훈련을 하였고 동일한 양의 수면을 취했음에도 불구하고, 과제에 대한 기억은 검사받을 것을 예상한 경우에 더 강했다. 이러한 결과는 학습 후 수면을 취할 때 중요한 기억일수록 응고화에 의해 강화될 가능성이 더 크다는 것을 시사한다(Fischer & Born, 2009; Payne et al., 2008, 2012; Rauchs et al., 2011; Saletin et al., 2011; van Dongen et al., 2012) 따라서 우리는 수면을 취할 때, 아마도 추후 기억해내는데 가장 유용할 가능성이 있는 것들에 대한 기억을 선택적으로 응고시키는 듯하다!

우리는 응고화에 관한 Müller와 Pilzecker의 연구에서부터 먼 길을 왔다. 그러나 이 이야기에서 한 가지 더 놀라운 사실이 있는데, 이는 응고화에 관한 원래 정의로 되돌아갈 것을 요구한다. 우리의 정의에 따르면, 응고화는 새로운 기억을 교란받기 쉬운 취약한 상태로부터 교란에 저항적인 보다 항구적 상태로 변형시키는 과정이다. 이 정의는 기억이 일단 응고되면 보다 항구적이 된다는 것을 함축하고 있다. 이처럼 항구적 기억이라는 생각에 의문을 제기한 연구들이 있는데, 이에 따르면 어떤 기억이 일단 인출되면 그 기억은 마치 맨 처음 형성될 때처럼 취약해진다.

응고화와 인출: 재응고화

다음과 같은 상황을 생각해 보라. 여러분이 어린 시절의 집을 방문 중이다. 부모님 집으로 가는 길을 따라 거의 자동적으로 운전하는데, 그 이유는 그 길이 여러분의 기억에 강하게 새겨져 있기 때문이다. 그러나 옛날 길의 한 부분이었던 어느 거리로 회전할 때 이제는 막힌 길이라는 것을 알고는 깜짝 놀란다. 여러분이 떠나 있는 동안 이루어진 공사가 옛날 길을 차단하였다. 마침내 여러분은 목적지에 이르는 새 길을 찾아내고서 부모님 집에 이르는 새로운 도로 지도를 형성하기 위해 기억을 갱신하는데, 바로 이 점이 중요하다(Bailey & Balsam, 2013).

기억을 이처럼 갱신하는 사례는 흔하며 항상 일어난다. 우리는 항상 새로운 것을 학습하고 새로운 상황을 다루기 위해 기억에 저장된 정보를 수정한다. 따라서 과거를 기억할 수 있는 것이 비록 유용할지라도, 새로운 상황에 적응하는 능력을 이 기억이 방해하지 못하도록 할 수 있는 것 역시 유용하다.

처음에는 쥐를 대상으로, 그 후 인간을 대상으로 이루어진 최근 연구는 기억 갱신을 위한 그럴듯한 기전을 제안했다. 이 실험들은 다음과 같은 생각을 지지했다. 어떤 기억이 인출되면 그것은 마치 맨 처음 형성될 때처럼 취약해지며, 이처럼 취약한 상태에 있을 때 다시 응고될 필요가 있는데 이 과정을 재응고화(reconsolidation)라고 부른다.

이것이 중요한 이유는 기억이 다시 취약해지고 재응고화되기 전에는 변화되거나 제거될 수 있기 때문이다. 이러한 생각에 따르면, 기억 인출은 과거에 발생했던 것과 접촉하게 해줄 뿐만 아니라 그 기억을 수정하거나 망각할 수 있는 기회를 제공해 준다.

인출된 기억이 취약해질 가능성이 Karim Nader와 동료들(2000a, 2000b)의 쥐를 대상으로 한 실험에서 밝혀졌다. Nader는 고전적 조건형성을 이용하여 어떤 소리가 제시되면 '얼어붙는'(움직이지 않는 것) 공포 반응을 쥐에게 생성시키고자 하였는데(6장 참고), 이를 위해 소리와 쇼크를 짝지었다. 소리는 처음에는 쥐에게서 아무 반응도 일으키지 않았지만, 소리를 쇼크와 짝지었을 때 소리가 쇼크의 속성을 갖게 되어서 소리만 제시되어도 쥐가 그 자리에 얼어붙었다. 따라서 이 실험에서 소리-쇼크 짝짓기에 대한 기억을 알려주는 것이 바로 쥐가 소리에 대해 얼어붙을 때이다.

실험의 설계가 그림 7.20에 나와 있다. 3개 조건 각각에서 쥐는 소리-쇼크 짝짓기를 받고 아니소마이신을 주입받는데, 이는 단백질 합성을 억제하여 새로운 기억 형성을 담당하는 연접에서 변화를 방해하는 항생제이다. 이 실험의 주요 관건은 아니소마이신이 주입될 때이다. 만약 응고화가 일어나기 전에 주입된다면 기억을 제거하지만 응고화가 일어난 후에 주입된다면 아무런 효과가 없다.

조건 1에서 쥐는 1일차에 소리와 쇼크의 짝짓기를 받는데, 이 짝짓기는 쥐를 얼어붙게 만든다. 그러나 응고화가 일어나기 전에 아니소마이신이 바로 주입된다(그림 7.20a). 약물이 응고화를 방해한다는 사실은 소리가 3일차에 제시될 때 쥐가 소리에 대해 얼어붙지

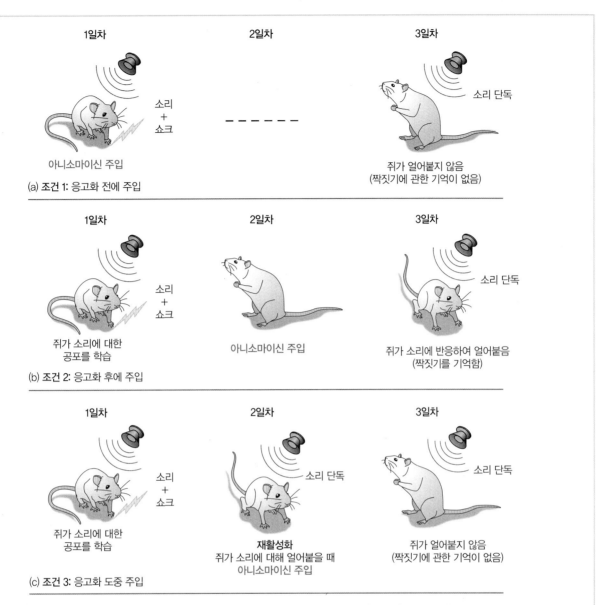

그림 7.20 **아니소마이신 주입이 공포 조건 형성에 어떻게 영향을 미치는지를 다룬 Nadar 등(2000a)의 실험** (a) 아니소마이신을 1일차, 즉 응고화 전에 주입하여 소리–쇼크 짝짓기에 관한 기억이 형성되지 않는다. (b) 아니소마이신을 2일차, 즉 응고화 후에 주입하여 소리–쇼크 짝짓기에 관한 기억이 유지된다. (c) 아니소마이신을 2일차 재활성화 후에 주입하여 소리–쇼크 짝짓기에 관한 기억이 제거된다. © Cengage Learning

않는다는 사실로 미루어 알 수 있다. 즉, 쥐는 소리–쇼크 짝짓기를 전혀 받지 않았던 것처럼 행동한다.

조건 2에서 쥐는 앞서와 마찬가지로 1일차에 소리와 쇼크의 짝짓기를 받지만, 응고화가 일어난 후 2일차에 아니소마이신을 주입받는다. 따라서 소리가 3일차에 제시될 때 쥐는 소리–쇼크 짝짓기를 기억해내는데, 이는 쥐가 소리에 대해 얼어붙는다는 사실로 미루어 알 수 있다(그림 7.20b).

조건 3이 결정적 조건인데, 그 이유는 2일차의 약물 주입(조건 2에서 아무 효과가 없었음)이 소리–쇼크 짝짓기에 관한 기억을 제거할 수 있는 상황을 이 조건이 생성하기 때문이다. 이 상황은 소리–쇼크 짝짓기에 관한 쥐의 기억을 재활성화하기 위해 2일차에 소리를 제시함으로써 생성된다. 쥐는 얼어붙고(기억이 발생함을 알려준다) 그 후 아니소마이신이 주입된다. 소리를 제시함으로써 기억이 재활성화되기 때문에 이제는 아니소마이신이 효과를 발휘한다. 이는 3일차에 소리가 제시될 때 쥐가 얼어붙지 않는다는 사실로 미루어 알 수 있다.

이러한 결과는, 기억이 재활성화될 때 마치 처음 형성된 직후와 마찬가지로 취약해지며 약물이 재응고화를 방해할 수 있다는 것을 보여준다. 따라서 원래의 기억이 **처음 응고화될 때**까지는 취약한 것과 마찬가지로 재활성화된 기억은 **재응고화될 때**까지 취약하게 된다. 이렇게 볼 때 기억은 인출될 때마다 변화되거나 교란될 수 있다. 여러분은 이것이 좋은 일이 아니라고 생각할 것이다. 결국 여러분의 기억이 그것을 사용할 때마다 교란의 위험에 처하게 된다는 것은 그다지 유용한 것 같지는 않다.

그러나 이 절 앞부분의 운전 사례로부터 우리는 기억의 갱신이 유용한 경우가 있다는 것을 살펴보았다. 사실상 갱신은 생존에 있어 매우 중대하다. 예를 들어, 운전 사례의 동물 버전을 고려해 보라. 다람쥐 한 마리가 먹이가 소재했던 위치로 되돌아가서 음식이 근처의 새로운 장소로 옮겨졌다는 것을 발견한다. 원래 위치로 되돌아가는 것은 원래 기억을 재활성화시키고, 장소의 변화에 관한 정보는 기억을 갱신하며, 그때 갱신된 기억이 재응고화된다.

Nader는 재활성화된 기억이 취약하며 변화할 수 있다는 것을 밝혔으며, 다른 연구자들이 이 발견을 확증하였고, 어떤 연구자들은 인간에서 이 현상의 증거를 찾았다. Almut Hupbach와 동료들(2007)은 다음과 같은 절차를 사용하여 인간에서 재활성화의 효과에 관한 증거를 제시하였다. 1일차에 참가자들은 봉투, 티백, 삽과 같은 일상적인 대상의 명칭 단어 목록(목록 1)을 학습했다. 2일차에 한 집단(상기 집단)은 훈련 회기를 기억해내도록 요구받음으로써(그러나 실제로 대상을 회상하지는 않고) 1일차의 학습을 상기하였다. 이러한 상기 직후 그들은 새로운 대상 목록(목록 2)을 학습하였다. 다른 집단(비상기 집단)은 이전 훈련을 상기하지 않고 바로 새 목록을 학습하였다.

상기 집단으로 하여금 1일차의 학습에 관해 생각하도록 한 것이 어떤 효과를 일으켰는지 알아보기 위해, 두 집단은 3일차에 목록 1을 기억해내도록 요구받았다. 그림 7.21의 왼쪽 막대 쌍은, 비상기 집단이 목록 1의 단어 가운데 45%를 회상했고 목록 2로부터 5%의 단어만을 잘못 회상했다는 것을 보여준다(그들의 과제가 목록 1의 단어만을 기억해내는 것이었음을 유의하라). 오른쪽 막대 쌍은 상기 집단의 경우 꽤 상이한 일이 발생했음을 보여준다. 그들은 목록 1로부터 36%의 단어를 회상했는데, 특히 목록 2로부터 24%의 단어를 잘못 회상했다.

Hupbach에 따르면, 원래의 훈련 회기를 생각하는 것이 목록 1에 관

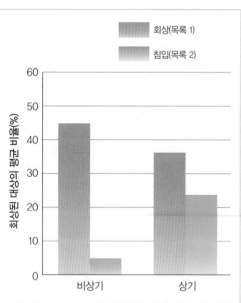

그림 7.21 **Hupbach 등(2000)의 실험 결과** 상기 집단에서 더 많은 침입이 일어났다는 사실은 재활성화와 재응고화가 인간 기억에 영향을 미칠 수 있다는 생각을 지지한다.

출처: A. Hupbach, R. Gomez, O. Hardt, & L. Nadel, Reconsolidation of episodic memories: A subtle reminder triggers integration of new information, *Learning and Memory*, 14, 47–53, 2007.

한 기억을 활성화시키고, 그럼으로써 그 기억이 변화에 취약하게 된다. 참가자들이 목록 2를 즉시 학습했으므로 이 새로운 단어들 가운데 상당량은 목록 1에 관한 참가자의 기억으로 통합되게 된다. 이러한 생각을 달리 표현하면, 상기는 목록 1에 관한 기억을 재활성화시켜서 그 목록에 관한 참가자의 기억에서 변화가 일어날 수 있도록 '문을 열었다.' 따라서 이 사례에서 원래 기억은 제거되지는 않았지만 변경되었다.

재활성화에 관한 연구의 실용적 결과로서 외상 후 스트레스 장애(posttraumatic stress disorder: PTSD)에 관한 치료를 들 수 있는데, 이 장애는 외상적 경험 후 그 경험의 '플래시백(flashbacks, 생생히 떠오르는 회상 장면—옮긴이 주)'을 경험할 때 발생하는 것으로서 흔히 극단적 불안과 신체적 증상을 수반한다. 임상심리학자 Alain Brunet과 동료들(2008)은 재응고화가 뒤따르는 기억의 재활성화는 이러한 증상을 경감시키는 데 도움을 줄 수 있다는 생각을 검증하였다. 기본적 방법은 외상적 사건에 관한 기억을 재활성화시킨 후 프로프라놀롤 약물을 투여한다. 이 약물은 편도체에서 스트레스 호르몬 수용기의 활성화를 차단하는데, 편도체는 기억의 정서적 성분을 결정하는 데 중요한 뇌 부분이다. 이 절차는 Nader 실험의 조건 3에서 2일차에 아니소마이신을 투여하는 것과 마찬가지이다(그림 7.20c).

Brunet은 두 집단을 실험하였다. 한 집단의 PTSD 환자들은 그들 자신의 외상적 경험 상황을 기술한 30초 동안의 녹음을 듣고서 프로프라놀롤을 투여받았다. 다른 집단은 그들의 경험을 기술한 녹음을 들었지만 가짜 약을 투여받았는데, 이 약물에는 유효성분이 전혀 없었다.

1주 후 두 집단은 30초 녹음을 다시 들으면서 자신의 외상적 경험을 상상하도록 지시받았다. 그들의 경험 상상하기에 관한 반응을 알아보기 위해 Brunet은 혈압과 피부전도를 측정하였다. 그 결과 프로프라놀롤 집단은 심장박동과 피부전도에 있어 위약 집단에 비해 훨씬 더 작은 증가를 경험했다. 명백히, 1주 전 기억이 재활성화될 때 프로프라놀롤을 제시한 것이 편도체의 스트레스 반응을 차단했고, 이는 외상을 기억해내는 것과 연합된 정서적 반응을 감소시켰다. Brunet은 이 절차를 사용하여 PTSD를 가진 환자를 치료했는데, 많은 환자들이 유의미한 증상 감소를 보고했고 심지어 치료 후 수개월이 지난 후에도 이 효과는 지속되었다(인간의 공포 반응 제거를 위해 재응고화를 사용한 다른 연구로는 Kindt et al., 2009, 그리고 Schiller et al., 2010을 참고하라).

재응고화에 관한 연구와 그 응용 가능성은 이제 태동기에 있지만, 지금까지 연구로 미루어 우리의 기억이 정적이거나 고정되지 않은 것으로 짐작된다. 오히려 기억은 새로운 학습과 변화하는 조건에 반응하여 끊임없이 구성되고 리모델링되는 '진행 중인 작업'이다. 다음 장에서 기억의 창조적, 구성적 속성을 다룰 때 기억의 이러한 양상을 상세하게 기술할 것이다.

고려사항

효과적 학습

여러분은 학습을 어떻게 하는가? 학생들은 수많은 기법들을 개발했는데, 이는 학습 자료의 유형 그리고 학생들마다 무엇이 효과적인지에 따라 다양하다. 학생들에게 그들의 학습 기법을 기술해 보도록 요구할 때, 가장 흔한 것은 텍스트나 노트의 자료에 하이라이트 표시를 하거나(Bell & Limber, 2010; Gurung et al., 2010), 텍스트 또는 노트를 재독하는 것이다(Carrier, 2003; Karpicke 등 2009; Wissman et al., 2012). 불행하게도, 연구들에 의해 일반적으로 밝혀진 것에 따르면 이처럼 인기 있는 기법들은 별로 효과적이지 않다(Dunlosky et al., 2013). 명백히, 학생들은 하이라이트 표시나 재독이 사용하기 쉽기 때문에, 그리고 더 효과적인 방법을 모르기 때문에 이 방법들을 사용한다. 앞으로 효과적인 것으로 밝혀진 수많은 자료 학습방법들을 살펴보겠다. 여러분이 하이라이트 표시나 재독이 스스로에게 효과적이라고 생각하는 경우조차도 여러분은 다음번에 학습할 때는 아래 기술된 기법 가운데 하나 이상을 함께 사용하고자 할 것이다.

정교화

여러분이 읽고 있는 자료를 장기기억으로 전이시키는 데 도움이 되는 처리가 정교화인데, 정교화란 여러분이 읽고 있는 것에 관해 생각하고 그것을 여러분이 알고 있는 다른 것들에 관련지음으로써 의미를 부여하는 것이다. 더 많이 학습함에 따라 정교화가 더 쉬워지는데, 그 이유는 학습한 것이 새 정보를 매달 수 있는 구조를 생성하기 때문이다.

그림 7.2에서와 같이 두 개를 연결하는 심상 형성하기와 같이 연합에 기초한 기법들은 흔히 개개 단어나 정의를 학습하는 데 유용한 것으로 증명되었다. 예를 들어, 나는 순행간섭(기존 정보가 새 정보의 학습을 간섭한다)과 역행간섭(새 정보가 기존 정보의 기억을 간섭한다) 사이의 차이를 처음으로 학습할 때 '프로' 미식축구 선수가 앞으로 달려가면서 앞을 가로막는 것은 무엇이든 박살내는 것을 생각했는데, 이는 순행(proactive) 간섭이 현재에 영향을 미치는 과거라는 것을 상기시켰다. 나는 순행간섭이 무엇인지 기억해내는 데 더 이상 이러한 심상을 필요로 하지 않지만, 이 개념을 처음 학습할 때에는 이 심상이 유용하였다.

생성하기와 검사하기

생성 효과와 검사 효과에 관한 연구 결과들은, 여러분이 자료 생성에 능동적 역할을 하는 상황을 고안해내는 것이 강한 부호화와 우수한 장기적 인출을 달성하는 데 강력한 방법이라는 것을 보여준다.

검사하기는 실제로 생성의 한 형태인데, 그 이유는 자료에 능동적으로 관여할 것을 요구하기 때문이다. 여러분이 스스로 검사하고자 한다면 어디서 검사 문항들을 구할 것인가? 한 가지 방법으로서 이 책의 자가 테스트 질문과 같이 가끔 제공되는 질문들을 들 수 있고, 다른 방법으로서 스스로 질문을 만드는 것을 들 수 있다. 질문 만들기는 자료에 대한 능동적 관여를 요구하므로 이는 자료의 부호화를 강화시킨다. 연구들에 따르면, 질문 만들기라는 생각을 갖고서 텍스트를 읽은 학생들은 나중에 질문에 **답변하기**라는 생각을 갖고 텍스트를 읽은 학생들과 마찬가지로 시험을 잘 치렀는데, 이 두 집단은 질문을 생성하지 않거나 답을 구하지 않은 학생 집단보다 더 우수하였다(Frase, 1975).

연구에 따르면, 많은 학생들이 스스로 검사하기보다 자료를 다시 보는 것이 더 효과적이라고 믿고 있으며, 스스로 검사한다면 이는 얼마나 학습했는지를 알아보기 위한 것이지 학습을 증진시키기 위해서가 아니다(Kornell & Son, 2009). 밝혀진 바에 따르면, 자가검사는 두 가지를 달성한다. 무엇을 알고 있는지를 알려주고, 알고 있는 것을 나중에 기억해낼 수 있는 능력을 증진시킨다.

조직화

자료 조직화의 목표는, 어떤 정보를 다른 정보와 관련짓는 데 도움이 되는 틀을 생성함으로써 그 자료를 보다 의미 있게 만들고 그럼으로써 부호화를 강화시키는 것이다. 조직화는 그림 7.5에서와 같은 '나무'를 만들거나, 유사한 사실들 또는 원리들을 함께 묶어주는 개요나 목록을 만듦으로써 달성할 수 있다.

조직화는 또한 기억 부담을 감소시키는 데 도움이 된다. 그 예로서 지각적 사례를 들 수 있다. 그림 3.17에서 무관한 검은색 영역들과 흰색 영역들과 같은 흑백 패턴을 본다면 이것이 무엇인지 기술하기가 매우 어렵다. 그러나 일단 이 패턴을 달마티안 개로 본다면 이는 의미를 갖게 되고 따라서 기술하고 기억하는 것이 훨씬 더 쉬워진다(Wiseman & Neisser, 1974). 조직화는 5장에서 다룬 청크화 현상과 관련된다. 조그만 요소들을 더 크고 더 의미 있는 것들로 집단화하면 기억이 증진된다. 자료의 조직화는 이를 달성하는 한 방법이다.

휴식 취하기

'휴식 취하기'라는 말은 '모든 것을 단번에 학습하려고 하는 것보다 여러 개의 보다 짧은 학습 회기들에서 학습하기,' 또는 '벼락치기 하지 말기'와 동일한 표현이다. 이렇게 말하는 데 충분한 이유가 있다. 연구들에 의해 밝혀진 바에 따르면, 학습이 하나의 긴 회기에 집중되어 있을 때보다 여러 개의 회기들로 나뉘어 회기 사이마다 휴식을 가질 때 기억이 더 우수한데, 총 학습시간이 동일한 경우에도 그러하다. 짧은 학습 회기가 갖는 이러한 이점을 간격 효과(spacing effect)라고 부른다(Reder & Anderson, 1982; Smith & Rothkopf, 1984).

휴식 취하기의 또 다른 관점을 제공한 연구에 따르면, 수면이 학습을 뒤따를 때 기억 수행이 향상된다는 것을 보여준다. 학습하지 않으려고 수면을 취하는 것이 아마도 좋은 생각은 아니라 할지라도, 학습 직후의 수면은 응고화를 촉진시킬 수 있고 이로 인해 보다 우수한 기억이 야기될 수 있다.

'학습 착각' 막기

기본적인 기억 연구와 특수한 학습 기법에 관한 연구 양자의 결론 가운데 하나에 따르면, 학생들이 선호하는 어떤 학습 기법들은 실제보다 더 효과적인 것처럼 보일 수 있다. 예를 들어, 학습 기법으로서 재독이 인기 있는 이유 가운데 하나는 재독이 학습이 일어 났다는 착각을 일으킬 수 있기 때문이다. 이러한 일이 일어나는 이유는 자료를 읽고 다시 읽으면 유창성이 더 커지기 때문인데, 반복으로 인해 독서가 점점 더 쉬워진다. 그러나 이러한 독서 용이성의 향상으로 인해 그 자료가 학습되고 있다는 착각이 일어난다 해도 증가된 유창성이 반드시 그 자료에 대한 보다 우수한 기억으로 전이되지는 않는다.

학습 착각을 생성하는 또 다른 기전이 **친숙성 효과**이다. 재독으로 인해 자료가 친숙해지면 그것을 두 번째 또는 세 번째 접할 때 이러한 친숙성을 마치 그 자료를 알고 있다는 것을 보여주는 것으로 해석하는 경향이 있다. 불운하게도, 여러분 바로 앞에 놓여 있는 자료를 알아본다고 해서 여러분이 그것을 추후 기억해낼 수 있는 것은 아니다.

마지막으로, 하이라이트 표시를 생각해 보자. Sarah Peterson(1992)의 조사에 따르면, 82%의 학생들이 하이라이트 표시를 하며 그들 대부분이 그 자료를 처음 읽는 도중에 그렇게 한다. 하이라이트 표시의 문제는 그것이 마치 정교형 처리처럼 여겨진다는 점인데 (여러분은 중요한 사항에 하이라이트 표시를 함으로써 독서에서 능동적 역할을 수행한다), 하지만 이는 흔히 자료에 대해 깊은 생각은 거의 없이 손 움직임을 포함한 자동적 행동이 된다.

Peterson이 하이라이트 표시를 하는 학생 집단과 그렇지 않은 학생 집단의 이해도를 비교했을 때, 자료에 대해 시험을 치른 경우 두 집단의 수행 사이에 아무런 차이도 발견하지 못했다. 어떤 사람에게는 하이라이트 표시하기가 훌륭한 첫 단계일 수 있지만, 그 정보를 기억에 집어넣기 위해서는 정교형 되뇌기나 질문 생성하기와 같은 기법을 사용하여 하이라이트 표시한 것을 다시 숙고하는 것이 중요하다.

이러한 기법 모두를 살펴보면 많은 기법들이 보다 효과적인 부호화 전략들의 사용을 내포한다는 것을 알 수 있다. 정교화하기, 생성하기, 검사하기, 조직화하기 모두가 학습하고자 하는 자료의 보다 깊은 처리를 고취시킨다. 자료에 관해 질문들을 만들고 이 질문들에 답변하는 것은 인출을 학습에 통합시킨다. 많은 학습 기법들을 다룬 최근의 조사 연구가 내린 결론에 따르면, 연습용 검사하기와 분산 연습(휴식 취하기) 두 가지야말로 가장 효과적인 학습 기법이다(Dunlosky et al., 2013).

1. '기억이 연접에 저장되어 있다.'라는 진술의 배후에 있는 생각은? 이러한 생각을 지지하는 증거는?

2. 연접 응고화란? 시스템 응고화란? 이들은 서로 어떻게 관련되어 있는가?

3. 응고화의 표준 모형이 시스템 응고화를 어떻게 설명하는지 기술하라. 응고화의 다중흔적 모형이란? 이를 표준 모형과 비교하라.

4. 수면과 응고화 사이의 연결을 기술하라. Gais와 Wilhelm의 실험을 확실히 이해하라.

5. 재응고화란? 재응고화를 밝힌 실험 결과들의 함축성은?

6. 학습 효과를 증진시키는 다음 다섯 가지 방법을 기술하라. (1) 정교화, (2) 생성과 검사, (3) 조직화, (4) 휴식 취하기, (5) '학습 착각' 막기. 각각의 기법은 부호화와 인출에 관한 발견들과 어떻게 관련되는가?

이 장의 요약

1. 부호화는 정보를 획득하고 이를 장기기억(LTM)으로 전이시키는 과정이다. 인출은 장기기억에서 작업기억으로 정보를 전이시키는 것이다.

2. 정보를 장기기억으로 전이시키는 데 있어 어떤 부호화 기전들은 다른 기전들보다 더 효과적이다. 유지형 되뇌기는 단기기억에 정보를 유지시키는 데 도움이 되지만 장기기억으로 정보를 전이시키는 데에는 효과적인 방법이 아니다. 정교형 되뇌기는 장기기억을 수립하는 데 더 우수한 방법이다.

3. 처리수준이론에 따르면 기억은 정보가 부호화되거나 마음으로 프로그램되는 방식에 달려 있다. 이 이론에 따르면 얕은 처리는 깊은 처리만큼 효과적이지는 않다. Craik와 Tulving의 실험은 얕은 처리보다 깊은 처리 후 기억이 더 우수하다는 것을 밝혔다.

4. 처리수준이라는 생각은 영향력이 컸지만 순환 논리의 문제를 갖고 있는데, 그 이유는 기억과 독립적으로 처리 깊이를 정의하기 어렵기 때문이다.

5. 부호화가 인출에 영향을 미친다는 증거를 제시한 연구들은 다음 효과를 밝혔다. (1) 시각적 심상을 형성하기, (2) 단어를 자신과 결부시키기, (3) 정보 생성하기(생성 효과), (4) 정보를 조직화하기, (5) 단어를 생존가와 관련짓기, (6) 인출 연습하기(검사하기 효과).

6. 장기기억의 인출은 인출 단서의 도움을 받는다. 이는 인출 단서 실험 그리고 참가자가 인출 단서를 생성한 실험에서 밝혀졌는데, 인출 단서는 기억 인출에 도움이 되었다.

7. 인출 조건들과 부호화 당시 존재했던 조건들을 일치시킴(전이 적합성 처리)으로써 인출을 증진시킬 수 있다.

8. 부호화 특수성 원리에 따르면 우리는 정보를 그 맥락과 함께 학습한다. Godden과 Baddeley의 잠수 실험, Grant의 학습 실험은 동일 조건하에서 정보를 부호화하고 인출하는 것의 효과를 보여준다.

9. 상태의존 학습의 원리에 따르면, 사람의 기억은 인출 도중의 내적 상태가 부호와 도중의 상태와 일치할 때 우수하다. Eich의 기분 실험이 이러한 생각을 지지한다.

10. 처리 유형의 일치란, 획득 도중 일어난 부호화 유형이 기억 검사 도중 일어난 인출 유형과 일치할 때 기억 수행이 증진된다는 발견을 말한다. Morris의 실험 결과가 이 생각을 지지하는데, 이를 전이 적합성 처리라고 부른다.

11. 응고화란 새로운 기억을 취약한 상태로부터 보다 항구적 상태로 변형시키는 과정이다. Müller와 Pilzecker는 응고화가 방해받을 때 기억이 어떻게 감소하는지를 밝힌 초기 실험을 수행하였다.

12. 연접 응고화는 연접에서의 구조적 변화를 내포한다. 시스템 응고화는 신경회로의 점진적 재조직화를 내포한다.

13. Hebb는 기억 형성이 연접에서의 구조적 변화와 관련된다는 생각을 처음으로 제시하였다. 이러한 구조적 변화는 그 후 고양된 신경 발화로 전환되는데, 이는 장기 증강으로 나타난다.

14. 응고화의 표준 모형에 따르면, 기억 인출은 해마에 달려 있지만 응고화 후의 인출에는 피질이 관여하고 해마는 더 이상 관여하지 않는다.

15. 다중흔적 모형에 따르면, 해마는 기억의 형성과 오래된 일화기억의 인출에 관여한다.

16. 표준 모형을 지지해 주는 증거들이 있지만 최근 연구는 일화기억의 인출에 해마가 관여할 수 있다는 것을 밝혔다.

17. 응고화는 수면에 의해 촉진된다. 또한 나중에 기억해낼 것을 요구받을 것으로 예상된 자료는 수면 동안 응고화될 가능성이 더 크다는 증거가 있다.

18. 최근 연구에 따르면, 기억이 인출에 의해 재활성화될 때 방해에 취약해질 수 있다. 재활성화 후 이러한 기억들은 재응고화되어야 한다. 인간의 재응고화 증거, 그리고 외상 후 스트레스 장애와 같은 치료 조건에서 재응고화 치료의 유용성에 관한 증거가 있다.

19. 학습에 적용 가능한 다섯 가지 기억의 원리는 (1) 정교화, (2) 생성과 검사, (3) 조직화, (4) 휴식 취하기, (5) '학습 착각' 막기이다.

생각해 보기

1. 인출단서로 인해 어떤 것을 기억해낸 경험을 기술하라. 그러한 경험에는 기억이 원래 형성되었던 장소로 되돌아가거나, 과거의 어떤 경험을 회상시켜 주는 곳에 있거나, 어떤 것을 기억해내는 데 도움이 되는 '힌트'를 누군가가 제공하도록 하거나, 어떤 기억을 촉발시키는 것에 관해 읽는 것이 포함된다.

2. 여러분은 어떻게 학습하는가? 기억 연구 결과들에 따르면 여러분이 사용하는 어떤 학습 기법이 효과적이어야 하는가? 기억 연구 결과들을 고려함으로써 여러분의 학습 기법들을 어떻게 향상시킬 수 있는가?

핵심 용어

간격 효과(spacing effect)
검사 효과(testing effect)
깊은 처리(deep processing)
단서회상(cued recall)
등급 기억상실증(graded amnesia)
부호화(encoding)
부호화 특수성(encoding specificity)
상태의존 학습(state-dependent learning)
생성 효과(generation effect)
시스템 응고화(system consolidation)
쌍대연합 학습(paired-associate learning)

얕은 처리(shallow processing)
역행성 기억상실증(retrograde amnesia)
연접 응고화(synaptic consolidation)
유지형 되뇌기(maintenance rehearsal)
응고화(consolidation)
응고화의 다중흔적 모형(multiple trace model of consolidation)
응고화의 표준 모형(standard model of consolidation)
인출(retrieval)
인출 단서(retrieval cue)

자기참조 효과(self-reference effect)
자유회상(free recall)
장기 증강(long-term potentiation: LTP)
재응고화(reconsolidation)
재활성화(reactivation)
전이 적합성 처리(transfer-appropriate processing)
정교형 되뇌기(elaborative rehearsal)
처리 깊이(depth of processing)
처리수준이론(levels of processing theory)

이러한 고층건물들의 불빛은 2001년 9월 11일의 세계무역센터에 대한 테러리스트 공격에 관한 기억을 촉발한다. 이날은 미국인의 의식에 아로새겨졌으며, 그날의 사건들은 많은 사람들의 기억에 아로새겨졌다. 이 장은 통상적인 일상 사건들에 관한 기억 연구뿐만 아니라 9·11과 같은 예외적 사건에 관한 기억 연구를 살펴볼 것이다. 이러한 연구 결과에 따르면, 우리의 기억은 사진처럼 정확하고 불변하는 것이 아니라 '진행 중인 작업'처럼 기억되는 사건뿐만 아니라 저장된 지식과 사건 후 발생하는 것들에 의해 영향 받는다.

일상 기억과 기억 오류

이 장의 요약
생각해 보기
핵심 용어

5장에서 기억을 자극, 심상, 사건, 생각, 기술에 관한 원래 정보가 더 이상 없는데도, 이 정보를 보유하고 인출하며 사용하는 데 수반되는 처리과정이라고 정의하였다. 기억을 처리과정이라고 정의하면서 기억이 지각이나 주의와 같이 단순하지는 않다는 점을 지적했다. 정보의 보유와 인출은 정리용 카드에 무엇인가를 써서 그 카드를 파일 박스에 넣어두고 그 후 나중에 그 카드를 인출하는 것과는 다르다. 오히려 수많은 여러 기억 유형들, 기억에 정보를 들이는 방법들, 그 정보를 꺼내는 전략들을 수반하는 처리과정들이 존재한다. 단지 몇몇 정보만이 기억에 들어오고, 이 정보의 어떤 부분은 상실되며, 몇몇 정보만이 성공적으로 인출될 수 있다는 것을 앞서 살펴보았다. 따라서 기억은 오히려 부분적으로 사라지는 잉크로 쓰인 정보를 정리용 카드에 저장하는 것과 유사하며, 따라서 그것을 인출하려고 할 때 원래 정보 가운데 어떤 부분은 바뀌어 있을 수 있다.

우리가 기억해낸 것이 실제 발생한 것과 다를 수 있다는 생각은 많은 사람들에게 놀라운 것이다. 기억에 관한 진술문에 대해 사람들이 반응한 어느 전국적 여론조사에서, '인간 기억은 비디오카메라처럼 작동하여 우리가 보고 들은 사건들을 정확하게 기록하므로 나중에 그것을 다시 보고 해석할 수 있다.'는 진술에 응답자의 63%가 동의하였다. 동일한 조사에서 '일단 여러분이 어떤 사건을 경험하고 그것에 관한 기억을 형성하면 그 기억은 바뀌지 않는다.'에 48%가 동의하였다(Simon & Chabris, 2011). 따라서 기억이 정확하게 기록되고 마치 비디오카메라처럼 일단 기록되면 바뀌지 않는다고 상당수의 사람들이 믿고 있다.

이 장에서 살펴보겠지만 이러한 견해는 틀린 것이다. 발생하는 모든 것이 처음에 반드시 정확하게 기록되지는 않으며, 기록된 것은 변화하기 쉽다. 이 장에서 중요한 것은 우리 기억 능력의 어떤 한계를 입증하는 것뿐만 아니라 기억의 기본 속성을 보여주는 것이다. 앞으로 살펴보겠지만 기억은 구성 과정에 의해 생성되는데, 이는 실제로 발생한 것이 발생했던 다른 것과 결합하거나 어떤 일이 통상적으로 발생하는 방식에 관한 일반적 지식과 결합하는 과정이다.

이러한 구성 과정을 설명하기 위해, 단어 목록이나 짧은 글을 참가자에게 기억하도록 요구하는 실험에서 벗어나, 주변 환경에서 발생 가능한 사건과 생애에서 발생한 사건을 기억해내도록 요구하는 실험으로 우리의 초점을 옮길 것이다. 우리 생애에서 사건들을 기억해내는 방식을 먼저 고찰하겠다.

자전적 기억: 생애에서 발생한 것

6장에서 자전적 기억(autobiographical memory: AM)을 삶의 특정 경험에 관한 기억으로서 일화적 성분과 의미적 성분 양자를 포함하는 기억이라고 정의했다. 6장에서 살펴보았듯이, 정신적 시간여행을 사용하여 어떤 기억을 경험하는 것이 일화기억이다. 그러나 자전적 기억 역시 의미적 성분을 가질 수 있다. 예를 들어, 아동기 생일파티에 관한 자전적 기억은 케이크, 파티에 참석한 사람들, 게임할 때의 심상(일화기억)을 포함할 수 있으며, 또한 파티를 한 시기와 그 당시 가족이 살았던 장소에 관한 지식, 생일파티에서 통상 일어나는 것에 관한 여러분의 일반적 지식(의미기억)을 포함할 수 있다(Cabeza & St. Jacques, 2007). 이제 자전적 기억의 두 가지 특성을 살펴보겠다. (1) 다차원적이다, (2) 생애에서 일어난 사건들을 다른 것보다 더 잘 기억한다.

자전적 기억의 다차원적 속성

자전적 기억은 실험실에서 단어 목록의 기억을 요구하여 측정하는 기억보다 통상 더 복잡하다. 자전적 기억은 다차원적인데, 그 이유는 이 기억이 공간적, 정서적, 감각적 성분으로 구성되어 있기 때문이다. 뇌 손상으로 인해 시각적 기억은 상실했지만 맹인이 되지는 않은 환자들 사례는 자전적 기억에서 감각적 성분의 중요성을 보여준다. Daniel Greenberg와 David Rubin(2003)은 피질의 시각 영역의 손상으로 인해 대상을 인식하는 능력이나 대상을 시각화하는 능력을 상실한 환자들이 자전적 기억 역시 상실한 것을 발견하였다. 이는 시각적 자극이 기억의 인출 단서로 기여할 수 없기 때문에 일어난 것으로 보인다. 그러나 시각적 정보에 근거하지 않는 기억조차 이 환자들에게서 상실된다. 명백히, 시각적 경험은 자전적 기억에서 중요한 역할을 수행한다(맹인의 경우 청각적 경험이 이 역할을 넘겨받은 것으로 보는 것이 타당할 것이다).

자전적 기억과 실험실 기억 사이의 차이를 밝힌 뇌 스캔 연구를 Roberto Cabeza와 동료들(2004)이 수행하였다. Cabeza는 두 개의 자극 사진 세트에 의해 야기된 뇌 활성화를 측정했는데, 한 세트는 참가자가 촬영한 것이었고 다른 세트는 다른 사람이 촬영한 것이었다(그림 8.1). 우리는 참가자가 촬영한 사진을 **자신의 사진**, 타인이 촬영한 사진을 **실험실 사진**이라고 부를 것이다.

12명의 듀크 대학 학생들에게 디지털 카메라를 주고서 10일 동안 40개의 지정된 캠퍼스 장소의 사진을 촬영하도록 함으로써 사진을 구했다. 사진 촬영 후 참가자들에게 각 장소에 대한 자신의 사진과 실험실 사진을 보여주었다. 며칠 후 참가자들은 이전에 본 적이 없는 새로운 실험실 사진과 이전에 보았던 자신의 사진과 실험실 사진을 함께 보았다. 참가자들이 각 자극에 대해 자신의 사진인지, 이전에 본 적 있는 실험실 사진인지, 또는 새로운 실험실 사진인지를 지적하는 동안 뇌 활성화를 fMRI 스캐너에서 측정하였다.

그림 8.1 **Cabeza와 동료들(2004) 실험의 사진들** 자신의 사진은 참가자가 촬영한 것이고 실험실 사진은 타인이 촬영한 것이다.

출처: R. Cabeza, S. E. Prince, S. M. Daselaar, D. L. Greenberg, M. Budde, F. Dolcos, et al., Brain activity during episodic retrieval of autobiographical and laboratory events: An fMRI study using novel photo paradigm, *Journal of Cognitive Neuroscience, 16,* 1583–1594, 2004.

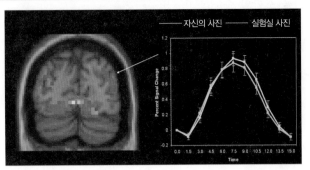

(a) 두정피질

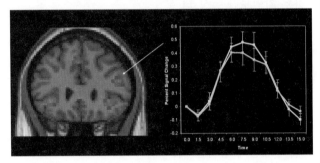

(b) 전전두피질

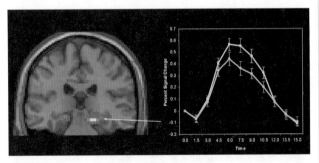

(c) 해마

자신의 사진=더 큰 활성화

그림 8.2 (a) 두정피질의 한 영역에서 자신의 사진(노란색)과 실험실 사진(파란색)이 초래한 반응의 시간 경로와 강도를 보여주는 fMRI 반응. 오른쪽 그래프는 활성화가 자신의 사진과 타인의 사진에서 동일하다는 것을 보여준다. 자신의 사진에 대한 반응은 (b) 전전두피질과 (c) 해마에서 더 크다.

출처: R. Cabeza, S. E. Prince, S. M. Das-elaar, D. L. Greenberg, M. Budde, F. Dolcos, et al., Brain activity during episodic retrieval of autobiographical and laboratory events: An fMRI study using novel photo paradigm, *Journal of Cognitive Neuroscience*, 16, 1583–1594, 2004.

뇌 스캔에 따르면, 자신의 사진과 실험실 사진은 뇌의 여러 동일 구조들을 활성화시켰는데, 주로 일화기억과 관련된 내측 측두엽(medial temporal lobe: MTL) 그리고 장면 처리에 관여하는 두정피질 영역과 같은 구조들이었다(그림 8.2a). 더 나아가, 자신의 사진은 전전두피질에서 더 큰 활성화를 유발하였는데, 이 영역은 자신에 관한 정보처리와 관련되어 있으며(그림 8.2b), 또한 해마에서 더 큰 활성화를 유발하였는데 이 영역은 기억 회상('정신적 시간여행'과 관련된 기억)과 관련되어 있다(그림 8.2c).

따라서 직접 촬영한 특정 장소의 사진들은 아마도 사진을 촬영했던 것과 관련된 기억을 촉발하며, 따라서 타인이 촬영했던 동일 장소의 사진보다 더 광범위한 뇌 영역 네트워크를 활성화시킨다. 이러한 활성화는 자전적 기억 경험하기의 풍부함을 반영한다. 한편 다른 연구는 자전적 기억이 정서를 촉발할 수 있다는 사실을 발견했는데, 정서는 편도체(그림 5.22 참고)라고 부르는 다른 뇌 영역을 활성화시킨다.

평생에 걸친 기억

몇 년 후 우리가 어떤 생활 사건을 기억할 것인지는 무엇에 달려 있는가? 대학 졸업하기나 청혼 받기처럼 개인적으로 중대한 사건은 자동차 사고에서 살아남기처럼 매우 정서적인 사건과 마찬가지로 두드러진다(Pillemer, 1998). 개인적 삶의 중요한 부분이 되는 사건들은 잘 기억되는 경향이 있다. 예를 들어, 누군가와 처음으로 저녁식사 데이트를 한 것은 그 사람과의 장기적 관계를 끝냈을 때는 두드러질 수 있지만, 데이트 후 그 사람과 다시는 만나지 않았다면 동일한 저녁식사 데이트가 거의 기억나지 않을 것이다.

삶의 전환점은 특히 기억이 잘될 것이다. 이를 잘 보여주는 것으로서 웨슬리 대학 3학년과 4학년 학생들에게 1학년 시절 가장 영향력 있었던 사건을 회상하도록 요구했을 때 이들이 말한 것을 들 수 있다. 이 질문에 대한 대부분의 반응들은 9월(미국 대학은 9월에 학년이 시작된다.—옮긴이 주)에 일어났던 사건의 기술이었다. 졸업생들에게 동일한 질문을 하였을 때 그들은 1학년 시절의 9월 그리고 4학년 시절의 말미(또 다른 전환점)에 일어났던 사건들을 가장 잘 기억했다(Pillemer et al., 1996).

특히 흥미로운 결과는 40세 이상 참가자들에게 생활사들을 기억해내도록 요구했을 때 드러난다. 55세의 경우가 그림 8.3에 나와 있는데, 5~55세의 모든 연령기의 사건들이 기억되었지만, 최근 사건 그리고 대략 10~30세에 발생한 사건에 관한 기억이 우수하다(Conway, 1996; Rubin et al., 1998). 40세 이상의 사람들에게서 발견된 청소년기와 젊은 성인기에 관한 우수한 기억을 회고 절정(reminiscence bump)이라고 부른다.

왜 청소년기와 젊은 성인기가 기억 부호화에 있어 특수한 시기일까? 세 개 가설을 기술할 것인데, 모두 특정 생활사들이 청소년기와 젊은 성인기 동안 일어난다는 생각에 기반을 두고 있다. Clare Rathbone과 동료들(2008)이 제안한 자기 이미지 가설(self-image hypothesis)에 따르면, 개인의 자기 이미지나 삶의 정체성이 형성될 때 일어난 사건에 대한 기억이 고양된다. 이러한 생각의 근거가 된 실험에서 평균 연령 54세의 참가자들이 자신을 어떤 사람으로 정의하는 것처럼 느껴지는 '나는 ……이다.' 진술문(예: '나는 어머니이다.' 또는 '나는 심리학자이다.')을 완성하였다. 그다음, 그들은 각 진술문이 자신의 정체성의 중요한 부분이 되었던 시기를 표시하였는데, 이 진술문들의 기원으로 부과한 평균 연령이 25세였고 이는 회고 절정 기간 내에 있는 연령이다. 참가자들은 또한 각 진술문과 연결된 사건들의 목록을 작성했는데(예: '첫 아이를 출산했다.', '심리학과 대학원에 입학했다.'), 대부분의 사건들이 회고 절정과 관련된 기간 동안 발생한 것들이었다. 따라서 자기 이미지의 발전은 수많은 기억할 만한 사건들을 동반하며, 그 사건들의 대부분은 청소년기 또는 젊은 성인기 도중 일어난다.

회고 절정에 관한 또 다른 설명으로서 인지 가설(cognitive hypothesis)에 따르면, 안정성이 뒤따르는 급속한 변화 시기는 기억의 강한 부호화를 초래한다. 청소년기와 젊은 성인기는 이러한 설명에 부합되는데, 그 이유는 객지에서 학교 다니기, 결혼하기, 직장생활 시작하기와 같은 급속한 변화들이 이 기간 동안 일어나고 그다음 상대적으로 안정된 성인기 삶이 뒤따르기 때문이다. 이 가설을 검증하는 한 가지 방법은, 청소년기나 젊은 성인기보다 나중 시기에 삶의 급속한 변화를 경험한 사람을 찾아 조사하는 것이다. 인지 가설의 예측에 따르면 이러한 사람들의 경우 회고 절정이 더 나중에 일어나야 한다. 이 생각을 검증하기 위해 Robert Schrauf와 David

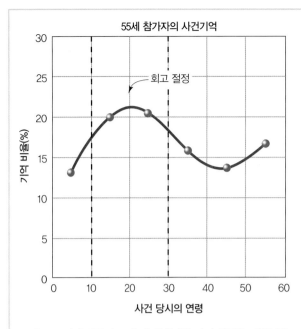

그림 8.3 어떤 사람이 55세 때 회상해낸 여러 연령별 기억들의 비율(%)로서, 여기서 나타난 회고 절정은 대략 10~30세에 경험한 사건들에 대해 일어난다.

출처: R. W. Schrauf & D. C. Rubin, Bilingual autobiographical memory in older adult immigrants: A test of cognitive explanations of the reminiscence bump and the linguistic encoding of memories, *Journal of Memory and Language, 39*, 437–457. Copyright © 1998 Elsevier Ltd.

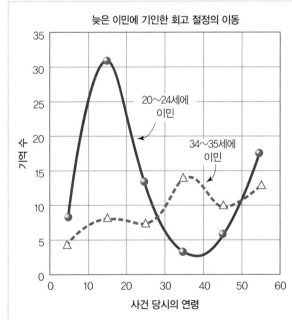

그림 8.4 34~35세 연령 때 이민을 간 사람들의 회고 절정은 20~24세 연령 때 이민을 간 사람들의 회고 절정에 비해 더 고연령으로 옮겨간다.

출처: R. W. Schrauf & D. C. Rubin, Bilingual autobiographical memory in older adult immigrants: A test of cognitive explana-tions of the reminiscence bump and the linguistic encoding of memories, *Journal of Memory and Language, 39*, 437–457. Copyright © 1998 Elsevier Ltd.

표 8.1 회고 절정에 관한 설명

설명	기본 특성
자기 이미지	개인의 자기 이미지를 형성하는 시기.
인지	급속한 변화 시기 동안 부호화가 더 우수함.
문화적 라이프 스크립트	문화적으로 공유하는 예상들이 회상을 구조화함.

Rubin(1998)은 20대 또는 30대 가운데 어느 한 연령대에 미국으로 이민 온 사람들의 기억을 조사했다. 그림 8.4에 두 집단 이민자의 기억 곡선이 나와 있는데, 이에 따르면 20~24세에 이민 온 사람들의 경우 회고 절정이 정상 연령에서 일어나지만, 34~35세에 이민 온 사람들의 경우에는 회고 절정이 더 나중으로 이동하는데, 이는 인지 가설이 예측한 것과 같다.

더 나중에 이민 온 사람들의 경우 정상적 회고 절정이 상실된다는 사실에 주목하라. Schrauf와 Rubin은 초기 성인기 동안 통상 일어나는 안정적 시기를 늦은 이민이 제거한다는 사실에 주목함으로써 이를 설명한다. 초기 성인기에 안정적 시기가 뒤따르지 않기 때문에 아무런 회고 절정도 일어나지 않는데, 이는 인지 가설이 예측한 바와 같다.

마지막으로, 문화적 라이프 스크립트 가설(cultural life script hypothesis)은 개인의 라이프 스토리와 문화적 라이프 스크립트(cultural life script)를 구분하는데, 전자는 개인의 생애에서 일어나는 모든 사건들인 반면, 후자는 평생의 특정 시기에 일어나는 문화적으로 예상된 사건들이다. 예를 들어, Dorthe Berntsen과 David Rubin(2004)은 사람들에게 전형적인 개인의 생애에서 중요한 사건들이 통상 일어나는 시기의 목록을 작성하도록 요구하였는데, 가장 흔한 반응으로서 사랑에 빠지기(16세), 대학 졸업(22세), 결혼(27세), 자녀 갖기(28세)를 들 수 있다. 흥미롭게도, 가장 흔히 언급된 사건들의 대다수가 회고 절정과 관련된 시기 도중 일어난다. 그렇다고 해서 특정 개인 삶의 사건들이 항상 그 시기에 일어난다는 뜻은 아니며, 문화적 라이프 스크립트 가설에 따르면 개인의 라이프 스토리의 사건들은 그 개인이 속한 문화의 문화적 라이프 스크립트에 부합될 때 더 쉽게 회상된다.

회고 절정은 수많은 설명들을 이끌어낸 현상의 좋은 사례인데, 많은 설명들이 그럴듯하며 지지 증거를 갖고 있다. 각 설명이 제안한 결정적 요인들, 즉 자기 정체성의 형성, 안정성이 뒤따르는 급속한 변화들, 그리고 문화적으로 예상된 사건들 모두가 회고 절정 동안 일어나는데, 그 이유는 이들이 설명하고자 하는 것이 바로 회고 절정이기 때문이다. 앞서 기술했던 기전들 각각 회고 절정의 생성에 다소간 기여할 가능성이 있다 (표 8.1).

'예외적' 사건의 기억

분명히 개인 삶의 어떤 사건들은 다른 사건들보다 기억이 더 잘 될 가능성이 있다. 기억이 잘 되는 사건들 대부분의 특성은 개인에게 의미 있고 중요하다는 것이며, 어떤 경우 정서와 관련된다. 예를 들어, 학생들의 대학 첫해에 관한 기억을 다룬 연구에 따르면, 두드러진 사건들은 흔히 강한 정서와 연합되었다(Pillemer, 1998; Pillemer et al., 1996; Talarico, 2009).

기억과 정서

정서와 기억은 서로 뒤얽혀 있다. 정서는 흔히, 관계를 시작하거나 끝내는 것 또는 9·11 테러 공격과 같이 많은 사람들이 동시에 경험한 사건들과 같은 '특수한' 사건들과 연합되어 있다. 정서가 우수한 기억과 연합되어 있다는 생각은 상당한 지지를 받고 있는데, 다음에 살펴보겠지만 이러한 결과는 특수한 상황에 달려 있다. 정서와 고양된 기억 사이의 연합을 다룬 한 실험에서 Kevin LaBar와 Elizabeth Phelps(1998)는 참가자들이 각성 유발 단어들(신성모독과 성적인 단어들)과 중립적 단어들(거리와 상점과 같은)을 회상해낼 수 있는 능력을 조사하였는데, 각성 유발 단어들의 기억이 더 우수하였다(그림 8.5a). 다른 연구에서 Florin Dolcos와 동료들(2005)은 1년 지연 기간 후에 정서적 사진과 중립적 사진을 재인해낼 수 있는 능력을 조사하였는데, 정서적 사진의 기억이 더 우수하였다(그림 8.5b).

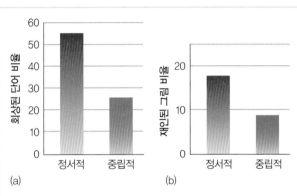

그림 8.5 (a) 단어 목록을 읽은 직후 회상해낸 정서적 단어와 중립적 단어의 비율, (b) 사진을 본 지 1년 후 재인해낸 정서적 사진과 중립적 사진의 비율.

출처: (a) K. S. LaBar & E. A. Phelps, Arousal-mediated memory consolidation: Role of the medial temporal lobe in humans, *Psychological Science, 9*, 490–493, Figure 2, 1998. (b) F. Dolcos, K. S. LaBar, & R. Cabeza, Remembering one year later: Role of the amygdala and the medial temporal lobe memory system in retrieving emotional memories, *Proceedings of the National Academy of Sciences, 102*, 2626–2631, Figure 1, 2005.

생리적으로 어떤 일이 일어나는지를 살펴보면 편도체(amygdala)(그림 5.22)가 두드러진다. 편도체의 중요성은 수많은 방식으로 밝혀져 왔다. 예를 들어, 앞서의 Dolcos와 동료들의 실험에서 fMRI를 사용한 뇌 스캔은 사람들이 기억해내는 도중 편도체 활동이 정서적 단어의 경우 더 높다는 것을 보여준다(Cahill et al., 1996; Hamann et al., 1999 참고).

정서와 편도체 사이의 관련성은 편도체 손상을 입은 환자 B. P.에 대한 검사에서도 밝혀졌다. 소년과 어머니에 관한 슬라이드 쇼에서 소년이 이야기의 중간쯤에 다치는 것을 뇌 손상이 없는 참가자가 보았을 때 이 참가자는 이야기의 정서적 부분(소년이 다쳤을 때)에 관해 고양된 기억을 보인다. B. P.의 기억은 이야기의 첫 부분에 관해서는 뇌 손상이 없는 참가자와 동일하지만 정서적 부분에 관해서는 더 고양되지 않았다(Cahill et al., 1995). 따라서 정서는 정서와 관련된 사건들을 기억해내는 데 도움이 되는 편도체 기전을 촉발시키는 것으로 보인다.

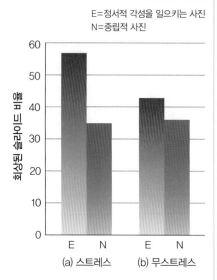

E=정서적 각성을 일으키는 사진
N=중립적 사진

그림 8.6 (a) 참가자들이 스트레스에 노출되었을 때 정서적 사진들의 회상이 중립적 사진들보다 더 우수하다. (b) 무-스트레스 조건에서는 정서적 회상과 중립적 회상 사이에 아무런 유의미한 차이가 없다. 이러한 결과는 정서적 사진들에 관한 증진된 기억 응고화와 관련되어 있다.

출처: L. Cahill, L. Gorski, & K. Le, Enhanced human memory consolidation with post-learning stress: Interaction with the degree of arousal at encoding, *Learn-ing & Memory, 10,* 270–274, Figure 2, 2003.

정서는 또한 고양된 기억 응고화와 관련되는데, 이는 어떤 경험 후 그 경험에 관한 기억을 강화시키고 수분 또는 수시간에 걸쳐 일어나는 과정이다 (7장 참고). 정서와 응고화의 관계는 쥐와 같은 동물 연구에서 처음 시사되었는데, 이러한 연구는 어떤 과제의 훈련 직후 투여된 중추신경계 자극제가 그 과제에 관한 기억을 고양시킬 수 있다는 것을 밝혔다. 후속 연구들에 따르면, 검사 과제에서 사용된 것과 유사하게 정서적으로 각성을 일으키는 자극 도중 그리고 이후에 자극제 코르티솔과 같은 호르몬이 방출된다. 이 두 발견으로부터 정서적 경험 후 방출된 스트레스 호르몬이 그 경험에 대한 기억의 응고화를 증진시킨다는 결론이 도출되었다(McGaugh, 1983; Roozendaal & McGaugh, 2001).

Larry Cahill과 동료들(2003)은 이러한 효과를 인간에서 보여주는 실험을 수행하였다. 그들은 참가자들에게 중립적 사진들과 정서적으로 각성시키는 사진들을 보여준 후, 어떤 참가자들(스트레스 집단)에게는 자신의 팔을 얼음물에 담그도록 하였는데, 이는 코르티솔의 분비를 유발하였다. 다른 참가자들(스트레스가 없는 집단)에게는 자신의 팔을 따뜻한 물에 잠그도록 하였는데, 이는 코르티솔 방출을 유발하지 않는 스트레스 없는 상황이었다. 일주일 후 사진들을 기술해 보도록 요구받았을 때 스트레스에 노출되었던 참가자들은 중립적 사진보다 정서적 각성 사진들을 더 많이 회상하였다(그림 8.6a). 스트레스 없는 집단에서는 중립적 사진과 정서적 각성 사진 사이에 유의미한 차이가 없었다(그림 8.6b).

이러한 결과에 대해 특히 흥미로운 것은 코르티솔이 정서적 사진에 관한 기억은 고양시키지만 중립적 사진에 관해서는 그렇지 않다는 점이다. 이와 같은 결과로부터, 각성을 일으키는 정서적 경험 후 일어난 호르몬 활성화는 인간의 기억 응고화를 증진시킨다는 결론이 도출되었다(Phelps & Sharot, 2008). 이처럼 정서와 관련된 응고화의 증진은 또한 편도체 활동의 증가와 관련된다(Ritchey et al., 2008).

그러나 정서를 우수한 기억과 결부시키는 증거가 있음에도 불구하고 그러한 조건하에서 정서가 기억을 손상시킬 수 있다는 증거도 있다. 예를 들어, 정서는 때때로 특히 중요한 대상에 대한 주의의 초점화를 일으키고 다른 대상들로부터는 주의를 떼어놓음으로써 그러한 대상들에 관한 기억을 감소시킬 수 있다(Mather & Sutherland, 2011). 이러한 사례 가운데 하나가 무기 초점화(weapons focus)라고 부르는 현상인데, 이는 범죄가 저질러지는 동안 무기에 주의의 초점을 두는 경향으로서, 이러한 상황은 통상 매우 정서적이다. 무기 초점화를 연구한 실험들을 나중에 다시 살펴보겠지만, 이 실험들은 무기의 존재가 범죄 장면의 세부사항에 관한 기억의 감소를 일으킨다는 것을 밝혔다(Stanny & Johnson, 2000; Tooley et al., 1987).

다음 절에서 살펴보겠지만, 9·11 테러 공격과 같이 고도로 잘 기억되는 사건들의 경우에는 정서와 기억이 강하게 연결되어 있는데, 이는 **섬광기억(flashbulb memory)**이라고 부르는 기억을 일으킨다. 하지만 일부 사람들이 추정하듯이, 그러한 사건과 연합된 높은 정서 때문에 기억이 우수한 것은 아니다. 먼저 이러한 사건에 관한 사람들의 기억을 측정한 연구를 다루고, 그다음 섬광기억에서 정서가 어떻게 특별한 역할을 담당하는지 살펴보겠다.

섬광기억

많은 사람들이 2001년 9월 11일 이루어진 테러 공격에 관해 기억하고 있다. 이처럼 수많은 사람들이 경험한 대중적 사건에 관한 기억 연구는 흔히 사람들에게 그 사건을 어디에서 어떻게 처음 경험했는지 기억해내도록 요구한다. 나는 누군가가 세계무역센터에 비행기를 충돌시켰을 당시에 심리학과 사무실에 걸어 들어가서 직원의 이야기를 듣고 있었던 것을 기억한다. 그때 나는 항로에서 벗어난 조그만 개인 비행기를 떠올렸는데, 잠시 후 아내에게 전화를 하였을 때 그녀는 나에게 세계무역센터의 첫 번째 건물이 방금 붕괴되었다고 말했다. 잠시 후 나의 인지심리학 강의시간에 학생들과 나는 그 상황에 관해 우리가 알고 있는 것을 논의하고서 그날 강의를 취소하기로 결정했다.

Brown과 Kulik이 '섬광기억' 용어를 제안하다 9 · 11 테러 공격에 관한 나의 기억들은 12년이 지난 후에도 여전히 내 마음속에서 생생하다. 이처럼 예상치 못한, 대단히 정서적인 사건들과 관련된 기억의 경우 무엇인가 특별한 것이 존재할까? Roger Brown과 James Kulik(1977)에 따르면, 존재한다. 그들은 9 · 11 테러 공격과 같은 사건 주변의 상황에 관한 기억은 특별하다고 제안하였다. 그들의 제안은 일찍이 1963년 11월 22일에 일어났던 사건에 기초하였다. John F. Kennedy 대통령이 텍사스의 댈러스에서 자동차 높은 곳에 앉아 퍼레이드 경로를 따라 자동차 퍼레이드를 하면서 군중들에게 손을 흔들었는데, 이 경로는 사건 며칠 전 댈러스 신문에 보도되었다. 그의 차가 텍사스 교과서 보관 빌딩을 지나갈 때 세 발의 총성이 크게 울렸다. Kennedy는 푹 쓰러졌다. 자동차 퍼레이드는 멈춰 섰고 Kennedy는 병원으로 급히 이송되었다. 잠시 후 뉴스가 전 세계에 전파되었다. John F. Kennedy가 암살되었다.

Kennedy 대통령의 암살 당일을 언급하면서 Brown과 Kulik은 "한순간 미국 전체와 아마도 세계의 많은 영역이 사진에 찍힌 듯 멈춰 섰다."고 진술했다. 기억 형성 과정을 사진 촬영에 결부시킨 이러한 묘사로부터 그들은 충격적이고 대단히 정서적인 사건 주변의 상황들에 관한 개인의 기억을 지칭하기 위해 섬광기억(flashbulb memory)이라는 용어를 만들었다. 섬광기억 용어가, 사건 자체에 관한 기억이 아니라 그 사건에 관한 이야기를 들었던 주변 상황에 관한 기억을 지칭한다는 점을 강조하는 것이 중요하다. 따라서 9 · 11 테러 공격에 관한 섬광기억은 어떤 사람이 테러 공격에 관해 알았을 때 어디에 있었고 무엇을 하는 중이었는지에 관한 기억이라 할 수 있다.

Brown과 Kulik은 섬광기억을 담당하는 기전에 무엇인가 특별한 것이 있다고 주장했다. 섬광기억은 고도로 정서적인 상황하에서 발생할 뿐만 아니라 오랜 기간 기억되며 매우 생생하고 세부적이다. Brown과 Kulik은 이처럼 생생하고 상세한 기억을 담당하는 기전을 '지금 프린트' 기전이라고 기술하였는데, 이 기억이 마치 바라지 않는 사진과 유사하기 때문이다.

'섬광기억'은 사진과 다르다 섬광기억이 사진과 유사하다는 Brown과 Kulik의 생각은, John F. Kennedy와 Martin Luther King Jr.의 암살과 같이 고도로 정서적인 사건에 관해 사람들이 이야기를 들었을 때 당시 하고 있던 것을 상당히 상세하게 기술할 수 있다는 발견에 근거를 두고 있다. 그러나 Brown과 Kulik이 사용한 절차는 결함이 있는데, 그 이유는 사건이 일어난 후 여러 해가 지날 때까지 참가자들이 기억한 것에 관해 물어보지 않았기 때문이다. 이러한 절차상 문제에 따르면 보고된 기억이 정확한지 여부를 판단할 수 있는 방법이 전혀 없다. 정확성을 점검할 수 있는 유일한 방법은 사람들의 기억을 실제로 발생한 것 또는 사건 직후 수집된 기억 보고와 비교하는 것이다. 나중의 기억을 사건 직후 수집된 기억과 비교하는 기법을 반복 회상(repeated recall)이라고 부른다.

방법 반복 회상

반복 회상의 배후에 있는 생각은, 사건 후 여러 번 참가자들을 검사함으로써 시간 경과에 따른 기억의 변화 여부를 밝혀낼 수 있다는 것이다. 처음에는 자극이 제시되거나 무엇인가 발생한 직후 사람의 기억을 측정한다. 사건 직후 오류나 생략의 가능성이 다소 있다 할지라도 이 보고는 발생한 것에 관해 가장 정확한 표상으로 간주되고 기저선으로 사용된다. 며칠, 몇 달, 몇 해가 지난 후, 발생한 것을 기억해내도록 참가자에게 요구하고서 그들의 보고를 이 기저선과 비교한다. 이러한 기저선 사용은 추후 보고의 정확성을 점검하는 방도를 제공해 준다.

Brown과 Kulik의 '지금 프린트' 제안 이래로 반복 회상 과제를 사용한 연구는 섬광기억이 사진과 같지 않다는 것을 밝혔다. 수년 동안 동일하게 유지되는 사진과 달리 섬광 사건에 관해 들었던 상황에 관한 사람들의 기억은 시간 경과에 따라 변화한다. 실제로 섬광기억에 관한 연구의 주요 발견 가운데 하나에 따르면, 비록 섬광 사건을 둘러싼 기억이 매우 생생하다고 사람들이 보고함에도 불구하고 그 기억은 흔히 부정확하거나 세부 내용을 결여하고 있다. 예를 들어, Ulric Neisser와 Nicole Harsch(1992)는 참가자들에게 우주왕복선 챌린저호의 폭발에 관해 들었던 상황을 참가자들에게 묻는 실험을 수행하였다. 1986년 당시에는 우주선 이륙이 여전히 특별한 것으로 간주되었고 많은 관심의 대상이었다. 챌린저호의 비행은 특별했는데, 그 이유는 우주 비행사 가운데 한 사람이 뉴햄프셔 고등학교 교사 Christa McAuliffe로서 NASA의 우주 교사 프로젝트의 첫 번째 멤버였기 때문이다. 1986년 1월 28일, 케이프커내버럴 기지의 발사는 일상적인 것으로 여겨졌다. 그러나 수직 이륙한 지 77초 후 챌린저호는 폭발하여 바다로 추락하였고, 7명의 승무원이 사망하였다(그림 8.7).

Neisser와 Harsch의 실험 참가자들은 폭발 후 하루 이내에 설

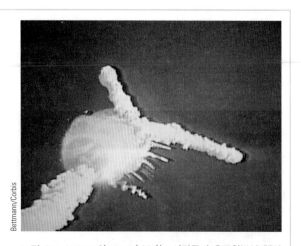

그림 8.7 Neisser와 Harsch(1992)는 사람들이 우주왕복선 챌린저호의 폭발에 관해 들은 날에 관한 그들의 기억을 연구하였다.

문지에 답했으며, 그로부터 2년 반에서 3년이 지난 후 동일한 설문지에 답했다. 폭발 하루 후 한 참가자의 반응은 그 사건을 강의실에 들었다고 밝혔다.

나는 종교 수업을 듣고 있었는데 어떤 사람이 걸어 들어와서 '그것'에 관해 말하기 시작했다. 챌린저호가 폭발했고 그 학교 선생님의 학생들이 모두 지켜보고 있었다는 사실 외에는 어떤 세부 내용도 몰랐지만 매우 슬픔을 느꼈다. 수업이 끝난 후 내 방에 가서 그것을 보도하는 TV 프로그램을 시청했고 그로써 모든 세부 내용을 알게 되었다.

2년 반 후 그녀의 기억은 다음과 같이 변화하였다.

그 폭발에 관해 맨 처음 들었을 때 나는 나의 1학년 기숙사 방에서 룸메이트와 함께 앉아 TV를 시청하고 있었다. 뉴스 속보에 그 소식이 나왔는데 우리 모두 큰 충격을 받았다. 나는 깜짝 놀라서 위층에 있는 친구에게 가서 이야기했고, 그다음 부모님에게 전화를 했다.

이와 같은 반응들, 즉 참가자들이 처음에는 교실과 같은 장소에서 그 폭발에 관해 들었다고 보고한 후 나중에는 그 소식을 TV에서 처음 들었다고 기억해내는 것은 흔한 일이다. 그 폭발 직후 참가자들의 21%만이 그 소식을 TV에서 처음 들었다고 밝혔지만, 2년 반 후에는 45%의 참가자들이 그 소식을 TV에서 처음 들었다고 보고했다. TV 기억이 증가한 이유는, TV 보도가 반복을 통해 더 잘 기억되고 TV가 뉴스의 주요 원천이기 때문일 것이다. 따라서 챌린저호 폭발에 관해서 들은 것에 관한 기억의 속성은 덜 극적인 일상 사건들에 관한 기억의 특징이기도 하다. 그것은 사건 이후의 경험(사람들은 그 폭발에 관한 설명을 보았을 것이다)과 자신의 일반적 지식(사람들은 흔히 중요한 뉴스를 TV에서 처음 듣는다)의 영향을 받았다.

섬광기억은 다른 기억과 상이한가? 챌린저호 연구에서 드러난 수많은 부정확한 반응들은 섬광기억으로 추정되는 기억들이 아마도 보통의 기억과 똑같이 쇠잔한다는 것을 시사한다. 실제로 많은 섬광기억 연구자들은 섬광기억이 보통의 기억과 매우 상이하다는 데 대해 의문을 표시하였다(Schmolck et al., 2000). 이러한 결론은 2001년 9월 12일, 즉 테러리스트들이 세계무역센터, 펜타곤, 펜실베이니아의 93번 항공기 등을 공격한 다음날 한 대학생 집단에게 여러 질문을 한 실험에서 지지받았다(Talarico & Rubin, 2003). 이 질문들 가운데 어떤 질문들은 테러리스트 공격에 관한 것이었다('그 뉴스를 언제 처음 들었는가?'). 다른 질문들은 그 공격 바로 이전의 며칠 동안 발생한 일상적 사건에 관한 것이었다. 일상적 사건에 답한 후 참가자들은 장차 그 사건에 관한 단서로 기능할 수 있는 둘 또는 세 개 단어로 이루어진 진술문을 만들었다. 어떤 참가자들은 1주 후에, 어떤 참가자들은 6주 후에, 그리고 어떤 참가자들은 32주 후에 재검사를 받았는데, 공격 사건과 일상적 사건에 관해 동일한 질문들을 받았다.

이 실험의 결과 가운데 하나에 따르면, 참가자들은 사건 후 파지기간이 길수록 세부 내용을 더 적게 기억해냈고 더 많은 오류를 보였는데, 섬광기억과 일상기억의 결과 사이에는 거의 차이가 없었다(그림 8.8a). 이 결과는 섬광기억에 있어 특별한 것이 전혀 없

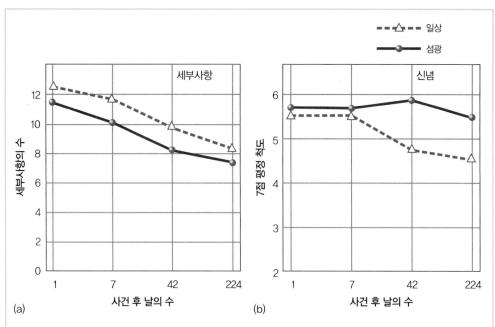

그림 8.8 **Talarico와 Rubin(2003)의 섬광기억 실험 결과** (a) 기억해낸 세부사항들의 수가 감소한 것은 9/11에 관한 기억과 일상 사건에 관한 기억 양자에서 유사하였다. (b) 자신의 기억이 정확하다는 참가자들의 신념은 9·11 테러의 경우 높게 유지되었지만 일상 사건에 관한 기억의 경우 감소하였다.

출처: J. M. Talarico & D. C. Rubin, Confidence, not consistency, characterizes flashbulb memories, *Psychological Science, 14*, 455–461, Figures 1 & 2. Copyright © 2003 American Psychological Society. 저자의 허락을 받아 게재한다.

다는 생각을 지지한다. 그러나 그림 8.8b에 나와 있는 다른 결과는 섬광기억과 일상기억 간의 차이를 보여준다. 자신의 기억이 정확하다는 사람들의 **신념**이 섬광기억의 경우에는 32주 기간 내내 높게 유지되지만 일상기억의 경우에는 급격히 감소한다. 생생함에 관한 평정 그리고 그 사건들을 얼마나 잘 '되새길' 수 있는지에 관한 평정 역시 섬광기억의 경우에는 높게 유지되고 일정하지만 일상기억의 경우에는 급격히 감소한다. 따라서 섬광기억이 특수하다는 생각은 그 기억이 더 강하며 더 정확하다고 사람들이 **생각한다**는 사실에 부분적으로나마 근거한다고 짐작되지만, 이 연구는 기억된 것의 양과 **정확도**에 있어서는 섬광기억과 일상기억 사이에 **실제로는** 거의 또는 아무런 차이도 없다는 사실을 발견하였다.

정서와 섬광기억 섬광기억이 더 강하며 더 정확하다고 사람들이 믿는다는 생각으로부터 내릴 수 있는 결론은, 섬광기억의 특수한 본질을 최소한 부분적으로는 섬광 사건의 정서적 본질에서 찾아볼 수 있다는 것이다. 정서가 고양된 기억과 연합되어 있지만 어떤 상황에서는 정서가 기억을 감소시킬 수 있다는 것을 앞서 살펴보았다. 이러한 정서의 두 효과는 정서가 기억의 주관적 감각, 즉 기억의 생생함, 정확하다는 확신, 사건을 되새긴다는 느낌을 고양시키는 동시에 어떤 장면의 세부 내용에 관한 기억의 감소를 일으킨다는 주장의 핵심에 있다.

Ulrike Rimmele과 동료들(2011)은 기억에 미치는 정서 효과의 이중적 본질을 밝히는 실험을 수행하였다. 참가자들은 60개 사진들을 보았는데, 30개는 풍경과 같이 중립적 사

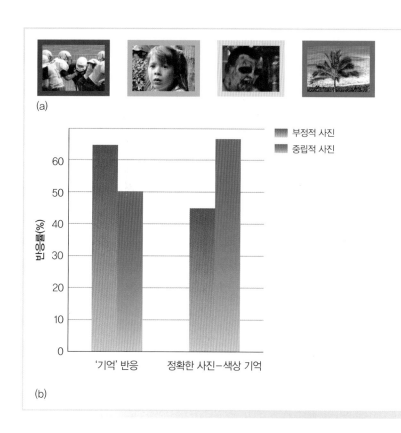

(a)

(b)

그림 8.9 (a) Rimmele 등(2011)이 사용한 자극과 유사하게 채색된 틀의 사진들. (b) Rimmele의 실험 결과. '기억' 반응들은 부정적 사진의 경우 더 많았지만 (왼쪽 막대 쌍), 기억은 중립적 사진의 틀 색상에 대해 더 우수하였다(오른쪽 막대 쌍).

출처: U. Rimmele, L. Davachi, R. Petrov, S. Dougal, & E. Phelps, Emotion enhances the subjective feeling of remembering, despite lower accuracy for contextual details, *Emotion, 11,* 553–562, Figure 1, 2011. Photos courtesy of Bruce Goldstein.

진이었고 30개는 자동차 충돌과 같이 부정적 사진이었다. 이 사진들은 테를 둘렀는데, 테는 네 개 색상 가운데 한 색상으로 칠해졌다(그림 8.9a). 한 시간 후 참가자들은 원래 보았던 60개 사진들과 보지 않았던 새로운 60개 사진들을 보았다. 각 사진마다 참가자들은 (1) 1점부터 6점까지 확신도 평정을 하였는데, 여기서 1은 이전에 그 사진을 보지 않았다고 확신하는 것을 나타내며, 6은 보았다는 것을 확신하는 것을 나타낸다. (2) '기억/앎' 판단을 하였는데, 여기서 '기억'은 그 사진이 원래 제시되었을 때 본 것을 기억한다는 것을 의미하고, '앎'은 이전에 경험한 것을 기억하지 못하지만 친숙하다는 것을 의미하며, '새로움'은 그 사진을 전혀 보지 않았다는 것을 의미한다. (3) '기억'이라고 평정한 사진에 대해 그들은 그 사진 틀의 색상을 보고했다.

그 결과가 그림 8.9b에 나와 있는데, 이에 따르면 참가자들은 중립적 사진들보다 정서적(부정적) 사진들을 더 잘 기억해냈다(왼쪽 막대 쌍). 그래프에 나와 있지 않은 다른 결과에 따르면 정서적 사진의 67%는 신뢰도 평정 6을 받았지만('나는 이전에 그 사진을 보았다고 확신한다.') 중립적 사진들의 51%만이 6을 받았다. 그러나 정서적 사진들에 대한 기억 반응이 더 강하고 확신도가 더 높았음에도 불구하고, 참가자들은 그들이 기억해낸 정서적 사진들 테의 색상 이름을 정확하게 기억해낼 가능성이 더 낮았다(오른쪽 막대 쌍). 이러한 결과를 바탕으로 연구자들이 내린 결론에 따르면, 정서가 어떤 사건의 발생 그리고 그 일반적 속성의 일부를 기억해낼 수 있는 능력을 고양시키지만, 발생한 것의 세부사항에 관한 기억을 정서가 고양시키지는 않는다. 따라서 사람들은 흔히 9·11 테러 공격의 발생을 뚜렷하게 재생할 수 있지만 그 사건에 관해 처음에 어떻게 들었는지와 관련된 세부사항들은 망각할 수 있다(Phelps & Sharot, 2008).

되뇌기, 매스컴 보도, 섬광기억 정서 외에 섬광 사건들에 관한 기억에 영향을 미칠 가능성이 있는 두 가지 다른 요인들이 되뇌기와 매스컴 보도이다. Ulric Neisser와 동료들(1996)은, 9·11 테러 공격에서 발생한 것과 같은 사건들을 우리가 기억해내는 이유는 특수한 기전 때문이 아니라 사건 발생 후 이 사건들을 되뇌기하기 때문이라고 주장하였다. 이러한 생각을 설화적 되뇌기 가설(narrative rehearsal hypothesis)이라고 부른다.

9·11 테러 공격에 뒤따른 사건들을 고려해 보면 설화적 되뇌기 가설을 이해할 수 있다. 세계무역센터에 충돌한 비행기 사진들은 TV에서 끝없이 재생되었으며, 그 사건과 여파는 나중에 매스컴에서 수개월 동안 집중적으로 다루어졌다. Neisser는 되뇌기가 중요한 사건들에 관한 기억의 원인이라면 섬광 유추는 오도된 것이라고 주장하였다.

우리가 관심을 두고 있는 기억은 9·11 테러 공격에 관해 사람들이 처음에 어떻게 들었는지를 둘러싼 특성들이지만, 이 사건과 관련된 많은 되뇌기가 그것에 관해 들은 후 발생한 사건들에 관한 되뇌기라는 점을 명심하라. 예를 들어, 타워에 충돌한 비행기들의 TV 재현으로 인해 그 사건에 관해 말해준 사람이 누구인지 또는 자신이 있던 곳이 어디인지보다는 그 이미지에 더 많은 초점을 기울이는 결과가 초래되며, 마침내 챌린저호 연구에서 일어난 것과 같이 그 사건에 관해 TV에서 처음 들었던 것으로 믿게 될 가능성이 있다.

사람들의 기억을 '사로잡는' TV의 힘을 보여주는 것으로서 James Ost와 동료들(2002)이 수행한 연구 결과를 들 수 있는데, 이들은 영국의 쇼핑센터에서 사람에게 접근하여 사람들이 비극적 사건들을 얼마나 잘 기억할 수 있는지를 조사하는 연구에 참여할 의사가 있는지 물었다. 표적 사건은 Diana 왕세자비와 그녀의 동반자 Dodi Fayed와 관련된 사건으로서, 1997년 8월 31일 파리에서 자동차 사고로 인한 그들의 죽음은 영국 TV에서 광범위하게 보도되었다. 참가자들은 다음 진술에 반응하도록 요청받았다. '여러분은 웨일즈의 왕세자비인 Diana와 Dodi Fayed가 목숨을 잃었던 자동차 사고에 관한 파파라치의 비디오 녹화물을 본 적이 있는가?' 이 질문에 답변한 45명 가운데 20명은 그 필름을 본 적이 있다고 말했다. 그러나 이는 불가능하였는데, 그 이유는 그러한 필름이 존재하지 않기 때문이다. TV에 자동차 사고는 보도되었지만 실제로 그 장면이 나온 것은 아니다. 이 사건을 다룬 광범위한 매스컴 보도가 실제로 일어나지 않았던 것(필름을 본 것)을 기억해내게끔 한 것이 분명하다.

기억 연구자들은 여전히 섬광 사건에 관한 기억을 담당하는 정확한 기전에 관해 논란 중이다(Berntsen, 2009; Luminet & Curci, 2009; Talarico & Rubin, 2009). 그러나 어떤 기전이 관여되든 섬광기억 연구의 한 가지 중요한 결과는, 사람들이 정확하게 기억해냈다고 믿는 것이 실제로는 전혀 정확하지 않을 수 있다는 것이다. 어떤 사건에 관한 사람들의 기억이 그 사건에 관한 실제 경험에 더하여 여러 요인들의 영향을 받을 수 있다는 생각에 입각하여 많은 연구자들은, 사람들이 기억해낸 것은 실제로 발생한 것에 부가적 영향을 더한 것에 근거하는 '구성물'이라고 제안한다. 이러한 생각을 다음 절에서 다룰 것이다.

1. 자전적 기억이란? 그것이 일화적 성분과 의미적 성분 양자를 포함한다고 말하는 것은 무슨 뜻인가?

2. 자전적 기억이 다차원적이라고 말하는 것은 무슨 뜻인가? Cabeza의 사진 실험은 이러한 생각에 대한 증거를 어떻게 제공했는가?

3. 어떤 유형의 사건들이 가장 잘 기억되는가? '기억해낸 사건' 대 '연령'의 도표에서 50세인 사람의 경우는 어떠한가? 이 함수에서 발생한 정점을 설명하기 위해 제안된 이론은?

4. 정서적 사건들이 비정서적 사건들보다 더 쉽게 기억된다는 증거는? 편도체와 기억을 결부시키는 뇌 스캔(fMRI) 및 신경심리학적(환자 B. P.) 증거들, 그리고 정서가 응고화를 증진시킨다는 것을 밝힌 실험을 포괄하여 정서기억에서 편도체의 역할을 기술하라.

5. 특정 조건에서는 정서가 기억 정확도를 감소시킬 수 있다는 증거는?

6. Brown과 Kulik이 케네디 대통령 암살과 같은 대중적, 정서적 사건들을 '섬광'기억이라고 부른 이유는? 그들이 섬광이라는 용어를 사용한 것이 정확한가?

7. Rimmele과 동료들이 수행한 정서적 자극 대 중립적 자극의 기억을 비교하라. 이 결과가 섬광기억에서 정서의 역할과 어떻게 관련되는가?

8. 설화적 되뇌기 가설이란? Diana 왕세자비 연구 결과는 기억에 관한 매스컴 보도의 효과와 어떻게 관련되는가?

기억의 구성적 본질

우리는 어떤 것을 다른 것보다 더 잘 기억해내는데, 그 이유는 그것이 특별히 중요하기 때문에 또는 그것이 생애에서 발생한 시기 때문이라는 것을 지금까지 살펴보았다. 그러나 사람들이 기억해낸 것이 실제로 발생한 것과 부합되지 않을 수 있다는 사실 역시 살펴보았다. 사람들이 과거 사건에 관한 기억을 보고할 때 어떤 것을 생략할 뿐만 아니라 발생한 것을 왜곡시키거나 변화시키며, 어떤 경우에는 결코 발생하지 않았던 것을 보고하기조차 한다.

기억의 이러한 특성들은 기억의 구성적 본질(constructive nature of memory)을 반영하는데, 사람들이 기억이라고 보고하는 것은 실제로 발생한 것에다 사람의 지식, 경험, 기대와 같은 부가적 요인을 더한 것에 기초하여 구성된 것이다. 기억에 관한 이러한 접근을 '구성적'이라고 하는데, 그 이유는 마음이 수많은 정보 원천에 근거하여 기억을 구성하기 때문이다. 기억이 구성적이라고 제안한 초기의 한 연구가 '유령들의 전쟁' 실험이었는데, 이는 영국의 심리학자 Fredrick Bartlett이 제1차 세계대전 전에 수행하고 1932년에 출간하였다.

Bartlett의 '유령들의 전쟁' 실험

이 고전적 연구에서 Bartlett은 참가자들로 하여금 맨 처음 캐나다 인디언 Folklore족의 다음 이야기를 읽도록 하였다.

유령들의 전쟁

어느 날 밤 에글랙(Egulac) 출신의 두 젊은이가 바다표범을 사냥하려고 강을 따라 내려왔다. 그곳에 도착했을 때는 안개가 자욱했고 고요했다. 그때 그들은 전쟁과 같은 함성을 들었고 '아마도 전투중인 전사들인가 보다.'라고 생각했다. 그들은 강가로 도망가서 통나무 뒤에 숨었다. 그때 카누들이 다가왔고 노 젓는 소리가 들렸다. 카누 한 척이 그들에게 다가오는 것을 보았다. 카누에는 다섯 명이 있었는데 그들이 두 젊은이에게 말했다.

"어떻게 생각하시오? 우리는 당신들을 데리고 가고 싶은데. 우리는 전쟁을 하려고 강 위로 올라가는 중이라오."

두 젊은이 중 한 젊은이가 말했다. "나에게는 화살이 없소."

그들이 말했다. "화살은 카누에 있소."

젊은이는 "나는 함께 가지 않겠소. 내가 죽게 될지도 모르오. 내 친척들은 내가 어디에 있는지 모른다오." 그는 이어서 다른 젊은이를 향해 말했다. "하지만 당신은 그들과 함께 가도 되지 않나요?"

그래서 한 젊은이는 함께 갔고, 다른 한 젊은이는 집으로 돌아갔다.

전사들은 강 위로 가서 칼라마(Kalama)의 다른 쪽 마을에 갔다. 사람들은 물가로 와서 싸우기 시작했고 많은 사람들이 목숨을 잃었다. 하지만 이내 젊은이는 한 전사의 말을 들었다.

"빨리 집으로 돌아가자. 저 인디언이 화살에 맞았다."

그제서야 그는 '아, 그들은 유령이구나.'라고 생각했다. 그는 통증을 느끼지 않았지만 그들은 그가 화살에 맞았다고 말했다.

그래서 카누들은 에글랙으로 돌아갔고, 젊은이는 강가에 있는 그의 집으로 가서 불을 지폈다. 그리고 그는 여러 사람들에게 말했다.

"나는 유령들과 함께 싸우러 갔소. 많은 동료들이 살해되었고 우리를 공격한 사람들도 많이 살해되었소. 그들은 내가 화살에 맞았다고 말했지만 나는 아픔을 느끼지 않았소."

그는 이 모든 말을 한 후 조용해졌다. 태양이 떴을 때 그는 쓰러졌다. 무엇인가 검은 것이 그의 입에서 나왔다. 그의 얼굴은 일그러졌다. 사람들이 놀라 벌떡 일어나 울부짖었다. 그 젊은이는 죽었다. (Bartlett, 1932, p.65).

그의 참가자들이 이 이야기를 읽은 후 Bartlett은 그들이 그 이야기를 가능한 한 정확하게 회상해내도록 요구하였다. 그 후 그는 반복 재생(repeated reproduction) 기법을 사용하였는데, 동일한 참가자들이 그 이야기를 처음 읽은 후 점점 더 긴 간격을 두고 그것을 기억해내야 했다. 이는 섬광기억 실험에서 사용된 반복 회상 기법과 유사하다(방법: 반복 회상, 258쪽 참고).

Bartlett 실험이 중요한 것으로 간주되는 한 가지 이유는 그것이 반복재생 기법을 처음으로 사용했기 때문이다. 그러나 '유령들의 전쟁' 실험이 중요한 것으로 간주되는 주된 이유는 Bartlett의 참가자들이 저지른 오류의 본질이다. 이야기를 읽은 후 시간이 지날수록 대부분 참가자들의 재생은 원래 이야기보다 더욱 더 짧아졌으며 많은 생략과 부정확성을 보였다. 그러나 기억된 이야기에서 가장 중요한 것은 그것이 참가자 자신의 문화를 반영하는 경향이 있었다는 점이다. 캐나다 민속 문화에서 나온 원래 이야기는 많은 Bartlett의 참가자들에 의해 변형되어서 그들이 속한 에드워드 시대의 영국 문화와 점점 더 일치하게 되었다. 예를 들어, 한 참가자는 바다표범을 사냥하러 나간 두 사람을 탐험 항해중인 것으로 기억해냈고, '카누'를 '보트'로 기억해냈으며, 전쟁에 참여한 사람을 괜찮은 영국인이라면 누구나 자랑스러워할 만한 전사, 즉 자신의 부상을 잊고 계속 싸워서 원주민의 존경을 받은 전사라고 기억해냈다.

Bartlett 실험에서 일어난 것으로부터 짐작할 수 있는 것은 참가자들이 두 가지 원천에서 기억을 생성했다는 점이다. 한 원천은 원래 이야기이며, 다른 원천은 자신의 문화에서 유사한 이야기에 관해 알고 있는 것이었다. 시간이 경과할수록 참가자들은 두 원천에서 정보를 사용했고, 따라서 그들의 재생은 에드워드 시대의 영국에서 일어날 만한 것과 점점 더 유사해졌다. 이처럼 기억이 다양한 원천들에서 나온 세부 내용들로 구성된다는 생각을 원천 모니터링(source monitoring)이라고 부르는데, 이는 기억의 구성적 접근의 핵심에 있다.

원천 모니터링과 원천 모니터링 오류

"당신은 〈헝거게임: 캣칭 파이어(The Hunger Games: Catching Fire)〉가 개봉될 때 영화관에서 일어난 폭력 상황에 관해 이야기를 들었습니까?"

"예, 나는 저녁 뉴스에서 그것을 들었습니다."

"정말인가요? 나는 그 책(〈헝거게임: 캣칭 파이어〉는 Suzanne Collins의 소설 『캣칭 파이어(Catching Fire)』를 바탕으로 제작된 영화이다. ―옮긴이 주)을 읽은 베르니타에게서 그 이야기를 들었는지 아니면 수잔에게서 들었는지 기억이 나지 않는군요."

원천 모니터링(source monitoring)은 우리의 기억, 지식, 또는 신념의 원천을 판단하는 과정이다(Johnson et al., 1993). 앞서의 대화에서 한 사람은 영화에 관한 정보의 원천이 저녁 뉴스라고 식별해냈지만, 다른 사람은 그 원천이 베르니타와 수잔 가운데 누구인지 확신하지 못하는 모습이었다. 그가 베르니타라고 생각했는데 수잔으로 판명되었다면 그는 원천 모니터링 오류(source monitoring error)를 범한 것인데, 이 오류는 기억의 원천을 오인하는 것이다. 원천 모니터링 오류를 흔히 원천 오귀인(source misattribution)이라고도 부르는데, 그 이유는 기억을 틀린 원천에 귀인하기 때문이다. 원천 모니터링은 기억의 구성적 본질의 사례를 제공해 주는데, 그 이유는 우리가 무엇인가를 기억해낼 때 그 기억을 인출하고("나는 〈헝거게임〉 영화를 보러 온 군중에 관해 들었다.") 그다음 그 기억의 출처를 식별하기 때문이다("그 사람은 베르니타 또는 수잔 가운데 하나인데, 그 이유는 최근 그들과 이야기를 나누었기 때문이다. 하지만 베르니타일 가능성이 더 큰데, 그 이유는 그녀가 그 책을 이제 막 모두 읽었다는 것을 내가 알고 있기 때문이다.")(Mitchell & Johnson, 2000).

원천 모니터링 오류는 흔하지만 우리는 흔히 그것을 자각하지 못한다(아마도 Bartlettt의 참가자 경우처럼). 아마도 여러분은 무엇인가에 관해 어떤 사람이 여러분에게 말했지만 나중에 그것에 관해 다른 사람에게서 들었던 것으로 기억해내거나, 여러분이 생각만 했던 어떤 것을 말했다고 주장한('저녁식사 시간에 늦게 귀가할 것이다.') 경험이 있을 것이다(Henkel, 2004). 1984년 대통령 선거에서 Ronald Reagan 대통령은 재선 운동을 하면서 어느 미국 조종사의 영웅적 행위 스토리에 관해 자주 이야기했는데, 나중에 밝혀진 바에 따르면, 그 스토리는 1940년대 전쟁 영화 〈비행기와 기도자(A Wing and a Prayer)〉의 한 장면과 거의 동일한 것으로 밝혀졌다(Johnson, 2006; Rogin, 1987). 명백히 대통령의 기억의 원천은 실제 사건이 아니라 영화였다.

원천 모니터링 오류의 보다 극적인 사례가 잠복 기억상실증(cryptoamnesia)의 경우인데, 이는 타인의 작품을 무의식적으로 표절하는 것이다. 예를 들어, Beatle George Harrison은 그의 노래 〈My Sweet Lord〉가 〈He's So Fine〉 노래(1960년대 그룹 'The Chiffons'가 최초로 앨범 녹음했다)에서 멜로디를 도용했다고 고소당했다. Harrison은 그 곡을 무의식적으로 사용했다고 주장했지만 원곡의 출판 회사에게 패소하였다. Harrison의 문제는, 자신이 그 멜로디의 원천이라고 생각했지만 실제 원천은 타인이었다는 데 있다.

원천 모니터링 오류는 중요한데, 그 이유는 이를 담당하는 기전이 일반적인 기억 생성에도 관여하기 때문이다. Marcia Johnson(2006)은 기억을 수많은 유형의 정보를 사용하는 처리과정이라고 묘사하였다. 기억에서 정보의 일차적 원천은 실제 사건에서 나온 정보로서, 이는 그 시기에 발생한 지각적 경험, 정서, 사고를 포함한다. 기억에 영향을 미치는 부가적 정보의 원천은 사람들의 세상사 지식 그리고 사건 전후에 발생하여 그 사건과 혼동될 가능성이 있는 것들이다.

이 장의 후반부에서, 사람들이 세상에 대해 알고 있는 것들 때문에 이전에 제시된 자료를 어떻게 잘못 기억해내는지를 보여주는 여러 실험들을 소개할 것이다. 또한 실험자가 참가자에게 사건 후 오도하는 정보를 제공하는 것이 그 사건을 기억해내려고 할 때 오류를 범하게끔 한다는 것을 보여주는 실험들을 소개할 것이다. 원천 모니터링은 이러한 상황들에서 작동하는 한 요인인데, 그 이유는 참가자들이 그들 기억의 원천으로서 실제 사건에서 제공된 정보보다는 이러한 부가적 정보를 사용하기 때문이다. 하지만 먼저 원천 모니터링 오류가 인간 기억에 어떻게 영향을 미칠 수 있는지를 밝힌 두 연구들을 소개할 것이다.

'하루아침에 유명해지기' 실험: 원천 모니터링과 친숙성 Larry Jacoby와 동료들의 실험(1989)은 유명인 이름과 무명인 이름을 구분할 수 있는 참가자의 능력을 검사함으로써 원천 모니터링 오류의 효과를 밝혔다. 실험의 획득 부분에서 Jacoby는 참가자들에게 Sebastian Weissdorf와 Valerie Marsh와 같은 수많은 가상의 무명인 이름들을 읽도록 하였다(그림

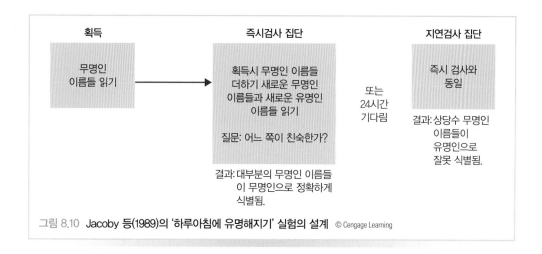

그림 8.10 **Jacoby 등(1989)의 '하루아침에 유명해지기' 실험의 설계** © Cengage Learning

8.10). 즉시검사 집단의 참가자들은 무명인 이름 목록을 본 직후에 검사받았다. 그들은 (1) 방금 보았던 무명인 이름들, (2) 이전에 본 적이 없는 새로운 무명인 이름들, (3) 실험이 수행된 1988년에 많은 사람들이 알고 있었던 유명인 이름들을 포함한 목록에서 유명인 이름을 골라내도록 요구받았다. 이 검사 직전에 참가자들에게 실험의 첫 부분에서 보았던 이름들이 모두 무명인 이름이라는 사실을 상기시켰다. 첫 번째 무명인 이름 목록을 본 지 얼마 되지 않아서 검사가 실시되었기 때문에, 참가자들은 대부분의 낯익은 무명인 이름들을 무명인 이름으로 정확하게 식별하였다.

흥미 있는 결과는 **지연검사 집단**에서 일어났는데, 이들은 이름들을 처음 본 지 24시간 후에 검사받았으며, 역시 검사 전에 실험의 첫 부분에서 보았던 이름들이 무명인 이름이라는 말을 들었다. 이 지연 기간 후 검사받았을 때 참가자들은 낯익은 무명인 이름들을 유명인 이름으로 식별할 가능성이 더 컸다. 따라서 검사받기 전에 24시간 동안 기다린 것이 Sebastian Weissdorf에게 유명인 꼬리표를 붙일 기회를 증가시켰다. 이러한 결과 때문에 Jacoby의 논문에는 '하루아침에 유명해지기'라는 제목이 붙었다.

Sebastian Weissdorf가 어떻게 하루아침에 유명해졌는가? 이 질문에 답하기 위해 여러분 스스로가 Jacoby의 참가자들이 되어 보라. 무명인 이름들로 이루어진 첫 번째 목록을 본 지 24시간 만에 여러분은 Sebastian Weissdorf가 유명인인지 아니면 무명인인지 판단해야 한다. 어떻게 판단하는가? Sebastian Weissdorf가 여러분이 알고 있는 누군가라고 튀어나오지는 않지만 그 이름은 친숙하다. 여러분은 스스로에게 질문을 던진다. '이 이름이 왜 친숙할까?' 이는 원천 모니터링 문제인데, 그 이유는 이 질문에 답하기 위해 친숙성의 원천을 판단할 필요가 있기 때문이다. Sebastian Weissdorf라는 이름이 친숙한 이유가 24시간 전에 보았기 때문일까 아니면 유명인 이름이기 때문일까? 명백히 Jacoby의 참가자들 가운데 상당수는 친숙성이 명성 때문이라고 판단했고, 따라서 이전에 무명인이었던 Sebastian Weissdorf가 유명인이 된 것이다!

이 장의 후반부에서 목격자 증언의 정확성 판단과 관련된 이슈들을 다룰 때, 애꿎은 사람을 범죄 장면에서 보았던 사람으로 신원 오인하는 것과 같이 친숙성 느낌을 생성하는 상황들이 원천 모니터링 오류를 일으킬 수 있다는 것을 살펴볼 것이다.

누가 무엇을 말했는지 기억해내기: 원천 모니터링과 성 고정관념 우리가 기억해낸 것에 관해 의심이 들 때, 우리는 흔히 세상에 관해 우리가 알고 있는 것을 이용하고 이것을 무의식적으로 종종 사용한다. 한 가지 사례를 Richard Marsh와 동료들(2006)의 실험이 제공하였는데, 이 실험은 원천 모니터링 과제에서 사람들의 수행이 성 고정관념의 영향을 받을 수 있다는 것을 밝혔다. 그들은 원천 모니터링을 검사하기 위해 다음 방법을 사용했다.

방법 원천 모니터링 검사하기

전형적인 기억 실험에서는 단어, 그림, 진술문과 같은 항목들을 제시한 후, 후속 검사 회기에서 이전에 제시된 항목들을 가능한 한 많이 회상하거나 재인하도록 한다. 원천 모니터링 실험에서는, 특정 원천에 기원을 둔 항목들을 제시한 후, 후속 검사 회기에서 각 항목과 연합된 원천이 무엇인지를 맞추도록 한다. 예를 들어, 참가자들은 다음과 같은 진술문들을 많이 제시받는다. "'나는 오늘 그 파티에 갔다.'라고 존은 말했다." 또는 "'나는 메츠가 오늘 밤 이길 것 같다.'라고 샐리가 말했다." 나중에 원천기억 검사에서 참가자들은 각 진술문들을 제시받는데 말한 사람의 이름이 제외된 채로 제시받으며, 이때 말한 사람이 누구인지 맞추도록 요구받는다. 원천 모니터링 오류는 진술문을 틀린 사람에게 귀인할 때 발생한다. 따라서 원천기억 실험의 핵심은 기억되는 항목들의 비율이 얼마인지가 아니라(비록 이러한 데이터도 수집되지만), 정확한 원천과 짝지어진 항목의 비율이 얼마인지에 있다.

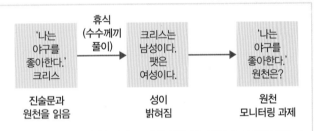

그림 8.11 Marsh와 동료들(2006)의 원천 모니터링과 성 고정관념 실험의 설계 © Cengage Learning

Marsh 실험의 실험 설계가 그림 8.11에 나와 있다. 일련의 진술문들이 한 번에 한 개씩 컴퓨터 스크린에 5초 동안 제시되고 참가자들은 이것을 읽었다. 어떤 진술문들은 남성의 고정관념과 연합된 것이었으며('나를 해친 놈에게 욕을 하였다.'), 어떤 것들은 여성의 고정관념과 연합된 것이었고('나는 식탁용 장식물을 만들었다.'), 어떤 것들은 중립적이었다('나는 매우 느긋하다.'). 각 진술문은 이름 하나, 예를 들어 '크리스' 또는 '팻'과 함께 제시되었는데, 참가자는 진술문 그리고 그 말을 한 사람을 기억하도록 요구받았다.

모든 진술문–이름 쌍을 본 후 참가자들은 5분 동안 수수께끼를 풀고, 그 후 크리스는 이성애자 남성이며 팻은 이성애자 여성이라는 말을 들었다. 참가자들이 진술문들을 처음에 읽을 때에는 크리스와 팻의 성을 알지 못했다는 것을 기억해 두는 것이 중요하다. 참가자들은 성을 알게 된 후 원천 모니터링 과제를 제시받았는데, 이 과제에서는 원래 보았던 진술문들을 읽고 각 진술문을 크리스가 말했었는지 아니면 팻이 말했었는지 지적했다.

그 결과가 그림 8.12에 나와 있는데, 이 결과는 성 라벨이 참가자의 기억 판단에 영향을 미쳤다는 것을 보여준다. 그래프는 원천 모니터링 점수를 나타낸다. 1.0 점수는 완벽한 원천 모니터링으로서, 원래 연합된 이름에 각 진술문이 결부된 것을 뜻한다. 왼쪽 막대 쌍에 따르면, 처음 제시되었을 때 남성(크리스)과 연합된 남성적 진술문의 83%가 정확하게 그에게 지적되었지만, 처음 제시되었을 때 여성(팻)과 연합된 남성적 진술문의 65%만이 정확하게 그녀에게 지적되었다. 오른쪽 막대 쌍은 여성적 진술문의 경우 유사한 결과를 보여주었는데, 이에 따르면 남성(크리스)보다 여성(팻)에게 정확하게 귀인할 가능성이 더 컸다.

이러한 결과는, Marsh에 따르면, 만약 참가자들이 특정 진술을 한 사람에 대해 강한 기억을 갖고 있지 않을 때 그들의 기억이 '전형적인' 남성과 여성이 하는 말에 관한 자신의 지식에 의해 편향되었다는 것을 뜻한다. 따라서 실세계 지식의 영향은 원천 모니터링 오류를 초래한다. 다음 절에서 실세계 지식이 어떻게 기억 오류를 초래할 수 있는지를 밝힌 여러 실험들을 추가로 살펴볼 것이다.

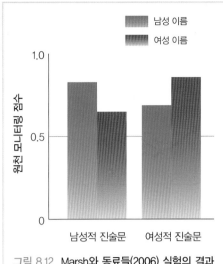

그림 8.12 **Marsh와 동료들(2006) 실험의 결과**
© Cengage Learning

실세계 지식이 기억에 영향을 미치는 방식

친숙성 생성과 성 고정관념이 원천 모니터링에 미치는 효과는 실제 발생한 것 이외의 요인들이 기억에 어떻게 영향을 미칠 수 있는지를 밝혀준다. 이제는 실세계 지식이 기억에 영향을 미치는 방식에 초점을 두고서 몇 가지 사례들을 더 살펴볼 것이다.

추론하기 기억 보고는 사람들이 자신의 경험과 지식에 근거하여 수행하는 추론의 영향을 받을 수 있다. 이 절에서 이러한 생각을 더 살펴볼 것이다. 하지만 먼저 다음 '보여주기'를 보자.

보여주기 문장 읽기

이 실험을 위해 다음 문장들을 읽되, 각 문장을 읽은 후 몇 초 동안 쉬어라.

1. 온도가 섭씨 26.5도에 도달했을 때 어린이가 만든 눈사람이 사라졌다.
2. 부실한 선반이 책 무게에 눌려 약해졌다.
3. 방심한 교수가 자신의 자동차 키를 가져오지 않았다.
4. 태권도 챔피언이 콘크리트 블록을 쳤다.
5. 신생아가 밤새 깨어 있었다.

이제 290쪽에 있는 '보여주기: 문장 읽기(계속)'로 가서 지시에 따르라.

290쪽에 있는 빈칸 채우기 연습의 답들이 앞서 원래 읽었던 단어들에 비해 어떠한가? William Brewer(1977), Kathleen McDermott와 Jason Chan(2006)은 참가자들에게 유사한 과제를 제시하였는데, 앞서 여러분이 읽었던 문장들보다 더 많은 문장들을 제시하였다. 그 결과, 오류가 전체 문장들의 약 1/3에서 일어났다는 것을 발견하였다. 앞서 문장들의 경우 가장 흔한 오류는 다음과 같다. (1) 사라졌다가 녹았다, (2) 약해졌다가 부서졌다, (3) 가져오지 않았다가 잃었다, (4) 쳤다가 부쉈다, (5) 깨어 있었다가 울었다.

이러한 자구 표현 변화는 실용적 추론(pragmatic inference)이라고 부르는 과정을 보여주는데, 이는 문장 읽기가 사람들로 하여금 외현적으로 진술되지 않거나 문장에 함축되지 않은 것을 예상하게끔 할 때 일어난다(Brewer, 1977). 이러한 추론은 경험을 통해 획득된 지식에 기반을 두고 있다. 따라서 비록 밤새 아기가 깨어 있었다는 것을 읽는 것이 울음에 관해 어떠한 정보도 내포하지 않는다 할지라도 아기에 관한 지식이 아기가 울었다고 추론하게끔 할 수 있다(Chan & McDermott, 2006).

다른 기억 실험에서 사용된 시나리오가 있는데, 이는 특히 참가자의 과거 경험에 근거한 추론을 유발하게끔 고안되었다(Arkes & Freedman, 1984).

야구시합에서 점수가 1 대 1 동점을 이루고 있다. 홈 팀이 1루와 3루에 주자를 내보냈고 원 아웃 상태이다. 땅볼이 유격수에게 갔다. 유격수는 2루에 공을 던져서 병살을 노렸다. 3루 주자가 점수를 올려서 이제 홈팀이 2 대 1로 앞서고 있다.

이와 유사한 이야기를 들은 후 참가자들은 '타자가 1루에서 세이프 되었다.'라는 문장이 글의 일부였는지를 맞추도록 요구받았다. 이야기를 보면 이 문장이 결코 제시되지 않았다는 것을 알 수 있을 것인데, 야구를 잘 모르는 참가자들은 대부분 정확하게 대답하였다. 그러나 야구 규칙을 아는 참가자들은 그 문장에 제시되었다고 말할 가능성이 더 컸다. 그들이 이러한 판단을 한 근거는 다음과 같은 사실에 관해 갖고 있는 자신의 지식인데, 만약 3루 주자가 점수를 올렸다면 병살 플레이가 실패했음이 틀림없으며 이는 타자가 안전하게 1루에 도착했다는 것을 뜻한다. 이 사례에서 지식은 야구에서 일어날 가능성이 있는 것에 관해서는 정확한 추론을 초래하지만 글에 제시된 문장에 관해서는 부정확한 추론을 초래한다.

그림 8.13 Brewer와 Treyens(1981)의 참가자들이 연구실에 있었던 것에 관한 기억에 대해 검사받기 전에 기다렸던 연구실.

도식과 스크립트 앞서의 사례는 사람들의 기억 보고가 자신의 지식에 의해 어떻게 영향받을 수 있는지를 보여준다. 도식(schema)은 환경의 어떤 양상에 관해 갖고 있는 사람의 지식이다. 예를 들어, 우체국에 관한 도식은 우체국 건물이 밖에서 볼 때 통상 어떤 모습인지, 우체국 내부에는 무엇이 있으며 어떤 서비스를 제공하는지를 포함할 것이다. 우리는 우체국 방문, 야구장 가기, 또는 강의실에서 강의 듣기와 같은 여러 상황들에서 겪은 우리의 경험들을 통해 도식을 발전시킨다.

사람들의 도식이 기억에 어떻게 영향을 미치는지를 연구한 한 실험에서, 심리학 실험에 참가하러 온 참가자들은 실험자가 '이전 시간의 참가자가 실험을 완료했는지 확인하려고' 점검하는 동안 연구실에서 기다리도록 요구받았다(그림 8.13). 35초 후 참가자들을 다른 방으로 불러서, 그 실험의 목적이 연구실에 관한 그들의 기억을 검사하는 것이며 그들의 과제는 연구실에 앉아 있는 동안 보았던 것을 쓰는 것이라고 말했다(Brewer & Treyens, 1981). 참가자들은 자신이 본 것이라고 기억해낸 많은 것을 기록함으로써 반응했는데, 그곳에 없었지만 그들의 '연구실 도식'에 들어맞는 것들도 포함시켰다. 예를 들어, 연구실에는 책이 전혀 없었지만 30%의 학생들이 책을 보았다고 보고했다. 따라서 도식의 정보는 우리가 기억해내려고 추론하는 데 있어 지침을 제공할 수 있다. 이 사례에서 그 추론은 틀린 것으로 판명되었다.

기억 실험에서 도식이 틀린 판단을 어떻게 초래할 수 있는지를 보여주는 다른 사례는 스크립트라고 부르는 유형의 도식을 포함한다. 스크립트(script)는 특정 경험 도중 통상 일어나는 행위 순서에 관해 우리가 갖고 있는 개념이다. 예를 들어, 우체국 방문에 관한 여러분의 스크립트는 줄 서기, 편지를 보내고자 할 때 양식을 채우기, 편지를 우체국 직원에게 주기, 직원이 편지 무게를 달고 우편요금을 확인하는 것을 바라보기, 우편요금을 지불하기, 어쩌면 다음에 사용하려고 우표를 사기, 그 후 우체국을 떠나기 등이 있다.

스크립트는 특정 상황에서 통상 발생하는 것에 관한 예상을 촉발시킴으로써 우리 기억에 영향을 미칠 수 있다. 스크립트의 영향을 검증하기 위해 Gordon Bower와 동료들(1979)을 참가자들에게 다음과 같은 짧은 글을 기억하도록 요구하는 실험을 수행했다.

치과 병원

빌은 심한 치통을 앓았다. 마침내 치과 병원에 도착할 때까지 통증은 영원할 듯 느껴졌다. 빌은 벽에 붙어 있는 다양한 치과 포스터를 둘러보았다. 마침내 치과 위생사가 점검하고 치아 엑스레이 사진을 찍었다. 그는 치과 의사가 무엇을 하는지 궁금했다. 치과 의사는 빌에게 충치가 많다고 말했다. 그는 다음번 예약을 한 후 곧장 병원을 떠났다. (Bower et al., 1979, p.190)

참가자들은 이와 같은 글을 많이 읽었는데, 모든 글이 치과에 가기, 수영하러 가기, 또는 파티에 가기와 같이 친숙한 행위들에 관한 것이었다. 지연 기간 후 참가자들은 그들이 읽었던 이야기 제목을 받고 각 이야기에 관해 기억나는 것을 가능한 한 정확하게 기록하도록 요구받았다. 참가자들이 생성해낸 이야기에는 원래 이야기에 부응하는 자료도 많이 포함되었지만, 원래 이야기에 제시되지 않았어도 기술한 행위의 스크립트에 속하는 자료 역시 포함되었다. 예를 들어, 치과 이야기의 경우, 어떤 참가자들은 '빌이 치과의 접수 담당자에게 접수하였다.'라는 글을 읽었다고 보고했다. 이 말은 대부분 사람들의 '치과에 가기' 스크립트에 속하지만 원래 이야기에는 포함되어 있지 않았다. 즉 치과 스크립트에 관한 지식이 참가자들로 하여금 원래 제시되지 않았던 정보를 덧붙이게끔 한 것이다. 지식과 기억 간 연결의 또 다른 사례를 다음 '보여주기'에서 살펴보자.

보여주기 목록에 관한 기억

다음 목록을 항목당 1초의 속도로 읽어 보라. 그런 다음, 목록을 덮고 가능한 한 많은 단어들을 써 보라. 이 실험을 제대로 하기 위해서는 단어들을 반드시 덮어둔 상태로 보지 않고서 기억해낸 단어들을 쓰는 것이 중요하다.

침대, 휴식, 각성, 피로, 꿈, 깸, 밤, 담요, 졸음, 수면, 코 골기, 베개, 평화, 하품, 나른함
('코 골기'는 원문에서는 낱개 단어인 snore이다.—옮긴이 주)

틀린 회상과 재인 방금 해 본 '보여주기'는 James Deese(1959), 그리고 Henry Roediger와 Kathleen McDermott(1995)의 실험에 근거하는데, 실제로 제시되지 않은 항목들의 틀린 회상을 보여준다. 여러분이 기억해낸 단어들 목록에는 앞서 목록에 있지 않은 단어들이 포함되어 있는가? 내가 이 목록을 나의 수업시간에 제시했을 때마다 항상 상당수의 학생들이 '잠(sleep)'이라는 단어를 기억해냈다고 보고했다. 잠은 목록에 없으므로 이것을 기억해낸 것은 틀린 기억(오기억)이다. 이러한 오기억이 일어나는 이유는 사람들이 잠을 목록에 있는 다른 단어들에서 연상해내기 때문이다. 이는 도식 효과와 유사한데, 여기서 사람들은 사무실에서 통상 보이는 것들로부터 사무실 가구를 연상해내기 때문에 존재하지 않는 사무실 가구에 대해 오기억을 생성한다. 결국, 구성적 과정이 기억에서 오류를 생성한다.

이 모든 사례들에서 중요한 것은, 오기억이 정확한 기억을 생성하는 것과 동일한 구성적 과정에서 비롯된다는 점이다. 우리가 살펴본 것과 같이, 기억은 일어나는 모든 것에 대해 완벽한 불변의 기록을 생성하는 카메라나 테이프 녹음기가 아니다. 기억의 이러한 구성적 속성은 대부분 상황들에서 우리에게 좋은 기능을 제공하지만, 나중에 이 장에서 살펴볼 법정 증언과 같은 상황에서는 그다지 좋지만은 않을 수 있다.

정밀 검토: 구성의 득실

기억의 구성적 속성은 정신 과정들의 창조적 본질을 반영하는데, 이 과정들이 언어 이해, 문제해결, 의사 결정 등을 수행할 수 있게 해준다. 이러한 창조성 역시 불완전한 정보가 존재할 때 '공백을 채우는 데' 도움을 준다. 예를 들어, 어떤 사람이 '우리는 야구장에 갔다.'라는 말을 하면, 여러분이 야구장에 갔던 경험에 근거하여 시합 외에 일어나는 많은 것들(예: 핫도그나 다른 야구장 음식들)에 관해 그럴듯한 생각들이 떠오른다.

비록 이러한 창조성이 훌륭한 목적에 소용이 되지만, 그것은 때로 기억 오류를 초래한다. 이러한 오류는, 우리가 경험했던 많은 것들을 망각한다는 사실에 추가하여 많은 사람들로 하여금 자신의 기억이 더 나아지기를 희망하게끔 하는데, 이러한 희망은 대부분 학생들이 특히 시험기간 무렵에 갖는 생각이다. 그러나 러시아의 기억 전문가 Shereshevskii(S.)의 사례는 완벽에 가까운 기억이 결코 유리한 것만은 아니라는 것을 보여준다.

S.를 집중적으로 연구한 후 러시아 심리학자 Alexandria Luria(1968)는 그의 기억이 '사실상 무한'하다고 결론을 내렸다. 비록 Wilding과 Valentine(1977)이 그가 때로 실수를 저지른다는 것을 지적했지만 말이다. 비록 S.는 자신의 놀라운 기억 덕분에 무대 위에서 기억력을 보여줌으로써 생계를 꾸려나갈 수 있었지만, 그의 삶의 다른 측면에서는 그다지 유용하지 않은 듯하였다. Luria는 S.의 개인적 삶을 '오리무중' 상태라고 묘사했다. 그가 기억 솜씨를 보여줄 때 그는 방금 기억했던 것을 망각하는 데 어려움을 겪었다. 그의 마음은 일어난 모든 것이 쓰이고는 지워지지 않는 흑판과 유사했다. 많은 것들이 우리 마음을 순간적으로 스쳐지나간 후에는 다시 필요하지 않게 되는데, 불운하게도 S.의 경우

에는 이런 것들이 떠나가기를 그가 바라는 경우조차도 여전히 남아있었다. 그는 또한 추론하기 또는 부분적 정보에 근거하여 '빈칸 채우기'를 내포한 추리를 잘 하지 못했다. 우리는 당연한 것으로 여기는 이런 것들을 자주 수행하지만, 방대한 양의 정보를 기록하는 S.의 능력 그리고 그것을 지울 수 없는 그의 무능력은 이러한 것을 수행하는 데 방해가 되었다.

최근 놀라운 기억의 새로운 사례들이 보고되었는데, 그들은 **고도로 우수한 자전적 기억**의 사례라고 묘사되었다(LePort et al., 2012). 우리가 A. J.라고 부를 한 여성이 UCLA의 기억 연구자 James McGaugh에게 다음과 같은 이메일을 보냈다.

> 저는 34세인데, 11세부터 저의 과거를 회상하는 데 있어 믿을 수 없는 능력을 갖게 되었습니다. …… 1974년과 오늘 사이의 아무 날이나 지적하면 저는 그날이 어떤 날인지 그리고 그날 제가 무엇을 했는지 당신에게 말할 수 있습니다. …… 그리고 그날 중요한 어떤 일이 발생했다면 그것을 당신에게 말할 수 있습니다. …… TV(또는 다른 어떤 곳이든)에서 날짜 나오는 것을 볼 때마다 저는 자동적으로 그날로 되돌아가서 제가 어디에 있었는지, 무엇을 하고 있었는지, 그날이 어떤 날이었는지 등이 하염없이 기억납니다. 그것은 멈추지 않고 통제할 수 없으며 저를 완전히 탈진시킵니다. …… 매일 제 모든 삶이 머릿속을 지나가는데 그것 때문에 저는 미칠 지경입니다!!! (Parker et al., 2006, p.35).

A. J.는 기억이 자동적으로 발생하고 의식적 통제하에 있지 않다고 기술한다. 날짜를 제시받으면 그녀는 몇 초 이내에 관련된 개인적 경험들 및 그날 발생한 특별한 사건들을 떠올렸는데, 이러한 기억은 A. J.가 24년 동안 간직했던 일상 사건에 관한 일기를 바탕으로 점검했을 때 정확한 것으로 판명되었다(Parker et al., 2006).

A. J.의 개인적 경험에 관한 탁월한 기억은, 그녀가 지울 수 없었던 내용이 기억 수행에서 나온 숫자들이나 이름들이 아니라 개인적 삶의 세부 내용이었다는 점에서 S.와 상이하였다. 이는 긍정적이기도 하고(행복한 사건을 회상하기) 부정적이기도 하였다(불행하거나 충격적인 사건을 회상하기). 그러나 생활 사건들을 기억하는 것 이외의 영역에서는 그녀의 기억이 그녀에게 **유용**하였을까? 명백히, 그녀가 평균 수준의 학생이었다는 점으로 미루어 볼 때, 그녀는 그녀의 능력을 시험 자료를 기억하는 데 도움이 되도록 적용할 수 없었다. 그리고 검사 결과에 따르면, 그녀는 자료를 조직화하기, 추상적으로 사고하기, 개념을 갖고 작업하기와 같이 창조적 사고에 중요한 기술을 내포한 검사에서 저조한 수행을 보였다. A. J.가 나타난 다음에도 10명의 추가적인 참가자들에 관한 연구가 그들의 놀라운 자전적 기억 회상 능력을 확증하였지만, 그들 또한 대부분의 표준적 실험실 기억 검사에서 정상적인 통제 참가자들과 유사한 수준의 수행을 보였다. 따라서 그들의 기술은 자전적 기억을 기억해내는 데 전문화된 것으로 보인다(LaPort et al., 2012).

S.와 A. J.의 사례들이 보여주는 바는, 모든 것을 기억할 수 있다는 것이 반드시 득이 되지는 않는다는 것이다. 실제로, 우수한 기억력을 초래하는 기전은 기억뿐만 아니라 창조적 사고능력에도 중요한 특징인 구성적 과정들에 불리할 수 있다. 게다가, 경험한 모든 것을 저장하는 것은 시스템의 작동에 비효율적인 방식인데, 그 이유는 모든 것을 저

장하는 것이 시스템에 과부하가 될 수 있기 때문이다. 이러한 '과부하'를 피하기 위해 우리의 기억체계는 우리에게 특히 중요하거나 환경 속에서 자주 일어나는 것들을 선택적으로 기억하게끔 설계되어 있다(Anderson & Schooler, 1991). 비록 시스템이 우리가 경험하는 모든 것을 기록하지 않는다 할지라도 인간이 한 종으로서 생존할 수 있게끔 하는 데 충분할 만큼 잘 작동한다.

기억은 분명히 우리에게 잘 들어맞는 고도의 기능적 시스템이다. 그러나 때때로 현대 생활의 요구는 인간이 잘 다루게끔 설계되지 않은 상황들을 만들어낸다. 예를 들어, 자동차 운전하는 것을 생각해 보자. 진화는, 복잡한 교통상황에서 이리저리 빠져 나가기나 빠른 속도로 운전하기, 또는 휴대폰으로 대화하면서 운전하기를 다룰 수 있을 만큼 지각과 운동 시스템을 잘 갖추지 않았다. 물론, 우리는 어떻게든 이런 것들을 해나가지만 사고가 일어나기 쉽다. 유사하게, 우리의 지각과 운동 시스템은 법정에서 목격자 증언을 하는 것과 같은 요구를 다룰 만큼 진화하지 않았다. 이와 같은 상황에서 기억은 이상적으로는 완벽해야 한다. 하지만 타인의 자유나 생활이 위태로울 수 있다. 그러나 자동차 사고가 발생하는 것과 마찬가지로 기억 사고 역시 발생한다. 기억이 법정에서 검사받게 될 때 무엇이 일어날 수 있는지를 짤막하게 살펴보겠지만, 우선 기억 오류를 초래할 가능성이 있는 기억의 다른 양상을 살펴보겠다.

자가 테스트 8.2

1. 원천 모니터링 오류는 기억의 구성적 본질의 사례를 제공한다. 원천 모니터링과 원천 모니터링 오류가 무엇인지, 그리고 이를 '구성적'이라고 보는 이유는 무엇인지 기술하라. Bartlett의 '유령들의 전쟁' 실험은 원천 모니터링 오류의 사례를 어떻게 제공하는가?

2. 원천 모니터링 오류를 내포한 다음 상황 사례들을 기술하라. (1) 친숙성('하루아침에 유명해지기' 실험), (2) 세상사 지식(성 고정관념 실험). 반드시 각 사례와 관련된 실험들을 기술할 수 있어야 한다.

3. 세상에 관한 지식 때문에 어떻게 기억 오류가 일어날 수 있는지를 보여주는 다음 사례들을 기술하라. (1) 추론하기(실용적 추론: 야구 실험), (2) 도식과 스크립트(연구실 실험: 치과 병원 실험), (3) 틀린 회상과 재인('수면' 실험).

4. 임상적 사례 연구들로부터 '슈퍼 기억'이 불리한 점을 가질 수 있다는 증거는 무엇인가? 구성적 기억의 이점은 무엇인가?

5. 기억이 고도로 구성적이지만 모든 상황에 완벽하게 적합하지는 않다고 말할 수 있는 이유는?

기억이 암시에 의해 수정되거나 생성될 수 있다

사람들은 피암시적이다. 여러 상품들의 장점을 홍보하는 광고들은 사람들이 구매하는 것에 영향을 미친다. 정치가, 여론 주도자, 친구들이 내세운 주장들은 사람들의 투표 방식에 영향을 미친다. 광고와 정치적 주장들은 사람들의 태도, 신념, 행동에 영향을 미칠 수 있는 사례이다. 이제는 다른 사람들이 제시한 정보 또한 과거 사건들에 관한 기억에 영향을 미칠 수 있다는 것을 살펴보겠다. 먼저 **오정보 효과**(misinformation effect)라고 불리는 현상을 살펴볼 것인데, 이에 따르면 어떤 사건에 관한 기억이 그 사건이 일어난 후 발생한 것들에 의해 수정될 수 있다.

오정보 효과

전형적인 기억 실험에서 사람은 단어들, 글자들, 또는 문장들을 보거나 듣거나 어떤 사건에 관한 사진이나 필름을 관찰한 후, 경험했던 것을 보고하도록 요구받는다. 그러나 참가자가 기억한 것에 관해 질문하는 것과 같은 방식으로 실험자가 추가적 정보를 덧붙이면 어떻게 될까? 이는 Elizabeth Loftus와 동료들(1978)이 일련의 기념비적 실험들에서 던진 질문들로서 이를 통해 오정보 효과(misinformation effect)가 수립되었는데, 이에 따르면 사람이 어떤 사건을 목격한 후 제시된 오정보가 추후 그 사건을 기술하는 방식을 변화시킬 수 있다. 이처럼 오도하는 정보를 사후 오도정보(misleading postevent information: MPI)라고 부른다.

방법 사후 오도정보 제시하기

사후 오도정보(MPI)를 제시하는 실험의 통상적 절차에서는 먼저 기억해야 할 자극을 제시한다. 예를 들어, 이 자극은 단어들 목록 또는 사건의 필름일 수 있다. 그다음 기억을 검사하기 전 MPI가 한 집단의 참가자들에게는 제시되고 통제집단에게는 제시되지 않는다. 다음에 보겠지만, MPI는 흔히 자연스럽게 보이는 방식으로 제시되므로 참가자들은 자신이 오도된다는 생각이 들지 않는다. 그러나 앞으로 보겠지만 사후 정보가 부정확할 수도 있다는 말을 들을 때조차도 이 정보의 제시는 여전히 기억 보고에 영향을 미칠 수 있다. MPI의 효과는, 이러한 오정보를 받은 참가자들의 기억 보고를 받지 않은 참가자들의 기억 보고와 비교함으로써 밝혀진다.

Elizabeth Loftus와 동료들(1978)의 실험은 전형적인 MPI 절차를 보여준다. 참가자들은 한 자동차가 정지신호 앞에서 멈춘 후 코너를 돌다가 한 보행자를 치는 일련의 슬라이드를 보았다. 그 후 몇몇 참가자들은 많은 질문들에 대답했는데, 이 질문들 가운데에는 '빨간색 닷선(Datsun) 차가 정지신호 앞에서 멈췄을 때 다른 차가 지나갔는가?' 질문이 들어 있었다. 다른 집단 참가자들(MPI 집단)은 앞서의 정지신호 질문에서 '정지신호' 단어 대신 '양보신호' 단어로 대체된 질문을 받았다. 그 후 참가자들은 앞서의 슬라이드 쇼에서 보았던 사진들과 전혀 보지 않았던 사진들을 제시받았다. 양보신호 앞에서 정지한 차의 사진(실제로는 보지 않았던 사진)을 보았다고 말할 확률이 MPI에 노출되지 않았던 참가자들보다 MPI 집단 참가자들에게서 더 컸다. MPI가 초래한 이러한 기억의 변화는 오정보 효과를 보여준다.

MPI의 제시는, 참가자가 보았다고 보고한 것뿐만 아니라 상황의 다른 특성들에 관한 결론 역시 변화시킬 수 있다. 예를 들어, Loftus와 Steven Palmer(1974)는 참가자들에

그림 8.14 Loftus와 Palmer(1974) 실험의 참가자들은 여기 나온 사진과 유사한 장면에서 자동차 충돌 필름을 본 후 충돌에 관해 유도 질문들을 받았다. © Cengage Learning

게 자동차 충돌 필름을 보여준 후, 다음 두 질문 가운데 한 질문을 하였다. (1) '그 차들이 서로 박살나도록 부딪쳤을(smash) 때 얼마나 빨리 가고 있었는가?' 또는 (2) '그 차들이 서로 부딪쳤을(hit) 때 얼마나 빨리 가고 있었는가?' 비록 두 집단이 동일한 사건을 보았지만, 평균 속도 추정치가 'smash' 단어를 들었던 참가자들의 경우에는 시속 41마일이었던 반면, 'hit' 단어를 들었던 참가자들의 경우에는 시속 34마일이었다. 기억 연구에서 더 흥미로운 것은, 필름을 본 지 1주 후 Loftus가 물었던 '부서진 유리창을 보았는가?'라는 질문에 대한 참가자들의 반응이었다. 비록 필름에는 부서진 유리창이 없었지만 부서진 유리창을 보았다고 보고한 비율이 'smash' 집단의 경우 32%였던 반면, 'hit' 집단의 경우 14%였다(Loftus, 1993a, 1998).

오정보 효과는 틀린 기억이 암시에 의해 생성될 수 있다는 것뿐만 아니라 연구자들마다 어떻게 동일한 데이터를 상이한 방식으로 해석할 수 있는지를 보여주는 사례라고 할 수 있다. 정신과정이 행동적 또는 생리적 실험의 결과로부터 추론되어야만 한다는 점을 명심하라. 오정보 효과가 던진 질문은 '참가자들의 기억 보고를 변화시키는 어떤 일이 일어나는가?'이다. 이제 두 가지 설명을 살펴볼 것인데, 한 설명은 간섭의 역할을 강조하며 다른 설명은 원천 모니터링에 근거를 둔다.

간섭을 초래하는 MPI MPI 효과에 관한 한 설명에 따르면 원 정보가 역행간섭(retroactive interference) 때문에 망각되는데, 이는 보다 최근의 학습(이 사례에서는 오정보)이 과거에 일어난 것(실제 사건)에 관한 기억을 간섭할 때 일어난다. 예를 들어, 스페인어 시험 공부하는 것이 당일 먼저 불어 시험 준비하려고 공부한 어휘들의 기억을 더 어렵게 한다면 역행간섭이 관여한 것이라고 할 수 있다. 마찬가지로, MPI에 노출됨으로써 자극을 원래 보았을 때 일어난 것을 기억해내는 것이 방해받을 수 있다(Titcomb & Reyna, 1995).

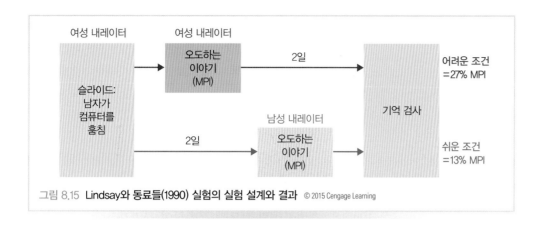

그림 8.15 **Lindsay와 동료들(1990) 실험의 실험 설계와 결과** © 2015 Cengage Learning

원천 모니터링 오류를 초래하는 MPI 오정보 효과에 관한 또 다른 설명은 앞서 살펴본 원천 모니터링 개념에 근거를 둔다. 원천 모니터링 관점에 따르면, 사람들은 부정확한 사건(양보신호)에 관한 자신의 기억의 원천이 슬라이드 쇼였다고 틀린 결론을 내렸는데, 실제 원천은 슬라이드 쇼가 끝난 후 이루어진 실험자의 진술이었다.

원천 모니터링과 MPI를 다룬 Stephen Lindsay(1990)의 다음 실험은, MPI에 노출된 참가자들이 단지 암시만 받았던 것을 보았다고 실제로 믿는지 여부를 조사하였다. Lindsay의 참가자들은 처음에 정비공이 돈과 컴퓨터를 훔치는 것을 보여주는 일련의 슬라이드를 보았다(그림 8.15). 이 슬라이드 제시는 여성의 내레이션을 수반했는데, 여성은 슬라이드가 제시될 때 일어난 것을 단순히 기술하기만 하였다. 그 후 참가자들을 두 집단으로 나누었다.

어려운 조건의 참가자들은 슬라이드 제시를 본 직후 오도하는 이야기를 들었다. 이 이야기는 슬라이드 쇼를 설명한 바로 그 여성이 읽어주었다. 예를 들어, 참가자들이 슬라이드 쇼를 보았을 때 그들은 폴저스 커피를 보았지만 오도 이야기는 커피가 맥스웰하우스라고 말했다. 이틀 후 참가자들은 슬라이드 쇼에 관한 기억 검사를 받기 위해 실험실로 다시 왔다. 검사 직전 그들은 슬라이드 쇼 직전 들었던 이야기에 오류가 있었고 기억 검사를 받을 때 그 이야기의 정보를 무시해야 한다는 말을 들었다.

쉬운 조건의 참가자들 역시 오도 이야기를 들었지만 슬라이드 쇼를 본 지 이틀 후 들었는데, 바로 기억 검사를 받기 직전이었다. 게다가 이야기를 남성이 읽어주었다. 어려운 조건 집단과 마찬가지로 이 참가자들 역시 이야기에 제시된 정보를 무시하라는 말을 들었다.

어려운 조건의 절차에서는 오도 이야기와 슬라이드 쇼를 혼동하기 쉬웠는데, 그 이유는 이 일들이 연이어 일어났고 둘 다 여성이 읽어주었기 때문이다. 그러나 쉬운 조건에서는 슬라이드 쇼와 오도 이야기를 분리하기 쉬웠는데, 그 이유는 이 일들이 이틀이나 떨어져서 일어났고 읽은 사람들이 서로 달랐기 때문이다. 그 결과에 따르면 어려운 조건 참가자들의 경우 27%의 반응이 오도 이야기의 부정확한 정보에 부합하는 것이었다. 오도 항목들에 대한 이러한 반응은 원천 모니터링 오류였는데, 그 이유는 참가자들이 오도 이야기의 정보와 슬라이드 쇼의 정보를 혼동하였기 때문이다. 반면, 쉬운 조건 참가자들의 경우 13%의 반응만이 부정확한 정보에 부합하였다.

오정보 효과를 초래하는 기전에 관해 연구자들이 여전히 논란중이기는 하지만, 이 효과가 실재하고 실험자의 암시가 기억 실험에서 참가자의 반응에 영향을 미칠 수 있다는 점은 의문의 여지가 없다. 실험자 암시 효과를 가장 극적으로 보여준 것들은, 결코 일어나지 않은 사건이라 할지라도 일어난 것으로 실험자 암시가 믿게 할 수 있다는 것을 보여준다.

생애 초기 사건에 관한 오기억 생성하기

Ira Hyman, Jr.과 동료들(1995)은, 참가자들의 부모를 접촉하여 참가자들이 아동이었을 때 일어난 실제 사건들을 기술하도록 요청하는 실험에서 오래전 사건들에 관한 오기억을 생성하였다. 그때 실험자는 거짓 사건들을 기술한 글을 만들었는데, 어릿광대와 피자가 포함된 생일, 결혼식 피로연에서 펀치 사발을 엎지르기와 같이 결코 일어난 적이 없었던 것들이었다.

참가자들은 아동기 경험에서 멀어진 지 오래된 대학생들로서, 부모의 기술에서 나온 몇몇 정보들을 제시받고서 이를 상술하도록 요구받았다. 또한 그들은 거짓 사건에서 나온 몇몇 정보들을 제시받고서 역시 이를 상술하도록 요구받았다. 그 결과, 참가자들은 거짓 사건의 20%를 '회상해냈고' 상당히 상세하게 기술하였다. 예를 들어, 면접자(interviewer: I)가 참가자(subject: S)에게 거짓 사건에 관해 기억해낸 것을 물었을 때 다음과 같은 대화가 있었다.

> I: 6세 때 당신은 결혼식 피로연에서 다른 아이들과 뛰어놀다가 테이블에 부딪쳐 신부의 부모에게 펀치 사발을 엎지른 적이 있습니다.
> S: 아무런 생각도 나지 않네요. 이전에 그런 이야기를 들은 적이 전혀 없습니다. 6세라고요?
> I: 네.
> S: 전혀 생각나지 않습니다.
> I: 세부적인 내용이 생각나지 않습니까?
> S: 6세 때 우리는 스포캔에 살았을 텐데, 음, 전혀 생각나지 않네요.

그러나 이틀 후 진행된 두 번째 면접에서 그 참가자는 다음과 같이 반응했다.

> I: 당신이 6세 때 일인데 당신은 결혼식에 참석했습니다.
> S: 결혼식은 스포캔에서 가장 친한 친구, 아마 이름이 T로 시작했는데, 그의 형의 결혼식이었습니다. 장소는 이 지역에서 이름이 P로 시작하는 곳이었는데, 그 이유는 그곳이 그녀 가족의 고향이었기 때문이고, 바깥이 매우 더웠던 것으로 보아 봄이나 여름이었습니다. 야외 결혼식이었는데 우리가 뛰어놀다가 펀치 사발처럼 생긴 것에 부딪쳤고, 음, 엉망이 되었으며 물론 그 때문에 야단을 맞았던 생각이 납니다.
> I: 더 생각나는 것은 없습니까?
> S: 아니요.
> I: 수고했습니다.

참가자의 반응에서 가장 흥미로운 것은, 처음에는 결혼식이 기억나지 않았는데 두 번째에는 그것을 기억해냈다는 점이다. 명백한 점은, 그 사건에 관해 듣고 대기한 것 때문에 그 사건이 오기억으로 떠오르게 되었다는 것이다. 이는 친숙성으로 설명 가능하다. 결혼식에 관해 두 번째로 질문을 받았을 때, 첫 노출에서 비롯된 결혼식에 관한 참가자의 친숙성 때문에 그가 결혼식을 실제 일어난 것으로 간주하게 된 것이다.

아동기 초기 경험에 관한 오기억이 암시에 의해 생성될 수 있다는 사실은, 치료중인 환자에게 주어진 암시에 의해 오기억이 생성될 수 있다는 몇몇 실생활 사례들에 대해 심각한 함축성을 갖는다. 예를 들어, Gary Romona의 사례를 살펴보자. 그의 19세 딸 Holly는 섭식장애 치료를 받는 도중 치료자로부터 장애가 성적 학대에 의해 야기되었을 가능성이 있다는 암시를 받았다. 치료를 계속 받은 후 그리고 치료자로부터 더 많은 암시를 받은 후, Holly는 그녀가 어렸을 때 아버지가 반복적으로 그녀를 성폭행했다고 아버지를 고소했다. Holly의 고발로 인해 Romona는 자신의 연봉 40만 달러짜리 경영간부 직업, 명성, 친구들을 잃고 세 딸과의 접촉도 금지당했다.

Romona는 Holly의 치료자들을 상대로 의료 과실로 소송을 제기했는데, 딸의 마음에 그들이 기억을 이식했다고 고소했다. 법정에서 Elizabeth Loftus와 다른 인지심리학자들은 실제로 전혀 일어나지 않은 오래전 사건들에 관한 오기억이 어떻게 암시에 의해 생성될 수 있는지를 보여주기 위해 오정보 효과와 오기억 이식에 관한 연구를 설명했다(Loftus, 1993b). Romona는 치료자들을 상대로 50만 달러의 배상을 받고 승소하였다. 이 사례의 결과로서 기억이 어떻게 암시에 의해 영향받을 수 있는지가 각광을 받게 되었고, 그때부터 '회복된 기억' 증거에 근거한 많은 범죄 기소가 번복되었다.

사람들은 왜 목격자 증언에서 오류를 범하는가?

범죄가 발생한다. 증거가 어떻게 수집되는가? 통상적인 범죄 과학수사 기법으로서 지문 채취, 탄환의 탄도 추적, DNA 분석, 수많은 생리적 측정 등이 있다. 그러나 가장 중요한 증거의 원천 가운데 하나는 최소한 배심원의 관점에서는 목격자 증언(eyewitness testimony)인데, 이는 범죄 현장에 있던 사람이 범행 도중 자신이 보았던 것에 관해 증언하는 것이다. 목격자 증언을 인정하는 근거는 다음 두 가지 전제이다. (1) 목격자는 발생한 것을 뚜렷하게 볼 수 있다. (2) 목격자는 자신이 본 것을 기억해내서 발생한 것을 정확하게 기술하고 범인을 정확하게 식별할 수 있다.

인지심리학이 던지는 질문은 목격자의 지각이 얼마나 정확하고 그들의 기술과 식별이 얼마나 정확한가인데, 이러한 기술과 식별은 범죄 후 상당한 시간이 지난 후에야 구해지기 마련이다. 지각, 주의, 기억에 관해 여러분이 알고 있는 것에 근거하여 이 질문의 답이 무엇일지 생각해 보라. 아마 짐작할 수 있겠지만, 목격자 기술과 식별이 이상적 조건들에서 수행되지 않는다면 답은 '그다지 정확하지 않다.'이다. 불운하게도 이상적 조건들이 항상 일어나는 것은 아니고 많은 무고한 사람들이 부정확한 목격자 증언에 근거하여 유죄 판결을 받아왔다.

목격자 식별 오류

미국에서 매일 200명의 사람들이 목격자 증언에 근거하여 형사피고인이 된다(Goldstein et al., 1989). 불운하게도, 목격자 증언의 오류가 무고한 사람에 대한 유죄 선고를 초래한 경우들이 적지 않다. 2012년 현재 DNA 증거의 사용에 따라, 미국에서 범죄자로 잘못된 유죄 판결을 받고 감옥에서 평균 13년을 복역했던 341명이 무죄로 판명되어 혐의를 벗었다(Innocence Project, 2012). 이러한 유죄 선고의 75%에 목격자 증언이 포함되었다(Quinlivan et al., 2010; Scheck et al., 2000).

잘못된 목격자 증언에 기인한 부당한 유죄 선고의 문제로서 David Webb의 사례를 살펴보자. 그는 목격자 증언에 근거하여 강간, 강간 미수, 강도 미수로 50년 형을 선고받았다. 10개월을 복역하고서 다른 사람이 그 범죄를 실토한 후 석방되었다. Charles Clark은 1938년 목격자 증언에 근거하여 살인죄로 감옥에 갔는데, 30년 후에야 그 증언이 부정확하다고 밝혀졌다. 그는 1968년 석방되었다(Loftus, 1979). Ronald Cotton은 1984년 Jennifer Thompson을 강간했다고 유죄 판결을 받았는데, 그 근거는 그녀를 강간한 사람이 그라는 데 대해 지극히 확신한다는 그녀의 증언이었다. Cotton이 DNA 증거(다른 사람이 연루되었음을 보여줌)에 의해 무죄로 판명되었을 때조차도 Thompson은 여전히 Cotton이 공격했다고 '기억했다.' Cotton은 10년간 복역한 후 석방되었다(Wells & Quinlivan, 2009).

이러한 사례에서 충격적인 것은, 이런 일들이 발생했을 뿐만 아니라 현재에도 많은 다른 무고한 사람들이 저지르지 않은 범죄 때문에 복역 중이라는 것을 시사한다는 점이다. 이러한 사법적 오심들 가운데 상당수는 의심의 여지없이 앞으로도 결코 밝혀지지 않을 것인데, 많은 오심들의 근거가 되는 것은 사람들이 정확하게 보고서 보고한다는 배심원과 판사의 추정이다.

증언의 정확성에 관한 이러한 추정은 기억이 카메라나 비디오 레코더처럼 작동한다는 대중적 생각에 근거를 두고 있는데, 이는 이 장의 서두에서 살펴본 전국적 조사 결과가 잘 보여준다. 배심원들은 이러한 기억에 관한 오해를 품고 법정에 들어오며, 많은 판사들과 법률 집행관들 역시 기억에 관한 이러한 신념을 공유하고 있다(Benton et al., 2006). 따라서 첫 번째 문제는, 배심원들이 기억에 관한 기초 사실들을 알지 못한다는 점이다. 두 번째 문제는, 목격자가 경찰과 이야기할 때 그들의 관찰과 기억 보고가 범죄 장면에서 발생하는 것보다는 덜 이상적인 조건들에서 흔히 이루어진다는 점이다. 이제 오류가 생성될 수 있는 몇 가지 상황들을 살펴보겠다.

지각과 주의와 연합된 오류

무엇보다도, 발생한 것을 목격자가 지각하지 않는다면 목격자 보고는 당연히 부정확할 것이다. 실험실 실험에서 발생하는 것에 대해 면밀하게 주의를 기울이도록 참가자들에게 지시할 때조차도 식별이 어렵다는 방대한 증거가 있다. 수많은 실험들이, 참가자들에게 실제 범죄나 연출된 범죄의 필름을 보여주고서 사진 스프레드(많은 얼굴 사진들로서 이 가운데 한 사람이 범인일 수 있음)에서 범인을 지목하도록 지시하였다. 한 연구에서 참가자들은 한 무장 강도가 8초 동안 보이는 보안 비디오테이프를 본 후 사진들에서 무장 강도를 지목하도록 요구받았다. 모든 참가자들이 무장 강도라고 생각된 사람을 지목했는데, 비록 그의 사진이 사진 스프레드에 포함되지 않았을 때에도 그러하였다(Wells & Bradfield, 1998). 다른 연구에서는 유사한 실험 설계를 사용하였는데, 비록 범인의 사진이 포함되지 않았다 할지라도 61%의 참가자들이 사진 스프레드에서 누군가를 지목했다(Kneller et al., 2001).

이러한 연구들은 범죄 비디오테이프를 본 후 누군가를 정확하게 식별해내는 것이 얼마나 어려운지를 보여준다. 그러나 실제 범죄 도중 일어난 것들을 고려하면 사태가 더욱 복잡해진다. 범행 도중 흔히 정서가 높게 고양되는데, 이것이 무엇에 주의를 기울이고 무엇을 추후 기억해내는지에 영향을 미칠 수 있다.

무기 초점화는 무기에 주의를 초점화함으로써 주의가 협소화되는 결과를 초래하는 경향인데, 이에 관한 연구에서 Claudia Stanny와 Thomas Johnson(2000)은 참가자들이 모의범죄 필름의 세부 내용을 얼마나 잘 기억하는지를 조사하였다. 그들의 발견에 따르면, 참가자들은 '발사' 조건(총이 발사됨)보다 '비발사' 조건에서(총이 있었지만 발사되지 않은 조건) 범인, 희생자, 무기에 관한 세부 내용을 더 잘 회상해내는 경향이 있었다(그림 8.16). 명백히, 발사된 무기의 존재는 발생한 다른 것들에 대한 주의를 방해하였다(Tooley et al., 1987 참고).

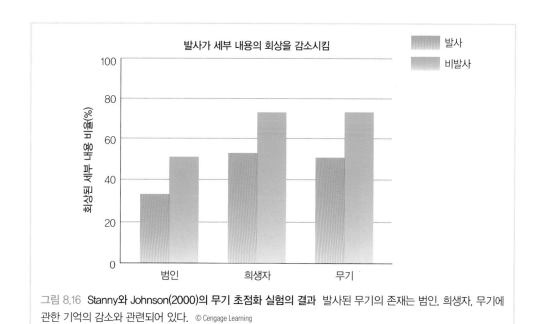

그림 8.16 **Stanny와 Johnson(2000)의 무기 초점화 실험의 결과** 발사된 무기의 존재는 범인, 희생자, 무기에 관한 기억의 감소와 관련되어 있다. © Cengage Learning

친숙성에 기인한 오인

범죄는 범인과 희생자뿐만 아니라 흔히 무고한 주변인(앞으로 살펴보겠지만, 이 가운데 몇 사람은 범죄 장면 근처에 있지도 않았음)까지 포함한다. 이러한 주변인들은 목격자 증언에 또 다른 차원을 더하는데, 그 이유는 주변인이 다른 맥락에 기인한 친숙성 때문에 범인으로 신원 오인될 수 있는 가능성이 있기 때문이다. 신원 오인의 한 사례에서는, 철도역에서 승차권 판매원이 강도를 당하고 그 후 한 선원을 강도라고 식별했다. 그 선원에게는 다행스럽게도 그가 범죄 시점에 다른 곳에 있었다는 것을 밝힐 수 있었다. 그가 선원을 강도로 식별한 이유를 묻자 승차권 판매원은 그가 낯익어 보였다고 답했다. 선원은 그가 강도였기 때문이 아니라 열차 역 근처에 살았고 여러 차례 그 판매원에게서 승차권을 구입했기 때문에 낯익게 보였던 것이다. 이는 원천 모니터링 오류의 한 사례이다. 승차권 판매원은 그 선원에 대한 친숙성의 원천이 강도를 당하는 도중 그를 보았던 데 있다고 생각했지만, 실제로 그의 친숙성의 원천은 그가 승차권을 구매할 때 그를 보았던 데 있었다. 선원은 원천 모니터링 오류로 인해 승차권 구매자에서 강도로 바뀌었던 것이다(Ross et al., 1994).

그림 8.17a에 친숙성과 목격자 증언에 관한 실험실 실험을 위한 설계가 나와 있다(Ross

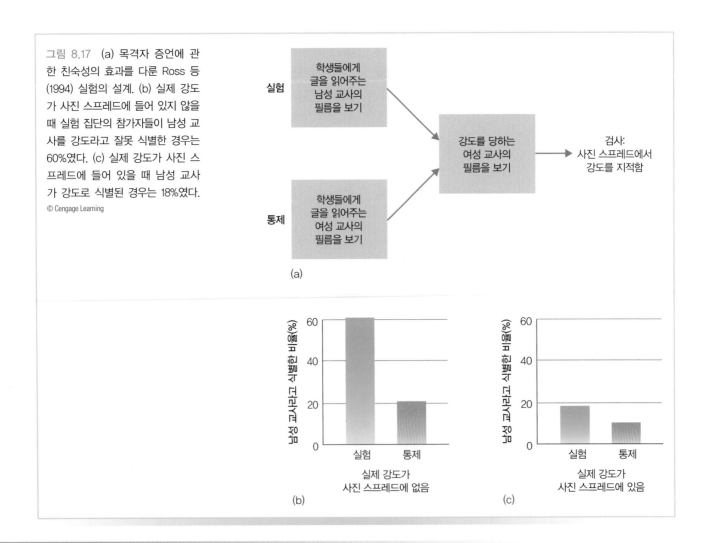

그림 8.17 (a) 목격자 증언에 관한 친숙성의 효과를 다룬 Ross 등 (1994) 실험의 설계. (b) 실제 강도가 사진 스프레드에 들어 있지 않을 때 실험 집단의 참가자들이 남성 교사를 강도라고 잘못 식별한 경우는 60%였다. (c) 실제 강도가 사진 스프레드에 들어 있을 때 남성 교사가 강도로 식별된 경우는 18%였다.
© Cengage Learning

et al., 1994). 실험집단의 참가자들은 학생들에게 글을 읽어주는 남성 교사의 필름을 보았고, 통제집단의 참가자들은 학생들에게 글을 읽어주는 여성 교사의 필름을 보았다. 그 다음 두 집단 참가자들은 여성 교사가 강도를 당하는 필름을 보았고 사진 스프레드에서 강도를 지적하도록 요구받았다. 사진에는 실제 강도가 포함되지 않았지만 강도를 닮은 남성 교사가 포함되었다. 그 결과, 실험집단의 참가자들은 통제집단의 참가자들보다 남성 교사를 지적할 확률이 세 배나 더 컸다(그림 8.17b). 실제 강도의 얼굴이 사진 스프레드에 포함되었을 때조차도 실험집단 참가자들의 18%가 교사를 지적하였는데, 이에 비해 통제집단은 10%였다(그림 8.17c).

암시에 기인한 오류

오정보 효과에 관해 우리가 알고 있는 것으로 미루어볼 때, 경찰관이 목격자에게 '당신은 그 흰색 차를 보았습니까?'라고 묻는 것이 목격자의 추후 증언에 영향을 미칠 수 있다는 것은 명확하다. 그러나 피암시성은 보다 미묘한 수준에서도 작동할 수 있다. 다음과 같은 상황을 생각해 보라. 범죄 목격자가 일방경을 통해 무대에 도열한 여섯 명의 남성을 바라보고 있다. 경찰관이 묻는다. "이 남성들 가운데 누가 그 짓을 했습니까?" 이 질문에서 무엇이 잘못되었는가?

앞서 경찰관 질문의 문제는 범인이 정렬 안에 들어 있다는 것을 암시한다는 점이다. 이러한 암시로 인해 목격자가 아마도 다음과 같은 유형의 추리를 사용하여 누군가를 지적할 기회가 증가한다. '자, 저 수염 난 녀석이 다른 누구보다도 강도처럼 보이구만. 그렇다면 아마도 저 녀석일 거야.' 물론, 강도처럼 **보이는** 것과 **실제로** 강도인 것은 별개의 문제인데, 결과는 무고한 사람을 범인으로 신원 오인하는 것이 될 수 있다. 과제 제시에 있어 더 나은 방식은, 범죄 용의자가 정렬에 들어 있을 수도 있고 그렇지 않을 수도 있다는 것을 목격자가 알게끔 하는 것이다. 실제 범죄 사례의 기록에서 발췌한 또 다른 상황이 있는데, 여기서 암시가 어떤 역할을 했을 가능성이 있다.

> 정렬을 보고 있는 범죄 목격자: "오, 저런……, 모르겠네요. ……저 두 사람 중 하나인데……. 하지만 모르겠어요……. 맙소사, 그 녀석은 2번보다 조금 더 컸는데……. 저 둘 중에 하나인데, 나는 모르겠어요."
>
> 30분 후 목격자는 정렬을 여전히 바라보면서 판단을 내리는 데 어려움을 겪고 있음: "모르겠네요. ……2번인가?"
>
> 경찰관이 정렬을 정리했다. "오케이."
>
> 수개월 후 법정에서: "당신은 2번이라고 확신합니까? 틀림없습니까?"
>
> 목격자의 답변: "틀림없습니다. 완전히 확신합니다."
>
> (Wells & Bradfield, 1998)

이 시나리오의 문제는, 경찰관의 '오케이' 반응이 목격자가 혐의자를 정확하게 식별했다고 생각하게끔 영향을 미칠 수 있었다는 데 있다. 즉, 목격자의 초기의 확신 없는 반

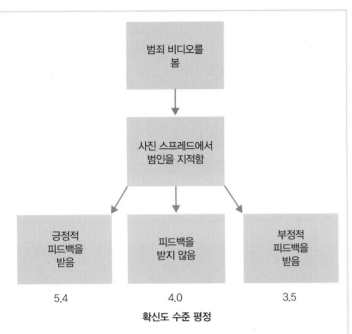

범죄 비디오를
봄

↓

사진 스프레드에서
범인을 지적함

↓

| 긍정적 피드백을 받음 | 피드백을 받지 않음 | 부정적 피드백을 받음 |
| 5.4 | 4.0 | 3.5 |

확신도 수준 평정

그림 8.18 Wells와 Bradfield(1998)의 '좋습니다, 당신은 혐의자를 찾아냈습니다.' 실험의 설계와 결과 실험자의 피드백 유형이 참가자의 식별에 대한 스스로의 확신도에 영향을 미쳤는데, 긍정적 피드백이 가장 높은 확신도를 초래했다. © Cengage Learning

응은 '완전히 확신하는' 반응으로 바뀌었다. '좋습니다, 당신은 혐의자를 찾아냈습니다'라는 제목의 논문에서, Wells와 Amy Bradfield(1998)는 참가자에게 실제 범죄의 비디오를 보도록 한 후 실제로는 범인의 사진이 들어 있지 않은 사진 스프레드에서 범인을 찾아내도록 요구했다(그림 8.18).

모든 참가자들이 한 개의 사진을 지적했고, 그 선택 후 목격자들은 실험자로부터 긍정적 피드백('좋습니다. 혐의자를 찾아냈습니다.')을 받거나, 아니면 부정적 피드백('실제로, 혐의자는 ___ 번이었습니다.')을 받았다. 잠시 후 참가자들은 자신의 식별에 대해 얼마나 확신하는지 질문을 받았다. 그림 아래에 나와 있는 결과에 따르면, 긍정적 피드백을 받은 참가자들은 자신의 선택을 더욱 확신하였다.

Wells와 Bradfield는 이처럼 식별 후 긍정적 피드백에 기인한 확신도의 증가를 식별 후 피드백 효과(post-identification feedback effect)라고 불렀다. 이 효과는 형사사법 제도에서 심각한 문제를 야기하는데, 그

이유는 목격자들이 자신의 판단에 대해 확신하는 정도가 배심원들에게 큰 영향을 미치기 때문이다. 따라서 잘못된 목격자 판단은 틀린 사람을 지적하는 결과를 초래할 수 있으며, 식별 후 피드백 효과는 자신의 판단이 올바르다는 목격자의 확신을 더 크게 증가시킬 수 있다(Douglass et al., 2010; Luus & Wells, 1994; Quinlivan et al., 2010; Wells & Quinlivan, 2009).

역설적으로, 기억에 영향을 미치는 암시의 위험성은, 만약 그것이 일어난다면 목격자가 발생한 것을 기억해낼 때 또는 직후에 증가할 가능성이 있다. 이러한 가능성을 연구한 Jason Chan과 동료들(2009)은 참가자들에게 TV 프로그램 「24」의 40분짜리 일화를 보여주었는데, 여기서 Kiefer Sutherland가 배역을 맡은 Jack Bauer는 테러리스트 음모를 막고자 노력한다(그림 8.19). 참가자들은 두 집단으로 나뉘었다. 검사 집단은 비디오에 관해 단서회상 검사를 받았는데, 이 검사는 '테러리스트가 항공기 승무원을 쓰러뜨리려고 무엇을 사용했는가?'(정답이 제시되지 않았음)와 같은 질문들을 포함하였다. 무-검사 집단은 컴퓨터게임을 하였다. 그다음 두 집단에게 설문지 채우기 그리고 TV 프로그램과 무관한 검사 수행하기와 같은 방해과제를 제시했다.

그다음, Chan은 TV 프로그램의 일부 사건들을 기술한 8분짜리 오디오를 제시했다. 어떤 사건들은 정확하게 기술되었지만 어떤 오정보 항목들은 비디오에서 일어난 것과 상이하였다. 예를 들어, 비디오에서 테러리스트는 항공기 승무원을 피하 주사기로 쓰러뜨렸지만, 오디오의 오정보 항목은 테러리스트가 클로로포름 패드를 사용했다고 말했다. 따라서 실험에서 이 부분의 절차는 앞서 기술했던 오정보 연구의 절차와 유사하다. 마지

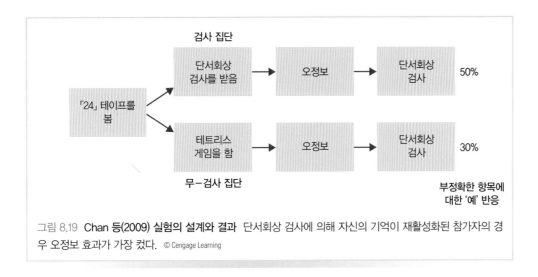

그림 8.19 **Chan 등(2009) 실험의 설계와 결과** 단서회상 검사에 의해 자신의 기억이 재활성화된 참가자의 경우 오정보 효과가 가장 컸다. © Cengage Learning

막으로, 모든 참가자들이 단서회상 검사(앞서 검사 집단이 받은 것과 동일한 검사)를 받았다. 그림 8.19의 오른쪽에 있는 숫자는 8분 오디오에 나온 오정보 항목들 가운데 원래 TV 프로그램에 있었다고 참가자들이 표시한 항목들의 비율이다. 이 항목들에 대해 부정확하게 '예'를 말한 비율이 검사 집단에서는 50%였는 데 비해 무−검사 집단에서는 30%였다. 따라서 원래 사건에 관한 기억을 상기시키는 검사를 받으면 참가자들이 오정보의 영향을 받을 가능성이 더 커졌다.

검사를 받는 것이 오정보 효과를 증가시키는 이유는 무엇일까? 주의 설명에 따르면 검사받기는 원 비디오의 특정 사건들에 관해 주의를 기울이도록 하며, 이러한 사건들은 오정보가 제시될 때 더욱 두드러지고 따라서 변화될 가능성이 더 크다. 다른 설명은 7장에서 다룬 재응고화에 근거한다. 기억해내기는 기억의 재활성화를 초래하며, 기억은 일단 재활성화되면 재응고화 과정에 의해 강화될 때까지는 취약해지고 변화되기 쉽다. **재응고화 설명**에 따르면, 검사 집단의 참가자들이 회상 검사를 받도록 하는 것은 TV 프로그램에 대한 기억을 재활성화시키고 기억이 취약해지는 창문을 열어젖히며, 따라서 오정보가 원 기억과 혼동될 가능성이 더 커진다. 이러한 설명은 추가 실험들의 지지를 받았다 (Chan & LaPaglia, 2013).

질의 도중 기억이 암시에 더 취약해진다는 사실은, 목격자에게 암시 주는 것을 막기 위해 철저한 예방책을 취할 필요가 있다는 것을 뜻한다. 이러한 상황을 개선하는 데 도움이 되도록, 암시의 측면 그리고 목격자가 관여하는 다른 절차의 측면 양자에서 흔히는 아니지만 어떤 조치들이 취해졌다.

어떤 조치가 취해지는가?

부정확한 목격자 증언의 문제를 시정하기 위한 첫 번째 단계는 문제가 존재한다는 사실을 인식하는 것이다. 이는 주로 기억 연구자들, 변호사들, 그리고 부당하게 유죄 판결을 받은 사람을 위한 조사자들의 노력을 통해 이루어져왔다. 다음 단계는 특정한 해결책을 제안하는 것이다. 인지심리학자들이 제안을 낸 두 가지 문제 영역이 정렬 절차와 면접 절차이다.

정렬 절차 정렬은 신원 오인을 일으키는 것으로 악명이 높다. 몇 가지 권장사항은 다음과 같다.

권장 1: 정렬에서 범인을 지적하도록 목격자에게 요구할 때 정렬 안에 범인이 없을 수도 있다는 점을 목격자에게 알리라. 수많은 연구 결과들을 살펴본 바에 따르면, 목격자들은 범인이 없을 때조차도 정렬에서 한 사람을 지적하는 경우가 자주 있다. 범인이 정렬 안에 있다고 목격자가 추정하면 범인과 유사하게 보이는 무고한 사람이 선택될 기회가 증가한다. 한 실험에서, 정렬 안에 범인이 없을 수 있다는 점을 참가자들에게 말해준 것이 무고한 사람을 신원 오인할 가능성을 42% 감소시켰다(Malpass & Devine, 1981).

권장 2: 정렬을 구성할 때 혐의자와 유사한 '채우기 인물'을 사용하라. 경찰 조사관들은 정렬 내 사람들의 유사성을 증가시키는 데 거부감을 갖는데, 그 이유는 이러한 조치가 혐의자 식별 기회를 감소시킬 것을 우려하기 때문이다. 그러나 R. C. L. Lindsay와 Gary Wells(1980)는 참가자들에게 범죄 장면 테이프를 보여준 후 고-유사성 정렬과 저-유사성 정렬을 사용하여 검사했을 때, 그림 8.20에 나온 결과를 구했다. 범인이 정렬 내에 있을 때에는 유사성 증가로 인해 범인의 식별 확률이 0.71에서 0.58로 감소했다(그림 8.20a). 그러나 범인이 정렬 내에 없을 때에는 유사성 증가로 인해 무고한 사람을 신원 오인할 확률이 0.70에서 0.31로 크게 감소하였다(그림 8.20b). 따라서 유사성 증가는 죄지은 혐의자 식별을 놓치는 결과를 초래하지만 무고한 사람을 신원 오인하는 것을 크게 감소시키는데, 특히 범인이 정렬 내에 없을 때 그러하다(Charman et al., 2011 참고).

권장 3: 정렬을 제시할 때 동시 제시보다 순차 제시를 사용하라. 영화에서는 통상 5명 내지 6명의 사람들이 동시에 목격자를 향해 서있고 목격자는 일방경 뒤에 감춰져 있는 방식으로 정렬을 묘사하는데, 이는 경찰에서 가장 흔히 사용하는 방식이다. 동시 제시의 문제는, 이 방식이 목격자로 하여금 상대적 판단, 즉 정렬 내 사람들을 서로 비교할 기회

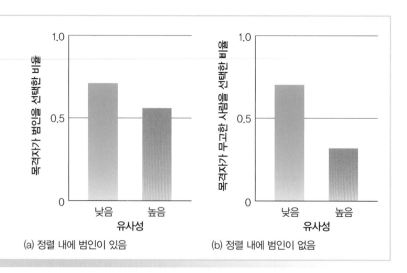

그림 8.20 Lindsay와 Wells(1980) 실험의 결과에 따르면, (a) 범인이 정렬 내에 있을 때에는 유사성의 증가가 범인의 식별을 감소시켰지만 (b) 범인이 정렬에 있지 않을 때에는 유사성의 증가가 무고한 사람의 부정확한 식별을 더 크게 감소시켰다. © Cengage Learning

를 증가시킴으로써 '내가 본 사람과 가장 비슷한 사람은 누구인가?'라는 질문이 된다는 점이다. 그러나 정렬 내 각 사람이 한 번에 한 명씩 순차적으로 제시될 때에는 목격자가 각 사람을 다른 사람과 비교하지 않고 자신이 본 것에 관한 기억과 비교한다. Lindsay와 Wells(1985)는, 범인이 없는 정렬의 경우 무고한 사람이 신원 오인될 확률이 동시정렬에서는 43%이지만, 순차정렬에서는 17%밖에 되지 않음을 발견하였다. 순차 대 동시 정렬에 관한 최근 연구들은, 범인이 없는 정렬에서 신원 오인을 순차정렬이 감소시킨다는 사실을 확증하였다. 비록 순차정렬이 혐의자 식별을 약간 감소시키기도 하지만 식별 정확성은 더 커진다(Steblay et al., 2011).

권장 4: '맹목' 정렬 집행관을 사용하고 즉각적인 확신도 평정을 구하라. 정렬을 제시할 때 정렬을 집행하는 사람은 누가 혐의자인지 몰라야 한다. 덧붙여, 목격자로 하여금 자신의 선택에 대한 확신도를 즉시 평정하게 하면, 사후 피드백 효과가 확신도를 증가시킬 가능성이 제거된다.

면접 절차 목격자에게 암시를 주는 것('좋습니다. 당신은 혐의자를 찾아냈습니다.')이 오류를 초래할 수 있다는 것을 이미 살펴보았다. 인지심리학자들은 인지적 면접(cognitive interview)이라고 부르는 면접 절차를 개발했는데, 이는 기억 인출에 관한 알려진 것에 기반을 두고 있다. 이 면접 절차는 "아마도 지난 25년간 심리학 및 법 연구에서 가장 성공적인 개발의 하나"(Memon et al., 2010)라고 묘사되었는데, 이 절차에서는 목격자에게 말하도록 하면서 최소한만 가로막는다든지, 목격자를 범죄 현장에 다시 처하게 하여 그들이 당시 느꼈던 정서, 바라본 곳, 다른 관점에서 보았을 때 그 현장이 어떻게 보일까와 같은 것들을 되살리도록 함으로써 그 현장에 존재했던 상황을 재현하는 것을 도와주는 기법을 사용한다.

인지적 면접 기법의 중요한 특징은, 이 기법이 면접관에 의한 암시적 입력의 가능성을 감소시킨다는 점이다. 인지적 면접 결과를 통상적인 경찰 심문 결과와 비교한 결과, 인지적 면접이 정확한 세부 내용의 보고는 크게 증가시키면서 아울러 부정확한 세부 내용은 더 적게 증가시켰다. 인지적 면접의 단점은 표준적 면접 절차보다 시간이 더 걸린다는 점이다. 이러한 문제를 해결하기 위해 단기 버전이 개발되었다(Fisher et al., 2013; Geiselman et al., 1986; Memon et al., 2010).

이상에서 기술한 권장사항은 1999년 미국 법무부에서 『목격자 증거: 법 집행 지침(Eyewitness Evidence: A Guide for Law Enforcement)』(www.nij.gov/pubs-sum/178240.htm에서 이용 가능함)으로 출간되었는데, 여기에는 이 권장사항들 외에 다른 것도 포함되어 있다. 아마도 가장 중요한 것은 이 권장사항들 가운데 상당수가 현장의 실제 절차에 직접적인 영향을 미친다는 점이다. 2011년 뉴저지 대법원의 지시에 따르면, 판사는 배심원들에게 목격자 증언에 관한 과학적 발견들을 알려주어야 하는데, 여기에는 "인간 기억은 완벽하지 않다. 연구에 따르면, 인간 기억이란 발생한 것을 목격자가 기억해내기 위해 단지 재생하기만 하면 되는 비디오 녹화와 같은 것이 결코 아니다."와 같은 지침이 포함되어 있다. 더 나아가 뉴저지, 오하이오, 캘리포니아, 노스캐롤라이나, 위스콘신을 포함한 많은 주에서 동시정렬을 순차정렬로 전환하였다. 심리학적 연구 결과가 실험실에 머물러 있는 경우들도 있지만, 목격자 증언에 관한 연구는 실생활 상황들에 영향을 미치는 탁월한 연구 사례이다.

고려사항

사진의 힘

대부분의 초기 오정보 실험들은 사람들의 기억을 변화시키기 위해 '그 차들이 서로 박살나도록 부딪쳤을 때 얼마나 빨리 가고 있었는가?' 또는 '6세 때 당신은 결혼식장에 참석하여……'와 같은 진술문들을 사용하였다. 그러나 사진들 역시 사용되어왔다. 예를 들어, Kimberley Wade와 동료들(2002)은, 참가자들이 4~8세였을 때 생일파티나 휴가와 같은 여러 사건들에 그들이 관여했던 것을 보여주는 가족사진들을 참가자들에게 보여주었다. 또한 결코 일어난 적이 없었던 사건, 예를 들어 열기구 타기에 참가자들이 관여한 것처럼 보이도록 포토샵으로 만든 사진을 참가자들에게 보여주었다. 참가자들은 사진을 보고서 그 사건에 관해 기억나는 것을 기술하도록 요구받았다. 만약 그 사건을 기억해낼 수 없으면 눈을 감고 그 사건에 참여한 모습을 마음속에 그려보도록 요구받았다.

참가자들은 실제 사건들은 쉽게 회상해냈지만, 열기구 타기는 처음부터 회상해내지는 못했다. 그러나 마음속에 그 사건을 그려보고 추가 질문을 받은 후에는 35%의 학생들이 열기구 타기를 '기억해냈으며', 2회 이상의 면접 후에는 50%의 참가자들이 열기구 타는 동안 겪었던 경험을 기술했다. 이러한 결과는, 참가자들에게 결혼식 피로연에서 펀치 사발을 엎은 적이 있다고 말해준 앞서의 실험과 유사하다. 다른 실험에서, Robert Nash와 Wade(2009)는 참가자들이 컴퓨터 갬블 게임에 참여한 모습을 비디오로 녹화했다. 참가자들이 갬블을 이긴 시행에서는 초록색 체크 표시(√)가 스크린에 나타나며 물주에게서 돈을 받도록 했지만, 졌을 때에는 빨간색 엑스 표시(×)가 나타나며 돈을 물주에게 돌려줘야 한다고 알렸다. 참가자들이 게임을 한 후 한 집단의 참가자들에게는 체크 표시를 엑스 표시로 바꾸어 조작한 비디오를 보여주었는데, 이로 인해 마치 물주에게 돈을 돌려주어야 할 때 돈을 받음으로써 속임수를 쓴 것처럼 여겨지도록 하였다(그림 8.21). 이처럼 '증거' 비디오에 직면했을 때 어떤 참가자들은 놀라움을 표시했지만 모두다 속임수를 썼다고 자백했다. 다른 집단에게는 그들이 속임수를 쓴 비디오가 있다고 말해 주었는데(하지만 비디오를 보여주지는 않았다), 73%의 참가자들이 자백하였다. 이러한 결과에 근거하여 다음과 같은 결론을 내릴 수 있다. 여러분이 누군가로 하여금 실제로는 저지르지 않은 범죄를 실토하게끔 하고자 원한다면 그들에게 가짜 비디오 증거를 보여주라!

이러한 결과들은 사진이 강력한 오정보의 원천이라는 것을 보여준다(Frenda et al.,

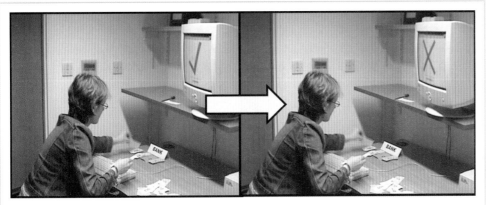

그림 8.21 Nash와 Wade(2009)가 사용한 비디오의 한 장면 왼쪽 패널은 원래 비디오 장면이다. 오른쪽 패널은 조작된 비디오 장면이다.

2013; Garry et al., 2007; Nash et al., 2009; Sacchi et al., 2007). 한 가지 이유는, 사진이 참된 기억과 연합된 지각적 세부 내용을 제공함으로써 사건의 단순한 기술을 넘어선 구체적 증거를 제공해 주기 때문이다. 많은 참가자들이 열기구 실험에서 면접을 받았을 때 다음과 같이 말했다. "자, 이것은 사진이고, 그렇다면 틀림없이 발생했던 사건이구나."

그러나 사진이 기억에 영향을 미치는 데 있어 반드시 가상의 사건을 조작한 사진만이 효과가 있는 것은 아니다. Stephen Lindsay와 동료들(2004)은 참가자들 부모가 제공한 실제 아동기 경험 그리고 전혀 발생하지 않은 경험(액체괴물이라고 부르는 점액질 장난감을 1학년 교사의 책상에 둔 것)에 관한 기록문들을 참가자들에게 제시하였다. 또한 Lindsay는 한 집단의 참가자들에게는 그림 8.22에 나온 것과 같은 1학년 또는 2학년 학급 사진을 보도록 하였는데, 이 사진은 액체괴물을 교사의 책상에 두었던 것에 관한 이야기와 함께 제시되었다. 실험 결과, 사진을 본 참가자들은 보지 않은 참가자들보다 두 배 이상 더 많은 오기억을 경험했다. 왜 이런 일이 일어났을까? 사실상 학급 사진에는 액체괴물이 전혀 없었다. 지각적으로 상세한 자신의 교사와 급우들의 사진을 봄으로써 그 사건이 일어났을 상황으로 정신적으로 되돌아가는 여행을 하는 것이 더 쉬웠을 것이다.

정신적 시간여행을 언급하면서 이 장을 마치는 것이 적합한데, 그 이유는 우리가 일상적 상황의 기억에 초점을 맞춤에 따라 일화기억을 강조했기 때문이다. 동시에 우리는 의미기억, 즉 세상에 관한 지식과 사실의 저장고가 일화기억과 어떻게 상호작용하고 일화기억에 어떻게 영향을 미치는지에 주목하였다. 다음 장에서는 거의 대부분 의미기억을 다루면서, 세상을 형성하는 대상들과 사건들에 관한 지식을 구할 수 있도록 해주는 기전들을 살펴볼 것이다.

그림 8.22 1학년 또는 2학년 학급 사진인데, 이와 유사한 사진을 Lindsay 등(2004) 실험의 참가자들에게 보여주었다.

1. 기억이 암시의 영향을 받을 수 있다는 것을 보여준 실험들로부터 오정보 효과가 제안되었다. 오정보 효과는 어떻게 밝혀졌으며 이 효과를 설명하기 위해 어떤 기전들이 제안되었는가?

2. 암시가 사람들 삶의 초기 사건들에 관한 기억에 영향을 미칠 수 있다는 것이 어떻게 증명되었는가?

3. 목격자 증언이 항상 정확한 것은 아니라는 증거를 '실생활'과 실험실 실험 양자로부터 제시하라.

4. 검사받기가 오정보에 대한 감수성에 영향을 미칠 수 있다는 것을 보여준 Chan의 실험을 기술하라. 이것이 질문자에 의한 암시가 목격자의 기억에 영향을 미치는 방식과 어떻게 관련되는가?

5. 목격자 증언의 정확성을 증가시키기 위해 인지심리학자들은 어떤 절차를 제안했는가?

6. 기억에 영향을 미치기 위해 사진들을 어떻게 사용했는지 그리고 왜 효과적인지 기술하라.

보여주기 문장 읽기(계속)

아래 문장들은 269쪽에 나온 실험에서 여러분이 읽었던 문장들로부터 한두 개 단어를 생략한 것이다. 원래 문장들을 보지 말고 그 문장들에 있었던 단어들로 빈칸을 채우라.

부실한 선반이 책 무게에 눌려 _____.

온도가 화씨 80도에 도달했을 때 어린이가 만든 눈사람이 _____.

방심한 교수가 자신의 자동차 키를 _____.

신생아가 밤새 _____.

태권도 챔피언이 콘크리트 블록을 _____.

끝마친 후에 269쪽으로 되돌아가서 '보여주기' 다음의 글을 읽어 보라.

이 장의 요약

1. 전국적 여론조사에 따르면, 기억의 속성에 관해 상당수의 사람들이 틀린 견해를 갖고 있다.

2. 자전적 기억(AM)은 삶의 특정 경험에 관한 기억이라고 정의된다. 그것은 일화적 성분과 의미적 성분 양자를 포함한다.

3. 자전적 기억의 다차원적 본질은, 뇌 손상에 기인하여 시각적 기억을 상실한 사람이 자전적 기억 상실을 경험한다는 것을 밝힌 연구에 의해 지지되었다. 또한 자전적 기억의 다차원적 본질을 지지해 주는 것이 Cabeza의 실험인데, 이는 사람의 뇌가 타인이 찍은 사진을 볼 때보다 자신이 찍은 사진을 볼 때 더 광범위하게 활성화된다는 것을 보여주었다.

4. 사람들은 자신의 삶 전반에 걸쳐 사건들을 기억해내도록 요구받을 때 전환점을 특히 잘 기억해낸다. 마찬가지로, 40세 이상의 사람들은 사춘기에서 성인 초기에 이르기까지 경험한 사건들에 대해 우수한 기억을 갖는 경향이 있다. 이를 회고 절정이라고 부른다.

5. 회고 절정을 설명하기 위해 다음 가설들이 제안되었다. (1) 자기 이미지, (2) 인지, (3) 문화적 라이프 스크립트.

6. 정서는 흔히 쉽게 기억되는 사건들과 관련된다. 편도체는 정서기억의 핵심 구조이며, 정서는 증진된 기억 응고화와 결부되어 있다. 어떤 상황에서는 정서가 기억을

손상시킬 수 있다는 증거도 있다.

7. Brown과 Kulik은, 충격적이며 매우 정서적인 사건들에 관한 이야기를 들었던 주변 상황들에 관한 기억을 지칭하는 데 섬광기억 용어를 제안했다. 그들의 제안에 따르면, 섬광기억은 사진과 같이 생생하고 세부적이다.

8. 많은 실험들이 밝힌 바에 따르면, 시간 경과에 따라 섬광기억의 보고에 많은 오류가 일어나므로 섬광기억을 사진과 동등하게 보는 것은 정확하지 않다. 첼린저호 폭발에 관해 들은 것에 관한 기억 연구는, 사건 후 시간이 경과함에 따라 사람들 반응이 더욱 부정확해진다는 것을 밝혔다.

9. Talarico와 Rubin은 사람들이 9·11 테러 공격에 관해 처음 들었을 때에 관한 기억을 연구함으로써, 시간 경과에 따라 다른 기억과 마찬가지로 기억 오류가 증가하지만 사람들이 자신의 9·11 테러 공격 기억의 정확성에 대해 더 확신하고 있다는 것을 밝혔다.

10. 정서는 기억에 관한 주관적 감각과 관련된다. Rimmele과 동료들의 실험은, 정서가 세부 내용에 관한 기억은 감소시키지만 일반적 기억은 증진시킬 수 있다는 것을 밝혔다.

11. 설화적 되뇌기 가설은 중요한 사건에 관한 고양된 기억이 되뇌기에 의해 초래될 수 있다고 제안한다. 이러한 되뇌기는 흔히 TV 보도와 결부되어 있는데, Diana 왕세자비 연구 결과가 이를 잘 보여준다.

12. Bartlett이 '유령들의 전쟁' 실험에 기초하여 처음 제안했던 기억에 관한 구성적 접근에 따르면, 사람들이 기억이라고 보고하는 것은 실제로 일어난 것에다가 사람들의 지식, 경험, 그리고 기대와 같은 부가적 요인들을 더한 것에 기초하여 구성된다.

13. 원천 모니터링은 우리의 기억, 지식 또는 신념의 원천을 판단하는 과정이다. 원천 모니터링 오류는 기억의 원천을 오인했을 때 일어난다. 잠복 기억상실증(무의식적 표절)은 원천 모니터링 오류의 한 사례이다.

14. 친숙성(Jacoby의 '하루아침에 유명해지기' 실험)과 세상사 지식(Marsh의 성 고정관념 실험)은 원천 모니터링 오류를 초래할 수 있다.

15. 일반적 세상사 지식은 기억 오류를 야기할 수 있다. 추론은 기억의 구성적 과정의 기전들 가운데 하나이다. 실용적 추론 실험과 야구 실험은 기억에 미치는 추론의 효과를 보여주는 사례이다.

16. 특정 경험에 수반된 것에 관한 지식이 그 경험에 관한 도식이다. 연구실에 있던 것을 기억해내도록 참가자에게 요구하는 실험은 도식이 기억 보고에서 어떻게 오류를 야기할 수 있는지를 보여준다.

17. 스크립트는 도식의 한 유형으로서, 특정 경험 도중 통상 일어나는 행위들의 순서에 관해 우리가 갖고 있는 개념이다. '치과 병원 실험'에서 참가자는 치과에 가는 것에 관한 글을 기억해내도록 요구받는데, 이는 스크립트가 어떻게 기억 오류를 초래할 수 있는지를 보여준다.

18. 수면과 관련된 단어 목록을 회상하도록 요구받는 실험은, 함께 관련된 것들(예: 잠은 침대와 관련된다)에 관한 우리의 지식이 어떻게 원래 목록에 없었던 단어들의 보고를 초래할 수 있는지를 보여준다.

19. 사진 같은 기억을 갖는 것이 장점이 많을 것으로 사람들은 흔히 생각하겠지만, S.와 A. J.의 사례는 모든 것을 완벽하게 기억할 수 있는 것이 유리하지 않을 수 있다는 것을 보여준다. 우리의 기억체계가 모든 것을 저장하지 않는다는 사실은 생존가에 보탬이 되기까지 한다.

20. 사후 오도정보(MPI)가 참가자에게 제시되는 기억 실험은 기억이 암시의 영향을 받을 수 있다는 것을 알려준다. 한 사례로서 Loftus의 교통사고 실험을 들 수 있다. 사후 오도정보에 의해 야기된 오류를 설명하기 위해 역행간섭과 원천 모니터링 오류가 제안되었다. Lindsay의 실험은 원천 모니터링 설명을 지지한다.

21. 어떤 파티에 관한 오기억을 생성한 Hyman의 실험은, 개인 삶의 초기 사건들에 관한 오기억을 생성하는 것이 가능하다는 것을 보여주었다. 오기억은 몇몇 아동기 학대의 '회복된 기억' 사례들에 수반되었다.

22. 목격자 증언의 오류 때문에 무고한 사람이 범인으로 유죄 판결을 받았다는 증거는 매우 많다. 목격자 증언의 오류에 관한 몇 가지 설명은 다음과 같다. (1) 범죄 도중의 정서적 상황 때문에 모든 관련된 세부 내용들에 주의를 기울이지 않는 것, (2) 친숙성에 기인한 오류로서, 원천 모니터링 오류에 기인하여 무고한 사람을 오인하는 결과를 초래할 수 있음, (3) 범죄에 관한 질문 도중 암시에 기인한 오류, (4) 사후 피드백에 기인한 확신도의 증가(식별 후 피드백 효과)

23. Chan과 동료들의 실험은, 목격한 것에 관해 검사받음으로써 목격자가 오정보에 더 취약해질 수 있다는 것을 보여준다.

24. 목격자 증언의 오류를 감소시키기 위해 인지심리학자들은 많은 방법을 제안했다. 이러한 제안은 정렬 수행과 목격자 면접을 위한 절차들을 개선하는 데 초점을 둔다.

25. 사진과 비디오는 오정보의 강력한 원천인데(열기구와 갬블 실험), 시간을 거슬러가는 정신적 여행에 도움이 될 수도 있다(액체괴물 실험).

생각해 보기

1. 2001년 9월 11일의 테러리스트 공격(또는 다른 매우 정서적인 사건)에 관해 들은 바에 대해 여러분이 기억하는 것은 무엇인가? 이 사건들에 관한 여러분의 기억이 정확하다고 얼마나 확신하는가? 이 장에서 기술한 섬광기억에 관한 실험 결과들을 바탕으로, 여러분의 기억이 틀릴 가능성이 있다고 생각하는가? 여러분의 기억 정확도를 점검할 수 있는 다른 방도가 있는가?

2. 여러분은 가장 최근의 주요 기념일(추수감사절, 크리스마스, 신년, 자신의 생일 등)에 무엇을 했는지 기억나는가? 1년 전 동일한 기념일에는 무엇을 했는지 기억나는가? 이 기억들은 다음 측면에서 어떻게 다른가? (a) 기억해내기가 얼마나 어려운가? (b) 얼마나 많은 세부사항들을 기억해낼 수 있는가? (c) 여러분 기억의 정확도는? (c에 대한 답변이 정확한지 어떻게 아는가?)

3. 목격자 증언의 오류 때문에 부당하게 수감된 사람들에 관한 보고들이 많이 있다. 이러한 상황에서 목격자 증언을 법정에서 더 이상 증거로 인정하지 말아야 한다는 제안에 대해 여러분은 어떻게 생각하는가?

4. 여러 연령대의 사람들을 대상으로 그들 삶에 관한 기억을 인터뷰해 보라. 여러분의 결과가 AM 실험들의 결과, 특히 나이 든 사람들의 회고 절정 개념에 관한 결과들과 얼마나 부합하는가?

핵심 용어

기억의 구성적 본질(constructive nature of memory)
도식(schema)
목격자 증언(eyewitness testimony)
무기 초점화(weapons focus)
문화적 라이프 스크립트(cultural life script)
문화적 라이프 스크립트 가설(cultural life script hypothesis)
반복 재생(repeated reproduction)
반복 회상(repeated recall)
사후 오도정보(misleading postevent information: MPI)
설화적 되뇌기 가설(narrative rehearsal hypothesis)
섬광기억(flashbulb memory)
스크립트(script)
식별 후 피드백 효과(post-identification feedback effect)
실용적 추론(pragmatic inference)
역행간섭(retroactive interference)
오정보 효과(misinformation effect)
원천 모니터링(source monitoring)
원천 모니터링 오류(source monitoring error)
원천 오귀인(source misattribution)
인지 가설(cognitive hypothesis)
인지적 면접(cognitive interview)
자기 이미지 가설(self-image hypothesis)
잠복 기억상실증(cryptoamnesia)
편도체(amygdala)
회고 절정(reminiscence bump)

'저것은 자동차야.'라든가 '저기 우리 개가 있네.'와 같은 말을 하는 것은 여러분의 지식을 이용해서 사물들을 특정 범주('자동차'와 '개')에 위치시키는 처리를 포함한다. 그렇다면 피츠버그 중심가 근처에 있는 강에 떠 있는 12m 높이의 노란 물체는 무엇인가? 피츠버그 사람들은 근처에서 헤엄치고 있는 오리와는 전혀 닮지도 않고 장난감 고무 오리보다 훨씬 더 큰 이 물체를 '덕(The Duck)' 혹은 '러버덕(The Ruber Duck)'이라고 부른다. 이 물체를 창조한 덴마크 예술가 Florentijn Hofman은 이를 '조각'이라고 불렀는데, 이 물체는 우리가 일상적으로 생각하는 조각이라는 개념과 닮은 구석이 없다. 9장에서는 사람들이 어떻게 물체들을 '오리', '장난감', '조각'과 같은 범주에 위치시키는지, 그리고 범주에 관한 지식은 뇌에 어떻게 저장되어 있는지에 대해 알아본다.

지식

한 번도 가 본 적이 없는 낯선 동네에 서 있다고 가정해 보자. 큰 길을 따라가 면서 여러분은 많은 사물들이 여러분이 사는 동네에서와 완전하게 똑같지는 않다는 것을 느낀다. 반면에 익숙해 보이는 물건들도 많이 있다. 자동차가 지 나가고, 길 좌우편에 건물들이 있고, 길모퉁이에 주유소가 있으며, 고양이 한 마리가 길을 가로질러 안전하게 반대편으로 건너가는 것을 본다. 다행스럽게 도 여러분은 자동차, 건물, 주유소, 고양이에 대해 아는 것이 많으니까 주위에 서 어떤 일이 벌어지는지 이해하는 데 어려움을 느끼지 않는다.

9장은 여러분이 길거리와 주위에서 맞닥치는 사물들을 알아보고 이해하는 것을 가능하게 해주는 지식의 유형에 대해 알아본다. 이런 유형의 지식은 개념 지식이 라 불리는데, 개념 지식(conceptual knowledge)이란 우리가 물체와 사건들을 알아보고 그 것들의 속성에 대해 추론하는 것을 가능하게 해주는 지식을 말한다(Rogers & Cox, 인쇄 중). 이런 지식은 개념의 형태로 존재한다. 개념(concepts)은 여러 가지로 정의되는데, 그 중에는 '특정 유목이나 사례에 대한 심적 표상'(Smith, 1989), '물체, 사건, 그리고 추상적 인 생각의 의미'(Kiefer & Pulvermüller, 2012)라는 정의도 있다. 이것을 좀 더 구체적으로 서술하자면, '고양이'라는 개념은 '고양이가 무엇인가'라는 질문에 대한 답이라고 말할 수 있다. 만약 여러분이 고양이는 털이 나고, 야옹하며 울고, 움직이며, 쥐를 잡아먹는 동물 이라고 답한다면, 이것은 여러분이 생각하는 '고양이' 개념을 기술한 것일 것이다(Kiefer & Pulvermüller, 2012).

우리가 관심 있어 하는 것은 세상에 대한 우리의 지식이니까 고양이를 넘어서서 더 일 반적인 것에 대해 알아보아야 한다. 우리의 대상을 개, 자동차, 깡통 따개, 홍당무, 장미 등으로 넓히면, 일은 훨씬 더 복잡해지고 재미있어진다. 왜냐하면 이제 질문은 '이 모든 것들이 어떻게 마음속에 조직화되어 있는가?'로 변하기 때문이다. 우리가 개념들을 조직 화하는 방안 중의 하나는 범주의 관점에서 보는 것이다.

범주(category)는 특정 개념의 모든 가능한 사례들을 포함한다. 그러니까 '고양이' 범주 는 얼룩무늬 고양이, 샴 고양이, 페르시아 고양이, 살쾡이, 표범 등을 포함한다. 이런 점 에서 보면 개념은 범주를 창조해내는 규칙을 제공하는 셈이다. 그러니까 '고양이' 개념의 심적 표상은 우리가 어떤 동물을 '고양이' 범주에 포함시킬지에 영향을 미친다. 개념이 물체들을 범주로 분류하는 규칙을 제공하기 때문에, 개념과 범주는 자주 같이 논의되어 지고, 상당수의 연구들이 범주화 처리에 집중한다. 범주화(categorization) 처리란 우리가 사물들을 범주들에 위치시키는 처리를 말한다.

범주화는 우리가 어떤 물체를 특정 범주에 위치시킬 때 하는 일을 말하고, 일단 우리 가 어떤 물체를 특정 범주로 배정하면 우리는 그 물체에 대해 많은 것을 알게 된다. 예를 들어, 우리가 길 건너편에 있는 털이 달린 동물을 '고양이'라고 부를 수 있다면 그것은 그 동물에 대해 많은 정보를 제공한다(그림 9.1). 그래서 범주는 '지식에로의 알림표'라고도 불린다(Yamauchi & Markman, 2000). 어떤 물체가 '고양이'든, '주유소'든, '인상파 그림' 이든 특정 범주에 속한다는 것을 아는 순간, 우리는 그 물체의 특별한 점을 찾아내는 데 집중하게 된다(Solomon et al., 1999).

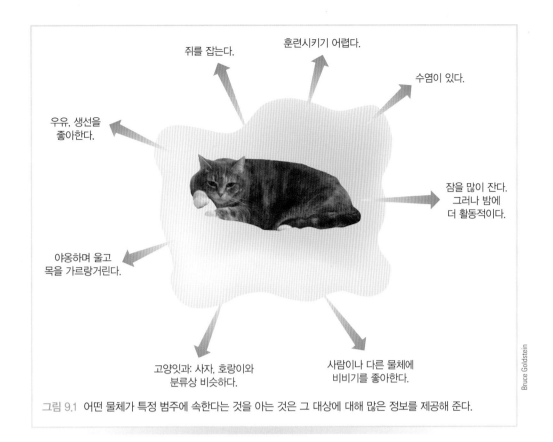

쥐를 잡는다.

훈련시키기 어렵다.

수염이 있다.

우유, 생선을
좋아한다.

잠을 많이 잔다.
그러나 밤에
더 활동적이다.

야옹하며 울고
목을 가르랑거린다.

고양잇과: 사자, 호랑이와
분류상 비슷하다.

사람이나 다른 물체에
비비기를 좋아한다.

Bruce Goldstein

그림 9.1 어떤 물체가 특정 범주에 속한다는 것을 아는 것은 그 대상에 대해 많은 정보를 제공해 준다.

어떤 사물을 특정 범주에 위치시킬 수 있다는 것은 그 사실을 몰랐다면 굉장히 당혹스러울 수 있었던 행동을 이해하는 것을 도와준다. 예를 들어, 우리가 어떤 사람을 보았는데, 얼굴 왼쪽은 검은색으로 칠하고, 오른쪽은 황금색으로 칠했다면 도대체 무슨 일이벌어진 것인지 의아해할 수 있다. 그러나 그 사람이 미식 축구장으로 가는 길이고, 오늘이 일요일 오후라는 것을 안다면, 우리는 그 사람이 '피츠버그 스틸러스의 팬'이라고 범주화할 수 있다. 그 사람을 그 범주로 위치시키면 얼룩지게 칠해진 얼굴이며 미식축구시합이 있는 날이면 피츠버그에서는 정상적인 행동일 수 있는 이상한 행동들이 설명된다(Solomon et al., 1999).

범주의 이런 다양한 용도는 범주가 일상생활에서 얼마나 중요한지를 증명해 준다. 범주라는 것이 없었더라면 주변에서 일어나는 일들이나 주변의 물건들을 이해하는 것이엄청 힘들었을 것이라는 말은 결코 과장이 아니다. 새로운 물체를 볼 때 일일이 여러분이 조사해 보는 것 외에는 아무것도 알지 못한다면 어떨까 한번 생각해 보라. 우리가 범주를 통해 우리에게 제공되는 지식을 사용할 수 없다면 우리의 삶은 아주 혼란스러울 것이다. 범주가 이렇게 중요하기 때문에 인지심리학자들은 사물들을 범주화하는 처리과정을 밝혀내는 것에 많은 흥미를 보였다.

사물들은 어떻게 범주화되는가?

물체의 특징을 알아보는 방법으로 오랫동안 사용되어 온 방법은 정의를 찾아보는 방법이다. 우리는 인지심리학자들이 어떻게 정의를 이용하는 '정의적 접근'이 무용지물인지를 밝혀냈는지를 살펴본다. 이어서 어떤 물체가 특정 범주에 속한 다른 물체들과 얼마나 유사한지에 기초해서 범주를 나눈다는 다른 접근에 대해 살펴본다.

범주에서는 정의가 왜 쓸모없는가?

범주화에 대한 정의적 접근(definitional approach to categorization)에 따르면 우리는 어떤 사물이 특정 범주의 사례인지는 그 사물이 특정 범주의 정의를 충족시키는지 알아보고 결정할 수 있다. 정의는 기하학적 도형과 같은 경우에는 아주 유용하다. 그러니까 정사각형을 '같은 길이의 변을 네 개 가지고 도형의 내각이 모두 같은 평면 도형'이라고 정의하는 것은 유용하다. 그러나 새, 나무, 식물과 같은 자연 범주들의 대부분과 의자와 같은 인공물의 상당수는 정의가 별로 유용하지 않다.

(a) (b) (c) (d)

그림 9.2 **모두 '의자'라고 범주화될 수 있는 다양한 물체들**

Bruce Goldstein

문제는 일상생활에서 우리가 사용하는 범주에서 그 범주에 속하는 모든 사례가 같은 속성을 공유하지 않는다는 것이다. 그러니까 '앉는 부분, 다리, 등받이, 그리고 많은 경우 팔걸이로 구성된 가구의 일종으로, 한 사람에게 적합하게 만들어졌다.'라는 의자의 사전적인 정의는 합리적인 것처럼 보이지만, 우리가 '의자'라고 부르는 것들 중에는 이 정의를 충족시키지 못하는 것들도 있다. 예를 들어, 이 정의에 따르면 그림 9.2a와 그림 9.2b에 있는 물체들은 의자로 분류되지만, 그림 9.2c와 그림 9.2d에 있는 물체들은 그렇지 않다. 대부분의 의자는 이 정의에 명시되었듯이 다리가 있고, 등받이가 있을 수 있다. 그러나 대부분의 사람들은 그림 9.2c에 있는 원반같이 생긴 물체도 의자라고 부른다. 그리고 그림 9.2d에 있는 돌무더기에 대해서도 의자로 사용된다고 말할 수도 있다.

철학자 Ludwig Wittgenstein(1953)은 정의가 지니는 이런 문제점을 파악해서 다음과 같은 해결책을 제안하였다.

> 우리가 '게임'이라고 부르는 것에 대해 생각해 보자. 나는 게임이라는 말을 들으면 보드 게임, 카드 게임, 구기 게임, 올림픽 게임 등을 생각한다. 그런데 여러분이 이 예들을 살펴보면 모든 예에 공통적으로 적용되는 속성이 없다는 것을 알 수 있다. 그 대신 유사성, 관계, 그런 것들을 이 예들에서 찾을 수 있다. 나는 이런 유사성들을 특징짓는 표현으로 '가족 유사성'이라는 표현보다 더 적절한 것을 생각해낼 수 없다.

정의가 그 범주에 속한 모든 사례를 다 포함하지 못하는 문제를 다루기 위해 Wittgenstein은 가족 유사성(family resemblance)이라는 개념을 제안하였다. 가족 유사성은 특정 범주에 속한 사례들은 여러 가지 방식으로 서로 닮았다는 생각을 가리킨다. 그러니까 그 범주에 속한 모든 사례에 반드시 충족해야 하는 명확한 기준을 정하는 대신, 가족 유사성 접근은 범주 내에 약간의 변산성을 허용한다. 의자는 크기와 형태가 다양할 수 있으며, 재질도 다를 수 있다. 그러나 각각의 의자는 다른 의자들과 어떤 점에서는 비슷하다. 범주의 성격을 이렇게 보게 되면 그림 9.2a의 의자와 그림 9.2c의 의자는 앉을 수 있는 곳을 제공하고, 등을 기댈 수 있으며, 어쩌면 앉아 있는 동안 팔을 걸칠 곳이 있다는 점을 공유한다.

가족 유사성이라는 생각은 심리학자들이 범주화는 어떤 물체가 특정 범주의 표준적인 표상과 얼마나 유사한지에 달려 있다는 생각을 제안하게 이끌었다. 범주화의 원형 접근을 소개하는 것으로 표준과의 비교라는 생각에 대한 고찰을 시작한다.

원형 접근: 평균적인 사례 찾기

범주화에 대한 원형 접근(prototype approach to categorization)에 따르면 어떤 범주에 속하는지는 그 물체가 그 범주를 표상하는 원형과 얼마나 유사한지에 달려 있다. 여기서 원형(prototype)은 그 범주의 가장 '전형적인' 사례이다.

무엇이 특정 범주의 전형적인 사례일까? Eleanor Rosch(1973)는 '전형적인' 원형은 흔히 경험하는 특정 범주의 사례들의 평균에 기초한다고 제안하였다. 예를 들어, '새' 범주

그림 9.3 세 종류의 실제 새들인 제비, 개똥지빠귀, 어치와 '새' 범주의 평균적인 표상인 '원형' 새

의 원형은 새 중에서 우리가 흔히 보는 제비, 개똥지빠귀, 어치 등에 기초할 수 있지만, 반드시 그중 어느 하나와 똑같아야 할 필요는 없다. 그러니까 원형은 특정 범주의 실제 사례가 아니라 그 범주의 '평균적인' 표상이다(그림 9.3).

물론 모든 새가 개똥지빠귀나 어치나 제비와 같지는 않다. 올빼미, 말똥가리, 펭귄도 새이다. Rosch는 범주 안에서의 변산성은 전형성의 차이를 표상하는 것이라고 서술하였다. 아주 전형적이라는 것은 범주의 원형과 아주 유사하다는 뜻이다(그 범주의 '전형적인' 사례라는 말과 비슷하다). 전형성이 낮다는 것은 그 사례가 범주의 전형적인 사례와 많이 닮지는 않았다는 것을 뜻한다. Rosch(1975a)는 참가자들에게 '새', '가구'와 같은 범주명을 주고 이어서 그 범주에 속한 약 50개의 사례 목록을 주고 판단하게 하는 실험을 통해 전형성을 양화시켰다. 참가자는 각 사례가 그 범주를 얼마나 잘 대표하는지를 7점 척도에 평정하였다. 여기서 1은 그 사례가 해당 범주의 아주 좋은 예라는 의미이고, 7은 그 범주에 어울리지 않는다 혹은 그 범주에 속하지 않는다는 의미이다.

그림 9.4에 두 가지 범주의 예들에 대한 결과가 제시되었다. 제비의 평정치 1.18은 사람들은 제비를 새의 아주 좋은 예라고 생각한다는 것을 보여주는 것이고(그림 9.4a), 펭귄의 평정치 4.53과 박쥐의 평정치 6.15는 사람들은 펭귄과 박쥐를 새의 좋은 예라고 생각하지 않는다는 것을 보여준다. 마찬가지로 의자와 소파(평정치 1.04)는 가구의 좋은 예이지만, 거울(4.39)과 전화기(6.68)는 좋은 예가 아니라는 것을 보여준다(그림 9.4b).

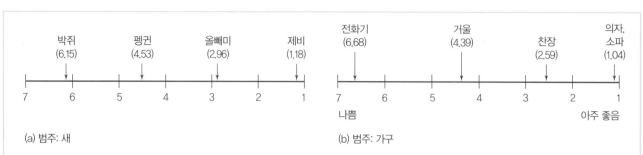

그림 9.4 참가자들이 각 대상들을 1(그 범주의 아주 좋은 예)에서 7(나쁜 예)의 척도에 평정하게 한 Rosch(1975a)의 실험 결과: (a) 새, (b) 가구.
© Cengage Learning

제비가 펭귄이나 박쥐보다 새의 좋은 예라는 것은 전혀 놀랄 일이 아니다. 그러나 Rosch 는 이 당연한 결과를 보고하는 것을 넘어서서 일련의 실험을 통해 좋은 예와 좋지 않은 예의 차이를 보여주었다.

전형적인 사례는 가족 유사성이 높다 특정 범주의 좋은 예와 좋지 않은 예는 그 범주에 속한 다른 사례들과 얼마나 잘 비교될까? 이어지는 '보여주기'는 Rosch와 Carolyn Mervis(1975)의 실험에 기초한 것이다.

보여주기 가족 유사성

Rosch와 Mervis(1975)가 사용한 지시문은 다음과 같다. 아래에 흔히 우리가 보는 물건들이 적혀 있다. 각 물건에 대해 그 물건들의 공통적인 특징이나 속성이라고 생각하는 것을 최대한 많이 적어 주기 바란다. 예를 들어, 자전거의 공통 속성으로 바퀴가 두 개이다, 페달이 있다, 핸들이 있다, 우리가 탄다, 연료를 사용하지 않는다 등을 생각할 수 있다. 각 물건에 대해 약 1분 동안씩 그 물건의 속성이나 특징에 대해 적어 보라.

1. 의자
2. 소파
3. 거울
4. 전화기

여러분이 Rosch와 Mervis의 참가자들처럼 반응한다면, 의자와 소파에 대해서는 같은 속성들을 많이 적을 것이다. 예를 들어, 의자와 소파는 다리가 있다, 등받이가 있다, 그 위에 앉는다, 쿠션이 있을 수도 있다와 같은 속성들을 공유할 것이다. 어떤 물체의 속성들이 그 물체가 속한 범주의 다른 물체들의 속성과 많이 겹치게 되면 이 물체들의 가족 유사성이 높다는 것을 의미한다. 그러나 거울과 전화기는 Rosch와 Mervis가 '가구'로 분류했지만(그림 9.4b), 이 둘은 다른 사례들과 속성이 겹치는 것이 별로 없다. 그 범주의 다른 사례들과 겹치는 것이 적다는 것은 가족 유사성이 낮다는 것을 의미한다.

이런 결과를 토대로 Rosch와 Mervis는 가족 유사성과 전형성 간에는 아주 밀접한 관계가 있다고 결론지었다. 그러니까 '가구' 범주의 좋은 예인 의자와 소파는 그 범주에 속한 다른 사례들과 많은 속성을 공유하지만 거울이나 전화기와 같이 좋지 않은 예들은 그렇지 못하다. 연구자들은 전형성과 가족 유사성 간의 관계 외에 전형성과 행동 간의 연결에 대해서도 다음과 같은 관계를 밝혀내었다.

전형적인 물체에 대한 진술문은 빨리 검증된다 Edward Smith와 동료들(1974)은 문장검증 과제(sentence verification technique)라 불리는 실험법을 사용하여 사람들이 얼마나 빨리 특정 물체의 범주에 관한 질문에 대해 답하는지 밝혀냈다.

문장검증 과제의 절차는 아주 간단하다. 참가자들에게 진술문을 하나 제시하고, 진술문이 사실이라고 생각하면 '예'라고 답하고, 사실이 아니라고 생각하면 '아니요'라고 답하게 한다. 아래 두 진술문에 대해 한번 답해 보라.

사과는 과일이다.

석류는 과일이다.

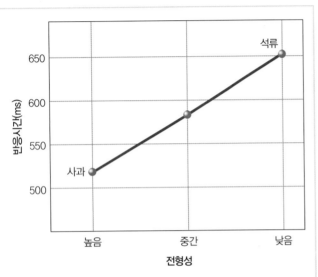

그림 9.5 E. E. Smith 등(1974)의 문장검증 과제 실험 결과 전형성이 높은 물체의 반응시간(RT)이 빠르다. © Cengage Learning

Smith와 동료들(1974)은 이 과제를 사용해서 사람들은 전형성이 낮은 물체(예: '과일' 범주의 석류)보다 전형성이 높은 물체(예: '과일' 범주의 사과)에 대해 빨리 반응한다는 것을 발견하였다(그림 9.5). 전형성이 높은 물체에 대해 빨리 반응하는 능력을 전형성 효과(typicality effect)라 부른다.

전형적인 물체는 빨리 거명된다 참가자들에게 특정 범주에 속한 사례들을 가능한 한 많이 말하라고 하면, 그 범주에서 가장 전형적인 사례부터 말하는 경향이 있다(Mervis et al., 1976). 그러니까 '새' 범주인 경우 펭귄보다 제비가 먼저 거명된다.

전형적인 물체는 점화의 영향을 더 많이 받는다 하나의 자극을 제시하는 것이 그 자극에 뒤이어 제시되는 자극에 대한 반응을 촉진시킬 때 우리는 점화되었다고 표현한다(6장 204쪽). Rosch(1975b)는 어떤 범주의 전형적인 사례가 덜 전형적인 사례보다 점화자극의 영향을 더 많이 받는다는 것을 보여주었다. Rosch의 실험 절차가 그림 9.6에 제시되었다. 참가자들은 '초록'과 같은 색 이름을 점화자극으로 들었다. 2초 후에 색 두 개가 좌우로 제시되면 참가자들은 이 두 색이 같은지 다른지를 가능한 한 빨리 단추를 눌러 답해야 했다.

색 이름을 듣고 나서 보게 되는 두 개의 색은 세 가지 방식으로 조합되었다. (1) 두 색이 같으며, 그 범주의 좋은 예(원색의 빨강, 파랑, 초록, 그림 9.6a), (2) 두 색이 같지만, 그 범주의 좋지 않은 예(밝은 초록, 밝은 파랑처럼 좋은 색의 덜 풍부한 예, 그림 9.6b), (3) 각기 다른 색 범주에서 나온 두 색(빨강과 초록, 그림 9.6c).

가장 중요한 결과는 두 개의 색이 '같은' 두 조건에서의 결과이다. 점화가 일어나서 덜 전형적인 색(반응시간, RT = 780ms)보다 전형적인 색(RT = 610ms)에서 '같다' 반응이 더 빨랐다. 그러니까 참가자들이 초록이라는 단어를 들었을 때 그들은 두 개의 밝은 초록 조각보다 두 개의 원색의 초록 조각에 대해 둘이 같다는 판단을 더 빨리 했다.

Rosch는 이 결과를 다음과 같이 설명하였다. 참가자들이 '초록'이라는 단어를 들으면,

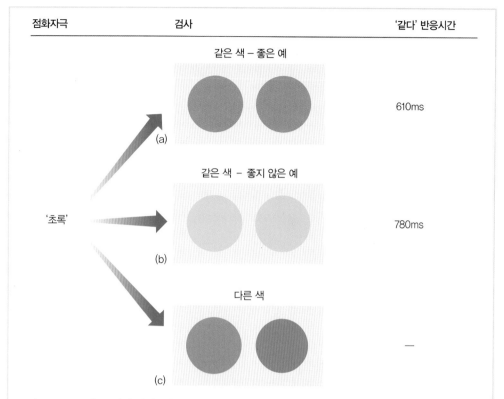

점화자극	검사	'같다' 반응시간
	같은 색 – 좋은 예	
'초록' (a)		610ms
	같은 색 – 좋지 않은 예 (b)	780ms
	다른 색 (c)	—

그림 9.6 **Rosch(1975b)의 점화 실험 절차** 검사 자극들이 같은 조건들의 결과가 오른쪽에 제시되었다. 참가자의 '초록' 원형이 (a) 좋은 초록과 잘 맞는다. 그러나 (b) 밝은 초록과는 잘 맞지 않는다. (c)는 색이 다른 조건의 예이다. © Cengage Learning

그들은 '좋은'(아주 전형적인) 초록을 상상한다(그림 9.7a). 점화에 기초하는 원리는 참가자가 반응하는 데 필요한 정보의 일부를 점화자극이 제공할 때 점화자극이 참가자의 반응을 촉진시킨다는 것이다. 좋은 초록이 검사자극으로 제시될 때는 이런 일이 일어나지만(그림 9.7b), 덜 전형적인 초록이 검사자극으로 제시될 때는 이런 일이 일어나지 않는다(그림 9.7c). 그러니까 점화 실험의 결과는 참가자들이 색 이름을 들으면 원형의 심상을 창조한다는 생각을 지지하였다. 이제까지 서술했던 전형성이 행동에 영향을 미치는 다양한 방식을 표 9.1에 요약하였다.

범주화의 원형 접근, 특히 Rosch의 선구적인 연구는 범주에 속한 모든 사례들이 똑같은 것이 아니라는 여러 가지 실험 증거들을 제공해서 범주화에 대한 정의적 접근을 넘어서

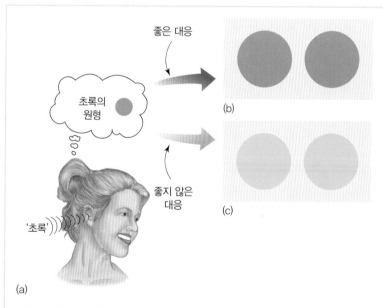

그림 9.7 점화는 덜 전형적인 색보다 전형적인 색에 대해 '같다'는 판단을 빨리하게 한다는 결과에 대한 Rosch의 설명. © Cengage Learning

표 9.1 전형성의 몇 가지 효과

효과	기술	실험 결과
가족 유사성	범주에 속한 사례들은 여러 가지 방식으로 연결된다.	어떤 범주의 '좋은' 사례인지 평정할 때 더 전형적인 사례가 더 높게 평정된다(Rosch, 1975a).
전형성	범주의 '전형적'인 사례에 대해 더 빨리 반응한다.	덜 전형적인 사례(타조)보다 더 전형적인 사례(개똥지빠귀)에서 '_____는 새이다.'와 같은 문장에 대한 반응시간이 빠르다(Smith et al., 1974).
거명	범주에 속한 사례를 말하게 하면 특정 사례를 다른 사례들보다 많이 말하는 경향이 있다.	범주의 예를 들게 하면 더 전형적인 사례를 먼저 말한다(Mervis et al., 1976).
점화	하나의 자극을 제시하면 그다음에 나오는 자극에 대한 반응에 영향을 준다.	색 판단에서 더 전형적인 사례에 대해 같다–다르다 판단을 빨리 한다(Rosch, 1975b).

는 엄청난 발전을 보여준다. 본보기 접근이라 불리는 범주화에 대한 또 다른 접근에서도 특정 범주에 속한 사례들 간의 엄청난 변산성을 감안한다.

본보기 접근: 사례 생각하기

원형 접근과 마찬가지로 범주화의 본보기 접근(exemplar approach to categorization)도 어떤 물체가 다른 물체와 얼마나 유사한지를 밝혀내는 기제를 포함한다. 그렇지만 원형 접근에서의 표준은 범주에 대한 하나의 '평균' 사례인 데 반해 본보기 접근에서의 표준은 각기 본보기라 불리는 여러 개의 사례들을 포함한다. 본보기(exemplar)는 그 사람이 이전에 경험한 적이 있는 그 범주에 속한 실제 사례들이다. 그러니까 어떤 사람이 이전에 제비, 개똥지빠귀와 어치를 본 적이 있다면, 그 사람에게는 이들이 '새' 범주의 본보기가 되는 것이다.

본보기 접근은 원형 접근을 지지하는 데 사용된 Rosch의 결과들의 많은 부분을 설명할 수 있다. 예를 들어, 본보기 접근은 본보기들과 더 유사한 물체는 더 빨리 분류된다고 제안해서 전형성 효과(문장검증 과제에서 좋지 않은 사례보다 좋은 사례에 대한 진술문의 반응시간이 더 빠른 결과)를 설명한다. 그러니까 제비는 더 많은 새의 본보기들과 유사하기 때문에 새의 사례들 중 일부 본보기와만 유사한 펭귄보다 더 빨리 새로 분류된다. 이는 원형 접근을 서술할 때 나왔던 가족 유사성이라는 생각, 즉 더 좋은 사례가 가족 유사성이 높다고 서술한 것과 기본적으로 같다.

어느 접근이 더 좋은가? 원형인가, 본보기인가?

원형 접근과 본보기 접근 중 어느 것이 사람들이 범주를 어떻게 사용하는지를 더 잘 서술할까? 본보기 접근의 한 가지 이점은 본보기 접근에서는 실제 사례를 사용하기 때문에 날지 못하는 새와 같이 전형적이지 않은 사례들도 설명할 수 있다는 점이다. 펭귄을 '평균'적인 새와 비교하는 대신, 우리는 날지 못하는 새도 있다는 것을 기억하면 된다. 개별 사례들을 고려할 수 있다는 것은 이후에 유용하게 사용될 수도 있는 정보를 본보기 접근에서는 버리지 않는다는 것을 의미한다. 그러니까 원형을 만들어내는 전체 평균 속에서 이 정보들이 사라지는 것이 아니라, 펭귄, 타조와 같이 전형적이지 않은 새들도 새 범주의 본보기로 표상될 수 있다는 것이다. 본보기 접근은 게임과 같이 '변산성이 큰' 범주를 더 잘 설명할 수 있다. 미식축구, 컴퓨터 게임, 혼자 하는 카드 게임, 마블 게임, 골프와 같은 것들을 포함하는 게임이라는 범주의 원형을 상상하는 것은 어렵지만, 본보기 접근에서는 우리가 이런 다양한 예들 중에서 일부를 기억하는 것만 요구한다.

많은 연구 결과들을 토대로 일부 연구자들은 사람들은 두 가지 접근을 다 사용할 수도 있다고 결론지었다. 우리가 어떤 범주를 처음 학습할 때 사례들의 평균으로 원형을 만들 수 있다. 그러다가 학습이 더 진행되면서 일부 본보기 정보들이 강해질 수 있다(Keri et al., 2002; Malt, 1989). 그러니까 학습 초기에는 타조나 펭귄과 같은 예외들을 고려하지 못하지만 이후에 이런 사례들의 본보기가 범주에 추가될 수 있다(Minda & Smith, 2001; Smith & Minda, 2000).

다른 연구는 본보기 접근은 '미국 대통령', '5000m보다 더 높은 산'과 같이 사례들이 적은 범주에 더 유용하고, 원형 접근은 '새', '자동차'와 같이 사례들이 많은 큰 범주에 더 유용할 수 있다고 제안하였다. 우리는 원형 접근과 본보기 접근을 혼합하는 이런 방식을 다음과 같이 일상용어로 기술할 수 있다. 우리는 전반적으로 고양이가 무엇인지 안다(원형). 그러나 우리는 내 고양이를 가장 잘 안다(본보기; Minda & Smith, 2001).

심리학적으로 '특별한' 범주 수준이 있는가?

우리가 원형 접근과 본보기 접근을 다루는 동안 우리는 침대, 의자, 책상과 같은 사례들을 포함하는 '가구'와 같은 범주들을 예로 사용하였다. 그러나 그림 9.8a에서 볼 수 있듯이 '의자'라는 범주는 다시 부엌 의자, 식당용 의자와 같은 더 작은 범주들을 포함할 수 있다. 보다 크고 보다 일반적인 범주가 보다 작고 더 세부적인 범주들로 나뉘어 여러 수

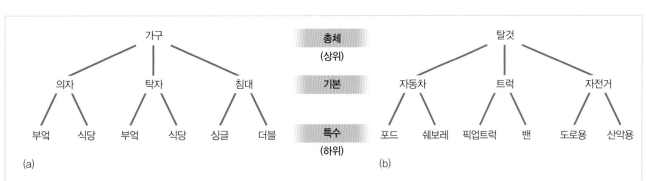

그림 9.8 (a) 가구와 (b) 탈것의 범주 수준 Rosch는 기본 수준이 '심리적으로 특별한' 수준이라는 생각을 지지하는 증거들을 제공하였다.
© Cengage Learning

준의 범주들을 만들어 내는 이런 조직화를 위계적 조직화(hierarchical organization)라 부른다.

이런 조직화에 대해 인지심리학자들이 제기했던 질문 중의 하나는 다른 수준들보다 심리학적으로 더 중요하고 '특별한' '기본' 수준이 있느냐 하는 것이었다. 곧이어 서술할 연구들은 특별한 심리학적 속성을 갖는 범주의 기본 수준이 있다는 것을 보여줄 수는 있지만, 그 기본 수준이 모든 사람에게 똑같지는 않다는 것을 보여준다. 이제 기본 수준 범주라는 생각을 소개한 Rosch의 연구에 대해 알아보자.

Rosch의 접근: 기본 수준 범주는 무엇이 남다른가?

그림 9.8에 있는 것처럼 '가구'처럼 일반적인 수준에서부터 '부엌 탁자'처럼 특수한 수준까지에 걸치는 여러 수준의 범주가 있으며, 사람들이 범주를 이용할 때 이들 중 어느 한 수준의 범주에 집중하는 경향이 있다는 관찰에서 Rosch의 연구가 시작되었다. Rosch는 범주를, 앞으로 우리가 총체 수준(global level)이라고 부를 상위 수준(superordinate level, 예: '가구'), 기본 수준(basic level, 예: '탁자'), 앞으로 우리가 특수 수준(specific level)이라고 부를 하위 수준(subordinate level, 예: '부엌 탁자')의 세 수준으로 구분하였다. 아래에 있는 '보여주기'는 각 수준의 특징들을 보여준다.

> (보여주기) 공통 속성 적기

이 '보여주기'는 여러분이 가족 유사성에서 했던 과제를 다른 범주들을 이용해서 하는 것이다. 아래에 나오는 범주에 대해 그 범주에 속하는 모든 혹은 대부분의 사례들이 공통적으로 가지고 있는 특징을 최대한 많이 적어 보라. 예를 들어, '탁자'에 대해 '다리가 있다.'라고 적을 수 있다.

1. 가구
2. 탁자
3. 부엌 탁자

수준	예	공통 속성의 수
총체(상위)	가구	3
기본	탁자	9
특수(하위)	부엌 탁자	10.3

많은 정보를 잃는다.

정보를 조금 더 얻는다.

그림 9.9 범주 수준, 각 수준의 예, 그리고 Rosch 등(1976)의 실험 참가자들이 열거한 평균 공통 속성 수. © Cengage Learning

여러분이 이 과제를 수행한 Rosch와 동료들(1976)의 실험 참가자들처럼 반응한다면 여러분은 모든 가구에 공통적인 속성은 겨우 몇 개 정도 적었을 것이고, 모든 탁자와 모든 부엌 탁자가 공유하는 속성은 많이 적었을 것이다. Rosch의 실험의 참가자들은 총체 수준 범주인 '가구'에 대해서는 평균 3개의 속성을 적었고, 기본 수준 범주인 '탁자'에 대해서는 9개, 특수 수준 범주인 '부엌 탁자'에 대해서는 10.3개의 속성을 적었다 (그림 9.9).

Rosch는 기본 수준보다 상위(총체 수준)로 올라가면 정보의 손실이 아주 많고(기본 수준 9개 대 총체 수준 3개), 아래(특수 수준)로 내려가면 약간의 정보 이득이 생기기 때문에(9개 대 10.3개) 기본 수준은 심리학적으로 특별하다고 제안하였다. 기본 수준이 특별하다는 주장과 관련된 다른 '보여주기'를 살펴보자.

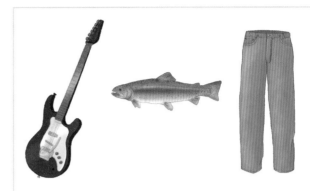

보여주기 사물 이름 대기

그림 9.10을 보고 각 그림의 정체를 알려주는 한 단어를 가능한 한 빨리 적거나 말하라.

그림 9.10 **사물 이름 대기 실험에 사용된 자극들** © Cengage Learning

각 물체에 어떤 이름을 붙였는가? Rosch와 동료들(1976)은 이와 비슷한 실험을 통해 사람들이 기본 수준의 이름을 고르는 경향이 있다는 것을 발견하였다. 사람들은 악기(총체 수준)나 록 기타(특수 수준)보다 기타(기본 수준)로, 동물이나 송어보다 물고기로, 의류나 청바지보다 바지라고 불렀다.

다른 실험에서 Rosch와 동료들은 참가자들에게 차, 탈것과 같은 범주명을 보여주고, 잠깐 시간이 지난 다음 그림을 보여주었다. 그리고 참가자들에게는 가능한 한 빨리 그 그림이 처음 보여준 범주에 속하는지 판단하게 했다. 사람들은 총체 수준 범주(예: 탈것)보다 기본 수준 범주(예: 자동차)일 때 더 빨리 답하였다. 그러니까 사람들은 자동차 사진을 보여 주기 전에 탈것이라는 단어를 보았을 때보다 차라는 단어를 보았을 때 '예'라는 답을 빨리 했다.

어떻게 지식이 범주화에 영향을 미치는가?

대학교 학부생들을 대상으로 실시한 Rosch의 실험은 '기본' 수준이라 불리는 범주 수준이 있다는 것을 보여주었는데, 이 기본 수준은 대학교 학부생들의 일상 경험을 반영하는 것이다. 이런 사실은 Rosch 이외의 많은 연구자들에 의해서도 보고되었다. J. D. Coley와 동료들(1997)은 노스웨스턴 대학교의 학부생들에게 교정을 다니면서 44개의 식물들의 이름을 가능한 한 구체적으로 말하게 했는데, 반응의 75%가 '떡갈나무'라는 구체적인 이름이 아니라 '나무'라는 명칭이었다.

그런데 대학교 학부생들에게 식물의 이름을 대라고 하는 대신, Coley가 원예사들을 대상으로 이 실험을 했다면 결과는 어떠했을까? 원예사들은 '나무'라고 답했을까, 아니면 '떡갈나무'라고 답했을까? James Tanaka와 Marjorie Taylor(1991)는 새에 대해서 비슷한 질문을 한 실험을 실시하였다. 그들은 새 전문가와 비전문가들

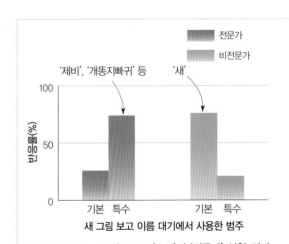

그림 9.11 **Tanaka와 Taylor(1991)의 '전문가' 실험 결과** 전문가(왼쪽 막대 쌍)는 특수 수준의 이름을 많이 사용했고, 비전문가(오른쪽 막대 쌍)는 기본 수준의 이름을 많이 사용했다. © Cengage Learning

에게 물체들의 그림을 보여주고 이름을 말하게 했다. 물체들은 여러 범주에서 고른 것이었는데(도구, 의류, 꽃 등), Tanaka와 Taylor의 관심사는 네 장의 새 그림에 대한 참가자들의 대답이었다.

그림 9.11에 제시된 결과를 보면 전문가들은 새의 종(개똥지빠귀, 제비, 어치, 홍관조)을 명시해서 답했는 데 반해 비전문가들은 '새'라고 답한 것을 알 수 있다. 전문가들은 비전문가들은 자각하지 못하는 특징들에 주의를 기울이는 것을 학습한 것이다. 그러니까 사람들이 어떻게 물체들을 범주화하는지를 제대로 알려면 물체들의 속성뿐만 아니라 그 물체들을 지각하는 사람들의 학습과 경험도 고려해야 한다(Johnson & Mervis, 1997).

Tanaka의 새 실험 결과에서 우리는 원예사들에게 교정을 돌아다니며 식물들의 이름을 말하게 하면 식물에 세부적인 지식이 없는 사람들보다 훨씬 특수한 이름으로 답할 것이라 예상할 수 있다. 실제로 자연환경과 밀접하게 생활하는 과테말라의 Itzaj 부족원들은 떡갈나무를 '나무'라 부르지 않고 '떡갈나무'라고 불렀다(Coley et al., 1997).

그러니까 '특별한' 수준, 즉 사람들이 주의를 집중하는 경향이 있는 수준은 모든 사람들에게 똑같지 않다. 일반적으로 특정 범주에 대해 전문성과 친숙성을 갖는 사람들은 좀 더 특수한 정보에 주의를 집중하는 경향이 있는데, 이는 Rosch가 특수 수준이라 부른 수준과 유사한 수준의 정보이다. 우리의 범주화 능력은 경험을 통해 학습된다는 점을 감안할 때 이 결과는 전혀 놀라운 것이 아니다. 범주화를 하는 수준은 우리가 전형적으로 접하는 물체와 그 물체의 속성 중에 어느 속성에 우리가 주의를 기울이는지에 달려 있다.

자가 테스트 9.1

1. 범주를 사용하는 것이 왜 우리가 일상적인 기능을 할 때 중요한가?

2. 범주에 대한 정의적 접근에 대해 서술하라. 왜 처음에는 이것이 범주에 대해 사고하는 데 유용한 방안처럼 보이지만, 범주를 구성하는 물체들의 종류에 대해 생각해 보면 문제가 많은 접근이라는 것을 알게 될까?

3. 원형 접근은 무엇인가? Rosch는 전형성과 행동 간의 연결을 보여주는 어떤 실험을 수행했는가?

4. 범주화의 본보기 접근이란 무엇인가? 이 접근은 원형 접근과 어떤 점에서 다르며, 이 두 접근은 어떻게 공존할 수 있는가?

5. 범주에는 여러 수준이 있다는 것은 무슨 의미인가? 여러 수준 중에 하나의 수준이 '특별하다'는 생각을 입증하기 위해 Rosch는 어떤 논증을 전개했는가? 전문가의 범주화에 관한 연구는 어떤 수준이 '기본적이다' 혹은 '특별하다'라는 Rosch의 생각에 어떤 수정을 초래했는가?

범주 간의 관계 표상하기: 의미망

범주는 총체 수준(상위 수준)에서 특수 수준(하위 수준)까지 위계적인 수준으로 배열될 수 있다는 것을 살펴보았다. 이 절에서는 범주화에 대한 접근 중 범주나 개념이 마음속에 어떻게 조직화되어 있는지에 관심을 갖는 접근에 대해 알아본다. 이제 서술할 접근을 의미망 접근(semantic network approach)이라 부르는데, 이 접근에서는 개념들이 망처럼 배열되어 있다고 제안한다.

의미망 소개: Collins와 Quillian의 위계적 모형

최초의 의미망 모형 중의 하나는 Ross Quillian(1967, 1969)의 개척자적인 연구에 기초하는데, Quillian의 목표는 사람의 기억에 대한 컴퓨터 모형을 개발하는 것이었다. 우리는 Allan Collins와 Quillian(1969)이 제안한 모형을 단순화해서 소개하는 것으로 Quillian의 접근법을 서술한다.

그림 9.12는 Collins와 Quillian의 의미망을 보여준다. 이 망은 마디들로 구성되어 있는데, 이 마디들은 고리로 연결되어 있다. 각 마디는 개념이나 범주를 표상하는데, 관련된 개념들은 연결되게 개념들이 망에 위치해 있다. 아울러 각 개념에는 몇 개의 속성들이 연결되어 있다.

개념들을 연결하는 고리는 해당 개념들이 마음속에서 서로 관련되어 있다는 것을 알려준다. 그러니까 그림 9.12에 있는 모형은 마음속에 카나리아 개념과 새 개념 간에, 그리고 새 개념과 **동물** 개념 간에 연합이 있다는 것을 보여준다(그림 9.12에서 고리에 점선이 붙어 표시된 부분). 이 모형은 '카나리아', '연어'처럼 보다 특수한 개념은 아래에, 보다 일반적인 개념은 상위 수준에 위치하게 배열되는 것처럼 여러 수준으로 구성되었기 되었기 때문에 위계적 모형(hierarchical model)이다.

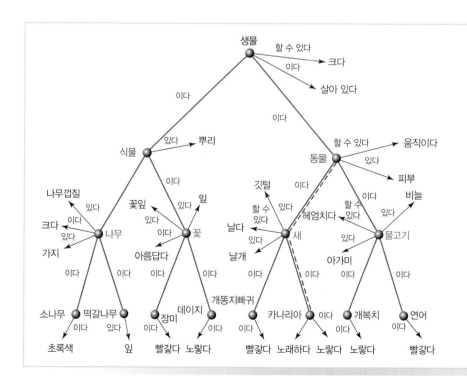

그림 9.12 **Collins와 Quillian(1969)의 의미망** 특수 개념은 색으로 표시되었다. 개념들의 속성은 각 개념에 마디로 연결되어 있다. 그 개념의 다른 속성들은 개념들을 연결한 선을 따라 망을 위로 올라가면 알 수 있다. 예를 들어 '카나리아'에서 '새'로 올라가면 카나리아가 깃털과 날개가 있고 날 수 있다는 것을 알 수 있다. 점선은 의미망에서 카나리아와 새, 그리고 새와 동물의 거리를 알려준다.

출처: Adapted from T. T. Rogers & J. L. McClelland, Semantic cognition: *A parallel distributed processing approach*, Cambridge, MA: MIT Press, 2004.

어떻게 우리가 이 망에서 카나리아의 속성을 인출해 내는지를 살펴봄으로써 어떻게 이 의미망이 작동하고, 어떻게 개념에 대한 지식들이 마음속에 조직화되어 있다고 이 모형이 제안하는지를 보여줄 수 있다. '카나리아'의 개념 마디에서 이 망으로 들어가 보자. 이 마디에서 우리는 카나리아는 노래를 부르며 색이 노랗다는 정보를 얻는다. '카나리아'에 대해 정보를 더 얻으려면 고리를 올라가서 카나리아는 새이며, 새는 날개가 있고, 날 수 있으며, 깃털이 있다는 것을 알게 된다. 한 단계 더 올라가면 카나리아는 동물이며, 동물은 피부가 있고 움직일 수 있다는 것을, 그리고 마지막으로 생물 수준에 도달해서 생물은 성장할 수 있으며 살아있다는 것을 알게 된다.

여러분은 왜 카나리아가 날 수 있다는 것을 알아내기 위해 '카나리아' 마디에서 '새' 마디로 이동해야 하는지 의아해할 수 있다. 그 정보는 카나리아 마디에 저장될 수도 있었고, 그럴 경우 우리는 곧 바로 그 사실을 알 수 있는데 말이다. 그러나 Collins와 Quillian은 '날 수 있다'를 모든 새(카나리아, 개똥지빠귀, 독수리 등) 마디에 포함시키는 것은 비효율적이고 저장 공간을 너무 많이 사용한다고 제안하였다. 그래서 모든 새 마디에 '날 수 있다'와 '깃털이 있다'는 속성을 표시하는 대신 이 속성들은 대부분의 새에 적용되기 때문에 '새' 마디에 이 속성들을 위치시켰다. 공유하는 속성을 상위 마디에 한 번 저장하는 이런 저장 방식을 인지적 경제성(cognitive economy)이라 한다.

인지적 경제성이 망을 더 효율적으로 만들지만, 모든 새가 나는 것은 아니기 때문에 이 방식은 문제를 야기한다. 인지적 경제성의 이점을 유지하면서 이 문제를 해결하기 위해 Collins와 Quillian은 하위 마디에 예외 사항을 추가하였다. 예를 들어, 이 망에는 그려져 있지 않지만, '타조' 마디에 '날 수 없다'라는 속성을 표시할 수 있다.

이 의미망의 요소들은 뇌의 실제 작동방식에 얼마나 상응할까? 1장(22쪽)에서 인지심리학에서 모형의 역할을 논의할 때 모형에 있는 요소들이 뇌의 특정 구조와 상응되어야 할 필요는 없다고 했던 점을 상기해 주기 바란다. 그러니까 우리가 모형에서 서술하는 마디와 고리가 뇌의 특정 신경섬유나 위치에 상응해야 할 필요는 없다. 이 모형뿐만 아니라 앞으로 나올 다른 모형들은 마음속에서 개념과 속성이 어떻게 연합되는지를 아는 것에 관심이 있을 뿐이다. 사실 이 모형들과 관련된 생리학적 발견들, 예를 들어 특정 자극에 가장 잘 반응하는 뉴런의 발견(43쪽)은 이 모형들이 제안되고 한참이 지날 때까지 이루어지지 않았다.

이 모형과 실제 생리학과의 가능한 연결에 대한 문제는 잠시 미루어 두고 마음속에 개념들이 어떻게 조직화되어 있는지를 Collins와 Quillian의 모형이 얼마나 정확하게 표상하는지에 대해 생각해 보자. 일반 개념은 위에 위치하고, 특수 개념은 아래에 위치하는 위계적 조직화의 장점은 검증 가능한 예측을 제공한다는 점이다. 즉, 사람들이 어떤 개념에 대한 정보를 인출하는 데 걸리는 시간은 이 망에서 이동해야 하는 거리에 의해 결정되어야 한다는 예상을 제공한다는 점이다. 그러니까 참가자들이 특정 개념에 대한 진술문에 대해 '예' 혹은 '아니요'라고 답해야 하는 문장검증 과제에서(방법: 문장검증 과제, 302쪽 참고) '카나리아는 새이다.'라는 진술문보다 '카나리아는 동물이다.'라는 진술문에 대해 '예'라고 답하는 데 걸리는 시간이 길 것이라고 이 모형은 예측한다. 이 예측은 그림

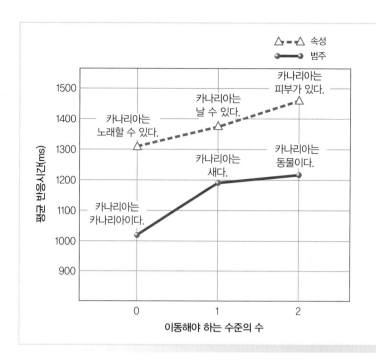

그림 9.13 **의미망에서 이동해야 하는 거리가 다른 문장들에 대한 반응시간을 측정한 Collins와 Quillian(1969)의 실험 결과** 카나리아의 속성(위)과 카나리아의 범주(아래)에 대한 문장 모두에서 이동해야 하는 거리가 멀수록 반응시간이 길었다.

출처: A. M. Collins et al., Retrieval time from semantic memory, *Journal of Verbal Learning and Verbal Behavior, 8,* 240-247, Fig. 2, 1969.

9.12에 점선으로 표시된 것처럼 '카나리아' 마디에서 '동물' 마디로 가려면 두 고리를 거쳐야 하지만 '카나리아' 마디에서 '새' 마디로 갈 때는 고리를 하나만 거치면 된다는 것에서 도출된다.

Collins와 Quillian(1969)은 여러 가지 문장들에 대한 반응시간을 측정해서 이 예측을 검증해서 그림 9.13에 제시된 결과를 얻었다. 예측했던 것처럼 '카나리아' 마디에서 더 멀리 이동해야 하는 진술문의 반응시간이 길었다.

또 다른 예측을 이끌어내는 이 이론의 또 다른 속성은 활성화 확산이다. 활성화 확산(spreading activation)이란 이미 활성화된 마디와 연결된 어느 고리로도 활성화가 퍼져나가는 것을 의미한다. 예를 들어, 그림 9.14에 색 화살표로 표시되었듯이 의미망의 '개똥지빠귀' 마디에서 '새' 마디로 이동하면 '새' 마디와 개똥지빠귀에서 새로 가는 고리를 활성화시킨다. 그러나 활성화 확산이라는 생각에 따르면 이 활성화는 망에 있는 다른 마디로도 확산된다. 이는 그림에 점선으로 표시되어 있다. 그러니까 카나리아에서 새로 가는 경로를 활성화시키면 '새'와 연결되어 있는 개념들인 '동물'이나 다른 새도 활성화된다. 이런 활성화 확산의 결과로 활성화를 수용한 개념들이 '점화되어서' 기억에서 좀 더 용이하게 인출될 수 있게 된다.

활성화 확산이 점화에 영향을 미칠 수 있다는 생각은 Collins와 Quillian 모형이 제안되고 얼마 지나지 않아 David Meyer와 Roger Schvaneveldt(1971)에 의해 논문으로 발표되었다. 그들은 어휘판단 과제라 불리는 방법을 사용하였다.

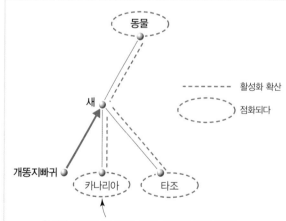

그림 9.14 **'개똥지빠귀'에서 '새'를 검색하는 동안(파란 화살표) 의미망을 통해 활성화가 확산되는 방식** 점선은 활성화된 새 마디에서 활성화가 확산되는 것을 보여준다. 원으로 둘러싸인 개념들은 점화된 개념들인데, 활성화 확산 덕분에 기억에서 인출하는 것이 쉬워진다. © Cengage Learning

어휘판단 과제

어휘판단 과제(lexical decision task)에서 참가자들은 자극들을 읽는데, 그중 어떤 것은 단어이고 다른 것은 단어가 아니다. 참가자들은 각각의 자극이 단어인지 아닌지를 가능한 한 빨리 답해야 한다. 예를 들어, 'bloog'에 대한 정답은 '아니요'이고, 'bloat'에 대한 정답은 '예'이다.

Meyer와 Schvaneveldt는 어휘판단 과제를 약간 변형시켜 실험에서 단어 쌍을 제시하였다. 즉, 한 단어 밑에 다른 단어를 제시하였다.

쌍 1	쌍 2	쌍 3	쌍 4
Fundt	Bleem	Chair	Bread
Glurb	Dress	Money	Wheat

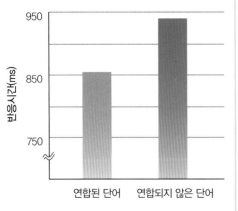

그림 9.15 **Meyer와 Schvaneveldt(1971) 실험 결과** 참가자들은 더 밀접하게 연합된 단어들(왼쪽 막대)에 대해 빨리 반응했다. © Cengage Learning

참가자들은 가능한 한 빨리 단추를 누르는 것이었는데, 두 단어가 다 단어이면 '예'를, 두 단어 중 적어도 하나가 단어가 아니면 '아니요'를 누르는 것이었다. 그러니까 쌍 1과 쌍 2는 '아니요'가 정답이고, 쌍 3과 쌍 4는 '예'가 정답이 된다.

이 실험에서 가장 중요한 변인은 쌍을 구성하는 두 단어의 연합이었다. 어떤 시행에서는 Bread와 Wheat 쌍처럼 두 단어가 밀접하게 연합되어 있었고, 다른 시행에서는 Chair와 Money처럼 두 단어가 약하게 연합되어 있었다. 그림 9.15에 제시된 결과는 두 단어가 연합되어 있을 때 반응시간이 짧다는 것을 보여준다. 기억에서 한 단어를 인출하면 망에서 근처에 있는 다른 단어로 활성화가 확산되는 것을 발동시키기 때문에 이런 결과가 얻어진 것이라고 Meyer와 Schvaneveldt는 제안하였다. 연합되어 있는 단어에 활성화가 더 많이 확산되기 때문에 관련된 단어에 대한 반응이 관련되지 않은 단어에 대한 반응보다 빠르게 된다.

Collins와 Quillian 모형에 대한 비판

Collins와 Quillian 모형이 그들이 수행한 반응시간 실험(그림 9.13)과 Meyer와 Schvaneveldt의 점화 실험과 같은 여러 실험 결과의 지지를 받았지만 곧 다른 심리학자들이 문제점을 제기하였다. 그들은 Collins와 Quillian 모형은 전형적인 사례에 대한 진술문의 반응시간이 전형적이지 않은 사례에 대한 진술문보다 빠른 전형성 효과(302쪽 참고; Rips et al., 1973)를 설명할 수 없다는 점을 지적하였다. 그러니까 '타조는 새이다.'라는 진술문보다 '카나리아는 새이다.'라는 진술문의 검증시간이 빨랐지만, Collins와 Quillian 모형에서는 '카나리아'와 '타조'는 '새'에서 한 마디만 떨어져 있기 때문에 반응시간이 같을 것으로 예상하였다.

연구자들은 사람들이 개념이 갖는 특정 속성(예: '카나리아'에서의 '날개가 있다')을 특정 개념 마디에 저장할 수도 있다는 증거들(Conrad, 1972) 때문에 인지적 경제성이라는 개념에 대해서도 의문을 제기했다. 그뿐만 아니라 Rips와 동료들(1973)은 다음과 같은 문장검증 시간 결과를 보고하였다.

돼지는 포유류이다.   RT = 1,476ms
돼지는 동물이다.   RT = 1,268ms

'돼지는 동물이다.'가 더 빨리 검증되었지만, 그림 9.16의 망에서 볼 수 있듯이 Collins와 Quillian 모형에서는 '돼지는 포유류이다.'가 더 빨리 검증된다고 예측하였다. 왜냐하면 '돼지'에서 '포유류'는 직접 연결되지만, '동물'에 가려면 '포유류'를 거쳐 한 고리를 더 가야 하기 때문이다. 이와 같은 문장 검증 결과들과 이 모형에 대한 다른 비판들은 연구자들로 하여금 어떻게 개념들이 조직화되어 있는지를 기술하는 새로운 방식을 찾게 하였고(Glass & Holyoak, 1975; Murphy et al., 2012), 마침내 1980년대에 연결주의라 불리는 망을 이용한 새로운 접근법을 이끌어 내었다.

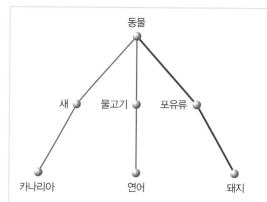

그림 9.16 '돼지'는 '동물'보다 '포유류'와 더 가깝다는 것을 보여주는 의미망 © Cengage Learning

망에서 개념 표상하기: 연결주의 접근

의미망에 대한 비판과 뇌에서 정보들이 어떻게 표상되어 있는지에 대한 이해의 증진은 마음속에 지식이 어떻게 표상되어 있을지에 대해 설명하는 새로운 접근의 출현을 이끌어내었다. 『병렬분산처리: 인지의 미시구조 탐색(Parallel Distributed Processing: Explorations in the Microstructure of Cognition)』(McClelland & Rumelhart, 1986; Rumelhart & McClelland, 1986)이라는 제목으로 된 두 권의 책을 통해 James McClelland 와 David Rumelhart는 연결주의라 불리는 새로운 접근법을 제안하였다. 이 접근법은 (1) 뇌에 정보들이 어떻게 표상되어 있는지에 기초했고, (2) 어떻게 개념들이 학습되고, 뇌 손상이 개념에 대한 사람들의 지식에 어떤 영향을 미치는지와 같은 많은 현상들을 설명할 수 있기 때문에 많은 연구자들의 지지를 받았다.

연결주의 모형

연결주의(connectionism)는 인지처리과정을 표상하는 컴퓨터 모형을 만들어내는 접근법이다. 여기서는 개념을 표상하게 고안된 연결주의 모형들에 대해 알아본다. 곧 보게 되겠지만 망 전반에 걸쳐 분산된 활성화에 의해 개념들이 표상된다고 제안하기 때문에 이 모형들은 병렬분산처리(parallel distributed processing: PDP) 모형이라고 불린다.

간단한 연결주의 망(connectionist network)의 예가 그림 9.17에 제시되었다. 이 망에서 원들은 단위(units)라 불리는데, 단위는 뇌에서 발견되는 뉴런에서 아이디어를 얻은 것이

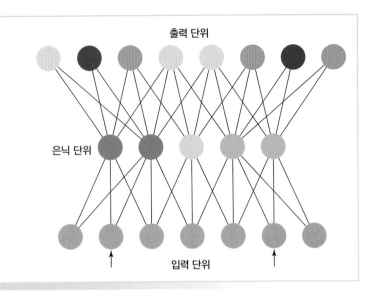

그림 9.17 **입력 단위, 은닉 단위, 출력 단위를 보여주는 병렬분산처리(PDP) 망** 화살표로 표시된 자극이 입력 단위를 활성화시키면 그 신호가 망을 이동하면서 은닉 단위와 출력 단위들을 활성화시킨다. 단위들의 활성화 정도는 진하기로 표시되었는데, 진할수록 활성화가 많이 된 것을 의미한다. 은닉 단위와 출력 단위에서 일어나는 활성화 양상은 입력 단위의 활성화 정도와 연결 강도에 의해 결정되는데, 연결 강도는 그 단위가 입력 활성화에 의해 어느 정도로 활성화되는지 결정해준다. 이 그림에서 연결 강도는 표시하지 않았다. © Cengage Learning

다. 앞으로 보게 되겠지만, 연결주의 망에서 개념과 속성은 이 단위들의 활동 양상으로 표상된다.

그림에서 선은 단위들 간에 정보를 전달하는 연결을 의미하는데, 뇌에서의 축삭에 해당한다고 보면 된다. 뉴런과 마찬가지로, 단위들은 밖에서 주어지는 자극에 의해 활성화될 수 있고, 또 어떤 단위들은 다른 단위들로부터 받은 신호에 의해 활성화될 수 있다. 환경에서 주어진 자극(또는 실험자가 제공하는 자극)에 의해 활성화되는 단위를 입력 단위(input units)라 한다. 여기 그려진 간단한 망에서는 입력 단위가 은닉 단위(hidden units)에게 신호를 보내고 은닉 단위는 다시 출력 단위(output units)로 신호를 보낸다.

연결주의 망의 또 다른 특징은 연결 강도이다. 연결 강도(connection weight)는 한 단위에서 보내진 신호가 다음 단위의 활성화를 증가시킬지 감소시킬지 결정한다. 연결 강도는 하나의 뉴런에서 다른 뉴런으로 신호를 전달하는 연접에서 일어나는 일에 해당한다(그림 2.5, 37쪽 참고). 7장에서 어떤 연접은 다른 연접보다 신호를 더 강하게 전달해서 다음 뉴런이 더 강하게 신경발화를 하게 한다는 것을 보았다(그림 7.14, 232쪽). 그런가 하면 다른 연접은 연접 후 뉴런의 발화빈도를 감소시킬 수도 있다. 연결주의 망의 연결 강도가 이와 같은 일을 한다. 높은 연결 강도는 다음 단위를 흥분시키는 경향이 아주 강하고, 낮은 연결 강도는 흥분을 적게 하고, 부적 연결 강도는 다음 단위의 흥분을 감소시키거나 다음 단위의 활성화를 억제할 수 있다. 그러니까 연결주의 망에 있는 단위들의 활성화는 (1) 입력 단위에서 발생하는 신호와 (2) 망 전반에 걸친 연결 강도라는 두 가지 요인에 달려 있다.

그림 9.17의 망에서 입력 단위 두 개가 자극을 수용했다. 은닉 단위와 출력 단위별로 활성화가 되었는지는 색의 밝기로 표시되었는데, 진할수록 활성화가 많이 된 것을 의미한다. 입력 단위에 주어지는 자극은 다른 단위들에 분산되어 있는 활성화 양상에 의해 표상된다는 연결주의의 기본 원리를 활성화 정도의 차이와 이것들이 만들어내는 활성화 양상이 책임진다. 이 말이 친숙하게 느껴진다면, 그것은 우리가 2장(54쪽), 5장(175쪽), 그

리고 7장(233쪽)에서 기술한 뇌에서의 분산 표상과 비슷하기 때문이다. 그림 9.17의 단순한 망을 이용해서 연결주의 망의 기본 원리를 소개했으니, 몇 개의 개념들이 어떻게 표상되는지 그림 9.18의 좀 더 복잡한 연결주의 망을 이용해서 살펴보자.

개념은 연결망에서 어떻게 표상되는가?

그림 9.18에 있는 모형은 여러 개의 개념과 속성들이 연결주의 망에서 어떻게 표상되는지를 보여주기 위해 James McClelland와 Timothy Rogers(2003)가 서술한 것이다. 이 그림

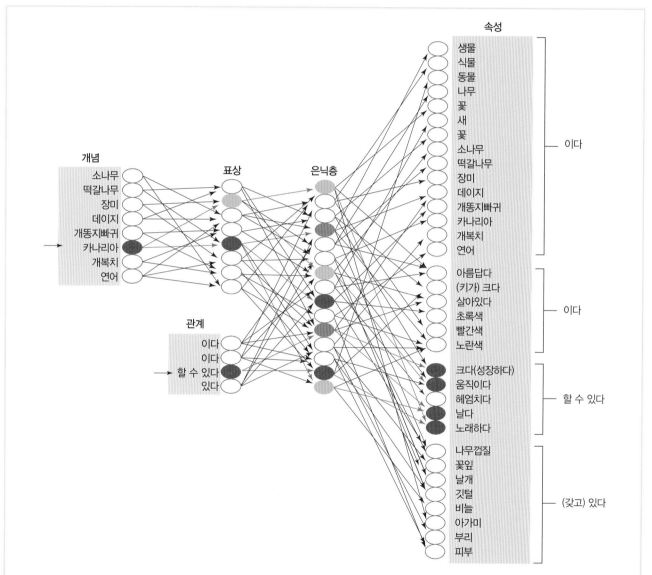

그림 9.18 **연결주의 망** 사례 단위('카나리아')와 관계 단위('할 수 있다')의 활성화는 망을 이동해서 활성화를 초래하는데, 그 결과 '카나리아는 할 수 있다.'와 연합되는 '크다(성장하다)', '움직이다', '날다', '노래하다' 속성 단위들을 활성화시킨다. 진하기는 그 단위의 활성화 정도를 가리키는데, 진할수록 더 많이 활성화된 것을 의미한다. '카나리아'와 '할 수 있다'에 의해 활성화될 수 있는 단지 몇 개의 단위들과 연결만이 활성화된 것으로 표시된 점에 주목하라. 실제 망에서는 이보다 더 많은 단위들과 연결들이 활성화될 수도 있다.

출처: T. T. Rogers & J. L. McClelland, Semantic cognition: *A parallel distributed processing approach*, P. 56, Figure 2.2. Copyright © Massachusetts Institute of Technology.

이 그림 9.17보다 복잡하지만 단위, 고리, 연결 강도라는 같은 요소들로 구성되어 있다 (연결 강도는 이 그림에서는 생략했다).

카나리아 표상하기 먼저 이 그림을 그림 9.12에 있는 Collins와 Quillian 모형과 비교해 보자. 처음 눈에 띄는 것은 두 그림이 같은 개념들을 다룬다는 점이다. 그림 9.12에서는 '카나리아'와 '연어'와 같은 구체적 개념이 파란색으로 표시된 데 반해, 그림 9.18에서는 가장 왼쪽에 개념 항목으로 제시되었다. 또 두 그림 모두에서 개념들의 속성은 다음 네 가지 관계 진술문으로 표시되었다: '이다(is a)'(예: 카나리아는 새이다), '어떠하다(is)'(예: 카나리아는 노랗다), '할 수 있다(can)'(예: 카나리아는 날 수 있다), '(갖고) 있다(has)'(예: 카나리아는 날개가 있다). 그러나 그림 9.12의 위계적 망에서는 이 속성들을 마디에 표상했지만, 그림 9.18의 연결주의 망에서는 이 속성들을 가장 오른쪽에 있는 속성 단위들의 활성화 정도와 망의 중간 부위에 있는 표상 단위들과 은닉 단위들의 활성화 정도의 두 가지로 표시했다.

'카나리아'라는 개념과 '할 수 있다'라는 관계 단위를 활성화시키면 무슨 일이 일어나는지 생각해 보자. 그림 9.18에 있는 것처럼 '카나리아'와 '할 수 있다'로부터 나오는 활성화는 연결을 따라 확산된다. 그래서 표상 단위의 일부와 은닉 단의의 일부가 활성화된다. 연결 강도는 이 그림에 표시되지 않았는데, 연결 강도에 따라 이 중 일부는 강하게 활성화되고 다른 것은 약하게 활성화된다. 그것은 해당 단위의 진하기로 표시되어 있다. 이 연결주의 망이 제대로 작동한다면 은닉 단위들의 활동은 '크다', '움직이다', '날다', '노래하다'라는 속성 단위를 활성화시킨다. 이런 모든 활동에서 중요한 것은 이 망에 있는 모든 단위들에서의 활동 양상으로 '카나리아'라는 개념이 표상된다는 점이다.

망 훈련시키기 위에서 서술한 바에 따르면 '카나리아는 ……다.'에 대한 답은 속성 단위의 활성화와 표상 단위와 은닉 단위의 활성화 양상의 두 가지에 의해 표상된다. 그러나 이런 결과를 얻으려면 연결주의 망은 훈련을 받아야 한다고 연결주의에서는 주장한다. 이 훈련에는 망의 연결 강도를 조정하는 것이 포함되어 있다. '카나리아'를 정확하게 표상하도록 훈련받기 전에 우리가 '카나리아'와 '할 수 있다'를 활성화시키면 그림 9.18에 있는 망에 무슨 일이 일어나는지 생각해 보면 어떻게 이런 일이 일어나는지 이해할 수 있다.

아직 훈련을 받지 않은 망에서 '카나리아'와 '할 수 있다' 단위를 자극하면 표상 단위와 은닉 단위들에게 활성화를 전달한다. 그런데 두 단위의 활성화가 다른 단위들에 영향을 주는 정도는 단위들 간의 연결에 달려 있다. 훈련받지 않은 망에서 모든 연결 강도를 1.0 이라 가정해 보자. 모든 연결 강도가 똑같으면 '데이지 꽃', '크다', '초록색'과 같은 부정확한 속성 단위들을 포함해서 망에 있는 많은 단위들이 '카나리아'와 '할 수 있다'에 의해 활성화될 수 있다.

이 망이 제대로 작동하려면 '카나리아' 개념 단위와 '할 수 있다' 관계 단위가 활성화될 때 오직 '크다', '움직이다', '날다', '노래하다' 속성 단위만 활성화되도록 연결 강도가 조정되어야 한다. 연결 강도의 조정은 학습과정에 의해 달성된다. 속성 단위에서의 부정확한 반응이 망을 통해 오류 신호(error signal)를 되돌려 보내게 할 때 학습이 일어나는데,

이를 역전파(back propagation)라 부른다. 속성 단위에서 출발한 신호가 망을 거슬러 되돌려지기 때문에 역전파라 불린다. 은닉 단위와 표상 단위로 역전파된 오류 신호는 정확한 속성 단위가 활성화되려면 연결 강도가 어떻게 조정되어야 하는지에 대한 정보를 제공한다.

활성화와 역전파의 기저에 깔린 생각을 이해하기 위해 행동 예를 들어 보자. 어린아이가 나뭇가지에 앉아 있는 개똥지빠귀를 보고 있는데, 갑자기 그 새가 날아가 버렸다. '개똥지빠귀'와 '날 수 있다'의 연합을 강화시키는 이 관찰은 활성화를 포함할 수 있다. 그런데 만약에 어린아이가 카나리아를 보고 '개똥지빠귀'라고 말한다면, 아이의 부모님은 '저건 카나리아야.', '개똥지빠귀는 가슴이 빨개.'라고 말해서 틀린 부분을 고치려고 할 것이다. 부모님이 아이에게 제공하는 정보는 역전파에 의해 제공되는 피드백이라는 생각과 유사하다.

그러니까 아이들은 별 정보 없이 부정확한 생각에서 개념을 학습하기 시작하지만 주위에서 일어나는 것을 관찰하고 다른 사람들로부터 피드백을 받으면서 점진적으로 개념을 수정해 나간다. 연결주의 망의 개념 학습도 부정확한 연결 강도에서 시작하는데, 오류 신호에 대해 반응해 나가면서 점진적으로 수정되어간다. 이런 방법으로 연결주의 망은 새 같아 보이는 물체는 날 수 있고, 물고기처럼 보이는 물체는 헤엄을 칠 수 있고, 나무처럼 보이는 물체는 개똥지빠귀나 다른 새들이 가지에 앉을 수 있다는 것을 점진적으로 학습한다.

아주 약하고 분화되지 않은 속성 단위들의 활성화로부터 연결주의 망의 학습 과정은 시작한다. 그래서 오류도 많이 범한다(예: '카나리아'라는 입력은 '키가 크다'라는 속성 단위를 활성화시킨다). 그러면 망을 통해 오류 신호를 보내주는데, 이를 통해 연결 강도가 달라져 다음에 '카나리아'가 활성화되면 저번과는 다른 활성화 양상이 생성되게 된다. 한 번의 학습 경험은 연결 강도를 조금 변화시키지만, 많은 반복을 통해 연결주의 망은 '카나리아'에 정확한 속성들을 배정하게 된다.

이렇게 '학습된' 망이 카나리아에 대해서는 제대로 반응하겠지만, 개똥지빠귀가 날아가다가 소나무 가지에 내려앉으면 어떤 일이 일어날까? 이 망이 유용하려면 이 망은 카나리아뿐만 아니라 개똥지빠귀와 소나무도 표상할 수 있어야 한다. 그러니까 다양한 개념들을 표상할 수 있는 망을 만들려면 '카나리아'만 학습해서는 안 된다. '카나리아'는 '개똥지빠귀', '소나무' 등과 뒤섞여서 제시되는데 한 번 학습할 때마다 연결 강도에 조금씩의 수정이 일어나야 한다.

많은 시행을 거치면서 어떻게 이런 학습이 일어나는지를 컴퓨터 시뮬레이션 결과를 보면 알 수 있다(McClelland & Rogers, 2003). 그림 9.18에 제시된 연결망에 다양한 개념과 관계 진술문을 한 번에 하나씩 제시하고, 각 단위의 활성화 정도와 단위들 간의 연결 강도를 컴퓨터로 계산하였다. 그림 9.19는 '카나리아', '데이지 꽃', '장미'에 대한 여덟 개 표상 단위의 활성화 정도를 보여준다. 처음에 실험자는 각 단위들의 활성화 정도가 같게 연결 강도를 설정하였다(학습 회기 = 0). 이것은 우리가 앞에서 서술했던 아주 약하고 분화되지 않은 활성화에 해당한다.

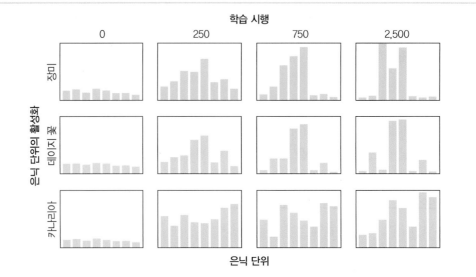

그림 9.19 **연결주의 망에서의 학습** 막대들은 여덟 개 표상 단위의 활성화 정도를 표상한다. 학습이 진행되면서 활성화 양상이 어떻게 변하는지 주목하라.

출처: Adapted from J. L. McClelland & T. T. Rogers, The parallel-distributed processing approach to semantic cognition, *Nature Reviews Neuroscience*, 4, 310-320, 2003.

각 개념들이 번갈아서 제시되고 컴퓨터는 오류 신호가 올 때마다 연결 강도를 조금씩 수정해 나가는 학습이 진행되면서 활성화 양상이 조정되어갔다. 그래서 250회 시행에서 '카나리아'와 '데이지 꽃'의 활성화 양상이 달라 보이기 시작했다. 2,500회 시행에서 '카나리아'와 '데이지 꽃'의 활성화 양상은 확연히 달랐지만, 두 종류의 꽃인 '데이지 꽃'과 '장미'는 약간 다르지만 유사한 활성화 양상을 보인다.

우리가 서술한 것은 특정 연결주의 망에 기초한 것이지만, 대부분의 연결주의 망은 유사한 속성을 갖는다. 연결주의 망은 연결망을 조성해 나가는 학습 과정에 의해 만들어지는데, 학습 과정을 통해 여러 단위들에 걸쳐 분산되어 있는 활성화 양상에 각 개념에 대한 정보들이 들어 있게 된다.

연결주의 망의 작동 방식이 Collins와 Quillian의 위계적 망의 작동 방식과 얼마나 다른지를 주목하기 바란다. Collins와 Quillian의 위계적 망에서는 개념과 속성들이 각기 다른 마디들의 활성화로 표상되었다. 연결주의 망에서의 표상은 하나의 개념을 표상하는 데 훨씬 많은 단위들이 참여하기 때문에 훨씬 복잡하지만 뇌에서 일어나는 방식과 훨씬 더 유사하다.

연결주의 망이 뇌와 유사하다는 점과 연결주의 망이 언어처리, 기억, 인지발달과 같은 정상적인 인지 기능을 모의할 수 있게 개발되었다는 점 때문에(Rogers & McClelland, 2004; Seidenberg & Zevin, 2006), 많은 연구자들은 분산된 활성화로 지식이 표상된다는 생각이 아주 유용할 것이라고 생각한다. 아래 서술되는 연구 결과들도 연결주의 생각을 지지해 준다.

1. 연결주의 망의 작동은 손상에 의해 완전히 붕괴되지는 않는다. 연결주의 망에서 지식은

여러 단위에 분산되어 있기 때문에 시스템에 손상이 간다 하더라도 시스템의 작동을 완전히 붕괴시키지는 못한다. 시스템의 부분들의 손상이 진전됨에 따라 점진적으로 수행의 붕괴가 일어나는 이런 속성을 점진적 쇠퇴(graceful degradation)라 한다. 이 특징은 실제 뇌 손상 사례에서 발생하는 것과 아주 유사하다. 뇌 손상은 특정 기능을 부분적으로 저하시킨다. 어떤 연구자들은 연결주의 망이 손상에 반응하는 방식에서 사람들의 재활 전략에 대한 시사점을 얻을 수도 있다고 제안하였다(Farah et al., 1993; Hinton & Shallice, 1991; Olson & Humphreys, 1997; Plaut, 1996).

2. **연결주의 망은 학습 일반화를 설명할 수 있다.** 유사한 개념들은 유사한 활성화 양상을 보이니까 시스템이 하나의 개념(예: '카나리아')의 속성들을 인식하게 훈련시키면 이는 이와 관련된 다른 개념들(예: '개똥지빠귀', '제비')에 대한 정보도 제공한다. 카나리아에 대해 학습하면 전에 본 적이 없는 다른 유형의 새들의 속성에 대해서 예측하는 것을 가능하게 해 주기 때문에 이것은 우리가 실제로 개념을 학습하는 방식과 유사하다(McClelland et al., 1995).

많은 실험실에서 연결주의에 대해 활발하게 연구를 진행하고 있지만, 일부 연구자들은 연결주의 모형이 설명할 수 있는 것에 한계가 있다는 점을 지적한다. 연결주의 접근에 대해 어떤 최종 판단이 내려질지 모르지만, 이 접근은 많은 연구를 촉발시켰다. 그리고 그런 연구들은 정상적인 인지와 뇌 손상이 인지에 어떤 영향을 미치는지에 대한 이해를 증진시키는 데 기여했다. 다음 절에서는 뇌에서 개념들이 어떻게 표상되었는지에 대한 신경심리학적 연구와 뇌 영상 연구에 대해 알아봄으로써 뇌에 대해 보다 본격적으로 알아본다.

뇌에서의 개념 표상

우리는 마음속에 개념이 어떻게 표상되어 있는지에 관한 몇 가지 생각들을 원형과 본보기 접근을 검증하는 행동 실험에 초점을 맞춰 고려하는 것으로 9장을 시작했다. 이어서 망에 기초한 Collins와 Quillian의 의미망 이론과 연결주의 접근의 두 가지 접근에 대해 알아보았다.

개념은 망으로 표상될 수 있다는 생각은 2장에서 우리가 뇌에서의 표상은 얼굴, 장소, 신체와 같은 특정 자극들에 대한 정보를 처리하도록 특화된 영역들의 활동과 서로 연결된 많은 뇌 구조들에서의 분산된 활성화의 두 가지에 기초할 수 있다고 기술한 것과 아주 유사하다.

이제 뇌 손상 환자들 연구와 정상 참가자들을 대상으로 한 뇌 영상 실험들을 기술함으로써 개념들이 뇌에 어떻게 표상되었는지에 대한 여러 가지 생각들을 소개한다. 그러면서 뇌에 개념들이 어떻게 표상되었는지에 대한 네 가지 제안에 대해 알아본다.

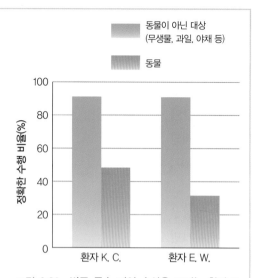

감각-기능 가설

신경심리학의 고전적인 논문 중의 하나에서 Elizabeth Warrington과 Tim Shallice(1984)는 뇌염 때문에 기억을 상실한 네 명의 환자에 대해 보고하였다. 이 환자들은 다른 유형의 물체들을 알아보는 데는 아무 문제가 없지만 유독 한 범주의 물체만 알아보지 못하는 범주 특수 기억 손상(category-specific memory impairment)을 보였다. 구체적으로 이 환자들은 과일과 야채뿐만 아니라 가구나 도구와 같이 동물이 아닌 대상들은 잘 알아보았지만, 살아있는 동물을 알아보는 데 장애를 보였다(그림 9.20). (앞으로 다양한 사례들을 기술하면서, 가구와 도구와 같은 무생물을 가리킬 때는 **인공물**이라는 표현을 사용할 것이다).

왜 이와 같은 선별적인 장애가 발생하는지를 설명하기 위해 Warrington과 Shallice는 사람들이 인공물과 생물을 구분하기 위해 사용하는 속성들을 고려하였다. 그들은 생물들을 구분하는 것은 감각 특성들에 달려 있다는 것을 주목하였다. 예를 들어, 호랑이와 표범은 줄무늬가 있는지, 점이 있는지를 지각하는 것에 달려 있다. 반면에 인공물은 기능에 의해 구분된다. 예를 들어, 드라이버, 끌, 망치는 모두 도구이지만 각기 다른 용도로(나사를 돌릴 때, 표면을 갈 때, 그리고

그림 9.20 **범주 특수 기억 손상을 보이는 환자 K. C.와 E. W.의 명명 과제에서의 수행** 이 환자들은 자동차, 탁자와 같은 무생물과 토마토, 배와 같은 과일이나 야채의 사진을 보고 이름을 정확하게 명명했지만, 동물 사진을 보고 정확하게 명명하지 못했다.

출처: B. Z. Mahon & A. Caramazza, Concepts and categories: A cognitive neuropsychological perspective, *Annual Review of Psychology*, 60, 27-51, Figure 1, 2009.

못을 박을 때) 사용된다.

생물은 감각 속성으로, 그에 반해 인공물은 기능으로 구분된다는 관찰은 감각-기능 가설(sensory-functional hypothesis: S-F 가설)을 이끌어냈는데, 이 가설에서는 우리가 생물과 인공물을 구분하는 능력은 감각 속성을 구분하는 의미기억 체계와 기능을 구분하는 의미기억 체계에 달려 있다고 표명한다.

S-F 가설이 Warrington과 Shallice의 환자뿐만 아니라 다른 연구자들이 연구한 십여 개의 연구 결과를 잘 설명하지만 이 가설로 설명되지 않는 사례들도 보고되었다. 예를 들어, S-F 가설은 생물들을 구분할 수 없는 환자는 감각 능력이 손상되었을 것으로 예측한다. 그러나 Caramazza와 Shelton(1998)이 보고한 한 환자는 생물들을 구분하지 못하며 감각 능력도 손상되었지만(S-F 가설이 예측한 대로) 기능을 구분하는 능력도 손상을 보였다. 이는 S-F 가설이 예측하지 않는 것이다. S-F 가설은 인공물들을 구분할 수 없는 환자는 기능에 관한 지식이 손상되었을 것으로 예측한다. 그러나 Matthew Lambon Ralph와 동료들(1998)은 인공물을 구분하지 못하지만 감각 능력이 손상된 환자 사례를 보고하였다. 이런 사례들 때문에 대부분의 연구자들은 S-F 가설은 너무 단순하다고 결론내리고, 생물과 인공물을 구분하는 다른 속성들을 찾아보기 시작하였다.

의미범주 접근

의미범주 접근(semantic category approach)에서는 뇌에는 특정 범주만을 담당하는 특화된

신경 회로가 있다고 제안하였다. Bradford Mahon과 Alfonso Caramazza(2011)에 따르면 생존에서의 중요성 때문에 생득적으로 확정된 몇 개의 범주가 있다. 이 생각은 우리가 2장에서 기술한 연구들, 즉 얼굴, 장소, 신체와 같은 특정 유형의 자극에만 반응하는 뇌 영역이 있다는 연구들에 기초한다. 그뿐만 아니라 우리는 사람들이 영화를 보는 동안 측정한 뇌 활동을 토대로 한 Alex Huth와 동료들(2012)의 실험을 기술했는데, 이들은 개념들이 뇌의 다른 부위들을 활성화시키는 것을 보여주는 그림 2.23의 뇌 지도를 만들었다.

Jeremy Wilmer와 동료들(2010)은 일란성 쌍둥이와 이란성 쌍둥이의 얼굴 재인 능력을 측정해서 특정 범주의 개념에 대해 반응하게 생득적으로 특화된 뇌 영역이 있다는 생각을 검증하였다. 일란성 쌍둥이들의 점수들 간의 상관계수가 이란성 쌍둥이들의 점수들 간의 상관계수보다 두 배 이상 높다는 발견(0.70 대 0.29)을 토대로 이들은 얼굴 지각을 지원하는 기제에는 유전적 기초가 있다고 결론내렸다(Zhu et al., 2010 참고).

의미범주 접근이 특정 유형의 자극에 반응하게 특화된 뇌 영역에 집중하기는 하지만 이 접근은 특정 범주의 항목에 대한 뇌의 반응이 피질의 여러 영역에 분산되어 있다는 점도 강조한다(Mahon et al., 2007; Mahon & Caramazza, 2011). 그러니까 얼굴을 알아보는 것은 측두엽에 있는 안면 영역의 활동에 기초하지만(2장 52쪽), 정서, 얼굴 표정, 얼굴이 향하는 곳, 그리고 얼굴의 매력도에 반응하는 영역의 활동에도 영향을 받는다(55쪽).

마찬가지로 망치를 보면 망치의 형태와 색에 반응하는 시각 영역이 활성화되지만, 어떻게 망치를 사용하는지에 반응하는 영역과 망치의 전형적인 움직임에 반응하는 영역들도 활성화된다. 그러니까 의미범주 접근이 '망치'에 특화된 뇌 영역이 있다는 것을 시사하는 것은 아니라는 점을 주목하는 것이 중요하다. 의미범주 접근은 어떤 물체를 움켜잡고 또 생존에 중요할 수 있는 흔드는 동작 수행 등의 상호작용을 우리가 효율적으로 할 수 있게 해주는 신경회로를 진화가 이끌어내었다는 점을 말한다.

다요인 접근

분산 표상은 다요인 접근의 주요 특징이지만, 다요인 접근(multiple-factor approach)은 특정 개념에 특화된 뇌의 영역이나 망에 집중하지 않는다. 그보다 어떻게 범주 안에서 개념들이 나누어지는지를 결정하는 요인들을 탐색하는 데 초점을 둔다.

다음 질문을 생각해 보면 이 접근을 이해할 수 있다. 여러 종류의 동물, 식물, 인공물 목록에서 선정된 많은 물체들이 있다고 가정하자. 만약 이 물건들을 서로 유사한 정도에 따라 배열한다면 어떻게 해야 할까? 물체들을 형태를 기준으로 배열할 수 있는데, 그럴 경우 연필, 드라이버, 사람의 손가락, 식용 소시지가 같은 범주로 묶일 수도 있다. 색깔을 기준으로 배열한다면 전나무, 요정, 그리고 캐릭터 인형 개구리 커밋(Kermit the Frog)이 한 범주로 묶일 수 있다. 특정 범주에 속하는 사례들이 비슷한 지각 속성을 갖는 것은 사실이지만, 우리가 유사성을 기반으로 물체들을 집단화할 때 한두 개 특징이 아니라 여러 개의 특징들을 고려할 필요가 있다는 것은 분명하다.

이런 생각을 출발점으로 삼아, 연구자들은 여러 가지 특징들을 뽑은 다음 참가자들

표 9.2 Hoffman과 Lambon Ralph(2013)의 실험에 사용된 자극과 질문 예

a. 참가자에게 제시된 160개 자극 중 일부		
포유류	기계	의류
애완동물	탈것	무기
새	가구	도구
문	물고기	과일
b. 참가자에게 주어진 질문		
(위에 있는 목록 중 하나를 골라서) ······은 특정 ······와 얼마나 연합이 되는가?		
색	맛	
시각적 형태	냄새	
움직임	촉감(질감)	
소리	수행된 행동(당신이 그 물체와 상호작용하는)	

에게 이 특징들에 기초해서 많은 물건들을 평정하게 하였다. 이것이 Paul Hoffman과 Matthew Lambon Ralph(2013)의 실험에 깔린 생각이다. 이 실험에서는 표 9.2a에 있는 것과 같은 물건 160개를 사용했는데, 참가자들에게 각 물건을 표 9.2b에 있는 특징별로 평정하게 하였다. 예를 들어, '문' 개념에 대해 참가자는 '문은 특정 색(또는 형태 또는 움직임 등)과 얼마나 연합이 되는가?'라는 질문을 받고 '아주 강하다'이면 7점으로, '전혀 아니다'이면 1점으로 평정해야 했다.

그림 9.21에 제시된 결과는 동물은 인공물에 비해 움직임과 색에 강하게 연합되어 있고, 인공물은 수행된 행동(물체를 이용하거나 물체와 상호작용하는 것과 연합된 행동)과 강하게 연합되어 있는 것을 보여준다. 이 결과는 S-F 가설을 지지하지만 Hoffman과 Lambon Ralph는 집단화 양상을 면밀하게 살펴보고 몇 가지 재미있는 결과를 발견하였다. 기계, 탈것, 악기와 같은 기계적이 물건들은 인공물(수행된 행동을 포함)과 동물(소리와 동작을 포함) 둘 다와 중복되었다. 예를 들어, 악기는 특정 행동(어떻게 연주하는가)과 연합되어 있는데, 이 속성은 인공물과 겹치고, 또 감각 속성(시각적 형태와 악기에서 나는 소리)과도 연합되는데, 이 속성은 동물과 겹친다. 그러니까 기계적인 도구들은 생물과 인공물을 표상할 때 중요한 영역들을 다 포함하는 아주 넓게 분산된 의미 표상을 갖는다.

기계적인 도구의 표상이 아주 널리 분산되어 있기 때문에 때때로 환자들은 다른 종류의 인공물은 잘 알아보지 못하면서 기계적인 도구들은 알아볼 수 있다. 예를 들어, Hoffman과 Lambon

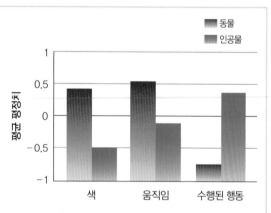

그림 9.21 **참가자들이 색, 움직임, 수행된 행동에 대해 동물과 인공물을 평정한 결과** 동물은 색과 움직임에서 높게 평정되었고, 인공물은 수행된 행동에서 높게 평정되었다.

출처: P. Hoffman & M. A. Lambon Ralph, Shapes, scenes, and sound: Quantifying the full multi-sensory basis of conceptual knowledge, *Neuropsychologia*, 51, 14-25, 2013.

그림 9.22 **동물과 탈것의 예들** 탈것에 비해 동물들이 서로 더 유사하다는 점에 주목하라. 동물들 간의 높은 유사성을 밀집화라 한다.

Ralph는 작은 물체들은 알아보지 못하면서 탈것과 같은 큰 인공물들은 잘 알아보는 환자가 있다는 것을 보고하였다(Cappa et al., 1998; Hillis et al., 1990; Warrington & McCarthy, 1987).

동물과 인공물을 구분하는 특징으로 연구자들이 제안한 또 다른 요인은 밀집화(crowding)이다. 밀집화란 동물들이 많은 속성들(눈, 다리, 그리고 움직일 수 있는 것)을 공유하는 경향이 있는 것을 가리킨다. 반면에 차나 보트와 같은 인공물들은 둘 다 탈것이라는 점 외에는 공유하는 것이 별로 없다(그림 9.22)(Rogers & Cox, 인쇄중). 이것은 일부 연구자들로 하여금 생물은 알아보지 못하면서 인공물은 알아보는 범주 특수 손상인 것처럼 보이는 환자들이 사실은 범주 특수 손상이 아니라고 제안하였다. 이 연구자들은 이 환자들이 동물을 알아보지 못하는 이유는 비슷한 속성들을 공유하는 사례들을 구분하는 것이 어렵기 때문이라고 제안하였다. 이 생각에 따르면 인공물에 비해 동물들이 더 유사하기 때문에 이 환자들이 동물을 알아보는 것이 어려웠던 것뿐이다(Cree & McRae, 2003; Lambon Ralph et al., 2007).

마지막 접근도 물체들을 구분하는 데 여러 요인들이 관여한다고 제안하지만 우리가 물체들과 상호작용하는 방식이 특히 중요하다고 제안하였다.

체화 접근

체화 접근(embodied approach)에서는 개념에 대한 지식은 우리가 그 물체와 상호작용할 때 일어나는 감각처리와 동작처리의 재활성화에 기초한다고 말한다. 우리가 망치를 사용하면 망치의 크기, 형태, 색 등에 대한 반응으로 감각 영역이 활성화되고, 우리가 망치를 사용하는 데 포함되는 행동을 할 때 관여하는 운동 영역도 활성화된다. 이후에 우리가 망치를 보거나 망치라는 단어를 접하게 되면 이 감각 영역과 운동 영역이 재활성화되

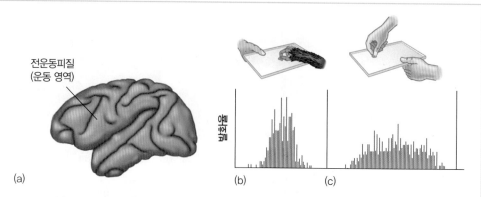

그림 9.23 (a) 원숭이 전운동피질의 위치, (b) 원숭이가 접시에 있는 먹이를 집을 때 거울 뉴런의 반응, (c) 실험자가 먹이를 집는 것을 원숭이가 볼 때 거울 뉴런의 반응.

출처: (a) © Cengage Learning; (b), (c) G. Rizzolatti et al., Premotor cortext and the recognition of motor actions, *Cognitive Brain Research, 3*, 131-141, 2010.

는데, 이것이 망치를 표상하는 정보이다(Barsalou, 2008).

3장에서 크리스털이 책상을 가로질러 커피 잔을 집을 때 지각과 행동이 어떻게 상호작용하는지를 서술했던 것(92쪽)을 떠올리면 체화 접근의 기초를 이해할 수 있다. 이 예가 주는 중요한 메시지는 아주 간단한 행동에도 지각에 관여하는 뇌 경로와 행동을 할 때 관여하는 뇌 경로 간에 양방향적인 상호작용이 일어난다는 점이다(Almeida et al., 2013)(그림 3.33, 94쪽).

보다 극적인 지각과 행동 간의 상호작용은 연구자들이 거울 뉴런(mirror neurons)이라 불리는 뉴런을 발견한 전운동피질에서 일어난다(그림 9.23a). Vittorio Gallese와 동료들(1996)은 원숭이가 장난감이나 먹이를 잡는 것과 같은 행동을 할 때 원숭이의 전운동피질의 뉴런들이 어떻게 발화하는지를 연구하였다. 원숭이가 특정 행동을 할 때의 뉴런들의 활동을 기록하던 중에 전혀 예상하지 못했던 사건을 관찰하게 되었다. 원숭이의 전운동피질에 있는 뉴런들 중 일부가 원숭이가 접시 위에 있는 먹이를 잡을 때뿐만 아니라(그림 9.23b) 실험자가 접시 위에 있는 먹이를 잡는 것을 원숭이가 관찰하고 있을 때에도 발화하였다(Rizzolatti et al., 1996)(그림 9.23c). 실험자가 물건을 집는 것을 보고 있을 때의 뉴런의 반응이 원숭이가 그 행동을 직접 할 때의 뉴런의 반응과 유사했기 때문에 이 뉴런들은 거울 뉴런이라고 불린다(Gallese et al., 1996; Rizzolatti et al., 2000).

대부분의 거울 뉴런은 물건을 잡는다든가 물건을 어딘가에 놓는다든가 하는 한 가지 행동에 대해서만 반응하게 특화되어 있다. 먹이를 받게 될 것이라는 예상하기 때문에 반응하는 것이라고 생각할지 모르지만, 어떤 물체인지는 중요하지 않았다. 실험자가 먹는 것이 아닌 물건을 집는 것을 원숭이가 볼 때에도 거울 뉴런은 발화했다. 사람도 이와 비슷한 뉴런이 있다는 것을 발견했다는 증거가 있지만(Oosterhof et al., 2013), 일부 연구자들은 사람에서 이 뉴런의 기능에 대해 의문을 제기했다(Dinstein et al., 2008; Hickok, 2009).

거울 뉴런은 개념과 어떤 관계가 있을까? 지각(실험자가 먹이를 집는 것을 볼 때 뉴런이 발화했다)과 운동 반응(원숭이가 먹이를 집을 때 그 뉴런이 발화했다) 간에 연결이 있다는 것은 어떤 개념에 대해 생각하면 그 개념과 연합된 지각 영역과 운동 영역의 활성화를 초래한다는 체화 접근의 제안에서 중심적인 역할을 한다. Olaf Hauk과 동료들 (2004)이 수행한 실험이 사람에서 지각과 운동 반응 간의 연결을 보여주는 증거를 제공하는데, 이들은 (1) 참가자가 왼쪽이나 오른쪽 발, 혹은 왼쪽이나 오른쪽 손가락, 혹은 혀를 움직이는 조건과 (2) 참가자가 '차다'(발의 행동), '집다'(손이나 손가락 행동), 혹은 '빨다'(혀의 행동)라는 '동작 단어'를 읽는 두 조건에서 fMRI를 이용해서 뇌 활동을 측정했다

결과는 실제 동작을 할 때 활성화된 피질 영역 (그림 9.24a)과 동작 단어를 읽을 때 활성화된 피질 영역(그림 9.24b)을 보여준다. 실제 동작을 할 때 활성화가 더 광범위하게 일어났지만, 뇌의 거의 같은 영역에서 단어를 읽을 때 활성화가 일어났다. 예를 들어, 발에 관한 단어를 읽는 경우와 실제 발을 움직인 경우에는 뇌의 중심선 근처 영역에서 활성화가 일어났지만, 팔에 관한 단어를 읽는 경우와 실제 손가락을 움직인 경우에는 뇌의 중심선에서 벗어난 영역에서 활성화가 일어났다. 몸의 특정 부위와 관련된 단어와 뇌의 활동 지점 간의 대응을 의미 신체 지형도(semantic somatotopy)라 하는데, 여러 실험 결과를 요약한 지형도가 그림 9.25에 제시되었다. 파란색 기호는 발/다리에 관한 단어에 의해 활성화되는 지점들이고, 빨간색 기호는 팔/손에 관한 단어에 의해 활성화되는 지점들이고, 초록색 기호는 얼굴/입에 관한 단어에 의해 활성화되는 지점들이다(Carota et al., 2012; Pulvermüller, 2013).

개념과 뇌의 운동 영역의 활성화 간에 연결이 있다는 신빙성 있는 증거들이 있다. 하지만 일부 연구자들은 체화 접근이 뇌가 개념을 처리하는 데 완전한 설명을 제공한다는 것에 의문을 제기했다 (Almeida et al., 2013; Chatterjee, 2010; Dravida et al., 2013). 예를 들어, Frank Garcea와 동료들 (2013)은 뇌졸중 환자 A. A.를 시험하였는데, 그는 뇌졸중의 결과로 여러 가지 물체들과 연합된 행동을 산출하는 능력에 장애를 보였다. A. A.에게 망치, 가위, 먼지 떨이와 같은 물체를 어떻게 이용하

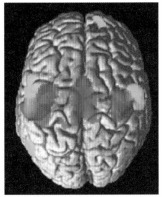
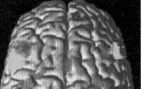

| 실제 동작 | 동작 단어 |

파란색: 발 움직임
빨간색: 손가락 움직임
초록색: 혀 움직임
(a)

파란색: 발 단어
빨간색: 팔 단어
초록색: 얼굴 단어
(b)

그림 9.24 **Huck 등(2004)의 결과** 색칠된 부분은 (a) 발, 손가락, 혀의 움직임에, (b) 다리, 팔, 얼굴 단어에 대해 뇌에서 활동한 영역을 보여준다.

출처: O. Houk, I. Johnstrude & F. Pulvermuller, Somatotopic representation of action words in human motor and premotor cortex, *Neuron, 41*, 301-307, 2004. Elsevier.

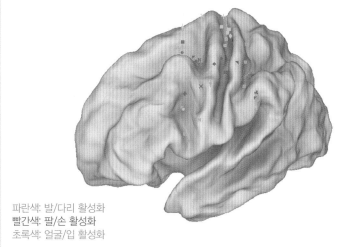

파란색: 발/다리 활성화
빨간색: 팔/손 활성화
초록색: 얼굴/입 활성화

그림 9.25 각각의 상징은 신체의 여러 부위와 관련된 동작 단어에 대해 활성화를 보이는 뇌 영역을 알아보기 위한 실험들의 결과를 보여준다.

출처: F. Carota, R. Moseley, & F. Pulvermuller, Body-part representation of semantic noun categories, *Journal of Cognitive Neuroscience, 24*, 1492-1509, Figure 5, 2012. MIT Press.

는지 손동작을 이용해서 보여 달라고 했을 때, 정상인들에 비해 이런 행동들을 산출하는데 장애를 보였다. 체화 접근에 따르면 어떤 물체와 연합된 행동을 산출하는 데 애를 먹는 사람은 그 물체를 알아보는 것에서도 애를 먹어야 한다. 그러나 A. A.는 그 물체들의 사진을 알아볼 수 있었다. Garcea와 동료들은 이 결과로부터 체화 접근이 예측하는 것과는 달리 특정 행동과 연합된 운동 동작을 표상하는 능력은 그 물체를 알아보는 데 필요한 것은 아니라고 결론을 내렸다.

체화 접근에 대한 또 다른 비판은 체화 접근은 '민주주의', '진리'와 같은 추상 개념에 대한 우리의 지식을 설명하는 데 적합하지 않다는 것이다. 그러나 체화 접근을 옹호하는 연구자들은 이런 비판에 대한 설명을 제안하였다(이 문제를 여기서는 다루지 않는다. Barsalou, 2005; Chatterjee, 2010 참고).

접근들에 대한 비교 정리

1장에서 우리는 '압박 상황에서의 초킹'의 원인에 대한 Sian Beilock과 동료들이 수행한 연구에 대해 알아보았다(20쪽). 그 논의에서 다룬 메시지 중의 하나는 연구는 하나의 질문에서 다음 질문으로 이어지는 흐름을 따라가는 것이라는 점이었다. Beilock의 연구는 궁극적으로 어떤 심적 처리가 어떻게 작동하는지에 대한 답으로 이끄는 일련의 질문을 제기하면서 연구가 진행된다는 것을 보여주는 좋은 예라서 다루었다.

이 생각을 뇌에서 개념이 어떻게 표상되어 있는가라는 문제에 적용하면 S-F 가설을 출발점으로 사용할 수 있다. 그러나 뇌에 개념들이 어떻게 표상되어 있는지를 밝히는 문제는 엄청나게 많은 수의 개념과 뇌의 복잡성 때문에 압박 상황에서의 초킹을 이해하는 것보다 훨씬 더 복잡하다. 그러니까 많은 연구자들이 S-F 가설을 출발점으로 사용하지만 그들의 연구는 여러 방향으로 나뉘고 다양한 가설들을 이끌어내었다.

나는 인지심리학 강의를 듣는 학생들이 자기들은 정답을 원하는데 이런 상황 때문에 좌절하는 것을 종종 보아왔다. 어떤 접근이 옳은 접근일까? 어떤 접근이 뇌에서의 개념을 가장 정확하게 서술하는가? 궁극에는 이런 질문들에 대한 답이 알려지겠지만, 현재로서는 이 영역의 연구들은 현재 진행형이며 따라서 우리가 서술한 각각의 접근들은 뇌에서 개념이 어떻게 표상되어 있을까라는 전체적인 질문에 대해 부분적인 답들을 제공하고 있다고 말할 수 있는 정도이다.

모든 접근들이 동의하는 한 가지는 개념에 대한 정보들은 뇌의 여러 구조들에 분산되어 있다는 것이다. 그러나 각각의 접근들은 가장 중요한 유형의 정보로 강조하는 부분들이 다르다. 범주 특수 접근에서는 뇌의 특화된 영역과 이 영역들을 연결하는 회로를 강조한다. 다요인 접근은 여러 특징과 속성들의 역할을 강조한다. 체화 접근은 물체의 감각 속성과 운동 속성이 초래하는 활성화를 강조한다. 뇌에서의 개념에 관한 연구들이 계속되면 마지막 답에는 이 접근들의 요소들이 포함될 가능성이 높다(Goldstone et al., 2012).

중심과 단위 모형

뇌에 개념이 어떻게 표상되어 있는지에 대한 우리의 논의는 범주 특수 기억 장애 환자 사례에 크게 의존해왔다. 그러나 모든 개념에 대한 지식 전반에 걸친 기억 상실을 초래하는 의미 치매(semantic dementia)라 불리는 또 다른 유형의 문제가 있다. 의미 치매 환자들은 생물과 인공물을 알아보는 데 비슷한 정도의 어려움을 보이는 경향이 있다(Patterson et al., 2007).

의미 치매 환자들이 보여주는 광범위한 손상과 이 환자들이 전측두엽(anterior temporal lobe: ATL. 그림 9.26에서 빨간색 부분)에 전반적으로 손상이 있다는 발견은 일부 연구자들로 하여금 의미기억의 중심과 단위 모형(hub and spoke model)을 제안하게 이끌었다. 이 모형에 따르면, 특정 기능과 연합된 뇌 영역들이 전측두엽에 연결되는데, 전측두엽은 이 영역들에서 오는 정보를 통합하는 중심 역할을 한다. 특화된 뇌 영역(단위) 중의 하나가 손상되면 인공물만 알아보지 못하는 것처럼 특정 손상을 보여주지만, 전측두엽(중심)에 손상을 입으면 의미 치매처럼 전반적인 손상을 보인다는 것이 이 생각을 지지하는 증거이다(Patterson et al., 2007). 중심과 단위의 기능의 차이는 경두개 자기자극법(transcranial magnetic stimulation: TMS)을 이용해서 뇌 손상이 없는 정상인 참가자들에게서도 확인할 수 있다.

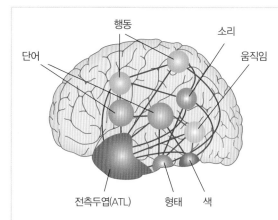

그림 9.26 중심과 단위 모형에서는 각기 다른 기능에 특화된 뇌 영역(원들)은 전측두엽(빨간색)과 연결되는데, 전측두엽은 이 영역에서 오는 정보를 통합한다고 제안하였다.

출처: Adapted from K. Patterson, P. J. Nestor & t. T. Rogers, Where do you know what you know? The representation of semantic knowledge in the human brain, *Nature Reviews Neuroscience, 8,* 976-987, Figure 1, 2007.

방법 *경두개 자기자극법(TMS)*

두개골 위에 자극 코일을 대고 진동하는 자기장을 흘려보내면 사람 뇌의 특정 부위의 기능을 일시적으로 방해할 수 있다(그림 9.27). 일련의 파동이 뇌의 특정 부위에 몇 초 혹은 몇 분 동안 가해지면 그 부위의 뇌 기능을 몇 초 혹은 몇 분 동안 방해한다. 만약 어떤 행동이 그 파동에 의해 방해를 받으면, 연구자들은 방해를 받은 뇌 부위가 그 행동에 관여한다고 결론짓는다.

Gorana Pobric과 동료들(2010)은 생물과 인공물 사진을 참가자들에게 보여주고 각 사진의 이름을 대는 데 걸린 시간을 측정하였다. 그들은 전측두엽이나 사람들이 물건을 조작할 때 활성화되는 두정엽에 경두개 자기자극법(TMS)을 실시하면서 이 절차를 반복했다(그림 9.28). 빨간색 막대는 경두개 자기자극을 하기 전의 반응시간이고, 파란색 막대는 경두개 자기자극을 하는 동안의 반응시간을 보여준다. 그들은 전

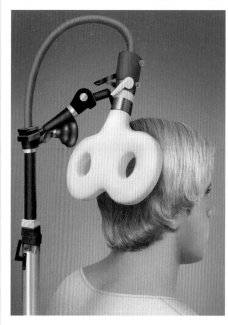

그림 9.27 머리에 자장을 걸기 위해 경두개 자기자극(TMS) 코일을 위치시켰다. 코일을 이 위치에 두면 후두엽을 자극한다. © 2015 Cengage Learning

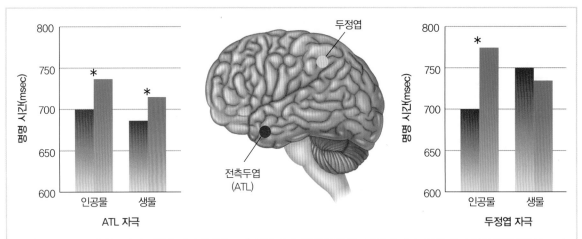

그림 9.28 **Pobric 등(2010)의 경두개 자기자극법(TMS) 실험 결과** 빨간색 막대는 경두개 자기자극을 하기 전의 반응시간이고, 파란색 막대는 경두개 자기자극을 하는 동안의 반응시간을 보여준다. 막대 쌍 위의 *표는 막대들 간의 차이가 유의하다는 것을 의미한다. 경두개 자기자극으로 전측두엽을 자극하면 생물과 인공물 모두에 대해 반응시간이 길어졌다(왼쪽 그래프). 그러나 두정엽을 자극하면 인공물에 대한 반응시간만 길어졌다(오른쪽 그래프).

출처: Adapted from G. Pobric, E. Jefferies & M. A. Lambon Ralph, Category-specific versus category-general semantic impairment induced by transcranial magnetic stimulation, *Current Biology, 20*, 964-968, Figure 18, 2010.

측두엽을 자극하면 전반적인 영향이 나타나는 것을 발견하였다. 생물과 인공물 모두에 대해 반응시간이 길어졌다(왼쪽 그래프). 그러나 두정엽을 자극하면 그 효과가 제한적이었다. 인공물에 대한 반응시간은 길어졌지만 생물에 대한 반응시간은 달라지지 않았다(오른쪽 그래프). '중심'(전측두엽)을 자극하면 전반적인 효과가, 그러나 '단위' 중의 하나와 연합되었을 것으로 간주되는 부위(두정엽)를 자극하면 보다 제한적인 효과가 얻어진다는 결과는 중심은 일반적인 기능과, 그리고 단위는 보다 특수한 기능과 연합되어 있다는 생각을 지지해 준다(Jefferies, 2013).

대부분의 연구자들은 전측두엽이 여러 부위에서 오는 정보들을 통합하는 역할을 한다는 데 동의한다. 그러나 다른 영역도 '중심'이 될 수 있다는 것과 개념들이 표상되는 가장 중요한 방식은 '중심'에 의해서가 아니라 '단위'들 간에 형성된 연결 방식이라는 것을 주장하기도 한다(Pulvermüller, 2013). 그러니까 마지막 절에서 우리가 언급했듯이 어떻게 뇌에 개념이 표상되어 있는지의 문제는 '현재 진행형'이다.

자가 테스트 9.2

1. 의미망 접근에 깔린 기본 생각은 무엇인가? 이 접근의 목표는 무엇이고, Collins와 Quillian이 제안한 의미망은 이 목표를 달성했는가? Collins와 Quillian 모형을 지지하는 증거와 반박하는 증거는 무엇인가?

2. 연결주의 망은 무엇인가? 어떻게 연결주의 망이 학습하는지를 서술하라. 특히 연결 강도가 어떻게 조정되는지를 고려해서 서술하라. 그리고 연결주의 망에서 개념이 표상되는 방식은 의미망에서 개념이 표상되는 방식과 어떻게 다른지도 서술하라.

3. 뇌에 개념이 표상되는 방식을 설명하기 위해 제안된 네 가지 접근에 대해 서술하라. 각 가설의 기저에 있는 기본 생각과 각 가설을 지지하는 증거와 반박하는 증거에 대해 답하라.

1. 의미기억은 사실과 지식에 대한 기억이다.

2. 범주는 '지식에로의 알림표'이다. 어떤 물체가 특정 범주에 속한다는 것을 알면 그 물건에 대한 많은 일반적인 사실들을 알게 되고, 이 물체가 어떤 점에서 특별한지를 밝혀내는 데 에너지를 집중할 수 있게 해준다.

3. 대부분의 범주에는 정의에 맞지 않는 사례들이 있기 때문에 범주화에 대한 정의적 접근은 별 도움이 되지 않는다. 정의가 범주에 속한 모든 사례들을 포함하지 못한다는 사실을 해결하기 위해 철학자 Wittgenstein은 가족 유사성이라는 생각을 제안하였다.

4. 범주의 원형 접근이라는 생각의 바탕에 있는 생각은 어떤 물건이 특정 범주에 속하는지는 원형이라 불리는 그 범주의 가장 표준적인 표상과 그 물건이 유사한지에 달려 있다는 것이다. 원형은 그 사람이 이전에 접했던 해당 범주에 속한 사례들의 평균에서 추출된다.

5. 전형성은 어떤 사례가 특정 범주의 원형과 얼마나 유사한지를 기술할 때 사용하는 용어이다.

6. 다음 사항은 아주 전형적인 사례들의 특징이다. (a) 가족 유사성이 높다, (b) 이 사례들에 대한 진술문은 빨리 검증된다, (c) 이 사례들의 이름을 빨리 댄다, (d) 이 사례들은 점화의 영향을 많이 받는다.

7. 범주의 본보기 접근에는 어떤 물건이 본보기와 유사한지를 판단하는 과정이 포함되어 있다. 본보기란 그 사람이 이전에 접했던 그 범주의 실제 사례이다.

8. 본보기 접근의 장점은 '새' 범주에 속한 펭귄처럼 그 범주의 전형적이지 않은 예를 버리지 않는다는 점이다. 본보기 접근은 '게임' 범주처럼 사례들의 변산성이 큰 범주도 잘 설명한다.

9. 연구자들은 사람들이 이 두 접근을 다 사용한다고 결론 지었다. 원형은 사람들이 범주를 처음 학습할 때 더 중요할 수 있다. 이후에는 본보기 정보가 더 중요할 수 있다. 본보기는 '미국 대통령'처럼 작은 범주에서 가장 잘 적용될 수 있고, 원형은 '새'처럼 큰 범주에서 잘 적용될 수 있다.

10. 보다 크고 일반적인 범주가 작고 구체적인 범주들로 나누어지는 조직화를 위계적 조직화라 부른다. Rosch의 실험은 범주의 기본 수준(예: 악기나 록 기타에 대비해서 기타)이 사람들의 일상 경험을 반영해 주는 '특별한' 수준이라는 것을 보여준다.

11. 전문가들을 검사한 실험들은 범주의 기본 수준은 그 사람의 경험 정도에 따라 달라질 수 있다는 것을 보여준다.

12. 의미망 접근은 개념들이 그물의 형태로 배열되어 있다고 제안하는데, 이는 마음속에서 개념들이 조직화되어 있는 방식을 표상한다고 본다. Collins와 Quillian 모형은 고리로 연결된 마디들로 구성된 망이다. 개념과 개념의 속성들은 마디에 위치한다. 범주에 속한 대부분의 사례에 적용되는 속성은 그 사례들보다 상위 수준의 마디에 저장된다. 이를 인지적 경제성이라 부른다.

13. Collins와 Quillian 모형은 문장검증 과제를 사용한 실험 결과에서 지지를 받았다. 이 모형의 특징인 활성화 확산은 점화 실험에서 지지를 받았다.

14. Collins와 Quillian 모형은 몇 가지 점에서 비판을 받았다. 전형성 효과를 설명할 수 없고, 인지적 경제성이 항상 지켜지지는 않고, 문장검증 실험의 모든 결과를 설명할 수는 없다.

15. 연결주의 접근은 개념이 입력 단위, 은닉 단위, 출력 단위들로 구성된 망으로 표상되며, 개념에 대한 정보는 단위들 사이의 분산된 활성화로 이 망에서 표상된다고 제안하였다. 이 접근은 병렬분산처리(PDP) 접근이라고도 불린다.

16. 연결주의 망은 활성화가 한 단위에서 다른 단위로 전달되는 정도를 결정하는 강도를 조정하는 것을 포함하는 점진적인 학습을 통해 특정 범주의 정확한 분산 양식을 학습한다.

17. 연결주의 망은 사람들의 개념 형성의 많은 측면들을 재생할 수 있게 하는 특징들을 가지고 있다.

18. 개념들이 어떻게 뇌에 표상되어 있는지에 대한 네 가지 접근은 감각-기능 가설, 의미 범주 접근, 다요인 접근, 체화 접근이다.

19. 중심과 단위 모형은 여러 가지 기능들은 뇌의 전측두엽(ATL)에서 통합된다고 제안한다.

1. 9장에서 우리는 여러 수준의 개념들을 연결하는 망을 구성할 수 있다는 것을 보았다. 7장에서 우리는 특정 주제에 관한 지식들을 조직화하는 망을 구성할 수 있다는 것을 보았다(그림 7.5). 관련된 사실들을 연결해서 9장에 있는 내용들을 표상하는 망을 만들어 보라. 그것은 그림 9.12에 있는 의미망과 비슷한가, 다른가? 그것은 위계적인가? 그것은 각 개념들에 대해 어떤 정보들을 포함하고 있는가?

2. 다양한 범주에서 사람들이 생각하는 '전형적인' 사례들을 알아보는 조사를 해 보라. 예를 들어, 몇 사람에게 가능한 한 빨리 '전형적인' 새나 탈것이나 음료를 세 종류 대라고 해 보라. 이 조사의 결과는 여러분에게 각기 다른 사람들에게 어떤 수준이 '기본' 수준인지에 대해 무엇을 알려주는가? 이 결과는 사람들이 갖고 있는 범주에 대한 개념의 변산성에 대해 무엇을 알려주는가?

3. 몇 사람에게 그림 9.10의 사진에 있는 물체들의 이름을 대게 해 보라. 1970년대 초에 이런 실험을 실시한 Rosch는 가장 흔한 반응은 기타, 물고기, 바지라는 것을 발견하였다. 여러분이 얻은 결과가 Rosch의 결과와 같은지 다른지 비교해 보라. 만약 다르다면, 왜 그런 일이 일어났을지 그 이유에 대해 설명해 보라.

가족 유사성(family resemblance)
감각-기능 가설(sensory-functional(S-F) hypothesis)
개념 지식(conceptual knowledge)
개념(concept)
거울 뉴런(mirror neuron)
경두개 자기자극법(transcranial magnetic stimulation: TMS)
기본 수준(basic level)
다요인 접근(multiple-factor approach)
단위(연결주의 망)(unit, in a connectionist network)
문장검증 과제(sentence verification technique)
밀집화(crowding)
범주 특수 기억 손상(category-specific memory impairment)
범주(category)
범주화(categorization)

범주화에 대한 원형 접근(prototype approach to categorization)
범주화에 대한 정의적 접근(definitional approach to categorization)
범주화의 본보기 접근(exemplar approach to categorization)
병렬분산처리(parallel distributed processing: PDP)
본보기(exemplar)
상위(총체) 수준(superordinate(global) level)
어휘판단 과제(lexical decision task)
역전파(back propagation)
연결 강도(connection weight)
연결주의 망(connectionist network)
연결주의(connectionism)
오류 신호(error signal)
원형(prototype)
위계적 모형(hierarchical model)
위계적 조직화(hierarchical organization)

은닉 단위(hidden unit)
의미 신체 지형도(semantic somatotopy)
의미 치매(semantic dementia)
의미망 접근(semantic network approach)
의미범주 접근(semantic category approach)
인지적 경제성(cognitive economy)
입력 단위(input unit)
전측두엽(anterior temporal lobe: ATL)
전형성 효과(typicality effect)
점진적 쇠퇴(graceful degradation)
중심과 단위 모형(hub and spoke model)
체화 접근(embodied approach)
총체 수준(global level)
출력 단위(output units)
특수 수준(specific level)
하위(특수) 수준(Subordinate(specific) level)
활성화 확산(spreading activation)

Bruce Goldstein

'시각 심상'은 자신의 마음속에서 물리적으로 존재하지 않는 무언가를 볼 때 발생한다. 이 사진은 비록 시지각과 시각 심상이 많은 속성을 공유하지만 시각 심상과 관련된 경험은 시지각과 관련된 경험보다 덜 상세하고 더 손상되기 쉬울 수 있다는 것을 보여준다.

시각 심상

▶ 물체를 상상해서 만들어진 '머릿속 사진'과 실제 물체를 볼 때의 경험을 어떻게 비교하는가?

▶ 눈을 감은 채로 시각 이미지를 생성할 때 뇌에서는 무슨 일이 발생하는가?

▶ 뇌 손상은 시각 이미지를 형성하는 능력에 어떤 영향을 미치는가?

▶ 기억을 증진시키기 위해 시각 심상을 어떻게 사용할 수 있는가?

잠시 1장 도입부에 등장했던 라파엘에게로 돌아가자. 라파엘은 휴대전화로 수잔에게 이야기를 하며 캠퍼스를 걸어가고 있었다(인출 단서로, 4쪽의 그림 1.1을 보라!). 라파엘이 처한 문제 중 하나는 그가 수잔의 책을 집에 두고 왔다는 것이다. 이 사실을 깨닫고 그는 '그게 내 책상 위에, 내가 놓고 온 자리에 놓여 있는 것을 볼 수 있어.'라고 생각한다. 지금 현재 없음에도 불구하고 수잔의 책을 '볼 수 있는' 라파엘의 능력은 시각 자극 없이 보는 시각 심상(visual imagery)의 한 예이다.

시각 심상의 다른 예시는 캘리포니아의 산 정상에 오른 후 태평양을 본 경험을 시각적으로 기억할 수 있다는 것이다(194쪽). 이 사례는 심적 시간 여행이 일화기억의 특징이라는 주장을 소개할 때 사용되었다. 심적 시간 여행이 시각 심상을 포함해야만 하는 것은 아니지만 '산 너머 반대편에 무엇이 있었는지 보는' 경험에서 그랬듯이 이 둘은 종종 함께 일어난다. 하지만 심상이 항상 이런 사건을 포함해야만 하는 것은 아니다! 예를 들어, 다음 '보여주기'를 생각해 보라.

보여주기 심상 경험하기

다음 질문들에 답해 보자.

■ 여러분이 살고 있는 집 또는 아파트의 정면에 몇 개의 창문이 있는가?

■ 여러분 침실의 가구들은 어떻게 배열되어 있는가?

■ 코끼리의 귀는 둥근가, 뾰족한가?

■ 잔디의 초록색은 소나무의 초록색보다 더 어두운가, 밝은가?

어떻게 이 질문들에 답할 수 있을까? 많은 사람들은 이런 질문들에 대답할 때 시각 이미지들을 경험한다고 보고한다. 좀 더 실용적인 예시로, 사람들은 차 트렁크에 여행 가방들을 넣을 때 또는 거실의 가구들을 재배치할 때 도움이 되도록 이미지들을 만들어낼 수도 있다(Hegarty, 2010).

물리적 자극이 없을 때에도 감각 세계를 재현하는 능력인 심상(mental imagery)은 시각 외의 다른 감각에서도 발생한다. 사람들은 맛, 냄새, 촉각 경험을 상상하는 능력을 가지고 있다. 대부분의 사람들은 익숙한 노래의 멜로디를 머릿속에서 상상할 수 있다. 음악가들이 종종 강한 청각 심상을 보고하며 멜로디를 상상하는 능력이 작곡에서 중요한 역할을 한다는 점은 놀라운 사실이 아니다. Paul McCartney는 그가 자다가 머릿속의 선율과 함께 일어났을 때, 곡 〈예스터데이(Yesterday)〉가 하나의 심적 이미지로 다가왔다고 말했다. 청각 심상의 또 다른 예시는 오케스트라 지휘자들에게서 엿볼 수 있다. 지휘자들은 실제 오케스트라 없이 연습하기 위해서 '내적 오디션'이라 불리는 기법을 사용하는데, 머릿속에서 악보를 상상하는 방식으로 이루어진다. 이때 지휘자들은 다양한 악기의 소리뿐 아니라 지휘대로부터의 상대적 위치 역시 상상한다.

음악 창작 과정에서 청각 심상이 중요한 역할을 해왔듯이, 시각 심상은 과학적 통찰과 실용적 적용 모두를 가능케 했다. 어떻게 시각 심상이 과학적 발견으로 이어지는지에 대한 가장 유명한 사례 중 하나는 19세기 독일 화학자 Friedrich August Kekule의 이야기이다. Kekule는 벤젠의 구조가 그의 꿈속에 등장했다고 기술했다. 그는 그 꿈속에서 비틀린 사슬이 마치 뱀의 머리가 꼬리를 문 것 같은 형태의 원을 만든 것을 보았다. 이 시각 이미지는 Kekule에게 벤젠 분자를 형성하는 탄소 원자들이 고리 모양으로 배열되어 있다는 통찰을 주었다.

과학적 발견으로 이어진 시각 심상의 더 최근 예시로는 Albert Einstein이 빛줄기 옆에서 여행하는 것을 상상함으로써 상대성 이론을 어떻게 발전시켰는지에 대한 묘사가 있다(Intons-Peterson, 1993). 또한 체육과 관련된 예시로, 올림픽의 많은 선수들은 심상을 스키의 활강 코스, 스노보드 동작들, 봅슬레이의 방향 전환, 스피드 스케이트 경주들을 시각화하는 데 사용한다(Clarey, 2014).

이러한 예시들이 알려주는 한 가지 메시지는 심상이 사고와 주로 연합되어 있는 언어적인 사고 기술 외에 사고하는 방식에 또 다른 차원을 추가해 준다는 점이다. 하지만 가장 중요한 점은 심상이 유명한 사람들에 의한 발견들뿐 아니라 대부분의 사람들의 일상 경험과 연관되어 있다는 점이다. 심상을 주제로 한 연구 중 대부분이 시각 심상을 다루어왔기 때문에 이 단원에서 우리는 시각 심상에 초점을 둘 것이다. 시각 심상의 기본 특성들과, 어떻게 사고, 기억, 지각과 같은 다른 인지 과정들과 연관되어 있는지를 서술할 것이다. 심상과 인지 전반의 관련성은 심리학의 역사에서 중요한 주제였으며, 이는 19세기 과학적 심리학의 초기부터 시작되었다.

심리학의 역사 속 심상

심상의 역사는 Wilhelm Wundt가 설립한 첫 번째 심리학 실험실까지 거슬러 올라간다 (1장의 8쪽 참고).

심상에 관한 초기 주장들

Wundt는 이미지가 감각, 느낌과 함께 의식의 세 가지 기본 요소 중 하나라고 제안하였다. 그는 또한 이미지는 생각과 동반되기 때문에 이미지를 연구하는 것은 사고를 연구하는 한 방법이라고 제안하였다. 심상과 사고가 연결되어 있다는 주장은 무심상 사고 논쟁 (imageless thought debate)을 불러 일으켰다. 몇몇 심리학자들은 Aristotele의 '생각은 이미지 없이는 불가능하다.'는 입장을 취한 반면, 다른 학자들은 이미지 없이도 사고가 가능하다는 주장을 펼쳤다.

생각에 심상이 요구되지 않는다는 주장을 뒷받침하는 증거로는 시각 이미지를 형성하는 데 큰 어려움을 겪는 사람들도 사고할 수 있다는 Francis Galton(1883)의 관찰이 있다(사람들 간 심상의 차이점에 대한 보다 현대적인 설명을 위해서는 Richardson, 1994 참고). 이미지가 사고에 필요하다는 주장에 대한 서로 다른 입장들은 1800년대 후반과 1900년대 초반에 제시되었지만, 이 논쟁은 행동주의가 심상을 심리학의 중심부에서 내려오게 하면서 일단락되었다(Watson, 1913)(1장의 11쪽 참고). 시각 이미지는 경험하는 사람을 제외하고는 누구에게도 보이지 않기 때문에 행동주의자들은 심상 연구를 비생산적이라고 낙인찍었다. 행동주의의 창시자인 Watson은 이미지를 '증명되지 않고' '신화적'이라고 묘사하였으며(1928), 따라서 연구할 가치가 없다고 주장하였다. 1920년대부터 1950년대까지 지속된 행동주의의 지배는 심상에 대한 연구를 심리학의 주류에서 밀어냈다. 하지만 1950년대에 인지에 대한 연구가 부활하며 이러한 상황은 변했다.

심상과 인지 혁명

1장에서 서술했던 인지심리학의 역사는 인지 혁명으로 알려진 1950년대와 1960년대의 사건들로 다시 말할 수 있다. 이 '혁명'이 성공하게 된 비결 중 하나는 인지심리학자들이 인지 과정을 유추해낼 수 있는 행동 측정 방법들을 개발했다는 점이다. 행동과 인지를 연결하는 방법의 한 가지 예는 Alan Paivio(1963)의 기억에 대한 연구이다. Paivio는 트럭이나 나무와 같이 이미지화할 수 있는 구체적인(구상) 명사들을 기억하는 것이, 진실이나 정의처럼 이미지화하기 어려운 추상 명사를 기억하는 것보다 쉽다는 사실을 보였다. 이때 Paivio가 사용한 기술이 쌍대연합 학습이다.

> **방법** 쌍대연합 학습
>
> 쌍대연합 학습(paired-associate learning) 실험에서 실험 참가자들은 학습 기간 동안 '배-모자' 또는 '자동차-집'과 같은 단어의 쌍들을 보게 된다. 그 뒤 테스트 기간 동안 각 쌍에서 첫 번째 단어들이 제시된다. 실험 참가자들의 과제는 학습 기간 때 제시된 단어와 연합되었던 단어를 회상해내는 것이다. 만약 단어 '배'가 제시되면 옳은 반응은 '모자'가 될 것이다.

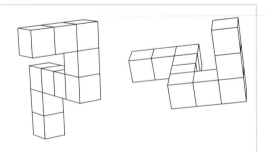

그림 10.1 **Shepard와 Metzler(1971)의 심적 회전 실험에서 사용한 자극**

출처: R. N. Shepard & J. Metzler, Mental rotation of three-dimensional objects, *Science, 171*, 701-703, Figures 1A & B, 1971.

언급했듯이 Paivio(1963, 1965)는 추상 명사의 쌍보다 구상 명사의 쌍에 대한 기억이 훨씬 좋다는 것을 밝혀냈다. 이 결과를 설명하기 위하여 Paivio는 개념적 걸개 가설(conceptual peg hypothesis)을 제시하였다. 이 가설에 따르면, 구상 명사는 다른 단어가 '매달릴' 수 있는 이미지를 형성한다. 예를 들어, 만약 배-모자 쌍을 제시하는 것이 배의 이미지를 형성한다면, 후에 단어 배가 제시되었을 때 그 배의 이미지가 다시 상기될 것이며 이 이미지는 실험 참가자가 그들의 마음속에서 모자를 위치시킬 수 있는 수많은 위치를 제공할 수 있다(기억에 관한 Paivio의 최근 주장을 보려면 Paivio, 2006 참고).

Paivio가 기억을 측정하여 인지 과정을 유추한 반면 Roger Shepard

와 Jacqueline Metzler(1971)는 여러 인지 과제들을 수행하는 데 소요되는 시간의 양을 알아내는 심리 계시법(mental chronometry)을 사용하여 인지 과정을 추론하고자 했다. 5장에서 서술하였던(164쪽 참고) Shepard와 Metzler의 실험에서, 참가자들은 그림 10.1과 같은 그림들을 보았다. 그들의 과제는 가능한 한 빨리 두 그림이 같은 물체인지 다른 물체인지 답하는 것이었다. 이 실험은 두 물체가 같은 것인지를 결정하는 데 걸리는 시간이 두 그림 간의 각도가 얼마나 다른지와 직접적으로 연관되어 있음을 보였다(165쪽의 그림 5.15 참고). 이 결과는 참가자들이 그림들의 일치 여부를 보기 위해 하나의 물체를 심적으로 회전시킨다는 것으로 해석되었다.

이 실험의 중요한 점은 심상을 연구하기 위해 양적인 방법을 처음으로 적용했으며 심상과 지각이 같은 기제를 공유할 수도 있음을 제시했다는 것이다(여기서 '기제'는 머릿속의 지각적, 심적 이미지들을 조작하는 것과 같은 심적 기제와 어떤 부위가 지각적, 심적 이미지를 만드는 데 개입하는지와 같은 뇌 기제 모두를 포함한다).

이제 심상과 지각 간의 유사점을 보여준 연구들과, 심상과 지각이 머릿속에서 표상되는 방식에 기본적인 차이점이 있을 가능성을 설명할 것이다. 앞으로 살펴볼 것처럼, 이러한 심상과 지각의 비교는 다수의 행동적, 생리적 실험들을 포함해왔는데, 심상과 지각 간의 유사점과 차이점 모두의 근거가 되었다.

심상과 지각은 같은 기제를 공유하는가?

심상과 지각이 같은 기제를 공유할 수도 있다는 주장은, 심적 이미지가 지각보다 덜 생생하고 지속력이 떨어진다는 점에서 다름에도 불구하고 많은 속성들을 공유한다는 관찰에 기반을 둔다. Shepard와 Metzler의 결과는 심상 이미지와 지각된 이미지 모두 자극의 공간적 표상을 포함한다는 것을 보여준다. 즉, 심상과 지각 모두에서 공간적 경험은 실제 자극의 배치와 일치한다는 것이다. 이러한 심상과 지각이 공간적 유사성을 가진다는 주장은 Stephen Kosslyn이 수행한 많은 실험들에 의해 지지되었으며 이 중에는 참가자들이 심적 이미지를 형성한 후 머릿속에서 훑어보는 심적 주사(mental scanning) 과제가 포함된다.

Kosslyn의 심적 주사 실험

Stephen Kosslyn은 심상에 관한 많은 연구를 진행한 후 세 권의 책을 냈으며(Kosslyn, 1980, 1994; Kosslyn et al., 2006), 심상과 지각의 유사점에 기반을 둔 영향력 있는 이론을 발표하였다. 그의 초기 실험 중 하나에서 Kosslyn(1973)은 실험 참가자들에게 그림 10.2의 배와 같은 사물의 사진을 기억하도록 요청한 후 머릿속에 그 사물의 이미지를 만들어 닻과 같은 물체의 한 부위에 집중하도록 지시했다. 그다음에는 모터와 같은 그 사물의 다른 부분을 탐색하도록 한 후 만약 이미지에서 그 부분을 찾으면 '참' 버튼을, 찾지

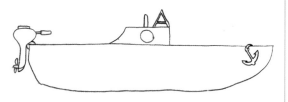

그림 10.2 **Kosslyn(1973)의 이미지 주사 실험에서 사용한 자극**

출처: S. M. Kosslyn, Scanning visual images: Some structural implications, *Perception & Psychophysics*, 14, 90-94, Figure 1. Copyright © 1973 The Psychonomic Society Publications. 저자의 동의 후 게재한다.

못하면 '거짓' 버튼을 누르도록 했다.

Kosslyn은 만약 심상이 지각처럼 공간적이라면, 처음 초점을 둔 부분에서 더 멀리 떨어진 위치일수록 사물의 이미지를 가로질러 탐색해야 하기 때문에 찾는 데 더 오랜 시간이 걸릴 것으로 추론하였다. 실제로 결과는 이 예상과 일치하였으며 따라서 Kosslyn은 이를 심상이 공간적 속성을 가진다는 증거로 보았다. 하지만 이 결과에 대해 과학에서 종종 발생하듯이, 다른 설명이 제시되었다. Glen Lea(1975)는 실험 참가자들이 탐색하는 도중 선실 등 다른 흥미를 끄는 부위들과 마주쳤을 수 있으며, 이런 방해 때문에 반응 속도가 증가했을 수 있다고 제안하였다.

이 가능성을 검토하기 위해 Kosslyn과 그의 동료들(1978)은 또 다른 주사 실험을 진행하였으며, 이번에는 참가자들에게 지도상에서 두 장소를 탐색하도록 하였다. Kosslyn의 실험을 읽기 전에, 다음 '보여주기'를 따라해 보자.

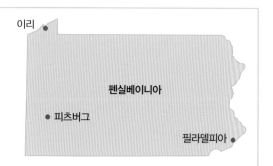

그림 10.3 **'방법/보여주기: 심적 주사'에서 사용한 주 (state) 지도의 예시** 이 '방법/보여주기'를 위해 여러분이 사는 주의 지도를 사용해 보자. © Cengage Learning

방법 **보여주기** 심적 주사

여러분이 거주하는 곳의 지도를 상상해 보자. 이때 여러분이 사는 곳, 거기에서 멀리 떨어진 도시, 그리고 이 두 장소의 직선거리 상에 있지 않고 보다 가까운 다른 도시, 이렇게 세 장소를 지도에 포함시켜 상상한다. 예를 들어, 내가 사는 주의 경우, 나는 내가 살고 있는 곳인 피츠버그와 거기에서 주의 반대편에 놓인 필라델피아(몇몇 사람들이 생각하는 것과는 달리 피츠버그는 필라델피아의 교외에 있지 않다!), 그리고 필라델피아보다는 가깝지만 같은 방향이 아닌 이리(Erie)를 상상하였다(그림 10.3).

지도의 심적 이미지를 만든 후, 여러분이 사는 곳에서 시작해서 두 도시 중 더 가까운 곳으로 이동하는 검은 점선의 이미지를 상상해 보라. 특히 그 도시로 도착하는 데 얼마나 걸리는지 의식해 보라. 그 후 같은 과정을 더 먼 도시에 적용해 보자. 역시 도착까지 얼마나 걸릴지 주목해야 한다.

Kosslyn의 실험에 참여한 참가자들은 위의 '보여주기'에서 여러분이 한 것과 같은 과정을, 그림 10.4a에 있는 것과 같이 일곱 개의 위치를 포함하고 있는 한 섬을 대상으로 수행하였다. 장소의 모든 가능한 쌍을 탐색하도록 함으로써(총 21회의 이동), Kosslyn은 그림 10.4b에 나타난 반응 속도와 거리 간의 관계를 밝혀냈다. 위의 배 실험과 마찬가지로 이미지 상에서 거리가 멀수록 탐색에 더 긴 시간이 걸렸으며, 이는 시각 심상이 공간적 속성을 가진다는 주장을 지지하는 결과이다. 그러나 Kosslyn의 결과가 설득력 있는 만큼 Zenon Pylyshyn(1973) 역시 또 다른 설명을 제시하면서, 심상이 지각에 사용되는 것과 같은 공간적 기제에 기초하는지 아니면 명제적 기제(propositional mechanisms)라 불리는 언어와 관련된 기제를 사용하는지에 대한 심상 논쟁(imagery debate)이 시작되었다.

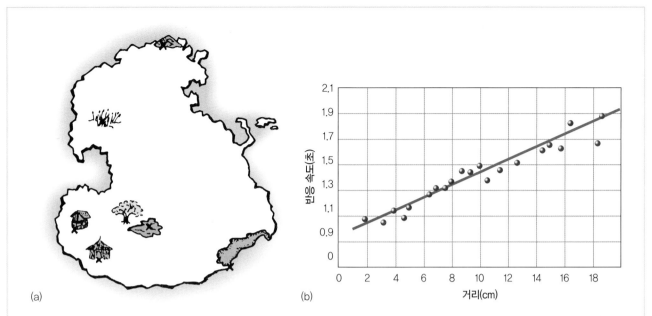

그림 10.4 (a) Kosslyn 등(1978)의 이미지 주사 실험에 사용된 섬. 실험 참가자들은 이 섬의 여러 장소들 사이를 마음속으로 이동하였다. (b) 섬 실험의 결과.

출처: S. M. Kosslyn, T. Ball, & B. J. Reiser, Visual images preserve metric spatial information: Evidence from studies of image scanning, *Journal of Experimental Psychology: Human Perception and Performance, 4,* no. 1, 47-60, 1978.

심상 논쟁: 심상은 공간적인가, 명제적인가?

이 책에서 지금까지 언급되었던 연구의 대부분은 서로 다른 인지 경험 뒤에 숨어 있는 심적 표상의 본질을 밝혀낸 것들이다. 예를 들어, 5장의 단기기억에 대해 기술할 때, 우리는 여러분이 전화번호부나 온라인에서 이제 막 찾은 전화번호를 되뇔 때처럼 단기기억의 정보가 종종 청각적 형태로 표상된다는 증거를 제시하였다.

Kosslyn은 심상에 관한 자신의 연구 결과를, 심상을 담당하는 기제에 공간 표상(spatial representation), 즉 이미지의 서로 다른 부분이 공간상의 특정 위치와 일치하는 표상이 포함된다는 주장을 뒷받침하는 근거로 해석하였다. 하지만 Pylyshyn(1973)은 이에 반대하여 단지 우리가 심상을 공간적으로 **경험**한다고 해서 그 기저의 **표상** 역시 공간적임을 의미하지는 않는다고 주장하였다. 결국, 인지심리학 연구에서 분명한 것 한 가지는 우리가 종종 마음속에서 무엇이 일어나고 있는지 인식하지 못한다는 것이다. Pylyshyn이 주장한 심적 이미지의 공간적 경험은 부수적 현상(epiphenomenon), 즉 실제 기제와 함께 일어나지만 그 기제의 일부는 아닌 것이다.

부수적 현상의 한 예시로는 중앙 컴퓨터가 계산을 수행하면서 발생하는 빛의 깜빡임이 있다. 이 빛은 컴퓨터 내부에서 **무언가**가 일어나고 있다는 것을 가리킬 수 있지만, 실제로 무엇이 일어나고 있는지를 우리에게 반드시 알려 주는 것은 아니다. 사실, 만약 모든 전구들이 나간다 해도 컴퓨터는 그 전과 마찬가지로 계속해서 작동할 것이다. Pylyshyn에 따르면, 심적 이미지 역시 비슷하다. 마음속에서 **무언가**가 일어나고 있다는 것을 알려 주지만 **어떻게** 일어나는지에 대해서는 아무것도 말해 주지 않는다.

'고양이는
탁자 밑에 있다.'

명제 표상　　　　　　공간 또는 묘사적 표상

그림 10.5 '고양이는 탁자 밑에 있다.'의 명제 표상과 공간 또는 묘사적 표상 © Cengage Learning

Pylyshyn은 심상 기저의 기제가 공간적이지 않고 명제적이라고 제안하였다. 명제 표상(propositional representation)은 관계가 추상적인 상징들로 표상될 수 있는 경우를 말하는데, 등식이나 '고양이는 탁자 밑에 있다.'와 같은 문장을 예로 들 수 있다. 그와 반대로 공간 표상은 그림으로 표현될 수 있는 고양이와 탁자의 공간적 형상을 포함할 것이다(그림 10.5). 현실적인 사진 같아서 실제 물체의 부분들과 표상의 부분이 대응하는 표상을 묘사적 표상(depictive representations)이라 부른다.

그림 10.2에서 Kosslyn의 배에 대한 묘사적 표상을 다시 살펴보면 명제적 접근을 더 잘 이해할 수 있다. 그림 10.6은 이 배의 외관이 어떻게 명제적으로 표상될 수 있는지 보여준다. 단어들은 배의 부분을, 선의 길이는 부분들 간의 거리들을, 그리고 괄호 안의 단어들은 부분들 간의 공간적 관계를 나타낸다. 이러한 표상에서는 모터에서 시작했을 때 창문보다 닻을 찾는 데 더 오랜 시간이 걸릴 것으로 예측할 수 있는데 창문까지는 세 번의 연결을 지나야 하지만(파선) 닻까지는 네 번의 연결이 필요하기 때문이다(점선). 이런 식의 설명은 심상이 9장에서 기술되었던 의미망과 비슷한 방식으로 작동한다고 제안한다(309쪽 참고).

Kosslyn의 결과가 명제 표상으로 설명될 수 있음을 보였을 뿐 아니라, Pylyshyn은 또한 그림 상 두 지점 사이의 거리가 증가할수록 탐색 시간이 증가하는 이유 중 하나는, 참가자들이 그들이 실제 장면을 보고 있을 때 주로 일어나는 일들에 기반을 두고 Kosslyn의 과제를 수행하기 때문이라고 제안하였다. Pylyshyn(2003)에 따르면, "무언가를 상상하도록 요청받으면 사람들은 그것을 본다면 어떻게 생겼을지를 스스로에게 물은 후, 이 연출

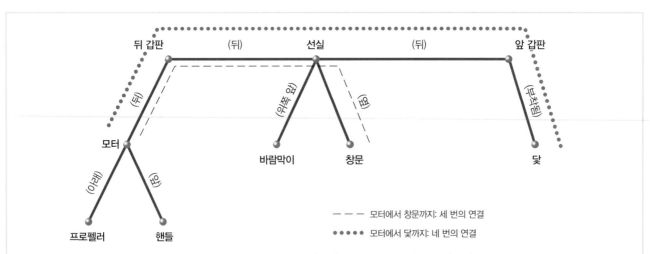

그림 10.6 그림 10.2의 배 외관의 명제 표상　모터와 창문 사이의 경로(파선)와 모터와 닻 사이의 경로(점선)는 배의 이 부분들을 가로지르기 위해 필요한 마디의 개수를 나타낸다.

출처: S. M. Kosslyn, Mental imagery, in S. M. Kosslyn & D. N. Osherson, *An invitation to cogni-tive science*, 2nd ed., vol. 2: *Visual cognition*, pp. 267–296, Figure 7.6. Copyright © 1995 MIT Press.

된 것의 양상들을 그들이 할 수 있는 한 최대한 많이 시뮬레이션해 본다"(p.113). 마치 내가 피츠버그에서 이리보다 필라델피아로 가는 것이 더 멀다는 사실을 알고 있는 것처럼 사람들은 실제 세계에서 먼 거리를 이동할 때 더 오래 걸린다는 사실을 알고 있다. 그래서 Pylyshyn은 참가자들의 이러한 시뮬레이션이 Kosslyn의 실험과 같은 결과를 야기한다고 설명했다. 이는 암묵지 설명(tacit knowledge explanation)이라 불리는데 실험 참가자들이 판단을 내릴 때 무의식중에 세상에 대한 지식을 사용한다는 것을 의미하기 때문이다.

비록 Pylyshyn은 소수 의견에 속했지만(대부분의 연구자들은 시각 심상에 대해 공간 표상을 지지하였다) 그의 비판은 무시할 수 없었고, '공간적' 진영에 속한 연구자들은 계속해서 더 많은 증거를 얻으려 했다. 예를 들어, Kosslyn의 심적 주사 실험 결과에 대한 암묵지 설명을 반박하기 위하여 Ronald Finke와 Stephen Pinker(1982)는 그림 10.7a처럼 네 개의 점을 짧게 제시한 후, 2초의 지연 후 그림 10.7b와 같이 화살표 하나를 보여주었다. 참가자들이 수행할 과제는 화살표가 그들이 보았던 점들 중 하나를 가리키고 있는지 아닌지 답하는 것이었다.

심상을 사용하거나 화살표에서부터 바깥쪽으로 탐색해 나가라는 지시를 받지 않았음에도 불구하고, 참가자들은 화살표와 점 사이의 거리가 멀수록 더 느리게 반응하였다. 사실 결과는 다른 주사 실험들의 결과와 매우 유사했다. Finke와 Pinker는 실험 참가자들이 판단을 내리기 전에 화살표와 점 사이의 거리를 암기할 시간이 없었기 때문에 그들이 한 지점에서 다른 지점까지 얼마나 걸릴지에 대한 암묵지를 사용했을 가능성은 매우 낮다고 주장하였다.

지금까지 심상에 대한 공간적 접근과 명제적 접근 모두를 살펴보았는데, 이 두 설명들은 같은 데이터가 어떻게 다른 방식으로 설명될 수 있는지를 잘 보여준다. Pylyshyn의 비판은 시각 심상의 성질에 대해 여러 가지를 알려준 많은 실험들을 촉진시켰다(Intons-Peterson, 1983 참고). 많은 증거들이 심상이 공간적 기제에 의해 일어나며 지각과 기제를 공유한다는 주장을 지지하고 있다. 이제 우리는 공간 표상을 지지하는 또 다른 증거를 살펴볼 것이다.

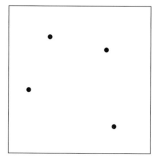

(a)

(b)

그림 10.7 **Finke와 Pinker(1982)의 실험에서 사용한 자극** (a)의 화면이 먼저 나오고 2초의 지연 후 (b)의 화살표가 제시되었다. 참가자들의 과제는 화살표가 첫 번째 화면의 점들 중 하나를 가리키고 있는지 아닌지 답하는 것이었다.

출처: R. A. Finke & S. Pinker, Spontaneous imagery scanning in mental extrapolation, *Journal of Experimental Psychology: Learning, Memory and Cognition, 8*, 2, 142–147, Figure 1, 1982.

심상과 지각 비교

Kosslyn의 다른 실험을 설명하면서 시작해 보자. 심상이 시야에 있는 물체의 크기에 의해 어떤 영향을 받는지 살펴본 실험이다.

시야에서의 크기 매우 멀리 있는 자동차를 본다면 이 물체는 시야의 매우 작은 부분만을 차지하고 문손잡이와 같은 작은 세부사항들은 관찰하기 어려울 것이다. 여러분이 가까이 움직일수록 자동차는 시야를 점점 더 많이 채우게 되고 문손잡이와 같은 세부사항들도 더 쉽게 지각할 수 있게 된다(그림 10.8). 지각에서의 이러한 관찰을 토대로, Kosslyn은 시거리(viewing distance)와 세부사항을 지각하는 능력 간의 관계가 심적 이미지에서도

더 멀리에서 보기　　　　　　　　더 가까이에서 보기

그림 10.8 이 차와 같은 물체에 가까이 다가가는 것은 두 가지 효과를 가진다. (1) 물체가 시야에서 더 많은 부분을 차지하게 되고, (2) 세부사항들을 보기가 더 쉬워진다. © Cengage Learning

일어나는지 알아보고자 했다.

이 질문에 답하기 위해 Kosslyn(1978)은 실험 참가자들에게 코끼리와 토끼같이 나란히 있는 두 마리의 동물을 머릿속으로 그리고, 그중 더 큰 동물이 시야의 대부분을 차지할 만큼 충분히 가까이 서 있다고 상상해 보도록 했다(그림 10.9a). 그 후 실험 참가자에게 '토끼에게 수염이 있는가?'와 같은 질문들을 하고 그들의 머릿속 동물 이미지의 해당 부분을 찾아서 가능한 빨리 응답하도록 요구하였다. 같은 과정을 반복하되 토끼와 파리를 상상하도록 요청한 경우, 참가자들은 그림 10.9b와 같이 더 큰 토끼의 이미지를 만들었다. 그림 10.9에 함께 표시된 실험의 결과는 토끼가 시야의 더 많은 부분을 차지했을 때 토끼에 대한 질문들에 더 빨리 답했다는 것을 보여준다.

시각 이미지의 세부사항에 대해 응답하는 것 외에도 Kosslyn은 심적 접근 검사(mental walk task)를 실시했는데, 이 실험에서 참가자들은 그들이 동물의 심적 이미지를 향해 걷고 있다고 상상했다. 과제는 그들이 '넘침'을 경험할 때, 즉 이미지가 시야를 가득 채우거나 이미지의 가장자리가 흐릿해지기 시작할 때 동물로부터 얼마나 멀리 떨어져 있는지 답하는 것이었다. 실험 결과는 마치 사람들이 실제 동물을 향해 걸었을 때처럼 큰 동물에게 다가갈 때보다 작은 동물에게 다가갈 때 더 가까이 움직였다(쥐는 약 30cm 이하인

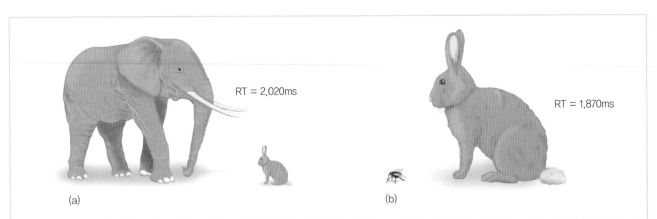

RT = 2,020ms

RT = 1,870ms

(a)　　　　　　　　　　　　　　(b)

그림 10.9 Kosslyn(1978)의 실험 참가자들이 만든 이미지의 예시　시야에서 차지하는 비율이 달랐다. (a) 코끼리와 토끼를 상상하라. 이 경우 코끼리가 시야의 대부분을 차지한다. (b) 토끼와 파리를 상상하라. 이 경우 토끼가 시야의 대부분을 차지하게 된다. 반응시간(reaction time: RT)은 참가자들이 토끼에 대한 질문들에 답하는 데 얼마나 걸렸는지를 나타낸다. © Cengage Learning

반면, 코끼리는 약 3.4m). 이 결과는 이미지가 지각처럼 공간 적임을 뒷받침하는 또 다른 증거를 제공한다.

심상과 지각의 상호작용 심상과 지각 간의 연결을 입증하는 또 다른 방법은 이 둘의 상호작용을 보여주는 것이다. 이 접근의 기본 근거는 만약 심상이 지각에 영향을 주거나 지각이 심상에 영향을 준다면, 이 둘 모두가 같은 기제로 접근할 수 있다는 사실을 의미한다는 것이다.

심상과 지각의 상호작용에 대한 대표적인 입증은 1910년, Cheves Perky가 그림 10.10의 실험을 했던 때로 거슬러 올라간다. Perky는 실험 참가자들에게 스크린에 평범한 물체들의 시각 심상을 '투사'한 후, 이 심상들을 묘사하도록 했다. 이때 실험 참가자들 모르게 Perky는 그 물체의 매우 희미한 이미지를 스크린 뒤에서 비추었다. 즉, 참가자들에게 바나나의 이미지를 상상하도록 했을 때 희미한 바나나의 이미지를 스크린에 비춘 것이다. 흥미롭게도, 참가자들의 이미지에 대한 묘사는 Perky가 비춘 이미지와 일치했다. 예를 들어, 사람들은 비춰졌던 이미지와 마찬가지로 수직으로 배치된 바나나를 묘사하였다. 더 흥미로운 사실은 Perky의 실험 참가자 24명 중 단 한 명도 실제 그림이 스크린에 비춰졌다는 사실을 알아차리지 못했다는 점이다. 그들은 명백히 실제 그림을 심적 이미지로 착각하였다.

현대 연구자들은 Perky의 결과를 되풀이하고(Craver-Lemley & Reeves, 1992; Segal & Fusella, 1970 참고) 수많은 여러 가지 방법을 사용하여 심상과 지각의 상호작용을 입증해왔다. Martha Farah(1985)는 참가자들에게 스크린 위에 알파벳 H 또는 T를 상상하도록 지시했다(그림 10.11a). 분명한 이미지가 형성되고 나면 그들은 버튼을 눌렀고 그러면 두 개의 사각형이 순차적으로 번쩍였다(그림 10.11b). 이 중 하나의 사각형 안에는 목표 글자인 H 또는 T가 제시되었다. 실험 과제는 글자가 첫 번째와 두 번째 사각형 중 어디에 포함되어 있었는지 답하는 것이었다. 그림 10.11c에 나와 있는 것처럼 실험 참가자들은 목표 글자와 같은 글자를 상상했을 때가 다른 글자를 상상했을 때보다 목표 글자를 더 정확하게 탐지하였다. Farah는 이 결과가 심상과 지각이 같은 기제를 공유한다는 것을 보여준다고 해석하였다. 후에 실행된, 심상이 지각에 영향을 줄 수 있다는 것을 보인 다른 실험들 역시 같은 결론을 내렸다(Kosslyn & Thompson, 2000; Pearson et al., 2008).

그림 10.10 **Perky(1910)의 실험의 참가자** 참가자들 모르게 희미한 이미지가 스크린에 비춰지고 있다. © Cengage Learning

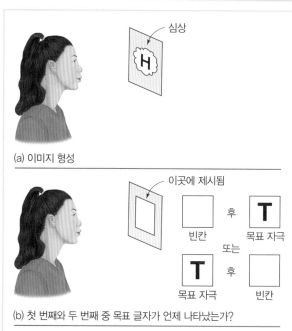

(a) 이미지 형성

(b) 첫 번째와 두 번째 중 목표 글자가 언제 나타났는가?

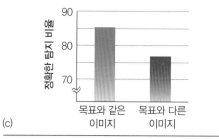

(c)

그림 10.11 **Farah(1985)의 글자 시각화 실험의 절차** (a) 실험 참가자는 H 또는 T를 스크린에 시각화한다. (b) 그 후 같은 스크린에 두 개의 사각형이 차례로 번쩍인다. 오른쪽에 표시된 것처럼 목표 글자는 첫 번째 혹은 두 번째 사각형 안에 나타날 수 있다. 참가자의 과제는 목표 글자가 어느 사각형 안에 있었는지 답하는 것이다. (c) (b)의 글자가 (a)에서 상상되었던 것과 같을 때 정확도가 높다는 것을 보인 실험 결과.

출처: M. J. Farah, Psychophysical evidence for a shared representational medium for mental images and percepts, *Journal of Experimental Psychology: General, 114*, 91-103, 1985.

심상 논쟁을 해결할 방법이 있는가?

심상과 지각 사이의 유사성, 그리고 심상과 지각 사이의 상호작용과 같은 증거를 보고 심상 논쟁이 해결되었고, 그 결과 공간적 설명의 우위로 끝났다고 생각할지 모르겠다. 하지만 John Anderson(1978)은 이 증거들에도 불구하고 우리가 여전히 명제적 설명을 배제할 수 없다고 경고했으며, Martha Farah(1988)는 단지 지금까지 설명했던 것 같은 행동 실험의 결과들만으로 Pylyshyn의 암묵지 설명을 기각하기는 어려움을 지적하였다. 그녀는 실험 참가자들이 과거에 있었던 지각 경험에 의해 영향을 받았을 가능성은 항상 존재하며, 따라서 자신도 모르게 심상 실험에서 지각적 반응을 시뮬레이션했을 수 있다고 주장하였다. 예를 들어, 참가자들이 자신이 만든 동물의 심적 이미지를 향해 걸어가는 것을 상상해야 했던 심적 접근 실험에서, 시야를 채우려면 코끼리보다 쥐를 향해 갈 때 더 가까이 움직여야 한다고 결론을 내리기 위해 동물들을 보았던 그 전의 경험과 지식을 사용했을 수 있다.

하지만 Farah는 이 문제를 해결할 수 있는 방법을 제시하였다. 오로지 행동 실험에만 의존하는 것 대신에 뇌가 시각 심상에 어떻게 반응하는지 연구해야 한다는 것이다. Farah가 이런 제안을 할 수 있었던 이유는 1980년대 무렵부터 신경심리학(뇌 손상 환자들을 연구하는 학문)과 전기생리학적 방법을 통해 심상의 생리에 대한 증거 수집이 가능해졌기 때문이다. 또한 1990년대를 시작으로 뇌 영상 실험들이 심상의 생리에 관한 추가적인 데이터를 제공하였다. 우리는 다음 절에서 심상에 대한 뇌의 반응을 측정하는 방법들을 설명할 것이다.

자가 테스트 10.1

1. 심상은 단지 '실험실에서만 나타나는 현상'인가, 아니면 실생활에서도 일어나는가?

2. 1800년대의 무심상 사고 논쟁부터 1960년대와 1970년대의 인지 혁명 초기에 수행된 심상 연구들까지, 심리학 내 심상에 관한 연구의 역사에서 중요한 사건들의 목록을 만들어 보라.

3. Kosslyn은 지각과 심상의 유사성을 입증하기 위하여 어떻게(배와 섬 실험들에서) 심적 주사 기법을 사용하였는가? 왜 Kosslyn의 실험들은 비판받았으며, Kosslyn은 추가 실험을 통해 어떻게 Pylyshyn의 비판에 답했는가?

4. 심상 기저의 기제에 대한 공간적(또는 묘사적) 설명과 명제적 설명을 기술하라. 명제적 접근으로 Kosslyn의 배와 섬 이미지 탐색 실험 결과를 어떻게 해석할 수 있는가?

5. 심상 실험에 대한 암묵지 설명은 무엇인가? 이 해석을 반박하기 위하여 어떤 실험이 수행되었는가?

6. 실험으로 심상과 지각의 상호작용을 어떻게 입증하였는가? Farah에 의하면 심상 논쟁을 해결하기 위하여 어떤 추가 증거가 필요한가?

심상과 뇌

많은 종류의 생리적 실험들을 통해 확인했던 것처럼 우리는 심상과 지각의 연결을 가리키는 많은 증거들이 있지만, 한편으로는 완벽하게 겹쳐지지는 않는다는 사실을 살펴볼 것이다. 심상에 뇌가 어떻게 반응하는지를 측정했던 연구 결과들을 먼저 본 후 뇌 손상이 시각 심상을 형성하는 능력에 어떻게 영향을 주는지 생각해 볼 것이다.

뇌에 있는 심상 신경세포

인간의 개별 신경세포의 활동을 측정한 연구는 드물다(방법: 인간의 단일 뉴런 활동 측정하기, 3장 97쪽 참고). 하지만 Gabriel Kreiman과 동료들(2000)은, 약으로 조절될 수 없는 심각한 간질 발작의 근원을 밝혀내기 위해 해마와 편도체를 포함한 여러 내측 측두엽 영역(171쪽의 그림 5.22)에 전극을 삽입한 환자들을 연구할 수 있었다.

이 연구에서 Kreiman과 동료들은 몇몇 물체들에만 반응하는 신경세포들을 발견했다. 예를 들어, 그림 10.12a의 기록은 야구공 그림에는 반응하지만 얼굴에는 반응하지 않은 신경세포의 반응을 보여준다. 그림 10.12b에서 이 사람이 눈을 감고 야구공(발화) 또는 얼굴(발화하지 않음)을 상상했을 때 이 신경세포가 같은 방식으로 발화했다는 사실에 주목하라. Kreiman은 이 뉴런들을 심상 신경세포(imagery neuron)라 불렀다.

Kreiman이 심상 신경세포를 발견했다는 사실은 매우 중요한데, 심상의 가능한 생리적 기제를 규명했을 뿐 아니라 이 신경세포들이 물체를 **지각**할 때와 **상상**할 때 같은 방식으로 반응하며 따라서 지각과 심상이 매우 밀접한 관계를 가진다는 주장을 지지하기 때문이다. 하지만 심상의 생리에 관한 대부분의 연구는 뇌의 많은 영역에 걸쳐 있다. 1990년대 초반부터 연구자들은 사람들이 물체를 지각할 때와 이 물체들의 시각 이미지를 만들 때의 뇌 활동을 측정하기 위해 뇌 영상을 사용하기 시작했다(방법: 뇌 영상, 2장 51쪽 참고).

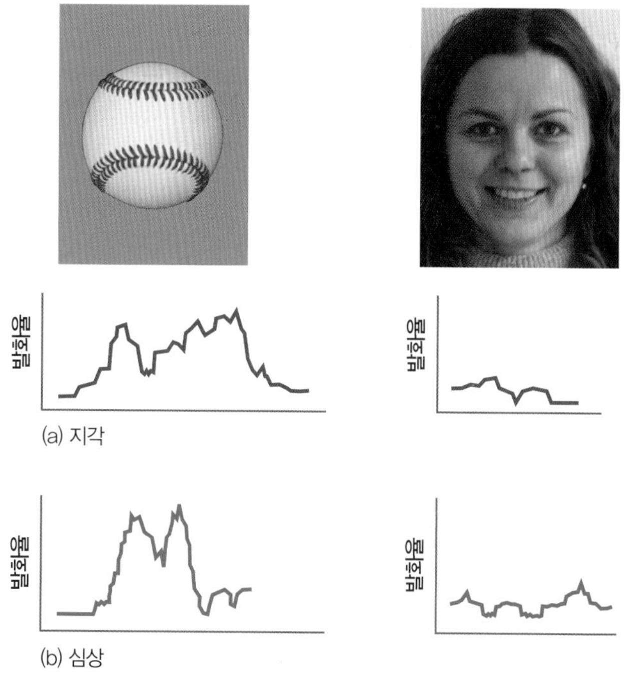

그림 10.12 **내측 측두엽의 개별 신경세포들의 반응** (a) 야구공을 지각했을 때의 반응. 얼굴에는 반응하지 않았다. (b) 야구공을 상상했을 때의 반응. 역시 얼굴을 상상했을 때는 반응하지 않았다.

출처: G. Kreiman, C. Koch, & I. Fried, Imagery neurons in the human brain, *Nature*, 408, 357-361, November 16, 2000. Bruce Goldstein의 사진.

뇌 영상

뇌 영상을 사용한 초기 심상 연구 중 하나는 지각과 심상 모두 시각피질을 활성화시킨다는 사실을 밝힌 Samuel Le Bihan과 동료들(1993)에 의해 수행되었다. 그림 10.13은 실험

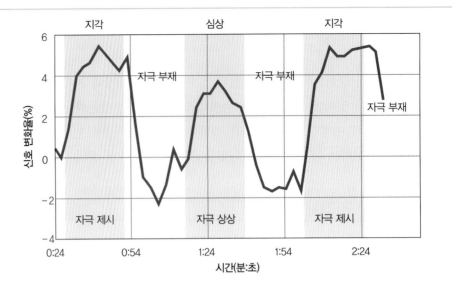

그림 10.13 **fMRI를 사용하여 뇌 활성화를 측정한 Le Bihan 등(1993)의 연구 결과** 뇌 활동은 시각 자극의 제시에 의해 증가했을 뿐 아니라('자극 제시'로 표시된 색깔 영역), 참가자들이 그 자극을 상상했을 때도 증가하였다('자극 상상'으로 표시된 영역). 반면, 실제 또는 상상된 자극이 없을 때는 활성화 정도가 매우 낮았다.

출처: D. Le Bihan et al., Activation of human primary visual cortex during visual recall: A magnetic resonance imaging study, *Proceedings of the National Academy of Sciences, USA, 90*, 11802-11805, 1993.

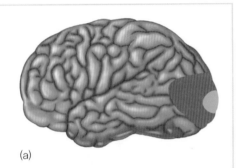

(a)

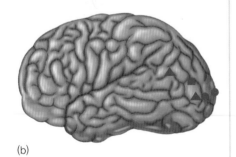

(b)

그림 10.14 (a) 작은 물체를 보는 것은 시각피질의 뒤쪽에 활성화를 일으킨다(초록색). 더 큰 물체는 더 앞쪽으로 퍼진 활동을 야기한다(빨간색). (b) Kosslyn 등(1995)의 실험 결과. 각 기호들은 심상에 의해 가장 많이 활성화된 위치를 가리킨다. 작은 이미지(원), 중간 이미지(사각형), 큰 이미지(삼각형).

출처: S. M. Kosslyn & D. N. Osherson(Eds.), *An invitation to cognitive science*, 2nd ed., vol.2, pp.267-296, 1995의 S. M. Kosslyn, Mental imagery.

참가자가 실제 제시된 시각 자극을 관찰했을 때('지각')와 그 자극을 상상했을 때('심상') 모두에서 선조피질의 활성화가 어떻게 증가하는지를 보여준다. 또 다른 뇌 영상 실험에서 참가자들에게 '나무의 초록색은 잔디의 초록색보다 어두운가?'와 같이 심상을 포함한 질문을 생각하도록 하자, '전류의 강도는 암페어로 측정하는가?'와 같은 심상이 포함되지 않은 질문을 했을 때보다 시각피질에서 더 강한 반응이 발생하였다(Goldenberg et al., 1989).

Stephen Kosslyn(1995)의 또 다른 뇌 영상 실험은 4장에서 살펴보았던 시각피질이 지형도적 지도를 이루고 있는 방식을 사용하였다(134쪽의 그림 4.35). 지형도적 지도는 시각 자극의 특정한 위치가 시각피질의 특정 위치의 활동을 유발하고, 마찬가지로 자극의 옆 부분은 시각피질에서도 옆 영역에서 활성화를 일으킨다는 사실을 나타낸다.

시각피질의 지형도적 지도에 관한 연구들은 작은 물체를 보는 것은 그림 10.14a의 초록색 영역에 나타난 것처럼 시각피질의 뒤쪽에, 더 큰 물체를 보는 것은 빨간색 영역에 나타난 것처럼 보다 앞쪽으로 퍼진 활성화를 일으킨다는 사실을 밝혀냈다. Kosslyn이 의문을 가졌던 점은, 만약 사람들이 서로 다른 크기의 심적 이미지를 상상할 경우 무엇이 일어날 것인가에 대한 것이었다. 이 질문에 답하기 위해서, 실험 참가자들은 뇌 영상 주사 장치(brain scanner) 내에서 크기가 작거나, 중간이거나, 큰 시각 이미지를 상상하도록 지시받았다. 그림 10.14b에 기호로 나타난 것처럼, 참가자들이 작은 시각 이미지를 상상하는 경우 뇌의 뒤쪽 주변에서 활동이 일어났지만(원), 심상 이미지가 커질수록 지각에서와 마찬가지로 시각피질의 앞쪽으로 이동하였다(사각형과 삼각형). (큰 이미지를 나타내는 삼각형들 중 하나는 시각피질의 뒤쪽에 위치해 있다는 점에 주목하라. Kosslyn은 이 결과가 큰 이미지 내의 세부사항에 의해 발생했을 가능성을 제시하였다.) 따라서 심상과 지각 모두 지형도적으로 조직화된 뇌 활동을 일으켰다.

심상과 뇌를 연구하는 또 다른 접근 방식은 어떤 물체를 지각할 때와 그 물체의 심상 이미지를 상상할 때 활성화되는 뇌 영역의 중첩이 있는지의 여부를 알아내는 것이었다. 이 실험들은 심상과 지각에 의한 뇌 활동 영역의 중첩뿐 아니라 차이도 밝혀냈다. 예를 들어, Giorgio Ganis와 동료들(2004)은 fMRI를 사용하여 지각과 심상, 두 조건에서의 활성화를 측정하였다. 지각 조건에서 참가자들은 그림 10.15의 나무와 같은 물체의 그림을 관찰하였다. 심상 조건에서는 소리 자극이 제시되었을 때 그들이 이미 익힌 그림을 상상하도록 했다. 두 과제 모두에서 그들은 '그 물체는 높이보다 너비가 더 긴가?' 와 같은 질문에 답해야 했다.

Ganis의 실험 결과는 그림 10.16에서 보듯이 서로 다른 세 개의 뇌 영역의 활성화를 보여주었다. 그림 10.16a는 지각과 심상 모두가 전두엽의 같은 영역을 활성화시킨다는 것을 보여준다. 그림 10.16b는 뇌의 더 뒤편에서의 같은 결과를 나타낸다. 반면 후두엽 시각피질에서의 활성화를 나타낸 그림 10.16c는 이 영역에서 심상보다 지각이 더 많은 활동을 일으킨다는 것을 보여준다. 이 결과는 망막의 신호들이 피질에 처음으로 도착하는 곳이 바로 시각피질이라는 점을 생각한다면 그리 놀랍지 않다. 정리하자면, 뇌의 앞쪽에서는 지각과 심상에 의한 활동이 거의 완벽한 중첩을 이루지만, 뒤쪽에서는 차이가 발생했다.

다른 실험들 역시 지각과 심상의 뇌 활동 간에는 공통점과 차이점 모두가 발견된다고 결론지었다. 예를 들어, Amir Amedi와 동료들(2005)이 수행한 fMRI 실험은 유사성뿐 아니라 참가자들이 시각 심상을 사용할 때 청각이나 촉각과 같은 시각적이지 않은 자극과 관련된 몇몇 영역들이 비활성화된다는 것을 발견하였다. 다시 말하자면, 상상하는 동안에 해당 영역들의 활동이 감소하였다. Amedi는 그 원인으로 시각 이

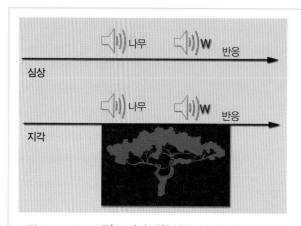

그림 10.15 **Ganis 등(2004)의 실험 절차** 각 시행은 이미 학습한 물체의 이름으로 시작하며 이 경우는 '나무'이다. 심상 조건에서 참가자들은 눈을 감고 나무를 상상해야 했다. 지각 조건에서는 해당 물체의 흐릿한 그림을 보았다. 그 후 설명을 청각적으로 제시하였다. 이 예시에서 W는 물체가 '높이보다 너비가 더 넓은지' 판단해야 했음을 의미한다.

출처: G. Ganis, W. L. Thompson, & S. M. Kosslyn, Brain areas underlying visual mental imagery and visual perception: An fMRI study, *Cognitive Brain Research, 20,* 226-241. Copyright © 2004 Elsevier Ltd. 저자의 동의 후 게재한다.

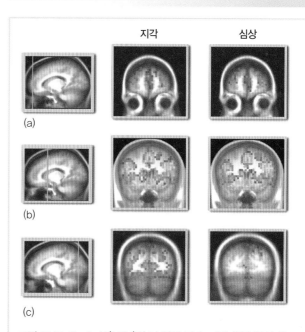

그림 10.16 **Ganis 등(2004)의 뇌 영상 결과** 가장 왼쪽 열의 사진들에 표시된 세로선은 활동이 기록된 곳을 나타낸다. '지각', '심상'으로 표시된 열은 각각 지각과 심상 조건에서의 반응을 가리킨다. (a) 전두엽 영역에서의 반응. 지각과 심상은 같은 활동을 야기하였다. (b) 보다 뒤쪽에서의 뇌 반응. 이 영역에서 역시 같은 활동이 나타났다. (c) 일차 시각 영역을 포함한 가장 뒤쪽에서의 반응. 지각 조건에서 더 많은 활성화가 일어났다.

출처: G. Ganis, W. L. Thompson, & S. M. Kosslyn, Brain areas underlying visual mental imagery and visual perception: An fMRI study, *Cognitive Brain Research, 20,* 226-241. Copyright © 2004 Elsevier Ltd. 저자의 동의 후 게재한다.

미지들은 실제 지각보다 더 손상되기 쉽고 약해서 이러한 비활성화가 심상 이미지를 방해할 수 있는 다른 무관한 활동을 상당히 줄이기 때문이라고 제안하였다.

다른 뇌 영상 연구 결과들 역시 지각과 심상에 의한 활성화의 중첩과 차이 모두를 발견해왔다. 예를 들어, Sue-Hynn Lee와 동료들(2012)은 뇌의 활동 패턴을 사용하여 실험 참가자들이 무엇을 지각하거나 또는 상상하고 있는지 알아내는 것이 가능하게 했다(방법: 신경 마음 읽기, 5장 174쪽 참고). 그들은 후두엽의 시각피질의 활동이 사람들이 무엇을 보고 있는지에 대해 가장 잘 예측해 주고, 보다 상위 시각 영역들의 활동은 상상에 대해 가장 잘 예측할 수 있게 해준다는 사실을 밝혔다. 시각피질이 지각에서 더 분명할 선의 기울기 같은 작은 세부사항에 반응하고, 상위 시각 영역들은 전체적인 사물에 더 반응한다는 사실을 기억한다면 이 결과는 타당해 보인다.

지각과 심상의 활성화 차이는 그리 놀랍지 않다. 결국, 사물을 보는 것은 그것을 상상하는 것과 다르다. 앞으로 뇌가 지각과 심상에 반응하는지 계속 살펴보면서, 더 많은 중첩과 차이의 예들을 마주하게 될 것이다.

경두개 자기자극법(TMS)

지금까지 기술한 뇌 영상 실험들의 결과는 심상과 지각이 같은 기제를 공유한다는 주장과 일치하지만 심상에 의해 활성화된 뇌 영역을 보이는 것이 이 뇌 활동이 심상을 야기한다는 것을 증명하지는 않는다. Pylyshyn은 심상 이미지에 대한 공간적 경험이 부수적 현상이라고 주장한 것처럼(339쪽), 뇌의 활성화 역시 부수적 현상일 수 있다. Pylyshyn에 따르면, 심상에 반응하는 뇌 활동은 무언가가 일어나고 있다는 것을 나타낼 수는 있지만 심상을 발생시키는 것과는 아무 관련이 없을 수도 있다. 이 가능성을 알아보기 위해, Stephen Kosslyn과 동료들(1999)은 9장에서 다루었던 경두개 자기자극법(TMS)을 사용한 실험을 진행했다(327쪽).

Kosslyn과 동료들(1999)은 연구 대상자들이 지각 과제 또는 심상 과제를 수행하는 동안에 시각피질에 경두개 자기자극을 주었다. 지각 과제에서 참가자들은 그림 10.17과 같은 화면을 짧게 본 후 네 개의 사분면에 있는 줄무늬들 중 두 개에 관한 판단을 해야 했다. 예를 들어, 그들은 제삼사분면에 있는 줄무늬가 제이사분면의 줄무늬보다 긴지 답하는 질문을 받았다. 심상 과제는 실제 줄무늬를 보는 대신에 눈을 감고 보았던 화면의 심적 이미지를 토대로 판단을 내리는 것이었다.

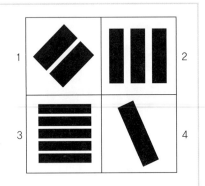

그림 10.17 **Kosslyn 등(1999)의 실험에 사용된 막대 자극들** 실험 참가자들은 이와 같은 시각 이미지를 형성한 후 자극에 관한 질문에 답했다.

출처: S. M. Kosslyn, A. Pascual-Leone, O. Felician, S. Camposano, J. P. Keenan, W. L. Thompson, et al., The role of area 17 in visual imagery: convergent evidence form PET and rTMS, *Science, 284,* 167-170, 1999.

Kosslyn은 경두개 자기자극법이 뇌의 시각 영역에 가해진 경우와 통제 조건으로써 다른 영역에 적용된 경우에서 실험 참가자의 반응 속도를 측정하였다. 결과적으로 시각 영역의 자극은 반응 속도를 더 느리게 했으며 이 효과는 지각과 심상 모두에서 발생하였다. 이 결과에 기초하여, Kosslyn은 심상에 대한 반응으로 일어나는 뇌 활성화는 부수적 현상이 아니며 시각피질의 활동은 지각과 심상 모두에 인과적인 역할을 한다고 결론지었다.

신경심리학적 사례 연구

심상에 대해 더 잘 이해하기 위하여 뇌 손상을 입은 환자들에 대한 연구를 어떻게 사용할 수 있을까? 한 가지 접근법은 뇌 손상이 심상에 어떤 영향을 미치는지 보는 것이다. 또 다른 방법은 뇌 손상이 심상과 지각 모두에 영향을 미치는지 살펴보고, 이 둘이 같은 방식으로 영향을 받는지 연구하는 것이다.

시각피질의 일부를 제거하면 이미지의 크기가 줄어든다 환자 M. G. S.는 심각한 간질의 치료를 위해 오른쪽 후두엽의 일부를 제거하기로 한 젊은 여성이었다. 수술 전에, Martha Farah와 그의 동료들(1993)은 이미 앞에서 설명한 심적 접근 검사, 즉 동물을 향해 걸어간다고 상상한 후 이미지가 시야를 가득 채우기 시작했을 때 그녀가 그로부터 얼마나 가까이 있는지 판단하는 실험을 수행하도록 했다. 그림 10.18은 수술 전에 그녀가 심상 속의 말 이미지가 시야를 가득 채울 때 자신으로부터 약 4.6m 떨어져 있다고 느꼈음을 보여준다. 하지만 수술 후 Farah가 이 과제를 반복하도록 요청하자, 이 거리는 약 10.7m로 증가하였다. 이 결과는 시각피질을 제거한 것이 시야의 크기를 감소시켰고, 따라서 그녀가 더 멀리 떨어져 있을 때 말 이미지가 시야를 채우기 시작했기 때문이다. 이 실험의 결과는 시각피질이 심상에 중요하다는 주장을 지지한다.

지각적 문제들은 심상에서의 문제들과 함께 나타난다 연구된 많은 사례들에서 뇌 손상 환자들은 지각적 문제뿐만 아니라 이미지를 형성하는 데 유사한 문제를 보였다. 예를 들어, 뇌 손상으로 인해 색깔을 인지하는 능력을 상실한 사람들은 심상을 통해서도 색을 만들어 내지 못했다(DeRenzi & Spinnler, 1967; DeVreese, 1991).

두정엽의 손상은 편측 무시(unilateral neglect)를 유발하는데, 이는 환자들이 시야의 한쪽 절반에 있는 물체들을 무시하는 현상으로, 심지어 자신의 얼굴을 반만 면도하거나 접시의 반쪽에 있는 음식만 먹기도 한다. Edoardo Bisiach와 Claudio Luzzatti(1978)는 한 편측 무시 환자의 심상을 검사했는데, 그가 뇌 손상을 입기 전 익숙했던 곳인 밀라노의 두오모(Duomo) 광장 한쪽 끝에 서 있는 자신을 상상

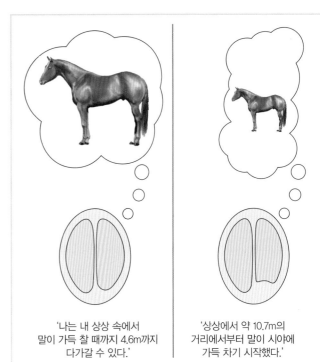

그림 10.18 환자 M. G. S.의 심적 접근 검사 결과 왼쪽: 수술 전, 그녀는 말의 이미지가 시야를 가득 채우기 위해 물체로부터 약 4.6m까지 마음속으로 '걸을' 수 있었다. 오른쪽: 오른쪽 후두엽을 제거한 후, 시야의 크기가 작아져 그녀는 마음속으로 약 10.7m까지밖에 접근할 수 없었다.

출처: M. J. Farah, The neural basis of mental imagery, in M. Gazzaniga, ed., *The cognitive neurosciences*, 2nd ed., Cambridge, MA: MIT Press, pp. 965–974, Figure 66.2, 2000.

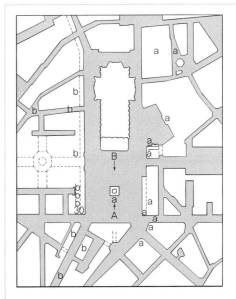

그림 10.19 밀라노의 두오모 광장 Bisiach와 Luzzatti(1978)의 환자는 자신이 A 지점에 서 있는 것을 상상했을 때, a로 표시된 사물들만을 답할 수 있었다. 반면 B 지점에 서 있다고 상상했을 때는 b로 표시된 사물들만을 대답했다.

출처: E. Bisiach & G. Luzzatti, Unilateral neglect of representational space, *Cortex, 14,* 129-133, 1978.

하도록 한 후 보이는 것을 묘사하도록 요청했다(그림 10.19).

　이 환자의 반응은 그가 지각에서 왼쪽을 무시하는 것과 마찬가지로 심적 이미지의 왼쪽을 무시하고 있음을 보여주었다. 즉 자신이 A 지점에 서 있는 것을 상상하면, 그는 왼쪽을 무시하고 오른쪽에 있는 물체들만을 언급하였다(소문자 a들). 또한 그가 B 지점에 서 있는 것을 상상할 때 역시 그의 오른쪽 사물들만을 말했다(소문자 b들).

　정상인의 뇌 영상과 편측 무시 환자들의 뇌 손상 결과에서 밝혀졌듯이, 심적 이미지와 지각의 생리 간 유사성은 이 두 현상이 생리적 기제를 공유한다는 주장을 지지한다. 하지만 모든 생리학적 결과들이 지각과 심상 간의 일대일 대응을 지지하지는 않는다.

　심상과 지각 간의 해리　2장에서는 뇌 손상을 입은 몇몇 사람들은 얼굴은 인식하지 못하지만 사물은 인식할 수 있는 반면, 다른 환자들 중 일부는 그 반대의 문제를 가지는 등, 지각의 여러 유형에서의 해리를 기술했다(방법: 이중 해리 입증하기, 2장 50쪽 참고). 마찬가지로, 심상과 지각 간의 해리에 관한 사례들 역시 보고되었다. 예를 들어, Cecilia Guariglia와 동료들(1993)은 지각 능력에는 거의 영향이 없지만 심적 이미지에서는 무시를 보이는 뇌 손상 환자를 연구했다. 밀라노의 광장을 상상했던 사례에서처럼, 이 환자의 심적 이미지는 한쪽으로 제한되어 있었다.

　지각은 정상이지만 심상은 손상된 또 다른 사례로는 후두엽과 두정엽에 손상을 입은 R. M.이 있다(Farah et al., 1988). R. M.은 그의 앞에 놓인 사물을 인식하고 정확하게 그림으로 옮길 수 있었다. 하지만 그는 심상을 필요로 하는 과제인 기억 속의 물체를 그리는 것은 하지 못했다. 또한 그는 '그레이프프루트는 오렌지보다 크다.'가 맞는 문장인지 판단하는 것과 같이 심상을 사용하는 질문들에 대답하는 데 어려움을 보였다.

　그 반대의 결과, 즉 지각은 손상되었지만 심상은 상대적으로 정상인 경우 역시 보고되었다. 예를 들어, Marlene Behrmann과 동료들(1994)은 조깅하던 도중 차에 치인 33세의 대학원생 C. K.를 연구하였다. C. K.는 시각 실인증, 즉 사물을 시각적으로 인식할 수 없는 증상을 겪고 있었다. 그래서 그는 그림 10.20a의 그림들을 각각 '먼지떨이'(다트), '펜싱 마스크'(테니스 라켓), '가시 달린 장미 가지'(아스파라거스)로 답했다. 이 결과는 C. K.가 사물의 부분들은 인식할 수 있었지만 의미 있는 전체로 합칠 수 없었다는 것을 보여준다. 하지만 그림을 보고 물체의 이름을 말하는 능력은 손상되었음에도 불구하고, C. K.는 심상을 필요로 하는 기억 속의 사물들을 그리는 과제는 할 수 있었다(그림 10.20b). 흥미롭게도 그림을 그렸던 경험을 잊어버릴 만큼 충분한 시간이 흐른 후 그 그림을 보여주었을 때 그는 스스로 그렸던 물체를 인식하지 못했다.

그림 10.20　(a) 시각 실인증을 보이는 C. K.가 부정확하게 이름 붙인 그림들. (b) C. K.가 기억해내어 그린 그림들.

출처: M. Behrmann et al., Intact visual imagery and impaired visual perception in a patient with visual agnosia, *Journal of Experimental Psychology: Human Perception and Performance, 30*, 1068-1087, Figures 1 & 6, 1994.

표 10.1 지각과 심상의 해리

사례	지각	심상
Guariglia(1993)	이상 없음.	무시(한 측면으로 제한된 이미지).
Farah et al.(1993)(R. M.)	이상 없음. 사물 인식과 그림 그리기 가능.	저하됨. 기억 속 사물을 그리지 못하거나 심상에 기초한 질문에 대답하지 못함.
Behrmann et al.(1994)(C. K.)	저하됨. 시각 실인증, 즉 사물을 인식하지 못함.	이상 없음. 기억 속 사물을 그림으로 옮길 수 있음.

신경생리학적 결과들을 이해하기 신경생리학적 사례들은 역설적이다. 한편으로는 많은 사례들이 지각적 결함과 심상에서의 결함 간의 유사점을 보이지만, 또 다른 한편으로는 많은 사례들이 해리를 보여 지각은 정상이지만 심상이 손상되었거나(Guariglia의 환자와 R. M.), 지각은 잘 못하지만 심상은 정상적이다(C. K.). 뇌 손상이 심상과 지각에 다르게 영향을 준 사례들은 이 둘 간의 이중 해리를 보여주는 증거들이다(표 10.1). 이중 해리의 존재는 주로 두 기능(이 경우에는 지각과 심상)이 다른 기제에 의해 일어난다고 해석된다(50쪽). 하지만 이 결론은 지금까지 보았던, 심상과 지각이 기제를 공유한다는 것을 보여준 다른 증거들과는 모순된다.

Behrmann과 동료들(1994)에 따르면, 이 역설을 설명하는 한 가지 방법은, 지각과 심상의 기제가 단지 부분적으로만 중첩되며, 지각을 위한 기제는 상위, 하위 시각 중추 모두에 위치해 있고 심상의 기제는 주로 상위 시각 중추에 있다는 것이다(그림 10.21). 이 주장에 따르면 시지각은 필수적으로 **상향처리**를 포함하며, 빛이 눈으로 들어오는 것에서 시작해서 이미지가 망막에 맺힌 후 시각피질에서 더 상위 시각 중추들로 연결되는 시각 경로를 따라 신호들이 계속 전달되는 과정을 거친다.

시각피질은 사물이 가장자리나 방향과 같은 요소들로 나뉘어 분석되기 시작하는 곳이므로 지각에 매우 중요하다. 그 후 이 정보들은 지각으로 '조립되는' 상위 시각 영역들로

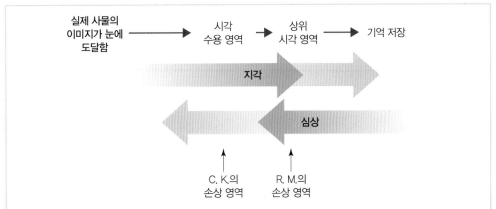

그림 10.21 실제 사물의 이미지가 눈을 도달할 때 시작되는 지각을 담당하는 기제는 상위, 하위 시각 중추 모두에 있는 반면, 심상을 담당하는 기제는 주로 상위 수준에 위치해 있다는 주장의 묘사(Behrmann et al., 1994). C. K와 R. M.의 주요 손상 부위는 수직 화살표로 표시되어 있다. 이 영역들은 왜 C. K가 지각적 문제를 가지지만 여전히 이미지는 생성할 수 있는지, 그리고 왜 R. M.이 이미지 형성에는 어려움을 겪지만 여전히 잘 지각할 수 있는지를 설명해 줄 수 있다. © Cengage Learning

보내지고, 개인의 사전 지식을 포함한 하향처리 역시 개입되게 된다(72쪽). 반면 심상은 기억을 담당하는 상위 뇌 영역들에서 하향처리로써 생성된다.

이 설명에 기초하면, C. K.가 지각에서 어려움을 보인 것은 정보처리 흐름에서 초기 단계에 손상을 입었기 때문이며, 뇌의 상위 영역들은 온전했기 때문에 여전히 이미지를 생성할 수 있었다고 가설을 세워 볼 수 있다. 유사하게, R. M.의 심적 이미지 생성 능력이 저하된 것은 심상이 만들어지는 보다 상위 수준의 영역들이 손상을 입었기 때문이며, 초기 정보처리 영역들은 여전히 기능하고 있기 때문에 사물의 지각에는 어려움이 없었다고 가정할 수 있다.

비록 이 가설이 C. K.와 R. M.의 사례에는 잘 맞지만, 시각피질의 일부를 제거했던 M. G. S.의 경우는 설명할 수 없다(그림 10.18). 그녀의 손상은 피질의 초기 영역이었음에도 지각과 심상 모두에서의 변화를 겪었다. 이런 사례들은 신경심리학적 연구의 결과를 해석하는 것이 쉽지 않음을 보여준다. 추후 연구들은 그림 10.21의 설명을 수정하거나, 어쩌면 전적으로 새로운 설명을 제시하게 될 수도 있다.

심상 논쟁으로부터의 결론

심상 논쟁은 논란이 많은 연구에 동기를 부여하는 상황의 훌륭한 예이다. 대부분의 심리학자들은 행동과 생리적 증거들을 살펴보고 심상과 지각은 밀접하게 연관되어 있으며(전부는 아니지만) 일부 기제들을 공유한다고 결론내리고 있다(이에 반대하는 주장은 Pylyshyn, 2001, 2003 참고).

기제를 공유한다는 주장은 심상과 지각 사이의 모든 유사점들과 둘 사이의 상호작용에서 비롯되었다. 모든 기제가 공유되는 것은 아니라는 점은 뇌 활동이 완전히 중첩되지 않는다는 몇몇 fMRI 결과, 심상과 지각 간의 해리를 보인 신경심리학적 결과들 일부, 그리고 두 가지 경험의 차이점에서 도출되었다. 예를 들어, 지각은 우리가 무언가를 볼 때 자동적으로 발생하지만 심상은 약간의 노력을 들여 만들어져야 한다. 또한 지각은 안정적이다. 즉, 여러분이 자극을 관찰하고 있는 한 계속된다. 반면 심상은 손상되기 쉬워 계속적인 노력 없이는 사라진다.

심상과 지각 간 차이의 또 다른 예시는 지각적으로 생성된 이미지보다 심적 이미지를 조작하는 것이 더 힘들다는 점이다. 이 사실은 Deborah Chalmers와 Daniel Reisberg(1985)에 의해 입증되었는데, 이들은 실험 참가자들에게 그림 10.22에 있는 것과 같은 모호한 형상의 심적 이미지를 만들도록 요청했다. 지각적으로 토끼와 오리 사이에서 '바꾸는 것'은 상당히 쉽다. 하지만 Chalmers와 Reisberg는 이 심적 이미지를 유지하고 있는 참가자들은 하나의 형상에서 다른 것으로 전환하는 것이 불가능함을 발견했다.

그 후의 연구들은 사람들이 더 단순한 심적 이미지는 조작할 수 있음을 보였다. 예를 들어, Ronald Finke와 동료들(1989)의 실험에서, 참가자들에게 대문자 D를 상상한 후 이것을 왼쪽으로 90도 회전시키고 그 밑에 대문자 J를 놓으

그림 10.22 이것은 오른쪽을 보고 있는 토끼인가, 왼쪽을 보고 있는 오리인가?
© Cengage Learning

라는 지시를 했을 때 그들은 우산 같은 모양을 보고 있다고 응답했다. 또한 Fred Mast와 Kosslyn(2002)은 심상에 능한 사람들의 경우 일부 회전되어 있는 이미지의 부분 같은 추가 정보를 제공받는다면 모호한 형상의 심적 이미지를 회전시킬 수 있다는 것을 보였다. 따라서 이미지 조작에 관한 실험들은 지금까지 기술하였던 다른 실험들과 같은 결론으로 이어진다. 심상과 지각은 많은 특징을 공통으로 갖고 있지만 차이점 또한 존재한다.

기억 증진을 위한 심상 사용

심상이 기억에서 중요한 역할을 할 수 있다는 점은 분명하다. 하지만 무언가를 더 잘 기억하기 위해 이 심상의 힘을 어떻게 활용할 수 있을까? 7장에서 우리는 부호화가 다른 정보와의 연결을 통해 증진될 수 있다는 점과, 한 쌍의 단어(배와 나무 같은)에 기초해 이미지를 만들었던 참가자들이 이 단어들을 단순히 반복한 참가자들보다 두 배 이상 더 많은 단어들을 기억할 수 있었다는 실험(216쪽 그림 7.2)을 살펴보았다. 7장에서 다루었던 또 다른 기억에 관한 원칙은 체계성이 부호화를 증진시킨다는 것이다. 마음은 처음에는 조직화되어 있지 않던 정보를 즉각적으로 체계화하는 경향이 있으며, 조직적인 정보를 제시하는 것은 기억 수행을 향상시킨다. 이제 이 원칙들에 기반을 둔, 이미지를 어떤 장소에 위치시키는 것을 포함하는 기법에 대해 설명할 것이다.

위치에 이미지 놓기

심상이 기억을 향상시키는 힘은 특정 항목에 대한 기억이 위치할 수 있는 조직화된 장소를 만들어내는 능력과 연결되어 있다. 고대사에서 찾을 수 있는 심상의 체계적 기능의 한 예는 그리스 시인인 Simonides에 관한 이야기다. 전설에 따르면 2,500년 전 Simonides는 한 연회에서 연설을 했다. 그런데 그가 연회를 떠난 직후 홀의 천장이 무너져 안에 있던 사람들 대부분이 사망했다. 설상가상으로 시체의 다수가 너무 심하게 훼손되어 신원확인이 힘든 상황이었다. 하지만 Simonides는 연설 중에 청중을 둘러보면서 각각의 사람들이 테이블 어디에 앉아 있었는지 심적 이미지를 형성했다는 사실을 깨달았다. 테이블을 둘러앉은 사람들의 위치에 대한 심상에 기초하여 그는 누가 사망했는지 밝혀낼 수 있었다.

이 참혹한 예시에서 중요한 점은, Simonides가 누가 연회에 있었는지 기억해내기 위해 사용했던 기법이 다른 것을 기억할 때도 사용될 수 있다는 점을 깨달았다는 것이다. 그는 연회장의 테이블과 같은 물리적 공간을 상상하고, 기억해야 할 항목들을 마음속에서 테이블 주위 자리에 배치해서 암기할 수 있다는 것을 알아차렸다. 이 심적 조직화 덕분에 그는 마치 사체를 분간하기 위해서 사용했던 것처럼, 테이블 주변을 심적으로 주사함으로써 항목들을 '읽어낼' 수 있었다. Simonides는 오늘날 장소법(method of loci)으로 불리는 기억법을 고안해냈는데, 이는 공간적 형태의 심적 이미지 내 서로 다른 위치에 기억할 것들을 위치시키는 방법이다. 다음 '보여주기'는 어떻게 직접 장소법을 사용해서 암기할 수 있는지 설명할 것이다.

살고 있는 집의 방들 또는 학교 캠퍼스의 건물들과 같이 공간적 배열을 가진 매우 친숙한 장소를 하나 선택하라. 그리고 기억하고 싶은 것들을 5~7개 정도 골라라. 과거의 사건들이나 오늘 나중에 해야 할 일들도 좋다. 각 사건을 대표하는 이미지를 만들고 각 이미지를 집이나 캠퍼스의 장소에 놓아두라. 만약 이 사건들을 특정한 순서로 기억해야 한다면 집이나 캠퍼스를 통과할 때 가게 될 경로를 하나 정하고 이미지들을 그 경로에 차례로 두어 올바른 순서로 접할 수 있게 해라. 이 과정을 마친 후 그 경로를 마음속에서 되짚어 가면서 이미지들을 마주하는 것이 사건들을 기억하는 데 도움이 되는지 살펴보자. 이 방법을 진짜 시험해 보기 위해서는 몇 시간이 지난 후 이 경로를 마음속으로 '걸어' 보라.

　　이미지를 위치에 두는 것은 나중에 기억을 인출하는 데 도움이 된다. 예를 들어, 오늘 있는 치과 예약을 더 잘 기억하기 위해 나는 큰 치아 한 쌍을 내 거실에 시각적으로 둘 수 있을 것이다. 체육관에 가서 운동할 것을 상기시키기 위해서는 거실에서 2층으로 올라가는 계단에 있는 운동기구를 상상할 수 있고, 그 후 밤에 보고 싶은 「NCIS」 TV 쇼를 나타내기 위해서는 그 쇼의 한 인물이 계단 제일 위 칸에 앉아 있는 것을 상상해 볼 수 있을 것이다.

이미지를 단어와 연합시키기

걸이단어 기법(pegword technique)은 장소법과 마찬가지로 심상을 사용하지만 항목들을 서로 다른 위치에 시각화시키는 대신에 암기할 것을 구체적인 단어와 연합시킨다. 첫 번째 단계는 다음과 같은 명사들의 목록을 만드는 것이다.

> 1(one) − 빵(bun), 2(two) − 신발(shoe), 3(three) − 나무(tree), 4(four) − 문(door), 5(five) − 벌집(hive), 6(six) − 막대기들(sticks), 7(seven) − 천국(heaven), 8(eight) − 출입구(gate), 9(nine) − 광산(mine), 10(ten) − 암탉(hen).

　　이 단어들은 숫자와 라임(압운)을 이루고 있기 때문에 순서대로 기억하기 쉽다. 또한 라임은 각 단어를 기억하는 것을 돕는 인출 단서(219쪽)를 제공한다. 다음 단계는 기억할 것들을 각 걸이단어들과 짝짓는 것인데, 걸이단어가 나타내는 사물과 함께 기억할 항목의 선명한 이미지를 만들어야 한다.

　　그림 10.23은 내가 치과 예약을 기억하기 위해 만든 심상이다. 다른 것들을 기억하고 싶다면 나는 신발 안에 있는 운동 기구나 나무에 있는 글자 N, C, I, S를 상상할 것이다. 이 방법의 멋진 점은 목록에

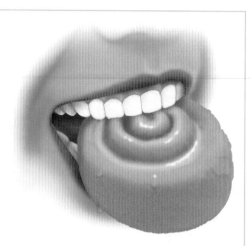

그림 10.23　걸이단어 기법을 이용해서 치과 예약을 기억하기 위해 저자가 사용했던 이미지 © Cengage Learning

서의 순서에 기초해 즉각적으로 어떤 항목을 식별해낼 수 있게 해준다는 것이다. 따라서 만약 내가 오늘 세 번째로 해야 할 일을 기억해내고 싶으면 바로 나무(tree)를 찾을 것이고, 이 단어는 나무에 매달린 글자 N, C, I, S의 이미지로 바로 변환되어 「NCIS」를 보려 했다는 것을 상기시켜 줄 것이다.

위에서 기술한 것과 같은 심상 기법들은 흔히 기억 향상의 핵심을 제공한다고 주장하는 책들의 기반이 된다(Crook & Adderly, 1998; Lorayne & Lucas, 1996; Treadeau, 1997 참고). 이 책들은 실제로 효과가 있는 심상 기반의 기술들을 제공하지만 '사진처럼 정확한 기억력'을 만들어낼 수 있는 쉬운 방법을 찾길 바라는 구매자들은 보통 실망하게 된다. 심상 기법들은 효과가 있지만 쉽고 '마법 같은' 향상을 가져다주기보다는 오히려 많은 양의 연습과 인내를 필요로 한다(Schacter, 2001).

고려사항

시각 심상과 음식 갈망

특정한 음식을 먹고 싶다는 강한 열망에 시달려 본 적이 있는가? 만약 있다면 여러분은 강도와 특수성에서 일반적인 배고픔을 넘어서는 음식 갈망(food craving)을 경험한 것이다(Kemps & Tiggemann, 2013; Weingarten & Elston, 1990). 일반적으로 많은 사람들이 다른 문제 없이도 음식 갈망을 경험한다(Lafay et al., 2001). 서양 사회에서 가장 흔한 대상은 놀랄 것 없이 초콜릿이다(Hetherington & Macdiarmid, 1993). 하지만 반복되는 갈망은, 특히 여성들에게서 과식, 다이어트에 대한 방해, 그리고 섭식 장애와 결부된 폭식과 연관되어 있다(Waters et al., 2001).

음식 갈망은 수많은 요인들에 의해 야기되는데, 영양 부족, 호르몬의 변화, 정서, 그리고 유혹적인 음식에 대한 접근성 등이 포함된다(Kemps & Tiggemann, 2013). 하지만 음식 갈망은 이러한 생물학적, 심리적 요인들 외에도 심상을 포함한 인지적 요인들과도 연관되어 있다. 따라서 사람들은 종종 그들의 갈망을 '그 맛이 상상된다.' 또는 '시각적으로 상상하고 있다.'와 같은 문장으로 묘사한다(Tiggemann & Kemps, 2005).

심상이 음식 갈망을 일으킬 수 있다는 증거는 Kirsty Harvey와 그의 동료들(2005)에 의해 제시되었는데, 그들은 여성 참가자들에게 열망의 강도를 100점 척도에서 매기도록 한 후 이들을 두 집단으로 나누었다. 음식 상상 집단은 자신이 가장 좋아하는 음식을 상상하도록 지시받았다. 휴일 상상 집단은 자신이 가장 좋아하는 휴일을 상상했다. 이후 참가자들은 다시 그들의 음식 갈망 점수를 매겼다. 그림 10.24에 표시된 결과는 음식을 상상하는 과제는 열

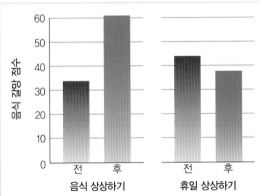

그림 10.24 **참가자들이 좋아하는 음식(왼쪽 막대 쌍) 또는 좋아하는 휴일(오른쪽 막대 쌍)을 상상하기 전과 후의 음식 갈망 점수** 음식을 상상하는 것은 참가자들의 음식 갈망 강도를 증가시켰다. 이 데이터는 다이어트 중인 사람들의 결과다.

출처: K. Harvey, E. Kemps, & M. Tiggemann, The nature of imagery processes underlying food cravings, *British Journal of Health Psychology, 10,* 49-56, 2005.

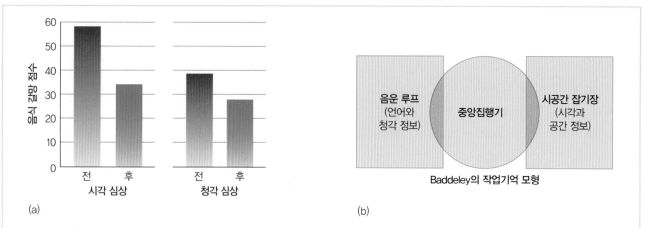

그림 10.25 (a) 참가자들이 음식과 관련 없는 시각 심상(왼쪽 막대 쌍) 또는 청각 심상(오른쪽 막대 쌍)을 상상하기 전과 후의 음식 갈망 점수. 시각 심상은 음식 갈망을 더 많이 감소시켰다. (b) 5장에서 설명되었던 Baddeley와 Hitch(1974)의 작업기억 모형.

출처: (a) K. Harvey, E. Kemps, & M. Tiggemann, The nature of imagery processes underlying food cravings, British Journal of Health Psychology, 10, 49-56, Table 2, 2005. (b) © Cengage Learning.

망을 크게 증가시킨 반면, 휴일을 상상하는 것은 효과가 없었음을 나타낸다. 흥미롭게도 심상의 효과는 비록 다른 참가자들에게서도 발생했지만 다이어트를 하고 있는 여성에게서 더 크게 나타났다.

음식에 관한 심상이 갈망을 증가시키는 반면 음식이 아닌 심상은 열망을 감소시킬 수 있다는 증거가 있다. Harvey와 동료들은 음식 상상 집단에 있던 사람들을 다시 두 집단으로 나누어 이를 입증하고자 했다. 시각 심상 집단의 참가자들은 눈을 감고 시각적 단서들에 기초한 이미지를 생성하도록 요청받았다('무지개를 상상하라.'). 반면 청각 심상 집단의 참가자들은 청각적 단서에 기초한 이미지를 만들었다('전화벨이 울리는 소리를 상상하라.'). 그림 10.25a에 표시된 이 심상 경험 전과 후의 음식 갈망 점수는 두 심상 모두 음식 갈망을 감소시켰지만 이 효과는 시각 집단에서 더 컸다는 사실을 보여준다.

Harvey는 시각 심상의 효과가 더 큰 것을, 5장에서 설명했던(160쪽) Baddeley와 Hitch(1974)의 작업기억 모형으로 설명했다. 그림 10.25b에 나타난 이 모형에 따르면, 시각과 청각 정보처리를 담당하는 음운 루프는 청각 이미지를 생성하고 시각과 공간 정보를 담당하는 시공간 잡기장은 시각 이미지를 생성한다.

Harvey는 음식과 관련 없는 시각 심상이 시공간 잡기장의 용량 중 일부를 사용해서 음식과 관련된 심상이 감소되었다고 제안했다. 청각 심상의 효과가 적은 것은 청각 이미지가 음운 루프에만 영향을 주었기 때문이다. 청각 심상 집단에서 작은 효과가 관찰된 것은 전화기의 소리를 상상하면서 전화가 어떻게 생겼는지 상상할 수 있는 것처럼 의도하지 않은 시각 심상 때문일 수 있다.

수많은 다른 연구들이 음식과 관련 없는 시각 심상이 음식 갈망을 줄이고 열망과 관련된 섭취를 줄일 수 있음을 보여준다(Kemps & Tiggemann, 2007). 최근에는 이 심상이 열망에 미치는 효과가 4주간의 현장 연구에서 입증되었다. Eva Kemps와 Marika Tiggemann(2013)은 참가자들에게 동적인 시각적 잡음(무선적으로 움직이는 점들)의 화면을 보여주는 휴대용 장치를 지니도록 요청했다. 참가자들은 갈망을 느낄 때마다 장치를 켜고 화면을 보도록 지시받았다. 앞에서 설명했던 연구들과 마찬가지로 여기에서의 발상은 시각적 잡음이 시공간 잡기장의 용량을 사용하여 보통 열망으로 연결되는 음식과 관련된 심상의 강도를 줄일 것이라는 점이다. 예상했던 대로, 시각적 잡음을 보는 것은 음식 갈망과 음식 소비를 감소시켰다. Kemps와 Tiggemann의 제안대로 어쩌면 열망을 느낄 때마다 볼 시각적 패턴을 제공하는 갈망 방지를 위한 앱이 개발될 수도 있을 것이다!

자가 테스트 10.2

1. 다음 생리학적 기법들을 사용한 실험들이 어떻게 심상과 지각 간의 유사성에 대한 증거를 제공했는지 설명하라. (a) 뇌 영상, (b) 뇌의 일부를 비활성화시킴, (c) 신경심리학, (d) 개별 신경세포 측정.

2. 몇몇 신경심리학적 결과들은 심상과 지각 간의 유사성을 보인 반면 몇몇 결과는 그렇지 않았다. Behrmann은 이 모순된 결과들을 어떻게 설명했는가?

3. 지각과 심상의 차이점은 무엇인가? 대부분의 심리학자들은 심상과 지각의 연결에 대해 어떻게 결론지었는가?

4. 어떤 조건에서 심상이 기억을 증진시키는가? 기억 향상을 위한 도구로 심상을 사용한 기법들을 설명하라. 이 기술들의 기본 원리는 무엇인가?

5. 음식 갈망과 시각 심상의 관계는 무엇인가? 어떻게 시각 심상이 음식 갈망을 감소시키는 데 사용되는가?

이 장의 요약

1. 심상은 감각 입력이 없는 상태에서 감각적 느낌을 경험하는 것이다. 시각 심상은 시각 자극 없이 '보는 것'을 말한다. 심상은 창의적 과정에서 매우 중요한 역할을 하며, 순수하게 언어적인 기법들과 더불어 사고의 한 방법으로도 사용된다.

2. 심상에 관한 초기 발상들은 무심상 사고 논쟁과 Galton의 시각 이미지를 사용한 작업들을 포함했지만, 행동주의자들의 시대 동안에는 심상 연구가 중단되었다. 심상에 관한 연구는 1960년대 인지 혁명의 출현과 함께 다시 시작되었다.

3. Kosslyn의 심적 주사 실험들은 심상이 지각과 같은 기제를 공유한다(묘사적 표상을 생성한다)고 제안했지만, Pylyshyn은 심상이 언어와 관련된 기제에 기반을 둔다(명제 표상을 생성한다)고 주장하며 이를 반박했다.

4. 묘사적 표상에 반대되는 Pylyshyn의 주장 중 하나는 암묵지 설명으로, 이에 따르면 사람들은 무언가를 상상하도록 요청받았을 때 스스로에게 그것을 본다면 어떻게 보일지를 물은 후 이 연출된 사건을 시뮬레이션한다.

5. Finke와 Pinker의 '번쩍이는 점' 실험은 암묵지 설명에 반대되는 증거를 제시했다. 다음의 실험들 역시 지각과 심상 간의 유사점을 입증하였다. (a) 시야에서의 크기(심적 접근 검사), (b) 지각과 심상의 상호작용(Perky의 1910년 실험, 참가자들이 H 또는 T를 상상했던 Farah의 실험), (c) 생리적 실험들.

6. 심상과 지각의 유사점들은 다음과 같은 방법에 의해 생리적으로 입증되었다. (a) 개별 신경세포들의 기록(심상 신경세포), (b) 뇌 영상(뇌 활성화의 중첩을 보임), (c) 경두개 자기자극법 실험(뇌 비활성화가 지각과 심상에

미치는 효과를 비교), (d) 신경심리학적 사례 연구(시각 피질의 제거가 이미지 크기에 미치는 영향, 편측 무시).

7. 심상과 지각 간 차이점에 대한 생리적 증거들 역시 존재한다. 여기에는 (a) 뇌 활성화 영역에서의 차이, (b) 지각과 심상의 해리를 야기하는 뇌 손상이 포함된다.

8. 위의 모든 증거들을 고려해서 대부분의 심리학자들은 심상이 지각과 밀접하게 연관되어 있으며 일부(전체는 아닌) 기제들을 공유한다고 결론지었다.

9. 심상의 사용은 기억을 여러 가지 방식으로 증진시킬 수 있다. (a) 상호작용하는 이미지들을 시각화하기, (b) 장소법을 사용한 조직화, (c) 걸이단어 기법을 사용하여 항목들과 명사를 연합시키기.

10. 음식 갈망은 음식과 관련된 시각 심상과, 음식 갈망의 감소는 음식과 관련되지 않은 시각 심상과 연합된다. 이러한 음식 갈망의 감소는 음식과 관련되지 않은 심상이 시공간 잡기장의 용량 일부를 사용하기 때문이라고 설명되었다.

생각해 보기

1. 한 물체를 1분 동안 바라본 후 시선을 떼고 그 사물의 심적 이미지를 만들어 보고, 그 이미지에 기초하여 그 사물의 그림을 그려 보라. 그 후 같은 물체를 보고 있는 상태에서 그림을 그려 보라. 실제로 보면서 그린 것과 비교했을 때 심상을 사용한 그림에서 생략된 정보는 어떤 것이 있는가?

2. 사물을 보면서 그 물체에 대해 기술해 보라. 그 후 적혀진 묘사와 그 물체를 직접 볼 때 또는 물체의 사진을 볼 때 얻을 수 있는 정보를 비교해 보라. '그림은 단어 수천

개의 가치가 있다.'는 말은 사실인가? 적힌 것과 시각 심상의 비교가 이 장에서 설명했던 명제 대 묘사적 표상 논쟁과 어떻게 연관되어 있는가?

3. 이 장의 끝부분에 서술되었던, 오늘 이후 또는 다음 주에 해야 할 일들을 나타내는 이미지를 생성하는 방법들 중 하나를 시도해 보라. 그리고 시간이 좀 지난 후(한 시간에서 며칠 후 중 아무 때나) 이 이미지들과 각 이미지가 의미하는 것을 기억할 수 있는지 확인해 보라.

핵심 용어

개념적 걸개 가설(conceptual peg hypothesis)
걸이단어 기법(pegword technique)
공간 표상(spatial representation)
명제 표상(propositional representation)
묘사적 표상(depictive representations)
무심상 사고 논쟁(imageless thought debate)

부수적 현상(epiphenomenon)
시각 심상(visual imagery)
심리 계시법(mental chronometry)
심상 논쟁(imagery debate)
심상 신경세포(imagery neuron)
심상(mental imagery)
심적 접근 검사(mental walk task)
심적 주사(mental scanning)

쌍대연합 학습(paired-associate learning)
암묵지 설명(tacit knowledge explanation)
음식 갈망(food craving)
장소법(method of loci)
편측 무시(unilateral neglect)

사막 풍경이 일상 경험과 아주 동떨어져 보일지 모르지만, 우리가 매일 경험하는 일이 일어나고 있다. 사람들이 대화를 하고 있다. 대화가 아프리카 사막에서 일어나고 있는지, 클리블랜드의 커피숍에서 일어나고 있는지, 아니면 스톡홀름의 길모퉁이에서 일어나고 있는지는 중요하지 않다. 언어는 사람들이 의사소통하는 주된 수단이다. 앞으로 보게 되겠지만, 언어가 보편적일 뿐만 아니라 사람들이 어떻게 언어를 사용하고 이해하는지에 관한 연구는 마음이 어떻게 작동하는지에 대해 많은 것을 가르쳐준다.

언어

▶ 어떻게 개별 단어를 이해하고, 어떻게 단어들이 조합되어 문장을 이루는가?

▶ 한 가지 이상의 의미를 가진 문장을 어떻게 이해하는가?

▶ 이야기를 어떻게 이해하는가?

▶ 언어는 사람들이 색을 지각하는 방식에 영향을 미치는가?

인지 능력의 중요성을 이해하는 한 가지 방법은 우리가 인지 능력이 없다면 어떨지를 상상해 보는 것이다. 지각이나 기억 능력이 없다면 생존 그 자체가 위협을 받을 것이라는 것은 분명하다. 언어는 어떠한가? 아무도 살지 않는 외딴섬에 난파되었다고 상상해 보자. 생리적 욕구가 충족된다면 생존은 할 수 있다. 그렇지만 다른 사람과 대화도 할 수 없고 읽을 것도 없다면 어떨지 상상해 보라. 아니면 언어 사용 능력을 잃으면 그 결과가 얼마나 더 광범하고 끔찍할지 상상해 보라. 구조선이 여러분을 구하러 올 때까지 좋아하는 노래에 가사를 불러 노래한다든지, 일기를 쓴다든지, 여러분이 경험한 난파 사고에 대한 소설을 쓴다든지 하는 것은 잊어버려야 한다. 이제 언어의 중요성을 이해했을 것이다. 언어가 없다고 여러분이 죽지는 않는다. 그러나 여러분의 삶의 질에 엄청난 영향을 줄 것이다.

단어를 이용해서 수많은 의미를 창조하고, 이 단어들을 연결해서 더 복잡한 서술과 사고를 창조하고, 이런 서술과 사고를 연결해서 이야기를 만들고, 대화를 진행하고 인지심리학 교재를 창조하는 우리의 능력이 11장에서 우리가 다룰 내용들이다. 언어의 작은 단위인 소리와 단어에서 출발해서 좀 더 큰 단위인 문장, 이야기, 그리고 마지막으로 다른 사람과의 대화에 대해 살펴본다.

언어란 무엇인가?

다음에 나오는 언어의 정의는 소리와 단어를 연결하는 능력이 의사소통의 세상으로 가는 문을 열어준다는 생각을 잘 표현한다. 언어(language)는 소리나 상징을 이용하는 의사소통 체계로서 이것은 우리가 감정이나 사고, 생각, 경험을 표현할 수 있게 해 준다.

그러나 이 정의는 일부 동물들의 소통도 언어에 포함시킬 수 있기 때문에 언어의 정의로 충분하지 않다. 고양이는 먹이통이 비면 '야옹'이라고 하고, 원숭이들은 '위험', '안녕'과 같은 것을 표상하는 일단의 '외침'들을 사용하며, 꿀벌들은 벌집에서 꽃의 위치를 알려주는 8자 춤을 춘다. 침팬지들이 사람과 유사한 방식으로 언어를 사용할 수 있을지도 모른다는 증거가 있기는 하지만, 대부분의 동물들의 소통 수단은 인간 언어의 속성을 가지지 못했다. 인간의 언어를 독특하게 만드는 몇 가지 속성들을 고려해서 언어의 정의를 확장하자.

인간 언어의 창조성

사람의 언어는 '먹이를 줘.', '위험', 또는 '저리로 가면 꽃이 있어.'와 같은 하나의 메시지를 전달하는 몇 개의 고정된 신호를 훨씬 넘어선다. 언어는 신호들, 즉 구어에서는 소리, 문어에서는 글자와 단어, 수화에서는 신체 신호를 배열해서 한 사람에게서 다른 사람에게 간단하고 일상적인 것('내 차는 여기 있어.')에서부터 이전에 아무도 쓰거나 발성해 본 적이 없는 메시지['지난 2월에 실직한, 캘리포니아에 사는 내 사촌 젤다와 성촉절 (Groundhog Day. 우리나라의 입춘과 비슷한 절기. 2월 2일. —옮긴이 주)에 여행을 갔어.']에 이르는 정보를 전달한다.

언어는 (1) 위계적이고 (2) 규칙을 따르는 구조를 가지고 있기 때문에 새롭고 독특한 문장들을 생성하는 것을 가능하게 해준다. 언어가 위계적인 구조를 가지고 있다는 말은 보다 큰 단위를 형성하기 위해 조합될 수 있는 일련의 작은 단위들로 구성되어 있다는 의미이다. 예를 들어, 단어는 절로 조합될 수 있고, 절은 문장으로 조합될 수 있고, 문장은 다시 이야기의 부분들이 될 수 있다. 언어가 규칙에 기초했다(규칙을 따른다)는 말은 언어를 구성하는 요소들이 특정 방식으로는 배열될 수 있지만('우리 고양이가 뭐라는 거지?') 다른 방식으로는 안 된다('뭐라는 고양이가 우리 거지?')는 의미이다. 위계적 구조와 규칙이라는 이 두 가지 속성은 사람들로 하여금 고정된 몇 개의 외침이나 동물의 신호를 넘어서서 우리가 전달하고자 하는 그 어떤 것도 전달할 수 있게 해 준다.

언어 소통의 보편적 욕구

햄릿이 "죽느냐 사느냐 그것이 문제로다."라며 고민을 하는 경우나 수업 시간 중에 백일몽을 하는 경우처럼 사람들은 자기 자신에게 '말'하기도 하지만 언어는 1차적으로 의사소통을 위해 사용된다. 그것이 다른 사람과의 대화일 수도 있고, 다른 사람이 쓴 것을 읽는 것일 수도 있지만. 언어를 이용해서 의사소통을 하려는 욕구는 사람이 있는 곳이라면 어디에서든지 일어나기 때문에 '보편적' 욕구로 간주된다. 다음 경우들을 생각해 보자.

- 사람의 의사소통 욕구는 너무나 강력해서 말을 하거나 수화를 할 수 있는 사람이 아무도 없는 환경에 처하게 되면 농아는 스스로 수화를 발명해낸다(Goldin-Meadow, 1982).
- 정상적인 능력을 가진 모든 사람은 언어를 발달시키고 스스로 그런 규칙을 자각하지는 못해도 복잡한 규칙을 따른다. 많은 사람들이 문법을 공부하는 것은 아주 어려워하지만 언어를 사용하는 데에는 아무 어려움을 겪지 않는다.
- 언어는 모든 문화에 보편적이다. 5,000개 이상의 언어가 있는데, 언어가 없는 문화는 없다. 유럽 탐험가들이 1500년대 뉴기니에 첫발을 들여놓았을 때 그들이 발견한 원주민들은 세계로부터 완전히 고립되어 있었지만 750개 이상의 언어를 개발해서 사용하며 그 언어들의 상당수는 전혀 유사하지 않다는 것을 발견하였다.
- 언어 발달은 모든 문화에서 유사하다. 어떤 문화이건 어떤 언어를 사용하건 간에 아동들은 7개월 무렵에 옹알이를 시작하며 첫 돌 무렵에 몇 개의 단어를 사용하고, 두 살 무렵에 처음으로 다단어 발화를 한다(Levelt, 2001).
- 아주 많은 언어들이 서로 아주 다르지만, 우리는 그 언어들을 '독특하지만 공통적'이라고 서술할 수 있다. 각기 다른 단어와 소리를 사용하고, 단어들을 조합하는 규칙이 다를 수 있기에(비록 많은 언어들이 유사한 규칙을 사용하지만), 언어들은 독

특하다. 그러나 모든 언어가 명사와 동사의 기능을 수행하는 단어들을 가지고 있고, 부정을 만들고, 질문을 하고, 과거와 현재를 가리키는 체계를 가지고 있다는 점에서는 같다.

언어 연구

기원전 350~450년대의 고대 그리스 철학자 Socrates, Plato, Aristotle, 심지어 그 이전으로 거슬러 올라갈 때부터 언어는 수천 년 동안 사상가들을 매료시켰다. 근대 과학적인 언어 연구는 그 시작을 Paul Broca(1861)와 Carl Wernicke(1874)가 전두엽과 측두엽 영역이 언어의 각기 다른 측면에 관여하는 것을 밝혀낸 1800년대로 잡는다(2장 48쪽). 11장의 뒷부분에서 Broca와 Wernicke를 다루지만, 지금은 언어에 대한 행동 연구와 인지 연구에 집중해서 중요한 사건이 발생한 1950년대로 돌아가 보자. 이 무렵은 아직 행동주의가 심리학의 주된 접근이었다(11쪽). 1957년에 행동주의의 가장 강력한 옹호자인 B. F. Skinner가 『언어행동』이라는 책을 발간했는데, 이 책에서 그는 언어는 강화에 의해 학습된다고 주장하였다. 이 주장에 따르면 어린이들이 '좋은' 행동을 하면 상으로 보상받고 '좋지 않은' 행동을 하면 벌을 받는 것을 통해 적절한 행동을 학습하는 것처럼 어린이들은 정확한 언어를 사용하면 상을 받고 부정확한 언어를 사용하면 벌을 받는(상을 받지 못하는) 것을 통해 언어를 학습한다는 것이다.

같은 해에 언어학자 Noam Chomsky가 『통사구조론(Syntactic Structure)』이라는 제목의 책을 냈는데, 이 책에서 그는 사람의 언어는 유전자 속에 부호화되어 있다고 제안하였다. 이 주장에 따르면 사람들이 걷도록 유전적으로 부호화되었듯이 언어를 습득하고 사용하도록 부호화되었다는 것이다. Chomsky는 언어들 간에 변산성이 아주 크긴 하지만 모든 언어의 밑에 깔린 기초는 비슷하다고 결론지었다. 이 과목을 공부하는 우리의 목적에서 가장 중요한 점은 Chomsky가 언어를 연구하는 것을 마음의 속성을 연구하는 방법의 하나로 보았고, 그래서 마음은 심리학의 정당한 주제가 될 수 없다는 행동주의자들의 주장에 동의하지 않았다는 점이다.

행동주의를 반대하는 Chomsky는 1959년에 Skinner의 책 『언어행동』에 대해 통렬한 서평을 발간하였다. 그 서평에서 Chomsky는 마음을 참조하지 않고 강화라는 개념을 이용해 언어를 설명할 수 있다는 행동주의자들의 주장에 대해 반박했다. Chomsky의 가장 설득력 있는 논증 중의 하나는 아동들이 언어를 학습하는 동안 그들이 전혀 들어본 적도 없고 강화를 받은 적도 없는 문장들을 생산해 낸다는 것이다. 많은 아동들이 생산해 내었고 또 부모로부터 배웠거나 강화를 받았을 것 같지 않은 고전적인 문장의 예는 '엄마 미워.'이다. 행동주의에 대한 Chomsky의 비판은 인지 혁명에서 아주 중요한 사건이었고, 새로운 학문인 언어심리학의 초점을 변화시켰는데, 언어심리학(psycholinguistics)은 언어에 대한 심리학적 연구를 가리킨다.

언어심리학의 목표는 사람들이 언어를 습득하고 처리하는 심리학적 과정을 밝혀내는 것이다(Clark & Van der Wege, 2002; Gleason & Ratner, 1998; Miller, 1965). 언어심리학의 네 가지 주요 관심사는 다음과 같다.

1. **이해.** 사람들은 어떻게 말과 글을 이해하는가? 이 질문은 사람들이 어떻게 말소리를 처리하는가, 사람들이 어떻게 글이나 말이나 수화로 표현된 단어, 문장, 이야기를 이해하는가, 사람들이 어떻게 서로 대화를 진행해 나가는가와 같은 질문들을 포함한다.

2. **말 산출.** 사람들은 어떻게 말을 산출해내는가? 이 질문은 말을 물리적으로 산출하는 과정과 사람들이 말을 산출하는 동안 일어나는 심적 과정을 포함한다.

3. **표상.** 말이 마음과 뇌에 어떻게 표상되어 있는가? 이 질문은 사람들이 어떻게 단어들을 조합해 구를 만들고 이야기의 부분들을 연결하는가라는 문제와 이 과정들이 뇌의 활성화와 어떻게 연결되는가라는 문제를 포함한다.

4. **습득.** 사람들은 어떻게 언어를 학습하는가? 이 질문은 아동들이 어떻게 모국어를 습득하는가라는 질문뿐만 아니라 아동이든 성인이든 사람들이 어떻게 다른 언어를 학습하는가라는 질문을 포함한다.

언어심리학의 영역이 아주 넓기 때문에 우리는 이들 중 처음 세 가지 질문에 대해서만 다룬다. 즉, 사람들이 어떻게 언어를 이해하고 산출하는지에 관한 연구들만 서술한다. 먼저 언어의 요소들 각각에 대해 알아본다. 말소리나 단어와 같은 작은 단위에서 시작해서 **문장**을 구성하는 단어들의 조합에 대해, 그리고 마지막으로 문장들을 조합해서 창조해내는 이야기인 덩이글에 대해 서술한다. 11장의 뒷부분에서는 사람들이 어떻게 대화에 참여하고 이해하는지에 관련된 요인들에 대해 알아본다. 마지막으로 언어가 사고에 어떻게 영향을 미치는지, 그리고 사고가 언어에 어떻게 영향을 미칠 수 있는지를 다룬 비교문화 연구들에 대해 알아본다.

말소리를 기술하는 것에서 시작해서 우리가 어떻게 이야기와 대화를 이해하는지에 대해 서술해 나가는 동안 이 책의 앞부분에서 소개했던 원리들을 다시 보게 된다. 주요 원리 중의 하나는 **맥락**의 중요성이다. 우리가 단어 속의 낱자를 다루건, 대화 속에 있는 부분의 의미를 다루건, 낱자나 단어나 문장이 들어가 있는 맥락은 우리가 낱자나 단어나 문장을 지각하거나 이해하는 것을 도와준다. 다른 원리는 **지식**이다. 말이나 글로 된 소통을 이해하는 능력은 무엇이 쓰이거나 말해졌는지뿐만 아니라 우리가 그 장면에 동원한 지식의 영향을 받는다. 단어에서 대화로 이 장이 진행되는 동안 맥락 원리와 지식 원리를 자주 접하게 될 것이다.

음소 지각, 단어 지각, 글자 지각

단어와 관련된 놀라운 일 중의 하나는 우리가 아는 단어가 아주 많다는 것과 아주 빨리 단어들을 습득한다는 것이다. 아동들은 돌 무렵쯤에 첫 단어를 산출한다(좀 이르기도 하고, 좀 느리기도 하지만). 그 후 처음에는 속도가 느리지만 아주 빠른 속도로 단어들을 늘려나가서 그들이 성인될 때에는 50,000개 이상의 다른 단어들을 이해할 수 있게 된다 (Altmann, 2001; Dell, 1995). 단어에 대한 지식은 어휘집(lexicon)에 저장되는데, 어휘집은 단어의 뜻이 무엇이고, 어떻게 발음되고, 다른 단어들과의 관계 속에서 어떻게 사용되는지에 대한 지식을 말한다.

단어의 구성 요소

이 책에 인쇄된 단어들은 낱자들로 되어 있지만, 언어의 단위는 낱자로 정의되지 않고 소리와 의미로 정의된다. 언어의 가장 작은 두 개의 단위는 소리의 최소 단위인 **음소**와 의미의 최소단위인 **형태소**이다.

음소 단어를 말할 때 음소라고 불리는 소리들을 산출한다. 음소(phoneme)는 그것이 바뀌면 단어의 의미가 바뀌게 되는 말의 최소 분절을 가리킨다. 그러니까 /b/를 /p/로 바꾸면 'bit'가 'pit'로 되고, /i/를 /ae/로 바꾸면 'bit'가 'bat'로 되고, /t/를 /d/로 바꾸면 'bit'가 'bid'가 되기 때문에 'bit'라는 단어에는 /b/, /i/, /t/라는 세 개의 음소가 있다(음소는 음소 기호로 표시하는데, 앞과 뒤에 / 표시를 한다).

음소는 소리를 가리키기 때문에 같은 글자라도 여러 가지 소리로 날 수도 있고('we'와 'wet'에 'e'의 발음을 생각해 보라) 어떤 경우에는 묵음이 되기도 하기 때문에('some'에서의 'e') 낱자와는 다르다. 언어마다 다른 소리를 사용하기 때문에 언어마다 그 언어에서 사용하는 음소의 수는 다르다. 하와이 말에는 11개의 음소가 있고, 영어에는 47개가 있지만, 일부 아프리카 방언에는 무려 60개의 음소가 있다.

형태소 소리의 최소 단위가 음소라면 의미의 최소 단위는 형태소이다. 형태소(morpheme)는 정의할 수 있는 의미가 있거나 문법적 기능을 갖고 있는 언어의 최소 단위이다. 예를 들어, 'truck'은 여러 개의 음소로 되어 있지만, 'truck'이라는 단어를 구성하고 있는 구성 요소 중 어느 것도 의미를 갖고 있지 않기 때문에 형태소는 한 개이다. 마찬가지로 'table'이라는 단어는 'tabe'와 'ul'이라는 두 개의 음절로 되어 있지만, 각 음절 자체로는 아무 의미가 없기 때문에 형태소는 한 개이다. 그에 반해 'bedroom'이라는 단어는 'bed'와 'room'이라는 음절이 각기 의미를 가지고 있기 때문에 음절도 두 개이고 형태소도 두 개이다. 비록 단어의 끝에 있는 's'와 'ed'는 그 자체로는 아무 의미가 없지만, 단어의 뜻을 바꾸기 때문에 형태소로 간주된다. 'one truck'을 뜻하는 'truck'이라는 단어는 형태소가 하나이다. 그러나 'more than one truck'을 뜻하는 'trucks'는 형태소가 두 개다.

음소와 형태소가 중요한 이유는 이들이 단어를 구성하는 기본 요소이기 때문이다. 그러나 인쇄하거나 적는 것이 소리를 표상(상징)할 수 있다는 생각과 이 소리들이 의미를 창조할 수 있다는 생각은 언어의 시작일 뿐이다. 우리가 일상적으로 경험하는 구어(소리말)는 소리를 지각하고 그 소리에 의미를 부여하는 과정을 포함한다. 이제 보겠지만, 우리가 어떤 언어의 소리를 어떻게 지각하느냐와 이 소리들이 창조하는 의미를 어떻게 지각하느냐 간에는 밀접한 관계가 있다.

소리와 글자 지각은 의미의 영향을 받는다

음소복원 효과를 서술해서 의미가 소리의 지각에 어떤 영향을 미치는지에 대해 알아보자.

말: 음소복원 효과 어떤 음소의 소리가 쓸데없는 소음에 묻혀서 안 들리는데도 말 속에서 그 음소를 지각할 때 음소복원 효과(phonemic restoration effect)가 발생한 것이다. Richard Warren(1970)은 참가자들에게 'The state governors met with their respective legislatures convening in the capital city'라는 문장을 녹음한 것을 들려주어서 이 효과를 보여주었다. Warren은 'legislatures'의 첫 번째 /s/를 기침 소리로 대체한 다음 참가자들에게 문장의 어떤 부분에서 기침소리가 났는지 표시하게 하였다(그림 11.1). 아무도 기침소리가 난 정확한 지점을 찾아내지 못했다. 더 중요한 것은 'legislatures'에서 /s/가 빠져 있다는 것을 아무도 알아채지 못했다는 점이다. /s/가 빠졌다는 것을 아는 심리학과 학생과 스탭들도 이 효과를 경험하였다. 문장에 의해 만들어진 맥락과 그 음소를 포함한 단어에 기초해서 빠진 음소를 '채워 넣은' 현상은 하향처리의 예이다.

그림 11.1 **음소복원 효과** 청자에게 제공된 소리자극에서 'legislatures'의 첫 /s/음은 기침소리로 가려졌다. 청자가 들은 것이 아래에 제시되었다. 청자는 기침소리를 들었지만, 처음 /s/음도 들었다. © Cengage Learning

Warren은 음소복원 효과는 빠진 음소보다 나중에 나오는 단어의 의미에도 영향을 받을 수 있다는 것도 보여주었다. 예를 들어, 다음 구의 마지막 단어 'There was time to *ave ……'(*는 기침 소리나 다른 소리가 들렸다는 것을 표시한다)는 'shave', 'save', 'wave' 또는 'rave'일 수 있는데, 참가자들은 그 문장의 나머지 부분이 떠나는 친구를 배웅하는 내용인 경우에는 'wave'로 들었다. 단어의 의미와 문장의 그럴싸한 의미에 대한 지식이 말소리 지각에 영향을 미치는 것을 보여주는 이 예는 하향처리의 또 다른 예이다. 이제 단어의 의미에 대한 지식이 단어를 지각하는 것을 어떻게 도와주는지에 대해 알아보자.

말: 문장에 있는 개별 단어 지각 단어 지각을 할 때 해결해야 하는 도전적인 문제 중의 하나는 모든 사람이 단어를 똑같은 방식으로 말하지 않는다는 점이다. 사람마다 악센트가 다르고 말하는 속도도 다르다. 가장 중요한 것은 사람들은 자연스런 상황에서 말할 때 단어를 편하게 발음하는 경향이 있는 점이다. 예를 들어, 친구에게 말할 때 'Did you go to class today?'를 어떻게 발음할까? 'Did you'라고 할까, 아니면 'Dijoo'라고 할까? 다양한 단어와 음소를 발음할 때 여러분은 여러분 나름의 방식이 있고, 다른 사람들은 각기 자기 나름의 방식이 있다. 실제 사람들이 어떻게 발음하는지를 분석한 결과를 보면 'the'라는 단어를 발음하는 방식이 무려 50가지나 되었다(Waldrop, 1988).

사람들이 대화할 때의 발음은 종종 엉성하기 때문에, 맥락에서 빼내어 하나의 단어만 들려주면 단어를 이해하는 것이 훨씬 어려워진다. Irwin Pollack과 J. M. Pickett(1964)은 실험이 시작되기를 기다리며 참가자들이 담소하는 것을 녹음해서 이를 잘 보여주었다. 자기들의 대화 녹음 중에서 한 단어만 뽑아내어 들려주었을 때, 참가자들은 자기의 목소리를 듣는 것인데도 단어들의 절반만 알아들었다. 이 실험의 참가자들이 서로 대화를 할 때에는 단어들을 다 알아들었는데, 하나의 단어만 고립시켜 들려주면 바로 그 단어를 못 알아듣는다는 사실은 대화 중에 단어를 지각하는 능력은 대화를 구성하고 있는 단어와 문장에 의해 제공되는 맥락의 도움을 받는다는 것을 잘 보여준다.

문장 속에서 들을 때 말소리를 이해하는 것이 더 쉽다는 사실은 말로 나오는 문장 속의 단어들 간에는 쉬는 여백이 없다는 점을 감안하면 더 기적적인 일이다. 단어들 간에 쉬는 여백이 없다는 것은 우리가 예상하지 못한 것이다. 왜냐하면 우리가 다른 사람이 말하는 것을 들을 때 일상적으로 우리는 개별 단어들을 들으며, 때로는 한 단어를 다른 단어와 분리하는 여백이 있는 것처럼 듣기 때문이다. 그러나 대화 중 말소리의 물리적 에너지를 기록한 것을 보면 종종 단어와 단어 간에 여백이 없으며 때로는 단어 중간에 여백이 있기도 한다고 3장의 논의에서 정리했던 것을 기억하기 바란다(그림 3.13).

소리 신호에는 단어들 간에 쉼이 없는데도 개별 단어들을 지각하는 능력은 말소리 분절(speech segmentation)이라 불린다. 말소리 분절은 여러 요인의 도움을 받는다. 3장에서 우리는 우리가 친숙하지 않은 외국어를 들을 때에는 한 단어와 그다음 단어를 구별하는 게 어렵지만, 우리가 아는 언어일 때에는 개별 단어들이 똑똑히 들린다는 것을 지적했다 (74쪽). 이 관찰은 단어의 뜻을 아는 것은 단어 지각을 도와준다는 것을 보여준다. 어쩌면 여러분은 그냥 연속적인 말소리의 흐름으로만 들리던 중에 우연히 여러분이 알던 몇 개의 외국어 단어가 '튀어나오는' 것처럼 들리던 일을 경험한 적이 있을 것이다.

소리들을 단어로 조직화하는 데 의미가 영향을 미친다는 예를 다음 두 문장에서 볼 수 있다.

제이미의 엄마가 'Be a **big girl** and eat your vegetables.'라고 말한다.
Big Earl이 세상에서 가장 사랑하는 것은 그의 자동차이다.

'Big girl'과 'Big Earl'은 같게 발음된다. 그러나 이 둘을 다르게 듣는지 아닌지는 이 두 표현이 사용된 문장의 전체 의미에 달려 있다. 이 예는 많은 미국 학생들이 어렸을 때 들었던 'I scream, you scream, we all scream for ice cream'과 비슷하다. 'I scream'과 'ice cream'의 소리 자극은 같다. 그러나 다르게 듣는다. 달리 조직화되었다는 것은 이 단어들이 사용된 문장의 의미에 영향을 받은 것이다.

말소리 분절이 단어의 뜻에 대한 지식과 단어들이 사용된 맥락에 대한 자각의 도움을 받지만, 사람들은 이외의 다른 정보들도 사용한다. 우리가 한 언어를 학습해 나가면서 어떤 소리들은 한 단어 속에서 연달아 나올 가능성이 높고, 어떤 소리들은 두 단어 간에 분리되어 나올 가능성이 높다는 것을 알게 된다. 예를 들어, 'pretty baby'라는 단어들을 생각해 보자. 영어에서 'pre'와 'ty'는 한 단어 속에서 이어 나올 가능성이 있고(pre-ty) 'ty'와 'ba'는 둘이 분리되어서 각기 다른 단어들에 포함될 가능성이 있다(pretty baby). 그러니까 'prettybaby'라는 구에서 공백은 'pretty'와 'baby' 사이일 가능성이 가장 높다. 어린 아동들도 어떤 소리들이 단어 안에서 같이 나오고, 어떤 소리들이 두 개의 단어로 나뉠 가능성이 높은지를 결정하는 것에 대한 규칙을 학습한다는 증거가 있다(Gomez & Gerkin,

1999, 2000; Saffran et al., 1999).

읽기: 단어우월 효과　지금까지 맥락이 구어에서 소리를 지각하는 것을 도와주는 것에 대해 알아보았다. 맥락은 문어(글)에서 낱자를 지각할 때에도 영향을 준다. 단어우월 효과(word superiority effect)는 낱자가 홀로 보이거나 비단어(단어가 아닌 낱자 뭉치)에서 보일 때보다 낱자가 단어 속에 있을 때 낱자를 지각하는 것이 더 용이하다는 것을 가리킨다. Gerald Reicher는 1969년에 다음과 같은 절차를 이용해서 단어우월 효과를 처음으로 시연하였다.

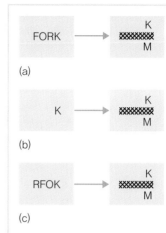

그림 11.2　**단어우월 효과를 보여준 실험 절차** 먼저 자극이 제시되고, 이어서 무선 패턴과 글자 두 개가 제시된다. 세 가지 유형의 자극이 제시되었다. (a) 단어 조건, (b) 낱자 조건, (c) 비단어 조건.
© Cengage Learning

방법　단어우월 효과

그림 11.2는 단어우월 효과를 보여준 실험 절차를 그린 것이다. FORK와 같은 단어거나(그림 11.2a), K와 같은 낱자거나(그림 11.2b), RFOK와 같은 비단어인 자극이(그림 11.2c) 아주 짧은 시간 동안 보이고, 곧이어 자극이 있던 자리에 무선 패턴이 보인다. 이 무선 패턴은 자극에 대한 지각이 중단되게 고안된 차폐자극이다. 차폐자극과 함께 낱자가 두 개 보이는데, 그중 하나는 원 자극에 있던 낱자이고(K) 다른 하나는 아니다(M). 차폐자극과 낱자들은 아주 빨리 점멸하는데, 참가자는 점멸하는 낱자 중에 처음에 있었던 낱자(원 자극)를 골라야 한다. 그림 11.2의 예에서는 모든 조건에서 K가 정답이다.

　　Reicher의 참가자들에게 두 개의 낱자 중에 어느 것이 원 자극에 있었던 것인지 고르게 했을 때, 참가자들은 그림 11.2b처럼 낱자만 보였던 경우나 그림 11.2c처럼 비단어의 일부로 보였을 때보다 그림 11.2a처럼 그 낱자가 단어의 일부분이었을 때 더 정확하고 더 빨리 선택했다. 단어 속에 있는 낱자를 더 빨리 처리하는 것이 단어우월 효과이다. 단어우월 효과는 단어 속의 낱자는 하나씩 순차적으로 처리되는 것이 아니라 그 낱자가 속한 맥락의 도움을 받는다는 것을 보여준다. 구어에서 맥락이 음소나 단어 지각에 도움을 준 것처럼 문어에서도 맥락은 낱자를 지각하는 것을 도와준다. 표 11.1에 맥락이 음소, 단어, 낱자 지각에 미치는 영향을 요약해 놓았다.

표 11.1　음소, 단어, 낱자 지각

효과	서술	결론
음소 복원	문장 속의 한 단어의 음소는 소음으로 가려져도 지각될 수 있다	의미에 대한 지식이 '빈 곳 채워 넣기'를 도와준다 (그림 11.1).
대화에서 분리된 단어	맥락에서 분리된 단어는 지각하기 어렵다.	앞뒤 단어들이 제공하는 맥락이 단어 지각을 돕는다.
말소리 분절	말소리 자극에서 단어 간에 쉬는 시간이 없어도 개별 단어들이 지각된다.	단어의 의미에 대한 지식과 단어에서 같이 사용되는 소리들의 연쇄와 같은 말소리의 특징에 대한 지식이 말소리 분절을 돕는다.
단어우월	시각적으로 제시된 낱자는 단어 속에 있을 때 식별하기가 쉽다.	낱자 지각은 맥락의 영향을 받는다(그림 11.2).

© 2015 Cengage Learning

단어 이해

마지막 절에서 우리는 소리를 듣고 파악하거나 낱자를 보는 능력, 즉 지각에 초점을 맞추었다. 이제 어떻게 우리가 단어의 뜻을 이해하는지에 영향을 미치는 요인들에 대해 알아보자. 우리는 사람들이 뜻을 이해하는 단어들의 수, 즉 어휘집의 크기가 약 50,000개라는 것을 앞에서 보았다. 이 숫자가 인상적이긴 하지만 우리 논의는 어휘집의 크기가 얼마나 되는가 하는 문제를 넘어설 필요가 있다. 그런 작업의 첫 단계는 특정 언어에서 단어가 어떻게 사용되는지를 알아보는 것이다. 이를 알아내려면 특정 언어에서 방대한 양의 대표성 있는 발화나 인쇄된 글의 예들을 수집해야 한다. 말뭉치(언어자료집, corpus)라 불리는 대규모의 사용 예는 각 단어들이 사용되는 빈도와 그 언어에서 여러 가지 의미들과 문법적 구성들이 사용되는 빈도 등을 알려준다(Roland et al., 2007). 기본적으로 말뭉치는 사람들이 전형적으로 언어를 어떻게 사용하는지를 반영한다.

사람들이 언어를 이해할 때 무슨 일이 일어나는지에 대한 정보는 예측으로 연결될 수 있기 때문에 언어 연구자들에게 말뭉치는 흥미로운 대상이다. 즉, 언어들의 속성에 대한 정보를 토대로 우리는 어떤 단어나 문장이나 문단의 의미를 예측할 수 있다. 이 말이 친숙하게 들릴 수 있다. 만약 그렇다면 여러분은 우리가 3장에서 주위에서 규칙적으로 일어나는 사물이나 사건(환경의 규칙성)이 지각에 영향을 미칠 수 있다고 논의했던 것이나 8장에서 우리의 기억은 세상에 대한 지식의 영향을 받는다고 논의했던 것을 기억한 것이다. 환경과의 경험이 인지에 영향을 미친다는 생각을 이어받아서 시각적으로 단어를 지각하는 능력이 그 단어가 어휘집에 자주 나타나는 빈도의 영향을 받는지에 대해 알아보자.

단어빈도 효과

특정 언어에서 어떤 단어는 다른 단어보다 많이 사용된다. 예를 들어, 영어에서 'home'은 단어 사용의 100만 개 예 중에서 547회 나타나고, 'hike'는 단지 4회 나타난다. 언어에서 단어가 나타나는 빈도를 단어빈도(word frequency)라 하고, 'hike'와 같은 저빈도 단어보다 'home'과 같은 고빈도 단어에 대해 더 빨리 반응하는 것을 단어빈도 효과(word frequency effect)라 한다. 단어빈도 효과를 보여주는 방법 중의 하나는 9장(312쪽)에서 소개한 어휘판단 과제를 실시하는 것이다. 이 과제에서 참가자들은 이어지는 '보여주기'에 소개된 것처럼 자극을 읽고 그 자극이 단어인지 비단어인지 판단한다.

보여주기　어휘판단 과제

어휘판단 과제(lexical decision task)는 단어와 비단어로 구성된 목록을 읽는 과정을 포함한다. 여러분이 할 일은 아래 두 목록에 있는 각각의 자극들이 단어인지 아닌지를 가능한 한 빨리 판단하는 것이다.

목록 1을 소리 내지 말고 읽으면서 단어일 때마다 '예'라고 답해 보라. 이 목록을 마칠 때까지 걸린 시간을 측정하거나 이 과제가 얼마나 어려운지를 기억하라.

목록 1
Gambastya, revery, voitle, chard, wefe, cratily, decoy, puldow, faflot, oriole, voluble, boovle, chalt, awry, signet, trave, crock, cryptic, ewe, himpola

이제 같은 방법으로 목록 2를 해 보라.

목록 2
Mulvow, governor, bless, tuglety, gare, relief, ruftily, history, pindle, develop, grdot, norve, busy, effort, garvola, match, sard, pleasant, coin, maisle

여러분이 막 끝낸 과제(D. W. Carroll, 2004; Hirsh-Pasek et al., 1993 참고)를 어휘판단 과제라 하는데, 그 이유는 각 글자뭉치들이 여러분의 어휘집에 단어로 들어 있는지 판단해야 하기 때문이다.

아마도 'decoy', 'voluble'과 같은 저빈도 단어들을 포함한 목록 1보다 'history', 'busy'와 같은 고빈도 단어들을 포함한 목록 2에서 어휘판단 과제를 더 빨리 수행했다고 느꼈을 것이다. 덜 자주 사용하는 단어들에 대해 반응이 오래 걸리는 것은 사람들이 글을 읽을 때의 안구 운동을 측정해도 알 수 있다.

방법 글 읽을 때의 안구 운동

4장에서 우리는 사람들이 어떤 장면을 볼 때 어떻게 사람들이 눈을 한 곳에서 다른 곳으로 움직이는지에 대해 알아보았다(그림 4.12). 그림 11.3에 있는 것과 같은 안구 추적 장치를 이용해서 도약 안구 운동(saccadic eye movements)이라 불리는 안구 운동과 어떤 장면의 특정 지점을 보기 위해 눈이 잠시 멈추는 지점을 가리키는 응시점을 측정한다. 글 읽기 연구에서 안구 운동을 측정하는 것은 아주 중요한 연구 수단이기 때문에 이제는 언어와 관련된 안구 운동에 대해 알아본다. 글을 읽을 때 어디를 보는지를 측정하면 어떤 단어를 얼마나 오랫동안 응시하는지 알 수 있다. 안구 운동을 추적하는 것은 글을 읽는 동안 일어나는 심적 과정을 추적할 수 있는 방안을 제공하기 때문에 이 방법은 우리에게 중요한 정보를 제공한다. 예를 들어, 어떤 사람의 눈이 특정 단어에 오랫동안 멈춰 있다면 우리는 그 사람이 특정 단어를 지각하거나 그 단어의 뜻을 처리하는 데 시간을 많이 걸린다는 것으로 추정할 수 있다(Brown-Schmidt & Hanna, 2011; Rayner & Duffy, 1986).

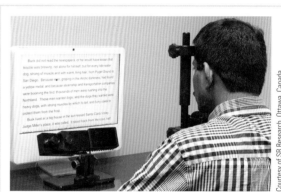

Courtesy of SR Research, Ottawa, Canada

그림 11.3 **안구 추적 장치** 참가자가 화면의 단어를 보는 동안 책상 위에 있는 안구 추적 장치는 적외선 빔을 이용해서 참가자의 눈의 위치를 알아낸다. 안구 추적 장치가 정확하게 조정되면 추적 장치를 이용해서 참가자가 어떤 단어를 보는지, 얼마나 오랫동안 단어들을 응시하는지 알 수 있다.

Keith Rayner와 동료들(2003)은 참가자들이 고빈도 목표 단어나 저빈도 목표 단어를 포함한 문장을 읽을 때의 안구 운동을 측정하였다. 예를 들어, 'Sam wore the horrid coat though his pretty girlfriend complained' 문장에는 'pretty'라는 고빈도 목표 단어가 들어 있다. 그러나 이 문장의 다른 버전은 고빈도 단어인 'pretty'를 저빈도 단어인 'demure'로 바꾼 것 외에 다른 부분은 똑같았다. 그림 11.4에 그려진 결과는 독자들이 고빈도 단어(예:

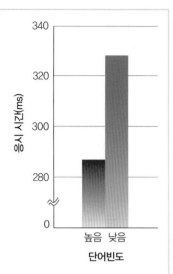

그림 11.4 Rayner 등(2003)의 **실험 결과** 막대는 참가자들이 'pretty'나 'demure'와 같은 목표 단어를 얼마나 오랫동안 보았는지를 알려준다. 이 결과는 참가자들이 고빈도 단어보다 저빈도 단어를 오래 응시한다는 것을 보여준다.

출처: K. Rayner et al., Reading disappearing text: Cognitive control of eye movements, *Psychological Science, 14*, 385-388, 2003.

pretty)보다 저빈도 단어(예: demure)를 약 40ms 정도 더 오래 본다는 것을 보여준다. 이 결과가 나온 한 가지 가능한 이유는 저빈도 단어의 의미에 접근하는 데 시간이 더 필요하다는 것이다. 그러니까 단어빈도 효과는 단어들에 대한 과거의 경험이 단어들의 의미에 접근하는 능력에 영향을 미친다는 것을 보여준다.

어휘 중의성

지금까지 단어들은 사용 빈도가 다르며 이 차이가 단어의 의미에 접근하는 데 영향을 미친다는 것을 알아보았다. 이제 어떤 단어는 한 가지 이상의 뜻을 가진다는 것과 이것이 그 단어의 정확한 의미에 접근하는 것에 어떤 영향을 미치는지에 대해 알아본다. 단어가 여러 가지 의미를 갖는 것을 어휘 중의성(lexical ambiguity)이라 한다. 예를 들어, 'bug'라는 단어는 '곤충, 도청기, 귀찮게 하다'라는 뜻을 갖는다. 아니면 'bank'라는 단어를 생각해 보자. 'bank'의 다양한 의미는 다음 예들을 보면 알 수 있다. 'river bank(강둑)', 'First National Bank(은행)', 'You can bank on it(믿다)', 'See if you can make a bank shot(당구 타법)'. 단어들의 사용 빈도가 다르듯이 한 단어의 여러 의미 중에 어떤 의미는 다른 의미보다 자주 사용된다. Matthew Traxler(2012)가 말했듯이 '많은 단어들이 여러 가지 뜻을 갖는데, 이 뜻들이 모두 같게 만들어지지는 않았다.'

어떤 의미가 다른 의미보다 자주 사용되는 것을 의미 지배(meaning dominance)라 한다. 예를 들어, 'tin(금속의 종류)'은 'tin(음식을 담는 용기인 깡통)'보다 자주 사용되기 때문에 'tin(금속의 종류)'은 고지배 의미이고, 'tin(음식을 담는 용기인 깡통)'은 저지배 의미이다. 'tin'처럼 어떤 단어의 두 가지 이상의 의미의 지배 정도가 다를 때 그 단어는 편향 지배(biased dominance) 단어이다.

다른 경우에는 한 단어가 두 가지 이상의 뜻을 가지지만 이 뜻들이 비슷한 정도로 사용된다. 예를 들어, 'cast(배역)'와 'cast(석고 틀)'는 비슷한 정도로 사용된다. 단어가 두 가지 이상의 뜻을 가지지만 의미들이 지배 정도가 비슷하다면 이 단어는 균형 지배(balanced dominance) 단어이다.

단어의 뜻이 편향 지배인지, 균형 지배인지의 문제는 사람들이 그 단어를 읽을 때 의미가 접근되는 방식에 영향을 미친다. 이 사실은 참가자들이 문장을 읽는 동안 중의적인 단어를 응시한 시간과 그 문장에 있는 중의적인 단어를 한 가지 의미만 있는 통제 단어로 대체했을 때 통제 단어를 응시한 시간을 측정한 실험을 통해 알 수 있다. 균형 지배 단어인 중의적인 단어 'cast'가 들어간 문장에 대해 생각해 보자.

1. The *cast* worked into the night. (통제 단어: *cook*)

참가자가 중의 단어 'cast'를 읽을 때 'cast(배역)'와 'cast(석고 틀)'가 비슷한 정도로 가능하기 때문에 'cast'의 두 가지 뜻이 모두 활성화된다. 'cast'라는 단어의 두 가지 의미가 활성화되기 때문에 명사로서의 의미 하나만 갖는 통제 단어 'cook'에 비해 'cast'를 오래 응시한다. 마지막으로 독자가 문장의 마지막 부분에 도달하면 문장에서 'cast'의 뜻이 명확해진다(Duffy et al., 1988; Rayner & Frazier, 1989; Traxler, 2012)(그림 11.5a).

그러나 중의 단어가 편향 지배 단어인 'tin'에 대해 생각해 보자.

2. The *tin* was bright and shiny. (통제 단어: *gold*)

이 경우에는 'tin'의 지배적인 의미만 활성화되어 금속으로서의 'tin'의 의미가 빨리 접근되기 때문에 편향된 중의 단어 'tin'을 통제 단어만큼 빨리 읽는다(그림 11.5b).

그러나 의미 빈도만이 단어 의미의 접근성을 결정하지는 않는다. 편향 중의어인 'tin'

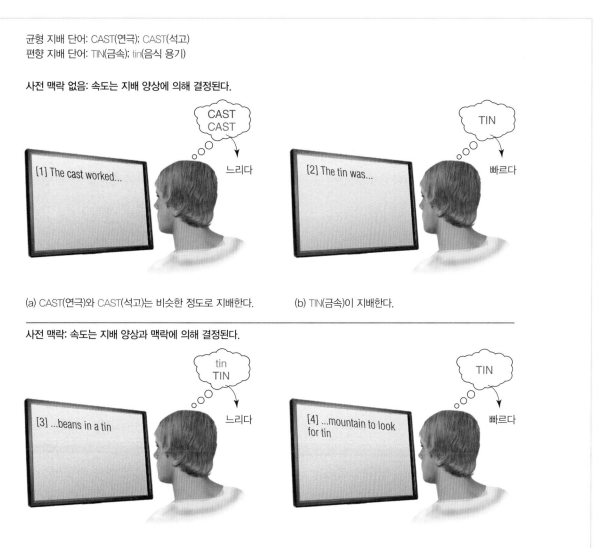

그림 11.5 문장을 읽는 동안 중의 단어의 의미에 접근하는 것은 단어의 의미 지배와 문장이 생성하는 맥락에 의해 결정된다. (a)와 (b)는 맥락이 없는 경우이다: (a) 단어가 비슷한 정도로 사용되는 두 개의 의미를 가진 경우(균형 지배) 두 의미가 활성화되어 접근이 느려진다. (b) 단어가 지배하는 의미와 덜 지배하는 의미를 가진 경우(편향 지배), 가장 빈도가 높은 의미만 활성화되어 접근이 빠르다. (c)와 (d)는 편향 지배 단어가 나오기 전에 맥락이 주어지는 경우이다: (c) 맥락이 덜 지배적인 의미인 경우, 덜 지배적인 의미가 활성화된다. 그러나 더 지배적인 의미는 맥락과 부합하지는 않지만 역시 활성화된다. 그래서 접근이 느리다. (d) 맥락이 더 지배적인 의미인 경우에는 지배적인 의미만 활성화되어 접근이 빠르다.

표 11.2 단어 이해하기

효과	서술	결론
단어빈도	단어는 특정 언어에서 사용되는 빈도가 다르며(예: pretty, demure), 이는 단어 이해의 용이성에 영향을 준다.	고빈도 단어는 저빈도 단어보다 빨리 읽힌다(그림 11.4).
어휘 중의성	많은 단어들은 한 가지 이상의 의미를 갖는다(예: cast, tin). 편향 지배 단어에서는 한 의미가 더 자주 사용된다. 균형지배 단어에서는 두 가지 이상의 의미들이 비슷하게 사용된다.	단어의 의미 지배와 그 단어가 들어있는 맥락이라는 두 요인이 어떤 의미가 활성화되며 얼마나 빨리 활성화되는지를 결정한다(그림 11.5).

이 나오기 전에 맥락이 추가되는 문장 [3]과 [4]를 생각해 보자.

3. The miners went to the store and saw that they had beans in a *tin*. (통제 단어: *cup*)

이 경우 맥락은 덜 사용되는 의미인 'tin'(음식 용기)을 지시하는데, 이는 이 의미의 활성화를 강화시킨다. 참가자가 'tin'을 읽을 때가 되면 앞의 맥락의 영향으로 덜 자주 사용되는 의미가 증가된 강도로 활성화되고, 더 자주 사용되는 'tin'의 의미도 활성화된다. 이 예에서는 문장 [1]에서처럼 두 의미가 활성화되고, 참가자들은 'tin'을 오래 응시하게 된다(그림 11.5c).

마지막으로 맥락이 'tin'의 더 자주 사용되는 의미를 가리키는 문장에 대해 생각해 보자.

4. The miners went under the mountain to look for *tin*. (통제 단어: *gold*)

이 예에서는 'tin'의 지배적인 의미만 활성화되어 'tin'은 아주 빨리 읽힌다(그림 11.5d).

이 결과가 의미하는 바는 단어의 의미에 접근하는 과정은 복잡하며, 여러 요인들의 영향을 받는다는 것이다. 첫째, 단어의 빈도가 단어의 의미를 처리하는 데 걸리는 시간을 결정한다. 둘째, 단어가 두 가지 이상의 의미를 가진 경우에는 문장 맥락이 우리가 어떤 의미에 접근하는지를 결정한다. 마지막으로 우리가 단어의 정확한 의미에 접근하는 능력은 단어의 빈도와 의미 지배와 맥락의 조합(단어가 두 가지 이상의 의미를 가진 경우)이라는 두 가지 요인의 영향을 받는다(표 11.2).

다음 절에서 문장에 대해 논의할 때, 문장 이해는 단어들의 의미를 합쳐놓은 것 이상이라는 것을 보게 될 것이다. 단어와 마찬가지로 문장은 한 가지 이상의 의미를 가질 수 있으며, 문장의 의미는 문장이 들어 있는 맥락과 언어에 대한 우리의 이전 경험이라는 두 가지의 영향을 받는다.

자가 테스트 11.1

1. 인간 언어는 어떤 점에서 특별한가? 인간 언어가 왜 독특하고 인간 언어는 무엇을 위해 사용되는지를 생각해 보라.

2. 어떤 사건들이 1950년대에 언어에 대한 근대적 연구가 시작되는 것과 연합되었는가?

3. 언어심리학이란 무엇인가? 언어심리학의 관심사는 무엇이고, 11장은 언어심리학의 어떤 부분에 초점을 맞추었는가?

4. 단어의 두 구성 요소는 무엇인가?

5. 맥락이 단어와 단어의 구성 요소들의 지각을 어떻게 도와주는지를 보여주는 다음 '보여주기'들에 대해 서술하라. (1) 음소복원 효과, (2) 대화에서 단어를 분리하기(Pollack과 Pickett 실험), (3) 말소리 분절.

6. 단어우월 효과란 무엇인가? 이 효과는 어떻게 증명되었는가?

7. 말뭉치는 우리에게 무엇을 알려주는가?

8. 단어빈도 효과란 무엇인가? 이 효과는 (a) 어휘판단 과제와 (b) 안구 운동 측정에서 어떻게 연구되었는가?

9. 어휘 중의성이란 무엇인가? 의미 지배는 무엇인가? 의미 지배와 맥락은 우리가 문장을 읽을 때 중의적인 단어의 의미에 어떻게 접근하는지에 어떻게 영향을 주는가?

문장 이해

마지막 절이 단어에 관한 것이었지만, 마지막에는 문장에 대해서도 논의했다. 일상생활에서 단어만 나오는 경우가 거의 없다는 점을 감안하면 이는 놀랄 일이 아니다. 단어들은 함께 문장을 이루어 나타나는데, 문장에서는 단어의 뜻과 다른 요인들이 합쳐져서 문장의 의미를 창조한다. 단어들이 어떻게 문장의 의미를 창조하는지를 알려면 의미론과 통사론이라는 문장의 두 속성을 구분할 필요가 있다.

의미론과 통사론

의미론(semantics)은 단어와 문장의 의미를 가리키고, 통사론(syntax)은 단어들을 조합해 문장을 만들어내는 규칙을 가리킨다. 'The cats won't eat' 문장을 'The cats won't bake'로 바꾸는 것은 바뀐 문장이 의미를 갖지 못하기 때문에 **의미론적 오류**이다. 그러나 그 문장을 'The cats won't eating'으로 바꾸는 것은 바뀐 문장이 문법적이지 못하기 때문에 **통사론적 오류**이다. 통사론의 작동을 보여주는 또 다른 예는 어순이다. 'The cat chased the bird'라는 문장은 영어의 통사 규칙을 따르지만, 'Cat bird the chased'는 그렇지 못하다.

통사와 의미의 뇌 영역 뇌 손상 환자들을 연구하는 신경심리학은 통사와 의미가 뇌의 다른 영역에서 처리된다는 증거들을 제공한다. 뇌의 기능을 설명하기 위해 신경심리학을 이용한 가장 대표적인 예들 중 두 개가 2장에서 기능 국재화를 보여주기 위해 소개했던 Paul Broca(1861)와 Carl Wernicke(1879)의 고전적인 연구이다. Broca는 전두엽의 영역(브로카 영역)을 찾아냈는데, 그는 이 영역이 언어 산출에 관여한다고 제안했다. Wernicke는 측두엽 영역(베르니케 영역)을 찾아냈는데, 그는 이 영역이 언어 이해에 관여한다고 제안했다(그림 2.17). Broca와 Wernicke의 연구를 자세히 들여다보면 현대 연구자들은 브로카 영역을 통사(문장의 구조)와 베르니케 영역을 의미(뜻 이해하기)와 연결하는 것을 볼 수 있다.

Broca가 뇌졸중으로 전두엽이 손상된 환자들을 검사했을 때, 그는 그 환자들이 말이 느리고 말하는 데 굉장히 힘들어 하며 종종 문장 구조가 뒤죽박죽인 것을 발견했다. 다음에 나오는 것은 요즘 환자의 말을 풀어놓은 것인데, 이 환자는 뜨거운 욕조에 있다가 뇌졸중을 겪은 것에 대해 서술하려고 하고 있다.

> Alright⋯⋯Uh⋯⋯stroke and un⋯⋯I⋯⋯huh tawanna guy⋯⋯H⋯⋯h⋯⋯hot tub and⋯⋯ And the⋯⋯Two days when uh⋯⋯Hos⋯⋯uh⋯⋯Huh hospital and uh⋯⋯amet⋯⋯am⋯⋯ ambulance. (Dick et al., 2001, p.760)

브로카 영역의 손상으로 인해 느리고 힘들게 하는 문법적이지 않은 발화 문제를 지닌 환자들은 브로카 실어증(Broca's aphasia)을 보인다고 진단된다. 그 후의 연구들은 브로카 실어증 환자들이 완전한 문장을 만드는 데 어려움을 가질 뿐만 아니라 특정 유형의 문장들을 이해하는 데에도 어려움을 겪는 것을 보여주었다. 다음 두 문장을 생각해 보자.

5. The apple was eaten by the girl.
6. The boy was pushed by the girl.

브로카 실어증 환자들은 문장 [5]를 이해하는 데는 아무 문제가 없었지만, 문장 [6]을 이해하는 데는 어려움을 겪었다. 그들은 문장 [6]에서 소년이 소녀를 밀었는지 아니면 소녀가 소년을 밀었는지 판단하는 데 어려움을 겪었다. 여러분은 소녀가 소년을 밀었다는 게 명확하다고 생각할지 모르지만, 브로카 실어증 환자들은 'was'나 'by'와 같은 단어를 연결하는 데 어려움을 가지기 때문에 누가 밀침을 당했는지 판단하는 것이 어려웠다 (이 두 단어가 생략된 문장에서는 어떠한지 주목해 보라). 그렇지만 첫 번째 문장은 두 가지로 해석될 수 없다는 것을 알 수 있다. 이상한 공상 과학 소설이 아닌 다음에야 사과가 소녀를 먹는 것은 불가능하기 때문에 소녀가 사과를 먹었다는 것은 아주 분명하다 (Dick et al., 2001; Novick et al., 2005). 브로카 환자들이 산출과 이해에서 경험하는 어려움을 고려해서, 현대 연구자들은 전두엽에 있는 브로카 영역의 손상은 어순에 기초해 의미를 창조하는 통사처리에 문제를 일으킨다고 결론지었다.

Wernicke가 연구한 환자들은 측두엽에 손상이 있었는데, 이들은 유창하고 문법적으로는 문제가 없지만 응집적이지 못한 경향을 갖는 문장들을 산출했다. 다음은 베르니케 실어증(Wernicke's aphasia)을 보이는 최근 환자의 발화 예이다.

> It just suddenly had a feffort and all th feffort had gone with it. It even stepped my horn. They took them from earth you know. They make my favorite nine to severed and now I'm a been habed by the uh stam of fortment of my annulment which is now forever. (Dick et al., 2001, p.761)

이런 환자들은 의미 없는 발화를 산출할 뿐만 아니라 말과 글을 이해할 수 없다. 브로카 실어증 환자들은 문장 [6]과 같이 어순에 의해 의미가 정해지는 문장을 이해하는 데 어려움을 겪었지만, 베르니케 실어증 환자들은 보다 광범위하게 이해에 어려움을 겪었으며, 문장 [5]도 이해할 수 없었다. 그러니까 측두엽에 있는 베르니케 영역은 의미를 이해하는 의미처리에 관여한다.

통사와 의미의 전기적 신호 통사처리와 의미처리는 참가자의 두피에 부착한 작은 원형의 전극으로 기록한 아주 빠른 전기적 신호인 **사건유발전위**(event-related potential: ERP)를 측정해도 구분될 수 있다. ERP는 5장에서 작업기억에 위치한 항목의 수를 측정하는 수단으로 사용되었다(방법: 사건유발전위, 168쪽). 이제 언어를 연구하는 데 어떻게 ERP가 사용되는지에 대해 알아보자.

방법 **사건유발전위와 언어**

5장에서 본 것처럼, 사건유발전위(ERP)는 참가자의 두피에 부착한 작은 원형의 전극으로 기록한다(그림 5.20). ERP는 그림 11.6에 있는 반응에서 보듯이 아주 짧은 시간 단위(1000분의 1초 이하)로 발생하는 아주 빠른 반응이다. 이것은 대화를 이해하는 과정 등을 연구하는 데 이상적인데, 대화에서 화자는 평균 1초에 세 단어 이상을 말한다(Levelt, 1999).

ERP는 이렇게 빠를 뿐만 아니라 자극이 제시되고 나서 각기 다른 지연시간 후에 발생하는 몇 개의 파동으로 되어 있는데, 각 파동은 서로 다른 기능과 연결될 수 있다. 언어의 다른 측면에 반응하는 대표적인 두 가지 파동이 N400과 P600이다. 여기서 N은 '음'(ERP 기록에서 음이 위로 그려진다는 점을 주목하라)을 의미하고 P는 '양'을 의미한다. 숫자 400과 600은 반응이 정점에 달하는 시간을 ms 단위로 표현한 것이다. 순간순간 뇌에서 발생하는 사건에 대해 거의 연속적인 기록을 제공하기 때문에 언어와 같이 역동적인 처리를 연구하는 데 ERP가 특히 적합하다(Kim & Osterhout, 2005; Osterhout et al., 1997).

그림 11.6은 'The cats won't eat'이라는 문장과 이 문장을 약간 변형한 두 개의 버전에 대한 ERP 반응을 보여준다. 그림 11.6a에서 'The cats won't bake' 문장은 큰 N400 반

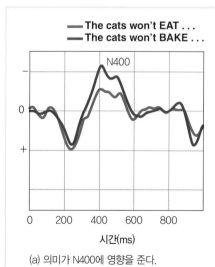

(a) 의미가 N400에 영향을 준다.

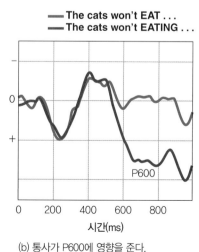

(b) 통사가 P600에 영향을 준다.

그림 11.6 (a) ERP의 N400파는 단어의 의미의 영향을 받는다. 단어의 의미가 나머지 문장의 의미와 부합하지 않을 때 파동이 커진다(빨간 선). (b) ERP의 P600파는 문법의 영향을 받는다. 문법적으로 부정확한 형태가 사용될 때 파동이 커진다(빨간 선).

출처: L. Osterhout J. McLaughlin, & M. Bersick, Event-related brain potentials and human language, *Trends in Cognitive Sciences, 1*, 203-209, 1997.

응을 보였다. 이 반응 요소는 문장에 있는 단어의 **의미**에 민감하다. 단어가 문장에 적합하지 않을 때 이 반응이 크게 나온다. 그림 11.6b에서 'The cats won't eating' 문장은 큰 P600 반응을 보였다. 이 반응 요소는 문장의 **형태**에 민감하다. 문장 형태가 부정확할 때 이 반응이 크게 나온다.

이 결과들에서 중요한 것은 통사와 의미에 대해 다른 생리적 반응을 보여준다는 점이다. 다른 실험들에서는 N400 반응이 측두엽에 있는 구조들과 관련이 있다는 것을 보여주었다. 예를 들어, 측두엽에 손상이 있으면 의미가 문장에 적합하지 않을 때 나오는 큰 N400 반응이 약하게 나온다. P600 반응은 보다 뇌의 앞부분에 있는 전두엽에 있는 구조들과 관련이 있다. 전두엽에 손상이 있으면 문장 형태가 부정확할 때 나오는 큰 P600 반응이 약하게 나온다(van Patten & Luca, 2006).

통사와 의미의 차이를 잘 기억해 두고, 이제 시간에 따라 순차적으로 문장이 전개되는 동안 어떻게 우리가 문장을 이해하는지에 대한 연구들에 대해 알아보자. 어떤 연구자들은 문장의 의미를 결정할 때 통사의 역할에 초점을 맞추고, 다른 연구자들은 의미와 다른 요인들도 고려해야 한다고 제안하는 것을 보게 될 것이다.

문장 이해: 통사처리

문장을 듣거나 읽는 동안 우리는 순차적으로 나오는 일련의 단어들을 접하게 된다. 이런 일이 일어나는 동안 단어들의 뜻과, 절 안에서 단어들이 묶이는 방법이라는 두 요인에서 도출되는 문장의 의미가 드러난다. 단어들을 집단화해서 절로 만드는 것을 통사처리(해독, parsing)라 하는데, 문장의 의미를 파악하는 데 통사처리가 중추적인 역할을 한다. 몇 개 문장을 잘 들여다보면 통사처리가 무엇인지 알 수 있다. 예를 들어, 문장의 시작 부분을 보라.

7.   After the musician played the piano……

다음에 무엇이 나올 것 같은가? 다음과 같이 이어질 것이다.

a.   ……she left the stage.
b.   ……she bowed to the audience.
c.   ……the crowd cheered wildly.

모든 후보들이 이해하기 쉽고 의미가 통하는 문장을 창조했다. 그러나 만약 다음 문장이 뒤따른다면 어떨까?

d.   ……was wheeled off of the stage.

문장 [7d] 전체 'After the musician played the piano was wheeled off of the stage.'를 읽으면 여러분은 놀랄지도 모른다. 많은 사람들은 'was wheeled'를 읽고 나서 잠시 쉬었다가 'After the musician played, the piano was wheeled off the stage.'로 읽히게 마음속에서 문장

을 재배열한다. 쉼표를 추가하면 문장 [7d]의 정확한 통사처리가 분명해진다.

처음에는 이런 이런 뜻처럼 보였는데, 나중에는 이와 다른 뜻으로 읽히는 이와 같은 문장을 오인 문장(garden path sentence, 이 표현은 'leading a person down the garden path' 라는 구절에서 나온 것으로, 사람들을 오도한다는 의미이다)이라 한다. 오인 문장은 문장의 앞부분에 있는 단어들이 중의적이어서 처음에는 한 가지 이상의 의미를 뜻하지만 문장의 끝 부분에 가면 뜻이 분명해지기 때문에 일시적 중의성(temporary ambiguity)을 보여준다.

통사처리의 통사론 우선 접근

언어를 연구하는 연구자들은 통사처리 중에 작동하는 기제를 알아내기 위해서 일시적 중의성을 가진 문장들을 이용한다. 통사처리, 특히 오인 문장의 통사처리를 설명하기 위해 제안된 초기 이론 중의 하나가 통사론 우선 접근(syntax-first approach to parsing)이다. Lynn Frazier(1979, 1987)가 제안한 이 접근에서는 통사론에 기초한 여러 가지 규칙들이 사람들이 문장을 읽을 때 단어들을 구로 집단화하는 것을 지배한다고 말한다. 이렇게 해나가는 중에 문장 [7d]를 읽을 때처럼 잠정적인 통사처리가 무언가 이상하다고 생각되면 문장을 재해석하기 위해 다른 정보들을 고려한다.

사람들이 단어를 집단화할 때 사용하는 규칙은 어떤 것들이 있을까? 통사론 우선 접근에서는 통사론에 기초한 여러 가지 원리들을 제안하였다. 여기서는 **늦은 종결 원리**에 대해 알아본다. 늦은 종결(late closure) 원리란 사람들이 문장에서 다음 단어를 읽으면 사람의 통사처리 기제는 그 단어를 지금 형성되고 있는 구의 부분으로 가정해서 가능한 한 현재 구성하는 구의 부분으로 추가한다는 원리이다(Frazier, 1987).

이 원리를 이해하기 위해 문장 [7d]를 다시 보자. 참가자는 문장의 앞부분부터 읽기 시작한다.

After the musician played……

여기까지에 있는 단어들은 하나의 구에 포함된다. 그럼 우리가 'the piano'라는 단어들을 읽게 되면 무슨 일이 일어날까? 늦은 종결 원리에 따르면 통사처리 기제는 'the piano' 를 지금 구성하고 있는 구의 일부분으로 가정하기 때문에 그 구는

After the musician played the piano……

가 된다. 이제까지는 아무 문제가 없다. 그러나 우리가 'was'라는 단어를 보게 되면 늦은 종결 원리에서는 이 부분도 구에 추가해서

After the musician played the piano was……

를 만든다. 이어서 그다음 단어 'wheeled'가 추가되어 더 긴 구절을 만들게 되면 무언가 어색하다는 것이 분명해진다. 늦은 종결 원리가 우리를 미아로 만들었다(미로로 이끌었

다!). 다시 생각해 볼 필요가 있게 되어 문장의 의미를 고려해서 'the piano'가 처음 구절에 포함되지 않게 문장을 다시 통사처리를 한다. 대신 'the piano'는 두 번째 절의 일부가 되어 문장을 다음처럼 집단화하게 된다.

8.　[After the musician played] [the piano was wheeled off the stage].

언어 체계가 오류로 이끄는 규칙을 사용할 수도 있다는 것이 이상하게 보일 수도 있지만, 늦은 종결 원리가 자주 정확한 통사처리를 이끌어 내기 때문에 늦은 종결 원리는 유용하다. 그러나 다른 연구자들은 수정이 필요하다는 것이 명확해질 때까지 늦은 종결 원리와 같은 통사 규칙만이 통사처리를 결정한다는 제안에 의문을 제기했다. 이 연구자들은 문장의 중간 부분에 이를 때까지 기다리는 것이 아니라 통사처리를 시작할 때부터 통사론 이외의 다른 요인들이 통사처리에 관여한다는 것을 보여주는 증거들을 내어 놓았다.

통사처리의 상호작용 접근

우리가 문장을 읽거나 들을 때 통사와 의미에 의해 제공되는 정보가 동시에 고려된다는 주장이 통사처리의 상호작용 접근(interactionist approach to parsing)이다. 이제 통사 이외의 다른 정보가 어떻게 통사처리에 영향을 미치는지를 보여주는 몇 개의 실험에 대해 알아보겠다.

문장 속에 있는 단어의 의미　의미의 역할을 보여주는 한 가지 방법은 문장 속에 있는 단어의 의미가 어떻게 처음부터 영향을 미칠 수 있는지를 보여주는 것이다. 이제 같은 구조를 가졌지만 단어의 의미에 따라 중의적일 수도 있고 중의적이지 않을 수도 있는 몇 개의 문장을 살펴보자. 다음 문장을 생각해 보자.

9.　The spy saw the man with the binoculars.

이 문장은 문장 속의 단어들의 관계가 다르게 표상되는 두 가지 의미를 가진다. 구들 간의 관계는 화살표로 표시되었다.

　　　집단화 1: [The spy saw the man] [with the binoculars].
　　　의미: 쌍안경을 든 스파이가 어떤 사람을 보고 있다(그림 11.7a).

　　　집단화 2: [The spy saw] [the man with the binoculars].
　　　의미: 스파이가 쌍안경을 가지고 있는 어떤 사람을 보고 있다(그림 11.7b).

그러나 다음 예처럼 한 단어만 바꾸면 한 가지 의미만 적절해진다.

10.　The bird saw the man with the binoculars.

그림 11.7 'The spy saw the man with the binoculars'라는 문장의 두 가지 가능한 해석 © Cengage Learning

이 문장을 집단화 1처럼 조직화하면 새가 쌍안경으로 보아야 하기 때문에 이 해석은 고려할 대상이 되지 못하고, 집단화 2가 문장 [10]에 자동적으로 적용된다. 여기서 중요한 점은 'bird' 문장이 'spy' 문장과 구조는 똑같지만, 스파이의 속성과 새의 속성에 대한 우리의 지식이 우리가 문장 속에 있는 단어들 간의 관계를 해석하는 방식에 영향을 준다는 점이다.

시각 장면에 있는 정보 문장에 대한 해석은 문장 속에 있는 단어들의 의미뿐만 아니라 우리가 보고 있을 수 있는 장면의 의미에도 영향을 받는다. 장면 속의 특정 물체를 보는 것이 어떻게 우리가 그 장면을 해석하는지에 영향을 주는지 알아보기 위해 Michael Tanenhaus와 동료들(1995)은 시각 세상 연구법(visual world paradigm)이라는 기법을 개발했다. 이 연구법에서는 참가자들이 시각 장면을 보는 동안 어떻게 정보를 처리하는지를 밝혀낸다. Tanenhaus의 실험에서는 참가자들이 그림 11.8a(사과 두 개 조건)나 그림 11.9a(사과 한 개 조건)처럼 탁자에 있는 물체들을 볼 때 그들의 안구 운동을 측정하였다. 이 그림을 보고 있는 동안 다음과 같은 지시를 수행하라고 요구받았다.

Place the apple on the towel in the box.

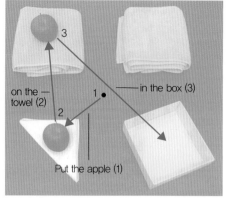

(a) 사과 두 개 조건 (b) 안구 운동

그림 11.8 (a) Tanenhaus 등(1995)의 참가자들이 본 것과 유사한 사과 두 개 장면. (b) 이 과제를 수행하는 동안의 안구 운동. © Cengage Learning

이 문장의 시작 부분인 'Place the apple on the towel'은 두 가지 방식 중의 하나로 해석될 수 있다.

해석 1: 그 사과가 타월 위에 있다.

해석 2: 사과를 타월 위로 옮겨라.

상호작용 접근에서는 장면에 사과가 두 개 있고(그림 11.8a) 참가자들이 'Put the apple'이라는 말을 들을 때에는 발화자가 어떤 사과를 말하는지 참가자들이 알 수 있게 하는 정보를 당장 포함시킬 것이라고 참가자들이 기대하기 때문에 해석 1을 택할 것이라고 예측하였다. 이런 일이 일어나는지 알아보기 위해 Tanenehaus는 참가자들이 지시를 듣고 있는 동안 그들의 안구 운동을 측정하였다.

그림 11.8b는 그 결과를 보여준다. 많은 참가자들이 'Put the apple'이라는 말을 들으면 냅킨 위에 있는 사과를 먼저 보았고(안구 운동 1), 'on the towel'이라는 말을 들으면 타월 위에 있는 사과로 응시점을 이동했다(안구 운동 2). 이것은 상호작용 접근이 예상한 것처럼 참가자들이 문장의 시작 부분을 어떤 사과가 움직여져야 하는지를 알려준 것으로 해석한다는 것을 의미한다.

사과가 하나만 있을 때(그림 11.9a) 상호작용 접근에서는 다른 결과를 예상한다. 이 경우 참가자들은 'Put the apple'이라는 말을 들으면 곧바로 어떤 사과를 움직여야 하는지 알기 때문에 해석 2를 선택할 가능성이 높다. 이 조건에서의 안구 운동 기록이 그림 11.9b에 있는데, 참가자들은 'Put the apple on the towel'을 들으면 곧장 사과를 쳐다보고(안구 운동 1) 이어서 다른 타월을 쳐다본다(안구 운동 2). 즉, 이 참가자는 해석 2를 택해서 사과가 다른 타월로 옮겨져야 한다고 해석했다는 것을 보여준다. 그러나 'in the box'라는 말을 듣게 되면 이 참가자는 재빨리 해석을 수정해서 처음에 본 사과를 다시 보고(안구 운동 3) 이어서 상자를 쳐다본다(안구 운동 4). 즉, 사과가 상자 속으로 옮겨져야 한다고 새롭게 해석했다는 것을 보여준다.

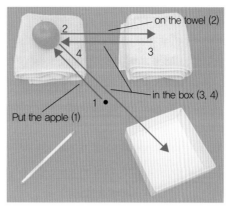

(a) 사과 한 개 조건 (b) 안구 운동

그림 11.9 (a) Tanenhaus 등(1995)의 참가자들이 본 것과 유사한 사과 한 개 장면, (b) 이 과제를 수행하는 동안의 안구 운동. © Cengage Learning

이 실험의 중요한 결과는 안구 운동을 통해 드러난 참가자들의 문장 이해 방식은 그들이 보고 있는 장면에 의해서 결정된다는 점이다. 이 결과는 통사론 우선 접근이 예상하는 것과는 다르다. 통사처리가 항상 문장의 구조에 기초한다면, 장면을 변화시키는 것은 안구 운동에 영향을 주어서는 안 된다. (시각 세상 연구법을 사용한 연구 예로 Chambers et al., 2004를 참고하라.)

주위 환경에 대한 지식에 기초해서 예측하기 시각 세상 연구법이 우리가 어떻게 언어를 이해하는지에 대해 기여한 것은 우리가 주위와 상호작용할 때 언어를 사용한다는 것을 일깨워주었다는 점이다. 그리고 최근 연구 결과들을 보면 우리가 환경과 능동적으로 상호작용하지 않을 때에도 우리는 계속해서 주위환경에 대한 지식을 이용해서 우리가 보거나 듣게 될 것에 대해 예측한다. 이 생각에 따르면 우리는 의미를 파악할 때 환경에 대한 '통계'(어떤 일이 일어날 가능성이 가장 높은가)를 고려한다. 이것은 우리가 단어가 문장의 의미를 파악하는 데 어떻게 영향을 미치는지에 대해 논의할 때 문장 [10]을 이해할 때 새는 쌍안경으로 들여다볼 수 없다는 지식을 이용한다고 말한 것과 유사하다(381쪽). 그러나 환경에 대한 지식이 문장 이해에 영향을 준다는 말은 개별 단어에 대한 지식 이상의 지식을 포함한다. 예를 들어, 다음 문장에 대해 생각해 보자.

'Getting himself and his car to work on the neighboring island was time consuming. Every morning he drove for a few minutes, and then boarded the……'

이 문장을 완성할 방안은 여러 가지가 있지만, 대부분의 사람은 'ferry'라고 답한다 (Federmeier & Kutas, 1999). 사람들은 통사와 의미, 심지어는 문장에 있는 개별 단어들의 의미를 넘어서는 지식을 활용한다. 그 사람이 연락선 'ferry'를 탈것이라고 기대하는 것은 한 섬에서 다른 섬으로 차를 타고 이동하는 가능한 방법은 'ferry'(다리가 아니고)를 타는 것이라는 지식에서 만들어진다. 그리고 'boat'라는 단어보다 'ferry'라는 단어가 더 많이 선택되는 이유는 'ferry'는 차를 운송하기 위해 고안된 'boat'의 한 유형이기 때문이다.

언어 구성에 대한 지식에 기초해서 예측하기 주위 환경에 대한 지식에 기초해서 예측하는 것에 더해서 사람들은 어떻게 언어가 구성되는지에 대한 지식에 기초해서도 예측을 한다. 다음 두 문장에 대해 생각해 보자.

11. The experienced soldiers <u>warned</u> about the dangers before the midnight raid.

12. The experienced soldiers <u>warned</u> about the dangers conducted the midnight raid.

'dangers'를 읽고 나면 이 문장의 단어들을 다음처럼 집단화해야 한다는 것을 실감하게 되기 때문에, 문장 [12]는 오인 문장이라는 것을 알아차렸을 것이다.

[The experienced soldiers warned about the dangers] [conducted the midnight raid].

단어들이 이와 같이 집단화되리라고 미리 예측하지 못한 이유는 'warned'와 같은 단어들은 문장 [11]에서처럼 문장의 주동사(main verb: MV)로 사용되거나 문장 [12]에서처럼 관계절(relative clause: RC)에 포함되기 때문이다(그림 11.10).

영어 말뭉치에 따르면 문장 [11]에서와 같은 MV 구성이 더 많이 사용된다. 그러니까 언어에 대한 경험이 가장 가능성이 높은 문장을 구성하게 할 것이라는 생각에 따르면 문장 [12]를 읽을 때 우리의 경험이 MV 문장을 예상하게 이끌기 때문에 우리는 '미로'에 빠지게 된다.

특정 구조의 문장에 대한 경험이 어떻게 문장이 조직화될지 예상하는 데 영향을 준다는 이 생각은 Alex Fine과 동료들(2013)이 새로운 구조의 문장을 경험하면 문장 구조에

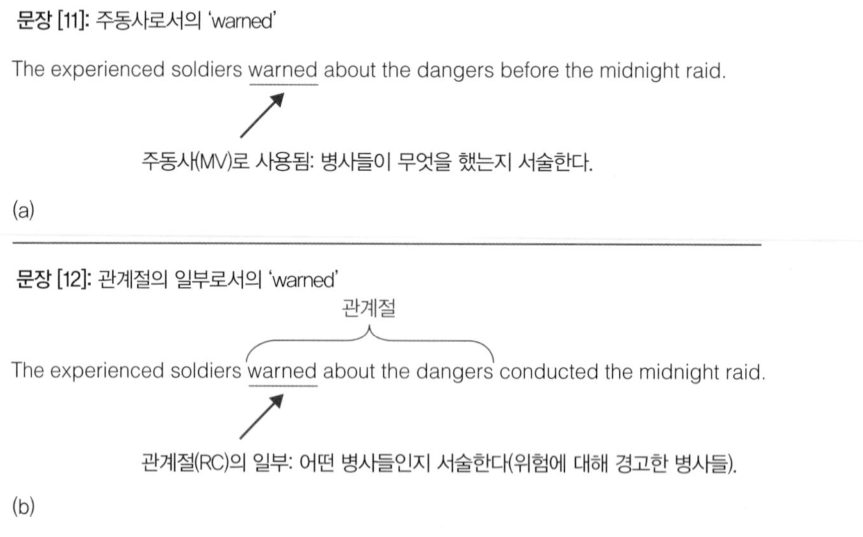

문장 [11]: 주동사로서의 'warned'

The experienced soldiers <u>warned</u> about the dangers before the midnight raid.

주동사(MV)로 사용됨: 병사들이 무엇을 했는지 서술한다.

(a)

문장 [12]: 관계절의 일부로서의 'warned'

관계절

The experienced soldiers <u>warned</u> about the dangers conducted the midnight raid.

관계절(RC)의 일부: 어떤 병사들인지 서술한다(위험에 대해 경고한 병사들).

(b)

그림 11.10 (a) 주동사로 사용된 'warned'. 이것이 가장 가능성이 높은 구성이다. (b) 'warned'가 관계절에 들어있는 경우 'warned'는 절의 한 부분이 되어 'warned'가 주동사일 경우와는 다르게 구성된다. 이것은 가능성이 적은 구성이다. © 2015 Cengage Learning

대한 예상이 이에 기초해서 달라지게 학습될 수 있는지를 묻게 하였다. 그들은 이 질문에 답하기 위해 이동 창 기법을 이용해서 참가자들이 문장을 읽게 하였다. 이동 창 기법에서는 컴퓨터 화면에 한 단어만 보이는데 스페이스 바를 누르면 문장의 다음 단어가 창에 나타난다. Fine과 Jaeger는 다음과 같은 중의적인 관계절(RC)과 그렇지 않은 관계절을 제시하였다.

12. The experienced soldiers warned about the dangers **conducted the midnight** raid. (이것은 위의 문장 [12]를 반복한 것이다.)

13. The experienced soldiers who were warned about the dangers **conducted the midnight** raid. (이것은 문장 [12]를 중의적이지 않게 바꾼 것이다. 단어 'who'를 추가하면 'warned'가 관계절의 부분이라는 것을 알려줘서 문장을 중의적이지 않게 만드는 것을 주목하라.)

그림 11.11의 왼쪽에 있는 한 쌍의 막대는 처음 10개의 문장에서(5개는 [12]처럼 중의적인 문장이고, 나머지 5개는 [13]처럼 중의적이지 않은 문장) 굵게 표시된 단어들의 읽기 시간을 보여주는데, 중의적이지 않은 문장에 있는 단어들보다 중의적인 문장에 있는 같은 단어를 읽는 시간이 길었다. 문장 [12]처럼 동사가 관계절의 일부로 사용된 문장들은 오인 문장이라는 경험에 비추어 보면 이 결과는 우리가 기대할 수 있는 결과이다. 중의적이지 않은 관계절에 비해 중의적인 관계절의 읽기 시간이 긴 것을 중의성 효과라 한다.

그러나 그림 11.11의 오른쪽 막대 쌍에 그려진 것처럼, 후반부 10개 문장에서는 중의성 효과가 사라졌다. 여기에서는 중의적이지 않은 관계절과 중의적인 관계절의 읽기 시간의 차이가 크지 않았다. 참가자들이 관계절로 사용된 동사를 읽는 경험이 쌓이면서 문장 구조에 대한 새로운 통계, 즉 관계절이 보편적으로 사용되는 문장 구조를 채택한 것 같다. 이 결과들은 관계절 문장 구조를 처리하는 것이 용이해지게 참가자들이 관계절 문장에 대한 기대를 수정한다는 것을 보여줘서 언어처리에서 경험의 역할을 알려준다. 문장의 구조에 대한 예측이 그 사람이 문장을 읽을 때의 처리에 영향을 미친다는 것을 보여주기 때문에 경험에 기반에 둔 문장 이해에 대한 설명은 통사처리에 대한 상호작용 접근을 지지한다(이 절에서 논의한 '보여주기'와 실험들의 결과를 요약한 표 11.3을 참고하라).

이제 우리가 어떻게 문장을 이해하는지에서 우리가 어떻게 덩이글과 이야기를 이해하는지로 옮겨갈 준비가 다 되었다. 앞으로 보겠지만, 덩이글과 이야기 이해에 관한 대부분의 연구는 이야기에 대한 이해가 어떻게 여러 개의 문장을 통해서 제공되는 정보의 영향을 받는지에 관한 것이다.

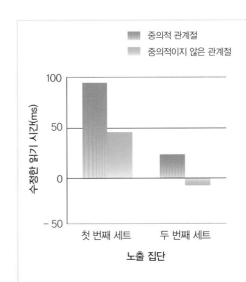

그림 11.11 **반복해서 노출되면 중의적인 관계절의 읽기 시간이 감소한다는 것을 보여주는 Fine과 Jaeger(2013)의 실험 결과** 참가자들 간의 차이와 연습을 하면 모든 조건에서 읽기 시간이 줄어든다는 점을 감안해서 읽기 시간을 조정하였다. 그러다 보니 중의적이지 않은 관계절의 읽기 시간이 음으로 조정되었다. 두 번째 세트에서는 중의적 관계절과 중의적이지 않은 관계절의 읽기 시간의 차이가 크지 않은데, 이는 중의성 효과가 없다는 것을 의미한다.

출처: A. B. Fine, T. A. Farmer, & T. Qian, Rapid expectation adaptation during syntactic comprehension, *Plos One, 8*, e77661, Figure 1, 2013.

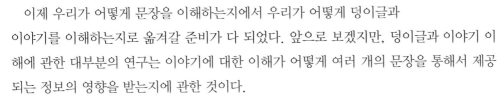

표 11.3 문장 이해

효과	서술	결론
의미와 통사는 뇌의 다른 영역의 손상의 영향을 받는다.	브로카: 전두엽 손상이 통사에 영향을 준다. 베르니케: 측두엽 손상이 의미에 영향을 준다.	의미와 통사는 뇌의 다른 부위에서 처리된다(그림 2.17).
의미와 통사 오류는 ERP 반응을 생성한다.	의미와 통사 오류는 ERP의 N400(의미)과 P600(통사)을 증가시킨다.	의미와 통사는 뇌에서 다르게 처리된다 (그림 11.6).
문장 속의 단어들은 중의적 문장의 처리에 영향을 준다.	'The spy saw the man with binoculars'와 'The bird saw the man with binoculars'의 차이.	의미가 통사처리에 영향을 줄 수 있다 (그림 11.7).
시각 장면에 있는 정보는 중의적 문장의 처리에 영향을 준다.	장면이 다르면 같은 문장을 다르게 처리한다.	장면의 내용이 문장처리에 영향을 줄 수 있다(그림 11.8, 그림 11.9).
일시적 중의성은 기대에 의해 생길 수 있고, 경험에 의해 변화할 수 있다.	가능성이 낮은 문장 구성은 중의성을 초래하지만, 경험을 하게 되면 이 효과가 감소한다.	언어의 통계에 대한 과거 경험과 문장을 읽으면서 경험하는 것이 문장처리에 영향을 준다(그림 11.10, 그림 11.11).

자가 테스트 11.2

1. 의미론이란 무엇인가? 통사론이란? 언어의 이 두 측면이 어떻게 연구되었는지를 (a) 신경심리학 연구와 (b) 사건유발전위 연구를 이용해서 서술하라.

2. 통사처리(해독)란 무엇인가? 오인 문장이란 무엇인가?

3. 통사처리의 통사론 우선 접근에 대해 서술하라. 늦은 종결 원리를 반드시 이해하도록 하라.

4. 통사처리의 상호작용 접근에 대해 서술하라. 이 접근은 통사론 우선 접근과 어떤 점에서 다른가?

5. 통사처리의 상호작용 접근을 지지하는 다음의 증거들 각각에 대해 서술하라.

   a. 문장에 있는 단어들의 뜻이 어떻게 통사처리에 영향을 주는가?

   b. 시각 장면에 있는 정보들이 어떻게 통사처리에 영향을 주는가?(시각 세상 연구법)

   c. 세상 지식에 기초한 예측이 어떻게 통사처리에 영향을 주는가?

   d. 언어 구조에 대한 지식에 기초한 예측이 어떻게 통사처리에 영향을 주는가?

덩이글과 이야기 이해

문장이 개별 단어들의 의미의 총합 이상이듯이 이야기는 개별 문장들의 의미의 총합 이상이다. 잘 짜인 이야기에서는 이야기의 한 부분에 있는 문장이 다른 부분에 있는 문장과 관련이 있다. 독자들이 해야 할 일은 문장들 간의 관계를 이용해서 응집적이고 이해 가능한 이야기를 만들어내는 것이다.

응집적인 이야기를 만들어내는 과정에서 중요한 부분이 추론이다. 추론(inferences)이란 우리의 지식을 이용해서 글을 통해 제공된 정보를 넘어서서 덩이글의 의미를 파악하는 인지처리를 말한다. 우리는 지각에서 무의식적 추론이 지각에 관여하는 것(3장 77쪽)

을 보았고, 기억의 구성적 본질에 대해 8장에서 서술할 때 과거에 일어났던 것들을 인출하는 동안 종종 그 사실을 자각하지 못한 채 추론한다는 것을 보았다(269쪽).

추론하기

언어 이해에서 추론이 일어난다는 것을 보여주는 초기 예는 John Bransford와 Marcia Johnson(1973)의 실험인데, 이 실험에서는 참가자들에게 짧은 글을 읽게 한 다음 무엇을 기억하는지 알아보았다. Bransford와 Johnson의 참가자들이 읽은 글 중의 하나는 다음과 같다.

John was trying to fix the birdhouse. He was pounding the nail when his father came out to watch him and help him do the work.

이 글을 읽고 나서 참가자들은 다음 글을 읽은 적이 있다고 답하는 경향이 있었다. 'John was using a hammer to fix the birdhouse when his father came out to watch him and help him do the work.' 못을 박고 있었다는 정보에서 John이 망치를 사용했다고 **추론했**기 때문에 망치를 사용했다는 것을 읽은 적이 없는데도 이 글을 읽었다고 대답했다. 사람들은 덩이글을 읽으면서 여러 가지 유형의 추론을 하기 위해 유사한 창의적인 처리를 한다.

추론의 한 가지 역할은 이야기의 부분들 간에 연결을 만드는 것이다. 이 처리는 전형적으로 이야기글을 인용해서 예시된다. **이야기글**은 한 사건에서 다른 사건으로 전개되어 나가는 덩이글을 가리키는데, 이야기에서는 이전에 일어났던 일을 되돌아가 회상하는 부분이 들어 있기도 하다. 이야기글의 중요한 속성 중의 하나는 **응집성**(coherence)이다. 응집성이란 사람의 마음속에서 덩이글의 한 부분에 있는 정보가 다른 부분에 있는 정보와 연결되도록 표상된 것을 가리킨다. 응집성은 여러 가지 유형의 추론을 통해 달성될 수 있다.

대용어 추론　한 문장에 있는 물체나 사람을 다른 문장에 있는 물체나 사람과 연결하는 추론을 **대용어 추론**(anaphoric inferences)이라 한다. 다음 예를 생각해 보자.

Riffifi, the famous poodle, won the dog show. She has now won the last three shows she has entered.

두 번째 문장의 처음에 있는 'She'와 마지막 부분에 있는 'she'가 'Riffifi'를 가리킨다고 추론할 때 대용어 추론이 발생한 것이다. 앞의 'John and the birdhouse' 예에서 두 번째 문장의 'He'가 'John'을 가리킨다는 것을 아는 것도 대용어 추론의 예이다.

우리는 문장에서 정보들이 제시되는 방식과 우리가 갖고 있는 지식을 사용할 수 있는 능력 때문에 대용어 추론을 할 때 일상적으로는 별 어려움을 겪지 않는다. 그러나 헤비급 세계 챔피언이었던 George Foreman(유명한 식당 체인에 자기 이름을 빌려준 것으로도 유명하다)이 『뉴욕 타임스(New York Times)』와 한 인터뷰의 한 구절은 대용어 추론이 항상 쉬운 것은 아니라는 것을 보여준다.

> ······we really love to ··· go down to our ranch ······ I take the kids out and we fish. And then, of course, we grill them. (Stevens, 2002)

문장의 통사적인 구조만 보면 아이들을 구웠다고 결론내릴 수 있다. 그러나 우리가 구운 것은 물고기들이지 George Foreman의 아이들이 아니라는 것을 안다. 독자들은 덩이글에 주어진 정보에 자기들이 갖고 있는 세상에 대한 지식에서 나온 정보를 더하기 때문에 어려운 상황에서도 대용어 추론을 할 수 있다.

도구 추론 도구나 방법에 대한 추론을 도구 추론(instrument inferences)이라 한다. 예를 들어, 우리가 'William Shakespeare wrote *Hamlet* while he was sitting at his desk'라는 문장을 읽을 때 우리는 Shakespeare가 살아있을 무렵에 대한 지식을 이용해서 아마도 깃털 펜(랩톱 컴퓨터가 아니라!)으로 글을 썼을 것이고 책상은 나무로 만들어진 것이었으리라고 추론한다. 마찬가지로, John과 새집에 관한 글에서 John이 못을 박으려고 망치를 사용했을 것이라고 추론할 수 있는데, 이 추론도 도구 추론이다.

인과 추론 어떤 절이나 문장에 서술된 사건이 그보다 먼저 서술된 문장에서 발생한 사건에 의해 초래된 것이라는 추론이 인과 추론(causal inferences)이다(Goldman et al., 1999; Graesser et al., 1994; van den Broek, 1994). 예를 들어, 다음 문장들을 읽어 보자.

> Sharon took an aspirin. Her headache went away.

우리는 'Her'는 Sharon을 가리킨다고 대용어 추론을 한다. 그리고 아스피린을 먹는 것이 두통을 사라지는 결과를 초래했다고 인과 추론을 한다(Singer et al., 1992). 이것은 우리 문화권 대부분의 사람들이 두통과 아스피린에 관한 지식에 기초해서 내리는 아주 당연해 보이는 추론의 예이다. 그러나 어떤 인과 추론들은 금방 드러나지 않아서 그것을 파악하는 데 애를 먹는 수도 있다. 다음 문장들을 읽고 어떤 결론을 내릴 수 있을까?

> Sharon took a shower. Her headache went away.

아마도 여러분은 두통이 사라졌다는 문장이 샤워 문장에 곧이어 나왔기 때문에 샤워를 하는 것이 Sharon의 두통이 없어진 것과 무슨 연관이 있을 것이라고 결론 내릴지도 모른다. 그러나 샤워와 두통 간의 인과적 연결은 첫 번째 문장 쌍에 있는 아스피린과 두통 간의 인과적 연결보다 약하다. 글을 읽는 사람은 샤워와 두통 간의 연결을 만들기 위해 더 노력해야 한다. 여러분은 샤워가 Sharon을 편안하게 만든다든가 샤워를 하면서 노래 부르는 습관이 효과를 보인 것이라든가 하는 추론을 만들어야 한다. 아니면 여러분은 실제 이 두 문장 간에 별 연결이 없다고 결론을 내릴 수도 있다.

추론은 덩이글에 응집성을 만들어내는 데 필수적인 연결을 생성해내는 것이고, 이런 추론을 만들어내는 것은 독자의 창의성을 필요로 할 수도 있다. 그러니까 덩이글을 읽는 것은 단순히 단어나 문장을 이해하는 것이 아니다. 덩이글을 읽는 과정은 단어나 문장,

그리고 문장들의 연쇄를 의미 있는 이야기로 변형시키는 처리를 포함하는 역동적인 처리이다. 이것은 독자와 글쓴이 둘 다의 기술과 의도에 따라 쉬운 일이 되기도 하고, 어려운 일이 되기도 한다(Goldman et al., 1999; Graesser et al., 1994; van den Broek, 1994).

이제까지는 사람들이 이야기의 부분들 간의 연결을 추론하기 위해 그들이 가진 지식을 어떻게 이용하는지의 관점에서 덩이글 이해과정을 서술하였다. 사람들이 어떻게 이야기를 이해하는지를 알아보는 또 다른 접근법은 사람들이 이야기를 읽으면서 형성하는 심적 표상의 본질에 대해 생각해 보는 것이다. 이 접근이 덩이글 이해의 상황 모형 접근이다.

상황 모형

상황 모형(situation model)은 덩이글의 내용에 관한 표상이다(Johnson-Laird, 1983). 이 접근에서는 사람들이 글을 읽으면서 형성하는 표상은 구나 문장이나 문단에 대한 정보로 구성되는 것이 아니라고 제안한다. 그 표상은 이야기에서 서술하고 있는 사람, 물체, 장소, 사건들로 서술된 상황에 대한 표상이라고 본다(Barsalou, 2008, 2009; Graesser & Wiemer-Hastings, 1999; Zwaan, 1999).

시뮬레이션으로서의 심적 표상 '덩이글의 내용에 관한 표상'이란 정확하게 무엇인가? 이 질문에 답한 방법 중의 하나에서는 사람들은 이야기를 읽을 때 이야기에 등장한 물체와

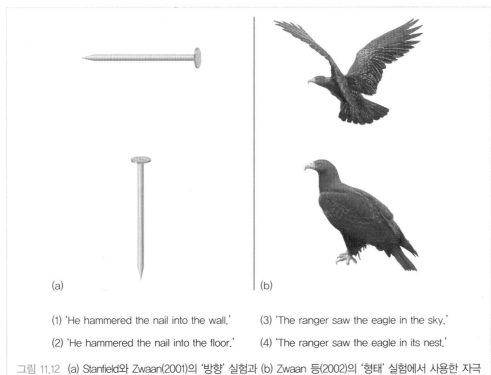

(a)

(b)

(1) 'He hammered the nail into the wall.'   (3) 'The ranger saw the eagle in the sky.'

(2) 'He hammered the nail into the floor.'   (4) 'The ranger saw the eagle in its nest.'

그림 11.12 (a) Stanfield와 Zwaan(2001)의 '방향' 실험과 (b) Zwaan 등(2002)의 '형태' 실험에서 사용한 자극과 유사한 자극들. 참가자들은 문장을 듣고 나서 그림이 문장에서 서술된 대상과 일치하는지 판단해야 했다.

© Cengage Learning

사건의 지각적 특징과 운동(동작) 특징을 **모사**한다고 제안하였다. 이 생각은 참가자에게 어떤 물체가 포함된 상황을 서술하는 문장을 읽게 한 후 어떤 그림이 문장에서 서술한 물체를 보여주는 것인지 최대한 빨리 판단하게 해서 검증되었다. 다음 두 문장에 대해 생각해 보자.

1. He hammered the nail into the wall.
2. He hammered the nail into the floor.

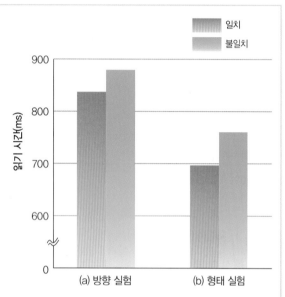

그림 11.13 Stanfield와 Zwaan(2001)와 Zwaan 등(2002)의 **실험 결과** 참가자들은 문장과 일치하는 '방향'(a)과 '형태'(b)에 대해 더 빨리 '예'라고 반응했다.

출처: R. A. Stanfield & R. A. Zwaan, The effect of implied orientation derived from verbal content on picture recognition, *Psychological Science, 12*, 153-156, 2001.

그림 11.12a에서 수평으로 놓인 못은 문장 [1]에서 기대되는 못의 방향과 일치하고, 수직으로 있는 못은 문장 [2]에서 기대되는 방향과 일치한다. Robert Stanfield와 Rolf Zwaan(2001)은 이 문장들을 보여주고 이어서 일치하는 그림이나 일치하지 않는 그림을 보여주었다. 두 그림이 모두 못을 보여주고, 참가자는 그림이 문장에서 서술한 물체를 보여주는지 판단하는 것이기 때문에 어떤 그림이 보이든 정답은 '예'이다. 그러나 참가자들은 그림의 방향이 문장에서 서술하고 있는 상황과 일치할 때 더 빨리 '예'라고 답했다(그림 11.13a).

물체의 형태를 다룬 다른 실험에서 사용한 그림이 그림 11.12b에 제시되었다. 이 그림에 대해 사용한 문장은 다음과 같다.

1. The ranger saw the eagle in the sky.
2. The ranger saw the eagle in its nest.

Zwaan과 동료들(2002)이 수행한 이 실험에서 날개를 펼친 독수리 그림은 문장 [2] 다음에 나올 때보다 문장 [1] 다음에 나올 때 반응이 빨랐다. 이전 실험과 마찬가지로 그림이 문장에서 서술하는 상황과 일치할 때 반응시간이 짧았다. 그림 11.13b에 제시된 결과는 방향을 다룬 실험의 결과와 일치하였고, 두 실험은 참가자들은 문장들을 읽으면서 상황과 일치하는 지각을 창조해낸다는 생각을 지지한다.

지금까지 우리가 서술한 실험들에서는 지각을 강조하였다. 그러나 상황 모형 접근에서는 독자나 청자는 이야기에 있는 물체의 운동 특성도 모사한다는 주장도 함께 펼친다. 이 생각에 따르면 움직임을 포함하는 이야기는 사람들이 그 이야기를 이해하는 동안 이 움직임에 대한 모사를 이끌어낸다. 예를 들어, 자전거에 대한 이야기는 자전거가 어떻게 생겼는지에 대한 지각뿐만 아니라 움직임과 연합된 속성을 유발한다. 말하자면, 어떻게 자전거가 움직여지는지(페달을 밟아서) 그리고 각기 다른 조건(언덕 오르기, 자전거 경주, 경치 감상)에서 자전거를 탈 때 취하는 몸 움직임을 유발시킨다. 이것은 9장에서 소개한 범주에 대한 지식은 그 범주의 전형적인 물체를 알아보는 것 이상이라는 주장과 일치한다. 범주에 대한 지식은 그 물체가 어떻게 사용되는지, 무슨 일을 하는지, 그리고 때로는 그 물체가 야기하는 정서적 반응과 같은 다양한 속성들을 포함한다. 이런 방식으로 참가자의 반응을 해석하는 것은 이야기에서 단순히 무슨 일이 일어났는지를 이해하는 것을 넘어서 사건들에 풍부함을 더해준다(Barsalou, 2008; Fischer & Zwaan, 2008).

9장(325쪽)에서 우리는 Olaf Hauk과 동료들(2004)이 (1) 참가자가 오른쪽이나 왼쪽 발, 오른쪽이나 왼쪽 집게손가락, 또는 혀를 움직일 때와 (2) 참가자들이 차다(발동작), 뽑다(손이나 팔 동작), 또는 빨다(혀 동작)와 같은 '동작 단어'를 읽을 때의 두 조건에서 fMRI를 이용해서 뇌의 활성화를 측정해서 움직임과 동작 단어와 뇌의 활성화 간의 관계를 알아보았다는 것을 다루었다.

Hauk의 결과는 실제 움직임(그림 9.24a, 325쪽)에도 활성화되고 동작 단어를 읽어도(그림 9.24b) 활성화되는 피질 영역을 보여준다. 실제로 움직일 때 활성화는 더 광범위했지만, 거의 같은 뇌 영역에서 단어를 읽을 때 활성화가 발생했다. 예를 들어, 다리 단어와 다리 움직임은 뇌의 중심선 근처에서 활성화를 발생시켰지만, 팔 단어와 손가락 움직임은 중심선에서 벗어난 영역에서 활성화를 발생시켰다. 동작 단어와 뇌의 동작 영역의 활성화 간의 연결은 사람들이 글을 읽을 때 상황 모형을 창조하는 것과 연관될지도 모르는 생리적 기제를 시사한다.

상황에 대한 지식에 기초한 예측 글을 읽는 동안 계속 상황에 관한 정보에 접근한다는 생각에 대해 알아보는 것으로 상황 모형에 대한 논의를 계속해 가자. 계속 상황에 관한 정보에 접근하는 것은 우리가 다음에 무엇을 읽을지에 대해 예측하는 것을 가능하게 해 준다.

정보에 접근하는 것이 이야기를 이해할 때 담당하는 역할은 사람들이 짧은 글을 읽는 동안 사건유발전위(ERP)를 측정해서 연구했다. ERP에서 N400 반응은 단어 의미의 오류에 대한 반응으로 발생한다는 점을 기억하자. 그러니까 우리가 고양이에 대해 알고 있는 지식에 비추어볼 때 'bake'라는 단어는 의미상 적절하지 않기 때문에 그림 11.6에서 볼 수 있듯이 N400 반응은 'the cats won't bake'라는 문장을 보았을 때 발생한다.

Ross Metusalem과 동료들(2012)은 참가자들이 다음과 같은 시나리오를 읽을 동안 그들의 ERP를 측정하였다.

CONCERT SCENARIO

The band was very popular and Joe was sure the concert would be sold out. Amazingly, he was able to get a seat down in front. He couldn't believe how close he was when he saw the group walk out onto the (*stage* / *guitar* / *barn*) and start playing.

괄호 속의 세 단어 중 한 단어가 들어가게 해서 각 시나리오마다 세 개의 버전이 만들어졌다.

여러분이 이 시나리오를 읽는다면 어떤 단어가 'he saw the group walk out onto the……'에 이어서 나올 것으로 예측하는가? 'stage'가 너무나도 당연한 선택지라서 이 조건은 '기대' 조건이라 부른다. 'guitar'는 이 글에는 적

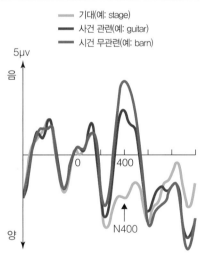

그림 11.14 **Metusalem 등(2012)의 콘서트 실험 결과** 중요한 결과는 'guitar'와 같이 사건 관련 단어(빨간 곡선)에 대한 N400이 'barn'과 같은 사건 무관련 단어(파란 곡선)에 대한 N400보다 작다는 것이다. 이 결과는 'guitar'가 문장과 일치하지는 않지만 콘서트와 연합되어 있다는 지식이 활성화되었다는 것을 시사한다.

출처: R. Metusalem. M. Kutas, T. P. Urbach, M. Hare, K. McRae, & J. Elman, Generalized event knowledge activation during online sentence comprehension, *Journal of Memory and Language*, 66, 545-567, Figure 3, 2012.

절하지 않지만 콘서트나 밴드와는 관련이 있으니까 '사건 관련' 단어다. 'barn'은 이 글에 적절하지도 않고, 주제와도 관련성이 없으니까 '사건 무관련' 단어다.

그림 11.14는 참가자들이 목표 단어를 읽을 때 기록된 ERP의 평균을 보여준다. 이 실험의 밑에 깔린 생각은 N400 반응의 크기를 기록하는 것이었다. 'stage'는 기대 단어이기 때문에 이 단어에 대한 N400은 아주 작다. 다른 두 단어에 대한 반응이 관심사이다. 'barn'은 글과 관련이 없기 때문에 큰 N400을 일으켰다. 'guitar'는 글에는 적합하지 않지만, '콘서트'와는 관련이 있는데, 'barn'보다는 작은 N400을 일으켰다.

우리는 'stage'가 활성화될 것으로 기대하고 이 단어가 문장의 뜻에 적합하기 때문에 N400 반응이 없거나 아주 작을 것으로 기대한다. 그러나 'guitar'가 'barn'보다 작은 N400을 발생시켰다는 것은 이 단어가 콘서트 시나리오에 의해 적어도 약하게는 활성화되었다는 것을 의미한다. Metusalem에 따르면 우리가 글을 읽는 동안 각기 다른 상황에 대한 지식이 계속해서 접근된다. 만약 'guitar'가 활성화되었다면 콘서트와 관련된 다른 단어들, 예를 들어 'drums', 'vocalist', 'crowd', 그리고 'beer'(콘서트에 대한 여러분의 경험에 따라)도 활성화될 수 있다.

특정 시나리오와 연합된 많은 것들이 활성화된다는 생각은 우리가 글을 읽으며 상황 모형을 만든다는 생각과 연결된다. ERP 결과는 우리가 글을 읽는 동안 우리가 특정 상황에 대해 아는 지식에 기초해서 아주 많은 세부적인 정보들이 들어 있는 상황에 대한 모형이 활성화된다는 것을 보여준다(Kuperberg, 2013; Paczynski & Kuperberg, 2012 참고).

우리가 이야기를 듣거나 읽는 동안 계속해서 세상 지식에 접근한다는 것을 시사하는 것에 더해 이와 같은 결과들은 우리가 특정 단어를 읽고 1초의 몇 분의 1도 안 되는 짧은 시간에 이 지식들에 빠르게 접근한다는 것을 보여준다. 사건에 대한 지식이 지체 없이 문장 이해에 영향을 준다는 것을 보여주기 때문에 실시간으로 의미를 모니터한다는 것은 문장처리에 대한 상호작용 접근과 부합된다.

사람들이 어떻게 이야기를 이해하는지에 대한 연구에서 도출되는 총괄적인 결론은 덩이글이나 이야기를 이해하는 것은 창의적이고 역동적인 처리라는 것이다. 이야기를 이해하는 과정은 어떻게 단어들이 구로 조직화하는지를 결정해야 하기 때문에 문장 이해

표 11.4 덩이글과 이야기 이해

효과	서술	결론
추론하기	문장에 있는 단어를 넘어서는 의미를 추론한다. 덩이글에서 응집성을 만들어내는 방법은 여러 가지가 있다(대용어, 도구, 인과)	과거 경험에 기초한 창조 과정은 의미를 더해 준다. 창조적인 과정이 응집성을 만들어낸다.
상황 모형 생성하기	청자는 이야기에 있는 대상과 행동의 지각적 특징과 운동 특징을 모사한다.	독자는 문장들이 서술하는 상황과 일치하는 지각을 창조해낸다(그림 11.12와 그림 11.13 참고).
동작 단어와 뇌 활동의 연결	동작 단어에 의해 피질의 운동 영역이 활성화된다.	단어에 대한 독자의 반응은 행동에 대한 시뮬레이션도 포함한다(그림 9.24 참고).
상황에 대한 지식에 기초한 예측	독자는 이야기에 가장 부합하는 단어와 이야기와 연합된 단어들에 접근한다.	상황에 대한 독자의 경험이 예측으로 이끈다(그림 11.14 참고).

를 포함하고, 문장들 간의 관계를 밝히는 과정(종종 추론을 통해 이야기의 한 부분에 있는 문장을 다른 부분에 있는 문장과 연결한다)을 포함하며, 마지막으로 이야기에 들어 있는 물체와 사건의 지각 속성과 운동 속성을 포함하는 심적 표상이나 시뮬레이션을 창조하는 과정을 포함한다. 이 절에서 서술된 덩이글과 이야기 이해와 연합된 요인들이 표 11.4에 요약되어 있다. 이어서 보게 되겠지만, 둘 혹은 그 이상의 사람들이 대화를 진행할 때에도 창의적이고 역동적인 처리는 일어난다.

언어 산출: 대화

독백을 연습하거나 강연을 하는 것처럼 한 사람이 혼자 말하는 방식으로 언어가 산출되기도 하지만 언어 산출의 가장 흔한 형태는 둘 혹은 그 이상의 사람들이 서로 말을 주고받는 대화이다. 대화나 대담은 얼핏 보면 쉬워 보이지만 사실은 복잡한 기제가 포함된 인지 기술의 또 다른 예이다.

다른 사람 고려하기

대화에는 전형적으로 둘 혹은 그 이상의 사람들이 참여하며, 각 사람은 다른 사람들이 말하는 것뿐만 아니라 상대방이 현재 진행되고 있는 주제에 대해 얼마나 알고 있는지도 고려해야 한다(Pickering & Garrod, 2004). 사람들이 특정 주제에 대해 대화할 때, 각자 나름대로 지식을 가지고 대화에 참여한다. 대화는 참가자들이 공유하는 지식이 있을 때 수월하게 진행된다. 그러니까 사람들이 최근의 사태에 대해 대화할 때 모든 사람들이 시사 문제에 대해 관심을 가졌다면 대화 진행이 쉽다. 그러나 한 사람이 6개월 동안 외딴 벽지에서 명상을 하다 막 돌아온 사람이라면 대화 진행은 어렵다.

모든 사람들이 비슷한 지식을 갖고 대화에 참여하는 경우에도 발언을 하는 화자가 말을 듣는 청자들이 대화를 따라가도록 조치를 취한다면 훨씬 도움이 된다. 이를 달성하는 한 가지 방안은 신구 계약(given-new contract)을 따르는 것이다. 신구 계약에서는 화자는 (1) 청자가 이미 알고 있는 정보인 **구정보**와 (2) 청자가 처음 듣는 정보인 **신정보**의 두 가지 정보가 포함되도록 문장을 구성해야 한다고 언명한다(Haviland & Clark, 1974). 다음 두 문장에 대해 생각해 보자.

> 문장 1: Ed was given an alligator for his birthday.
> 구정보(이전 대화로부터): Ed의 생일이다.
> 신정보: Ed가 악어를 받았다.
>
> 문장 2: The alligator was his favorite present.
> 구정보(문장 [1]에서): Ed가 악어를 받았다.
> 신정보: 그것은 그가 좋아하는 선물이다.

어떻게 첫 번째 문장의 신정보가 두 번째 문장의 구정보가 되는지에 주목하라.

　　Susan Haviland와 Herbert Clark(1974)은 한 쌍의 문장들을 보여 준 다음 각 쌍에서 두 번째 문장을 이해했다고 생각하면 버튼을 누르게 하는 실험을 해서 신구 계약을 따르지 않을 때 결과가 어떤지를 보여주었다.

> We checked the picnic supplies.
>
> The beer was warm.

　　실험 참가자는 위와 같은 쌍의 두 번째 문장을 이해하는 데 걸리는 시간이 아래와 같은 쌍의 두 번째 문장을 이해하는 데 걸리는 시간보다 길었다는 것을 발견하였다.

> We got some beer out of the trunk.
>
> The beer was warm.

　　첫 번째 쌍의 두 번째 문장을 이해하는 데 시간이 더 걸린 이유는 구정보(소풍 용품이 있다)에 맥주가 포함되어 있지 않기 때문이다. 그러니까 독자나 청자는 소풍 용품 안에 맥주가 포함되어 있다는 추론을 해야 할 필요가 있었다. 두 번째 쌍에서는 첫 번째 문장에 트렁크에 맥주가 있다는 정보가 포함되어 있기 때문에 이 추론을 할 필요가 없었다.

　　구정보와 신정보라는 생각은 대화의 협동적인 본질을 잘 보여준다. Herbert Clark(1996)은 언어 이해에서 협동이 중심이라고 생각했다. Clark은 언어를 '공동 작업 형태'라고 서술하면서, 이 공동 작업을 이해하는 것은 구정보와 신정보라는 틀로 대화의 내용을 이해하는 것과 사람들이 정보를 공유하는 과정이라는 두 가지를 고려하는 것을 포함한다고 제안하였다.

　　공유 과정의 또 다른 측면이 **공통 기반**(common ground)이라는 생각이다. 공통 기반이란 화자들이 공유하는 지식, 믿음, 가정을 의미한다(Isaacs & Clark, 1987). 공통 기반의 정의에서 핵심적인 단어는 '공유'이다. 왜냐하면 대화가 성공적으로 진행되려면 상대방이 대화에 포함시키는 지식에 대해 이해해야 할 필요가 있기 때문이다. Ellen Isaacs와 Clark(1987)은 의사들이 환자는 생리학과 의학 용어에 대한 지식이 거의 없다고 가정한다는 것을 보여주는 예를 이용해서 이 생각을 서술하였다. 의사들은 이 점을 고려해서 **심근경색**이라는 용어 대신 **심장마비**라는 일반적인 용어를 사용한다. 그러나 자기 환자도 의사라는 것을 의사가 알게 되면 의학 용어를 사용해도 무방하다고 생각한다.

　　대화에 참여하는 사람들은 어떻게 공통 기반을 구축하는가? 위의 예에서 환자는 '저도 의사인데요.'라고 말할 수도 있고, 심장마비의 가능성이 있다는 말을 듣고 '아, 심근경색을 말씀하시는군요.'라고 말할 수 있다. 그러니까 공통 기반을 구축하는 한 가지 방법은 대화 중에 말을 주고받는 방법이다. Isaacs와 Clark(1987)은 이 생각을 검증하기 위해 참가자들을 둘씩 짝지은 다음 각 참가자들에게 뉴욕 시 풍경을 담은 16장의 같은 그림엽서 세트를 주었다. 참가자 1의 그림엽서들은 가로와 세로가 각기 네 칸인 격자에 배열되어 있었다. 참가자 1이 해야 할 과제는 참가자 2가 자기의 그림엽서를 참가자 1의 그림엽서처럼 배열할 수 있게 그림엽서들을 서술하는 것이었다.

참가자 1은 뉴욕에 살고 참가자 2는 뉴욕에 살지 않는 경우 때로는 다음 대화처럼 잘 알려진 건물 사진의 위치를 맞추는 것이 쉽다.

> 참가자 1: 6번에는 엠파이어스테이트 빌딩이야.
>
> 참가자 2: 알았어.

'알았어.'는 공통 기반이 구축되었다는 의미이고 계속해도 좋다는 신호이다. 그러나 친숙하지 않은 건물인 경우에는 좀 더 긴 대화의 교환이 필요하다.

> 참가자 1: 10번은 시티코프 은행 건물이야.
>
> 참가자 2: 건물 윗부분이 기울어진 건물?
>
> 참가자 1: 맞아.
>
> 참가자 2: 응.

16장의 그림엽서를 정확하게 배열하면 엽서들을 섞은 다음 새롭게 배열하고, 이 절차를 반복하였다. 그림 11.15a에 제시된 이 실험의 결과는 시행이 계속될수록 참가자들이 그림을 분류하는 데 단어를 적게 사용한다는 점을 보여준다. 그러니까 첫 번째 시행(시행 1)에서는 37개 단어를 사용했는데, 시행 5에서는 단지 8개 단어만 사용했다. 이것은 대화가 진행될수록 더 효율적으로 의사소통이 된다는 것을 보여줌으로써 공통 기반이 구축되었다는 것을 알려준다.

그림 11.15b에 있는 또 다른 결과는 '엠파이어스테이트 빌딩'과 같이 건물 이름을 사용하는 비율을 보여준다. 왼쪽에 있는 한 쌍의 막대는 참가자 1과 참가자 2가 모두 뉴욕에 사는 사람인 경우, 건물 이름을 사용하는 비율이 높으며, 시행이 진행될수록 그 비율이 높아진 것을 보여준다. 오른쪽 막대 쌍은 참가자 2가 뉴욕에 살지 않는 경우로 건물 이름

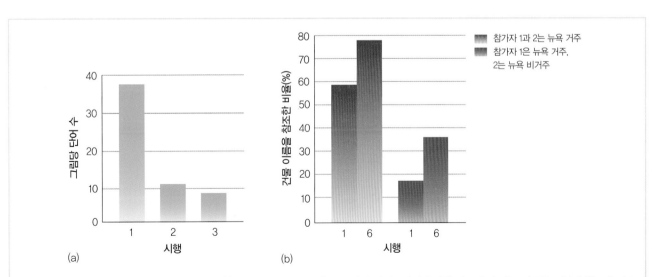

그림 11.15 **Isaacs와 Clark(1987)의 실험 결과** (a) 시행이 거듭되면 뉴욕 거주자가 비거주자에게 말할 때 뉴욕에 있는 건물을 구분해내는 데 필요한 단어 수는 줄어든다. (b) 두 참가자가 모두 뉴욕 거주자인 경우(왼쪽 막대 쌍)와 참가자 2는 비거주자인 경우(오른쪽 막대 쌍) 모두에서 시행이 거듭되면 빌딩의 이름을 말하는 비율이 늘어난다.

출처: E. A. Isaccs & H. H. Clark, References in conversation between experts and novices, *Journal of Experimental Psychology: General, 116*, 26-37, Figure 1 & Table 1, 1987.

이 적게 사용되는 것을 보여준다. 그러나 이 경우에도 시행이 진행될수록 그 비율이 증가했다. 그러니까 공통 기반은 사람들의 전문성과 대화 중에 일어나는 정보의 교환이라는 두 가지에 의해 결정된다.

그림엽서를 분류하는 과제가 실험의 한 부분이었지만, 다른 사람이 무엇을 알고 있는지를 고려하는 것과 대화가 진행되면서 공통 기반이 확장되어 구축되는 것은 일상 대화에서도 흔히 일어난다(Clark, 1996; Wilkes-Gibbs & Clark, 1992 참고).

신구 계약과 공통 기반에 대한 논의는 사람들이 어떻게 다른 사람들이 알고 있는 것을 고려하고 어떻게 서로 내용을 공유하는지에 초점을 맞추었다. 그러나 화자 간의 협응에는 같은 문법 구조를 사용하는 측면도 있다. 사람들이 비슷한 문법 구조를 사용하는 것을 통사적 협응(syntactic coordination)이라 한다.

통사적 협응

두 사람이 대화하면서 말을 주고받을 때 흔히 비슷한 문법 구조를 사용한다. Kathryn Bock(1990)은 은행 강도와 망을 보는 사람 간의 대화 기록에서 뽑은 다음 예를 보여 주었다. 이 기록은 영국의 은행에서 100만 달러에 해당하는 돈을 은행 강도가 훔치는 동안 일어난 대화를 아마추어 통신 조작자가 감청한 것이다.

> 은행 강도: ······*you've got to hear* and witness it to *realize how bad it is.*
> 망보는 사람: You *have got to experience exactly* the same position as me, mate, *to understand how I feel.*

> (Schenkein, 1980, p.22).

Bock은 어떻게 망보는 사람이 강도의 언어 형태를 따라 사용하는지 보여주기 위해 이탤릭체 표시를 추가했다. 문장 형태를 따라 하는 것은 통사 점화(syntactic priming)라는 현상을 보여주는데, 통사 점화란 특정 통사 구조의 진술문을 듣는 것이 같은 통사 구조를 가진 문장을 산출할 가능성을 증가시키는 것을 말한다. 통사 점화는 사람들이 대화를 하면서 서로의 발언의 문법 구조를 협응하게 이끌 수 있기 때문에 중요하다. Holly Branigan과 동료들(2000)은 두 사람이 서로 말을 주고받게 하는 다음 절차를 이용해서 통사 점화를 보여주었다.

방법 통사 점화

통사 점화 실험에서는 두 사람이 대화를 하는데, 실험자는 한 사람이 사용한 특정 문법 구조가 다른 사람도 같은 구조를 사용하게 하는지를 알아보았다. Branigan의 실험에서 참가자들에게 이 실험은 서로를 볼 수 없을 때 사람들이 어떻게 소통하는지 알아보는 실험이라고 알려주었다. 참가자들은 스크린의 반대편에 있는 사람과 공동 작업을 하고 있다고 생각하였다(그림 11.16a의 왼쪽 사람). 그러나 왼쪽에 있는 사람은 실험자가 요구한 대로 행동하는 실험 협조자였다.

협조자는 그림 11.16a의 왼쪽에 보이는 점화 문장을 말하는 것으로 실험을 시작하였다. 점화 문장은 아래 두 개 중 하나였다.

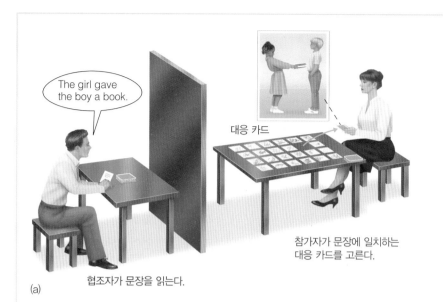

그림 11.16 **Branigan 등(2000)의 실험 결과** (a) 참가자(오른쪽)는 책상 위에 있는 카드들 중에서 협조자(왼쪽)가 읽은 문장에 일치하는 그림이 있는 카드를 고른다. (b) 이어서 참가자는 반응 카드들 중에서 하나를 골라 그 카드에 있는 그림을 협조자에게 서술한다. 이 부분이 이 실험에서 가장 핵심적인 부분이다. 왜냐하면 오른쪽에 있는 참가자가 왼쪽에 있는 협조자가 사용한 통사 구조와 일치하는 표현을 하는지가 이 연구에서 알아보려는 문제이기 때문이다.

출처: H. P. Branigan, M. J. Pickering, & A. A. Cleland, Syntactic co-ordination in dialogue, *Cognition, 75*, B13-B25, 2000.

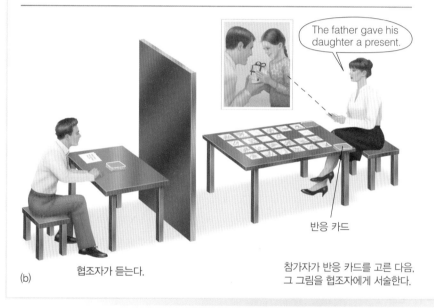

The girl gave the book to the boy.

또는

The girl gave the boy the book.

참가자는 협조자의 발화에 해당하는 **대응 카드**를 그림 11.16a의 오른쪽에 그려진 것처럼 탁자 위에 펼쳐져 있는 카드들 중에서 찾는다. 참가자는 이어서 탁자 모퉁이에 있는 반응 뭉치의 맨 위에 있는 카드를 집어서 거기에 그려진 그림을 본 다음 협조자에게 그 내용을 서술해야 했다. 이 실험에서 알아보려는 질문은 참가자가 그림을 어떤 형태의 문장으로 서술하느냐는 것이었다. 그림 11.16b에 있는 그림을 'The father gave his daughter a present'라고 말하면 협조자가 이 예에서 사용한 통사 구조와 일치하는 것이고, 'The father gave a present to his daughter'라고 말하면 통사 구조가 일치하지 않는 것이다. 그림 11.16b의 예처럼 통사 구조가 일치한다면, 우리는 통사 점화가 일어났다고 결론지을 수 있다.

표 11.5 대화

효과	서술	결론
신구 계약	화자는 한 문장에 구정보와 신정보를 다 제공해야 한다.	구정보를 제공하면 이해가 촉진된다.
공통 기반	상호 인정하는 공통 지식.	화자는 청자의 지식수준에 맞게 정보를 다듬는다. 사람들은 대화를 할 때 공통 기반을 구축하려 협동한다(그림 11.15).
통사적 협응	대화 중에 유사한 통사 구조를 가진 문장을 생성하는 것.	한 사람의 말의 패턴은 대화의 상대방이 사용한 문법 구조의 영향을 받는다(그림 11.16).

© 2015 Cengage Learning

Branigan은 시행의 78%에서 참가자의 서술문의 통사 구조가 협조자의 점화 문장의 구조와 일치했다는 것을 발견했다. 이것은 화자는 다른 화자들의 언어 행동에 민감하고 자기의 행동을 거기에 일치하도록 조정한다는 생각을 지지한다. 자기의 문장 형태를 새로 만들어내는 것보다 다른 사람이 사용한 형태를 따라 하는 것이 쉽기 때문에, 화자들 간의 통사 형태의 협응은 대화를 생성하는 데 포함되는 계산 부하를 줄여준다.

지금까지 대화에 대해 서술한 것을 요약해 보자. 대화는 역동적이며 아주 빨리 진행되지만, 몇 가지 처리가 대화를 용이하게 해준다. 의미적 측면에서 사람들은 다른 사람의 지식을 고려하고 필요하면 공통 기반 구축을 도와준다. 통사적 측면에서 사람들은 각자 발언의 통사구조를 협응하거나 대응시킨다. 이것은 발화를 쉽게 해주고, 인지 능력을 자유롭게 풀어주어 성공적인 대화의 핵심인 메시지를 이해하고 생성하는 것을 교대해나가는 과제를 감당할 수 있게 해준다.

고려사항

문화, 언어, 인지

'파랗다'를 러시아어로 무엇이라고 하는가? 답은 파란색의 색조에 따라 다르다. 그림 11.17의 왼쪽에 있는 밝은 파란색은 'goluboy'이고, 오른쪽에 있는 어두운 파란색은 'siniy'이다. 그러니까 러시아어에서는 'goluboy'와 'siniy'를 다른 색으로 정의하고, 러시아 아동들은 색 이름을 배울 때 이 두 파란색 이름도 배운다. 이것은 그림 11.17에 있는 모든 색을 'blue'라는 하나의 색 이름으로 부르는 영어와 대비된다.

영어와 러시아어에서 색에 이름을 붙이는 것이 다르면 색을 지각하는 것도 다를까? 인류학자인 Edward Sapir와 언어학자인 Benjamin Whorf가 제안한 사피어–워프 가설(Sapir-Whorf hypothesis)에 따르면, 한 언어에서 사용하는 언어의 본질은 사람들이 사고하는 방식에 영향을 줄 수 있다(Whorf, 1956). Whorf가 이 제안을 할 때는 이를 지지하는 증거가 거의 없었지만, 최근 실험들은 언어가 인지에 영향을 줄 수 있다는 생각을 지지하는 증거들을 제공하였다(Davidoff, 2001; Gentner & Goldin-Meadow, 2003; Roberson et al., 2000).

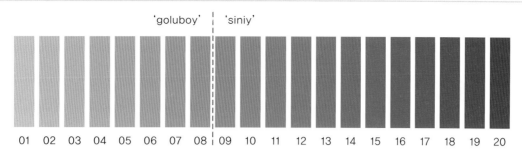

그림 11.17 **밝은 파란색에서부터 어두운 파란색까지의 색들** 영어에서는 이 모든 색을 'blue'라고 하지만, 러시아어에서는 점선의 왼쪽 부분의 밝은 색은 'goluboy', 그리고 오른쪽의 어두운 색은 'siniy'라고 부른다.

출처: J. Winawer, N. Withoft, M. C. Frank, L. Wu, A. R. Wade, & L. Bordoditsky, Russian blues reveal effects of language on color discrimination, *Proceedings of the National Academy of Science, 104*, 7780-7785, Figure 1, 2007.

이런 실험 중의 하나인 Jonathan Winawer와 동료들(2007)의 실험에서는 러시아어를 사용하는 참가자들과 영어를 사용하는 참가자들이 색조가 다른 파란색들을 변별하는 방식을 비교하였다. 실험에서 사용한 자극들을 그림 11.18에 제시하였다. 참가자들에게 세 개의 파란 정사각형을 보여주고, 아래에 있는 두 개의 정사각형 중에서 어느 것이 위에 있는 정사각형과 일치하는지 가능한 한 빨리 그리고 정확하게 고르도록 하였다. 어떤 경우에는 아래 두 개의 파란 정사각형이 러시아어에서는 같은 범주였다. 이 자극이 그림 11.18a에 제시되었는데, 이 두 파란색은 모두 'siniy'로 불린다. 다른 경우에는 두 파란 정사각형이 러시아어에서는 다른 범주였다. 이 자극이 그림 11.18b에 제시되었는데, 왼쪽의 정사각형은 'siniy'이고 오른쪽은 'goluboy'이다.

그림 11.19는 러시아어 참가자들은 아래에 있는 두 개의 사각형이 같은 범주일 때보다 다른 범주일 때(goluboy/siniy) 더 빨리 반응한다는 것을 보여준다. 그러나 영어 참가자들은 두 개의 색이 러시아어에서 다른 범주에 속할 때 더 빨리 반응하지 않았다.

Winawer에 따르면 러시아어에서는 'goluboy'와 'siniy'를 구분하기 때문에 러시아 참가

그림 11.18 **Winawer 등(2007)의 실험에서 사용한 자극의 예** (a) 아래 두 개의 사각형은 러시아어에서 같은 범주에 속한다. (b) 아래 두 개의 사각형은 러시아어에서 다른 범주에 속한다.

출처: J. Winawer, N. Witthoft, M. C. Frank, L. Wu, A. R. Wade, & L. Bordoditsky, Russian blues reveal effects of language on color discrimination, *Proceedings of the National Academy of Sciences, 104*, 7780–7785, Figure 1, 2007.

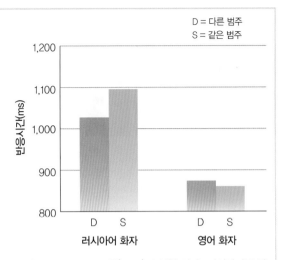

그림 11.19 **Winawer 등(2007)의 실험 결과** 러시아어를 말하는 참가자들은 아래 자극들이 같은 범주에서 나왔을 때보다 다른 범주에서 나왔을 때 반응을 빨리 했다(왼쪽 막대 쌍). 영어를 말하는 참가자들에게서는 이 차이가 발생하지 않았다(오른쪽 막대 쌍).

출처: J. Winawer, N. Witthoft, M. C. Frank, L. Wu, A. R. Wade, & L. Bordoditsky, Russian blues reveal effects of language on color discrimination, *Proceedings of the National Academy of Sciences,* *104*, 7780–7785, Figure 2, 2007.

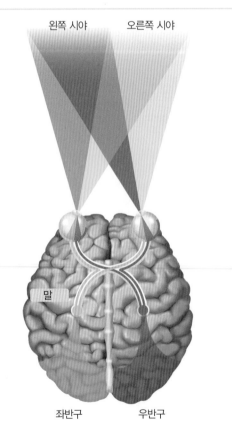

그림 11.20 왼쪽 시야에 제공되는 자극은 뇌의 우반구를 활성화시키고, 오른쪽 시야에 제공되는 자극은 뇌의 좌반구를 활성화시킨다. © Cengage Learning

자들은 자극들이 다른 범주일 때 더 빨리 반응했다. 이 생각을 이해하는 한 가지 방법은 다른 이름을 학습하면 색들이 다르게 지각될 가능성을 높이고, 이는 다시 어느 사각형이 위에 있는 사각형과 일치하는지 빨리 판단하는 것을 용이하게 만든다고 이해하는 것이다. 그러나 영어에서는 모든 자극들이 'blue'라고 불리기 때문에 영어 참가자에게서는 이런 결과가 나타나지 않는다. 그렇기 때문에 이 결과는 언어가 인지에 영향을 줄 수 있다는 사피어–워프 가설을 지지한다.

색채 지각과 언어와의 관계를 알아보는 또 다른 접근으로 Aubrey Gilbert와 동료들(2006)은 뇌의 좌반구와 우반구가 색이 처리되는 방식에서 차이가 있는지 알아보았다. 이 연구의 바탕에 깔린 기본 생각은 언어가 좌반구에서 처리된다는 것이다. 그러니까 언어가 색채 지각에 영향을 준다면 그 가능성은 색채를 왼쪽 시야(우반구로 투사)보다 오른쪽 시야(좌반구로 투사)에서 볼 때 더 클 것이라고 예상할 수 있다(그림 11.20).

이 생각을 검증하기 위해 Gilbert와 동료들은 그림 11.21a에 있는 것과 같은 자극들을 참가자들에게 제시하였다. 즉, 사각형들을 원처럼 배열하는데, 목표 사각형(파란색)을 제외한 나머지 사각형은 모두 같은 색(이 예에서는 초록색)으로 구성된 자극을 제시하였다. 어떤 시행에서는 그림 11.21a처럼 목표 사각형이 다른 사각형들과는 다른 범주였고, 다른 시행에서는 목표 사각형이 다른 사각형들과 같은 범주였다(목표 사각형은 다른 초록색 사각형들과 색조가 다른 초록색이었다) 참가자들이 해야 하는 과제는 목표 사각형이 원의 왼쪽에 있는지 오른쪽에 있는지 판단하는 것이었다.

그림 11.21b에 제시된 결과는 자극을 오른쪽 시야(언어 반구)로 볼 때는 목표 사각형이 다른 사각형들과 다른 범주일 때 목표 사각형을 찾는 반응시간이 짧았다(오른쪽 막대 쌍). 언어에 의해 범주명이 **파랑**과 **초록**으로 정해질 때 예상되는 결과이다. 반면에 자극을 왼쪽 시야(비언어 반구)로 볼 때는 목표 사각형이 다른 사각형들과 같은 범주일 때와 다른 범주일 때 목표 사각형을 찾는 반응시간이 같았다(왼쪽 막대 쌍). 그러니까 언어 반구가 활성화될 때는 범주 효과가 나타나지만, 비언어 반구가 활성화될 때는 범주 효과가 나타나지 않았다. 그럼 언어가 지각에 영향을 미쳤는가? 이 실험 결과를 놓고 보면 정답은 뇌의 어느 부위가 관여했는지에 따라 답은 다르다가 될 것이다.

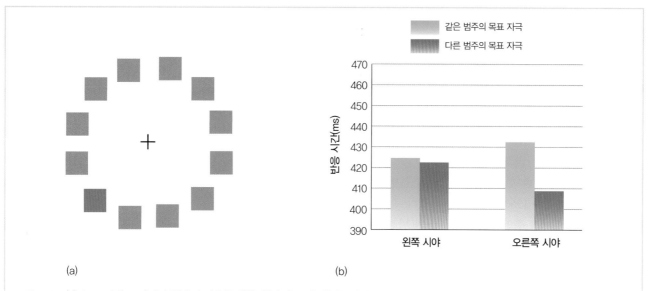

그림 11.21 (a) Gilbert 등(2006)의 실험에서 사용한 색환. 참가자는 가능한 한 빨리 어느 쪽에 다른 색들과 '특이한' 색이 있는지 답해야 했다. (b) 실험 결과. 왼쪽 막대 쌍은 색환이 왼쪽(비언어) 시야에 제공되면 목표 자극이 다른 색들과 같은 범주일 때와 다른 범주일 때 반응시간이 같다는 것을 보여 준다. 오른쪽 막대 쌍은 색환이 오른쪽(언어) 시야에 제공되면 목표 자극이 다른 색들과 같은 범주일 때보다 다른 범주일 때(예: 파란색 대 초록색) 반응시간이 빠르다는 것을 보여 준다.

출처: A. L. Gilbert, T. Regier, P. Kay, & R. B. Ivry, Whorf hypothesis is supported in the right visual field but not the left, *Proceedings of the National Academy of Sciences*, 103, 489–494, Figure 1, 2006.

자가 테스트 11.3

1. '새집 고치기' 실험은 추론에 대해 무엇을 알려 주는가?

2. 응집성이란 무엇인가? 응집성을 달성할 수 있게 해주는 추론의 종류에 대해 서술하라.

3. 상황 모형에 깔린 가정은 무엇인가? 다음 증거는 상황 모형 접근이 이야기 이해에 대해 무엇을 알려주는지 서술하라. (a) 이야기에 있는 물체의 방향이나 형태와 일치하는 그림과 일치하지 않는 그림에 대한 반응시간, (b) 실제 행동과 동작 단어에 대한 뇌의 활성화, (c) 상황에 기초한 예측.

4. 신구 계약이란 무엇인가?

5. 공통 기반이란 무엇인가? 공통 기반은 대화에서 어떻게 구축되는가? '뉴욕 시' 실험에 대해 서술하라.

6. 통사적 협응이란 무엇인가? 통사 점화란 무엇인가? 통사적 협응을 보여주기 위해 통사 점화를 사용한 Branigan의 실험에 대해 서술하라.

7. 사피어–워프 가설이란 무엇인가? 이 가설을 지지하는 색채 지각 실험에 대해 서술하라. 이 가설이 한 반구에서만 적용될지 모른다는 것을 알려주는 증거에 대해 서술하라.

1. 언어는 소리나 상징을 이용하는 의사소통 체계인데, 이 체계는 우리의 감정이나, 생각, 사고, 경험을 표현하는 것을 가능하게 해준다. 인간의 언어는 창조성, 위계적 구조, 지배 규칙, 보편성이라는 점에서 다른 동물들의 소통과 다르다.

2. 언어심리학에 대한 현대적 연구는 인지 혁명의 도래와 함께 1950년대와 1960년대에 꽃을 피웠다. 인지 혁명에서 중심적인 사건 중의 하나는 Skinner가 발표한 언어에 대한 행동주의적 분석을 Chomsky가 혹독하게 비난한 것이다.

3. 어떤 사람이 아는 모든 단어를 그 사람의 어휘집이라 한다. 음소와 형태소는 단어의 두 기본적인 단위이다.

4. 음소 지각에 미치는 의미의 영향은 음소복원 효과에서 잘 드러난다. 의미와 언어의 다른 측면들에 대한 개인의 경험이 말소리 분절에서 중요하다.

5. 단어 속에 있을 때 낱자를 지각하는 것이 쉬울 때 단어 우월 효과가 나타난다.

6. 문장 속에 있는 단어를 지각하는 능력은 단어빈도의 영향을 받는다. 이것은 어휘판단 과제와 안구 운동 측정을 통해 보고되었다.

7. 어휘 중의성은 어떤 단어가 한 가지 이상의 의미를 가진 것을 가리킨다. 기억에서 단어의 의미에 접근하는 데 걸리는 시간은 여러 요인들의 영향을 받는다.

8. 의미론(단어의 의미)과 통사론(문장에서 단어를 조합하는 규칙)은 Broca와 Wernicke의 신경심리학 연구와, 어떻게 의미 오류와 통사 오류가 ERP 요소들의 크기에 영향을 미치는지에 의해 구분되었다.

9. 통사처리(해독)는 문장에 있는 단어들이 어떻게 구로 묶이는지에 관한 처리이다. 구로 집단화하는 것은 문장의 의미를 결정하는 중요 요소이다. 이 처리과정은 일시적 중의성의 효과를 보여주는 오인 문장을 이용해서 연구되었다.

10. 통사처리를 설명하기 위해 (1) 통사론 우선 접근과 (2) 상호작용 접근이라는 두 가지 접근이 제안되었다. 통사론 우선 접근에서는 늦은 종결과 같은 통사 원리들이 문장이 통사처리되는 것을 결정한다는 것을 강조한다. 상호작용 접근에서는 의미, 통사, 그리고 다른 요인들이 동시에 통사처리를 결정한다고 언명한다. 상호작용 접근은 (a) 의미가 다른 단어들이 문장의 해석에 영향을 미치는 방식, (b) 시각 세상 연구법을 사용한 안구 운동 연구, (c) 환경에 대한 지식에 기초한 예측, (d) 언어 구성에 관한 지식에 기초한 예측에 의해 지지되었다.

11. 응집성은 우리가 이야기를 이해하는 것을 가능하게 해준다. 응집성은 주로 추론에 의해 결정된다. 세 가지 주요 추론 유형은 대용어 추론, 도구 추론, 인과 추론이다.

12. 덩이글 이해에 관한 상황 모형 접근에서는 사람들은 이야기에 나오는 사람, 물체, 장소, 사건들로 이야기 속의 상황을 표상한다고 언명한다.

13. 뇌 활동을 측정해 보면 동작 단어를 읽을 때와 실제 동작을 할 때 같은 피질 영역이 관여한다는 것을 알 수 있다.

14. 글에 대한 ERP 반응을 측정한 실험들은 글을 읽는 동안 글과 연합된 많은 것들이 활성화된다는 것을 보여준다.

15. 둘 혹은 그 이상의 사람들이 주고받는 대화는 대화에 참여하는 사람들의 협동을 포함하는 절차들에 의해 용이해진다. 이런 절차로 신구 계약, 공통 기반 구축, 통사적 협응이 있다.

16. 한 언어에서 사용하는 언어가 사람들이 지각하고 사고하는 방식에 영향을 줄 수 있다는 증거가 있다. 러시아어 참가자와 영어 참가자의 색채 변별을 비교한 실험에서 색채 지각의 차이를 발견했는데, 이 차이는 언어의 차이와 관련되어 있었다. 다른 실험에서는 색채가 오른쪽 시야(그래서 좌반구, 즉 언어 반구가 활성화되는)에 제시될 때만 이런 차이가 발생한다는 것을 보여주었다.

생각해 보기

1. 응집성과 연결이라는 생각은 여러분이 최근에 본 영화에 어떻게 적용되는가? 어떤 영화는 이해하기 쉽고, 어 떤 영화는 이해하기 힘들다는 것을 느꼈는가? 이해하기 쉬운 영화에서는 한 사건이 다음 사건으로 잘 이어지

는데, 이해하기 어려운 영화에서는 무언가 빠진 것처럼 느껴졌는가? 이 두 종류의 영화에서 무슨 일이 일어나는지 파악하는 데 들여야 하는 '심적 노력'의 차이는 무엇인가? (이런 분석을 여러분이 읽은 책에도 적용할 수 있다)

2. 다음에 다른 사람의 대화를 들을 기회가 있거든 사람들 사이의 말 주고받기가 얼마나 신구 계약을 따르는지 (아니면 따르지 않는지) 주목해 보라. 그리고 대화 주제를 어떻게 바꾸는지, 그리고 그것이 대화의 흐름에 어떤 영향을 미치는지 주목해 보라. 또 통사 점화의 증거를 찾을 수 있는지도 알아보라. 대화를 '엿듣는' 한 가지 방법은 나 외에 적어도 둘 이상의 사람이 참여하는 대화에 참가자가 되는 것이다. 물론 틈틈이 대화에 참여하는 것을 잊지 말라.

3. 언어 사용에서 재미있는 한 가지는 비유적인 표현을 사용하는 것이다. 이런 표현은 그 언어가 모국어인 사람은 알지만 그렇지 않은 사람은 이해하기 어렵다. 영어의 예를 하나 들자면 'He brought everything but the kitchen sink'(별별 것을 다 준비했다)이다. 다른 예를 생각해 볼 수 있는가? 영어가 아닌 다른 언어를 사용한다면 영어 사용자는 이해하기 어려운 비유적 표현을 하나 들어 보라.

4. 신문 기사 제목은 중의적인 표현의 보고이다. 다음 예들을 보자. 'Milk Drinkers Are Turning To Powder', 'Iraqi Head Seeks Arms,' 'Farm Bill Dies In House,' 'Squad Helps Dog Bite Victim.' 신문에서 다른 예들을 찾을 수 있는지 알아보고, 신문 제목이 중의적이게 되는 이유가 무엇일지 생각해 보라.

5. 사람들은 종종 간접적인 표현을 하는데, 듣는 사람들은 말한 사람이 무슨 의도인지 이해한다. 일상 대화에서 간접적인 대화를 탐지할 수 있는지 생각해 보라. (예: '내 생각에 좌회전해야 할 것 같은데'를 '여기서 좌회전하고 싶어?'라고 말하기, '창문을 닫아줘.' 대신 '여기 안 추워?'라고 말하기)

6. 근처에 있는 두 사람의 대화보다 주변에서 들리는 휴대전화 대화가 더 신경이 쓰인다고들 말한다. 왜 그렇다고 생각하는가? (Emberson et al., 2010에서 가능한 답 중 하나를 보라)

핵심 용어

공통 기반(common ground)
균형 지배(balanced dominance)
늦은 종결(late closure)
단어빈도 효과(word frequency effect)
단어빈도(word frequency)
단어우월 효과(word superiority effect)
대용어 추론(anaphoric inferences)
도구 추론(instrument inference)
도약 안구 운동(saccadic eye movements)
말뭉치(corpus)
말소리 분절(speech segmentation)
베르니케 실어증(Wernicke's aphasia)
브로카 실어증(Broca's aphasia)
사피어-워프 가설(Sapir-Whorf hypothesis)

상황 모형(situation model)
시각 세상 연구법(visual world paradigm)
신구 계약(given-new contract)
어휘 중의성(lexical ambiguity)
어휘집(lexicon)
어휘판단 과제(lexical decision task)
언어(language)
언어심리학(psycholinguistics)
오인 문장(garden path sentence)
음소(phoneme)
음소복원 효과(phonemic restoration effect)
응집성(coherence)
의미 지배(meaning dominance)
의미론(semantics)

인과 추론(causal inference)
일시적 중의성(temporal ambiguity)
추론(inference)
통사 점화(syntactic priming)
통사론 우선 접근(syntax-first approach to parsing)
통사론(syntax)
통사적 협응(syntactic coordination)
통사처리(해독)(parsing)
통사처리의 상호작용 접근(interactionist approach to parsing)
편향 지배(biased dominance)
형태소(morpheme)

현재 상태와 목표 간에 장애물이 있는데, 그 장애물을 어떻게 헤쳐 나가야 할지 곧바로 떠오르지 않는다면 문제가 발생한 것이다. 위에 보이는 미로는 가운데 있는 쉼터로 가는 것을 가로막는 장애물이다. 문제해결 연구는 사람들이 문제를 풀 때 일어나는 심적 과정들을 밝히는 것과 문제해결을 용이하게 해주는 방법들을 찾는 것에 집중되어 있다.

문제해결

- ► 무엇이 문제를 어렵게 하는가?
- ► 문제해결을 돕기 위해 어떻게 유추를 사용할 수 있는가?
- ► 전문가는 비전문가와 문제해결 방식에 어떤 차이가 있는가?
- ► 창의성과 정신 질환은 관계가 있는가?

다음에 나오는 이야기는 핵분열과 양자역학 연구로 노벨 물리학상을 받았고, 또 과학 천재로 널리 알려진 Richard Feynman에 관한 이야기이다.

1950년대에 캘리포니아 공대에서 근무하던 물리학자가 Feynman의 노트의 일부를 해독하는 데 애를 먹었다. 그는 노벨상 수상자이며 Feynman과 종종 공동 연구를 했던 Murray Gell-Mann에게 "Feynman의 방법이 무엇이지요?"라고 물었다. Gell-Mann은 수줍은 듯이 칠판에 기대 말하기를 "그의 방법은 이것이야. 문제를 적는다. 그리고 아주 열심히 생각한다." Gell-Mann은 눈을 감고 가끔씩 주먹으로 이마를 눌렀다. "그러고는 답을 적는다." (Gleick, 1992, p.315를 참고하여 작성하였다.)

이것은 Feynman의 천재성을 보여주는 흥미로운 방식이기는 해도 Feynman이 '아주 열심히' 생각하고 있는 동안 머릿속에서 실제로 어떤 생각이 일어나고 있는가라는 질문에 대해서는 아무 답도 주지 못했다. Feynman의 사고 과정에 대해서는 알 수 없을지 모르지만, 문제해결에 관한 연구는 일반적으로 사람들이 어떻게 하는지에 대해서는 답을 제공해 주었다. 12장에서는 사람들이 문제의 답을 찾기 위해 노력하는 동안 일어나는 심적 과정에 대해 인지심리학자들이 기술한 몇 가지에 대해 알아본다.

문제란 무엇인가?

'최근에 풀어야 했던 문제는 어떤 것이 있는가?' 내가 인지심리학 수업을 듣는 학생들에게 이 질문을 했을 때 나는 다음과 같은 답을 들었다: 수학, 화학, 또는 물리학 수업 숙제, 정시에 에세이 과제 마치기, 룸메이트나 친구, 그리고 전반적인 인간관계의 문제 풀기, 어떤 과목을 들을지 결정하기, 어떤 분야로 진출할지 결정하기, 대학원에 진학할지 취업할지의 문제, 새로 산 차의 대금 지불 방법. 이 질문들의 상당수는 문제해결에 대한 다음 정의에 잘 들어맞는다. 현재 상태와 목표 간에 장애물이 있는데 그 장애물을 어떻게 헤쳐 나가야 할지가 곧바로 떠오르지 않을 때 문제(problem)가 발생한 것이다 (Duncker, 1945; Lovett, 2002). 그러니까 심리학자들이 정의한 바로는 문제는 어렵고, 해결책이 곧바로 떠오르지 않는다.

이제 1920년대에 문제해결 연구를 심리학에 소개한 게슈탈트 심리학자들의 접근에 대해 알아보는 것으로 이 장을 시작하자.

게슈탈트 접근: 표상과 재구조화로서의 문제해결

우리는 3장에서 지각 조직화 법칙을 서술하면서 게슈탈트 심리학자들을 소개했다. 게슈탈트 심리학자들은 지각뿐만 아니라 학습, 문제해결, 심지어는 태도와 신념에 대해서도 관심을 가졌다(Koffka, 1935). 그러나 심리학의 다른 영역의 문제에 접근할 때에도 그들은 여전히 지각적 접근을 취하였다. 게슈탈트 심리학자들에게 문제해결은 (1) 어떻게 사람들이 문제를 마음에 표상하는가의 문제와 (2) 어떻게 문제해결 과정이 표상의 재조직화나 재구조화를 포함하는가의 문제였다.

문제를 마음에 표상하기

문제를 마음에 '표상'한다는 것은 무슨 의미일까? 이 질문에 대답하는 한 가지 방안은 어떻게 문제가 제공되는가에서 시작하는 것이다. 예를 들어, 가로세로 낱말 맞추기에 대해 생각해 보자(그림 12.1). 이 유형의 문제는 종이에 도형과 빈칸을 어떻게 채우는지에 대한 힌트들로 표상되어 있다. 이 문제가 어떻게 마음에 표상되는지는 사람마다 다를 수 있지만, 이 문제가 종이에 표상된 것과도 다를 수 있다. 예를 들어, 사람들이 이 문제를 풀 때 문제의 일부분씩만 표상하는 선택을 할 수도 있다. 어떤 사람은 수평선으로 놓인 단어들을 채우는 데 초점을 맞춘 다음 이 단어들을 이용해서 수직 단어들을 결정할 수 있다. 다른 사람은 문제의 한 귀퉁이를 골라 거기에 있는 수평 단어와 수직 단어에 맞는 글자를 마음속에서 탐색할 수 있다. 이 각각의 문제해결 방안은 문제를 마음속에 표상하는 각기 다른 방식을 사용할 수 있다.

게슈탈트 접근의 중심적인 생각 중의 하나는 문제해결에 성공하는지 못하는지는 문제가 마음에 어떻게 표상되는지에 달려 있다는 것이다. 문제가 마음에 어떻게 표상되는지에 문제해결책이 있다는 생각은 그림 12.2에 있는 문제를 통해 알 수 있다. 이 문제는 게슈탈트 심리학자인 Wolfgang Kohler(1929)가 제안한 것인데, 원의 반지름의 길이가 r일 때 그림에서 x로 표시된 선분의 길이를 알아내는 문제이다. (이 장에서는 여러 개의 문제가 나오게 되는데, 답은 445쪽에 있다. 그러나 다음 두 쪽에 있는 문제를 풀기 전에는 445쪽을 보지 말기 바란다. 원 문제의 답은 다음 문단에 있는데, 문제를 풀어보기 원한다면 여기서 멈추고 문제를 풀기 바란다.)

이 문제가 종이에 어떻게 표상되는지를 서술하는 방식 중의 하나는 '원을 1/4씩으로 나누는 가는 수평선과 수직선이 그려진 원이 있다. 그리고 왼쪽 위 사분면 안에 조그만 삼각형을 만드는 진한 선들이 있다.' 라고 서술하는 것이다. 이 문제를 푸는 열쇠는 이 서술문의 마지막 부분을 '왼쪽 위 사분면 안에 대각선의 길이가 x인 조그만 직사각형을 만드는 진한 선들이 있다.'로 바꾸는 것이다. 일단 x를 직사각형의 대각

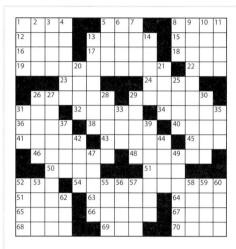

그림 12.1 **가로세로 낱말 맞추기가 종이에 어떻게 표상되는지를 보여주는 그림** 가로세로 낱말 맞추기에는 가로와 세로로 단어를 채우는 데 필요한 단서들이 주어진다. © Cengage Learning

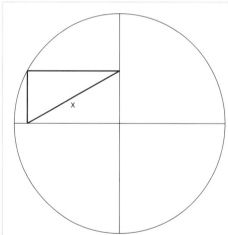

문제: 원의 반지름이 r이라면 선분 x의 길이는 얼마인가?

그림 12.2 **원 문제** 답은 445쪽 그림 12.26에 있다. © Cengage Learning

선이라고 보게 되면 직사각형의 다른 대각선을 만들게 표상이 재조직화될 수 있다(그림 12.26). 이제 새로 만든 대각선이 원의 반지름이라는 것과 직사각형의 대각선은 길이가 같다는 것을 알게 되면 x의 길이는 반지름 r의 길이와 같다고 결론내릴 수 있다.

이 해결책에서 중요한 점은 수학 공식이 필요 없다는 것이다. 그 대신 해결책은 먼저 물체를 지각하고 이어서 이 물체를 다른 방식으로 표상해서 얻어진다. 게슈탈트 심리학자들은 문제의 표상을 바꾸는 처리를 재구조화(restructuring)라 했다.

재구조화와 통찰

게슈탈트 심리학자들은 재구조화는 문제해결책에 대한 갑작스런 발견인 통찰(insight)과 연합되어 있다는 생각도 소개하였다. 통찰을 강조하는 것을 반영하듯이 게슈탈트 심리학자들이 제안한 대부분의 문제의 해결책에는 해결책에 이르는 결정적인 요소를 갑작스레 발견하는 과정이 포함되어 있다(Dunbar, 1998).

게슈탈트 심리학자들은 흔히 해결책이 갑자기 떠오르기 때문에 문제를 해결하는 사람들은 통찰을 경험한다고 가정한다. 현대 연구자들은 통찰 문제와 비통찰 문제를 푸는 데 관여하는 과정이 같은지 다른지에 대해 논쟁을 벌여왔다. 일부 연구자들은 사람들은 종종 문제해결을 하며 '아하' 경험을 한다고 지적한다. '아하' 경험은 답을 모르다가 어느 순간 문제를 푸는 것을 가리키는데, 이는 통찰 문제해결과 연합되어 있는 특징 중의 하나이다(Bowden et al., 2005; Kounios et al., 2008). 그러나 다른 연구자들은 일화적인 보고 외에 통찰 경험이 특수하다는 것을 지지하는 증거가 없다는 점을 강조한다(Weisberg, 1995; Weisberg & Alba, 1981, 1982).

Janet Metcalfe와 David Wiebe(1987)는 통찰 문제와 비통찰 문제를 구분하는 실험을 고안하였다. 이들은 통찰 문제와 비통찰 문제에서 자기들이 문제해결에 진전이 있다고 느끼는 점에 차이가 있어야 한다고 가정하였다. 이들은 해결책이 갑자가 떠오르는 통찰 문제를 푸는 참가자들은 자기들이 얼마나 답에 근접해 있는지 잘 예측하지 못할 것으로 예상하였다. 그러나 좀 더 조직적인 과정을 포함하는 비통찰 문제를 푸는 참가자들은 자기들이 답에 근접해 가는지를 알 수 있을 것으로 예상하였다.

이 가설을 검증하기 위해, Metcalfe와 Wiebe는 다음에 나오는 '보여주기'에 있는 것과 같은 통찰 문제와 비통찰 문제를 참가자들에게 주고 문제를 푸는 동안 매 15초마다 '따뜻함' 판단을 하게 했다. '뜨거움'(7점 척도에서 7점)에 가까운 평정은 자기들이 답에 근접해 간다는 것을 의미하고, '차가움'(7점 척도에서 1점)에 가까운 평정은 자기들이 답에 도달하려면 아직 멀었다는 것을 의미한다. 여기 Metcalfe와 Wiebe가 사용한 통찰 문제의 예 두 개를 제시한다.

보여주기 두 개의 통찰 문제

삼각형 문제

그림 12.3a에 있는 삼각형은 위를 향하고 있다. 파란 점 세 개를 움직여서 삼각형이 아래를 향하게 만들어 보라. (답은 445쪽 그림 12.27에 있다.)

이 문제를 푸는 동안 문제해결에 진전이 있는지 모니터해 보라. 마침내 답에 도달할 때까지 차분히 진전이 있다고 느껴졌는가? 아니면 아무 진전이 없다고 느끼다가 '아하!' 경험처럼 갑자기 해결책을 경험하게 되었는가? 삼각형 문제를 끝냈으면, 그다음 문제를 풀어 보는 시도를 하면서 같은 방법으로 진전이 있는지 모니터해 보라.

사슬 문제

어떤 여인이 사슬 네 개를 가지고 있다. 각 사슬은 그림 12.3b에 있는 것처럼 세 개의 고리로 되어 있다. 이 여인은 이 네 개의 사슬을 연결해서 하나의 큰 사슬로 만들고 싶어 한다. 고리를 하나 푸는 데 2센트, 고리를 하나 잠그는 데 3센트가 든다. 그런데 이 여인이 가진 돈은 15센트이다. 이 여인은 어떻게 할까? (답은 445쪽 그림 12.28에 있다.)

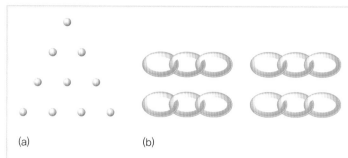

그림 12.3 '보여주기: 두 개의 통찰 문제'에 서술된 (a) 삼각형 문제와 (b) 사슬 문제. 해결책은 445쪽에 있다. © Cengage Learning

Metcalfe와 Wiebe는 고등학교 수학 책에서 고른 아래와 같은 수학 문제를 비통찰 문제로 사용했다.

x 값을 구하라. $(1/5)x + 10 = 25$

$16y^2 - 40yz + 25z^2$을 인수분해하라.

이 실험의 결과가 그림 12.4에 제시되었는데, 참가자들이 두 가지 유형의 문제의 답을 찾아내기 직전 1분 동안의 따뜻함 평정치를 보여준다.

통찰 문제(실선)에서는 따뜻함 평정치가 2에서 시작해서 마지막에 갑자기 3에서 7로 뛰기 전까지는 별 변화가 없었다. 그러니까 해결책을 찾기 15초 전에 평정치의 중앙값은 차가운 점수인 3이어서, 참가자들이 자기들이 해결책에 근접했다고 느끼지 않았다는 것을 보여준다. 그와는 대조적으로 수학 문제(점선)에서는 평정치가 3에서 시작해서 문제를 해결할 때까지 점진적으로 증가하였다. 그러니까 Metcalfe와 Wiebe는 얼마나 답에 가까이 와 있다고 느끼는지에 대한 참가자들의 보고를 이용해 측정한 바를 토대로 통찰 문제라 불리는 문제의 해결책은 갑작스레 나타난다는 것을 보여주었다.

게슈탈트 심리학자들은 통찰 문제에는 일반적으로 재구조화가 일어난다고 믿었고 그래서 통찰 문제에 연구를 집중하였다. 그들이 사용한 연구 전략은 문제를 해결하기 위해 필요한 재구조화를 하기 어렵게 문제와 상황을 만드는 것이었다. 그들은 문제해결의 장애물을 연구해서 문제해결에 포함되는 심적 과정에 대해 알아내기를 바랐다.

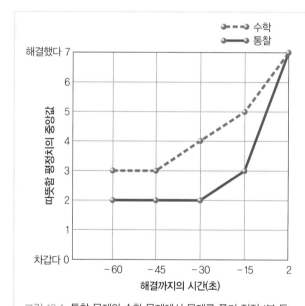

그림 12.4 통찰 문제와 수학 문제에서 문제를 풀기 직전 1분 동안 자기들이 얼마나 해결책에 근접했다고 느끼는지에 대한 참가자의 판단을 보여주는 Metcalfe와 Wiebe(1987)의 실험 결과.

출처: J. Metcalfe & D. Wiebe, Intuition in insight and noninsight problem solving, *Memory and Cognition, 15*, 238-246, 1987.

문제해결의 장애물

게슈탈트 심리학자들에 따르면 문제해결의 주요 장애물 중 하나는 고착(fixation)이다. 고착이란 해결책에 도달하는 것을 방해하는 문제의 특정 특징에 사람들이 집중하는 경향을 가리킨다. 문제해결에 방해를 하는 고착의 한 유형은 어떤 물체의 친숙한 기능이나 용도에 집중하는 고착인데, 이를 기능적 고착(functional fixedness)이라 부른다(Jansson & Smith, 1991).

기능적 고착의 대표적인 예는 Karl Duncker(1945)가 처음 기술한 양초 문제(condle problem)이다. 이 실험에서 Duncker는 참가자들에게 여러 가지 물건을 이용해서 과제를 완수하라고 요구했다. 이어지는 '보여주기'에서 문제에서 지정한 물건들이 여러분에게 있다고 가정하고 Duncker의 문제를 풀어보도록 하라.

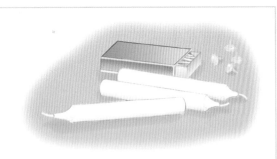

그림 12.5 Duncker(1945)의 양초 문제에 사용되는 물건들

출처: K. Duncker, On problem solving, *Psychological Monographs* 58, 5, Whole No. 270, 1945.

보여주기 양초 문제

여러분은 지금 수직 코르크 보드가 벽에 부착된 방에 있다. 여러분에게 그림 12.5에 있는 양초 몇 개, 성냥 통 속에 든 성냥들, 압핀 몇 개가 제공되었다. 여러분이 해야 할 일은 양초가 타지만 촛농이 바닥에 떨어지지 않게 코르크 보드에 양초를 세우는 것이다. 다음 부분을 읽기 전에 먼저 여러분이 어떻게 이 문제를 풀려고 할지 생각해 보라. 그다음에 여러분이 생각한 답을 이 장의 마지막에 있는 그림 12.29(445쪽)와 비교해 보라

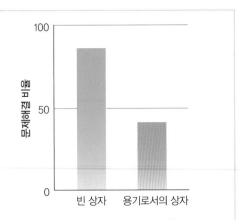

그림 12.6 Duncker의 양초 문제를 반복한 Adamson (1952)의 실험 결과

출처: R. E. Adamson, Functional fixedness as related to problem solving, *Journal of Experimental Psychology, 44*, 288–291, 1952.

성냥통이 물건을 담는 용기가 아니라 물건의 받침으로 사용될 수 있다는 것을 깨닫게 되면 이 문제의 해결책이 떠오르게 된다. Duncker가 이 실험을 실시할 때, 한 집단의 참가자들에게는 재료들(양초, 압핀, 성냥)을 담은 조그만 종이 상자를 주었고, 다른 집단의 참가자들에게는 같은 재료를 종이상자 바깥에 놓아서 종이 상자가 비어 있게 하였다. 이 두 집단의 수행을 비교했을 때 그는 상자가 비어 있는 채로 제공되었던 집단보다 종이상자를 재료들이 담겨 있는 용기로 제공받았던 집단이 문제를 더 어려워했다는 것을 발견하였다. Robert Adamson(1952)은 Duncker의 실험을 반복해서 같은 결과를 얻었다. 즉, 빈 상자로 문제를 제공받았던 참가자들이 해결책을 찾아낸 비율이 상자가 용기로 사용되게 문제를 제공받은 참가자들의 두 배가 되었다(그림 12.6).

상자를 용기로 보는 것이 상자를 받침대로 사용하는 것을 억제한다는 사실은 기능적 고착의 예이다. 기능적 고착의 다른 예는 Maier(1931)의 두 끈 문제(two-string problem)이다. 이 문제에서 참가자에게 주어진 문제는 천정에서부터 내려와 있는 두 개의 끈을 묶는 것이었다. 두 끈이 멀리 떨어져 있어서 하나를 손에 잡은 채 다른 끈을 잡는 것이 불가능하기 때문에 이 문제는 어렵다(그림

12.7). 이 문제를 풀 때 가용한 다른 물건은 의자와 펜치 한 개였다.

이 문제를 풀려면 참가자는 진자를 만들기 위해 펜치를 두 끈 중의 하나에 묶을 필요가 있는데, 묶은 다음에 펜치를 밀면 진자 운동을 하게 된다. 사람들은 일상적으로 펜치를 도구로 사용하지 진자의 한쪽 끝에 추로 사용하지는 않기 때문에 이것은 기능적 고착의 예가 된다. 그러니까 사람들이 펜치의 일상적인 기능에 고착되었기 때문에 60명의 참가자 중에서 37명이 이 문제를 풀지 못했다.

대부분의 참가자들이 10분이 지나도록 이 문제를 풀 수 없었을 때 Maier는 '우발적으로' 끈을 건드려서 끈이 움직이게 '힌트'를 주었다. 참가자들이 끈이 움직이는 것을 보게 되면 문제를 풀지 못했던 37명 중 23명이 60초 이내에 문제를 풀었다. 끈이 이쪽에서 저쪽으로 흔들리는 것을 보는 것이 펜치를 진자 운동을 하는 추로 사용할 수 있다는 통찰을 발동시키는 것 같다. 게슈탈트 심리학의 용어로 표현하자면 참가자들이 어떻게 해결책에 도달하는지에 대한 표상(끈을 좌우로 흔들리게 한다)과 펜치의 기능에 대한 표상(펜치는 진자 운동을 하는 추로 사용할 수 있다)을 재구조화하면 문제해결책이 떠오른다는 것이다.

그림 12.7 **Maier(1931)의 두 끈 문제** 참가자가 아무리 노력해도 두 번째 끈을 잡을 수 없다. 어떻게 두 끈을 이을 수 있을까? (참고: 의자를 이용해도 이을 수 없다!)

출처: N. R. F. Maier, Reasoning in humans: II. The solution of a problem and its appearance in consciousness, *Journal of Comparative Psychology, 12,* 181-194, 1931.

물건의 용도에 대한 사람들의 선입견 때문에 양초 문제와 두 끈 문제는 어렵다. 이런 선입견은 마음 갖춤새(mental set)의 한 유형이다. 마음 갖춤새란 어떻게 문제에 접근하는지에 대한 선입견을 가리킨다. 이 선입견은 그 사람이 이전에 경험한 것이나 이전에 효과가 있던 방법에 의해 정해진다. 이 실험들에서는 물건의 일상적인 용도에 대한 지식에 의해 마음 갖춤새가 만들어졌다.

게슈탈트 심리학자들은 사람들이 문제를 풀어나가는 중에 만들어지는 상황에서도 마음 갖춤새가 발생할 수 있다는 것을 보여주었다. 이런 예는 Luchins의 물주전자 문제(water jug problem)에서 볼 수 있다. 이 문제에서는 참가자들에게 크기가 다른 세 개의 주전자를 측정 도구로 이용해서 특정한 양의 물을 얻는 방법을 종이에 적으라고 요구했다. Luchins(1942)는 첫 번째 예를 참가자들에게 제시했는데, 그 문제에서 세 개의 주전자의 용량은 A = 21리터, B = 127리터, C = 3리터였고, 원하는 양은 100리터였다. 이것이 그림 12.8a의 문제 1이다. 참가자들이 이 문제를 풀어보도록 약간의 시간을 준 다음, Luchins는 다음과 같은 해결책을 알려주었다.

1. 127리터인 B 주전자에 물을 채운 다음, B에서 A로 물을 따른다. 그러니까 B에서 21리터가 빠져나간다. 그러면 B에는 106리터가 있게 된다(그림 12.8b).

2. B에서 C로 물을 따르면, B에서 3리터가 빠져나가서 B에는 103리터가 있게 된다

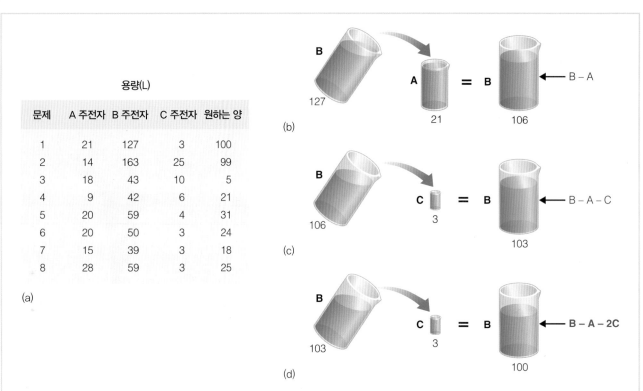

문제	A 주전자	B 주전자	C 주전자	원하는 양
1	21	127	3	100
2	14	163	25	99
3	18	43	10	5
4	9	42	6	21
5	20	59	4	31
6	20	50	3	24
7	15	39	3	18
8	28	59	3	25

용량(L)

(a)

그림 12.8 (a) Luchins(1942) 물주전자 문제. 매 문제마다 세 주전자의 용량과 원하는 양을 지정한다. 세 주전자를 이용해서 원하는 양을 측정하는 방법을 찾아내는 것이 문제이다. (b) 문제 1을 푸는 첫 번째 단계, (c) 두 번째 단계, (d) 세 번째 단계. 다른 문제들도 모두 공식, 원하는 양=B−A−2C라는 같은 방식으로 해결될 수 있다. 그러나 문제 7과 8은 더 쉬운 방법이 있다.

출처: A. S. Luchins, Mechanization in problem solving—the effect of einstellung, *Psychological Monographs, 54*, 6, 195, 1942.

(그림 12.8c).

3. 다시 B에서 C로 물을 따르면, B에서 3리터가 추가로 빠져나가서 B에는 100리터가 있게 된다(그림 12.8d).

문제 1의 해결책은 원하는 양=B−A−2C로 표기될 수 있다. 어떻게 문제 1을 푸는지를 보여준 다음(그러나 공식을 알려주지는 않음), Luchins는 참가자들이 문제 2~8을 풀게 하였다. 이 문제들은 모두 같은 공식으로 풀 수 있는 문제들이다. (어떤 교재에서는 Luchins 실험을 서술할 때 참가자에게 실제로 크기가 다른 주전자들을 주고 원하는 양을 측정하게 했다고 서술했는데, 이 서술이 사실이라면 참가자들은 아주 튼튼해야 한다. 왜냐하면 127L인 A 주전자는 127kg 이상의 무게일 것이기 때문이다! 해결책을 종이에 적으라고 했으니 참가자들에게는 참으로 다행스런 일이었다).

Luchins는 참가자들이 문제 7과 8을 어떻게 푸는지에 관심이 있었다. 이 두 문제는 B−A−2C 공식으로도 풀리지만, 더 간단한 방법으로도 풀린다.

문제 7: 원하는 양=A + C (A와 C를 채워서 B에 붓는다)
문제 8: 원하는 양=A − C (A를 채운 다음 C에 따른다)

Luchins가 물었던 질문은 마음 갖춤새가 있는 참가자와 없는 참가자가 문제 7과 8을 어떻게 푸는가 하는 것이었다. 이 질문에 답하기 위해 그는 두 집단으로 나누었다.

> **마음 갖춤새 집단**: 위에 서술한 절차에 따라 먼저 문제 1을 예로 보여준 다음, 참가자들이 문제 2에서부터 시작해서 문제 2~8을 풀게 하였다. 이렇게 하면 B－A－2C 절차를 사용하는 마음 갖춤새가 만들어진다.
>
> **마음 갖춤새 없는 집단**: 참가자들은 문제 7에서 시작해서 문제 7과 8만 풀었다. 이 경우 참가자들은 B－A－2C 절차에 전혀 노출되지 않는다.

결과를 보면 마음 갖춤새 집단에서는 단지 23%의 참가자들만이 문제 7과 8에서 간단한 해결방안을 사용하였다. 그러나 마음 갖춤새 없는 집단에서는 모든 참가자들이 간단한 방법으로 문제를 풀었다. 그러니까 마음 갖춤새는 물체의 기능에 대한 선입견(양초 문제와 두 끈 문제)과 문제를 푸는 방법에 관한 선입견(물주전자 문제)의 두 가지 이유로 문제해결에 영향을 미칠 수 있다.

1920년과 1950년 사이에 게슈탈트 심리학자들은 어떻게 마음 갖춤새가 문제해결에 영향을 미치는지와 어떻게 문제해결에 새로운 표상을 만드는 과정이 포함되는지를 보여주는 여러 가지 문제들을 서술하였다. 문제해결은 어떻게 마음에 문제가 표상되는지에 달려 있다는 생각은 게슈탈트 심리학이 남긴 지속적인 공헌 중의 하나이다. 현대 연구자들은 이 생각을 문제해결에 관한 정보처리 접근의 시발점으로 사용하였다.

현대의 문제해결 연구: 정보처리 접근

1장에서 인지심리학의 역사를 서술할 때 1956년에 두 개의 중요한 학술대회가 열렸다고 서술했다. 하나는 매사추세츠 공과대학교에서 다른 하나는 다트머스 대학교에서 열렸는데, 마음을 연구하는 새로운 방법을 논의하기 위해 많은 분야의 연구자들이 모였다. 이 두 학술대회 모두에서 Alan Newell과 Herbert Simon은 사람의 문제해결 과정을 시뮬레이션한 '논리 이론가(logic theorist)' 컴퓨터 프로그램을 소개하였다. 이것은 문제해결을 탐색을 포함하는 과정으로 서술하는 연구의 효시가 되었다. 단지 문제의 초기 구조와 문제를 해결했을 때 달성되는 새로운 구조만 고려하는 대신 Newell과 Simon은 문제가 제기될 때부터 해결책에 이를 때까지 발생하는 탐색과정으로 문제해결을 서술하였다.

문제해결을 탐색으로 보는 생각은 우리의 언어 사용에서도 볼 수 있다. 사람들은 흔히 문제와 관련해서 '목표에 도달하는 방법을 탐색한다.', '장애물을 우회한다.', '막다른 골목에 다다른다.', '문제를 다른 각도에서 접근한다.'와 같은 표현을 사용한다(Lakoff & Turner, 1989). 하노이 탑 문제(Tower of Hanoi problem)를 서술하는 것으로 Newell과 Simon의 접근법에 대해 소개하도록 한다.

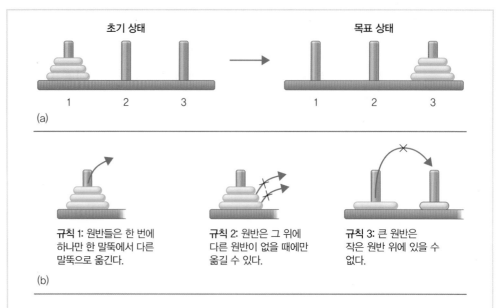

그림 12.9 (a) 하노이 탑 문제의 초기 상태와 목표 상태. (b) 문제해결에서 허용되는 세 가지 규칙.

출처: K. Kotovsky, J. R. Hayes, & H. A. Simon, Why are some problems hard? Evidence from Tower of Hanoi, *Cognitive Psychology, 17*, 248–294, 1985.

Newell과 Simon의 접근법

Newell과 Simon(1972)은 문제를 문제 시작 단계에서의 조건들인 초기 상태(initial state)와 문제해결책을 가리키는 목표 상태(goal state)라는 용어로 본다. 그림 12.9에는 세 개의 말뚝이 있고 가운데에 구멍이 뚫린 세 개의 원반이 있다. 그림 12.9a는 왼쪽 말뚝 1에 세 개의 원반이 쌓인 하노이 탑 문제의 초기 상태와 오른쪽 말뚝 3에 세 개의 원반이 쌓인 목표 상태를 보여준다. 초기 상태와 목표 상태를 명시하는 것에 덧붙여 Newell과 Simon은 조작자(operators)라는 개념을 소개하였다. 조작자란 문제를 한 상태에서 다른 상태로 변화시키는 행동을 말한다. 하노이 탑 문제에서 조작자는 원반을 다른 말뚝으로 옮기는 행동들이다. 그림에 예시된 규칙들은 어떤 행동은 허용되고, 어떤 행동은 허용되지 않는지를 보여준다(그림 12.9b). '보여주기'에 있는 지시문을 따라서 이 문제를 풀어보도록 하라.

보여주기 하노이 탑 문제

다음 규칙들을 이용해서 그림 12.9a에 있는 것처럼 왼쪽 말뚝에 있는 원반들을 오른쪽 말뚝으로 옮기라.

1. 원반들은 한 번에 하나만 한 말뚝에서 다른 말뚝으로 옮긴다.
2. 원반은 그 위에 다른 원반이 없을 때에만 옮길 수 있다.
3. 큰 원반은 작은 원반 위에 있을 수 없다.

이 문제를 푸는 동안 초기 상태에서 목표 상태에 이를 때까지 몇 번 이동을 해야 하는지 세어 보라.

표 12.1 문제해결에 대한 Newell-Simon 접근의 주요 용어

용어	서술	하노이 탑에서의 예
초기 상태	문제가 시작될 때의 조건들	세 개의 원반이 모두 왼쪽 말뚝에 있다.
목표 상태	문제의 해결책	세 개의 원반이 모두 오른쪽 말뚝에 있다.
중간 상태	문제를 해결하기 위해 한 단계가 시행된 후의 조건들	가장 작은 원반을 오른쪽 말뚝에 놓으면, 나머지 두 개 원반은 왼쪽 말뚝에 있고 가장 작은 원반은 오른쪽 말뚝에 있다.
조작자	문제를 한 상태에서 다른 상태로 이동시키는 행위. 보통 조작자는 규칙의 지배를 받는다.	규칙: 큰 원반은 작은 원반 위에 있을 수 없다.
문제 공간	문제를 해결할 때 일어날 수 있는 모든 가능한 상태들	그림 12.10
수단-목표 분석	초기 상태와 목표 상태 간의 차이를 줄이는 게 목표인 문제해결 방법	하위 목표를 설정하는데, 각 하위 목표는 해결책을 목표 상태에 근접하게 이끈다.
하위 목표	목표 상태에 더 근접하는 중간 상태를 만드는 것을 도와주는 작은 목표. 종종 하위 목표는 목표 상태와 거리가 멀어지게 만드는 것처럼 보이지만, 결국에는 목표에 이르는 가장 짧은 경로를 만들어낸다.	하위 목표 4: 중간 원반을 자유롭게 하기 위해 작은 원반을 가운데 말뚝에서 왼쪽 말뚝으로 이동할 필요가 있다.

© Cengage Learning

이 문제는 하노이 탑 문제라 불리는데, 하노이 근처에 있는 사원에 이 문제 풀이로 수행하는 스님들이 있다는 전설 때문에 이렇게 불린다. 이 전설에 나오는 문제는 지금 보여준 예보다 복잡한데, 말뚝 1에 원반이 64개 있다고 전해진다. 전설에 따르면 이 문제를 풀면 세상에 종말이 온다고 한다. 다행스럽게도 스님들이 1초마다 다음 행동을 하고, 그 행동들이 다 옳다고 해도 이를 하려면 거의 1조 년이 걸린다(Raphael, 1976).

이 문제를 풀다 보면 목표 상태에 도달하기 위해 시도를 할 때 원반을 옮길 수 있는 방안이 여러 개 있다는 것을 알 수 있다. Newell과 Simon은 문제해결을 단계 선택의 연쇄로 보았는데, 각 행동은 중간 상태(intermediate state)를 만든다. 그러니까 문제해결은 초기 상태에서 시작해서 여러 개의 중간 상태를 거쳐 마지막에 목표 상태에 도달한다. 특정 문제의 초기 상태, 목표 상태, 그리고 가능한 모든 중간 상태들은 그 문제의 문제 공간(problem space)을 만든다(Newell과 Simon이 사용한 용어들을 표 12.1에 요약하였다.)

하노이 탑 문제의 문제 공간을 그림 12.10에 제시하였다. 초기 상태를 1이라 표시하였고, 목표 상태를 8이라 표시하였다. 원반들이 말뚝에 있는 나머지 모든 가능한 상황들은 중간 상태들이다. 이 문제에서 초기 상태에서 목표 상태에 도달하는 방법은 여러 가지가 있다. 빨간 선으로 표시된 방법은 14회 원반을 움직여야 한다. 가장 좋은 해결책은 초록색으로 표시되어 있는데, 단지 7회만 움직이면 된다.

목표에 도달하는 모든 가능한 방법 중에서 어떤 행동을 택할지 어떻게 결정을 내리는가? 특히 문제 풀이를 시작할 때? 여기서 유념해야 할 것은 문제를 풀려고 할 때 문제해결자는 그림 12.10에 있는 것과 같은 문제 공간 그림을 가지고 있지 않다는 점이다. Newell과 Simon에 따르면 문제해결자는 해결책을 찾기 위해서 문제 공간을 탐색해야 하며, 탐색을 관리하는 한 가지 방법은 수단-목표 분석(means-end analysis)이라는 전략을 사

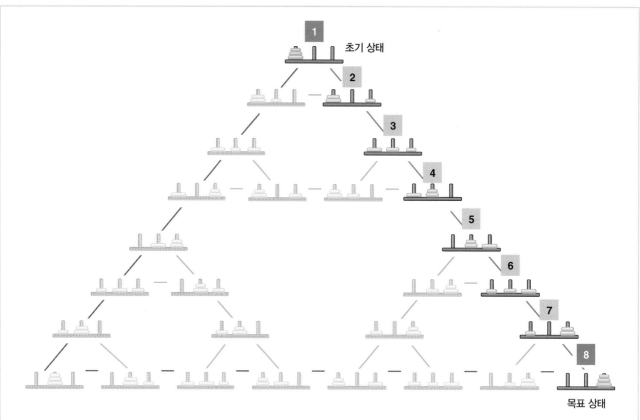

그림 12.10 하노이 탑 문제의 문제 공간 초록색 선은 초기 상태 1에서 목표 상태 8에 이르는 가장 짧은 경로를 보여 준다. 빨간 선은 더 긴 경로를 보여 준다.

출처: K. Dunbar, Problem solving, in W. Bechtel & G. Graham, Eds., *A companion to cognitive science,* pp. 289–298, London: Blackwell, 1998.

용하는 것이라고 제안하였다. 수단-목표 분석의 1차적인 목표는 초기 상태와 목표 상태의 차이를 줄이는 것이다. 이 목표는 목표 상태에 보다 근접한 중간상태인 하위 목표(subgoals)를 만들어서 달성할 수 있다.

하노이 탑 문제에 수단-목표 분석을 적용할 때 전체적인 목표는 초기 상태와 목표 상태의 차이를 줄이는 것이다. 처음 목표는 왼쪽 말뚝에 있는 큰 원반을 오른쪽 말뚝으로 옮기는 것이다. 그런데 우리가 규칙을 따르면 이 목표는 한 번 만에 달성할 수가 없다. 왜냐하면 우리는 한 번에 하나의 원반만 옮길 수 있고, 위에 다른 원반이 있으면 그 원반은 옮길 수 없기 때문이다. 따라서 이 문제를 풀려면 일련의 하위 목표들을 설정해야 하는데, 그중 일부는 그 안에 몇 가지 조작이 들어 있을 수 있다.

하위 목표 1: 큰 원반을 말뚝 3으로 옮길 수 있게 그 위에 있는 원반들을 치운다. 이것은 (a) 작은 원반을 들어서 말뚝 3에 옮긴다(그림 12.11a. 이것은 그림 12.10에 있는 문제 공간에서 상태 2에 해당한다). (b) 중간 원반을 들어서 말뚝 2로 옮긴다(그림 12.11b. 이것은 그림 12.10에 있는 문제 공간에서 상태 3에 해당한다). 이로써 큰 원반 위에 있는 원반들을 치운다는 하위 목표가 달성된다.

하위 목표 2: 큰 원반을 말뚝 3으로 옮길 수 있게 말뚝 3에 놓여 있는
　　　　　　원반을 치운다. 이것은 작은 원반을 중간 원반 위로 옮
　　　　　　기면 된다(그림 12.11c. 이것은 그림 12.10에 있는 문
　　　　　　제 공간에서 상태 4에 해당한다).
하위 목표 3: 큰 원반을 말뚝 3으로 옮긴다(그림 12.11d. 이것은 그
　　　　　　림 12.10에 있는 문제 공간에서 상태 5에 해당한다).
하위 목표 4: 중간 원반 위에 있는 원반을 치운다.

이제 문제 공간의 상태 5에 도달했으니, 일단 멈춰서 어떻게 중간
원반 위에 있는 원반들을 치운다는 하위 목표 4를 달성할지 결정해 보
자. 작은 원반은 말뚝 1이나 말뚝 3으로 옮길 수 있다. 가능한 경우가
두 가지 있다는 것은 목표에 도달하는 가장 짧은 길을 택하려면 몇 수
앞을 보아야 한다는 것을 알려준다. 이것을 해 보면 작은 원반을 말
뚝 3에 놓아서는 안 된다는 것을 알 수 있게 된다. 비록 이 방안이 초
기 상태와 목표 상태의 차이를 줄여주는 것처럼 보일지라도, 작은 원
반을 말뚝 3에 놓으면 중간 원반을 거기에 놓을 수 없게 되는데, 중간
원반을 말뚝 3에 놓는 것이 다음 하위 목표이기 때문에, 작은 원반을
말뚝 3에 놓는 것은 틀린 선택이다. 그러니까 우리는 작은 원반을 말
뚝 1에 다시 놓아야 하고(상태 6), 이로써 중간 원반을 말뚝 3에 놓을
수 있게 된다(상태 7). 이제 거의 다 풀었다! 하위 목표를 설정하고 몇
수 앞을 보는 절차는 효율적인 문제해결로 이끈다.

　하노이 탑 문제가 왜 중요한가? 한 가지 이유는 하위 목표들을 설
정해서 문제를 푸는 수단–목표 분석을 잘 보여주기 때문이다. 이 접
근은 실제 장면에도 적용될 수 있다. 나는 최근에 피츠버그에서 코
펜하겐으로 가는 여행을 계획해야 했다. 한 상태에서 다른 상태로 변화시키는 행동을
Newell과 Simon은 조작자로 불렀던 것을 기억하자. 피츠버그에서 코펜하겐으로 가는 데
사용되는 조작자는 비행기 타기인데, 이 조작자
를 사용하는 데는 두 가지 규칙이 있다.

1. 직항이 없으면(직항이 없다!) 사람과 짐이
　 확실하게 이동할 수 있게 비행 간에 시간
　 간격이 충분해야 한다.
2. 비행 경비는 내 예산 한도 이내여야 한다.

　내 첫 번째 하위 목표는 나와 코펜하겐 간의
거리를 줄이는 것이다. 이 목표를 달성하는 한
가지 방법은 피츠버그에서 파리로 가는 비행기
를 탄 다음 코펜하겐으로 가는 비행기로 갈아타

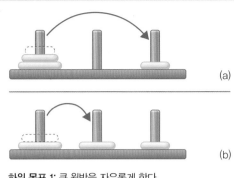
(a)

(b)

하위 목표 1: 큰 원반을 자유롭게 한다.

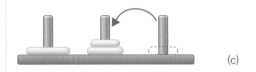
(c)

하위 목표 2: 세 번째 말뚝을 자유롭게 한다.

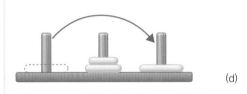
(d)

하위 목표 3: 큰 원반을 세 번째 말뚝으로 옮긴다.

그림 12.11 **하노이 탑 문제를 푸는 초기 단계** 어떻게
문제를 하위 목표로 나누는지를 보여준다.

출처: K. Kotovsky, J. R. Hayes, & H. A. Simon, Why are some
problems hard? Evidence from Tower of Hanoi, *Cognitive
Psychology, 17*, 248–294, 1985.

그림 12.12 **피츠버그에서 코펜하겐으로 가는 두 가지 경로** 파리를 경유하는 경
로(검은 선)는 코펜하겐까지의 거리를 줄여주지만, 문제의 규칙을 충족시키지 못
한다. 애틀랜타를 경유하는 경로(빨간 점선)는 돌아가기는 하지만 규칙들을 충족
시키기 때문에 문제를 해결해준다. © Cengage Learning

는 것이다(그림 12.12). 그런데 비행 시간표를 보니 중간 시간이 70분밖에 되지 않는데, 이는 규칙 1에 어긋난다. 코펜하겐으로 가는 다음 비행기를 기다리면 요금이 증가하는데, 이는 규칙 2에 어긋난다. 피츠버그에서 파리로 가는 생각은 효율적이지 않아서 '코펜하겐으로 연결하는 저가 항공이 많은 도시로 가는 비행기 편을 찾아라.'라는 새로운 하위목표를 설정하였다. 마침내 나는 피츠버그에서 애틀랜타로 가는 것이 이 하위 목표를 충족시킨다고 판단했다. 이렇게 해서 문제가 해결되었다. 이 해결책에 처음에는 코펜하겐에서 멀어지는 여행을 하는 하위 목표가 있다는 것에 주목하라. 마지막에 오른쪽 말뚝에 원반을 놓기 위해 일단 왼쪽 말뚝으로 작은 원반을 옮겼던 하노이 탑 문제의 하위 목표 4에서처럼, 나는 목표에 도달하는 위치에 있기 위해 처음에는 코펜하겐에서 멀어지는 여행을 했다.

Newell과 Simon의 접근이 문제해결에 기여한 점들 중에서 중요한 하나는 초기 상태에서 목표 상태에 도달하는 가능한 경로들을 나타내는 방법을 상세화했다는 점이다. 그러나 문제해결 연구들은 문제 공간을 상세화하는 것 외에 다른 요인들도 문제해결에 큰 영향을 미친다는 것을 보여주었다. 다음 절에서 보겠지만, 이 연구는 같은 문제 공간을 가진 두 개의 문제가 난이도에서는 아주 차이가 클 수 있다는 것을 보여준다.

문제 서술의 중요성

어떻게 문제가 서술되는지가 난이도에 영향을 줄 수 있다. 다음에 나오는 귀 잘린 체스판 문제는 이 점을 잘 보여준다.

그림 12.13 **귀 잘린 체스판 문제** 어떻게 하는지는 '보여주기'를 보라. Cengage Learning

보여주기 귀 잘린 체스판 문제

체스판은 64개의 정사각형으로 되어 있는데, 두 개의 정사각형을 덮을 수 있는 도미노 32개로 이 체스판을 완전하게 덮을 수 있다. 귀 잘린 체스판 문제(mutilated checkerboard problem)에서는 '그림 12.13에 보이는 것처럼 체스판의 두 모퉁이를 잘라내면 체스판에 남아 있는 62개의 정사각형들을 31개의 도미노로 덮을 수 있을까?'라는 다음 질문을 던진다. 더 읽기 전에 이 문제를 풀어 보도록 하라. '예' 혹은 '아니요'로 대답하라. 왜 그렇게 생각하는지 그 이유도 서술하라.

정확한 문제 표상을 취하는 것이 성공적인 문제해결의 관건이라는 게슈탈트 심리학의 생각을 유념하라. 귀 잘린 체스판 문제를 푸는 관건은 하나의 도미노는 정사각형 두 개를 덮는다는 것과 이 두 개의 정사각형들은 색이 달라야 한다는 원리를 이해하는 것이다. 그래서 두 귀퉁이에서 같은 색의 정사각형을 잘랐으니 이 문제의 답은 '덮을 수 없다'가 된다. 이 생각에서 출발해서 Craig Kaplan과 Herbert Simon(1990)은 참가자들이 이 원리를 자각할 가능성을 높일 수 있는 버전을 사용하면 이 문제를 풀기 쉬울 것이라고 가설을 세웠다. 이 가설을 검증하기 위해 이들은 그림 12.14

그림 12.14 귀 잘린 체스판 문제에 대한 Kaplan과 Simon(1990)의 연구에서 사용한 조건들.

출처: C. A. Kaplan & H. A. Simon, In search of insight, *Cognitive Psychology*, 22, 374–419, Figure 2. Copyright ©1990 Elsevier Ltd.

네 가지 조건

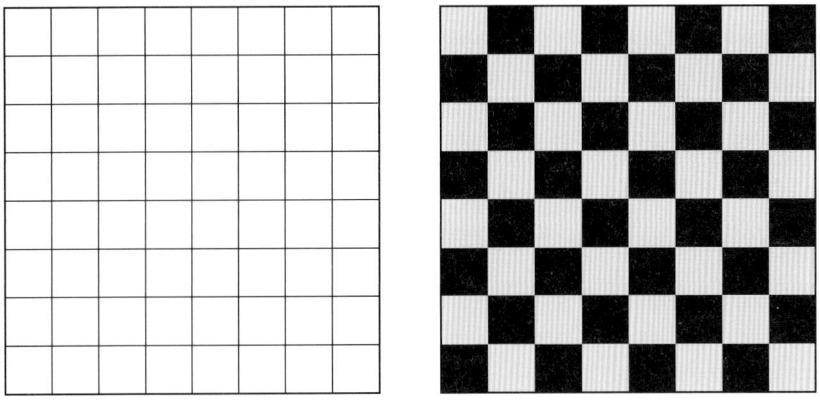

빈 버전

색 버전

black과 pink 버전

black	pink	black	pink	black	pink	black	pink
pink	black	pink	black	pink	black	pink	black
black	pink	black	pink	black	pink	black	pink
pink	black	pink	black	pink	black	pink	black
black	pink	black	pink	black	pink	black	pink
pink	black	pink	black	pink	black	pink	black
black	pink	black	pink	black	pink	black	pink
pink	black	pink	black	pink	black	pink	black

bread와 butter 버전

butter	bread	butter	bread	butter	bread	butter	bread
bread	butter	bread	butter	bread	butter	bread	butter
butter	bread	butter	bread	butter	bread	butter	bread
bread	butter	bread	butter	bread	butter	bread	butter
butter	bread	butter	bread	butter	bread	butter	bread
bread	butter	bread	butter	bread	butter	bread	butter
butter	bread	butter	bread	butter	bread	butter	bread
bread	butter	bread	butter	bread	butter	bread	butter

에 있는 네 가지 버전을 만들었다.

1. 빈 버전: 모든 정사각형이 비어 있는 체스판
2. 색 버전: 일상적인 체스판처럼 정사각형들을 검정색과 분홍색으로 번갈아 칠한 체스판
3. black과 pink라는 단어를 교대로 써 놓은 체스판
4. bread와 butter라는 단어를 교대로 써 놓은 체스판

네 가지 버전 모두 배치가 똑같고 답도 같다. 체스판에 있는 정보(빈 버전에는 정보가 없다)가 달랐는데, 그 정보들은 참가자들에게 하나의 도미노는 정사각형 두 개를 덮는다는 것과 이 두 개의 정사각형들은 색이 달라야 한다는 통찰을 제공하게 사용될 수 있는 정보들이었다. 놀랄 필요도 없지만 인접한 두 정사각형의 차이를 강조하는 체스판을 제공받은 참가자들이 문제가 풀기 쉽다는 것을 발견했다. bread와 butter라는 단어는 서로 연합되어 있지만 아주 다르기 때문에 bread-butter 조건이 정사각형 간의 차이를 가장 강조했다. 빈 체스판은 모든 정사각형들이 똑같기 때문에 차이에 대한 정보가 전혀 없다.

bread-butter 조건의 참가자들이 빈 버전 조건의 참가자들보다 두 배나 빨리 문제를 해결했으며, 참가자들이 '막다른 골목'에 빠진 것처럼 보일 때 실험자가 제공하는 힌트도 적게 요구했다. bread-butter 집단은 평균 1개의 힌트를 요구했는 데 반해 빈 버전 집단은 평균 3.14개의 힌트를 요구했다. 색 버전 집단과 black-pink 집단의 수행은 이 두 집단의 사이에 위치했다. 이 결과는 참가자들이 문제를 정확하게 표상할 수 있게 도와주는 정보가 제공될 때 문제해결이 용이하다는 것을 보여준다.

참가자들이 문제를 푸는 동안 일어나는 참가자들의 사고 과정을 좀 더 잘 이해하기 위해 Kaplan과 Simon은 Simon이 소리 내어 생각하기 녹취라 부르는 기법을 사용하였다.

방법 소리 내어 생각하기 녹취

소리 내어 생각하기 녹취(think-aloud protocal) 절차에서 참가자는 문제를 푸는 동안 자기가 생각하는 것을 크게 말하라고 요청받는다. 자기들이 무엇을 하고 있는지를 기술하는 게 아니라 새로운 생각이 떠오르면 그것을 말하라고 지시받았다. 소리 내어 생각하기 녹취를 하는 목적 중의 하나는 문제를 푸는 동안 어떤 정보에 주의를 기울이는지 알아내는 것이다. 다음은 참가자들에게 준 지시의 예이다.

이 실험에서 우리는 우리가 여러분에게 준 문제를 푸는 동안, 여러분 스스로에게 무엇을 말하는지 알아보려고 합니다. 이를 위해서 여러분이 크게 소리 내어 생각하면서 문제를 풀어주기를 부탁합니다. 소리 내어 생각한다라는 말은 여러분이 속으로 스스로에게 하는 말은 그것이 어떤 말이든 크게 말해 달라는 것입니다. 여러분이 어느 시간 이상 동안 말을 안 하면 소리 내어 생각해 달라고 환기시킬 것입니다⋯⋯. 질문 있습니까? 다음 문제를 푸는 동안 소리 내어 생각해 주십시오. (Ericsson & Simon, 1993).

다음은 Kaplan과 Simon의 실험에서 녹취한 예이다. 이 참가자는 bread-butter 조건에 속한 참가자이다.

참가자: 내가 일일이 해 보니 단지 30개만 찾을 수 있네요⋯⋯. 잘 모르겠는데요. 누군가는 체스판을 세어보고 31개로 덮을 수 있다고 말할지는 모르지만, 이걸 종이에 그려놓고 세어보면 30개만 맞출 수 있어요. (쉼)

실험자: 계속하세요.

참가자: 어쩌면 거기 씌어 있는 단어들과 관련이 있나요? 나는 그건 해 보지 않았는데요. 그걸 수도 있죠. 좋아요. 도미노, 음, 도미노는 단지⋯⋯ 맞아, 도미노는 단지 정사각형 두 개만 덮어요. 그리고 어느 방향으로 놓든 대각선으로 놓을 수는 없으니까 bread와 butter를 덮어야 해요. 그리고 bread를 두 개 지웠으니까 butter 두 개가 남아요. 그러니까⋯⋯ 30개뿐이에요. 그러니까 다 덮을 수가 없어요. 이게 답인가요?

이 참가자가 처음에 난관에 봉착했다가 bread와 butter라는 단어가 중요하다는 것을 알아차리고는 갑자기 답을 찾아냈다는 점에 주목하라. 소리 내어 생각하기 녹취는 사람들이 문제를 푸는 동안의 사고 과정을 기록해서 사람들이 문제의 요소들을 지각하는 방식에서 갑작스런 변화가 생기는 것을 보여주었다. 이것은 게슈탈트 심리학자들의 재구조화라는 생각과 유사하다. 그림 12.2의 원 문제를 기억해 보자. 원 문제를 풀 때 관건은 선분 x가 원의 반지름과 길이가 같다는 것을 알아차리는 것이었다. 마찬가지로, 일반적인 체스판에서 한 개의 도미노는 색이 다른 두 개의 정사각형을 덮기 때문에 귀 잘린 체스판 문제에서 문제해결의 관건은 인접한 두 정사각형은 짝지어져 있다는 것을 알아차리는 것이다. 그러니까 게슈탈트 심리학자들의 용어로 표현하자면 문제를 풀기 쉽도록 문제 표상을 새로 만들어 내는 것이라고 말할 수 있다.

Kaplan과 Simon은 참가자들이 인접한 정사각형들이 짝지어 있다는 것을 알아차리는 것을 도와주기 위해 다른 색들과 다른 이름들을 사용하였다. 그러나 이 목표는 체스판 문제와 유사한 구조를 갖는 다음 이야기를 참가자들에게 들려주는 방법으로도 달성될 수 있다.

러시아 결혼 문제

어느 조그만 러시아 마을에 32명의 총각과 32명의 처녀가 있었다. 불굴의 노력 끝에 마을에 있는 중매쟁이는 상당히 만족스럽게 32쌍을 맺어줬다. 마을사람들은 이를 자랑스러워했고 모두 행복해했다. 그러던 어느 날 밤, 술에 취한 두 명의 총각들이 서로에게 만두 먹이기 내기를 하며 용기 있음을 자랑하다가 둘 다 죽어버렸다. 중매쟁이는 남은 62명의 생존자들로 31쌍의 남녀 부부 쌍을 만들 수 있을까? (Hayes, 1978, p.180을 참고하여 작성하였다).

이 문제의 답은 뻔히 보인다. 남성 두 명이 죽었으니 남성 30명, 여성 32명이 남았고, 그러니 31개의 남녀 부부 쌍을 만드는 것은 불가능하다. 물론 이것이 귀 잘린 체스판 문제의 상황이다. 다만 남성과 여성이 짝지어지는 대신 밝은 사각형과 어두운 사각형이 짝지어져야 한다는 점만 다르다. 이 이야기의 부부 쌍과 체스판에 교대로 있는 정사각형들 간의 연결을 알아차린다면 이 문제를 읽은 참가자들은 귀 잘린 체스판 문제를 풀 수 있다. 유사한 문제들 간의 연결을 알아채고 한 문제의 해결 방안을 다른 문제에 적용하는 과정은 유추라 불린다. 다음 절에서는 문제해결에서 유추가 어떻게 사용되어왔는지에 대해 자세히 알아본다.

자가 테스트 12.1

1. 문제의 심리학적 정의는 무엇인가?

2. 문제해결에 대한 게슈탈트 접근의 기저에 깔린 원리는 무엇인가? 다음에 나오는 문제들은 이 원리를 어떻게 보여주는지, 그리고 문제해결에 대해 이외의 어떤 점들을 보여주는지 서술하라. 원(반지름) 문제, 양초 문제, 두 끈 문제, 물주전자 문제. 기능적 고착을 반드시 이해하라.

3. 통찰은 무엇이며, 사람들이 문제를 푸는 동안 통찰이 일어난다는 증거는 무엇인가?

4. 문제해결에 대한 Newell과 Simon의 접근에 대해 서술하라. 이 접근에서는 '탐색'이 중심적인 역할을 한다. 하노이 탑 문제에 적용된 수단-목표 분석은 이 점을 어떻게 보여주는가? 소리 내어 생각하기 녹취는 무엇인가?

5. 귀 잘린 체스판 문제는 문제가 서술된 방식이 문제해결에 영향을 줄 수 있다는 것을 어떻게 보여주는가? 이 연구는 Newell과 Simon의 '문제 공간' 접근에 어떤 함의를 갖는가?

유추를 이용한 문제해결

어떤 사람이 문제에 봉착해서 어떻게 풀어야 하는지 고민하고 있다. '다음에 어떤 행동을 해야 하는가?' 또는 '이 문제에 대해 어디서부터 생각을 해야 하지?'와 같은 질문이 든다. 종종 도움이 되는 방법 중의 하나는 이전에 이 사람이 풀었던 문제 중에 이와 비슷한 문제가 있는지 생각해 보고, '그때 사용한 방법을 이 문제에 적용할 수 있을까?'라고 스스로 물어보는 것이다. 새 문제의 해결책을 강구하기 위해 비슷한 문제의 해결 방안을 이용하는 유추(analogy)를 이용하는 기법을 유추적 문제해결(analogical problem solving)이라 부른다.

귀 잘린 체스판 문제를 푸는 것을 도와주기 위해 러시아 결혼식 문제를 이용한 것은 문제해결을 위해 효율적으로 유추를 사용한 예가 된다. 유추적 문제해결 연구에서는 유추를 이용하는 것이 효율적인 조건과 효율적이지 못한 조건들에 대해 고려하였다.

유추 전이

많은 유추적 문제해결 연구들의 출발점은 사람들이 어떤 문제를 푼 경험이 그와 유사한 새로운 문제를 푸는 데 얼마나 전이가 되는지 알아보는 것이었다. 한 문제에서 다른 문제로 일어나는 전이를 유추 전이(analogical transfer)라 한다. 유추 전이 연구에서 사용되는 두 개의 중요한 용어는 표적 문제(target problem)와 바탕 문제(source problem)이다. 참가자가 풀려고 하는 문제를 표적 문제라 하고, 표적 문제와 약간의 유사점을 공유하는 문제로 표적 문제를 푸는 방법에 대해 알려 주는 문제를 바탕 문제라 한다.

귀 잘린 체스판 문제에서 체스판 문제가 표적 문제이고, 러시아 결혼 문제가 바탕 문제이다. 러시아 결혼 문제를 제시하는 것이 귀 잘린 체스판 문제를 푸는 것을 향상시키면 이것이 유추 전이가 일어났다는 증거가 된다. 러시아 결혼 문제를 지배하는 원리가 체스판 문제를 푸는 데 적용될 필요가 있는 원리와 유사하다는 것을 참가자들이 쉽게 알수 있기 때문에 이 문제에서는 유추 전이가 일어났다. 그러나 이제 곧 보겠지만, 항상 효율적인 유추 전이가 일어나지는 않는다.

유추적 문제해결과 Duncker의 방사선 문제

유추적 문제해결 연구에서 널리 사용되는 문제가 Karl Duncker의 방사선 문제(radiation problem)이다.

보여주기 Duncker의 방사선 문제

다음 문제를 풀어 보도록 하자. 여러분이 위에 악성 종양이 있는 환자를 치료해야 하는 의사라고 가정하자. 환자에게 수술을 하는 것은 불가능한데, 종양을 제거하지 않으면 환자는 죽게 된다. 그런데 종양을 파괴하는 데 사용할 수 있는 광선이 있다. 이 광선이 충분히 강한 강도로 종양에 도달하면 종양은 파괴된다. 그런데 불행하게도 그 강도에서는 광선이 종양에 도달하기 위해 중간에 거쳐 가야 할 건강한 조직들도 파괴된다. 약한 강도에서는 그 광선은 건강한 조직에 무해하지만 종양에도 아무런 영향을 주지 못한다. 종양은 파괴하지만 건강한 조직을 파괴하는 것은 피할 수 있는 어떤 절차를 사용할 수 있을까? (Gick & Holyoak, 1980)

이 문제에 대해 잠시 생각해 보았는데 적당한 답이 떠오르지 않더라도 여러분만 그런 게 아니니까 실망하지 않아도 된다. Duncker(1945)가 이 문제를 처음 제기했을 때 대부분의 참가자들이 이 문제를 풀지 못했고, Mary Gick와 Keith Holyoak(1980, 1983)은 참가자들의 10%만이 그림 12.15a에 있는 정답에 도달하는 것을 발견하였다. 해결책은 여

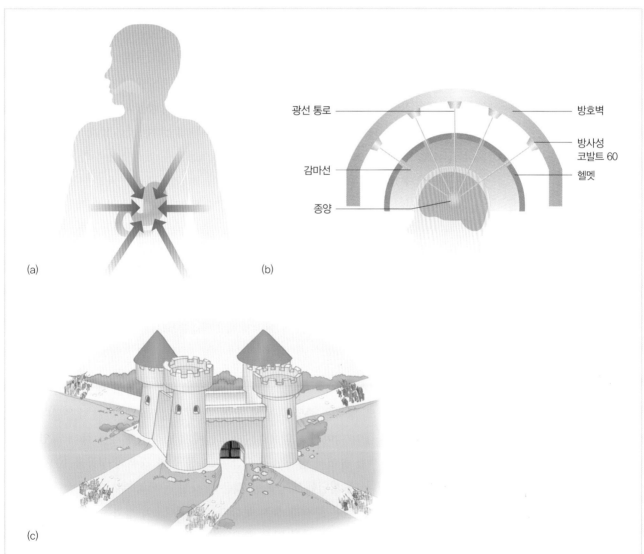

그림 12.15 (a) 방사선 문제의 해결책. 여러 방향에서 약한 강도의 광선을 가운데에 있는 종양으로 집중시키면 광선이 통과하는 조직들은 손상시키지 않고 종양을 파괴할 수 있다. (b) 같은 원리를 이용해서 감마선을 여러 방향에서 뇌에 있는 종양에 조사해서 치료하는 현대의 방사선 치료법. 201개의 감마선을 사용한다. (c) 장군이 요새 문제를 해결하는 방법. © Cengage Learning

러 방향에서 약한 강도의 광선을 종양에 집중시키는 것인데, 이렇게 하면 광선이 통과하는 조직들은 손상시키지 않고 종양을 파괴할 수 있다. 이 해결방안은 최근 방사선 수술에서 실제로 사용되는데, 이 수술에서는 종양에서 서로 교차하도록 201개의 감마선을 종양을 향해 조사한다(Tarkan, 2003; 그림 12.15b).

방사선 문제와 그 해결책이 어떻게 표상과 재구조화라는 게슈탈트 생각과 부합되는지 주목하라. 이 문제에 대한 처음 표상은 종양을 파괴하지만 건강한 조직도 파괴시키는 하나의 광선이었다. 재구조화된 해결책은 하나의 광선을 작은 광선들로 나누는 것을 포함한다.

방사선 문제가 아주 어려운 문제라는 Duncker의 발견을 확인한 다음, Gick과 Holyoak(1980, 1983)은 다른 집단의 참가자들에게 다음에 나오는 이야기를 읽고 기억하라고 요구해서 자기들의 실험 목적이 이야기에 대한 기억이라는 인상을 갖게 만들었다.

요새 이야기

어느 조그만 나라가 강한 요새에 있는 독재자의 지배를 받고 있었다. 그 요새는 나라의 한복판에 있는데, 주위를 농장과 마을이 둘러싸고 있다. 많은 길이 지방 각지에서 요새로 향해 있었다. 반군의 대장이 그 요새를 점령하겠다고 맹세했다. 장군은 자기의 병력을 다 동원하면 요새를 함락시킬 수 있다는 것을 알고 있다. 그는 모든 병력을 요새로 가는 길 중 하나로 결집시켰다. 그러나 장군은 독재자가 모든 길에 지뢰를 깔았다는 것을 알게 되었다. 이 지뢰는 독재자가 병력과 노동력을 요새와 각 지방으로 이동할 수 있게 적은 수의 사람은 안전하게 통과할 수 있게 설치되었다. 그러나 많은 병력이 지나가면 지뢰가 폭발한다. 지뢰는 길만 파괴하는 것이 아니라 가까이에 있는 많은 마을들도 폭파시킨다. 그래서 요새를 점령하는 것은 불가능한 것처럼 보였다.

그렇지만 장군은 간단한 방안을 고안해냈다. 그는 자기의 병력을 소규모로 나눈 다음 각 집단을 각기 다른 길로 향하도록 하였다. 모든 병력이 다 준비가 된 다음, 장군은 신호를 보내 각 집단이 각기 다른 길로 요새를 향해 출발하게 했다. 각 집단은 동시에 모든 병력이 요새에 도착하게끔 요새로 행군하였다. 이렇게 해서 장군은 요새를 점령하고 독재자를 무너뜨렸다. (그림 12.15c.)

요새 이야기는 방사선 문제와 유사하다. 독재자의 요새는 종양에 대응되고, 각기 다른 길로 보내진 소규모 병력은 종양을 향해 쏘여진 약한 강도의 광선에 대응된다. Gick과 Holyoak의 참가자들이 이야기를 읽은 다음, 그들에게 방사선 문제를 풀게 하였다. 참가자의 30%가 이 문제를 풀어서 방사선 문제만 주고 풀게 한 경우의 성공률 10%에 비해 향상을 보였다. 그러나 이 실험에서 중요한 것은 방사선 문제와 유사한 바탕 문제를 읽고 나서도 70%의 참가자들은 문제를 풀지 못했다는 점이다. 이 결과는 문제해결을 돕는 방안으로 유추를 이용한 연구들에서 나온 중요 결과를 보여준다. 즉, 표적 문제와 유사한 바탕 문제에 노출되어도 대부분의 사람들은 바탕 문제와 표적 문제 간의 연결을 만들지 못한다.

그러나 Gick과 Holyoak의 참가자들에게 자기들이 읽은 이야기에 대해 생각해 보라고 말한 경우에는 성공률이 두 배 이상으로 뛰어 75%에 달했다. 이야기에 대해 새로운 정보가 주어진 것이 아니므로, 둘 사이의 유추 관계를 알아차리는 데 필요한 정보는 기억에 있는데(가용한데) 단지 인출되지 않은 것이다(Gentner & Colhoun, 2010). 이 결과들은 Gick과 Holyoak이 유추적 문제해결에는 다음의 세 과정이 포함된다는 것을 제안하게 만들었다.

1. **알아채기.** 바탕 문제와 표적 문제 간에 유추적 관계가 있다는 것을 알아챈다. 이 단계는 유추적 문제해결이 작동하려면 확실히 중요하다. 그러나 앞에서 보았듯이 대부분의 사람들이 바탕 문제와 표적 문제 간에 유추적 관계가 있다는 것을 알아채려면 약간의 촉진 자극이 필요하다. Gick과 Holyoak은 이 단계가 세 단계 중에서 가장 어렵다고 생각한다. 여러 연구들에서 가장 효과적인 바탕 문제는 표적 문제와 가장 유사한 문제라는 것을 보여주었다(Catrambone & Holyoak, 1989; Holyoak & Thagard, 1995). 이 유사성이 바탕 문제와 표적 문제 간에 유추적 관계를 알아차리는 것을 쉽게 해 줄 수 있고, 다음 단계인 매핑을 도와줄 수도 있다.

2. **매핑.** 바탕 문제와 표적 문제 간의 대응을 결정한다. 표적 문제를 풀기 위해 바탕 문제를 이용하려면 바탕 문제의 요소(예: 독재자의 요새)와 표적 문제의 요소(예: 종양)를 연결해서 바탕 문제와 표적 문제에서 대응되는 부분들을 매핑해야 한다.

3. **적용.** 매핑을 적용해서 표적 문제에 상응하는 해결책을 생성한다. 예를 들어, 각기 다른 방향에서 요새로 향하는 소집단의 병력을 각기 다른 방향에서 종양으로 향하는 많은 약한 광선들로 일반화하는 과정을 포함한다.

유추가 문제해결을 도와줄 수 있지만 참가자들이 바탕 문제가 있다는 것을 알아차리는 것을 도와주려면 힌트가 있어야 한다는 것을 파악하고 나서, Gick과 Holyoak(1983)은 알아채기와 매핑을 촉진시킬 수 있는 요인들을 탐색하였다. 알아채기를 어렵게 하는 요인 중의 하나는 사람들이 광선과 종양과 같은 문제의 특정 요소들인 표면 특질(surface features)에 집중한다는 것이다. 바탕 문제의 표면 특질과 표적 문제의 표면 특질은 아주 다를 수 있다. 예를 들어, 종양과 요새는 아주 다르고, 광선과 병력도 아주 다르다.

표면 특질들을 더 유사하게 만들면 바탕 문제와 표적 문제 간의 관계를 알아차리는 것을 도와줄지도 모른다는 생각을 검증하기 위해 Holyoak과 Kyunghee Koh(1987)는 방사선 문제와 표면 특질이 유사한 문제를 만들었다.

표면 특질을 유사하게 만드는 것의 효과   전구 문제는 방사선 문제와 표면 특질이 유사한 문제이다. 다음은 전구 문제를 간략하게 줄인 버전이다.

전구 문제

어느 유명한 대학교의 한 물리학 실험실에 아주 정밀하게 조정된 양을 방출하는 고가의 전구가 몇몇 실험에 사용되고 있다. 어느 날 아침 연구 조수인 루스는 실험실에 도착해서 그 전구가 고장이 난 것을 발견하였다. 그녀는 전구 속에 있는 필라멘트가 둘로 쪼개진 것을 발견하였다. 전구 주위를 둘러싸고 있는 유리 전구는 진공으로 봉해져서 열 수가 없다. 루스는 둘로 쪼개진 필라멘트를 붙이기 위해 강한 레이저 광선을 짧은 시간 동안 쪼여주면 전구를 수선할 수 있다는 것을 알았다.

그러나 강한 레이저 광선은 전구를 둘러싸고 있는 유리 전구도 손상시킬 수 있다. 강도가 낮으면 유리는 손상되지 않지만, 필라멘트도 붙지 않는다. 레이저를 이용해 필라멘트를 붙이면서 유리는 깨뜨리지 않는 어떤 절차가 사용될 수 있을까? (Holyoak & Koh 1987을 참고하여 작성하였다.)

Holyoak와 Koh(1987)는 방사선 문제를 바탕 문제(이건 좀 전의 논의와는 다르다. 바로 앞에서 논의할 때는 방사선 문제가 표적 문제였다)로 사용하고, 전구 문제를 표적 문제로 사용하였다. 한 집단의 참가자들은 전구 문제를 받기 전에 심리학개론 수업에서 방사선 문제와 그 해결책을 배웠고, 통제집단의 참가자들은 방사선 문제에 대해 알지 못했다. 방사선 문제에 대해 알고 있는 참가자들의 81%가 전구 문제를 해결했지만, 통제집단의 참가자들에서는 단지 10%만이 전구 문제를 풀었다. Holyoak와 Koh는 광선(방사선 문제)과 레이저(전구 문제)의 표면 특질의 유사성이 높았기 때문에 방사선 문제에서 전구 문제로 성공적으로 전이가 일어났다고 가설을 세웠다.

구조 특질을 변화시키는 것의 효과 표면 특질이 유사하면 유추 전이가 촉진된다는 것을 알아낸 후 Holyoak와 Koh는 문제의 구조 특질을 변화시키는 것의 효과를 알아보는 다른 실험을 실시하였다. 구조 특질(structural features)은 해결책을 지배하는 기저 원리를 말한다. 방사선 문제와 전구 문제에서 구조 특질은 방사선 문제에서는 **강한 광선은 조직을 손상시킨다**는 것이고, 전구 문제에서는 **강한 레이저 광선은 유리 전구를 깨뜨린다**는 것이다.

Holyoak와 Koh는 전구 문제를 바탕 문제로, 그리고 방사선 문제를 표적 문제로 사용하여 표면 특질은 같게 유지하였다. 그러나 두 가지 버전의 방사선 문제를 사용하여 구조 특질을 변화시켰다. 두 버전 모두 유리로 둘러싸인 깨진 필라멘트 이야기와 필라멘트는 강한 레이저 광선을 이용해서 붙일 수 있다는 정보로 시작했다. 그러나 이 두 버전에서 필라멘트를 수선하기 위해 해결될 필요가 있는 문제가 달랐다. 약한 유리 버전이라 불리는 첫 번째 버전에서는 본질적으로 원래의 전구 문제와 같았다. 이 버전에서는 전구 문제와 방사선 문제의 구조 특질이 유사했다.

바탕 문제: 약한 유리 버전
(바탕 문제와 표적 문제는 유사한 구조 특질을 갖는다)

문제: 강한 레이저 광선은 전구를 둘러싸고 있는 유리 전구도 손상시킬 수 있다. 강도가 낮으면 유리는 손상되지 않지만, 필라멘트도 붙지 않는다.

루스의 해결책: 루스는 전구 주위에 원형으로 레이저 광선을 설치하고, 여러 지점에서 동시에 레이저 광선을 발사했다. 모든 광선이 필라멘트로 수렴했는데, 수렴된 광선의 강도는 필라멘트를 붙이는 데 충분했다. 필라멘트를 둘러싼 유리의 지점들은 각기 하나의 레이저로부터 약한 광선을 받기 때문에 손상되지 않았다.

이 문제와 방사선 문제의 구조 특질은 아주 유사하다. 표 12.2의 처음 두 열에 있듯

표 12.2 세 문제의 구조 특질 비교

	전구 문제: 약한 유리 버전	방사선 문제	전구 문제: 약한 강도 버전
구조 특질	레이저 강도가 너무 강하다(유리가 깨진다).	빛의 강도가 너무 강하다(조직이 손상된다).	레이저 강도가 너무 약하다(필라멘트를 고칠 수 없다).

같다

69%가 방사선
문제해결

다르다

33%가 방사선
문제해결

© 2015 Cengage Learning

이 종양이나 필라멘트를 고치는 광선의 강도는 아주 강하다. 이 버전을 읽은 참가자들의 69%가 방사선 문제를 풀 수 있었다.

약한 강도 버전이라 불리는 두 번째 버전에서는 전구 문제와 방사선 문제의 구조 특질이 달랐다.

바탕 문제 2: 약한 강도 버전

(바탕 문제와 표적 문제는 다른 구조 특질을 갖는다)

문제: 약한 레이저 광선을 내는 레이저는 필라멘트를 붙일 만큼 강하지 않다. 더 강한 레이저 광선이 필요하다.

루스의 해결책: 루스는 전구 주위에 원형으로 레이저 광선을 설치하고, 여러 지점에서 동시에 레이저 광선을 발사했다. 모든 광선이 필라멘트로 수렴했는데, 수렴된 광선의 강도는 필라멘트를 붙이는 데 충분했다.

표 12.2의 가장 오른쪽 열에서 보듯이 이 문제의 구조 특질은 방사선 문제의 구조 특질과 다르다. 이 버전을 읽은 참가자들의 33%만 방사선 문제를 풀 수 있었다. 전구 문제의 두 버전의 결과를 비교해서 내린 결론은 바탕 문제와 표적 문제의 구조 특질을 보다 유사하게 만들면 유추 전이가 향상된다는 것이다.

이 실험들의 결과를 종합해 보면 표면 특질을 비슷하게 하고 구조 특질을 비슷하게 하면 전이가 도움을 받는다는 것이다. 그러나 문제는 사람들이 문제를 풀 때 유추를 적용하는 것이 어렵다는 것이다. 특히 전구 문제와 방사선 문제와는 달리 표면 특질과 구조 특질의 유사성이 잘 드러나지 않을 때 그렇다. 사람들이 구조적 유사성을 알아차리는 것을 도와주는 한 가지 방법은 **유추 부호화**라 불리는 훈련 절차를 따르는 것이다.

유추 부호화

유추 부호화(analogical encoding)는 두 문제를 비교해서 둘 간의 유사성을 찾아내는 처리를 말한다. Dedre Gentner와 Susan Goldin-Meadow(2003)의 실험은 같은 원리를 보여주는 두 사례를 비교하게 하면 참가자들이 유사한 구조 특질을 발견하게 할 수 있다는 것을 보여주어 유추 부호화를 예시하였다. 그들의 실험에서는 협상 문제를 사용했다. 실험의 첫 부분에서 참가자들은 **교환**과 **수반성**이라는 협상 전략에 대해 배웠다. 교환은 한 사람이 다른 사람에게 '당신이 나에게 B를 주면 내가 당신에게 A를 주겠다.'라고 말하는 협상 전략이다. 이것은 두 자매가 누가 오렌지를 가질 것인가로 다투는 예에서 잘 드러난다. 한 사람은 주스를 원하고 다른 사람은 껍질을 원한다는 것을 알고 나서 드디어 교환을 하게 되면 한 사람은 주스를 갖게 되고 다른 사람은 껍질을 갖게 된다(이 예는 Gentner & Goldin-Meadow, 2003 연구의 경영학 자문인 Mary Parker Follet에게서 얻었다).

수반성 전략이란 무언가 다른 일이 발생하면 그 사람이 원하는 것을 얻는 전략이다. 이것은 저자는 18% 인세를 원하는데 출판사는 12%만 지불하려는 상황을 통해 알아볼 수 있다. 수반성 전략은 인세를 매출과 연계하는 것이다. '매출이 얼마 이상이면 인세를 18% 주지만, 그 이하면 적게 받는다.'

이 협상 전략들에 친숙해진 다음, 한 집단의 참가자들은 두 개의 연습 사례를 받았는데, 둘 다 교환 해결책을 서술한 것이었다. 참가자들이 해야 할 일은 이 두 사례를 비교해서 성공적인 협상을 하는 것이었다. 다른 집단의 참가자들도 같은 일을 했는데, 그들에게 주어진 사례는 둘 다 수반성 원리를 사용하는 것이었다. 이어서 두 집단 모두에게 새 사례를 주었는데, 이 사례는 어느 협상 전략으로든 해결될 수 있는 사례였다.

그림 12.16에 이 실험의 결과를 제시하였다. 새로운 검사 사례를 받았을 때, 참가자들은 자기들이 풀어본 연습 사례에서 강조한 협상 전략을 사용하는 경향을 보였다. 이런 결과들을 토대로 Gentner는 사람들로 하여금 사례들을 비교하게 하는 것은 유추 부호화를 달성하는 효과적인 방법이라고 결론을 내렸다. 왜냐하면 사례들을 비교하게 하면 구조 특질에 주의를 기울이게 만드는데, 이것은 다른 문제를 푸는 능력을 향상시키기 때문이다.

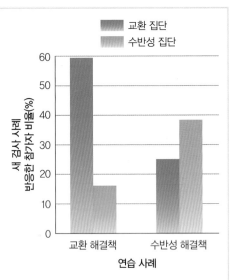

그림 12.16 Gentner와 Goldin-Meadow(2003) 의 협상 전략 연구 결과 새 검사 사례에서, 교환 예를 비교했던 참가자들은 교환 해결책을 찾으려 하고, 수반성 예들을 비교했던 참가자들은 수반성 해결책을 찾으려 하였다.

출처: D. Gentner & S. Goldin-Meadow, Eds., *Language in mind*, Cambridge, MA: MIT Press, 2003.

실세계에서의 유추

지금까지 우리가 사용한 유추 문제 예들은 실험실 연구에서 나온 것이었다. 그렇지만 실세계에서 유추는 얼마나 사용될까? 실세계에서의 유추 문제해결이 많은 예들은 Kevin Dunbar(2001)가 유추 역설(analogical paradox)이라 부른 현상을 보여준다: 사람들이 실험실 연구에서는 유추를 적용하는 데 애를 먹지만, 실세계 장면에서는 유추를 일상적으로 사용한다. Dunbar는 현장 연구라는 기법을 이용해서 실세계에서의 유추 사용에 대해 연구하였다.

> **방법** 문제해결 현장 연구

문제해결 현장 연구(in vivo problem-solving research)는 사람들이 실세계에서 어떻게 문제를 푸는지를 관찰하는 것을 포함한다. 이 방법은 여러 가지 다른 장면에서 유추를 사용하는 것을 연구하는 데 이용되었는데, 그런 상황에는 대학교 연구 집단의 실험실 회의와 새 상품을 개발하는 것이 목적인 브레인 스토밍 세션도 들어 있다. 이 회의를 녹음한 토의 내용에서 문제를 푸는 것을 돕기 위해 유추가 사용된 진술들을 분석했다. 현장 연구의 장점은 자연스런 상황에서의 사고를 포착한다는 것이다. 단점은 시간이 많이 걸리며 다른 관찰 연구들과 마찬가지로 특정 변인을 분리하고 통제하기가 어렵다는 점이다.

Dunbar와 동료들(Dunbar, 1999; Dunbar & Blanchette, 2001)이 분자생물학자들과 면역학 학자들의 실험실 회의를 녹화해서, 연구자들이 1시간 동안 실험실 회의를 할 때 유추를 3~15회 사용했다는 것을 발견했다. 실험실 회의 중에 나온 유추 진술문의 예는 '만약에 대장균이 그런 식으로 작동한다면, 유전자도 그렇게 작동할지 몰라.'이다. 마찬가지로, Bo Christensen과 Christian Schunn(2007)은 의학용으로 사용하기 위한 새로운 플라스틱 제품을 개발하려는 설계 엔지니어들의 회의를 녹화했다. 엔지니어들은 분해되기 전 몇 분 동안 적은 양의 액체를 담고 있을 수 있는 용기를 어떻게 만들어낼까를 밝혀내려고 회의를 했다. Christensen과 Schunn은 엔지니어들이 5분마다 하나씩 유추를 제안했다는 것을 발견했다. 한 엔지니어가 용기는 종이봉투 같아야 한다고 제안하자 다른 사람들이 이 제안을 받아들여 마침내 종이를 사용하는 것에 기초한 해결책을 제안하게 되었다. 그러니까 과학적인 문제를 풀 때와 새 제품을 고안하는 경우 모두에서 유추는 중요한 역할을 하였다. 이 장의 마지막 부분에서 창의성에 대해 논의할 때 유추적인 사고가 유용한 산출물을 개발하게 한 예들을 다루게 된다.

사람들이 문제를 해결하려고 노력하는 동안 일어나는 심적 과정에 대해 조금 이해하게 되었지만, 실제로 어떤 일이 일어나는지는 여전히 미스터리다. 그러나 우리는 문제해결을 쉽게 해주는 요인 중의 하나는 연습 혹은 훈련이라는 것을 안다. 어떤 사람들은 특정 영역에 대해 전문가가 되었기 때문에 그 영역의 문제를 푸는 데 아주 뛰어나다. 이제 전문가가 된다는 것은 무슨 의미인지, 또 전문가가 되는 것은 어떻게 문제해결에 영향을 주는지에 대해 알아본다.

전문가의 문제해결

특정 분야를 배우고 배운 바를 연습하고 적용하는 데 많은 시간을 들여서 그 분야에 대해 아주 많이 알거나 숙달된 사람을 전문가(experts)라 한다. 예를 들어, 체스를 10,000~20,000시간을 두고 연구해서 어떤 체스 선수는 그랜드마스터(grand master) 수준에 오른다(Chase & Simon, 1973a, 1973b). 당연히 전문가들은 그 분야에서 비전문가보다 뛰어나다. 전문성의 본질에 관한 연구는 전문가와 비전문가가 문제해결을 하는 방식에서의 차이를 찾아내는 데 초점을 두었다.

문제해결에서 전문가와 초보자의 차이

특정 분야에서의 전문가는 초보자(그 분야를 배우기 시작하거나 전문가와 같은 집중적인 훈련을 받지 않은 사람)들보다 문제를 빨리 그리고 더 정확하게 푼다(Chi et al., 1982; Larkin et al., 1980). 그런데 전문가들의 빠른 속도와 높은 정확도의 기저에 있는 것은 무엇인가? 전문가는 초보자보다 똑똑한가? 전문가들은 추리 전반에서 초보자보다 우월한가? 전문가들은 문제를 접근하는 방식이 다른가? 인지심리학자들은 전문가와 초보자의 수행과 문제해결 방법을 비교해서 이 질문들에 대한 답을 찾았고, 아래에 나오는 결론에 도달했다.

전문가는 해당 영역에 대한 지식이 많다   William Chase와 Herbert Simon(1973a, 1973b)이 수행한 한 실험에서는 10,000시간 이상의 경험을 가진 체스 전문가와 100시간 이하의 경험을 가진 초보자가 체스판에 놓인 말들을 5초 동안 보고 난 다음 빈 체스판에 얼마나 많이 재생할 수 있는지를 비교하였다. 결과를 보면 전문가들은 실제 게임 상황에서 말들이 놓인 위치는 잘 재생했지만(그림 12.17a), 말들이 무선적으로 놓인 경우에는 초보자와 차이가 없었다(그림 12.17b). 실제 위치일 때 전문가들이 잘 하는 이유는 전문가들이 실제 게임에서 일어났던 많은 패턴들을 장기기억에 저장하고 있기 때문에 체스 말들의 배열을 각 말들의 위치로 보는 것이 아니라 4개에서 6개의 청크(chunk)로 보기 때문이다. 각 청크는 친숙하고 의미 있는 패턴을 구성하는 말들의 집단으로 되어 있다. 말들이 무선적으로 배열된 경우에는 친숙한 패턴이 없어져서 체스 전문가들의 이점이 사라진다 (DeGroot, 1965; Gobet et al., 2001 참고). 이제 전문가들은 초보자들보다 지식이 많을 뿐만 아니라 지식을 조직화하는 방식도 다르다는 것에 대해 알아보자.

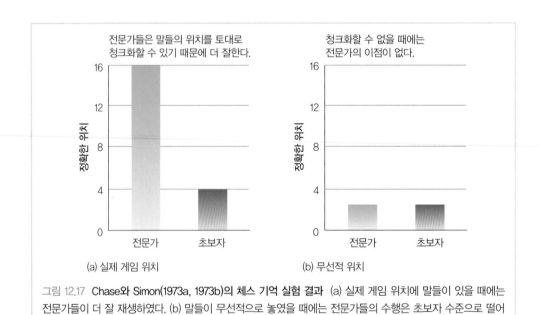

그림 12.17 **Chase와 Simon(1973a, 1973b)의 체스 기억 실험 결과** (a) 실제 게임 위치에 말들이 있을 때에는 전문가들이 더 잘 재생하였다. (b) 말들이 무선적으로 놓였을 때에는 전문가들의 수행은 초보자 수준으로 떨어졌다.

출처: W. G. Chase & H. A. Simon, Perception in chess, *Cognitive Psychology, 4*, 55-81, 1973.

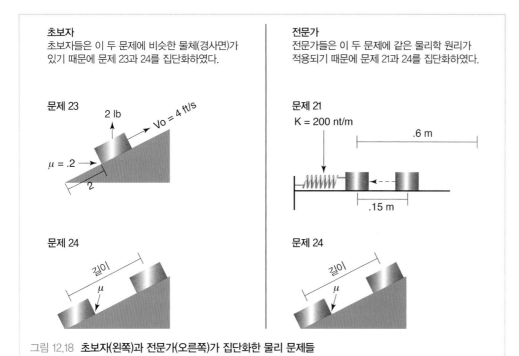

초보자
초보자들은 이 두 문제에 비슷한 물체(경사면)가
있기 때문에 문제 23과 24를 집단화하였다.

전문가
전문가들은 이 두 문제에 같은 물리학 원리가
적용되기 때문에 문제 21과 24를 집단화하였다.

문제 23

문제 21

문제 24

문제 24

그림 12.18 초보자(왼쪽)과 전문가(오른쪽)가 집단화한 물리 문제들

출처: M. T. H. Chi, P. J. Feltovich, & R. Glaser, Categorization and representation of physics problems by experts and noivices, *Cognitive Science, 5*, 121-152, 1981. Taylor & Francis의 허락을 받고 게재한다.

전문가의 지식은 초보자와 다르게 조직화되어 있다 전문가와 초보자의 조직화의 차이는 Michelene Chi와 동료들(1982; Chi et al., 1981 참고)이 보고한 실험에서 잘 드러난다. 그들은 24개의 물리학 문제를 전문가(물리학 교수) 집단과 초보자(물리학 수업을 한 학기 들은 학생) 집단에게 주고 이 문제들을 비슷한 문제들로 나누어 보라고 요청했다. 그림 12.18은 전문가와 초보자가 집단화한 문제들의 그림을 보여준다. 실제 문제의 서술문을 보지 않고 이 그림들만 보고도 초보자는 문제에 있는 물체들이 얼마나 비슷한가와 같은 표면 특질에 기초해서 문제들을 나눈다는 것을 알 수 있다. 그러니까 이 두 문제와 관련된 물리학 원리는 아주 다른데도 기울어진 경사면을 다루는 두 개의 문제를 같은 집단으로 나누었다.

이에 반해 전문가는 물리학 일반 원리와 같은 구조 특질에 기초해서 문제들을 나누었다. 그림을 보면 한 문제는 스프링에 대한 문제이고, 다른 문제는 경사면에 대한 문제다. 하지만 두 문제가 에너지 보존 원리에 관한 문제이기 때문에 전문가는 이 두 문제를 비슷하다고 지각했다. 그러니까 초보자들은 표면 특질(물체들이 어떻게 보이는가)에 기초해서 문제들을 범주화한 데 반해, 전문가들은 심층 구조(문제에 관련된 원리)에 기초해서 문제들을 범주화했다. 원리에 기초해서 조직화하는 것이 문제해결에 훨씬 더 효과적인데, 전문가들이 지식을 조직화하는 능력은 체스 마스터나 물리학 교수뿐만 아니라 이외의 많은 영역의 전문가들에게도 중요하다(Egan & Schwartz, 1979; Reitman, 1976).

전문가는 문제를 분석하는 데 시간을 많이 사용한다 전문가들은 곧장 문제를 해결하려고 시도하지 않고 문제를 이해하려고 시도하는 데 시간을 쓰기 때문에 자주 문제해결을 늦게 시작하는 것처럼 보인다(Lesgold, 1988). 이렇게 하면 시작은 느릴 수 있지만, 일반적으로 보다 효율적인 접근으로 귀결된다.

전문성의 영역 한정성

전문가와 초보자는 많은 점에서 다르지만, 이 차이는 전문가의 해당 영역에서만 관찰된다. James Voss와 동료들(1983)이 러시아 농업에 관한 문제를 정치학 전문가, 화학 전문가, 정치학 초보에게 각각 제시했는데, 정치학 전문가가 가장 좋은 수행을 보였고, 화학 전문가의 수행은 정치학 초보의 수행과 차이가 없는 것을 발견했다. 일반적으로 전문가는 자기의 영역에서만 전문가이고, 전문 영역 밖의 문제에서는 다른 일반인들과 차이가 없다(Bedard & Chi, 1992). 전문가들이 특정 영역에 대해 더 많이 그리고 더 잘 조직화된 지식을 갖고 있기 때문에 뛰어난 수행을 보인다는 점을 기억할 때 이것은 전혀 놀랄 일이 아니다.

전문성에 대한 논의를 마치기 전에 우리는 전문가가 되는 것이 항상 이득만은 아니라는 점을 짚고 넘어가야 한다. 전문가가 되는 것의 불이익 중의 하나는 특정 분야의 공인된 사실들과 이론들에 대해 아는 것이 전문가로 하여금 문제를 새로운 시각으로 보는 것에 덜 개방적이게 만들 수 있다는 것이다. 이것이 아마도 젊고 그 분야에 대해 경험이 적은 과학자들이 혁명적인 발견을 하는 이유일 수 있다(Kuhn, 1970; Simonton, 1984). 그러니까 전문가가 되는 것이 유연한 사고를 필요로 하는 문제, 즉 문제해결을 위해 일상적인 절차 대신 보통은 사용되지 않는 다른 절차를 필요로 하는 문제를 대할 때에는 오히려 불리할 수 있다는 주장들이 제기되었다(Frensch & Sternberg, 1989).

창의적 문제해결

'기압계를 이용해서 건물의 높이를 측정하는 방법에 대해 서술하라.'는 물리학 시험 문제에 대해 '기압계에 끈을 묶은 다음 건물 꼭대기에서 아래로 내린다. 기압계를 바닥까지 내리는 데 필요한 끈의 길이가 건물의 높이이다.'라고 답을 쓴 학생에 대한 이야기가 있다. 교수가 원한 답은 바닥과 건물 꼭대기에서 기압을 잰 다음 수업에서 학습한 원리를 이용해서 높이를 계산하는 것이었다. 그래서 그 교수는 이 학생에게 0점을 주었다.

이 학생은 자기가 받은 학점에 대해 이의를 제기했고, 그래서 다른 물리학 교수가 이 사건을 맡게 되었다. 그 교수는 이 학생에게 자신의 물리 지식을 증명해 보일 수 있는 답을 제공해 보라고 요구했다. 그 학생의 대답은 기압계를 지붕에서 떨어뜨려서 땅에 떨어질 때까지 걸린 시간을 측정한 다음, 중력 상수를 포함한 공식을 이용하면 기압계가 얼마의 거리를 떨어진 것인지 알 수 있다는 것이었다. 이의 신청을 처리해야 하는 교수의 계속된 질문에 학생은 다른 해결책도 제안하였다. 기압계를 태양을 향하게 해서 그림자의 길이를 재고 건물 그림자의 길이를 잰 다음 비율을 계산하면 건물의 높이를 알 수 있다는 것이었다.

두 가지 모두 정확한 답을 줄 수 있는 이런 답들을 들은 다음, 그 교수는 과목을 담당하는 교수가 원하는 답을 아는지 학생에게 물었다. 그 답은 압력의 원리를 이용하는 것이었다. 학생은 자기도 그 답을 아는데 좋은 학점을 얻기 위해서 수업시간에 배운 정보를 되풀이하는 게 싫증이 난다고 답했다. 이 이야기에 사족을 붙이자면, 이 학생은 대학을 거쳐 물리학을 계속 연구해서 노벨 물리학상을 받은 Niels Bohr이다(Lubart & Mouchiroud, 2003).

이 이야기는 너무 창의적이면 곤란에 처하기도 한다는 것을 보여준다. 그러나 이 이야기는 동시에 또 다른 질문을 던진다. 이 학생은 창의적인가? 우리가 창의성을 독창적인 답을 생산하는 것 혹은 하나의 문제에 대해 여러 가지 해결책을 제안할 수 있는 것이라고 정의한다면 답은 '그렇다'이다. 그러나 일부 창의성 연구자들은 독창성을 넘어서는 창의성에 대한 정의를 제안하였다.

창의성이란 무엇인가?

창의성은 지능처럼 여러 가지 정의가 제안되는 용어이다. 창의성의 많은 예들은 확산적 사고에 초점을 맞춘다. 확산적 사고(divergent thinking)는 개방적이고 아주 많은 가능한 '해결책'을 포함하는 사고를 말한다(비록 그중 어떤 것들이 다른 것들보다 나은 것 같지만, Guilford, 1956; Ward et al., 1997 참고). James Kaufman(2009)은 그의 책 『창의성 101(Creativity 101)』에서 확산적 사고가 창의성에서 아주 중요한 요소이기는 하지만 그것이 창의성의 전부는 아니라고 적었다. Kaufman은 어떤 문제에 대한 창의적인 반응은 독창적일 뿐만 아니라 유용해야 한다고 제안하였다. 창의성에 대한 이런 접근은 "사람들에 의해 만들어진 것으로 어떤 면에서인가 새로워야 하고 잠재적인 가치 혹은 유용성을 가지는 것"이라는 창의성의 정의에서 잘 드러난다(Smith et al., 2009). 이 정의는 아주 유용하다. 특히 사람들이 사용할 제품을 고안하는 측면에서 창의성을 따질 때 특히 그러하다. 그러나 시각 예술이나 음악, 연극 등을 창작하는 것과 관련된 창의성에는 그다지 적합하지 않다. 피카소의 그림, 베토벤의 교향곡, 셰익스피어의 희곡은 창의적인가? 대부분의 사람들은 창의적이라고 생각한다. '유용성'이라는 것은 전혀 고려하지 않는 것 같다. 그러나 우리 논의에서는 Smith의 정의를 주로 따를 것이다. 즉, 유용한 새로운 사물을 만들 때 창의성이라는 표현이 적용되는 정의를 따른다. 실용적인 제품들이 어떻게 발명되었는지에 대한 예들을 살펴보는 것으로 서술을 시작하자.

실용적 창의성

발명품이 어떻게 창조되었는지에 대한 많은 예들은 유추 사고를 포함하는데, 유추 사고에서는 어떤 현상을 관찰하는 것이 실용적인 문제에 대해 새롭고 신기하고 유용한 해결책을 이끌어낸다.

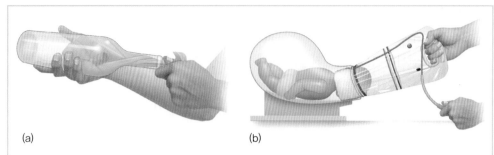

그림 12.19 (a) 병을 깨뜨리지 않고 병에서 코르크 마개를 빼내는 방법. 병에 자루를 밀어 넣고 부풀린다. 자루를 꺼낼 때 코르크 마개가 같이 나온다. (b) 산도에 걸린 아기를 유도해내는 오돈 도구의 초기 모형. Odón은 이 초기 모형을 만들기 위해 아기 대신에 인형을, 그리고 자궁 대신에 유리병을 사용하였다. © 2015 Cengage Learning

창의적인 유추적 문제해결의 예 유추적 문제해결의 결과물로 나온 발명의 대표적인 예는 George de Mestral이 벨크로(Velcro)를 발명한 일화이다. 1948년 어느 날 개를 데리고 산으로 산책을 나갔다가 바지와 개의 온몸에 가시 식물을 묻히고 돌아왔다. 왜 가시 식물이 떨어지지 않고 착 달라붙어 있는지 알아내기 위해서 현미경으로 가시 식물을 조사했다. 그는 가시 식물에 갈고리 같은 구조들이 많이 있는 것을 보았다. 그래서 그는 이 관찰을 기초로 해서 한 면에는 작은 갈고리들이 많이 있고 다른 면에는 부드러운 고리 같은 물체를 둔 섬유 찍찍이를 고안하게 되었다. 1955년 그는 자기가 고안한 물건의 특허를 얻고 그 제품을 벨크로라고 불렀다!

유추적 사고에 기초한 창의적 아이디어의 보다 최근 예는 아르헨티나의 자동차 수리공인 Jorge Odón의 사례이다. 그는 분만 중에 아기가 산도에 걸리는 생명을 위협하는 상황을 해결하는 도구를 고안하였다. 와인 병 속으로 밀려들어간 코르크 마개를 제거하는 방법을 보여주는 유튜브(Youtube) 비디오를 보면 Odón의 설계의 시작이 되는 상황을 따라가 볼 수 있다(DvorakUncensored, 2007). 코르크 마개를 꺼내려면 플라스틱 주머니를 병속으로 밀어 넣은 다음 주머니가 코르크 마개를 병의 한쪽으로 밀어낼 때까지 주머니를 부풀린다(그림 12.19a). 그리고 주머니를 끌어내는데, 주머니를 끌어낼 때 코르크 마개도 같이 딸려 나온다.

Odón이 자고 있는 동안 유튜브에서 본 '병에서 코르크 마개 빼내는 마법'에서 산도에 갇힌 태아를 구출하는 아이디어로의 극적인 발전이 일어났다. 그는 코르크 마개 문제에서 사용된 원리를 이용하는 아이디어가 생각나서 새벽 4시에 잠자리에서 일어났다. 자궁 속에 넣은 주머니를 부풀린 다음 주머니를 끌어내면 태아가 같이 나오게 하는 도구를 생각해냈다. 이 아이디어를 실제 작동하는 모형으로 만드는 데 여러 해가 걸렸다. 처음에 Odón은 도구의 초기 모형을 부엌에서 만들었다. 이 초기 모형에서는 유리병을 자궁으로, 인형을 태아로, 그리고 섬유 주머니를 흡입도구로 사용하였다. 여러 가지 초기 모형과 산부인과 의사와의 자문을 거쳐 마침내 오돈(Odón) 도구가 탄생했다! 윤활이 된 관의 안에 붙은 플라스틱 주머니를 태아의 머리 주위에 감은 다음 주머니를 부풀리고 주머니를 끌어내면 태아가 같이 나온다(그림 12.19b; McNeil, 2013; Venema, 2013).

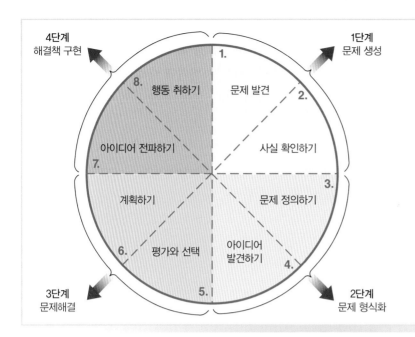

그림 12.20 **Basadur 등(2000)이 제안한 문제 해결 과정** Basadur는 각 단계마다 두 가지 과정이 있는 네 단계를 제안하였다. 예를 들어, 2단계 문제 형식화는 문제를 정의하기와 아이디어 발견하기의 두 과정으로 구성되어 있다.

출처: M. Basadur, M. Runco, & L. A. Vega, Understanding how creative thinking skills, attitudes and behaviors work together: A causal process model. *Journal of Creative Behavior, 34* , 77–100, 2000.

오돈 도구는 세계보건기구(WHO)의 승인을 받았는데, 이 도구는 가난한 나라에서는 태아를 구하고 부유한 나라에서는 제왕절개 수술을 줄이는 효과를 갖고 있다. 이는 유추적 사고가 창의적인 문제해결에 적용되어 아주 유용한 제품을 이끌어낸 예이다(아울러 유튜브 비디오를 보는 것이 생산적일 수 있다는 것도 보여준다).

과정으로서의 문제해결 벨크로와 오돈 도구 예는 창의적 문제해결을 보여줄 뿐만 아니라 대부분의 창의적 문제해결은 아이디어를 얻는 것 이상의 많은 과정들을 포함한다는 것을 보여준다. 또 아이디어를 유용한 제품으로 개발하는 데는 오랜 기간의 시행착오를 거친다는 것도 보여준다. 오돈 도구는 개발하는 데 여러 해가 걸렸고, de Mestral이 가시 식물이 개의 몸에 들러붙은 것을 발견한 것은 1948년이지만 1955년에야 벨크로 특허를 얻었다.

많은 연구자들이 창의적 문제해결을 과정으로 보자는 생각을 제안하였다. 그림 12.20에 제시된 제안은 창의적 문제해결을 문제를 생성하는 것에서 시작해서 해결책을 구현하는 것으로 끝나는 네 단계 과정으로 생각했다(Basadur et al., 2000). 문제해결을 이렇게 접근하면 가장 중요한 단계는 문제가 있다는 것을 일단 알아차리는 것이다. 이것은 여러 아이디어들을 도출해내고 이 아이디어들을 평가해서 마지막에 이 아이디어가 하나의 제품으로 바뀌게 된다(Finke, 1990; Mumford et al., 2012 참고).

문제해결이 긴 과정이라는 것을 보여주는 다른 예가 라이트 형제의 비행기 발명이다(Weisberg, 2009). 1903년 겨울에 키티호크(Kitty Hawk)에서의 성공적인 비행으로 마무리된 그들의 설계는 4년 동안의 노력의 결실이었다. 그 4년 동안 비행기의 각 부분들을 어떻게 설계하는지에 집중했는데, 비행기를 조종하는 기제를 개발하는 데 특별히 중점을 두었다.

라이트 형제의 예는 문제해결은 단순히 한순간의 통찰에서 아이디어를 얻는 것이 아니라는 것을 보여준다. 물론 그런 경우도 있을 수 있지만, 아이디어를 구현하는 것을 가능하게 하는 지식 기반을 갖는 것도 문제해결에서 중요하다. 라이트 형제가 성공한 데에는 물리학과 역학에 대한 지식과 자전거 수리소에서 자전거에 대해 쌓은 광범위한 경험이 어떻게 여러 부분들을 결합해서 비행기를 창조하는지에 대한 창의적 아이디어의 토대를 제공했다.

아이디어를 생산하는 것이 창의적 과정의 한 부분이기는 하지만 아이디어가 없으면 이 과정은 시작될 수가 없다. 이제 인지의 여러 원리들이 창의적인 아이디어를 생산하는 데 영향을 미치는 요인들을 이해하는 데 어떻게 적용되는지에 대해 생각해 보자.

아이디어 생성

1914년 노벨 화학상을 받은 Linus Pauling에게 어떻게 아이디어를 얻는지 물었더니, 그는 "좋은 아이디어를 갖고 싶으면 아이디어를 많이 가지고 있어야 합니다. 그중 대부분은 잘못된 아이디어이니, 여러분은 어느 것을 버릴지를 배워야 합니다."라고 답했다(Crick, 1995). 이 대답은 과학적 발견을 위해서는 아이디어가 중요하다는 것과 일단 아이디어가 생긴 후에 벌어지는 일도 중요하다는 것을 강조한다.

아이디어를 생성하는 데 영향을 주는 요인들이 많기 때문에 '무엇이 아이디어로 이끄는가?'라는 질문은 대답하기 어려운 질문이다. 라이트 형제의 예는 아이디어 생성은 광범위한 지식 기반을 가졌는지에 달려 있다는 것을 보여준다. 기술자인 de Mestral은 벨크로 아이디어로 이끈 갈고리 같은 구조를 찾아내기 위해 개가 몸에 묻혀 온 가시 식물을 현미경으로 들여다볼 만큼 지식을 갖고 있었다.

그러나 지식이 중요하지만 너무 지식이 많으면 때로는 창의적인 문제해결에 장애가 될 수도 있다. 전문성의 마지막 절에서 융통성 있게 사고하고 공인된 절차들을 거부해야 하는 것이 필요한 문제에서는 특정 분야의 전문가가 되는 것이 오히려 불이익이 될 수도 있다고 서술했다. 바로 이런 일이 Odón의 발명 사례에서 일어났다. 그가 여러 가지 발명품들의 특허를 받았지만, 그 도구들은 안정 막대, 차대 버팀 장치와 같은 차를 위한 도구들이었다. 의사가 아니라 자동차 수리공이 출산 도구를 개발했다는 것은 결코 우연이 아닐지도 모른다. Odón과 같이 작업을 했던 의사 중의 한 명이 말했듯이 "의사들은 사고가 아주 구조화되어 있고 Jorge는 생각이 자유로웠다. 그래서 그는 새로운 것들을 볼 수 있었다"(Venema, 2013). 어쩌면 Odón이 의학 지식이 별로 없었던 것이 다행이었을 수 있다.

지식이 많은 것이 오히려 나쁜 일일 수 있다는 것을 Steven Smith와 동료들(1993)이 실시한 실험에서 볼 수 있다. 이 실험에서는 문제를 풀기 전에 예를 제공하는 것이 해결책의 본질에 영향을 줄 수 있다는 것을 보여준다. 실험 참가자들은 새롭고 창의적인 장난감이나 지구와 비슷한 어느 행성에서 진화했을지도 모르는 새로운 생명체를 발명하고, 그림을 그리고, 이름을 붙이고, 서술하는 과제를 수행하도록 요청받았다. 한 집단의 참가자들에게는 문제를 풀기 전에 세 개의 예를 제공했다. 생명체를 생성하는 과제에서 미리 보여준 세 개의 예들은 모두 발이 네 개이고, 안테나가 있고, 꼬리가 있었다.

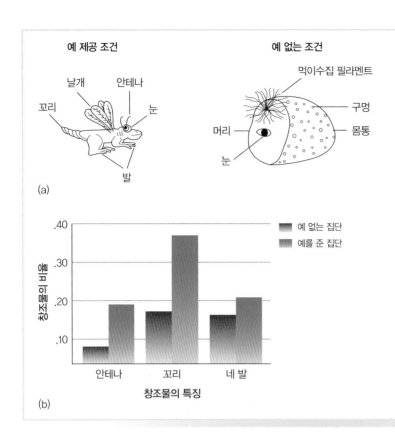

예 제공 조건   예 없는 조건

날개 안테나

꼬리   눈

      발

먹이수집 필라멘트

구멍

머리   몸통

눈

(a)

(b)

창조물이 비율

.40
.30
.20
.10

안테나   꼬리   네 발

창조물의 특징

■ 예 없는 집단
■ 예를 준 집단

그림 12.21 Smith 등(1993)의 실험에서 참가자들이 창조한 두 개의 생명체 (a) 미리 예를 제공받은 참가자들은 예에 있었던 특징들을 가진 생명체를 고안하였다. (b) 안테나, 꼬리, 네 발을 가진 생명체의 비율. 예를 제공받은 집단의 참가자들이 이 특징들을 더 많이 포함시켰다.

출처: S. M. Smith, A. Kerne, E. Koh, & J. Shah, The development and evaluation of tools for creativity, in A. B. Markman & K. L. Wood, Eds., *Tools for innovation*, pp. 128-152, Figure 8, Oxford, UK: Oxford University Press, 2009.

아무 예도 보지 못한 통제집단에서 그린 생명체 그림과 비교해 보면 실험집단이 생성한 디자인에는 예들이 가졌던 특질이 많이 들어 있었다(그림 12.21a). 그림 12.21b는 두 집단에서 예들의 특질(안테나, 꼬리, 발 네 개)을 포함한 디자인의 비율을 보여준다. 실험집단에서 이 특질들을 더 많이 사용한 것은 이 장의 앞에서 서술한 기능적 고착이라는 생각과 관련이 있다. 때로는 선입견이 창의성을 억제할 수 있다.

선입견이 창의성을 억제할 수 있다는 생각은 Alex Osborn(1953)이 집단 브레인스토밍(group brainstorming) 기법을 제안하게 이끌었다. 이 기법의 목적은 특정 문제를 해결하는 데 유용할 수 있는 생각들을 자유롭게 말하도록 사람들을 장려하는 것이다. 브레인스토밍 집단의 참가자들에게는 떠오르는 생각을 자유롭게 말해야 한다고 지시를 주었다. 그러니까 자신의 생각이나 다른 사람의 생각에 대해 비판적이지 말고 생각나는 대로 말해야 한다고 지시했다. 이런 지시를 주는 이유는 사람들이 '틀에서 벗어나서 생각'하게 사람들을 개방시켜서 창의성을 향상시키려는 것이다.

이 제안은 많은 조직에서 브레인스토밍을 광범위하게 사용하게 만들었다. 그러나 연구 결과는 생각을 공유하게 사람들을 집단에 배치시켜서 집단에서 생성한 생각의 수가 개인별로 아이디어에 대해 생각하라고 요청받은 같은 수의 사람들이 생성한 생각의 수를 합한 것보다 오히려 적다는 것을 보여 주었다(Mullen et al., 1991). 여러 가지 이유 때문에 이런 결과가 발생할 수 있다. 집단에서 일부 사람이 논의를 주도해서 다른 사람들이 논의에 참여하지 못할 수 있다. 또 마음에 떠오르는 생각은 어떤 것이라도 말하라고 지시를 주었지만 집단에 있다는 것 자체가 일부 사람들에게 자유롭게 말하는 것을 억제

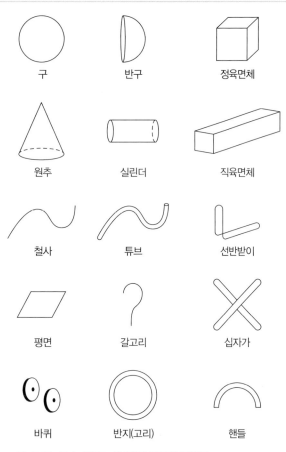

그림 12.22 Finke(1990, 1995)가 사용한 물체들

구	반구	정육면체
원추	실린더	직육면체
철사	튜브	선반받이
평면	갈고리	십자가
바퀴	반지(고리)	핸들

출처: R. A. Finke, Creative insight and preinventive forms, in R. J. Sternberg & J. E. Davidson, Eds., *The nature of insight*, pp. 255–280, Figure 8.1, Cambridge, MA: MIT Press, 1995.

했을 수 있다. 왜냐하면 자신들이 평가받는다는 것이 두려울 수도 있기 때문이다. 사람들은 또 집단에 있는 다른 사람들에게 주의를 기울이는데, 이것이 자기 스스로 생각하는 것을 방해할 수 있다. 따라서 집단 브레인스토밍은 아이디어를 생성하는 좋은 방법은 아니라는 것으로 밝혀졌다. 그러나 아이디어를 생성하기 위해 개인 브레인스토밍을 하는 것은 효율적일 수 있다.

개인 아이디어 생성법으로 효과가 있는 하나의 방법을 Ronald Finke가 제안했는데, 그는 사람들이 창의적으로 사고하도록 훈련시키는 창의적 인지(creative cognition)라는 기법을 개발했다. 이어지는 '보여주기'는 Finke의 기법을 묘사한다.

보여주기 물체 창조하기

그림 12.22는 15개의 물체의 부분과 그 부분의 이름을 보여준다. 눈을 감고 이 페이지를 손으로 세 번 만져서 무선적으로 그림을 세 개 뽑으라. 이어지는 지시를 읽고 나서, 1분 동안 이 세 부분을 이용해서 새로운 물건을 만들어 보라. 그 물건은 재미있어 보여야 하고 가능하면 유용해야 한다. 그러나 그 물건이 익숙한 물건과 비슷해지는 것은 피하도록 하라. 그리고 그 물건이 어디에 사용될지는 너무 신경 쓰지 마라. 여러분이 뽑은 세 개의 부분들은 기본 형태가 달라지지 않는 한(다만 구부러질 수 있는 전선과 튜브는 예외이다) 크기, 위치, 방향, 재질을 변화시킬 수 있다. 무언가 마음에 떠오르면 종이에 그 물건을 그리라.

이 연습은 Finke(1990, 1995)가 고안한 실험을 흉내 낸 것인데, 그 실험에서 실험자는 참가자에게 제시할 세 개의 부분 그림을 그림 12.22에서 무선적으로 골랐다. 참가자가 그 세 개의 부분으로 물체를 창조하면 참가자에게 표 12.3에 있는 범주명 중 하나를 주고 자기들이 창조한 물체를 해석하도록 1분의 시간을 주었다. 예를 들어, 범주명이 도

표 12.3 발명 전 형태 연구에서 사용한 물체 범주들

범주	예	범주	예
1. 가구	의자, 책상, 램프	5. 운송 수단	자동차, 보트
2. 개인 용품	보석, 안경	6. 도구	드라이버, 스푼
3. 과학 도구	측정도구들	7. 장난감과 게임	야구 배트, 인형
4. 가전제품	세탁기, 토스터	8. 무기	총, 미사일

출처: Adapted from R. A. Finke, Creative insight and preinventive forms, in R. J. Sternberg & J. E. Davidson(Eds.), *The nature of insight,* pp. 255–280(Cambridge, MA: MIT Press, 1995).

(1) 잔디밭용 의자   (2) 지구 귀걸이   (3) 물 저울   (4) 휴대용 젓개

(5) 썰매   (6) 회전 분쇄기   (7) 회전 방적기   (8) 방패

그림 12.23 반구, 철사, 갈고리를 이용해서 만든 발명전 형태를 표 12.3의 여덟 범주로 해석한 사례

출처: R. A. Finke, Creative insight and preinventive forms, in R. J. Sternberg & J. E. Davidson, Eds., *The nature of insight*, pp. 255–280, Figure 8.6, Cambridge, MA: MIT Press, 1995.

구와 기구인 경우, 참가자는 자기가 만든 형태를 드라이버나 수저나 다른 도구나 가구로 해석해야 한다. 여러분이 만든 형태에 대해 이 작업을 해 보려면 범주를 하나 고른 다음 여러분이 만든 물체가 어떤 용도로 사용될지를 정하라. 그런 후 어떻게 작동하는지를 서술하면 된다. 그림 12.23은 반구, 전선, 갈고리의 세 부분으로 만든 하나의 형태가 어떻게 표 12.3에 있는 여덟 개의 범주로 해석될 수 있는지를 보여준다.

Finke는 이런 형태들이 최종 창의적 제품을 만들기 전에 존재하는 아이디어이기 때문에 이런 '발명품'을 발명 전 형태(preinventive forms)라고 불렀다. de Mestral이 처음 통찰에서부터 벨크로를 개발할 때까지 여러 해가 걸린 것처럼 발명 전 형태가 유용한 '발명'이 되려면 좀 더 다듬어져야 할 필요가 있다.

한 실험에서 참가자들이 360개의 물체를 창조했는데, 평정자 패널이 이것들 중 120개를 '실용적 발명'(이 발명품들은 '실용성' 평가에서 높은 점수를 받았다)으로, 그리고 65개를 '창의적 발명'(이 발명품들은 실용성과 독창성에서 높은 점수를 받았다)으로 평가했다(Finke, 1990, 1995). 놀랍게도 Finke의 참가자들은 교육이나 훈련을 받지 않았고, '창의성'으로 사전 선발된 것도 아니고, 창의적일 것으로 기대한다는 말도 듣지 않았다.

Finke는 창의적이려면 '발명가'가 되어야 할 필요는 없다는 것과 창의적 인지 동안에 일어나는 많은 심적 과정들은 인지심리학의 다른 영역에서 다루는 인지 과정과 아주 유사하다는 것을 보여주었다. 예를 들어, Finke는 다른 사람들이 만든 발명 전 물체보다 자신들이 만든 발명 전 물체에 대해 창의적 용도를 더 많이 생각해 낸다는 것을 발견하였다. 참가자들에게 자기가 그 물체를 창작할 때 생각했던 용도는 고려하지 말라고 지시를 준 경우에도 이런 결과가 얻어졌다. 이 결과는 우리가 7장에서 다루었던 생성 효과와 유사하다. 즉, 사람들은 그 내용을 실험자가 제공했을 때보다 자기가 생성했을 때 그 내용을 더 잘 기억한다(217쪽). 자기가 생성한 재료는 인출 단서로서도 이점을 갖는다 (226쪽).

개인 브레인스토밍과 Finke의 창의적 인지 기법에 바탕을 두는 생각인 마음을 열라는 아이디어는 창의성을 제한하는 고착을 피하라는 것이다. '마음을 열라. 고착을 피하라.' 라는 기본 원리는 말로 하기는 쉬워도 어떤 사람들에게는 결코 쉽지 않은 일이다. 그러 나 마음을 열 수 있기 때문에 특별히 창의적인 사람들도 있다. 이런 일이 왜 생길까? 일 부 연구자들에 따르면 이들의 능력은 오래된 생각에 막히지 않고 새로운 생각에 더 열리 게 하는 성격 특성과 관련이 있을 수 있다.

고려사항

창의성, 정신 질환, 열린 마음

특별히 창의적인 사람들을 다른 사람들과 구분하는 특징이 있을까? 이에 대한 제안 중 의 하나는 아주 창의적인 사람들은 정신 질환에 취약할 수 있다는 것이다. 양극성 장 애와 정신분열병과 같은 정신병적 조건과 연관해서 이 주장을 지지하는 증거가 있다 (Carson, 2011). 그러나 100만 명 이상의 스웨덴 국민의 건강과 작업 정보를 이용한 최근 의 한 연구는 연구자나 예술가와 같은 창의적인 직업에 종사하는 사람들이 일반 국민에 비해 정신과적 장애로 고생할 가능성은 높지 않다는 결론을 내렸다(예외인 집단이 하나 있는데 전문 작가들이다. 이들은 정신분열병과 양극성 장애일 위험성이 높았다).

창의적인 직업과 정신 장애의 관계를 보여주는 증거는 별로 없지만, 스웨덴 연구에서 특히 흥미로운 하나의 결과는 정신분열병, 분열정서 장애(정신분열병과 정동 장애 증상 을 같이 보이는 장애), 양극성 장애인 사람의 가까운 친척(부모와 형제)으로 본인은 이런 장애로 진단받지 않은 사람들이 일반인에 비해 창의적인 직업에 종사하는 비율이 높았 다는 것이다(Kyaga et al., 2013). 다른 연구에서는 창의성과 정신분열병 같은 증상은 가 족 간에 이어진다는 것(Brod, 1997; Prentky, 1989)과 양극성 장애 환자의 가까운 친척, 그러나 본인이 이 장애로 진단받지 않은 친척은 창의성 검사에서 점수가 높았다(Richards et al., 1988). 이것은 정신 질환과 창의성 둘 다와 연합된 유전적인 특질이 있을 가능성 을 시사한다.

정신 질환과 창의성 둘 다와 관계가 있을 것으로 보이는 특질이 잠재 억제(latent inhibition: LI)이다. 잠재 억제란 관련이 없다고 생각되는 자극들을 차단하는 능력을 말 한다. 모든 사람이 이 능력을 가지고 있다. 이것은 우리에게 주어지는 엄청난 자극의 홍 수에 우리가 압도되지 않게 해주는 기제 중의 하나이다. 예를 들어, 여러분이 시내나 교 정을 걷고 있을 때 여러분 주위에 있는 자극들에 대해 생각해 보자. 사람들, 건물들, 새 들, 표지판, 자동차, 다양한 소리들, 그리고 여러분 발밑에 있는 보도의 틈 속에 자기들의 세상이 펼쳐져 있는 수백 마리의 개미들이 있을 것이다. 이 모든 자극들을 수용하는 것은 우리를 압도할 것이기 때문에 우리는 그 특정 시점에서 중요한 자극에만 집중하고 어느 한 지점이나 한 물체나 한 음원에서 다른 지점이나 다른 물체나 다른 음원으로 주의를 이동한다. 그러나 정신 질환을 앓고 있는 일부의 사람들은 관련 없는 자극을 차단하는 능력이 손상되어 있다. 그러니까 정신분열병의 중요한 증상 중의 하나는 주변에서 주어지는 엄청난 자극의 영향을 받는 것이다.

잠재 억제와 창의성 간의 관계는 다음과 같다. 잠재 억제의 **감소**는 정신 질환과 창의성 증진과 연합되어 있다는 것이다(Carson, 2011). 잠재 억제의 감소는 일반적으로 무시했을 자극에 대해 수용적이 되는 것과 연합되어 있고, '경험에의 개방성'이라는 성격 특성이 높은 것과도 종종 연합된다. 브레인스토밍 기법과 창의적 인지를 다룰 때 '마음을 여는' 능력에 대해 언급했는데, 이 능력은 창의성을 향상시킬 수 있다.

잠재 억제와 창의성의 관계에 대한 생각을 정신 질환이 없는 사람에서 검증하고자 Shelly Carson과 동료들(2003)은 학생들에게 두 가지 설문지에 답하게 하였다. 즉, (1) 그들의 창의 성취 점수(예: 심사를 거치는 예술 전시회에 그림을 전시하거나 발간된 과학 논문의 저자가 되는 것과 같은 예술과 과학에서의 창의적 산물을 생산하는 능력 수준)와 (2) 그들의 잠재 억제 수준을 측정하는 설문지에 답하게 하였다. 그림 12.24에 실린 결과는 잠재 억제 점수가 낮은 참가자는 창의 성취 점수가 높다는 것을 보여준다. 이 관계는 지능지수가 높은 학생에게서 더 강하게 나타났다. 즉, 경험에의 개방성과 지능을 합친 것이 높은 수준의 창의적 결과와 연합되어 있다는 것을 보여준다.

이와 같은 결과들(Peterson & Carson, 2000)에 기초해서 Carson(2011)은 감소된 잠재 억제는 의식적 자각에 접근될 수 있는 걸러지지 않는 자극을 증가시켜서 창의성을 향상시킨다고 결론을 내렸다. 그러니까 의식적 자각에 접근될 수 있는 걸러지지 않는 자극을 증가시키면 유용하고 새로운 자극들의 결합을 창조할 가능성이 증가한다. Carson(2010)은 정신 장애를 가진 사람들의 특성의 일부가 적은 정도로 있을 때 창의성은 향상될 수 있다고 결론을 내렸다.

자극에의 개방성과 정신 질환과의 연합이라는 측면에서 Alan Snyder(2009)는 어떤 다른 유형의 질환이 창의성에 대한 정보를 제공할 수 있는지에 대해 생각하였다. Snyder는 천재 증후군(savant syndrome)에 대해 생각하였다. 천재 증후군이란 자폐증이나 다른 장애를 가진 사람들이 무선적으로 고른 날(몇 년 몇 월 며칠)이 무슨 요일인지를 맞춘다든가, 비범한 예술적 재능이나 수학적인 능력을 보이는 것과 같은 아주 예외적인 성과를 보이는 경우를 말한다. 천재 증후군을 가진 사람의 예는 더스틴 호프만이 출연한 영화 〈레인맨(Rain man)〉에 잘 그려져 있다.

Snyder는 이런 천재 기술은 모든 사람에게 내재되어 있지만 정상적으로는 의식적 자각에 접근이 되지 않는다고 제안하였다. 그러나 정상인들에게는 **하향 억제** 때문에 의식적 자각에서 은폐되는 뇌에 있는 정보에, 천재 증후군을 보이는 사람들은 개방적이라고 그는 시사하였다. 그래서 Snyder는 정상적으로 기능하는 사람들에게서 이 억제를 감소시킬

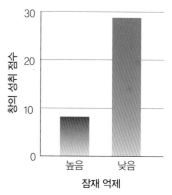

그림 12.24 **잠재 억제(LI)가 낮은 학생들이 창의 성취가 더 높다는 것을 보여주는 Carson 등(2003)의 실험 결과** 이 관계는 지능이 높은 학생들에게서 나타났다.

출처: S. H. Carson, J. B. Peterson, & D. M. Higgins, Decreased latent inhibition is associated with increased creative achievement in high-functioning individuals, *Journal of Personality and Social Psychology, 85*, 499–506, 2003.

그림 12.25 **아홉 개의 점 문제** 방법은 책을 보라. © 2015 Cengage Learning

수 있는 방안이 있을지에 대해 고민하였다.

천재 증후군이 종종 전측두엽(ATL)(그림 9.26)의 손상과 연합되어 있다는 사실에 기초해서 Snyder는 ATL을 비활성화시키면 사람들을 개방시켜 자극을 다른 방식으로 지각하게 할 수 있을 것이라고 제안하였다. 이 아이디어를 검증하고자 Richard Chi와 Snyder(2011, 2012)는 정상적으로 기능하는 참가자들에게 그림 12.25에 있는 아홉 개의 점 문제를 풀게 하였다. 이 문제는 아홉 개의 점을 모두 통과하게 직선을 네 개 그리는 문제이다. 이 직선들은 펜을 종이에서 떼지 않고 이어서 그려야 하며 또 이미 그렸던 선을 다시 그려서도 안 된다. 잠시 읽는 것을 멈추고 풀이를 시도해 보라. 그리고 이 장의 마지막에 있는 그림 12.30의 정답과 비교해 보라.

이 문제를 옳게 풀었다면 여러분은 아주 소수에 속한다. 왜냐하면 대부분의 사람들은 아홉 개의 점을 정사각형으로 지각하고 직선이 이 정사각형의 범위를 벗어나는 가능성을 생각하지 않기 때문이다. Chi와 Snyder의 참가자 중 한 명도 이 문제를 풀지 못했다. 그러나 경두개 자기자극법(TMS)(327쪽 참고)을 이용해서 ATL을 비활성화시켰더니 참가자의 40%가 이 문제를 풀 수 있었다. 이 수치는 이 문제를 풀려면 직선이 정사각형을 벗어나야 한다는 정보를 받은 사람들 중 40%가 문제를 풀 수 있었던 것과 대응되는 것이었다.

Chi와 Snyder는 이전 경험에 비추어 세상을 특정한 방식으로 해석하도록 우리의 뇌가 배선되었기 때문에 이 문제를 풀기 어려운 것이라고 결론지었다. 아홉 개의 점 문제에서 게슈탈트 조직화 원리(78쪽 참고)는 우리가 아홉 개의 점을 정사각형으로 보게 만든다. '틀에서 벗어나서'(이 경우에는 '정사각형을 벗어나서') 생각하려면 우리가 정상적으로 지각하는 방식에서 해방되어야 한다. 이 생각은 우리가 좀 전에 서술한 잠재 억제 연구와 일치하는데, 그 연구도 마음을 여는(개방적으로 하는) 기제와 창의성 간의 관계를 보여 주었다.

개방성과 창의성 간의 연결에 대한 논의가 재미있고 또 창의성에 바탕을 두는 기제 중의 하나에 대한 통찰을 제공하지만 여전히 이것이 여러분에게 무슨 관련이 있을까 의아해할 수 있다. 개방적인 마음으로 변화시키려고 유전적인 소지를 변화시키거나 ATL을 비활성화시킬 수는 없으니 말이다. 그러나 개방적인 마음을 갖게 하는 다른 절차들이 개발되었다. Finke의 창의적 인지 절차에 대해서는 앞에서 살펴보았고, 다른 절차들은 Shelly Carson(2010)의 책 『당신의 창의적인 두뇌(Your Creative Brain)』에 서술되어 있다.

자가 테스트 12.2

1. 유추적 문제해결의 배후에 깔린 기본 생각은 무엇인가? 바탕 문제란 무엇인가? 표적 문제는? 이 둘이 관련되어 있다는 것을 알리지 않고 바탕 문제와 표적 문제를 순차적으로 제시하면 문제해결에 얼마나 도움이 되는가?

2. Duncker의 방사선 문제에 대해 서술하라. 해결책은 무엇인가? 연구자들은 유추적 문제해결을 설명하기 위해 이 문제를 어떻게 이용했는가?

3. 유추적 문제해결의 세 단계는 무엇인가? 어떤 단계가 가장 달성하기 어려워 보이는가?

4. 표면 특질과 구조 특질은 유추적 문제해결을 효율적으로 사용하는 데 어떻게 영향을 미치는가? 전구 실험을 기술하고 이 실험이 무엇을 보여주는지 서술하라.

5. 유추 부호화란 무엇인가? 유추 역설은? 실생활에서 유추는 어떻게 연구되었는가?

6. 전문가란 어떤 사람인가? 전문가와 비전문가는 문제를 해결할 때 어떤 차이가 있는가? 전문가는 전문 영역 외의 문제도 잘 푸는가?

7. 창의성을 정의하려는 시도들에 대해 서술하라.

8. de Mestral의 벨크로 발명과 Odón의 출산 도구 발명에서 서술된 유추적 문제해결에 대해 서술하라.

9. 문제해결은 과정이라는 말은 무슨 의미인가?

10. 아이디어 생성에 관여하는 요인들에 대해 논의하라. 지식의 역할, 브레인스토밍의 사용, 그리고 창의적 인지접근을 포함해서 논의하라.

11. 창의성과 정신 질환의 관계는 무엇인가? 창의적인 사람과 정신 질환인 사람은 어떤 속성을 공유하는가? 이 속성은 어떻게 창의성을 증가시키는가?

12. 아홉 개의 점 문제를 이용한 Chi와 Snyder의 실험에 대해 서술하라. 실험 결과는 왜 창의성이 어려운지에 대해 무엇을 알려주는가?

이 장의 요약

1. 현재 상태와 목표 간에 장애물이 있는데 그 장애물을 어떻게 헤쳐 나가야 할지가 곧바로 떠오르지 않을 때 문제가 발생한다.

2. 게슈탈트 심리학자들은 어떻게 사람들이 마음에 문제를 표상하는지에 집중했다. 그들은 어떻게 문제를 해결하는 과정에 표상의 재구조화가 포함되는지, 그리고 문제해결에 장애가 되는 요인들을 보여 주기 위해 여러 가지 문제를 고안했다.

3. 게슈탈트 심리학자들은 재구조화는 통찰과 연합되어 있다는 생각을 소개하였는데, 통찰은 문제해결책이 갑자기 떠오르는 것을 말한다. 통찰은 사람들이 통찰 문제와 비통찰 문제를 풀 때 얼마나 자신이 해결책에 근접했다고 느끼는지를 추적한 실험에서 잘 드러났다.

4. 기능적 고착은 문제해결의 장애물인데, Duncker의 양초 문제와 Maier의 두 끈 문제에서 잘 드러났다. 상황에 의해 만들어진 마음 갖춤새는 Luchins의 물주전자 문제에서 잘 볼 수 있다.

5. Alan Newell과 Herbert Simon은 문제해결에 대한 정보처리 접근의 초기 제안자들이다. 그들은 문제해결을 문제 공간에서 문제에 대한 진술(초기 상태)과 문제에 대한 답(목표 상태) 사이의 경로를 탐색하는 과정으로 보았다. 탐색은 조작자의 지배를 받는데 흔히 하위 목표를 설정해서 목표를 달성한다. 하노이 탑 문제는 이 과정을 보여주기 위해 사용되었다.

6. 귀 잘린 체스판 문제도 문제 표상의 중요성을 보여준다.

7. Newell과 Simon은 문제를 푸는 동안의 사고 과정을 알아보기 위해 소리 내어 생각하기 녹취 기법을 개발했다.

8. 이전에 바탕 문제를 풀었던 경험이나 바탕 이야기가 새로운 표적 문제를 푸는 것을 도와줄 때 유추적 문제해결이 일어난 것이다. Duncker의 방사선 문제를 이용한 연구들은 사람들이 유추적인 바탕 문제나 이야기에 노출되어도 대부분의 사람들은 바탕 문제나 바탕 이야기와 표적 문제 간의 연결을 만들지 못한다는 것을 보여준다.

9. 바탕 문제와의 관련성에 관한 힌트가 주어지거나 바탕 문제와 표적 문제가 비슷한 표면 특질을 가졌거나 구조적 특질이 쉽게 드러날 때 유추적 문제해결이 촉진된다. 유추 부호화는 사람들이 유사한 구조 특질을 발견하는 것을 도와주는 처리이다.

10. 실험실 연구에서는 유추를 적용하는 것이 어려운 데 반해 현장 연구에서는 사람들이 실제 상황에서 종종 유추를 사용하는 것을 유추 역설이라 한다.

11. 전문가들은 초보자에 비해 전문성이 있는 영역의 문제를 잘 푼다. 전문가들은 해당 분야에 대한 지식이 많고, 표면 특질보다 심층 구조에 기초해 지식을 조직화하고, 문제가 처음 주어졌을 때 문제를 분석하는 데 시간을 많이 사용한다.

12. 창의적 문제해결은 확산적 사고와 연합되어 있다. 우리는 창의적 문제해결, 그리고 창의성 전반에 관여하는 과정에 대해 아는 것이 별로 없다. de Mestral과 Jorge Odón의 예는 실용적인 발명을 하는 데 유추가 어떻게 사용되는지를 보여준다.

13. 창의적 문제해결은 문제를 생성하는 것에서 시작해서 해결책을 구현하는 것으로 마무리되는데, 이 과정 사이에서 해결에 관한 아이디어들이 생각난다.

14. 무엇이 아이디어 생성으로 이끄는가 하는 질문은 아주 복잡하다. 종종 질문 생성에 지식이 필수적이지만, 때로는 지식이 너무 많은 것이 장애가 될 수 있다. Smith의 실험은 예를 제공하는 것이 창의적 디자인을 억제한다는 것을 보여준다.

15. 브레인스토밍 기법은 창의성을 증진시키는 방안으로 제안되었지만, 일반적으로 집단으로 아이디어를 생성하는 것은 개인으로 아이디어를 생성한 다음 이를 합하는 것보다 덜 효율적이다. 창의적 인지 기법은 혁신적인 디자인을 하는 데 성공적으로 사용되고 있다.

16. 정신 질환과 창의성의 관계는 복잡하다. 어떤 연구에서는 관계가 있다는 결과를 보고하였고, 다른 연구에서는 관계가 없다는 결과를 보고하였다. 한 가지 재미있는 결과는 정신 질환을 가진 사람의 가까운 친척은 일반 사람들보다 창의적인 경향이 있다는 것이다. 이것은 창의성과 정신 질환 둘 모두와 연합된 유전적 특질이 있을지도 모른다는 생각을 유도했다.

17. 잠재 억제의 감소가 창의성과 정신 질환 모두와 연합되어 있다. 그리고 천재 증후군 환자들이 손상을 보이는 뇌 부위인 전측두엽의 비활성화가 어려운 문제를 푸는 능력을 향상시킬 수 있다는 것이 보고되었다.

생각해 보기

1. 여러분이 풀어야 하는 문제를 하나 골라서 수단-목표 분석에서처럼 해결 과정을 하위 목표들로 분석해 보라.

2. 어떤 문제를 풀려고 시도하다가 답이 떠오르지 않아서 문제 풀이를 중단해 본 적이 있는가? 그러다 시간이 지난 다음 그 문제를 풀려고 다시 시도했을 때 답이 곧바로 떠오르지 않았는가? 이 과정의 배후에 어떤 일이 있었는지 생각해 보라.

3. 2003년 8월 4일, 정전 사고가 발생해서 미국의 북동부와 중서부, 그리고 캐나다 동부에 사는 수백만 명이 전기를 사용하지 못했다. 며칠 후 대부분의 사람들이 다시 전기를 사용하게 되었을 때까지도 전문가들은 정전 사고가 발생한 이유를 밝히지 못했고 이유를 밝혀내려면 몇 주가 걸릴 것이라고 말했다. 여러분이 이 문제나 아니면 이와 비슷한 문제를 해결해야 하는 특별 위원회에 속했다고 가정해 보자. 이 장에서 기술한 과정들이 문제의 해결책을 찾는 데 적용될 수 있는가? 이런 문제를 풀 때 이 과정들은 어떤 단점을 가질 수 있는가?

4. 여러분이 기능적 고착을 극복하고 물체의 새로운 용도를 찾아낸 사례를 기술해 보라.

고착(fixation)

구조 특질(structural features)

귀 잘린 체스판 문제(mutilated checkerboard problem)

기능적 고착(functional fixedness)

두 끈 문제(two-string problem)

마음 갖춤새(mental set)

목표 상태(goal state)

문제 공간(problem space)

문제(problem)

문제해결 현장 연구(in vivo problem-solving research)

물주전자 문제(water jug problem)

바탕 문제(source problem)

발명 전 형태(preinventive forms)

방사선 문제(radiation problem)

소리 내어 생각하기 녹취(think-aloud protocol)

수단—목표 분석(means-end analysis)

양초 문제(candle problem)

유추 부호화(analogical encoding)

유추 역설(analogical paradox)

유추 전이(analogical transfer)

유추(analogy)

유추적 문제해결(analogical problem solving)

잠재 억제(latent inhibition: LI)

재구조화(restructuring)

전문가(expert)

조작자(operators)

중간 상태(intermediate states)

집단 브레인스토밍(group brainstorming)

창의적 인지(creative cognition)

천재 증후군(savant syndrome)

초기 상태(initial state)

통찰(insight)

표면 특질(surface features)

표적 문제(target problem)

하노이 탑 문제(Tower of Hanoi problem)

하위 목표(subgoals)

확산적 사고(divergent thinking)

407~410쪽에 있는 문제들의 해결책

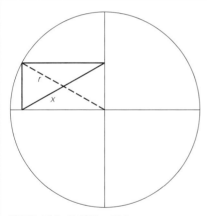

해결책: 선분 *x*의 길이는 *r*이다.

그림 12.26 **원 문제의 해답** *x*와 *r*은 사각형의 대각선이기 때문에 선분 *x*는 반지름 *r*과 길이가 같다. © Cengage Learning

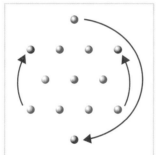

그림 12.27 **삼각형 문제의 해답** 화살표는 이동을 의미하고, 색칠된 원은 새로운 위치를 의미한다. © Cengage Learning

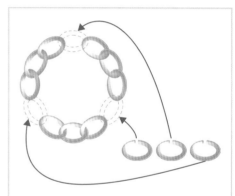

그림 12.28 **사슬 문제의 해답** 사슬 한 개에 있는 고리들을 자른 다음 분리한다(자르기 3회×2센트 = 6센트). 분리된 고리들은 나머지 사슬 세 개를 연결하는 데 사용한 다음 다시 고리들을 채운다(채우기 3회×3센트 = 9센트). 전체 = 15센트. © Cengage Learning

그림12.29 **양초 문제의 해결책** © Cengage Learning

442쪽에 있는 문제의 해결책

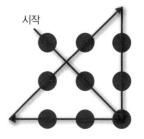

시작

그림 12.30 **아홉 개 점 문제의 해결책** © 2015 Cengage Learning

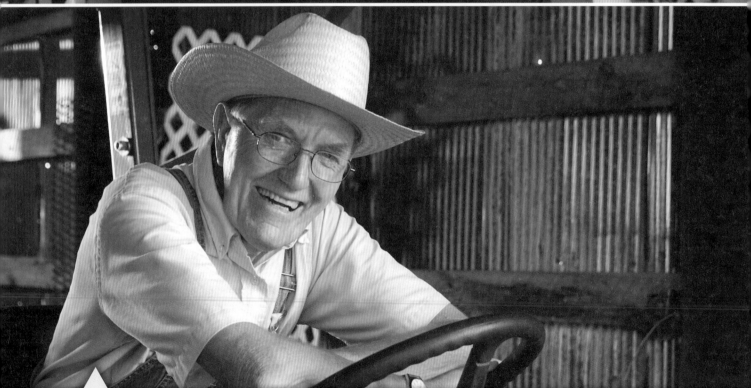

다음 문제를 생각해 보자. 미국 사람들 중에서 한 남성이 무선적으로 선정이 되었다. 그 남성은 이름이 로버트인데, 안경을 쓰고 있고, 조용히 말하며, 책을 많이 읽는다. 로버트는 사서일 가능성이 높을까, 아니면 농부일 가능성이 높을까? 이 문제는 우리가 이 장에서 논의할 실험에서 사용된 문제이다. 참가자들이 이 문제에 답하는 방식을 포함해서 사람들이 판단을 내려야 하는 다른 실험들의 결과는 우리가 판단을 내리는 데 관여하는 심적 과정을 이해하는 것을 돕는다. 이 장에는 유사한 주제인 결정과 추리에 관여하는 심적 과정들에 대해서도 알아본다.

판단, 결정, 추리

고려할 문제

▶ 사람들이 판단을 할 때 어떤 추리 '함정'에 빠지는가?

▶ 때때로 사람들이 자기에게 가장 이득이 되지 않는 결정을 한다는 증거는 어떤 것이 있는가?

▶ 정서는 어떻게 결정에 영향을 미치는가?

▶ 하나는 빠르고 다른 하나는 느린 두 가지 사고방식이 있는가?

이 장의 제목 '판단, 결정, 추리'는 이 장이 세 가지 다른 것을 다루는 것처럼 보이게 만든다. 우리는 항상 판단을 한다. '어제 존을 만났는데, 좋은 사람 같았어.' 우리는 대안들 중에서 하나를 선택하는 결정(decisions)을 내린다. '누구를 파티에 초대하지? 존은 어떨까?' 존을 초대하기로 결정하는 것은 존이 좋은 사람이라는 판단을 토대로 했을 것이라는 것은 쉽게 알 수 있다. '존은 시에라 클럽(Sierra Club) 상의를 입었어. 그러니 환경보호에 대해 관심이 많을 거야.'라는 진술문은 증거에 기초해서 결론을 내라는 것을 포함하고 있으니 결론을 도출해내는 처리인 추리(reasoning)를 보여준다. 물론 존을 파티에 초대하기로 한 결정도 추리를 포함한다. '존은 말을 잘해. 그러니 파티에서 사람들과 잘 어울릴 거야.'

우리가 존에 대해 길게 서술한 것은 편의상 판단하기, 결정하기, 증거에 입각해서 추리하기를 강조하기 위해서이다. 이 세 가지를 구분하기는 하지만 이 셋은 밀접하게 연결되어 있다. 우리가 내린 판단들을 토대로 결정을 하는데, 이 판단에는 여러 가지 추리가 포함되어 있을 수 있다. 사고라는 용어를 이 책의 다른 장들에서도 많이 사용했기 때문에 너무 일반적일 수는 있지만, 사실 이 장을 '사고'라고 부를 수도 있다. 이 장을 서술하는 방법은 판단, 결정, 추리를 각기 나누어 서술하는 것이지만, 이 셋이 서로 중복되고 상호작용한다는 것을 늘 유념하자.

판단하기

우리는 항상 주위의 사물에 대해 판단을 한다. 그 대상은 사람일 수도 있고, 사건일 수도 있고, 행동일 수도 있다. 판단에 관여하는 주된 기제 중의 하나는 귀납추리(inductive reasoning)인데, 관찰에 기초해서 추리를 하거나 증거들을 토대로 결론을 내리는 인지 행위가 귀납추리이다.

귀납추리의 본질

귀납추리는 관찰을 하고 자료를 수집하고 결론을 내리는 과학적 탐구의 기초이다. 귀납추리의 특징 중의 하나는 우리가 내리는 결론은 항상 참이 아니라 참일 가능성이 높다는 점이다. 예를 들어, 존이 시에라 클럽 상의를 입은 것을 관찰한 것을 토대로 존이 환경보호에 관심이 많을 것이라고 결론을 내리는 것은 나름 일리가 있다. 그러나 상의의 색이나 스타일이 마음에 들어 상의를 샀을 수도 있고, 형에게서 빌렸을 수도 있다. 그러니까 귀납추리에서 우리가 내리는 결론은 사실일 확률이 각기 다른 정도로 시사되는 것이지 관찰들에서 반드시 나와야 되는 것은 아니다. 이것은 다음에 나오는 두 개의 귀납 논증에서 알 수 있다.

관찰: 내가 피츠버그에서 본 까마귀는 모두 온몸이 검은색이었다. 내가 워싱턴 D. C.에 있
는 동생을 방문했을 때 내가 거기서 본 까마귀도 검은색이었다.

결론: 나는 '모든 까마귀는 검다.'는 것은 상당히 확실하다고 생각한다.

관찰: 이곳 부산에서 해는 매일 아침 뜬다.

결론: 내일도 부산에서 해는 뜰 것이다.

각 논증에 나름대로 논리가 있지만 두 번째 논증이 첫 번째 논증보다 더 신뢰할 수 있다는 점에 주목하자. 귀납 논증은 반드시 참인 결론이 아니라 사실일 가능성이 있는 결론을 이끌어낸다는 점을 기억하라. 강한 귀납 논증은 사실일 가능성이 높은 결론을 이끌어내는 논증이고, 약한 귀납 논증은 사실일 가능성이 낮은 결론을 이끌어내는 논증이다. 여러 요인들이 귀납 논증의 강도에 영향을 미친다. 그중 몇 개를 보면 다음과 같다.

- **관찰의 대표성.** 특정 범주에 대한 몇 개의 관찰이 그 범주에 속한 모든 사례들을 얼마나 잘 대표하는가? 미국의 다른 지역이나 지구상의 다른 지역의 까마귀는 고려되지 않았으므로 까마귀 예는 대표성이 부족하다.

- **관찰의 수.** 까마귀에 대한 논증은 피츠버그의 관찰에 워싱턴 D. C.의 관찰을 더해서 강해졌다. 그러나 다른 연구를 보면 유럽에서 관찰되는 뿔까마귀는 회색 몸체에 검은 날개와 꼬리가 있고, 아시아에서 발견되는 집까마귀는 회색과 검은색이다. 그래서 '모든 까마귀는 온몸이 검다.'라는 결론은 사실이 아닌 것으로 판명되었다. 이에 반해 부산의 일출에 관한 결론은 아주 많은 관찰을 토대로 내린 결론이기 때문에 아주 강한 결론이다.

- **증거의 질.** 증거가 강하면 결론도 강하다. 예를 들어, 많은 관찰에 기초했기 때문에 '해는 부산에서 뜰 것이다.'라는 결론은 이미 아주 강하지만 지구가 축을 중심으로 자전한다는 것과 어떻게 지구가 해 주위를 도는지에 대한 과학적인 서술을 고려한다면 결론은 더 강해진다. 그러니까 '지구의 회전을 과학적으로 측정해 보았더니 지구가 회전할 때마다 해는 떠오르는 것처럼 보인다.'는 서술을 추가하면 결론을 더 강화시킨다.

우리가 사용한 귀납추리의 예들이 '학문적'인 것이었지만, 우리는 일상생활에서도 귀납추리를 행한다. 그러나 보통은 그것을 자각하지 못한다. 예를 들어, 세라는 그녀가 X 교수의 수업에서 실험 절차에 관한 질문이 시험에 많았던 것을 관찰했다. 이 관찰을 토대로 세라는 자기가 수강하려고 하는 X 교수의 다른 과목의 시험도 이와 유사할 것이라고 결론을 내린다. 다른 예로 샘은 인터넷 회사인 Y 회사에서 물건을 샀는데 좋은 서비스를 받았다. 그래서 계속 좋은 서비스를 받을 것이라는 기대를 가지고 Y 회사에 새로 주문을 했다. 과거에 어떤 일이 일어났는지에 기초해서 앞으로 어떤 일이 일어날 것으로 예측할 때마다 우리는 귀납추리를 한 것이다.

우리가 과거 경험을 토대로 예측과 선택을 하는 것은 일리가 있다. 특히 시험에 대비해서 공부한다든가 인터넷 회사에서 물건을 산다든가 하는 것처럼 친숙한 상황에 기초

해서 예측할 경우 그렇다. 우리가 과거 경험에 기초해서 세상에 대해 아주 많은 가정을 하기 때문에 종종 그 사실을 알아차리지 못하면서 귀납추리를 항상 행한다. 예를 들어, 여러분이 앉았을 때 의자가 부서지지 않는다는 것을 확인하기 위해 여러분이 앉을 의자에 응력 검사를 해본 적이 있는가? 아마도 없을 것이다. 이전에 의자에 앉았던 경험을 토대로 의자가 부서지지 않을 것이라고 가정한다. 이런 귀납추리는 아주 자동적이어서 여러분은 어떤 종류였든 간에 '추리'가 일어났다는 것을 알아차리지 못한다. 일상의 모든 일들을 마치 처음 접하는 것처럼 접근한다면 얼마나 시간이 많이 걸릴지 생각해 보라. 귀납추리가 과거 경험을 이용해서 현재 행동을 인도하는 기제를 제공한다.

사람들이 과거 경험을 이용해서 현재 행동을 인도할 때 빨리 결론에 이르기 위해 자주 편법을 이용한다. 우리가 내리는 결론이 100% 확실하다는 것을 확인하기 위해 하던 일을 멈추고 필요한 자료들을 수집할 시간이나 에너지가 우리에게는 없다. 이런 편법들은 어림법(heuristics)의 형태를 띠는데, 어림법이란 문제의 정답을 제공할 가능성은 있지만 항상 정확하지는 않은 '요령'을 말한다. 사람들은 자주 정답을 제공하지만 때로는 오답을 제공하기도 하는 여러 가지 추리 어림법을 사용한다. 이제 **가용성 어림법**과 **대표성 어림법**이라는 두 가지 어림법에 대해 알아본다.

가용성 어림법

아래 '보여주기'는 가용성 어림법을 알려준다.

보여주기 어느 것이 더 흔한가?

다음 질문들에 대해 답해 보라.

- 글자 'r'로 시작하는 단어와 글자 'r'이 세 번째 글자인 단어 중에 어느 것이 영어에서 더 흔한가?

- 사망의 가능한 원인들이 아래에 쌍으로 제시되어 있다. 각 쌍에서 어느 원인이 미국에서 더 발생 가능성이 큰지 판단하라. 즉, 여러분이 미국인을 아무나 한 명 골랐을 때 그 사람이 A 원인으로 죽을 가능성이 큰지 아니면 B 원인으로 죽을 가능성이 큰지를 답하라.

A 원인	B 원인
살인	맹장염
자동차-기차 충돌	익사
식중독(보툴리누스균 중독)	천식
천식	토네이도
맹장염	임신

선택을 해야 할 경우 우리는 종종 과거에서 기억나는 것의 영향을 받는다. 가용성 어림법(availability heuristic)이란 잘 기억이 나지 않는 사건보다 쉽게 기억나는 사건을 가능성이 높다고 판단하는 어림법을 말한다(Tversky & Kahneman, 1973). '보여주기'에 올린 문제들을 생각해 보자. 참가자들에게 첫 글자가 'r'인 단어가 많을지 세 번째 글자가 'r'

표 13.1 사망 원인

많다	적다	'적다'를 고른 비율(%)
살인(20)	맹장염	9
익사(5)	자동차-기차 충돌	34
천식(920)	식중독(보툴리누스균 중독)	41
천식(20)	토네이도	58
맹장염(2)	임신	83

출처: Adapted from S. Lichtenstein, P. Slovic, B. Fischoff, M. Layman, & B. Coombs, Judged frequency of lethal events, *Journal of Experimental Psychology: Human Learning and Memory, 4,* 551-578(1978).

인 단어가 많을지 물은 경우, 70%가 첫 번째 글자가 'r'인 단어가 더 많다고 답했다. 실제로는 세 번째 글자가 'r'인 단어가 세 배나 많은데도 말이다(Tversky & Kahneman, 1973; Gigerenzer & Todd, 1999 참고).

표 13.1은 참가자들에게 다양한 사망 원인들의 빈도의 상대적인 우세를 판단하게 한 실험 결과를 보여준다(Lichtenstein et al., 1978). 각 쌍에서 빈도가 높은 원인이 왼쪽 열에 표기되었다. 괄호 속의 숫자는 빈도가 낮은 원인과 비교했을 때 빈도가 높은 원인의 비율을 표시한 것이다. 예를 들어, 맹장염으로 사망한 사람의 20배가 살인으로 사망하였다. 가장 오른쪽 열에 있는 숫자는 빈도가 낮은 원인을 선택한 참가자의 비율이다. 예를 들어, 9%의 사람들은 사람들이 맹장염으로 사망할 가능성이 살인으로 사망할 가능성보다 높다고 판단하였다. 이 경우 거의 대부분(91%)의 참가자가 정확하게 살인을 더 가능성이 높은 사망 원인으로 선택하였다. 그러나 다른 문제들에서는 상당한 비율의 참가자들이 상대적인 가능성을 부정확하게 판단했다. 이런 경우 오류의 상당 부분은 매체를 통해 널리 알려진 원인들과 연합된 것이었다. 예를 들어, 58%가 천식보다 토네이도로 더 많은 사람이 죽었다고 판단했지만, 실제로는 토네이도로 사망한 사람보다 천식으로 사망한 사람이 20배나 많았다. 특히 놀랄 만한 결과는 920배나 더 많은 사람이 천식으로 사망했는데도, 41%의 참가자들이 보툴리누스균 중독이 천식보다 더 많은 사망을 초래했을 것으로 판단했다는 것이다.

이런 오판단에 대한 설명은 가용성과 연계되어 있다. 'r'로 시작되는 단어나 세 번째 글자가 'r'인 단어를 생각하려고 할 때 'r'로 시작되는 단어(run, rain, real)가 세 번째 글자가 'r'인 단어(word, car, arranged)보다 더 쉽게 떠오른다. 사람이 보툴리누스균 중독이나 토네이도로 사망하면 신문의 1면 뉴스가 되지만, 천식으로 인한 사망은 일반 사람들에게 알려지지도 않는다(Lichtenstein et al., 1978).

이 예는 덜 자주 발생하는 사건이 기억에서 두드러지면 가용성 어림법이 어떻게 우리를 잘못된 결론으로 오도하는지를 보여준다. 그러나 가용성 어림법이 항상 우리를 오도하는 것은 아니다. 왜냐하면 많은 경우 우리는 실제 더 자주 발생하는 사건들을 기억하기 때문이다. 예를 들어, 여러분은 과거에 관찰한 바로부터 흐리고 공기 중에서 어떤 냄새가 나면 나중에 비가 올 것이라는 것을 안다. 또는 여러분의 상사가 기분이 좋을 때 여러분의 부탁을 더 잘 들어준다는 것을 눈치챘을 수 있다.

사건들 간의 상관을 관찰하는 것은 유용할 수 있지만, 사람들은 때때로 착각적 상관(illusory correlations)을 창조하는 함정에 빠진다. 두 사건 간에 상관이 있는 것처럼 보이지만 실제로는 상관이 전혀 없거나 보이는 것보다 훨씬 낮은 경우에 착각적 상관이 발생한다. 착각적 상관은 우리가 두 사건이 관계가 있다고 생각할 때 발생하는데, 이때 두 사건이 관계가 있다는 우리의 생각은 두 사건이 관계가 없는데도 관계가 있다고 생각하게끔 우리를 속인다. 이런 기대는 고정관념(stereotype)의 형태를 취하기도 한다. 고정관념이란 특정 집단이나 특정 계층의 사람들에 대해 지나치게 단순화한 생각인데 종종 부정적인 측면에 집중한다. 특정 집단의 특징에 대한 고정관념은 사람들로 하여금 고정관념과 연합된 행동에 주의를 기울이게 하는데, 이 주의가 고정관념을 강화시키는 착각적 상관을 만들어낸다. 고정관념적인 행동에 선택적 주위를 기울이면 그 행동을 더 '가용'하게 만들기 때문에 이 현상은 가용성 어림법과 관련이 있다(Chapman & Chapman, 1969; Hamilton, 1981).

착각적 상관이 어떻게 고정관념을 강화시키는지를 남성 동성애자는 모두 여성 같다는 고정관념을 통해서 알아볼 수 있다. 이 고정관념을 믿는 사람은 TV나 영화를 볼 때 동성애자인 배역에 특별히 주의를 기울일 수 있다. 또는 동성애자라고 알고 있는 사람이 여성적으로 행동하는 상황에 특별히 주의를 기울일 수 있다. 이런 관찰은 동성애자인 것과 여성스러움 간의 상관을 지지할 수 있지만, 이 사람은 동성애자가 여성스럽지 않은 많은 상황들을 무시하게 된다. 이렇게 되는 것은 그 사람이 이런 사례들을 몰라서 일어날 수도 있고, 이 사례들에 주의를 기울이지 않았기 때문일 수도 있다. 이유가 무엇이든 간에 자기의 선입견을 지지하는 상황만을 선별적으로 고려하는 것은 두 사건 간에 상관이 있다는 착각을 만들어낼 수 있다. 실제로는 아주 약한 상관이 있거나 전혀 상관이 없는데도 말이다.

대표성 어림법

가용성 어림법이 어떤 사건이 얼마나 자주 발생하는 것으로 기대하는지와 관련된 것이라면, 대표성 어림법은 사람들이 한 사건이 다른 사건과 얼마나 유사한지에 기초해서 판단을 내린다는 생각과 관련이 있다.

유사성에 기초해서 판단하기 대표성 어림법(representativeness heuristic)은 A가 B 범주의 사례일 가능성은 A의 속성들이 우리가 일반적으로 B 범주와 연합되어 있다고 생각하는 속성들과 얼마나 유사한지에 의해 결정될 수 있다고 판단한다. 이것을 좀 더 구체적으로 알아보기 위해 아래 '보여주기'를 보자.

미국인 중에서 남성을 한 명 무선적으로 고르자. 이름이 로버트인 그 남성은 안경을 쓰고 조용히 말하며, 책을 많이 읽는다. 로버트는 사서일 가능성이 높을까, 아니면 농부일 가능성이 높을까?

Amos Tversky와 Daniel Kahneman(1974)이 한 실험에서 이 질문을 했을 때 많은 사람들이 로버트는 사서라고 답했다. 확실히 안경을 쓰고 조용히 말하며, 책을 많이 읽는다는 기술은 사람들이 가지는 전형적인 사서의 이미지와 잘 대응된다(위에 서술한 착각적 상관과 446쪽에 있는 이 장의 소개 그림을 보라). 그러니까 사람들은 로버트에 대해 서술한 것이 그들이 사서에 대해 가지는 개념과 일치한다는 것의 영향을 받았다. 그러나 이때 사람들은 또 다른 중요한 정보(전체 국민 중에서 농부와 사서의 기저율)를 무시했다. 기저율 (base rate)이란 전집에서 각기 다른 범주들의 상대적 비율을 의미한다. 이 실험이 수행된 1972년에 미국에는 남성 농부가 남성 사서보다 많았다. 따라서 로버트가 미국 남성 중에서 무선적으로 선정된 것이라면 그가 농부일 가능성이 더 높은 것이다(이 기저율의 차이는 지금도 유효하다. 2008년 기준으로 보면 남성 농부가 남성 사서보다 10배 많다).

사서–농부 문제에 대한 하나의 반발은 참가자들이 농부와 사서의 기저율을 모르기 때문에 정확한 판단을 내리는 데 필요한 정보가 없었다는 것일 수 있다. 기저율을 아는 것이 얼마나 영향을 미치는지는 참자들에게 다음 문제를 풀게 하면 알 수 있다.

> 100명인 어느 집단에서 70명은 변호사이고, 30명은 엔지니어이다. 이 집단에서 한 명을 무선적으로 골랐을 때 이 사람이 엔지니어일 가능성은 얼마인가?

이 문제를 받은 참가자들은 엔지니어를 고를 확률이 30%라고 정확하게 추정했다. 그러나 일부 참가자들에게는 기저율에 관한 앞의 서술에 이어서 선정된 사람에 대한 다음의 서술을 추가로 제공했다.

> 잭은 45세의 남성이다. 그는 기혼자로 네 명의 자녀가 있다. 그는 일반적으로 보수적이고, 조심성이 많으며, 야망이 있다. 그는 정치나 사회적 이슈에는 관심이 없고, 여가 시간에는 다양한 취미 활동을 하는데, 그중에는 집안 목공일, 보트 타기, 수학 문제 풀기가 있다.

이 진술문을 추가하면 참가자들은 무선적으로 뽑힌 사람(이 경우에는 잭)이 엔지니어일 가능성의 추정치를 훨씬 높여 답했다. 기저율만 가용한 경우에는 확률을 추정할 때 그 정보를 사용하였다. 그러나 사람에 대한 서술이 가용해지면 사람들은 기저율 정보를 무시하는데, 이는 추리에서 오류를 일으킬 수 있다. 그러나 적합한 서술 정보가 주어질 때에는 판단의 정확도가 향상되기도 한다. 예를 들어, 잭을 서술하는 글에 '그의 가장 최근 직업은 다리의 구조적 특징을 결정하는 것이었다.'는 내용을 추가하면 그가 엔지니어일 확률을 크게 증가시킨다. 그러니까 기저율 정보에 주의를 기울이는 것도 중요하지만 서술문으로 제공된 정보도 그 정보가 관련된 정보라면 유용할 수 있다. 그런 정보가 가용할 경우에는 대표성 어림법을 적용하는 것이 정확한 판단으로 이끌 수 있다.

연접 규칙을 고려하지 않고 판단하기 다음 '보여주기'는 대표성 어림법의 또 다른 특징을 보여준다.

(보여주기) 사람에 대한 기술

린다는 31세로 독신이고 할 말 다하고 아주 똑똑하다. 철학을 전공했으며, 학생 때는 차별, 사회 정의와 같은 이슈에 많은 관심을 가졌고 반핵 시위에도 참가했다. 다음 두 가지 중에서 어느 것이 더 가능성이 높을까?

1. 린다는 은행원이다.
2. 린다는 은행원이며 여성 운동에 적극적이다.

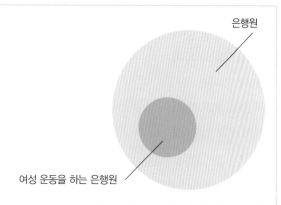

그림 13.1 여성 운동을 하는 은행원이 은행원의 부분집합이니까 어떤 사람이 은행원일 가능성은 여성운동을 하는 은행원일 가능성보다 높다. © Cengage Learning

이 문제의 정답은 '1번이 사실일 가능성이 더 높다.'이다. 그러나 Tversky와 Kahneman(1983)이 참가자들에게 이 문제를 주었을 때 85%가 2번을 골랐다. 사람들이 왜 그렇게 했는지는 쉽게 이해할 수 있다. 그들은 대표성 어림법의 영향을 받은 것이다. 왜냐하면 린다에 대한 서술문은 사람들이 생각하는 전형적인 여성 운동가에 부합하기 때문이다. 그러나 이런 판단을 하는 동안 그들은 연접 규칙(conjunction rule)을 위반했다. 연접 규칙에서는 두 사건의 연접 사상(A와 B)의 확률은 연접 사상의 단일 구성원(A만 혹은 B만 발생)의 확률보다 클 수 없다고 언명한다. 은행원(A)이 여성 운동을 하는 은행원(A와 B)보다 많으니까 린다가 은행원이라는 서술에는 린다가 여성운동을 하는 은행원인 경우도 포함된다 (그림 13.1). 마찬가지로 앤이 빨간 콜벳(Corvette) 자동차를 가질 확률은 앤이 콜벳을 가질 확률보다 클 수는 없다. 왜냐하면 두 구성 요소(콜벳과 빨갛다)가 함께 있는 것은 한 구성 요소(콜벳)만인 경우보다 작기 때문이다.

사람들은 그들이 연접 규칙을 아는 것이 확실한 경우에서조차도 연접 규칙을 위반하는 경향이 있다. 좀 전에 본 예에서 사람들은 린다의 특성은 '은행원'보다 '여성 운동에 적극적인 은행원'을 더 잘 대표한다고 본다.

작은 크기의 표본도 대표성이 있다고 부정확하게 가정하기 사람들은 관찰을 한 표본의 크기의 중요성을 무시하기 때문에 추리에서 오류를 범하기도 한다. 이어지는 '보여주기'는 표본 크기의 효과를 보여준다.

(보여주기) 남아와 여아의 출생률

어느 도시에 병원이 두 개 있다. 큰 병원에서는 매일 약 45명의 신생아가 태어나고, 작은 병원에서는 약 15명의 신생아가 매일 태어난다. 여러분이 알듯이 신생아의 약 반은 남아이다. 그러나 정확한 비율은 매일 매일 다르다. 어느 날은 50%를 넘고, 어느 날은 50%가 되지 않는다. 1년 동안 각 병원은 남아가 그날 태어난 신생아의 60%가 넘는 날을 기록했다. 여러분 생각에는 어떤 병원이 그런 날이 많았겠는가?

- 큰 병원
- 작은 병원
- 거의 같다.

　　한 실험에서 참가자들에게 이 문제를 주었는데(Tversky & Kahneman, 1974), 22%가 큰 병원을, 22%가 작은 병원을, 56%가 차이가 없다를 선택하였다. 차이가 없다를 선택한 참가자들은 각 병원의 남아와 여아의 출생 비율은 전체 남아와 여아의 출생 비율을 대표한다고 가정한 것 같다. 그러나 '남아가 60%를 넘는 날은 작은 병원에서 더 많을 것이다.'가 정답이다(만약 질문이 여아로 서술된다면, 여아가 60%를 넘는 날도 작은 병원에서 더 많을 것이다!).

　　어떻게 이런 결과가 얻어지는지를 이해하려면 큰 수의 법칙(law of large numbers)이라 불리는 통계 규칙을 이해해야 한다. 큰 수의 법칙은 전집에서 무선적으로 뽑힌 사례 수가 클수록 그 표본의 값이 전집의 값을 더 잘 대표한다고 언명한다. 반대로 사례 수가 작은 표본은 전집을 덜 대표한다. 그러니까 병원 문제에서 특정한 날에 태어난 남아와 여아의 비율은 큰 병원에서 50%에 더 근접하고 작은 병원에서 더 멀 가능성이 높다는 것이다. 이 결론을 보다 확실하게 하기 위해 신생아가 하루에 한 명만 태어나는 아주 작은 병원을 상상해 보자. 1년 동안 이 병원에서는 365명의 신생아가 태어나는데, 그중 약 50%는 남아이고, 약 50%는 여아일 것이다. 그러나 어느 특정일에는 100% 남아거나 100% 여아이다. 확실히 작은 집단의 비율은 전체 전집의 비율을 대표하지 못한다. 사람들은 종종 작은 표본에서도 대표성이 유지된다고 가정하는데, 이것이 추리에서 오류를 범하게 만든다(어떻게 통계적 사고와 어림법이 추리에서 작동하는지에 대한 다른 관점을 알려면 Gigerenzer & Hoffrage, 1995; Gigerenzer & Todd, 1999를 보라).

선입견, 태도, 판단

우리는 판단 과정에 관여하는 추리가 때로는 오류를 범하기도 한다는 것을 보았다. 왜냐하면 우리는 일부 증거를 무시해서 잘못된 결론을 내리게 하는 여러 가지 어림법들의 유혹을 받기 때문이다. 판단에 영향을 미치는 다른 요인들로 지식, 태도, 그리고 사람들이 지니고 있는 선입견이 있다. 자기의 태도와 반대되는 증거에 노출되었을 때 사람들의 태도가 어떤 영향을 받는지를 보여준 Charles Lord와 동료들(1979)의 실험에 대해 알아보자.

　　Lord는 설문지를 이용해서 사형을 찬성하는 참가자 집단과 사형을 반대하는 참가자 집단으로 나누었다. 이어서 참가자들에게 사형에 대한 연구 결과를 서술한 것을 주었다.

어떤 연구들에서는 사형이 살인을 억제하는 효과가 있다는 증거가 제공되었고, 다른 연구들에서는 사형이 아무런 억제 효과도 없었다는 증거가 제공되었다. 제공된 연구들에 대한 참가자들의 반응은 실험 시작 전에 그들이 지녔던 태도를 반영하였다. 예를 들어, 사형이 억제 효과를 가졌다는 것을 지지하는 증거에 대해 사형을 찬성하는 참가자들은 '신뢰할 만하다.'라고 평정했지만 사형에 반대하는 참가자들은 '신뢰할 만하지 않다.'라고 평정했다.

어떤 일이 일어난 걸까? 한 가지 가능성은 참가자들이 이전에 가졌던 신념이 자기들의 신념에 일치하는 정보에는 주의를 기울이고 일치하지 않는 정보는 무시하게 했을 수 있다는 것이다. 사람들이 자기의 의견이나 태도에 유리한 방향으로 편향되게 증거를 생성하고 평가하며 가설을 검증하는 행동 경향성을 자기 측 편향(myside bias)이라 한다 (McKenzie, 2004; Stanovich et al., 2013; Taber & Lodge, 2006).

자기 측 편향은 확증 편향의 한 유형이다. 확증 편향(confirmation bias)이라는 용어는 자기의 가설을 확증하는 증거를 선호하는 모든 상황(의견이나 태도에 국한되지 않고)에 적용되기 때문에 자기 측 편향보다 광범위하다. Peter C. Wason(1960)은 다음과 같은 지시를 참가자들에게 주어서 사람들이 문제해결에 접근하는 방식이 어떻게 확증 편향에 의해 달라지는지를 보여주었다.

> 여러분들은 숫자 세 개를 보게 되는데, 이 숫자들은 내가 마음에 두고 있는 간단한 규칙에 맞는 것입니다. …… 종이에 세 개 숫자의 조합과 왜 여러분이 그 숫자들을 골랐는지에 대한 이유를 적어서 규칙을 알아내는 것이 여러분들의 목표입니다. 여러분이 세 개의 숫자로 된 조합을 하나 적을 때마다 나는 그 조합이 내 규칙에 맞는지 아닌지를 알려줄 것입니다. 여러분이 규칙을 발견했다고 확신이 들 때에는 종이에 규칙을 적고 나에게 규칙을 말해 주십시오. (p.131)

Wason이 참가자에게 첫 번째 조합인 2, 4, 6을 알려주면, 참가자들은 숫자 조합을 만들기 시작했고, 각 조합마다 그 조합이 규칙에 맞는지 여부에 대해 Wason에게서 피드백을 받았다. 이때 Wason이 참가자들에 그 조합이 **자기**의 규칙에 맞는지만 말했다는 점에 주목하자. 참가자들은 자기의 규칙을 말할 만큼 확신이 들기 전까지는 숫자 열을 만드는 자기들의 규칙이 맞는지 알아낼 수 없었다. 가장 흔한 첫 번째 가설은 '2씩 증가하는 수열'이었다. 그러나 실제 규칙이 '크기가 증가하는 수열'이었기 때문에 '2씩 증가하는 수열' 규칙은 Wason의 규칙을 만족시키는 수열을 만들어내기는 하지만 부정확한 가설이었다.

정확한 규칙을 찾아내는 비밀은 자신이 만든 현재의 가설은 충족시키지 **못하지만** Wason의 규칙은 충족시키는 수열을 만들려고 시도하는 것이다. 그러니까 수열 2, 4, 5가 규칙에 맞는 예라는 것을 알게 되면 '2씩 증가하는 수열'이라는 우리의 규칙을 기각하고 새 규칙을 만드는 것이 가능해진다. 극히 일부의 참가자가 첫 번째 시도에서 정확한 규칙을 찾아내었는데, 이들은 자기의 규칙을 말하기 전에 여러 개의 가설을 스스로 검증하는 전략을 사용했다. 이들은 자기들이 생각하는 규칙을 **반증하도록** 고안된 수열을 만들

표 13.2 판단에 오류를 초래하는 가능한 원인들

페이지	원인	기술	언제 오류가 발생하는가?
450	가용성 어림법	더 잘 기억되는 사건을 가능성이 높다고 판단한다.	잘 기억되는 사건의 발생 가능성이 낮을 때
452	착각적 상관	두 사건 간에 높은 상관이 있는 것 같지만 실제로는 없다.	상관이 없거나, 보기보다 상관이 낮을 때
452	대표성 어림법	A의 속성이 일상적으로 B 범주와 연합된 속성들과 얼마나 유사한지에 기초해서 A가 B 범주의 사례일 가능성을 판단한다.	유사한 속성이 있는지가 B 범주의 사례일 가능성을 예측하지 못할 때
453	기저율	전집에서 각 범주들의 상대적 비율	기저율 정보를 고려하지 못할 때
454	연접 규칙	두 사건의 연접 사상(A와 B)의 확률은 연접 사상의 단일 구성원(A만 혹은 B만 발생)의 확률보다 클 수 없다.	연접 사건에 더 높은 확률을 배정할 때
455	큰 수의 법칙	전집에서 무선적으로 뽑힌 사례 수가 클수록 그 표본의 값이 전집의 값을 더 잘 대표한다.	작은 표본도 전집을 정확하게 대표한다고 가정할 때
456	자기 측 편향	자기의 의견이나 태도에 유리한 방향으로 편향되게 증거를 생성하고 평가하며 가설을 검증하는 행동 경향성. 자기 측 편향은 확증 편향의 한 유형이다.	결정을 하는 데 필요한 증거들을 해석하는 데 자기의 의견이나 태도가 영향을 미치게 할 때
456	확증 편향	자기의 가설을 확증하는 증거를 선택적으로 탐색하고 가설에 반대되는 증거는 무시하는 행동 경향성	확증하는 정보에만 초점을 좁힐 때

어서 가설을 검증하였다. 그에 반해 첫 번째 시도에서 정확한 규칙을 만들어내지 못했던 참가자들은 자기들의 가설을 확증하는 수열을 창조하는 것을 지속하는 경향이 있었다.

확증 편향은 한 쌍의 눈가리개처럼 작동한다. 우리는 우리가 정답이라고 생각하는 규칙에 따라 세상을 보고, 우리의 규칙을 확증하는 증거들만 찾기 때문에 이 규칙에서 벗어날 수가 없다. Lord의 실험에서 본 것처럼 우리의 태도에서 만들어진 눈가리개는 문제 해결이라는 영역을 넘어서 훨씬 더 광범위하게 우리의 판단에 영향을 미친다.

우리가 지금까지 논의한 판단에 오류를 초래하는 가능한 원인들을 표 13.2에 요약하였다. 이 목록을 보면 우리가 내리는 판단은 대부분 오류일 것이라는 인상을 받을 수 있지만, 사실은 그렇지 않다. 우리가 내리는 판단은 종종 정확하고 유용하다. 그러나 판단을 내리는 데 관여하는 기제를 알아보려고 고안된 연구에서는 오류가 발생한 상황에 집중한다. 지각이나 주의, 기억, 언어에 대한 연구에서 사람들이 오지각하고, 가시적인 물체를 보지 못하고, 오기억을 하고, 문장을 잘못 해석하는 상황들에 집중했던 것을 기억해 보면 이것은 놀랄 일이 아니다. 참으로 재미있게도, 제대로 작동되지 않은 상황을 연구하는 것이 어떻게 마음이라는 것이 작동하는지를 알아내는 유용한 방법으로 판명되었다.

1. 귀납추리는 무엇인가? 귀납 논증의 강도에 영향을 미치는 요인들은 어떤 것이 있는가?

2. 귀납추리는 일상생활에 얼마나 관련되어 있는가?

3. 다음 요인들은 어떻게 추리에 오류를 발생시키는지 서술하라. 가용성 어림법, 착각적 상관, 대표성 어림법.

4. 기저율을 고려하지 못하는 것은 추리에 어떻게 오류를 일으키는가? 직업을 판단하는 문제가 대표성 어림법과 기저율에 어떻게 연결되는지를 반드시 이해하도록 하라.

5. 연접 규칙은 무엇인가? 은행원 린다에게 적용한 실험에 대해 서술하고, 이 실험이 대표성 어림법과 연접 규칙에 어떻게 관련되는지 말하라.

6. 남아와 여아의 출생을 다룬 실험에 대해 서술하라. 이 실험의 결과는 어떻게 큰 수의 법칙과 연관되는가?

7. 자기 측 편향이란 무엇인가? 사형에 대한 태도를 다룬 Lord의 실험에 대해 서술하라.

8. 확증 편향이란 무엇인가? 수열을 이용한 Wason의 실험에 대해 서술하라.

결정: 대안들 중에서 선택하기

이 장을 시작하면서 언급했듯이 우리는 상대적으로 중요하지 않은 것(어떤 옷을 입을까, 어떤 영화를 볼까)에서부터 우리 삶에 아주 큰 영향을 미칠 수 있는 결정(어느 대학을 갈까, 누구와 결혼할까, 어떤 직업을 가질까)에 이르기까지 매일 많은 결정을 한다. 앞에서 가용성 어림법과 대표성 어림법에 대해 논의할 때 우리는 사망 원인이나 어떤 사람의 직업과 같은 것에 대해 판단하도록 한 예들을 다루었다. 이제부터 결정에 대해 논의할 때는 각기 다른 행동들 중에서 선택하는 과정이 포함된 판단을 사람들이 어떻게 하는지에 중점이 주어진다. 이 선택은 어느 학교를 갈지, 목적지에 도착하기 위해 비행기를 탈지 아니면 운전을 해서 갈지와 같은 개인적인 결정일 수도 있고 '우리 회사가 어떤 광고 캠페인을 해야 할까?'와 같이 직업과 관련된 결정일 수도 있다. 이제 결정의 기본 속성 중의 하나를 알아보는 것으로 이 절을 시작하자. 즉, 이득과 비용을 모두 포함하는 결정에 대해 알아보는 것으로 이 절을 시작하자.

효용 접근

결정에 대한 초기 연구들의 대부분은 기대 효용 이론(expected utility theory)의 영향을 받았는데, 이 이론은 사람들은 기본적으로 합리적이라고 가정한다. 기대 효용 이론에 따르면 만약 사람들이 관련된 모든 정보를 가지면 기대 효용이 최대가 되는 결정을 한다고 가정한다. 여기서 효용(utility)은 그 사람의 목표를 달성하는 결과를 말한다(Manktelow, 1999; Reber, 1995). 결정에 대해 연구하는 경제학자들은 효용을 금전적인 가치로 표현

그림 13.2 Denes-Raj와 Seymour Epstein(1994)은 (a) 빨간 젤리가 하나이고 흰 젤리가 9개 든 그릇과 (b) 빨간 젤리 7개와 흰 젤리 93개가 든 그릇(이 그림에 흰 젤리는 일부만 그려넣었다) 중에서 젤리를 하나만 고르게 하였다. 참가자들은 빨간 젤리를 뽑으면 돈을 받았다.

출처: V. Denes-Raj & S. Epstein, Conflict between intuitive and rational processing: When people behave against their better judgment, *Journal of Personality and Social Psychology, 66*, 819-829, 1994.

(a) 10개 중 빨간 젤리 1개. 확률 = 10%

(b) 100개 중 빨간 젤리 7개. 확률 = 7%

하였다. 그러니까 좋은 결정의 목표는 최대의 금전적 수익을 내는 선택을 하는 것이다.

효용 접근의 장점 중의 하나는 어떤 선택이 가장 큰 금전적 가치를 이끌어내는지 결정하는 것을 가능하게 해주는 절차들을 상세화한다는 것이다. 예를 들어, 카지노에서 슬롯머신을 할 때 이길 확률이 얼마나 되는지, 이 게임을 하려면 돈을 얼마나 지불해야 하는지, 그리고 이 게임에서 이길 경우 얼마를 받게 되는지를 안다면 슬롯머신 게임을 하면 결국에는 돈을 잃을 것이라는 것을 알게 된다. 많은 사람들이 결국에는 카지노가 돈을 딴다는 것을 알면서도 도박이 인기가 있는 것을 보면 많은 사람들이 카지노를 후원하기로 작심한 것 같다. 이와 같은 관찰들과 많은 실험 결과들은 심리학자로 하여금 사람들은 기대 효용 이론이 제안하는 결정 절차를 따르지 않는다고 결론을 내리게 하였다.

사람들이 좋은 결과를 얻을 확률을 최대화시키는 결정을 하지 않는다는 것을 보여주는 예들을 좀 더 살펴보자. Veronica Denes-Raj와 Seymour Epstein(1994)은 빨간 젤리와 흰 젤리가 들어 있는 그릇에서 빨간 젤리를 뽑을 때마다 1달러를 받아서 최대 7달러를 벌 수 있는 기회를 참가자들에게 제공했다. 빨간 젤리가 하나이고 흰 젤리가 9개 든 작은 그릇(빨간 젤리를 고를 확률 = 10%)(그림 13.2a)에서 고르는 것과 빨간 젤리 7개와 흰 젤리 93개가 든 큰 그릇(빨간 젤리를 고를 확률 = 7%)(그림 13.2b)에서 고르는 것 중에서 선택을 하게 했을 때 많은 참가자들이 확률이 낮은 큰 그릇을 골랐다. 왜 그렇게 했는지 설명해 달라고 했을 때 사람들은 큰 그릇이 확률이 낮은 것은 알지만 그릇에 빨간 젤리가 많으면 빨간 젤리를 고를 확률이 큰 것처럼 느껴졌다고 대답했다. 빨간 젤리가 많이 보인다는 것이 확률이 낮다는 지식(매 시행마다 참가자들에게 빨간 젤리와 흰 젤리가 몇 개 있는지 알려주었다)을 제압한 것 같다.

어느 그릇에서 젤리를 고를지 결정하는 것이 특별히 중요한 결정은 아니지만, 참가자들이 확률이 낮은 대안을 선호한다는 것은 확률에 대한 지식 이외의 다른 요인들의 영향을 받는다는 것을 보여준다. 이 문제보다 훨씬 더 결과가 심각할 수 있는 결정이 자동차로 여행을 할지 비행기로 여행을 할지 결정하는 것이다. 자동차 사고로 사망할 확률이 비행기 사고로 사망할 확률보다 높다는 것이 잘 알려져 있지만, 9 · 11 테러 이후에 비행기 여행은 감소하고 자동차 여행은 증가했다. 어떤 추정치에 따르면 비행기의 위험을 피하려고 자동차로 여행을 하다 목숨을 잃은 미국인의 수가 4개의 비행기 납치 사고에서

그림 13.3 게임쇼 「딜 오어 노딜」의 게임 초기의 결정 단계 진행자는 남은 20개의 상금을 토대로 경기자에게 거래를 제안한다. 오른쪽에 있는 진행자 Howie Mandel이 참가자에게 제안한 액수를 받을지(Deal), 아니면 게임을 계속할지(No Deal) 선택하라고 묻는다. 아직 열어 보지 않은 번호가 붙은 가방들 옆에 모델들이 배경에 서 있다. 이 사진에서 보이지 않지만, 참가자가 고른 가방에도 액수가 얼마인지는 모르지만 돈이 들어 있다.

죽은 전체 여행자 수보다 많았다(Gigerenzer, 2004).

사람들이 결정을 내릴 때 종종 확률을 무시한다는 것이 2005년 미국에서 방영되기 시작한 「딜 오어 노딜(Deal or No Deal)」이라는 게임쇼에서 게임 경기자들이 어떻게 반응하는지를 분석한 것에서도 지지된다. 이 쇼에서 경기자는 1센트에서 100만 달러에 이르는 26개의 금액 목록을 받는다. 이 금액들은 26개의 서류 가방에 들어 있는데, 이 서류 가방들이 무대에 진열되어 있다. 게임은 경기자가 이 서류 가방들 중에서 하나를 자기 것으로 고르면서 시작된다. 경기자는 금액에 상관없이 자기 서류 가방에 있는 돈을 가질 자격이 있다. 그러나 문제는 경기자는 자기 가방에 얼마가 들어 있는지 모르며, 그것을 알아내는 방법은 자기 가방만 남을 때까지 나머지 25개의 가방을 한 번에 하나씩 열어 보는 것이다 (그림 13.3).

경기자는 한 번에 하나씩 25개 가방 중에서 어느 가방을 열지 알려야 한다. 경기자가 가방을 정하면 가방 옆에 있는 모델이 가방을 열어서 안에 있는 액수를 공개한다. 그리고 그 액수는 26개의 금액 목록에서 제거된다. 그러니까 액수 목록을 보게 되면 경기자는 어떤 것들이 사라졌고(그때까지 열린 가방들에 들어 있던 금액들) 어떤 액수들이 아직 남아 있는지 알 수 있다. 남아 있는 액수들 중 하나는 경기자의 가방에 들어 있지만, 경기자는 그게 어느 것인지는 알 수 없다.

6개의 가방을 열고 난 다음, 진행자는 남은 20개의 상금을 토대로 경기자에게 거래를 제안한다. 즉 진행자가 제안한 액수를 받을지(Deal), 아니면 게임을 계속할지(No Deal) 반드시 선택을 해야 한다. 경기자가 결정을 하는 것을 도와주는 정보는 진행자가 제안한 액수와 남아 있는 액수들뿐인데, 그중 하나는 자기 가방 안에 있는 액수이다. 경기자가 진행자의 제안을 거부하면, 경기자는 남은 가방 중에서 하나를 다시 열고, 진행자는 새로운 제안을 한다. 진행자가 제안을 할 때마다 경기자는 진행자의 제안과 아직 남아 있는 액수들을 고려해서 제안을 받아들일지 아니면 게임을 계속할지 결정한다.

예를 들어, 표 13.3에 있는 상황을 고려해 보자. 이것은 우리기 경기자 X라고 부르는 참가자의 실제 게임 현황이다. 왼쪽 열에 있는 액수들은 X가 이미 열어 본 21개의 가방에 들어 있던 금액들이다. 오른쪽 열에 있는 액수들은 아직 열어 보지 않은 5개 가방 속에 있는 액수들이다. 그중 네 개의 가방은 무대 위에 있고, 나머지 하나는 경기자 X가 가지고 있다. 5개의 액수들을 고려해서 진행자는 8만 달러를 제안하였다. 다른 말로 하면 경기자는 확실하게 8만 달러를 받는 것과 오른쪽 열에 있는 더 큰 액수를 얻기 위해서 도박을 하는 것 중 하나를 선택해야 한다. 합리적인 선택은 8만 달러를 받는 것이다. 왜냐하면 30만 달러를 받을 확률은 단지 1/5이고, 그 외의 다른 액수들은 8만 달러보다 작기 때문이다. 불행하게도 경기자 X는 제안을 거부했는데, 이어서 열어 본 가방에 30만 달러가 들어 있어서 목록에서 제외되었다. 경기자 X는 진행자가 새로 제안한 2만 1000달러

표 13.3 「딜 오어 노딜」 현황

열어 본 21개의 가방(더 이상 쓸모없음)		남은 5개의 가방(아직 유효함)
0.01달러	5,000달러	100달러
1달러	10,000달러	400달러
5달러	25,000달러	1,000달러
10달러	75,000달러	50,000달러
25달러	100,000달러	300,000달러
50달러	200,000달러	
75달러	400,000달러	
200달러	500,000달러	
300달러	750,000달러	
500달러	1,000,000달러	
750달러		

© Cengage Learning

를 받아들여서 게임이 끝났다.

Thierry Post와 동료들(2008)은 수백 개의 게임에서 나온 경기자들의 반응을 분석해서 경기자들의 선택은 남아 있는 가방들에 있는 액수뿐만 아니라 그때까지 일어났던 것들의 영향을 받는다고 결론을 내렸다. Post는 경기자에게 유리하게 상황이 전개되고(액수가 적은 가방들이 열렸고) 진행자가 점점 더 많은 액수를 제안하면 경기자는 조심스러워져서 제안을 일찍 받아들인다는 것을 발견하였다. 그에 반해 경기자에게 상황이 안 좋고(액수가 큰 가방들이 열려서 목록에서 제외되면) 진행자가 제안하는 액수가 작아지면 경기자들은 점점 더 모험을 추구해서 게임을 계속하였다. Post는 수행이 나쁜 경기자가 이런 행동을 하는 이유는 패자가 되는 부정적인 감정을 피하고 싶기 때문이라고 제안하였다. 그래서 그들은 '확률상의 불리함을 딛고 일어나' 좋은 결말을 얻기 위해 모험을 택한다. 아마 이것이 경쟁자 X에게 일어난 일일 텐데, 불행히도 결과가 나빴다. 이 예에서는 경기자의 결정이 정서에 휘둘렸다는 것처럼 보인다. 이제 결정이 어떻게 효용 이론에서 다루지 않았던 정서나 다른 요인들의 영향을 받는지를 보여주는 예들을 살펴본다.

정서의 영향

정서가 결정에 영향을 미칠 수 있다는 것은 전전두피질의 특정 영역에 손상을 입어 정서에 기복이 없고 정서적인 사건에 반응할 수 없는 사람들이 결정에도 장애를 보인다는 사실에서 시사된다. 다른 이유들이 관여했을 가능성도 있지만, 이 효과에 대한 한 가지 설명은 이런 사람들은 각기 다른 결정에서 비롯되는 정서적인 결과를 평가하는 데 어려움이 있기 때문이라는 것이다(Chen et al., 2011).

뇌 손상과 관계가 없는 개인적인 자질도 결정과 관련이 있다. 불안한 사람들은 아주 큰 부정적인 결과를 초래할지도 모르는 결정을 내리는 것을 회피한다(Maner & Schmidt, 2006; Paulus & Yu, 2012). 이런 것을 **위험 회피**라 하는데, 곧 이에 대해 다룰 것이다. 다른 예는 낙관주의인데, 이것은 종종 긍정적인 성격 자질로 알려져 있다. 그러나 낙관적인 사람들은 부정적인 정보를 무시하고 긍정적인 정보에 집중하는 경향이 있어서 사람들로 하여금 불완전한 정보를 토대로 결정을 내리게 할 수 있다. 그래서 지나치게 낙관적이면 나쁜 결정을 하게 할 수 있다(Izuma & Adolphs, 2011; Sharot et al., 2011). 이제 정서가 결정에 영향을 미치는 다른 여러 가지 방식에 대해 알아본다.

사람들은 자기의 정서를 부정확하게 예측한다 정서가 결정에 영향을 미치는 가장 강력한 효과 중의 하나는 기대 정서와 관련되어 있다. **기대 정서**(expected emotions)란 특정 결과에 대해서 자기들이 느낄 거라고 예상하는 정서를 말한다. 예를 들어, 「딜 오어 노딜」 게임에서 경기자는 자기가 결정해야 하는 선택을 정서를 기준으로 판단할 수 있다. 즉, 진행자가 제안한 12만 5000달러를 수용하면(수용하지 않고 게임을 계속하면 50만 달러를 딸 수도 있지만) 자기가 얼마나 기분이 좋을지, 자기가 50만 달러를 따면 얼마나 기분이 끝내줄지, 그러나 진행자의 제안을 거부하고 자기 가방에 단지 10달러가 있는 것을 보면 얼마나 기분이 참담할지와 같이 결과에 대해 예상되는 정서를 토대로 결정할 수 있다.

기대 정서는 위험 혐오의 결정 인자의 하나이다. **위험 혐오**(risk aversion)란 위험을 감수하는 것을 회피하는 것을 말한다. 위험 혐오의 가능성을 증가시키는 것의 하나는 손실이 같은 크기의 이득보다 더 큰 영향을 미친다고 믿는 경향이다(Tversky & Kahneman, 1991). 예를 들어, 사람들이 100달러를 잃는 것은 아주 신경 쓰이는 일이지만 100달러를 따는 것은 조금 즐거운 일이라고 믿는다면, 이것은 사람들로 하여금 동전 던지기(앞면이면 100달러를 따고, 뒷면이면 100달러를 잃는다)처럼 승산이 반반인 내기는 참여하지 않게 만든다. 사실 이 효과 때문에 어떤 사람들은 200달러를 딸 확률이 50%이고 100달러를 잃을 확률이 50%인 내기에 참여하는 것도 망설이게 만든다. 이 내기는 효용 이론에 따르면 좋은 내기이다(Kermer et al., 2006).

Deborah Kermer와 동료들(2006)은 사람들의 기대 정서와 실제 정서를 비교하는 실험을 실시해서 이 효과에 대해 연구했다. 그들은 참가자들에게 5달러를 주고 동전 던지기 결과에 따라 5달러를 더 따거나 3달러를 잃을 수 있다고 알려주었다. 참가자들은 실험을 시작하기 전에 자기들이 행복한 정도를 평정하였고, 자기들이 동전 던지기에서 이기거나(5달러를 따서 10달러가 된다) 질 경우(3달러를 잃어 2달러가 된다) 자기들이 행복한 정도가 어떨지 예측하게 하였다. 이 결과가 그림 13.4의 왼쪽에 한 쌍의 막대로 표시되었다. 실험 전에는 3달러를 잃는

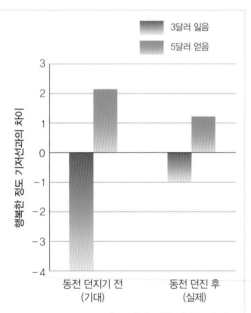

그림 13.4 Kermer 등(2006)의 실험 결과는 사람들은 실제로 잃을 때 경험하는 부정적 정서(오른쪽 붉은 막대)보다 잃을 때 경험할 것으로 예상하는 부정적 정서(왼쪽의 파란 막대)를 과잉 추정한다는 것을 보여준다. 파란 막대는 사람들이 얻을 때 경험할 것으로 예상하는 긍정적 정서(왼쪽의 파란 막대)는 실제로 얻을 때 경험하는 긍정적 정서(오른쪽 파란 막대)보다 약간만 과잉 추정한다는 것을 보여준다.

출처: D. A. Kremer, E. Driver-Linn, T. D. Wilson & D. T. Gilbert, Loss aversion is an affective forecasting error, *Psychological Science, 17,* 649-653, 2006.

것의 부정적인 효과가 5달러를 따는 것의 긍정적인 효과보다 클 것으로 예측한 것을 주목하라.

동전을 던지고 나서, 어떤 참가자는 따고 다른 참가자는 잃었는데, 관심을 다른 데 돌리게 하려는 목적으로 실시하는 과제를 10분 동안 하게 한 다음, 자기들이 행복한 정도를 평정하게 하였다. 그림의 오른쪽에 있는 한 쌍의 막대는 잃었을 때 실제 효과는 예상보다 훨씬 덜하지만 땄을 때의 실제 효과는 예상보다 조금 덜하다는 것을 보여준다. 그래서 내기를 마친 다음에 땄을 때의 긍정적인 효과와 잃었을 때의 부정적인 효과의 크기는 거의 같았다.

사람들은 자기들의 부정적 감정을 왜 과잉추정하는가? 한 가지 이유는 감정을 예측할 때 자기들이 부정적인 상태에 대처하기 위해 사용할 수 있는 다양한 대응기제를 고려하지 않았다는 것이다. 예를 들어, 자기가 원하는 직장에 취업하지 못한 사람은 '보수가 내가 원하는 수준이 아니었어.'라든가 '나는 더 좋은 자리에 가게 될 거야.'와 같은 말로 자기의 실패를 합리화할 수 있다. Kremer의 실험에서 참가자들에게 자기들이 내기에서 잃었을 때 어떻게 느낄지 예측할 때에는 5달러를 잃은 것에 집중했다. 그러나 결과가 알려진 다음에 실제로 내기에서 돈을 잃은 참가자들은 자기들이 아직 2달러를 가지고 있다는 것에 집중했다.

Kremer의 실험과 다른 실험들의 결과는 결정의 정서적인 결과를 정확하게 예측하지 못하는 것은 비효율적인 결정을 이끌 수도 있다는 것을 보여준다(Peters et al., 2006; Wilson & Gilbert, 2003). 이제 결정을 내리는 것과 전혀 관련이 없는 정서가 어떻게 결정에 영향을 미치는지에 대해 알아본다.

우발적인 정서가 결정에 영향을 미친다 우발적인 정서(incidental emotions)는 결정을 해야 하는 데서 비롯되지 않은 정서를 말한다. 우발적인 정서는 그 사람의 전반적인 성향(예: 그 사람은 천성이 행복해.)이나 그날 일어났던 일, 게임 쇼의 배경 음악이나 게임 쇼 방청객의 환호와 같은 일반적인 환경과 관련이 있을 수 있다.

여러분이 행복하게 느끼거나 슬프게 느끼는 것 혹은 긍정적인 느낌이나 부정적인 느낌을 불러일으키는 주변 환경과 같은 것이 어떻게 여러분의 결정에 영향을 미칠까? 이런 우발적인 정서가 여러분이 내려야 하는 결정과 아무 관련이 없지만 결정에 영향을 미친다는 증거들이 있다. 예를 들어, 「날씨와 성적의 영향력 관계(Clouds Make Nerds Look Good)」라는 제목의 논문에서 Uri Simonsohn(2007)은 대학교 입시 담당자들의 결정을 분석한 것을 보고하였는데, 맑은 날보다 흐린 날 지원자들의 학업 성적이 더 비중이 크게 고려되었다는 것을 발견하였다(비학업 성적은 맑은 날 더 비중이 크게 고려되었다). 다른 연구에서는 학문적으로 높이 평가되는 대학교에 지원한 학생들은 흐린 날 학교를 방문했을 때 그 학교에 등록할 가능성이 높았다(Simonsohn, 2009).

Jennifer Lerner와 동료들(2004)은 어떻게 정서가 파는 가격과 사는 가격을 정하는 경제적 결정에 영향을 미칠 수 있는지를 보여주는 예를 제공했다. 참가자들은 특정 정서를 일으키도록 고안된 세 가지 필름 중 하나를 보았다. (1) 사람이 죽는 영상(슬픔 조건),

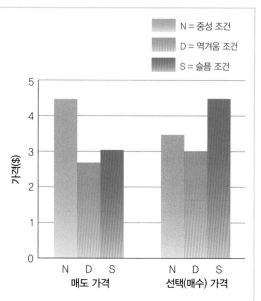

그림 13.5 물건을 사거나 팔 가격을 정할 때 우발적인 정서가 미치는 영향

출처: J. S. Lerner, D. A. Small, & G. Lowenstein, Heart strings and purse strings: Effects of emotions on economic transactions, *Psychological Science, 15*, 337-341, 2004.

(2) 사람이 더러운 변기를 사용하는 영상(역겨움 조건), (3) 그레이트배리어리프에 있는 물고기(중성 조건). 슬픔 조건과 역겨움 조건의 참가자들에게는 자기가 영상에 보이는 상황에 있다면 어떻게 느꼈을 것 같은지 서술하게 했다.

이어서 Lerner와 동료들은 형광펜 세트를 참가자들에게 주고 (1) 참가자가 형광펜 세트를 팔 용의가 있는 가격(매도 조건)과 (2) 참가자가 현금을 갖는 것보다 형광펜 세트를 고를 용의가 있는 가격(선택 조건)을 정하게 하였다. 선택 조건은 참가자들이 지불할 용의가 있는 가격을 정하는 것과 대충 일치한다.

그림 13.5의 왼쪽에 있는 막대들은 슬픔 조건과 역겨움 조건의 참가자들이 중성 조건의 참가자들보다 싸게 팔겠다고 한 것을 보여준다. Lerner는 역겨움은 물건을 없애 버리는 욕구와 연합되어 있고, 슬픔은 변화의 욕구와 연합되어 있기 때문에 이런 결과가 얻어졌다고 제안하였다. 오른쪽에 있는 막대들은 슬픔 조건의 참가자들이 형광펜 세트에 대해 더 많은 돈을 지불할 용의가 있다는 것을 보여준다. 이것도 슬픔은 변화의 욕구와 연합되어 있다는 생각과 잘 부합된다. Lerner가 파는 가격과 사는 가격에 대해 제안한 이유는 가설적이지만 이유가 무엇이든 이 연구와 다른 연구들은 사람의 기분상태가 경제적인 결정에 영향을 미칠 수 있다는 생각을 지지한다.

맥락의 영향

가능한 선택으로 고려할 대안을 추가하면 결정이 영향을 받는다는 것을 보여준 실험들에서 결정이 맥락의 영향을 받을 수 있다는 증거가 나왔다. 예를 들어, 의사들에게 가상의 67세 환자에게 관절염 약을 처방할지 물어본 실험에서 선택지가 '특정 약을 처방한다.'와 '아무 약도 처방하지 않는다.'의 두 개였을 때는 72%가 '처방한다.'를 선택하였다. 그러나 또 다른 약이 선택지에 추가되어 대안이 '약품 1을 처방한다.', '약품 2를 처방한다.', '아무것도 하지 않는다.'의 3개가 되었을 때는 단지 53%만이 '약을 처방한다.'는 선택을 하였다. 좀 더 어려운 결정을 해야 하면 결정을 하지 않는 것을 증가시키는 것 같다 (Redelmeier & Shafir, 1995).

맥락이 의학적 결정에 영향을 미칠 수 있다는 다른 예는 의사들에게 제왕절개를 할 수도 있는 가상의 사례들을 제시한 실험이 제공한다(Shen et al., 2010). 제왕절개 시술을 할 것인지를 결정하는 것은 세 가지 다른 맥락에서 실시되었다. (1) 통제 조건: 시험 사례가 제일 먼저 제시되었다. (2) 심각한 이전 사례들: 시험 사례에 앞서 네 개의 사례가 제시되었는데, 이 사례들에서는 일반적으로 제왕절개 시술을 할 것으로 보이는 복잡한 문제가 있다. (3) 심각하지 않은 이전 사례들: 시험 사례에 앞서 네 개의 사례가 제시되었는데, 이 사례들은 아주 일상적이어서 일반적으로 제왕절개 시술을 하지 않는다. 그림

13.6에 제시된 결과는 통제 조건과 심각한 조건의 의사들에서는 절반을 약간 넘는 수준에서 제왕절개를 이용한 분만을 추천하였다. 그러나 심각하지 않은 사례들이 먼저 제시되었던 경우에는 75%가 제왕절개를 추천하였다. 특별한 처치가 필요 없는 간단한 사례들이 선행했을 때는 시험 사례가 더 심각한 것처럼 지각된 것 같다. 실제 의료 장면에 이 결과를 적용한다면 이것은 환자가 제왕절개를 받을지 말지는 의사가 직전에 경험한 사례들의 영향을 받는다는 것을 의미한다.

만약 의사의 직전 경험이 의료 결정에 영향을 미칠 수 있다는 발견이 좀 불편하게 느껴진다면 이스라엘 가석방 위원회에 신청한 죄수들의 상황을 고려해 보자. Shai Danziger와 동료들(2011)은 1000개 이상의 가석방 신청에 대한 판결을 연구해서 유리한 반응(가석방 허가)을 얻은 확률이 식사 휴식을 취한 다음에 내린 판결에서는 65% 정도였지만, 식사 휴식 직전에 내린 판결에서는 거의 0%였다는 것을 발견하였다. 과외변인(판사가 피곤하거나 배고프다)이 판결에 영향을 미칠 수 있다는 발견은 판사 Jerome Frank(1930)가 말한 구절 "정의는 판사가 아침에 무엇을 먹었는지에 달려 있다(Justice is what the judge had for breakfast)."라는 말에 신빙성을 준다.

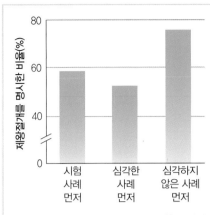

그림 13.6 **맥락이 결정에 미치는 영향** 시험 사례가 먼저 제시되거나(통제 조건)과 제왕절개가 필요한 심각한 사례 네 개가 먼저 제시된 경우 의사가 제왕절개를 추천한 비율은 비슷하였다. 그러나 제왕절개가 필요 없는 심각하지 않은 사례 네 개가 먼저 제시되었던 경우 의사들이 제왕절개를 추천한 비율은 높았다.

출처: O. Shen, R. Rabinowitz, R. R. Geist, & E. Shafir, Effect of background case characteristics on decisions in the delivery room, *Medical Decision Making, 30*, 518-522, tablwe2, 2010.

대안 제시 방식의 효과

사람들의 판단은 선택지들이 서술된 방식의 영향을 받는다. 예를 들어, 장기 기증자가 되는 결정에 대해 생각해 보자. 여론 조사 결과를 보면 미국인의 85%가 장기 기증에 동의한다는 것을 알지만, 단지 28%만이 기증 카드에 서명을 해서 실제로 동의를 허용했다. 동의할 경우 능동적인 단계를 밟아야 하기 때문에 카드에 서명하는 것을 선택표시 절차(opt-in procedure)라 한다.

미국인들의 낮은 장기 기증 동의 비율은 덴마크(4%), 영국(27%), 독일(12%)와 같이 다른 나라에서도 관찰된다. 이 나라들이 공통적으로 갖는 한 가지 특징은 모두 선택표시 절차를 택한 나라라는 점이다. 그러나 프랑스와 벨기에에서는 동의율이 99%를 넘는다. 이 나라는 반대표시 절차(opt-out procedure)를 채택한 나라들이다. 이들 나라에서는 기증을 하지 않겠다는 표시를 하지 않는 한 모든 사람은 잠재적인 기증자가 된다.

선택표시 절차와 반대표시 절차 간의 차이는 공중 보건에 아주 중요한 결과(1995년에 4만 5000명 이상의 미국인들이 장기 기증자를 기다리다 사망했다)를 갖는 것 외에 결정이론에서도 중요한 함의를 갖는다. 효용 접근에 따르면 사람들은 기대 효용에 입각해 결정을 한다. 따라서 결정은 가능한 선택지들이 어떻게 서술되었는지의 영향을 받아서는 안 된다. 그러나 선택표시 절차와 반대표시 절차 간의 차이는 사람들이 기증자가 되겠다는 의사를 밝히는 데 사용되는 절차가 영향을 준다는 것을 보여준다.

선택을 표시해야 하는 상황에서 행동을 취하지 않는 사람들의 경향성을 현상유지 편향(status quo bias)이라 한다. 현상유지 편향이란 선택을 해야 할 때 아무것도 하지 않는 경향성을 가리킨다. 예를 들어, 어떤 주에서는 운전자가 소송을 제기할 권리를 보호하는 비싼 자동차 보험을 사는 권리와 소송을 제기할 권리를 제한하는 싼 자동차 보험을 사는 권리 중에서 선택을 할 수 있다. 펜실베이니아 주에서는 비싼 보험이 기본 계약이어서 운전자들은 싼 보험을 원할 경우 싼 보험을 선택해야 한다. 그러나 인접한 뉴저지 주에서는 싼 보험이 기본 계약이어서 자기들이 원하면 비싼 보험을 살 수 있다. 두 주 모두에서 대부분의 운전자들은 기본 계약을 택했다(Johnson et al., 1993). 자기들에게 선택권(개중에는 훨씬 더 자기들에게 유리할 수 있는 것도 있는데)이 있어도 현재의 전기 공급자나 은퇴 연금이나 건강 보험을 계속 유지하는 결정을 내릴 때도 현재 상태에 머무르는 경향을 볼 수 있다(Suri et al., 2013).

장기 기증과 자동차 보험의 예는 한 개인이 기존과는 다른 결정을 하겠다는 선택의 문제이다. 선택이 서술된 방식은 한 사람이 반드시 둘 중 하나를 선택해야 하는 상황에서도 영향을 미친다. Paul Slovic과 동료들(2000)은 한 정신 질환자인 존스 씨의 사례를 법정심리학자와 정신과 의사들에게 보여주고, 이 환자가 퇴원 후 6개월 이내에 다시 폭력 행동을 할 가능성을 판단하도록 요구했다. 이 실험에서 가장 중요한 변인은 이전 사례들에 대한 정보를 제공하는 진술문이었다. "존스 씨와 비슷한 100명의 환자 중에 20명이 폭력 행동을 할 것으로 추정되었다."라는 진술문을 주었을 때는 41%가 퇴원 결정을 거부했다. 그러나 "존스 씨와 유사한 환자가 폭력 행동을 할 가능성은 20%로 추정된다."라는 진술문을 들었을 때는 단지 21%만이 퇴원에 반대했다. 왜 이런 차이가 생겼을까? 한 가지 가능한 이유는 첫 번째 진술문은 두들겨 맞는 20명의 심상을 만들어내는 데 반해, 두 번째 진술문은 보다 추상적인 확률로 서술된 진술문이어서 존스 씨와 같은 환자들이 폭력적이 될 가능성이 아주 적은 것으로 이해될 수 있었다는 것이다.

다음은 두 개의 대안 중에서 고르는 문제인데, 한번 시도해 보기 바란다.

보여주기 무엇을 할 것인가?

600명을 사망시킬 것으로 예상되는 새로운 질병의 발생에 대비해서 미국이 준비를 하고 있다고 가정해 보자. 그 질병에 대항하는 두 가지 방안이 제안되었다. 각 방안의 결과에 대한 과학적인 추정치는 다음과 같다.

- A 방안이 채택되면, 200명이 생존할 것이다.
- B 방안이 채택되면, 1/3의 확률로 600명이 생존하고, 2/3의 확률로 아무도 생존하지 못할 것이다.

두 가지 방안 중 어느 것을 찬성하는가?

같은 질병에 대항할 다른 제안들도 생각해 보자.

- C 방안이 채택되면, 400명이 사망할 것이다.
- D 방안이 채택되면, 1/3의 확률로 아무도 사망하지 않고, 2/3의 확률로 600명이 사망할 것이다.

이 두 방안 중 어느 것을 고를 것인가?

A 방안(72%)

200명 생존한다.

600명
생존한다.

(확률 1/3)

B 방안(28%)

한 명도 생존하지
못한다.

(확률 2/3)

C 방안(22%)

400명 사망한다.

한 명도
사망하지
않는다.

(확률 1/3)

D 방안(78%)

600명 사망한다.

(확률 2/3)

그림 13.7 **틀이 결정에 미치는 영향** 이 파이 그래프들은 교재에 서술된 A, B, C, D 방안을 도식화한 것이다. A 방안과 B 방안의 사망자 수와 확률은 C 방안과 D 방안과 똑같다는 점을 주목하라. 괄호 안의 숫자는 A 방안과 B 방안, 그리고 C 방안과 D 방안 중에서 선택하게 했을 때 각 방안을 선택한 비율을 보여준다.

출처: A. Tversky & D. Kahneman, The framing of decisions and the psychology of choice, *Science, 211*, 453-458, 1981.

처음 두 방안을 제공했을 때 Tversky와 Kahneman(1981)의 실험에 참가한 학생의 72%는 A 방안을 택했고, 나머지는 B 방안을 택했다(그림 13.7). A 방안을 택했다는 것은 참가자들이 위험 회피 전략(risk aversion strategy)을 사용했다는 것을 시사한다. 200명이 확실히 생존할 수 있다는 것이 2/3의 확률로 한 명도 생존하지 못하는 것보다 더 매력적이다. 그러나 Tversky와 Kahneman이 다른 학생들에게 C 방안과 D 방안을 제시했을 때는 22%가 C 방안을 택했고, 78%가 D 방안을 택했다. 이것은 위험 감수 전략(risk-taking strategy)을 보여주는 것인데, 400명이 확실히 사망하는 것은 2/3 확률로 600명이 사망하는 것보다 받아들이기 어렵기 때문이다.

그러나 우리가 네 가지 방안을 자세히 들여다보면, 이들은 같은 쌍이라는 것을 알 수 있다(그림 13.7). A 방안과 C 방안은 200명이 생존하고 400명이 사망한다. 그런데 72%의 학생은 A 방안을 택했는데, 단지 22%가 C 방안을 택했다. B 방안과 D 방안을 비교해도 유사한 상황이 벌어진다. 두 방안 다 같은 수의 죽음을 초래하지만 하나는 28%가 채택했고, 다른 방안은 78%가 채택했다. 이 결과는 대안들이 어떻게 진술되었는지, 즉 어떤 틀이 만들어졌는지에 결정이 영향을 받는다는 틀 효과(framing effect)를 보여준다. Tversky와 Kahneman은 일반적으로 이득으로 틀이 만들어지면(몇 명이 생존하는지로 서술된 첫 번째 문제에서처럼) 사람들은 위험 회피 전략을 사용하고, 손실로 틀이 만들어지면(몇 명이 목숨을 잃는지로 서술된 두 번째 문제에서처럼) 사람들은 위험 감수 전략을 사용한다고 결론을 내렸다.

사람들의 결정이 틀의 영향을 받는 한 가지 이유는 문제가 서술된 방식이 상황의 어떤 특징들은 강조할 수 있고(예: 사람이 죽는다) 다른 특징들은 약화시킬 수 있기 때문이다 (Kahneman, 2003). 선택 과제가 서술된 방식이 인지 과정에 영향을 줄 수 있다는 것은 놀랄 만한 일이 아니다. 왜냐하면 이것은 우리가 12장에서 서술한 실험 결과와 유사하기 때문이다. 문제가 서술된 방식이 우리가 문제를 푸는 능력에 영향을 줄 수 있다고 이미 12장에서 서술했다(418쪽).

신경경제학: 결정의 신경적 기초

신경경제학(neuroeconomics)이라 불리는 결정을 연구하는 새로운 접근은 심리학, 신경 과학, 경제학의 연구를 결합하는데, 잠재적인 이익과 손실이 관련된 결정과 신경 활동 이 어떻게 관련이 있는지를 연구한다(Lee, 2006; Lowenstein et al., 2008; Sanfey et al., 2006). 이 접근이 거둔 성과 중의 하나는 사람들이 경제적인 게임을 하면서 결정을 내릴 때 활성화되는 뇌의 부위를 밝혀낸 연구이다. 이 연구는 결정은 종종 정서의 영향을 받 으며, 정서는 뇌의 특정 영역의 활동과 연합되어 있다는 것을 보여주었다.

신경경제학 접근을 보여주기 위해 참가자들이 최후통첩 게임을 하는 동안 뇌의 활동 을 측정한 Alan Sanfey와 동료들(2003)이 수행한 실험에 대해 알아본다. 최후통첩 게임 (ultimatum game)은 두 명이 참여하는 게임인데, 한 명은 제안자이고 다른 한 명은 응답자 가 된다. 제안자는 예를 들어, 10달러의 돈을 받아서 그 돈을 자기와 응답자가 어떻게 나 눌 것인지에 대해 응답자에게 제안한다. 응답자가 제안을 받아들이면 제안한 대로 돈을 두 사람이 나눈다. 만약 응답자가 제안을 거부하면 아무도 돈을 받지 못한다. 응답자가 어떤 선택을 하든 응답자가 제안에 대해 답을 하면 게임 은 끝난다.

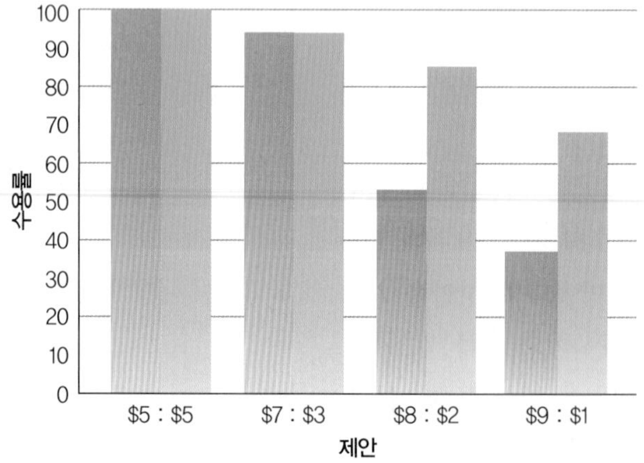

효용 이론에 따르면 응답자는 제안 내용에 상관없이 제 안자의 제안을 수용해야 한다. 제안을 수용하면 무언가를 받지만, 제안을 거부하면 아무것도 받지 못하기 때문에 이것이 합리적인 반응이다(이 게임은 단 한 번만 하기 때 문에 다음 기회는 없다는 점을 기억하라).

Sanfey의 실험에서 참가자들은 응답자로 20회의 게임을 하였다. 10회는 상대방이 각기 다른 10명의 사람이었고, 나머지 10회는 상대방이 컴퓨터였다. 사람 상대와 컴퓨터 상대가 제안한 내용은 실험자가 정했는데, 일부는 '공정' 했고(각기 똑같이 5달러를 받는 공정한 제안) 일부는 '불 공정'했다(응답자는 1달러, 2달러, 혹은 3달러를 받는다). 사람 상대와의 상호작용 결과(그림 13.8의 주황색 막대) 는 사람을 상대로 했던 다른 최후통첩 게임의 결과와 일 치하였다. 모든 응답자들이 5달러 제안을 받아들였고, 대

그림 13.8 **Sanfey와 동료들(2003)이 수행한 실험의 행동적 결과** 제 안자가 사람인 경우와 컴퓨터인 경우 각기 다른 제안을 수용한 비율 을 보여준다.

출처: A. G. Sanfey et al., The neural basis of economic decision making in the ultimatum game, *Science, 300*, 1755-1758, 2003.

부분은 3달러의 제안을 받아들였고, 1달러나 2달러 제안에 대해서는 반 혹은 그 이상이 거부했다.

사람들은 왜 적은 액수의 제안을 거부했을까? Sanfey와 동료들이 참가자들에게 물었을 때 많은 사람들이 제안이 불공정하다고 느꼈기 때문에 화가 났다고 자기의 행동을 설명했다. 이 설명과 일관되게, 똑같은 제안을 컴퓨터에게 받았을 때는 더 많은 응답자들이 '불공정'한 제안을 받아들였다(그림 13.8의 비취색 막대). 사람들은 불공정한 사람보다 불공정한 컴퓨터에게 덜 화가 나는 것 같다.

사람들의 행동을 검사하는 것에 더해서 Sanfey와 동료들은 결정을 내릴 때의 응답자의 뇌 활동을 측정하였다. 결과는 응답자들이 제안을 받아들일 때보다 거부할 때 두정엽과 측두엽 사이에 깊숙이 위치한 우뇌 앞측 섬(insular)이 약 세 배 정도 강하게 활성화되는 것을 보여준다(그림 13.9a). 또 불공정한 제안에 대해 활성화가 강했던 참가자들이 불공정한 제안을 더 많이 거부하였다. 제안을 거부할 때 때 섬이 반응했다는 사실은 뇌의 이 영역이 통증, 고민, 배고픔, 역겨움 등을 포함하는 부정적인 정서와 연결되었다는 점을 고려할 때 놀라운 것이 아니다.

그렇다면 복잡한 인지 행동에서 중요한 역할을 하는 전전두피질(PFC)은 어떤가? 전전두피질도 결정 과제에서 활성화된다. 그러나 제안을 수용할 때와 제안을 거부할 때 활성화 정도가 같았다(그림 13.9b). 전전두피질의 기능은 최대한 많은 돈을 모으는 목표에 관여하는 과제의 인지적 요구를 처리하는 것일 수 있다고 Sanfey는 가정하였다. 이렇게 보면 뇌의 각 부위는 최후통첩 게임의 각기 다른 목표를 표상하는 것으로 보인다. 불공정하다는 정서적 목표는 앞측 섬이 담당하고, 돈을 모으는 인지적 목표는 전전두피질이 담당하는 것이다.

Sanfey의 최후통첩 게임 실험은 신경경제학 접근의 한 예이다. 이 접근에서 많은 연구가 수행되었고, 연구자들은 계속 뇌의 활성화와 잠재적 보수와 손실, 그리고 결정의 다른 여러 측면들 간의 연결을 찾아보고 있다(Levy & Glimcher, 2013; Lowenstein et al., 2008; Sanfey et al., 2006).

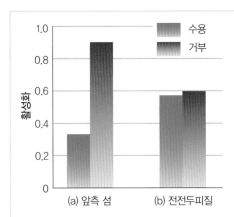

그림 13.9 '공정한' 제안과 '불공정한' 제안에 대한 앞측 섬과 전전두피질(PFC)의 반응

출처: A. G. Sanfey et al., Neuroeconomics: Crosscurrents in research on decision-makinge, *Trends in Cognitive Sciences, 10*, 106-116, 2006.

자가 테스트 13.2

1. 결정에 대한 기대 효용 접근의 기본 가정은 무엇인가? 효용 접근에서는 결과를 최대화시키는 것을 선택한다고 하는데, 결과를 최대화시키지 않고 다르게 행동하는 상황의 예는 어떤 것이 있는가?

2. 「딜 오어 노딜」 게임의 경기자들의 행동은 어떤 요인이 그들의 결정에 영향을 미치는지를 알려주는가?

3. 불안, 낙관주의, 결정은 어떤 관계인가?

4. 기대 정서는 무엇인가? 기대 정서가 위험 혐오와 어떻게 관련되는지 서술하라. 도박을 하기 전에 평정한 기대 정서와 결과를 알고 난 다음 실제로 경험한 행복함을 평정하게 한 Kremer의 실험에 대해 서술하라.

5. 우발적인 정서가 결정에 영향을 미친다는 것을 보여주는 예는 어떤 것이 있는가? 날씨와 대학 입학 사정의 관계에 대해 서술하고, 정서와 매도가와 매수가의 관계에 대한 Lerner의 실험에 대해 서술하라.

6. 맥락이 어떻게 결정에 영향을 미치는가? 약 처방 실험, 제왕절개 분만 실험, 가석방 위원회 실험에 대해 서술하라.

7. 어떻게 대안들이 제시되는 방식이 결정에 영향을 미치는가? 장기 기증, 자동차 보험, 정신 질환자의 폭력성에 관한 판단 예에 대해 서술하라.

8. '보여주기: 무엇을 할 것인가?'에 대해 서술하라. 무엇이 위험 혐오와 위험 감수를 결정하는지, 그리고 틀 효과에 대해 완전히 이해하라.

9. 신경경제학이란 무엇인가? Sanfey와 동료들(2003)이 수행한 실험에 대해 서술하고, 이 실험 결과는 결정에 대해 우리에게 무엇을 새로 알려 주었는가?

연역추리: 삼단논법과 논리학

이 장의 첫 머리에서 우리는 관찰에 기초한 추리인 귀납추리에 대해 알아보았다. 그때 우리는 귀납추리의 결론은 참일 가능성은 많지만 반드시 참은 아니라는 것을 보았다. 예를 들어, 피츠버그와 워싱턴 D. C.에서의 관찰을 토대로 우리가 처음에 내렸던 모든 까마귀는 완전히 까맣다는 결론은 관찰을 유럽과 아시아로 확장하면서 잘못된 것으로 드러났다. 이제 **연역추리**에 대해 알아본다. 귀납추리에서는 관찰들에서 결론을 이끌어냈지만, 연역추리(deductive reasoning)에서는 전제(premises)라 불리는 진술들에서 **논리적으로 결론이 도출되는지**를 판단한다.

연역추리의 아버지는 삼단논법(syllogism)이라 불리는 연역추리의 기본 형태를 소개한 Aristotle이다. 삼단논법은 두 개의 전제와 세 번째 진술문인 결론(conclusion)으로 구성되어 있다. 전제와 결론이 모두 '모든', '어떤', 혹은 '어느'로 시작하는 진술문인 범주 삼단논법(categorical syllogisms)에 대해 알아보는 것으로 연역추리에 대한 논의를 시작하자. 연역추리의 예가 아래에 있다.

삼단논법 1

전제 1: 모든 새는 동물이다. (모든 A는 B이다)

전제 2: 모든 동물은 먹이를 먹는다. (모든 B는 C이다)

결론: 모든 새는 먹이를 먹는다. (모든 A는 C이다)

삼단논법은 새, 동물, 먹이로도 서술되고, A, B, C로도 서술되어 있다는 것을 주목하라. 우리는 A, B, C 방식이 여러 유형의 삼단논법을 비교하는 데 유용하다는 것을 보게 된다. 책을 더 읽기 전에 이 삼단논법 문제를 읽고 결론이 두 개의 전제로부터 도출되는지 판단해 보라. 여러분의 답은 무엇인가? 만약 여러분의 답이 '그렇다'이면 여러분은 옳게 답한 것이다. 그런데 결론이 전제로부터 도출되었다는 말은 무슨 의미인가?

이 질문에 대한 답은 삼단논법에서 **타당함**과 **사실**의 차이를 구분할 줄 알아야 이해할 수 있다.

삼단논법에서 타당함과 사실

타당하다는 말은 일상 대화에서도 종종 사용되는데, 이때는 '어떤 것이 참이다.' 혹은 '참일 가능성이 있다.'는 의미로 사용된다. 예를 들어, '수잔의 말은 타당한 부분이 있어.'라는 말은 수잔이 말한 내용은 참이거나 수잔이 말한 요점에 대해 더 생각해 보아야 한다는 것을 의미할 수 있다. 그러나 삼단논법에서 사용되는 타당함(validity)이라는 용어는 다른 의미를 갖는다. 즉, 삼단논법의 형태가 두 개의 전제로부터 **논리적으로** 결론이 도출되었다는 것을 알려줄 때 그 삼단논법은 타당하다. 이 의미의 어느 부분에서도 결론이 '사실'이라는 것에 대해서 언급하지 않았다는 점을 주목하기 바란다. 이 점에 대해 다시 이야기하겠다.

처음 것과 똑같은 형태를 갖는 다른 삼단논법에 대해 생각해 보자.

삼단논법 2

모든 새는 동물이다. (모든 A는 B이다)

모든 동물은 다리가 네 개다. (모든 B는 C이다)

모든 새는 다리가 네 개다. (모든 A는 C이다)

A, B, C로 표기한 것을 보면 이 삼단논법은 삼단논법 1과 같은 형태라는 것을 알 수 있다. 삼단논법의 형태가 타당함을 결정하고 삼단논법 1이 타당하다는 것을 알기 때문에 우리는 삼단논법 2의 결론은 전제들에서 도출된 것이라고 결론 내릴 수 있고, 그래서 삼단논법 2는 타당하다.

이 지점에서 여러분은 무언가 이상하다고 느낄 수 있다. 새는 다리가 네 개가 아니기 때문에 삼단논법 2의 결론은 확실히 틀렸는데, 어떻게 삼단논법 2가 타당할 수 있다는 것인지 의아해할 수 있다. 이 점에서 논리학에서 타당하다는 정의에는 어디에도 '사실이다'라는 표현이 없다는 사실로 다시 돌아가게 된다. 타당하다는 결론이 전제로부터 **논리적으로 도출되는지**의 문제이다. 결론이 타당하고 삼단논법 1처럼 전제들이 사실이라면 결론은 타당할 뿐만 아니라 사실이기도 하다. 그러나 하나 혹은 두 개의 전제가 사실이 아니면 삼단논법 추리는 타당하다 할지라도 결론은 사실이 아닐 수 있다. 삼단논법 2로 돌아가 보면 '모든 동물은 다리가 네 개다.'는 사실이 아니다. 그러니까 전제 2는 우리가 세상에 대해 아는 것과 일치하지 않는다. 그렇기 때문에 삼단논법 2는 타당하지만 '모든 새는 다리가 네 개다.'라는 결론은 사실이 아니다.

타당함과 사실의 차이는 추리가 '논리적'인지 아닌지 판단하는 것을 어렵게 만든다. 왜냐하면 삼단논법 2처럼 타당한 삼단논법이 틀린 결론을 산출할 수도 있고, 전제들과 결론이 다 합리적인 것처럼 보여도 삼단논법 추리가 타당하지 않을 수도 있기 때문이다. 각 전제와 결론이 모두 사실일 수 있는 다음 삼단논법에 대해 생각해 보자.

삼단논법 3

모든 학생들은 피곤하다. (모든 A는 B이다)

어떤 피곤한 사람들은 쉽게 흥분한다. (어떤 C는 D이다)

어떤 학생들은 쉽게 흥분한다. (어떤 A는 D이다)

이 삼단논법 문제에 깔린 추리는 타당한가? 책을 더 읽기 전에 잠시 생각해 보자. 여러분이 이 문제를 들여다보면 이 추리에는 두 개의 진술문이 '어떤'으로 시작되기 때문에 삼단논법 1이나 2보다 어렵다는 것을 알 수 있다. 이 추리는 타당하지 않다. 즉, 결론이 두 개의 전제에서 도출되지 않는다.

학생들은 종종 이 말을 받아들이는 데 애를 먹는다. 피곤하고 쉽게 흥분하는 학생들도 알고 있고(자기 자신도 그중 하나일 수 있고, 특히 시험 때는 더 많을 것이다), 학생들은 사람이기 때문에 이런 것들을 종합해 보면 어떤 학생들은 쉽게 흥분한다는 것은 사실일 수 있다. 이 삼단논법 문제의 결론이 전제에서 논리적으로 도출된 것이 아니라는 것을 보는 한 가지 방법은 형태는 같지만 어휘가 다른 삼단논법 4를 생각해 보는 것이다.

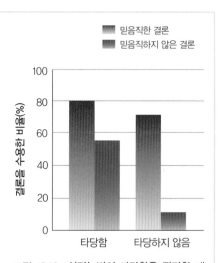

그림 13.10 **삼단논법의 타당함을 판단할 때 믿음 편향의 효과를 보여주는 Evans 등(1983)의 실험 결과** 왼쪽에 있는 막대 쌍은 타당한 삼단논법에서 결론이 믿음직하지 않으면 결론이 믿음직할 때보다 타당한 추리라고 판단하는 비율이 낮다는 것을 보여준다. 오른쪽의 막대 쌍은 타당하지 않은 문제이지만 결론이 믿음직한 경우 그 삼단논법을 타당하다고 판단하는 경향을 보여준다.

출처: J. St. B. T. Evans, J. Barston & P. Pollard, On the conflict between logic and belief in syllogistic reasoning, *Memory & Cognition, 11,* 295-306, 1983.

삼단논법 4

모든 학생들은 투산에 산다. (모든 A는 B이다)

어떤 투산에 사는 사람들은 백만장자이다. (어떤 C는 D이다)

어떤 학생들은 백만장자이다. (어떤 A는 D이다)

형태는 유지하면서 어휘만 바꾸어 보면 두 번째 전제에서 언급된 사람 중에 학생이 반드시 포함되어야 하는 것은 아니라는 것을 보기가 쉬워진다. 내가 투산에 살다보니 대부분의 학생들은 백만장자가 사는 동네에 살지 않는다는 것을 안다. 이 두 집단은 다른 사람들이다. 그래서 어떤 학생들은 백만장자라는 서술은 논리적으로 도출되지 않는다.

사람들이 삼단논법 3을 타당하다고 생각하는 것은 믿음 편향(belief bias)으로 연원을 추적할 수 있다. 믿음 편향이란 삼단논법의 결론이 믿음직하면 삼단논법이 타당하다고 보는 경향을 가리킨다. 그런데 우리가 단어를 바꿔서 삼단논법 4를 만들면 '어떤 학생들은 백만장자이다.'라는 새로운 결론은 믿음직하지 않다. 그래서 삼단논법 4에서는 믿음 편향이 작동할 것으로 기대하지 않게 된다. 믿음 편향은 타당한 논법인 삼단논법 2에서 볼 수 있듯이 다른 방향으로도 작동한다. 삼단논법 2에서는 결론이 믿음직하지 않다 보니 타당한 삼단논법인데도 타당하지 않은 것으로 보이게 된다.

그림 13.10은 사람들이 삼단논법 문제를 읽은 실험 결과를 보여준다. 그 실험에서 참가자들은 타당한 문제인데 결론이 믿음직한 문제와 믿음직하지 않은 문제, 그리고 타당하지 않은 문제인데 결론이 믿음직한 문제와 믿음직하지 않은 문제들을 읽었다(Evans et al., 1983; Morley et al., 2004). 이 실험에서 참가자들은 결론이 타당한지를 판단해야 했다.

왼쪽에 있는 막대 쌍은 믿음 편향을 보여준다. 왜냐하면 타당한 삼단논법에서 결론이 믿음직하지 않으면 타당하다고 판단하는 비율이 믿음직할 때의 80%에서 56%로 낮아졌기 때문이다. 그러나 가장 흥미로운 결과는 오른쪽에 있다. 타당하지 않은 문제이지만 결론이 믿음직한 경우 71%가 그 삼단논법을 타당하다고 판단했다. 그러니까 믿음 편향은 잘못된 추리를 타당하다고 판단하게 만들었는데, 특히 타당하지 않은 추리의 결론이 믿음직한 경우 그랬다.

만약 이 시점에서 여러분이 삼단논법이 타당한지 판단하는 것이 어렵다고 생각한다면 여러분의 생각은 맞다. 유감스럽게도 타당한지 타당하지 않은지를 손쉽게 판단하는 절차는 없다. 특히 복잡한 삼단논법 문제에서 그렇다. 이 논의에서 여러분에게 전달하려는 메시지는 '좋은 추리'와 '사실'은 같은 것이 아니라는 것인데, 이것은 앞으로 겪을 수도 있는 추리들에 대해 아주 중요한 함의를 갖는다. 다음 서술문에 대해 생각해 보자.

> 내 말을 들어 보세요. 나는 모든 뉴욕 하원의원은 새 세제에 반대한다는 사실을 확실히 알아요. 그리고 나는 새 세제에 반대하는 하원의원 중 일부는 특수 이익집단으로부터 정치자금을 받은 것을 알아요. 이게 무슨 말인가 하면, 내가 아는 한, 뉴욕 하원 의원 중 일부는 특수 이익집단으로부터 정치자금을 받는다는 것이지요.

이 논증에서 어떤 부분이 잘못되었는가? 여러분은 이 논증을 삼단논법 형태로 만든 다음 A, B, C, D 기호를 사용해서 판단해 볼 수 있다. 여러분이 이것을 해 보면 이 논증은 삼단논법 3의 형태라는 것을 알게 될 것이고, 삼단논법 3이면 타당하지 않은 추리라는 것을 알 수 있다. 즉, 모든 뉴욕 하원의원이 세제를 반대하고 세제를 반대하는 하원의원의 일부가 특수 이익집단으로부터 정치자금을 받았으니까 뉴욕 하원의원 중 일부는 특수 이익집단으로부터 정치자금을 받는다는 결론은 논리적으로 도출되지 않는다. 그러니까 삼단논법은 '학술적'인 것처럼 보이지만, 사람들은 때로는 자기들의 추리가 타당하지 않다는 것을 알아차리지 못하면서 자기들의 주장을 '증명'하기 위해서 삼단논법을 사용한다. 그렇기 때문에 믿음 편향에 빠지기 쉽다는 것과 사실처럼 들리는 결론도 반드시 좋은 추리의 결과일 필요는 없다는 것을 알아차리는 것이 아주 중요하다.

연역추리에 대한 심성 모형

삼단논법이 타당한지 아닌지를 판단하는 쉬운 방법이 없다는 것을 말했다. 그러나 Philip Johnson-Laird(1999a, 1999b)는 이것을 할 수 있는 접근법인 심성 모형 접근(mental model approach)을 제안하였다. 어떻게 심성 모형을 사용하는지를 보여주기 위해 Johnson-Laird(1995)는 다음과 유사한 문제를 하나 내었다. 직접 해 보라.

> 당구대에 검은 공 하나가 큐볼 바로 위에 있다. 초록 공은 큐볼 오른쪽에 있고, 빨간 공이 그 사이에 있다. 내가 빨간 공이 나와 검은 공 사이에 오도록 이동하면 큐볼은 내 시선의 _____쪽에 있게 된다.

이 문제를 어떻게 풀까? Johnson-Laird는 이 문제는 논리 규칙을 이용해 풀 수 있지만 대부분의 사람들은 당구대에 공들이 어떻게 놓여 있는지를 상상하는 방법으로 이 문제를 푼다는 점을 지적하였다. 사람들이 상황을 상상할 수 있다는 아이디어가 사람들은 심성 모형을 이용해서 연역추리 문제를 푼다는 Johnson-Laird의 제안의 기초가 된다.

심성 모형(mental model)은 사람의 마음속에 표상된 특정 상황을 의미하는데, 이 심성 모형은 연역추리에서 삼단논법의 타당함을 판단하는 것을 도와준다. 심성 모형의 바탕에 깔린 기본 원리는 사람들은 추리 문제를 풀기 위해 상황에 대한 표상인 모형을 창조한다는 것이다. 사람들은 이 모형에 근거해서 잠정적인 결론을 내리고, 모형을 반증할 수 있는 예외가 있는지 찾아본다. 만약 예외가 찾아지면 모형을 수정한다. 마침내 더 이상 예외가 찾아지지 않고 현재 모형이 결론과 부합되면 삼단논법이 타당하다고 결정한다. 이어지는 예를 이용해서 범주 삼단논법을 수행할 때 이 과정이 어떻게 일어나는지를 보도록 하자(Johnson-Laird, 1999b).

어느 예술가도 양봉가가 아니다.
모든 양봉가는 화학자이다.
어떤 화학자는 예술가가 아니다.

이 삼단논법에 기초한 모형을 만드는 것을 도와주기 위해 우리가 예술가, 양봉가, 화학자 연합회(줄여서 ABC 연합회라 하자)의 회의에 방문자로 참석했다고 가정해 보자. 우리는 그 연합회의 회원이 되려면 예술가든, 양봉가든, 화학자든 적어도 셋 중 하나는 되어야 하고, 삼단논법의 두 개의 전제에 해당하는 아래 규칙을 따라야 한다는 것을 안다.

예술가는 누구도 양봉가가 될 수 없다.
모든 양봉가는 화학자여야 한다.

그 사람의 직업이 무엇인지는 그들이 쓴 모자를 보면 알 수 있기 때문에 우리 과제는 조금 쉬워졌다. 그림 13.11에 있듯이 예술가는 베레모를 쓰고, 양봉가는 보호용 망을 쓰고, 화학자는 분자 모자를 쓴다. 예술가는 누구도 양봉가가 될 수 없다는 규칙에 따르면 베레모를 쓴 사람은 보호용 망을 쓸 수 없다. 또 모든 양봉가는 화학자여야 한다는 규정은 보호용 망을 쓰는 사람은 분자 모자도 써야 한다는 것을 가리킨다.

우리가 앨리스를 만났을 때 그녀가 베레모를 썼기 때문에 예술가라는 것을 알며 그녀가 예술가는 양봉가가 아니라는 규칙을 따른다는 것을 알 수 있다(그림 13.12a). 이어서 모든 양봉가는 화학자여야 한다는 규칙에 따라 양봉가와 화학자의 복장을 다 하고 있는 비켐을 만났다(그

(a) 예술가　　　(b) 양봉가　　　(c) 화학자

그림 13.11 **ABC 총회에 참석한 예술가, 양봉가, 화학자가 쓴 모자의 종류** © 2015 Cengage Learning

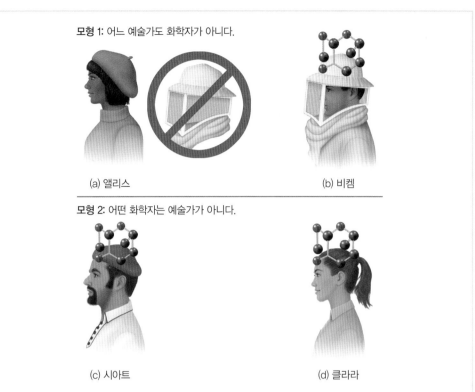

모형 1: 어느 예술가도 화학자가 아니다.

(a) 앨리스

(b) 비켐

모형 2: 어떤 화학자는 예술가가 아니다.

(c) 시아트

(d) 클라라

그림 13.12 **삼단논법의 규칙을 따르면서 '어떤 화학자는 예술가가 아니다.'라는 결론을 충족시키는 ABC 총회에 참석한 사람들이 쓴 모자** 사례 (c)는 예술가인 화학자이고 사례 (d)는 예술가가 아닌 화학자이기 때문에 추리에 대한 심성 모형 접근에 기초한 이 절차는 이 삼단논법이 타당하다는 것을 보여준다. © 2015 Cengage Learning

림 13.12b). 제안된 결론은 예술가와 화학자를 다루고 있다는 점을 기억하라. 이제까지 우리가 본 것을 토대로 '어느 예술가도 화학자가 아니다.'라는 첫 번째 모형을 만들 수 있다.

일단 첫 번째 모형을 만들면 이 모형을 반증할 수 있는 예외가 있는지 찾아볼 필요가 있기 때문에 아직 우리는 끝난 게 아니다. 이를 위해 우리는 베레모와 분자 모자를 같이 쓰고 있는 시아트를 만날 때까지 군중 속을 돌아다녔다(그림 13.12c). 우리는 시아트가 어떤 규칙도 위반하지 않았다는 것을 알기 때문에 '어느 예술가도 화학자가 아니다.'라는 잠정적 결론은 사실일 수 없다는 것을 알게 되었고, 양봉가이며 동시에 화학자인 비켐을 떠올려서 우리의 모형을 '어떤 화학자는 양봉가가 아니다.'로 수정하였다.

이 새 모형의 예외가 있는지 계속 찾아보다 화학자인 클라라를 겨우 찾았는데, 회원 규정에 따르면 그녀는 아무 문제가 없었다(그림 13.12d). 그러나 클라라는 새 규칙의 예외가 아니어서 새 규칙을 반박하지 못한다. 예외가 되는 사례를 계속 찾아보았지만, 방안에서 이 결론을 반박할 수 있는 사람을 아무도 찾을 수가 없었다. 그래서 이 결론을 수용하기로 결정한다. 이 예는 심성 모형 이론의 바탕에 깔린 기본 원리를 보여준다. 즉, 전제들로 구성하는 어느 모형에서도 부정될 수 없는 경우에만 결론은 타당하다는 것을 보여준다.

심성 모형 이론은 논리학 규칙에 대해 훈련을 받지 않아도 적용할 수 있고 또 검증 가능한 예측을 제공하기 때문에 매력적인 이론이다. 예를 들어, 심성 모형 이론은 복잡한 모형을 필요로 하는 삼단논법은 풀기 어렵다고 예측하는데, 이 예측은 실험을 통해 확인되었다(Buciarelli & Johnson-Laird, 1999).

사람들이 어떻게 삼단논법을 검증할 수 있는지에 대해 다른 제안들도 있지만(Rips, 1995, 2002), 연구자들 간에 어느 접근이 정확한 접근인지에 대해 합의가 이루어지지 않았다. 그런데도 우리가 심성 모형 이론을 소개한 이유는 이 이론이 여러 실험의 결과에서 지지되었고, 또 이 이론이 가장 적용하고 설명하기 쉬운 모형 중의 하나이기 때문이다. 그러나 사람들이 어떻게 삼단논법을 평가하는지를 알아내려는 연구자들이 해결해야 하는 문제들은 많다. 사람들이 추리를 할 때 다양한 전략을 사용한다는 것과 어떤 사람들은 다른 사람들보다 삼단논법 추리를 잘한다는 것이 그런 문제들이다(Buciarelli & Johnson-Laird, 1999). 그러니까 사람들이 어떻게 삼단논법 추리를 하는가라는 질문은 아직 답이 구해지지 않은 문제이다.

그러나 여기서 삼단논법 추리를 마감하는 것은 아니다. '모든', '어떤', '어느'라는 말로 시작하는 전제와 결론으로 구성된 범주 삼단논법 외에 조건 삼단논법이라는 또 다른 유형의 삼단논법이 있다. 조건 삼단논법에서는 첫 번째 전제가 '만약 …… 그러면'이라는 형태를 갖는다.

조건 삼단논법

조건 삼단논법(conditional syllogism)도 범주 삼단논법처럼 두 개의 전제와 결론으로 구성되어 있다. 그러나 첫 번째 전제가 '만약 …… 그러면'이라는 형태를 갖는다. 이와 같은 유형의 연역추리는 일상생활에서 흔히 일어난다. 예를 들어, 여러분이 친구인 스티브에게 20달러를 빌려주었다고 해 보자. 그런데 그 친구는 돈을 돌려준 적이 없었다. 스티브를 알기에 아마도 또 이런 일이 일어날 것이라고 속으로 말했을 수 있다. 이것을 삼단논법 형태로 풀어보자면 여러분의 추리는 다음과 같을 것이다. '만약 내가 스티브에게 20달러를 빌려 준다면, 나는 돌려받지 못할 거야. 나는 스티브에게 20달러를 빌려 주었어. 그러니까 내 돈 20달러를 돌려받지 못할 거야.'

조건 삼단논법의 네 가지 유형이 표 13.4에 추상적인 형태로(p와 q를 이용해서) 실려

표 13.4 같은 첫 번째 전제로 시작하는 네 가지 삼단논법

네 가지 삼단논법의 첫 번째 전제: p이면 q이다.

삼단논법	두 번째 전제	결론	타당성 여부	정확한 판단
삼단논법 1: 긍정 논법	p이다.	따라서 q이다.	타당함	97%
삼단논법 2: 부정 논법	q가 아니다.	따라서 p가 아니다.	타당함	60%
삼단논법 3	q이다.	따라서 p이다.	타당하지 않음	40%
삼단논법 4	p가 아니다.	따라서 q가 아니다.	타당하지 않음	40%

있다. 조건 삼단논법에서는 A와 B를 사용하는 범주 삼단논법과는 달리 전형적 표기법으로 p와 q를 사용한다. 표 13.4에 있는 네 유형의 조건 삼단논법들을 이해하기 쉽게 하기 위해서 p와 q 대신에 보다 실생활의 예를 사용하기로 하자.

조건 삼단논법 1

만약 내가 공부한다면, 나는 좋은 학점을 받을 것이다.

나는 공부를 했다.

따라서 나는 좋은 학점을 받을 것이다.

이런 형태의 삼단논법은 **긍정 논법**(modus ponens. 이 라틴어는 '긍정을 통해 긍정하는 방법'이라는 의미)이라 불리는데 타당하다. 즉, 결론은 두 개의 전제에서 논리적으로 도출된다. 참가자들에게 이 논법의 문제를 p와 q 형태로 주고 타당한지 판단하게 했을 때 약 97%가 타당하다고 정확하게 판단했다(표 13.4).

조건 삼단논법 2

만약 내가 공부한다면, 나는 좋은 학점을 받을 것이다.

나는 좋은 학점을 받지 못했다.

따라서 나는 공부하지 않았다.

이 논법은 타당한가? 이 유형의 삼단논법은 **부정 논법**(modus tollens. '부정을 통해 부정하는 방법'이라는 의미)라고 불리는데, 타당한 논법이다. 그러나 이 논법은 평가하는 것이 조금 어렵다. p와 q 형태로 주었을 때 단지 60%가 타당하다고 정확하게 판단했다.

조건 삼단논법 3

만약 내가 공부한다면, 나는 좋은 학점을 받을 것이다.

나는 좋은 학점을 받았다.

따라서 나는 공부했다.

이 삼단논법의 결론('나는 공부했다.')은 타당하지 않다. 왜냐하면 여러분이 공부하지 않았어도 좋은 학점을 받을 수 있기 때문이다. 시험이 쉬울 수도 있고, 여러분이 이미 그 내용을 잘 알고 있었을 수도 있다. 그러나 단지 참가자의 40%만이 이 삼단논법을 타당하지 않다고 정확하게 판단했다. 그러나 '공부한다.'를 '투산에 산다.'로, 그리고 '좋은 학점을 받다.'를 '애리조나에 산다.'로 대체한 다음 삼단논법 문제를 보자.

만약 내가 투산에 산다면, 나는 애리조나에 산다.

나는 애리조나에 산다.

따라서 나는 투산에 산다.

이 경우에 결론이 전제에서 도출되지 않는다는 것이 훨씬 더 명확한데, 왜냐하면 여러분이 애리조나에 산다면 투산 말고도 여러분이 살 수 있는 곳은 많기 때문이다. 우리는 이와 비슷한 것을 이미 경험해 보았다. 즉, 문제나 삼단논법이 서술된 방식이 얼마나 쉽게 그 문제를 풀 수 있는지에 영향을 준다는 것을 이미 경험해 보았다.

마지막으로, 삼단논법 4를 생각해 보자.

조건 삼단논법 4

만약 내가 공부한다면, 나는 좋은 학점을 받을 것이다.

나는 공부를 하지 않았다.

따라서, 나는 좋은 학점을 받지 않았다.

이 삼단논법의 결론('나는 좋은 학점을 받지 않았다.')은 타당하지 않다. 삼단논법 3과 마찬가지로 결론과 모순되는 상황을 생각할 수 있다. 그러니까 공부를 하시 않았는데도 좋은 학점을 받은 경우를 생각해 볼 수 있다. 여기서도 앞에서와 마찬가지로 투산과 애리조나로 문제를 대체하면 이 삼단논법이 타당하지 않다는 것이 분명해진다.

만약 내가 투산에 산다면, 나는 애리조나에 산다.

나는 투산에 살지 않는다.

따라서, 나는 애리조나에 살지 않는다.

삼단논법 3에서처럼 결론('나는 애리조나에 살지 않는다.')이 타당하지 않다는 것은 예를 바꾸면 더 분명해진다. 표 13.4에서 이 문제가 p와 q 양식으로 주어졌을 때에는 이 삼단논법이 타당하지 않다고 정확하게 판단한 것이 단지 40%였다는 것에 주목하라. 다음 절에서는 삼단논법이 서술된 방식이 삼단논법을 정확하게 평가하는 것을 쉽게 해 준다는 생각을 지지하는 추리 문제에 대해 서술한다.

조건 추리: 웨이슨 카드 선택 과제

조건 삼단논법 추리가 형식적인 논리규칙을 적용하는 것에만 달려 있다면, 삼단논법이 p와 q와 같은 추상적인 기호로 진술되든 공부하기와 도시처럼 실제 세상의 용어로 서술되든 차이가 없어야 한다. 그러나 사람들은 추상적인 기호 대신 실세계의 예로 문제가 주어졌을 때 삼단논법의 타당함을 더 잘 평가한다는 것이 연구를 통해 드러났다. 이 연구를 보면서 우리는 삼단논법 예에서처럼 어떤 실세계 예는 다른 예들보다 더 좋다는 것을 보게 된다. 그러나 우리의 주된 목표는 단순히 문제를 실세계 용어로 서술하는 것이 추리를 쉽게 한다는 것을 보여주는 것이 아니라 어떻게 연구자들이 문제를 서술하는 다양한 방식을 이용해서 왜 실세계 문제가 쉬운지를 설명하는 기제를 제안하였는지를 생각해 보는 것이다. 많은 연구자들이 웨이슨 카드 선택 과제(Wason four-card problem)라 불리는 고전적인 추리 문제를 사용하였다.

그림 13.13에 네 장의 카드가 제시되어 있다. 각 카드는 한 면에는 글자가, 그리고 다른 면에는 숫자가 적혀 있다. 여러분이 해야 할 과제는 아래 나오는 규칙을 검증하려면 뒤집어 볼 필요가 있는 카드를 고르는 것이다.

■ 한 면에 모음이 있으면, 다른 면에는 짝수가 있다.

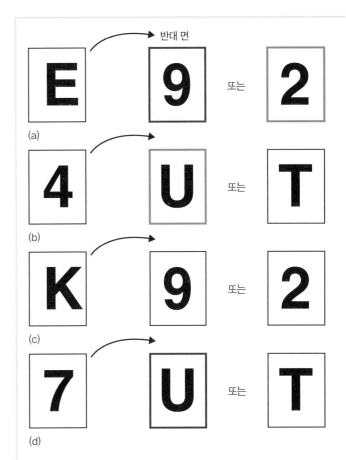

E　K　4　7

한 면에 모음이 있으면, 다른 면에는 짝수가 있다.

그림 13.13 **웨이슨 카드 선택 과제**(Wason, 1966) '보여주기'에 적힌 지시에 따라 이 문제를 풀어 보라.

출처: P. C. Wason, Reasoning, in B Foss Ed., *New horizons in psychology,* pp. 135-151, Harmonsworth, UK: Penguin, 1966.

Wason(1966)이 이 문제(앞으로 추상 버전이라 부른다)를 제안했을 때, 참가자의 53%가 E는 반드시 뒤집어 보아야 한다고 답했다. 우리는 이 답이 옳다는 것을 그림 13.14a를 보면 알 수 있다. 그림 13.14는 각 카드의 반대 면에 무엇이 있을 수 있는지를 보여 주는데, E의 반대 면에는 짝수나 홀수가 있다. Wason의 규칙에 따르는 결과는 초록색 윤곽선을 둘렀고, 규칙을 따르지 않는 결과는 빨간색 윤곽선을 둘렀고, 규칙에서 설명이 안 되는 결과는 윤곽선에 색이 없다. 그러니까 E를 뒤집어서 짝수가 나오면 규칙에 따르는 것이고, 홀수가 나오면 규칙을 따르지 않는 것이다. E의 반대 면에서 홀수를 발견하면 규칙이 참이 아니라는 것이 되기 때문에 규칙을 검증하려면 E는 뒤집어 볼 필요가 있다.

그러나 규칙을 완전하게 검증하려면 E 외의 다른 카드도 뒤집어 볼 필요가 있다. Wason의 실험에서 46%의 참가자들은 E 외에 4도 뒤집어 볼 필요가 있다고 응답하였다. 그러나 규칙에서 자음에 대해서는 아무런 언급이 없었기 때문에 그림 13.14b를 보면 4는 규칙의 진위에 대해 특별히 알려주는 것이 없다. 4의 반대 면에서 모음을 발견하는 것은 아무 문제가 없으나, 이 경우 규칙이 적용되었다는 것 이외에 규칙이 참인지에 대해서는 정보를 제공하지 않는다. 우리가 규칙을 검증할 때 찾는 것은 규칙을 따르지 않는 예를 찾는 것이다. 우리가 그런 예를 찾으면 우리는 규칙이 거짓이라고 결론 내릴 수 있다. 이것이 반증 원리(falsification principle)이다. 따라서 규칙을 검증하려면 규칙을 반증하는 상황을 찾는 것이 필요하다.

그림 13.14로 돌아가면 우리는 K를 뒤집었을 때 무엇이 나오든 규칙에 대해 아무것도 알려주지 않지만(규칙과 상관없는 자음이므로), 7의 반대 면에서 자음을 발견하면 규칙

그림 13.14 **그림 13.13 웨이슨 카드 선택 과제에 있는 카드들을 넘겼을 때 가능한 결과들** 빨간 테두리가 있는 카드는 카드를 넘겼을 때 '한 면에 모음이 있으면, 다른 면에는 짝수가 있다.'는 규칙을 반증하는 카드이다. 초록색 테두리가 있는 카드는 규칙을 확증하는 카드이다. 색 테두리가 없는 카드는 결과가 규칙과 무관하다는 것을 가리킨다. 반증 원리를 적용해서 이 규칙을 검증하려면 E 카드와 7 카드를 뒤집어 보는 것이 필요하다.

© 2015 Cengage Learning

이 반증된다는 것을 알 수 있다. Wason의 실험에서 단지 4%의 참가자만이 정답을 대답했다. 뒤집어 보아야 하는 두 번째 카드는 7이다.

웨이슨 과제의 실세계 버전은 무엇을 알려주는가?   웨이슨 과제는 '만약 …… 그러면' 형태를 띤 조건 추리 과제이기 때문에 많은 연구를 생산해냈다. 연구자들이 이 과제에 흥미를 느낀 이유 중의 하나는 문제가 실세계 용어로 서술되면 수행이 향상되었기 때문이었다. 예를 들어, Richard Griggs와 James Cox(1982)는 다음과 같이 문제를 서술하였다.

맥주를 마시려면 그 사람은 19세 이상이어야 한다.

그림 13.15 웨이슨 문제의 맥주/음주 연령 버전

출처: R. A. Griggs & J. R. Cox, The elusive thematic-materials effect in Wason's abstract selection task, *British Journal of Psychology, 73*, 407-420, 1982.

그림 13.15에 네 장의 카드가 제시되었다. 각 카드의 한 면에는 연령이 적혀 있고, 다른 면에는 음료의 이름이 적혀 있다. 이제 여러분이 '맥주를 마시려면 그 사람은 19세 이상이어야 한다.'는 규칙을 집행하는 경찰이라고 가정하자(이 실험의 참가자들은 플로리다 사람들인데, 거기서는 음주 제한 연령이 19세이다). 이 규칙이 지켜지고 있는지 알아보려면 그림 13.15에서 어떤 카드를 반드시 뒤집어 보아야 하는가?

이 웨이슨 문제의 맥주/음주 연령 버전은 글자와 숫자가 일상생활의 구체적인 용어(맥주와 소다; 어린 나이와 많은 나이)로 대체되었다는 점만 제외하면 추상 버전과 똑같다. Griggs와 Cox는 이 버전에서는 참가자들의 73%가 '맥주'와 '16세' 카드를 뒤집어 볼 필요가 있다는 옳은 선택을 했다는 것을 발견하였다. 그에 반해 추상 버전에서는 아무도 정답을 대답하지 못했다(그림 13.16). 구체 과제가 추상 과제보다 왜 더 쉬운가? Griggs와 Cox에 따르면 맥주/연령 버전에서는 사람들에게 친숙한 규제를 다루고 있기 때문에 구체 과제가 쉬운 것이다. 음주 허용 연령이 있다는 것을 아는 사람이라면 누군가 16세처

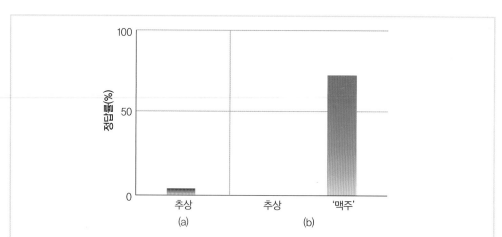

그림 13.16 다른 버전의 웨이슨 문제에서의 수행 (a) 그림 13.14에 있는 추상적 문제(Wason, 1966). (b) 추상적 문제와 그림 13.15에 있는 맥주/음주 연령 버전(Griggs & Cox, 1982).

출처: P. C. Wason, Reasoning, in B Foss Ed., *New horizons in psychology*, pp. 135-151, Harmonsworth, UK: Penguin, 1966; R. A. Griggs & J. R. Cox, The elusive thematic-materials effect in Wason's abstract selection task, *British Journal of Psychology, 73*, 407-420, 1982.

럼 보인다면 나이를 확인해 볼 필요가 있다는 것을 안다.

이와 유사한 접근을 Patricia Cheng과 Keith Holyoak(1985)이 하였는데, 이들은 사람들은 도식에 기반을 두고 사고한다는 생각에 근거하여 연구를 고안하였다. 여기서 도식은 사람들의 사고와 행동을 지배하는 규칙에 관한 지식을 말한다. 이런 도식 중의 하나가 허용 도식(permission schema)이다. 허용 도식은 어떤 사람이 특정 조건을 충족시키면(음주 허용 연령이 되었다) 그 사람은 해당 행동을 할 수 있다(알코올음료를 마실 수 있다)라고 언명한다. '여러분이 19세 이상이면 맥주를 마실 수 있다.'는 허용 도식은 이 실험의 참가자들의 대부분이 학습한 것이기 때문에 카드 선택 과제에 그 도식을 적용할 수 있었다.

사람들이 허용 도식과 같은 실생활 도식을 카드 선택 과제에 적용한다는 생각은 카드 선택 과제의 추상 버전과 맥주/음주 연령 버전 간의 차이를 이해하는 것을 쉽게 해준다. 추상 과제에서는 글자와 숫자에 관한 추상적인 진술문이 참인지 알려주는 것이 목표였다. 그러나 맥주/음주 연령 과제에서는 그 사람이 술을 마시는 것이 허용된다는 것을 확인하는 것이 목표였다. 확실히 허용 도식이 활성화되면 사람들이 그 도식을 검증할 카드에 주의를 집중하는 것을 도와주는 것 같다. 사람들의 주의는 '16세' 카드에 집중되는 것 같다. 왜냐하면 반대 면에 '맥주'가 있다는 것은 술을 마시려면 19세 이상이어야 한다는 규칙을 위반하는 것이기 때문이다.

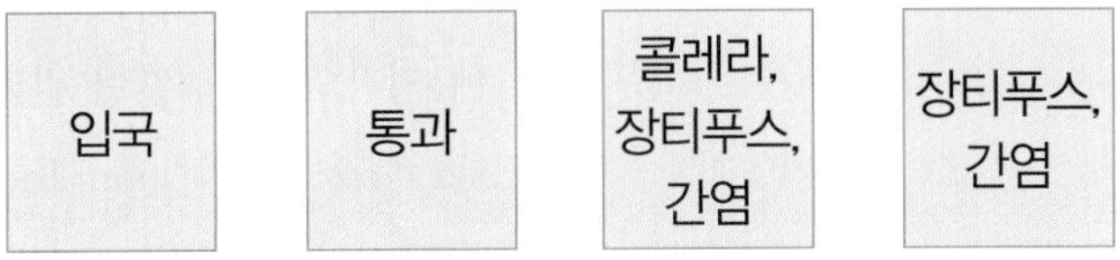

카드 선택 과제에서 추리할 때 허용 도식이 관여할 수 있다는 생각을 검증하기 위해, Cheng과 Holyoak은 그림 13.17에 있는 카드를 본 두 집단의 참가자들을 대상으로 실험을 진행하였다. 한 집단의 참가자들에게는 다음과 같은 지시를 주었다.

'입국'이라고 적혀 있으면 반대 면에 콜레라가 들어 있다.

그림 13.17 웨이슨 문제의 콜레라 버전

출처: P. W. Cheng & K. J. Holyoak, Pragmatic reasoning schemas, *Cognitive Psychology*, 17, 391-416, 1985.

> 여러분은 필리핀의 수도인 마닐라 국제공항에 있는 입국 담당 공무원이다. 여러분이 확인해야 할 서류 중의 하나는 H 양식이라고 하는 종이이다. 이 양식의 한 면에는 여행자가 입국하는 것인지 통과 여객인지가 적혀 있고, 다른 면에는 풍토병 이름들이 적혀 있다. 양식의 한 면에 '입국'이라고 적혀 있으면 반대 면에 있는 풍토병 목록에 콜레라가 들어 있는지 확인하는 것이 여러분이 할 일이다.* 다음에 보이는 양식 중에서 어느 양식을 뒤집어서 확인해야 하는가? 확인하기 위해서 검사할 필요가 있는 양식만 지적하라. [*는 이어지는 본문에서 설명한다.]

이 집단의 참가자 중에서 62%가 '입국'과 '장티푸스, 간염' 카드를 정확하게 선택하였다(왜 '장티푸스, 간염' 카드를 선택해야 하는지 잘 모르겠으면, 반대 면에 '입국'이 적혀 있을 경우 규칙을 반증한다는 것을 기억하라). 다른 집단의 참가자들은 첫 번째 집단과 같은 카드를 보고 같은 지시를 들었는데, 지시 중에서 다음 부분만 달랐다. 양식에 풍토병 이름이 적혀 있다는 것 대신 그 양식에는 '여행자가 지난 6개월 동안 접종한 주사' 이름이 적혀 있다고 알려 주었다. 그리고 *표가 있는 부분에 다음 문장을 추가하였다. '이

것은 입국하려는 여행자가 이 질병으로부터 보호되었다는 것을 확인하려는 것이다.'

지시문에 변화를 준 것은 아주 중요한 효과를 얻기 위해 계획된 것이었다. 양식에 정확한 병명이 적혀 있는지 단순히 확인하는 대신 입국 담당 공무원은 여행자에게 입국을 허용하는 데 필요한 접종을 여행자가 받았는지를 확인하는 것이다. 이 지시는 참가자의 허용 도식을 활성화시키려고 의도한 것인데, 이 조건에서 참가자들의 91%가 정확한 선택을 한 것을 보면 이 의도는 달성된 것으로 보인다.

카드 선택 과제에 대한 진화론적 접근   인지심리학 연구에 대해 서술하면서 우리가 알게 된 것 중의 하나는 같은 자료에 대해 연구자들이 서로 다른 방식으로 해석할 수 있다는 것이다. 8장에서 오정보 효과를 다룰 때 이런 사실을 경험했는데, 오정보 효과란 어떤 사건을 목격한 이후에 기억을 오도하는 사후 오도정보(MPI)를 그 사람에게 제공하면 기억 오류가 발생하는 것을 말한다(275쪽). 우리는 한 집단의 연구자들은 이 기억 오류를 역행간섭 효과로 보았지만, 다른 집단은 출처 확인의 오류로 설명했다는 것을 보았다 (Lindsay, 1990).

마찬가지로 웨이슨 카드 선택 과제를 이용한 다양한 실험 결과에 대해 여러 가지 설명이 제안되었다. 허용 도식에 대한 대안 설명으로 제안된 것 중의 하나는 카드 선택 과제에서의 수행은 속임수를 탐지하려는 생득적인 인지 프로그램의 지배를 받는다는 설명이다. 이 생각의 밑에 깔린 원리에 대해 생각해 보자.

Leda Cosmides와 John Tooby(1992)는 인지에 대한 진화론적 관점(evolutionary perspective on cognition)을 취하는 심리학자이다. 이들은 우리 마음의 많은 속성을 자연 도태라는 진화론적 원리로 추적할 수 있다고 주장한다. 자연 도태에 따르면 적응적 특성(유기체의 생존을 돕는 특징들은 그 유전자가 다음 세대로 전해진다)은 시간이 지나면서 유기체의 기본 특징이 된다는 것이다.

이 생각을 인지에 적용하면 아주 적응적인 마음의 특징은 진화를 통해 마음의 기본 특징이 될 수 있다는 것이다. 진화론적 접근에 따르면 그런 특징 중의 하나가 사회교환 이론(social exchange theory)에 관계되어 있는데, 사회교환 이론에서 사람 행동의 중요한 측면의 하나는 두 사람이 서로에게 도움이 되는 방식으로 협동하는 능력이다. 그러니까 원시인 모그가 다른 원시인 엥에게 엥이 사냥에서 가져온 고기를 받는 대신 조각 도구를 빌려주면 두 사람은 이 교환을 통해 서로 이득을 보는 것이다.

자기가 무언가를 포기하는 대신 무언가를 받는다면 사회교환은 잘 진행된다. 그러나 한 사람이 속임수를 쓰면 문제가 생긴다. 그러니까 모그가 조각 도구를 빌려주었는데, 엥이 고기를 주지 않는다면 이것은 모그에게 좋은 징조가 아니다. 따라서 사람들이 속임수를 당하는 것을 피할 수 있게 사람들이 다른 사람의 속임수를 탐지할 수 있어야 하는 것이 필요하다. 진화론적 접근에 따르면 이것을 잘 할 수 있는 사람은 생존 가능성이 높아지기 때문에 '속임수 탐지'는 뇌의 인지적 구성의 한 부분이 된다. 진화론적 접근에서는 카드 선택 과제를 속임수의 문제로 이해할 수 있다고 제안하였다. 그러니까 사람들은 콜레라 접종을 하지 않고 입국하려고 속임수를 쓰는 사람을 탐지할 수 있기 때문에 콜레라 문제를 잘했다는 것이다(그림 13.17).

카드 선택 과제에서 중요한 변인은 속임수(허용 도식이 아니라)라는 생각을 검증하기 위해 Cosmides와 Tooby(1992)는 친숙하지 않은 상황이 다루어진 여러 가지 카드 선택 과제를 고안했다. 허용 도식의 밑에 깔린 생각 중의 하나는 사람들은 여러 가지 규칙에 친숙하기 때문에 수행을 잘한다는 것을 기억하자.

친숙하지 않은 상황을 만들기 위해 Cosmides와 Tooby는 쿨웨인이라 불리는 가상의 문화에서 벌어지는 여러 가지 실험을 고안하였다. 이 실험의 참가자들은 이 문화에 대한 이야기를 읽는데, 이야기 중에 '어떤 사람이 카사바 뿌리를 먹으면 그 사람은 얼굴에 문신이 있어야 한다.'라는 조건 진술문을 읽게 된다. 참가자들은 다음 네 개의 카드를 보았다. (1) 카사바 뿌리를 먹는다, (2) 몰로 넛을 먹는다, (3) 문신이 있다, (4) 문신이 없다. 참가자들이 할 일은 위에 있는 조건 진술문이 지켜지고 있는지 알아내기 위해 뒤집어 볼 필요가 있는 카드를 정하는 것이었다. 이것은 참가자들에게 친숙하지 않은 상황이지만 문신이 없으면서 카사바 뿌리를 먹는 사람은 속임수를 쓰는 것이기 때문에 속임수가 일어날 수 있는 상황이다.

Cosmides와 Tooby는 규칙이 친숙한 것이 아니지만 사람들이 이 문제에서 좋은 수행을 보였다('카사바 뿌리를 먹는다.'와 '문신이 없다.'를 뒤집어 보는 것이 필요하다고 정확하게 지적했다)는 것을 발견하였다. 이들은 사람들이 속임수가 들어 있는 진술문을 이 방식으로 해석할 수 없는 진술문보다 더 잘한다는 것을 보여주는 다른 실험도 수행하였다 (Cosmides, 1989; Gigerenzer & Hug, 1992 참고).

이 제안에 대한 반박으로 다른 연구자들은 허용 규칙을 포함하지만 친숙하지 않은 시나리오들을 만들었다. 예를 들어, Ken Manktelow와 David Over(1990)는 간호사들에게 사용하려고 만들어진 규칙을 사람들에게 주고 실험을 하였다: '엎질러진 피를 닦아내려면, 장갑을 끼어야만 한다.' 이것은 '허용' 진술문이지만 간호사나 의사가 아닌 대부분의 사람들은 아마 이전에 들어본 적이 없었을 진술문이다. 그러나 이런 식으로 문제를 진술하면 우리가 지금까지 서술했던 다른 카드 선택 과제들에서처럼 수행이 향상되었다.

웨이슨 문제의 의미

웨이슨의 카드 선택 과제에 대해 허용 도식이 중요하다고 생각하는 사람, 속임수가 중요하다는 사람, 그리고 다른 설명을 제기하는 사람 간의 논쟁은 계속되고 있다. 그리고 각각의 제안에 대해 지지하는 증거와 반박하는 증거들도 보고되었다(Johnson-Laird, 1999b; Manktelow, 1999, 2012).

우리는 조건 추리가 일어나고 있는 맥락이 아주 큰 역할을 한다는 중요한 발견을 하였다. 카드 선택 과제를 친숙한 용어로 서술하면 추상적인 서술문이나 우리가 연관을 짓기 어려운 서술문을 줄 때보다 수행이 좋다. 그러나 친숙성이 조건 추리에 반드시 필요한 것은 아니고(문신 문제에서처럼), 친숙한 상황이지만 사람들의 수행은 향상되지 않는 상황도 고안되었다(Evans & Feeney, 2004; Griggs, 1983; Manktelow & Evans, 1979).

우리가 찾는 것은 '답'이기 때문에 때로는 이와 같은 논쟁이 우리를 좌절하게 할 수도 있다. 그러나 이 논쟁을 다른 각도에서 보면 이것은 사람 마음의 복잡성과 인지심리학자들이 해결해야 하는 도전거리를 알려준다. 이 책을 시작할 때 우리는 Donders의 실험에 대해 서술했다. 그 실험은 단순히 불빛이 있었는지 또는 불빛이 오른쪽에 있는지 아니면 왼쪽에 있는지를 판단하는 것이었다(1장 7쪽). 우리는 마음의 작용은 행동 관찰에서 추론해야 한다는 인지심리학의 기본 원리를 보여주기 위해 이 실험을 서술했다. 이 책의 마지막 장에서 불빛이 반짝였는지에 대한 판단보다 훨씬 더 복잡한 심적 과정을 포함하는 과제를 서술했는데, 여전히 마음의 작용은 행동 관찰에서 추론해야 한다는 같은 원리를 보여준다는 점은 참으로 절묘한 일이다.

우리는 어떻게 사람들이 웨이슨 카드 선택 과제를 처리하는지에 대한 논쟁을 통해 같은 행동 증거에서부터 사람들의 마음속에서 무슨 일이 일어나고 있는지에 대한 다양한 가설들이 어떻게 추론될 수 있는지를 본다. 어쩌면 실제로 작동하는 기제는 아직까지 제안되지 않은 것일 수도 있고, 마음이라는 것은 아주 복잡해서 상황에 따라 웨이슨 과제에 접근하는 다양한 방법을 갖고 있을 수도 있다.

고려사항

사고의 이중 체계 접근

판단, 결정, 추리에 대한 논의를 관통하는 사실 중의 하나는 사람들은 오류를 범한다는 것이다. 판단을 할 때 우리는 가용성 어림법이나 대표성 어림법과 같은 어림법에 오도되기도 한다. 결정을 내릴 때 우리는 정서, 맥락, 그리고 대안들이 어떻게 제시되는지와 같이 결정과 아무 관련이 없는 것들의 영향을 받는다. 삼단논법 추리의 경우 단순한 삼단논법의 타당함은 잘 평가하지만 복잡한 논법 문제에서는 쉽게 믿음 편향에 오도된다.

이런 오류들이 공통점을 가지고 있다는 것을 곧 보게 되지만, 먼저 다음에 나오는 간단한 퀴즈 문제를 직관만 이용해서 머릿속으로 빨리 풀어 보라.

> 배트와 공은 1.10달러이다.
>
> 배트는 공보다 1달러 비싸다.
>
> 공은 얼마인가?

머릿속에 숫자가 떠올랐는가? 그렇다면, 아마도 그 숫자는 10센트일 것이다(Fredrick, 2005; Kahneman, 2011). 머릿속에 금방 떠오른 이 숫자는 틀렸다. 그러나 여러분의 답이 이것이었다면 여러분은 혼자가 아니다. 이 문제를 풀어보려고 시도한 수많은 참가자들의 절반 이상이 10센트가 답이라고 대답했다(Fredrick, 2005). 좀 더 찬찬히 생각해 보면 답은 5센트라는 것을 알 수 있다(1.05달러 + 0.05달러 = 1.10달러). 그 많은 사람들은 왜 10센트를 떠올렸을까?

Daniel Kahneman(2011)은 그의 베스트셀러인『생각에 관한 생각(Thinking Fast and Thinking Slow)』에서 사고의 이중 체계 접근(dual systems approach)을 소개하기 위해 배트와 공 문제를 사용하였다. 사고의 이중 체계 접근이란 빠르고 자동적이고 직관적인 체계와 느리고 숙고하며 사려 깊은 체계를 가진 두 개의 심적 체계가 있다는 생각이다. 빠르고 자동적이고 직관적인 체계를 Kahneman은 체계 1이라 불렀는데, 이것이 여러분을 10센트의 답으로 유혹한 체계이다. 느리고 숙고하며 사려 깊은 체계는 체계 2라 불리는데, 여러분이 문제를 보다 차근차근히 생각할 때 사용한 체계이다. 이중 체계 생각을 처음 제안한 Keith Stanovich와 Richard West(2000; Stanovich, 1999, 2011 참고)를 비롯한 다른 심리학자들은 '유형 1 처리'와 '유형 2 처리'라는 표현을 선호한다. 우리는 보다 간단하다는 이유에서 '체계 1'과 '체계 2'라는 표현을 사용하는데, 이 논의의 마지막 부분에서 '유형 1 처리'와 '유형 2 처리'에 대해 다시 생각해 본다.

두 체계 혹은 두 처리 유형은 두 개의 체계가 다음과 같은 속성을 가지고 있다고 제안한다(Evans & Stanovich, 2013).

체계 1	체계 2
직관적	반추적
빠르다	느리다
무의식	의식
자동적	통제적

체계 1은 우리가 이 장에서 다룬 많은 오류들과 연결되어 있다. 예를 들어, 삼단논법의 결론이 믿음직스러운지 믿음직스럽지 않은지를 고려할 때 믿음 편향은 삼단논법의 타당함을 판단하는 것을 오도한다. 믿음직스러움이 영향을 미치는 것이 체계 1의 작동이다. 믿음 편향에 체계 1이 관여한다는 증거는 시간에 쫓겨 삼단논법을 평가할 때 믿음 편향 효과가 증가한다는 것이다(Evans & Curtis-Holmes, 2005). 참가자들은 빨리 답하도록 요구받았을 때 '은행원 린다' 문제(454쪽)에서 오류를 더 많이 범했다(DeNeys, 2006).

그러나 체계 2가 개입할 수 있다. 한 발 물러서서 상황에 대해 논리적으로 생각하게 되면 체계 2가 작동할 시간이 생긴다. 참가자들이 시간을 들여 삼단논법의 밑에 깔린 논리에 집중하는 것을 격려하는 지시를 주면 체계 2가 작동할 가능성이 증가하고 오류가 줄어든다(Evans & Stanovich, 2013).

그러나 체계 1을 완전히 무능한 체계라고 몰아대기 전에 우리는 체계 1이 우리의 일상생활에서 주로 작동하는 체계라는 점을 생각해 볼 필요가 있다. 우리가 하는 일의 많은 부분은 체계 1에 의해 자동적으로 통제된다. 우리는 주변에서 일어나는 일들을 지각하고, 큰 소리에 즉각적으로 반응하고, 다른 사람의 얼굴에서 정서를 읽어 내고, 운전을 할 때 커브를 돈다. 이 모든 것들이 체계 1에 의해 처리된다. 우리가 지각과 주의를 다룰 때 보았던 것처럼 어떤 것들을 의식적 노력 없이 자동적으로 처리하는 것은 우리가 우리의 모든 생각과 행동을 모니터할 필요가 없다는 것을 의미하기 때문에 좋은 것이다. Kahneman은 체계 1이 체계 2에 정보를 제공하는데 대부분이 정확하기에 수용되고, 체계 2는 뒤에서 게으르게 이 정보들을 모니터링하고 있다고 보았다.

그러나 상황이 안 좋게 되면 체계 2가 통제권을 장악할 수 있다. 체계 1이 일상적인 운전을 담당할 수 있지만, 공사 구간을 지난다거나 커다란 트럭이 시속 110km의 속도로 달려 가는 경우처럼 주의가 필요한 상황에서는 체계 2가 통제한다. 체계 2는 체계 1이 답을 갖고 있지 않은 문제가 발생할 때에도 동작한다. Kahneman이 말한 것처럼 체계 1은 자동적으로 2 + 2 = ?를 계산해낸다(아무 생각 없이 4라는 답이 저절로 나올 것이다). 그러나 체계 1은 27 × 13은 처리할 수 없다. 이건 체계 2가 풀어야 할 문제이다.

이 장에서 논의했던 상황으로 돌아가 보면 체계 1은 가용성 어림법과 대표성 어림법과 같은 어림법을 사용하고 큰 수의 법칙은 숙고하지 않을 것이라는 것을 알 수 있다. 웨이슨 카드 선택 과제의 여러 가지 버전들은 이 두 체계를 대비해 볼 방안을 제공해 준다. 글자와 숫자에 대해 서술한 추상 버전은 사려 깊은 추리를 필요로 하기 때문에 체계 1이 처리할 수 없다. 그러나 문제가 맥주와 음주 연령처럼 좀 더 실제적인 시나리오와 관련되어 있으면 체계 1은 직관을 이용해서 문제를 풀 수 있다(Evans & Stanovich, 2013).

두 개의 심적 체계라는 생각은 우리가 범하는 많은 오류들을 심적 체계나 기제로 설명하기 때문에 아주 중요한 생각이다. 그러나 세부 내용이 다른 다양한 이중처리 이론이 제안되었다는 것을 아는 것도 중요하다. 또 어떤 연구자들은 두 가지 처리는 필요 없다고 제안하면서 단일 체계 접근을 제안하기도 하였다(Evans & Stanovich, 2013; Gigerenzer, 2011; Keren & Schul, 2009; Kruglanski & Gigerenzer, 2011; Osman, 2004).

사고에 대한 이중 체계 접근을 마무리하기 전에 용어에 대해 잠시 생각해 보자. 비록 우리가 Kahneman의 체계 1과 체계 2라는 용어를 사용했지만, 많은 연구자들이 체계라는 용어 대신 유형 1 처리와 유형 2 처리라는 용어를 선호하는 데는 이유가 있다. 우리가 두 개의 '체계'라는 표현을 쓰면, 마치 우리 마음속에 각기 다른 특성을 가진 두 명의 작은 사람이 있는 것처럼 들린다. 사실 Kahneman은 두 개의 처리과정에 대한 그의 인기 있는 책에서 체계 1과 체계 2를 '주인공이 두 명인 사이코드라마처럼' 읽을 수도 있다고 표현하였다. 이렇게 하면 책읽기가 흥미로울 수 있고, 어쩌면 그래서 이 책이 인기를 얻었을 수도 있다(심리학 이론을 일상생활과 연결하는 Kahneman의 재능도 이유 중의 하나이다). 하지만 사실 이 두 체계는 두 개의 다른 처리 방식이라는 것을 이해하는 것이 중요하다. 이 둘은 여러분의 머릿속에 있는 두 주인공이 아니다. 이 둘은 복잡하고 상호 연결되어 있고 분산처리의 결과인데, 이 처리들은 뇌의 여러 부위와 관련되어 있고 또 다양한 행동 결과들을 이끌어낸다.

후기: Donders 다시 보기

우리의 인지를 창조하기 위해 작동하는 기제들의 복잡성과 신비를 강조하면서 이 책을 마치는 것도 제법 그럴싸하다. 우리는 결정을 하는 데 시간이 얼마나 걸리는지를 알아본 Franciscus Donders(1868/1969)의 반응시간 실험(7쪽)에서 시작해서 먼 길을 왔다. 그러나 이 책의 마지막에 도착한 이 시점에 마술 같은 상상을 한번 해 보자. Donders가 21세기 인지심리학 실험실을 방문한다면 그는 어떤 반응을 보일까?

Donders가 실험실에 들어서면 새로운 기술, 특히 컴퓨터와 뇌 스캐너 같은 것들을 보고 놀랄 것이다. 그러나 이런 새로운 발전들을 보고 나서 실험실 책임자를 향해 돌아서서 '대단한 기술이군요. 그런데 내가 정말 알고 싶은 것은 마음의 작동을 직접 측정하는 방법을 알아냈는가 하는 점이에요.'라고 말할 게 틀림없다. 책임자가 '아니요. 우리는 행동과 생리지표를 측정해서 마음에서 무슨 일이 일어나는지를 추론합니다.'라고 답할 것이다. 이에 Donders는 '아! 기술은 변했는데, 그 밖의 다른 것은 변하지 않았군요. 마음을 연구하는 것은 아직도 간접적인 측정, 가설 만들기, 추정하기를 하는군요.'라고 말할 것이다. 그러면 책임자는 '그렇습니다. 그렇지만 1868년 이래 우리가 발견한 것들을 말씀드리면……'이라고 늘어 놓을 것이다.

자가 테스트 13.3

1. 연역추리란 무엇인가? 삼단논법의 결론이 '타당하다.'라고 말하는 것의 의미는 무엇인가? 어떻게 결론이 타당하지만 사실이 아닐 수 있는가? 사실이지만 타당하지 않은 것은?

2. 범주 삼단논법은 무엇인가? 범주 삼단논법에서 타당함과 사실의 차이는 무엇인가?

3. 믿음 편향은 무엇인가? 그림 13.10의 결과를 반드시 이해하라.

4. 추리의 타당함을 판단하는 심성 모형 접근이란 어떤 것인가?

5. 조건 삼단논법이란 무엇인가? 조건 삼단논법의 네 가지 유형 중에서 중 어느 것이 타당한가? 어느 것이 타당하지 않은가? 사람들은 각 유형의 타당함을 얼마나 잘 판단하는가? 형태는 유지한 채 단어만 바꾸는 것이 삼단논법이 타당한지 판단하는 능력에 어떻게 영향을 주는가?

6. 웨이슨 카드 선택 과제란 무엇인가? 문제를 풀려면 왜 7을 뒤집어야 하는지에 대해 서술하라.

7. 웨이슨 카드 선택 과제의 실생활 버전을 사용한 실험들의 결과는 규칙이나 허용 도식에 관한 지식이 카드 선택 과제를 푸는 데 어떻게 영향을 미치는지에 대해 무엇을 알려주는가?

8. 인지의 진화론적 접근은 웨이슨 카드 선택 과제에 어떻게 적용되었는가? 웨이슨 카드 선택 과제에 대한 모든 실험들로부터 우리는 어떤 결론을 내릴 수 있는가?

9. 사고에 대한 이중 체계 이론은 무엇인가? 체계 1과 체계 2의 속성들을 반드시 이해하라. 그리고 이 두 체계의 작동이 우리가 교재에서 다룬 다양한 현상들과 어떻게 연결되는지 이해하라.

10. 만약 Donders가 현대 인지심리학 실험실을 방문한다면 무엇을 배울까?

이 장의 요약

1. 귀납추리에서 결론은 논리적으로 구성된 삼단논법에서 나오는 것이 아니라 관찰에서 나온다. 결론은 다양한 확률로 시사되는 것이다. 귀납 논증의 강도는 논증의 토대가 되는 관찰의 대표성, 수, 질에 달려 있다.

2. 귀납추리는 일상생활에서 중요한 역할을 담당한다. 왜냐하면 우리는 과거에 일어났던 것에 대한 우리의 관찰에 기초해서 무슨 일이 일어날까에 대해 예측하기 때문이다.

3. 가용성 어림법은 더 잘 기억되는 사건들은 덜 기억되는 사건들보다 가능성이 높게 판단된다고 진술한다. 이 어림법은 어떤 때는 정확한 판단을 이끌어내지만 그렇지 않은 경우도 있다. 가용성 어림법에서 비롯된 오류는 다양한 사망 원인의 상대적 가능성을 추정하게 한 연구에서 잘 드러났다.

4. 사물들 간의 관계에 대해 부정확한 결론을 이끌어낼 수 있는 착각적 상관과 고정관념은 가용성 어림법과 관련이 있다. 왜냐하면 이것들은 특정 관계에 주의를 기울이게 해서 그것이 더 '가용하게' 만들기 때문이다.

5. 대표성 어림법은 사람들은 한 사상이 다른 사상과 얼마나 비슷한지에 기초해서 판단을 내린다는 생각에 기초한다. 대표성 어림법에서 비롯된 오류는 사람에 대해 서술한 것을 토대로 직업을 판단하게 한 연구에서 잘 보여졌다. 대표성 어림법이 사람들로 하여금 기저율을 무시하게 할 때 오류가 발생한다. 사람들이 연접 규칙과 큰 수의 법칙을 무시할 때에도 판단 오류가 발생한다.

6. 자기 측 편향은 자기의 태도나 의견 쪽으로 기울게 증거를 생성하고 평가하며 가설을 검증하는 경향성을 가리킨다.

7. 확증 편향은 가설을 지지하는 증거를 선별적으로 찾고 가설을 반박하는 정보는 간과하는 경향성을 말한다. 이 경향성은 Wason의 수열 문제에서 잘 보인다.

8. 결정에 대한 효용 접근은 사람들은 기본적으로 합리적이라는 생각에 기초한다. 그래서 관련된 모든 정보를 가지고 있으면, 자기에게 가장 이득이 되는 결과를 가져오는 결정을 한다고 가정한다. 사람들이 항상 이 접근에 따라 행동하는 것은 아니라는 증거는 도박 행동, 운전이 비행기를 타는 것보다 위험하다는 증거에도 불구하고 운전을 선택하는 행동, 그리고 「딜 오어 노딜」과 같은 퀴즈쇼 참가자의 행동 등이 있다.

9. 정서는 결정에 영향을 미칠 수 있다. 기대 정서란 결정의 결과에 대한 반응으로 일어날 것으로 예상하는 정서를 말한다. 그러나 사람들이 항상 정서를 정확하게 예상하는 것은 아니라는 증거들이 있다. Kermer의 실험은 기대한 정서와 결정을 내린 후에 실제 경험한 정서 간에 차이가 있다는 것을 보여주었다.

10. 우발적인 정서가 결정에 영향을 미칠 수 있다는 증거가 많다. 그런 예로 날씨와 입시 담당자의 결정 간의 관계와 슬픔이나 분노와 같은 정서와 매도가와 매수가 결정 간의 관계를 보여준 Lerner의 실험이 있다.

11. 결정은 결정을 내리는 맥락에도 영향을 받을 수 있다. 가용한 선택지의 수, 결정을 하기 전에 했던 결정의 유형, 배고픔이나 피로 등도 결정에 영향을 미칠 수 있다.

12. 결정은 선택지들이 어떻게 제시되는지, 또는 어떤 틀이 만들어지는지에도 영향을 받을 수 있다. 증거로는 선택 표시 절차와 반대표시 절차 상황에서의 행동의 차이, 정신 질환자에 대한 결정을 다룬 Slovic의 실험, Tversky와 Kahneman의 질병 실험에서 참가자들의 반응 등이 있다. 선택이 이득의 틀로 제시되면 사람들은 위험 회피 전략을 사용하고, 선택이 손실의 틀로 제시되면 사람들은 위험 감수 전략을 사용하는 경향이 있다.

13. 신경경제학은 심리학, 신경과학, 경제학의 접근들을 종합해서 결정에 대해 연구한다. 최후통첩 게임을 이용한 신경경제학 실험의 결과는 사람의 정서가 합리적 결정을 방해할 수 있다는 것을 보여주었다. 뇌 영상 연구는 앞측 섬이 최후통첩 게임을 하는 동안 일어나는 정서와 연합되어 있고, 전전두피질은 과제의 인지적 요구와 관련되어 있는 것 같다는 것을 알려준다.

14. 추리는 사람들이 정보에서 출발해서 주어진 정보를 넘어서는 결론을 내리는 인지 과정이다. 연역추리에는 삼단논법도 있는데, 연역추리는 확실한 결론을 내린다.

15. 범주 삼단논법은 두 개의 전제와 하나의 결론으로 구성되는데, 전제와 결론 모두 두 개의 범주 간의 관계를 '모든', '어떤', '어느'와 같은 말을 이용해서 진술한다.

16. 결론이 전제들로부터 논리적으로 도출되면 그 삼단논법은 타당하다. 삼단논법의 타당함은 형태에서 결정된다. 타당함은 사실과는 다르다. 사실인지는 삼단논법에 서술된 서술문의 내용에 의해 결정되는데, 이는 서술문이 알려진 사실들과 대응되는지의 문제이다.

17. 조건 삼단논법도 범주 삼단논법과 마찬가지로 두 개의 전제와 하나의 결론으로 구성되는데, 첫 번째 전제가 '만약 …… 그러면'의 형태를 취한다. 사람들은 긍정 논법의 타당함은 잘 판단하지만 조건 삼단논법의 다른 유형에서는 타당함을 잘 판단하지 못한다. 형태는 유지한 채 단어를 바꾸면 사람들이 타당함을 판단하는 것이 쉬워질 수 있다.

18. 웨이슨 카드 선택 과제는 사람들이 조건 삼단논법을 평가할 때 어떻게 생각하는지를 연구할 때 사용되었다. 사람들이 반증 원리를 잘 사용하지 않기 때문에 사람들

은 추상 버전에서는 오류를 범한다.

19. 맥주/음주 연령 버전과 같은 웨이슨 카드 선택 과제의 다양한 버전들을 이용한 실험들에 기초해서 사람들의 수행을 설명하기 위해 여러 가지 기제들이 제안되었다. 이런 기제로 허용 도식, 진화론적 접근 등이 제안되었는데, 진화론적 접근에서는 사회교환 이론으로 사람들의 행동을 설명하였다. 많은 실험들이 각 설명들을 지지하는 증거와 반박하는 증거들을 제공한다. 그래서 아직도 웨이슨 선택 과제를 어떻게 설명해야 하는지에 대한 논쟁은 마무리되지 못하고 있다.

20. 사고에 대한 이중 체계 접근에서는 두 가지 심적 체계가 있다고 제안하였다. 체계 1(유형 1 처리)은 직관적이고 빠르고 무의식적이며 자동적이다. 체계 2(유형 2 처리)는 반추적이고 느리고 의식적이며 통제처리이다. 이 장에서 다룬 추리 오류의 많은 부분은 체계 1과 연관이 있다. 그러나 체계 1은 오류를 일으키지 않는 많은 중요한 기능들도 제공한다. 느리지만 사려 깊은 사고가 필요할 때 체계 2가 작동한다.

21. 만약 Donders가 오늘 다시 돌아온다면 그는 기술의 진보에는 경탄하겠지만 인지심리학이 아직도 자기가 했던 것처럼 간접적으로 마음을 연구한다는 것을 보고는 놀라지 않을 것이다.

생각해 보기

1. 점성술에서 내리는 예측과 자기에게 일어난 사건들 간에 밀접한 관계가 있다고 사람들이 지각하기 때문에 많은 사람들에게 점성술이 인기가 있다. 사실은 점성술의 예언과 실제 사건들 간에 밀접한 관계가 없는데도 이렇게 지각하게 만든 요인들에 대해 설명해 보라.

2. 여러분이 최근에 내린 결정에 대해 생각해 보라. 그 결정은 토요일 저녁에 갈 식당을 고르는 가벼운 것일 수도 있고, 아파트를 고르는 것이나 대학을 정하는 것과 같은 중요한 것일 수도 있다. 결정에 이를 때까지 여러분이 거친 과정들과 또 여러분 마음속에서 그 결정이 좋은 결정이라고 어떻게 정당화했는지 등을 고려해서 그 결정에 대해 분석하라.

3. 이전 문제에서 여러분이 분석한 결정에 적용되는 연역 삼단논법과 귀납 논증을 만들어 보라.

4. 요하나는 종종 '합리화'라 불리는 과정을 이용해서 자기의 행동을 정당화시키기로 유명하다. 예를 들어, 자기가 원하는 음식은 무엇이든 먹는 자신의 행동을 다음과 같이 말해서 정당화한다. '10년 전에는 이 음식이 몸에 안 좋다고들 했어. 그러더니 이제 와서는 좋은 효과도 있을 수 있다고 말하는 거야. 그러니 소위 건강 전문가들의 말을 들어야 할 이유가 뭐지?'라든가 '붉은색 고기에 흠뻑 빠진 그 영화배우는 95세까지 살았어.' 등으로 합리화했다. 요하나의 논증들을 각기 귀납 논증인지 연역 논증인지 분석해 보라. 여러분 자신의 합리화도 분석해 보라.

5. 뉴스를 보거나 신문을 읽으면서 가용성 어림법이 다른 집단의 사람들(예: 영화배우, 백만장자, 다른 인종이나 민족이나 문화 집단의 사람들)의 삶의 본질에 대한 여러분의 개념에 어떤 영향을 미쳤는지 결론을 내려 보라. 그리고 그 개념들은 얼마나 정확한가?

6. 여러분이 정서나 다른 요인의 영향으로 판단이 흐려져서 잘못된 결정을 내린 상황을 기술해 보라.

핵심 용어

가용성 어림법(availability heuristics)
결론(삼단논법)(conclusion of syllogism)
결정(decisions)
고정관념(stereotype)
귀납추리(inductive reasoning)

기대 정서(expected emotion)
기대 효용 이론(expected utility theory)
기저율(base rate)
대표성 어림법(representativeness heuristic)
믿음 편향(belief bias)

반대표시 절차(opt-out procedure)
반증 원리(falsification principle)
범주 삼단논법(categorical syllogism)
사회교환 이론(social exchange theory)
삼단논법(syllogism)